歌舞伎十八番集

河竹繁俊

講談社学術文庫

凡　例

一、歌舞伎十八番物は特に市川宗家の諒解をも経て、江戸時代より伝存の曲全部七種を収めた。七種とはいうものの『外郎売《ういろううり》』は『助六《すけろく》』の中に、また『暫《しばらく》』は新旧二篇を収めたから、都合九種類になる。これらの多くは従来の活字本にも採録されているが、今回は出来得る限り各種の上演台本を参酌し、異同を明確にし、既刊本の誤りをも訂して、画期的の集大成を試みたつもりである。

一、本巻所収の脚本中には長唄・大薩摩・竹本・河東・常磐津・清元等の名曲を七篇まで含んでいるから、一面から見れば代表的な歌謡集でもある。

一、附録にした『暫』のつらね集、『外郎売』のせりふ等は、鑑賞・研究に際しての好資料たることを信ずる。

一、本巻述作中に、種々の示教と援助とを与えられた先輩知友ならびにその業績に対して深き感謝を捧げ、また講談社出版部員諸氏の御協力に謝意を表する。

昭和十一年九月十四日

著　者　識　す

覆刻に当たって、初版で伏字になっていた部分は補訂した。本文中で、□□□とあるのは、底本が虫喰いその他で欠字となっている部分であるが、推測可能のものは［　］で註記した。また、〇〇〇とあるのは、そのときの名題または演ずる役者の名で、原則として台本には書かないのが通例である。


学術文庫版に収めるにあたり、旧漢字、旧仮名などを適宜、現代風に改めた。

また脚本中の※や＊1、＊2で示した注釈は、舞台の進行途中に適宜、挿入した。〈 〉記号は読み易くなるように適宜、言葉を編集で補っている。さらに台本中の「片輪」「跛」「躄」「啞」など今日、差別的とされる表現は作品の史料性に鑑みてそのままとした。

なお、脚本部分は、歌舞伎十八番の選定者であり、権利者である成田屋・市川宗家から改めて諒解を得て掲載したものである。

目次

歌舞伎十八番集

歌舞伎十八番解題

歌舞伎十八番物の意義

歌舞伎十八番という劇は、実に貴重な、また不可思議な文化的遺産である。最もおくれて、天保十一年に創演された『勧進帳』は別であるが、江戸時代から遺存《いそん》せる他の六、七種について見れば、その大部分は享保以前の幼稚な江戸の文化を背景として生れている。武断《ぶだん》的勢力統制のもとに発達した、新興都府たる江戸の情調には、自ずと殺伐《さつばつ》なるものがあり、素朴《そぼく》なるものがあり、元来の地方色たる主情的なるものがあった。また武士と庶民との間の階級意識にも、特殊な対立があった。しかして『暫《しばらく》』、『助六《すけろく》』、『矢《や》の根《ね》』のごとき最も代表的な歌舞伎十八番物は、すべてそうした傾向なり、江戸の性情なりを端的《たんてき》に表現しているのである。又これらの舞台――古風で大まかながら、色彩と音楽と絵画美に満ちた舞台――から湧き上る所の、明快豪壮な荒事あるいは舞踊による姿態美《したいび》、言語による爽快味、洒落味のごとき、いずれも時代文化の反映でなくして何であろう。

江戸時代の文化は宝暦《ほうれき》前後を中心として、その前と後とには著しい相違が見られる。しかして前期における京阪と江戸との間には、特に著しい相違があり、京阪文化の方が数段上位にあった。いわば宝暦以降の江戸における文化は、京阪文化の合流滲透《しんとう》による展開だったのである。劇壇においても、京阪の空気を呼吸して来た初代桜田治助《さくらだじすけ》が活躍した安永・天明以後、特に京阪で名を成した初代並木五瓶《なみきごへい》が江戸に移住した寛政以後に至って、ようやく整然となり、合理的、主智的《しゅちてき》な作風が著しく発見されるのである。いわゆる歌舞伎十八番劇なるものは、実に宝暦以前の文化を代表するもので、洗練《せんれん》を経たとはいえ、江戸の根元的原始歌舞伎の面影を偲ぶに足る。一般歌舞伎が古典芸術であり、一時代前の舞台芸術とすれば、歌舞伎十八番劇はもう一つ前の、即ち二時代前の古典なのである。従って今日の眼《まなこ》を以て見れば、幾多の物足りないもののあるは当然で、また厳密《げんみつ》なる戯曲としての鑑賞に値《あた》いしないものもあろう。幼稚な空想的な豪傑談、絵入り童話、あるいは愚笑劇《ナンセンス》として閑却される場合もあろう。がそれは木によって魚を求むるの類いで、正当な取扱《とりあつか》い方ではない。

われわれが歌舞伎十八番物に求むる価値は、まず上に述べたるごとき文化史的意義であり、次には依然として歌舞伎の代表的作品だという点にある。本巻に収めた七種の作品にはそれぞれの特徴もあるが、これを一つのグループとして眺めると、この中には歌舞伎のほとんどあらゆる様式を包含している。こまかいことは各作の解題及び評註に譲るが、歌舞伎の持つ特色——例えば科白劇《せりふげき》の要素、舞踊劇《ぶようげき》の要素、絢爛《けんらん》な色彩と形式とによる絵画美彫刻美の要素、豊富な音楽による見世物風《スペクタクル》、レヴューあるいはページェントのごとき要素等々を、ことごとく具備している。前期江戸歌舞伎《えどかぶき》の原始的でロマンチックな特質も、また京阪歌舞《けいはんかぶ》伎《き》の主智的でリアリスチックな一面も、また後期歌舞伎の各種演出様式も指摘し得られるのである。

かくのごとくにして、歌舞伎十八番物は、事実において歌舞伎の精髄《エッセンス》であり、一般人もまた歌舞伎中の古典的曲目と理念し、能楽における『翁《おきな》』のごとき位置をさえ与えている。従来もしばしば十八番物は歌舞伎の危機を救っており、またこれがよき刺激となって、新歌舞伎十八番、新古演劇十種その他を生んで、名優を鞭撻《べんたつ》し、新生面の開拓に寄与《きよ》している。将来とても、衰頽の色著しき今後においてさえも、なお永く歌舞伎の宝刀《ほうとう》として、また回生の霊薬《れいやく》として珍重されるであろう。

由来

これまで歌舞伎十八番物について書かれ、論じられたものは少くない。その綜合的研究をするとなれば、恐らくは本書の何巻分かを要するでもあろう。で詳細のことは参照書目に譲ることとし、この際私は極めて簡明に、その呼称《こしょう》や由来について概説し、次に解題を試みることにしたい。

歌舞伎十八番とは、広義にこれを定義すれば歌舞伎の代表的当《あた》り狂言の意である。が、私共が呼びならわしている所は、狭義に解さるべきもので、市川流ないし市川家の当り狂言十八種を意味している。それは三升屋《みますや》二三治《にそうじ》の『戯場書留《しばいかきとめ》』によっても知られる。即ち、暫《しばらく》・鳴神《なるかみ》・毛抜《けぬき》・助六・牢破《ろうやぶり》・矢の根・草摺《くさずり》・外良《ういろう》・相撲《すもう》・対面《たいめん》・無間《むけん》・帯引《おびひき》・五人男《ごにんおとこ》・清玄《せいげん》・草履《ぞうり》打《うち》・男達《おとこだて》・髪洗《かみあらい》・不破《ふわ》名古屋、右十八番という事、昔より歌舞妓狂言の言いならわしにて、木戸前にて人呼《ひとよぶ》に、今は助六ぢや〱と呼ぶを、十八番のうち呼《よび》ものという事の始《はじめ》也。故に今も、浄瑠璃ぢや〱、又一番目ぢや〱という、是より出でしこと。江戸市川代々より八代目に至るまで、狂言組《きょうげんぐみ》十八番あり、関羽《かんう》・押戻《おしもどし》・暫・七ツ面・象引《ぞうひき》・蛇柳《じゃやなぎ》・鳴神《なるかみ》・矢之根・助六・嫐《うわなり》・鎌髭《かまひげ》・外郎《ういろう》・不動《ふどう》・毛抜《けぬき》・不破《ふわ》・解脱《げだつ》・勧進帳・景清、市川歴代相続《れきだいそうぞく》、寿興行《ことぶきこうぎょう》に出之《これをいだす》。

とある。前半に挙げたものは広く歌舞伎の当り狂言、即ち呼び物の意味においての十八番である。そうして必ずしも市川流に限られたものでなかったことは、種目の上からも察せられる。それらの当り狂言の上演に際し、木戸前にいた客引《きゃくひき》（河童《かっぱ》）が呼び入れる手段にしたのだから、二三治《にそうじ》は十八種だけ種目を挙げているが、多分確然《かくぜん》と定められてはいなかったのであろう。これに対して、後者即ち市川家八代目までの狂言組十八番というのが、いわゆる「歌舞伎十八番」なのである。しかしてその十八種の曲目を選定《せんてい》したのは七代目團十郎であった。

即ち天保三年三月市村座において、彼れが四度目の『助六』を上演するに際して、「市川海老蔵流　寿狂言《ことぶききょうげん》十八番の内」と銘記《めいき》したのに始まる。これが我が演劇史《えんげきし》上において、歌舞伎十八番なる名称を冠した最初だった。越えて天保十一年三月『勧進帳』の初演に際しては、特に口上看板《こうじょうかんばん》を掲げて「私先祖《わたくしせんぞ》より伝来候《そうろう》歌舞妓十八番の内、安宅関弁慶勧進帳之《あたかのせきべんけいかんじんちょうの》儀《ぎ》は、元祖市川團十郎才牛初而相勤《はじめてあいつとめ》、二代目團十郎栢莚《はくえん》迄は相勤候得共《あいつとめそうらえども》その後打絶《うちたえ》候故《ゆえ》、私多年右之狂言心掛《こころがけ》、種々古き書物等取集相調《とりあつめあいしらべ》候処この節漸漸調候につき、幸い元祖才牛儀当年迄百九十年に及候間《およびそうろうあいだ》、代々相続之寿《ことぶき》二百年の賀《が》取越《とりこし》として、右勧進帳之狂言相勤申候云々」と述べ、この時に至って、「歌舞妓十八番の内」と銘記《めいき》した。「寿狂言十八番」から更に一歩を進めたのであった。しかし十八番選定の意志は上述のごとく『助六』の時に明らかにされている。天保三年は今昭和十一年から逆算して、百五年にしかならないから、約三百五十年の歴史を持つ歌舞伎に対して、呼称としては決して古くないが、実質的にはやはり古いのである。そこで、これを定義づけて見ると、「七代目市川團十郎が選定し、自分もその一部を復演《ふくえん》したる、市川家代々の当り狂言十八種目を歌舞伎十八番と称す」ということになる。

　いったい十八番物ということは、今日では「お得意の物」「おはこ」の意味に広く用いられているが、これは明らかに劇場語《げきじょうご》の十八番物から出ている。元来十八番という名数は印《イン》度《ド》・中国以来古いもので、十八天《てん》、十八大経《だいきょう》、十八檀林《だんりん》、十八神道《しんとう》、十八松平《まつだいら》、十八大通《だいつう》といった風に、一般に慣用されていた。が二三治が書いている通り、歌舞伎道にも古く歌舞伎十八番があったのであろう。それに対抗して「市川流の寿《ことぶき》十八番」という呼称を創始し、次いで通りのよい「歌舞伎十八番」となったので、ついに庇《ひさし》を貸して母屋《おもや》を取られるの結果とはなったのである。

前に引用した『劇場書留』の筆者三升屋二三治は安政三年に七十三歳で歿《ぼっ》した狂言作者である。前書の外に『歌舞伎品定』『作者年中行事』『作者店卸《たなおろし》』『妓用袋《ぎようぶくろ》』『夢ごころ』等随筆をかなり書いている。浅草蔵前の札差《ふださし》青地家に生れ、七代目團十郎を頼って劇場に入り、絶えず形影《けいえい》相伴うの関係にあった。天保元年の市村座からは立作者《たてさくしゃ》となり、先輩故老《ころう》と立てられていた。私は密《ひそ》かに思う、「歌舞伎十八番」の選定の裏に与《あずか》って力あったのは、この二三治であったろうことを。

しかし、何かにつけて伝統の重んぜられた芝居国のことである。よほどの見識ある声望家《せいぼうか》にあらざる限りは、すこしでも新らしい事は成し得なかった。その社会において「市川海老蔵流 寿《ことぶき》 十八番」を称し、ことに「歌舞妓十八番」と銘記するがごとき、傍若無人《ぼうじゃくぶじん》を敢て認容せしめたのは、全く七代目團十郎の威勢《いせい》の致すところであり、ひいては市川家なるものの江戸劇壇における特殊地位によるものであった。市川家の代々が血統上にも二百年を経、揃いも揃って名優であったことは、奇蹟《きせき》に値いすることであり、世界の劇史に比類がない。明治の九代目團十郎に至るまで、江戸歌舞伎の頭領《とうりょう》として終始し得たところに、歌舞伎十八番の尊貴もあり、そこに歌舞伎劇術の集約結成であり代表的演目たるの理由も存する。従って、歌舞伎十八番の本質を明らかにするためには、市川家の歴史を細説するの必要もあるが、市川家の歴史はほとんど江戸歌舞伎史の脊椎《せきつい》を成すものだから、到底ここに尽すわけにはいかない。ただ各代々の特色についてのみ略述しよう。

元祖團十郎については『歌舞伎名作集』上巻で述べた。いわゆる荒事《あらごと》に基調を置くところの、江戸歌舞伎の樹立者で、市川家の家芸《かげい》の大本《おおもと》を築いた名優であった。

二代目は元祖の実子で、その芸風も父を受け継いで武道《ぶどう》・荒事《あらごと》に手腕を発揮したが、更に優柔艶麗な和事《わごと》をも得意とした芸範囲の広い人で、歌舞伎十八番中唯一の世話物《せわもの》である『助六』も彼の創始《そうし》である。蓋《けだ》し、十八番中今日に伝えらるるものの多くは、初代二代の父子により樹立されたものである。

三代目は二代目の在世中夭折《ようせつ》し、特記すべき業績はない。四代目は二代目の養子であるが、実はその落胤《らくいん》だと言われている。彼は前三代とはその芸風《げいふう》を多少異にし、豪宕《ごうとう》な荒事よりも沈痛な実悪《じつあく》をその本領とし、『景清』はその最も得意としたところであった。

五代目は四代目の実子で、歌舞伎の全盛期たる安永・天明期に活躍した。芸風は父に似

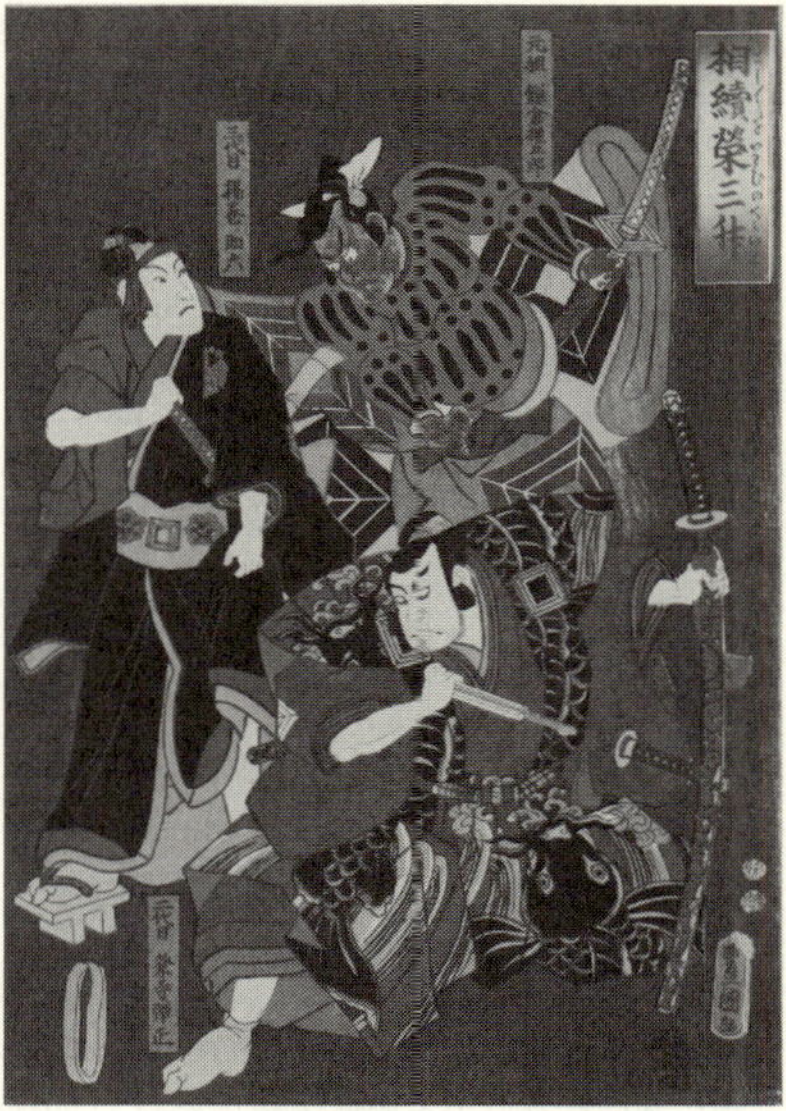

市川家の代々による歌舞伎十八番①　早稲田大学演劇博物館所蔵「相続栄三升」より「元祖　鎌倉権五郎」「二代目　粂寺弾正」「三代目　揚巻ノ助六」資料番号006－4143

市川家の代々による歌舞伎十八番② 「四代目　非人景清」「五代目　矢ノ根五郎」「六代目　長崎次郎」早稲田大学演劇博物館所蔵　資料番号006－4150

て実悪《じつあく》にも長じていたが、後には実事《じつごと》にも新境地を開拓し、更に『暫』の如き真《しん》の荒事《あらごと》をもよくした。六代目は未だ大成せぬうち早世した。

七代目は五代目の外孫である。歌舞伎十八番が彼の選定《せんてい》に依ることは前述の通りであるが、彼は市川九代の流れの中にあって九代目と共に不世出の名優であった。彼は小柄《こがら》であったが、眼の大きな、音声の立派な、いわゆる型《かた》の大きい俳優だった。市川累代の荒事・武道は勿論その本領とするところであったが、二代目と同様和実を兼ねたものにも成功し、更に紙屋治兵衛のごとき純和事《じゅんわごと》をも得意とし、五世松本幸四郎と共に生世話物《きぜわもの》にも長じていた。又実悪《じつあく》・色悪《いろあく》のごときをもよくし、若女方《わかおやま》にさえ扮した。かくのごとく実にその芸は広範囲にわたり、行くとして可ならざるはなく、いわば彼自身が既に江戸歌舞伎の集成者たるの観があった。彼の人となりを見るに、その趣味も豪壮高雅《ごうそうこうが》、またその見識も高く、俊敏にして文筆にも達していた。八代目はその実子で、容姿《ようし》風采《ふうさい》にすぐれ、異常な人気を博していたが、年僅か三十二歳にして自刃して果てた。

九代目は八代目の異母弟である。彼は市川家掉尾《とうび》の名優であると共に、彼の芸範囲はその父に似て広く、旧来のものに新解釈《しんかいしゃく》新演出を試みて、幾多の固定的な型を後代に伝え、また新時代の劇を目ざした活歴劇をも創始した。九代目も親七代目と共に歌舞伎劇の大成者、市川家の家芸統一者の観がある。

市川家の代々による歌舞伎十八番③　「七代目　不破　伴左衛門」「八代目　助六　花川戸の助六」「九代目　勧進帳　弁慶」早稲田大学演劇博物館所蔵　資料番号100－2369

少くとも市川家の元祖・二代・四代・五代・七代・九代等六人の團十郎は、常に江戸劇壇の主座に立って、支配して来た。彼等は前代の芸脈《げいみゃく》を継ぐと共に、絶えず新しき道を拓《ひら》いて進んだ。それが連綿《れんめん》として、元禄から明治にかけて九代二百余年の間続いたのである。従って、市川家の家芸と言っても、代を重ねるにつれて複雑になった。象徴的な豪宕《ごうとう》な荒事から科白劇《せりふげき》ないしは写実劇に至るまで、あらゆる芸範囲が市川家九代の芸脈の中には流れていた。かかる重大な存在であり、意義深き市川家の代々が得意とした当り狂言の整理復演ということは、とりもなおさず古典劇の保存であり、現代への再生であり、また同時に江戸歌舞伎の代表的演技の整頓《せいとん》にもなったわけである。

然《しか》らば、七代目團十郎は如何なる意図のもとに、これが選定を試みたのであったろうか。これに対しては、もとより徴すべき文献はない。徒《いたず》らに謙遜《けんそん》した形式的な「口上」よりほかには何物も発見されていない。が私は、七代目團十郎の意図《いと》に少くとも三つの動機を読むことが出来る。その一つは彼の考証癖、研究癖から来たものである。即ち市川家の代々は文筆に長じて、元祖以来随筆を遺しているが、七代目にもまたある。書画骨董《こっとう》の鑑識にも達していたという好事癖《こうずへき》、蒐集癖から、作者の二三治《にそうじ》などを相手にして古書を調べ、祖先の当《あた》り狂言を拾って見た。そうすると画期的な名声を博した有名な演技が途断《とだ》えていたり、また脚本が保存されていなかったりしていることを知ったので、十八番という縁起《えんぎ》のいい名数だけ選定して、これを整頓《せいとん》し、出来るだけ当代に生かそうとした。そうして、同時に自己の舞台を特色づける方便に供しようとした。始めて「寿狂言十八番の内」と銘打った『助六』の中に『外郎売《ういろううり》』を挿入したのも、天保四年の『鳴神《なるかみ》』を清元で演じたごときも、そういう意図の現われだったと言える。次の一つの心持はあるいは彼自身には強く意識していなかったかも知れないが、沈滞気味の劇壇《げきだん》に変った味のもので刺激を与え、新生面の展開を期そうとしたということが考えられる。文化・文政のいわゆる大御所様《おおごしょさま》時代を経て、天保度に入っては、社会状態もいよいよ弛緩し、劇壇も萎微していた。そこで彼は古典の新研究によって、局面の打開を計ろうと暗黙裡《あんもくり》に考えたこともあり得る。はたせるかな、『勧進帳』のごとく、名を古典の復活に借りつつも全く新らしい、能移《のううつ》しの大胆な新作を携《ひっさ》げて立ったのである。実に野心的な試みと言わなければならない。よし『勧進帳』の第一回は不評であっても自負するところは強く、生涯に三度も研究的に復演しているのである。第三には、そうした努力の当然の応酬《おうしゅう》として来るべきものではあるが、歌舞伎十八番の設定によって、伝来家芸の重宝的尊厳《そんげん》をますます強調し、市川家の劇壇における君主的地位を確保しようというの心持である。

しかして、これらの意図はほとんど完全に実現されたと見てよい。無論《むろん》彼一代では成されなかった。その考証・研究の性向を継承《けいしょう》した彼の第五子たる九代目團十郎の時代に至って、歌舞伎十八番はいよいよ古典芸術として全く特殊な待遇を与えられ、九代目によって完成された『勧進帳』のごときは、ほとんど神聖視さるるに至った。七代目の霊《れい》たるもの正に瞑《めい》すべしというべきである。

以上で歌舞伎十八番の由来と意義との輪郭を述べた。左に各種目につき簡単な解説を付し、初演年代順に挙げて見よう。

不破《ふわ》　延宝八年三月江戸市村座に『名古屋山三郎不破伴左衛門遊女論《ゆうじょろん》』として初演された、初代團十郎の当り役不破伴左衛門《ふわばんざえもん》に発し、今日行われる『鞘当《さやあて》』の母胎《ぼたい》をなすもの。葛城《かつらぎ》という遊女を中心にして不破伴左衛門と名古屋山三郎《さんさぶろう》の間に達引《たてひき》があり、二人が吉原仲の町で出逢い喧嘩《けんか》になろうとした時、留女《とめおんな》が出るという筋。作者は團十郎自身だとの説があり、市川家の三升《みます》の紋《もん》は不破の衣裳の模様に由来するという。

鳴神　貞享元年二月中村座の『門松四天王《かどまつしてんのう》』において初代が初演。（解題別項）

暫　元禄十年正月中村座の『参会名護屋《さんかいなごや》』において初代が初演。（解題別項）

不動《ふどう》　元禄十年五月中村座の『兵根元曾我《つわものこんげんそが》』において、初代の息である九蔵（後二代目團十郎）が、山伏通力坊実は不動の化身で現われるに始まるという、独立性を持たぬ単なる役である。寛保度に至り『雷神不動北山桜《なるかみふどうきたやまざくら》』の中にも取り入れられた。七代目以後は中絶していたが、明治四十五年に至り、市川左團次が明治座で復活上演した。

嫐《うわなり》　元禄十二年七月中村座の『一心五界玉《いっしんごかいのたま》』において初代が初演。いわゆる後妻打《うわなりうち》という風習を劇化したもので、甲賀三郎と妾のみな月とが蚊帳《かや》の中にいる所へ、本妻の嫉妬《しっと》の一念が娘の呉竹《くれたけ》に取付いて現われ、嫉妬の所作がある。

象引《ぞうひき》　元禄十四年正月中村座の『傾城王昭君《けいせいおうしょうくん》』において初代が初演。深草の里で催された梅見の時、入鹿《いるか》が白象に乗って来て、鎌足の臣山上源内左衛門にけしかける。源内は白象を振廻していわゆる「象引」になって、妻を象に乗せ、賑やかに踊りながら立去るという、荒事を基礎としたもの。原作は廃滅であるが、大正二年に平木白星氏の新作で市川左團次（二代目―編集部注）が復活上演した。

勧進帳　元禄十五年二月中村座の『星合十二段《ほしあいじゅうにだん》』において初代が初演。天保十一年三月七代目が新作復活。（解題別項）

助六　正徳三年三月江戸山村座の『花館《はなやかた》愛護桜《あいごのさくら》』において二代目が初演。（解題別項）

押戻《おしもどし》　正徳四年七月江戸山村座で二代目が初演という。明確な初演年代は不詳。大館左馬《おおだてさま》五郎《ごろう》又は竹抜五郎《たけぬきごろう》などの役名で、籠手《こて》脛当《すねあて》に腹巻《はらまき》、大広袖《おおひろそで》、三本太刀《ぼんだち》に簑笠、高足駄を穿《は》き、太い青竹を持って、荒れ狂う悪鬼怨霊《あくきおんりょう》を、花道の中程より舞台へ押戻《おしもど》すという荒事の役。豊芥子の『歌舞妓十八番考』に「荒事少しの事なれども、目ざましきものにて市川流の外に勤むる者なし」とある。

外郎売《ういろううり》　享保三年正月、森田座の『若緑《わかみどり》勢《いきおい》曾我《そが》』において二代目が初演。曾我十郎が外郎売の扮装で、妙薬の言い立てを弁舌《べんぜつ》よどみなく述べ立てるというだけの役。役名も時により変るが、通常は虎屋《とらや》藤吉《とうきち》である。今日では本巻におけるがごとく『助六』の中に取り入れられている。

矢の根　享保十四年正月中村座の『扇《すえひろ》恵方《えほう》曾我《そが》』において二代目が初演。（解題別項）

関羽《かんう》　元文二年十一月河原崎座の『閏月《うるうつき》仁《にん》景清《かげきよ》』において二代目が初演。三河守範頼に王位を傾けようとする下心《したごころ》があるので、景清は張飛《ちょうひ》に扮して忍び込む。畠山重忠は関羽に扮し、青龍刀《せいりゅうとう》を小脇に抱え白馬に跨り来って、張飛の正体を見顕す。『江戸客気團十郎贔屓』に「関羽の霊像となり青龍刀を持っての荒事、もろこしの関羽もこれ程にはあるまい、日本一の役者の開山、末世に至るまで大評判云々」とある。作者は藤本斗文。廃滅していたのを、明治六年九月、河竹黙阿弥が新歌舞伎十八番の一つなる『増補《ぞうほ》桃山譚《ももやまものがたり》』の中に取組み、九代目團十郎が東京村山座で演じ、また昭和四年十一月には、市川左團次（二世）が岡鬼太郎氏の執筆で歌舞伎座に上演した。

景　清　元文四年七月市村座の『菊重栄景清《きくがさねさかえかげきよ》』において二代目が初演。（解題別項）

七つ面　元文五年三月市村座の『姿視隅田川《すがたみすみだがわ》』において二代目が初演。作者は津打治兵衛。変化《へんげ》物《もの》の一種に近いものだが、現在は廃滅し、新歌舞伎十八番の中に新修されたものがある。

毛　抜（鑷《けぬき》）寛保二年正月大阪佐渡島座（大西の芝居）の『雷神不動北山桜《なるかみふどうきたやまざくら》』において二代目が初演。（解題別項）

解《げ》　脱《だつ》　宝暦十年六月市村座の『鐘入解脱衣《かねいりげだつごろも》』において四代目が初演。作者は金井三笑。曲は長唄。景清と女の亡霊《ぼうれい》とのいきさつがあって、鐘入《かねいり》めいたことになるというものだったらしい。廃滅に帰していたが、大正三年一月東京本郷座で、吉井勇氏の新作で市川左團次（二世）が演じたことがある。

蛇《じや》　柳《やなぎ》　宝暦十三年五月中村座の『百千鳥大磯流通《ももちどりおおいそがよい》』において四代目が初演。本名題は『夏《なつ》柳烏玉川《やなぎうばのたまがわ》』。作者は金井三笑。丹波助太郎という阿房《あほう》の役に清姫《きよひめ》の亡魂が乗りうつって嫉《しっ》妬《と》の荒事があったという。

鎌《かま》　髭《ひげ》　安永三年四月中村座の『御誂染曾我雛形《おあつらえそめそがのひながた》』において四代目が初演。作者は初代桜田治助。景清は六部姿《ろくぶすがた》となり、相州梅沢の刀鍛冶屋へ泊る。主人の四郎兵衛も実は三保《みほ》の谷《や》四郎で、髭剃《ひげそ》りにかこつけて鎌で首を掻こうとしたが、景清は不死身《ふじみ》で切れない。やがて景清は将門の術を使って、七人の姿を顕わす所が大評判だったとある。廃滅に帰していたのを明治四十三年竹柴《たけしば》金作の新作で、市川猿之助父子が演じたことがある。

次には、歌舞伎十八番の後世に与えた影響あるいは劇壇《げきだん》に与えた刺激について、略述したい。『勧進帳』において試みられた能の移植《いしょく》は、歌舞伎の典雅化高尚化を誘致し、それが明治時代の嗜好にピタリとあてはまった。そうして同時に同じ精神に由来する時代狂言の改良運動とも合致したので、そこに九代目團十郎の活歴が生れ、新歌舞伎十八番の出現を見、ひいて五代目尾上菊五郎の新古演劇十種その他を育成するに到った。そうしてこれらは実に大きな影響であり、またそれが劇壇《げきだん》の更生に資したことも多大であった。

新歌舞伎十八番物は七代目及び九代目の当り狂言の集成であるが、主として九代目のをその内容としている。しかし初演の時に銘打《めいう》たれたものは、左記中※印の十余種で、他は後に編入したり、あるいは世間から当狂言《あたりきょうげん》の故に編入したものもある。従ってその狂言種目は確定したものでなく、最も広義に解する時は左のごとく三十余種に達する。

※蓮生物語《れんしょうものがたり》・※虎《とら》の巻（以上七代目、以下九代目）※地震《じしん》加藤・※真田張抜筒《さなだのはりぬきづつ》・酒井の太鼓《たいこ》・※吉《き》備《び》大臣・※重盛諫言《かんげん》・荏柄《えがら》問答・※釣狐《つりぎつね》・仲光《なかみつ》・※高時天狗舞《てんぐのまい》・※船弁慶《ふなべんけい》・※山伏摂待《せったい》・伊勢三郎《いせのさぶろう》・紅葉狩《もみじがり》・※文覚《もんがく》勧進帳・左小刀《ひだりこがたな》・※女楠《くすのき》・素袍落《すおうおとし》・鏡獅子《かがみじし》・※新七《しんなな》つ面《めん》・※二人袴《ににんばかま》・吹取妻《ふきとりづま》・※大森彦七等。その他

狩屋《かりや》問答・静《しずか》法楽舞《ほうらくのまい》・凧の為朝・高野物狂《ものぐるい》・仲国《なかくに》・向井将監《しょうげん》・時平《しへい》の七笑《ななわら》い・油坊主《あぶらぼうず》を加え、また雨の鉢《はち》の木・片桐別れ・敷浪《しきなみ》・大石城受取《しろうけと》り・髪染《かみぞめ》の実盛・中山問答等。また七代目に、琴吹物語《ことふきものがたり》・一の谷・琵琶《びわ》の景清・源平布引滝《ぬのびきのたき》・菊畑《きくばたけ》等もかぞえられている。

明治期において九代目團十郎と共に俗《ぞく》に團菊と並び称された名優五代目尾上菊五郎は、これに対して自己の家芸として数種の狂言を選定《せんてい》し、「新古演劇十種」の名目を与えた。元祖尾上《おのえ》松助以来尾上家の当り狂言中より左のごとく選択し、更にその継承者たる尾上梅幸・六代目菊五郎により修正または追加された。

土蜘《つちぐも》・茨木《いばらき》・戻橋《もどりばし》・一《ひと》つ家《や》・羅漢《らかん》・刑部姫《おさかべひめ》・古寺の猫・菊慈童《きくじどう》・羽衣・身替座禅《みがわりざぜん》等十種の外に、操《あやつ》り三番《さんば》を加えることもある。

なおこの外に、自己の得意とする狂言を選んで、家芸を樹立せんとしているものに、中村歌右衛門の淀君集、市川左團次の杏花《きょうか》（前には松莚）戯曲十種、中村鴈治郎の玩辞楼《がんじろう》十二曲、片岡仁左衛門の片岡十二集、市村羽左衛門の可江集等がある。

要するに、新歌舞伎十八番・新古演劇十種を始め、当代の諸家によって企図《きと》されつつある家芸の整頓も、結局は歌舞伎十八番の設定《せってい》に影響され刺激《しげき》されたものに外ならぬ。しかして、これらの劇は江戸末期から明治・大正・昭和の今日にまでわたって、歌舞伎劇壇の中心的勢力となって来たのであるが、また劇壇の更生のためにも相当有力に作用《さよう》しつつあることを想えば、歌舞伎十八番物を神聖視《しんせいし》するのも首肯されるのである。

この概説の筆を擱《お》くにあたって、なお繰り返して言う――歌舞伎十八番物は今日の対象として、紙上に読んで批判さるべきものではなく、歌舞伎の代表的演出物として文化史的意義の深き貴重なる演劇として研究され、鑑賞さるべきものであることを。

主要参照書目

『歌舞妓年代記』（立川焉馬）
『続歌舞妓年代記』（石塚豊芥子）
『歌舞妓十八番考』（同）
『日本演劇史』（伊原敏郎）
『近世日本演劇史』（同）
『日本文学大辞典』（新潮社）
『国民百科大辞典』（冨山房）
『戯場書留』（三升屋二三治）
『團十郎の芝居』（伊原青々園）
『歌舞伎狂言往来』（渥美清太郎）
『逍遥選集』第十巻（坪内逍遥）
『歌舞伎細見』（飯塚友一郎）
『近世演劇考説』（黒木勘蔵）
『南水漫遊』（浜松歌国）
『演芸画報』（明治四十一年六月・昭和八年二月号その他）

勧進帳

『勧進帳』が歌舞伎十八番と銘《めい》打って、市川海老蔵《えびぞう》（七代目團十郎）によって、江戸の河原崎《かわらさきざ》座に初演されたのは天保十一年三月のことである。

その時番附に掲げられた口上には、上演の動機や経緯《いきさつ》が物語られている。それによると、この年は元祖團十郎（才牛）の生誕百九十年にあたるが、取り越して二百年の賀としての記念興行をやる。そうしてこの『勧進帳』なるものは元祖・二代の勤めた中にもあったが、久しく中絶していたので復興を志し、古い書物を調べていたが、今度杵屋《きねや》六三郎に新たに節附けをさせて御覧に入れる。「古代《こだい》」の味でお気には召すまいが、先祖の御余光を以て賑々《にぎにぎ》しく見物に来ていただきたいと言っている。この「口上」の中では、作曲は新らしいとはあるが、新作ということは更に言明していない。が実は全くの新作だった。

さて元祖團十郎が演じた『勧進帳』というのは、元禄十五年二月中村座に上演された『星《ほし》合十二段《あいじゅうにだん》』の中にあった。『続歌舞妓年代記』に「この狂言古今大々当りにて、二月二日より百五十日の間興行す。これ才牛自作の狂言なり。見物は夜のうちより群集《ぐんじゅ》して桟敷も切落《きりおとし》も見物の人々安気して見ること能わず、故にこの狂言を星合とは得言わずして、おしあい〳〵と江戸中の大評判なりし云々」とある。続いて七月から後日狂言として、『新版高館《しんぱんたかだち》弁慶状《べんけいじょう》』が上演され、やはり大当りだったという。これらが果していかような内容のものだったかは不明だが、何にしても元祖の創始した荒事《あらごと》で、弁慶は兜巾《ときん》、篠懸《すずかけ》、太刀《たち》を佩《は》き、金剛杖を持って関にかかり、関守和泉《せきもりいずみ》の三郎と問答し、朝比奈三郎が現れて、主従を落しやるという筋のものであったらしい。

こんなわけで、七代目が復活上演する動機は多分右の二作にあったのだが、脚本が堙滅《いんめつ》していたので、能の『安宅《あたか》』に根拠を置いて、全然新らしく出発したのであった。がこの題材の由って来る所は更に遠く、またその種類も多いのである。

安宅劇のそもそもの素材《そざい》は、室町期の作品と推定されている『義経記《ぎけいき》』であろう。『義経記』は義経の生立ちより説き、急転して頼朝に追われ、亡命して最期を遂ぐるに至る経路を叙したもので、義経主従が陸奥《むつ》に落ち行く途次、ある時は三の口の関にて咎められ、ある時は加賀《かが》の国富樫《とがし》にて東大寺勧進の山伏なりと名乗って通り、如意の渡では、それと怪しまれた義経を弁慶が打擲《ちょうちゃく》して難を脱《のが》れ、あるいは直江の津にては笈《おい》を探される等、安宅劇の要素となる事件の数々が散見している。ぜんたい義経は、その生涯が既に劇的であり、いわゆる判官《ほうがん》贔屓《びいき》なる特殊感情と結合した人気者《にんきもの》なので、古くより物語や戯曲の好題目だった。「判官物」と称する幸若《こうわか》舞曲・浄瑠璃《じょうるり》・脚本等の続出した所以である。

幸若舞曲の中には『富樫《とがし》』『笈《おい》さがし』の二曲がある。筋としてはおのおの独立したものでなく、二曲は連続して一つの物語を構成している。義経主従が安宅の松に着いて、里の童《わらべ》達より新関の設けあることを聞き、弁慶のみが関に入って富樫に面接し、東大寺の勧進なりと称して勧進帳を読み上げる。富樫はこれに敬服して布施《ふせ》し、一同は難なく関を越える。やがて直江の津に着いて、ここでは義経の笈《おい》を探されたが、又もや弁慶の力で事無きを得た。更に海路を経て越後の国ねずみつきの関で阻止されたが、この時は義経を打擲してようように関を越え、後で罪を謝して落涙《らくるい》するのを、義経始めかえってその奇智を讃《たた》え、更に旅路を急ぐ。ほとんど『義経記』の記事と同工である。

この幸若舞曲の進展し組織化されて一曲に構成されたものが、観世《かんぜ》信光《のぶみつ》の作たる能の『安《あ》宅《たか》』である。この『安宅』こそは、幸若舞曲と共に、直接間接後の幾多の安宅劇の源泉《げんせん》となっている。

まず浄瑠璃系統のものを列挙してみる。

文武《ぶんぶ》五人男《ごにんおとこ》（元禄八年三月、大阪竹本座上場、近松門左衛門作。人物は源頼義と四天王、坂田金平《さかたのきんぴら》等になっているが、その第四芥川の段は能の『安宅』の翻案。）

凱陣八島《がいじんやしま》（貞享元年頃近松門左衛門の作とされている。この第二段の義経道行において、弁慶が勧進帳を読み上げて富樫の疑念を晴らす条がある。）

粲静胎内捃《ふたりしずかたいないさぐり》（正徳三年五月竹本座上場、作者は近松門左衛門。この第四段に義経の道行があり、弁慶が主を打って疑念を晴らすの条がある。）

この外、以後の義太夫浄瑠璃にもあり、また土佐節、河東節、一中節等にも、それぞれ近松の諸作から抄出した語り物がある。歌舞伎の方面にこれを求めると、前記の『星合《ほしあい》十二段』『新版高館《たかだち》弁慶状』の二作以外にもあった。

雪　梅顔見勢《むつのはなうめのかおみせ》（明和六年十一月の市村座上場、九代市村羽左衛門の弁慶。有名な長唄の『隈取安宅松《くまとりあたかのまつ》』は、近松の粲静《ふたりしずか》から摂取されたもので、今日に伝っているが、関所の場はなかった。）

御摂勧進帳《ごひいきかんじんちょう》（安永二年十一月、中村座に上場、初代桜田治助の作。弁慶は四代團十郎で、勧進帳を読上げて、関を通過したあとで大勢の首を引抜き芋洗いにする条がある。荒事の要素が多分にあった。）

その他、筆始《ふではじめ》 勧進帳《かんじんちょう》（天明四年一月中村座）・大矣《だいだんな》 勧進帳《かんじんちょう》（寛政二年十一月河原崎座）・日本第一《にっぽんだいいち》和布刈神事《めかりのじんじ》（安永元年十二月大阪中座）・けいせい蝦夷錦《えぞにしき》（寛政元年九月中座）等がある。

『勧進帳』の新修上演を意図してから海老蔵は相当の準備をした。古書画にだけ遺《のこ》って堙滅《いんめつ》に帰したものの復活を標榜《ひょうぼう》はするものの、従来になかった新様式の演出を目ざした。彼が奢《しゃ》侈僭上《しせんじょう》の故を以て処罰されたのは天保十三年で、この作の初演はその二年前のことだから、彼自身として、劇壇においてもまた個人生活においても、頗《すこぶ》る思い上っていた全盛時代だった。高雅《こうが》癖《へき》活歴好みは彼の性向にあったので、江戸の一市民の思いつきとしては極めて大胆《だいたん》な、本行移し即ち能の移入を意図したのだった。そうして、京阪に行われた扇助《せんすけ》（泉祐）能《のう》という三味線入りの能も考慮に入れ、自身も京橋弓町の観世舞台を内々見学したりした。

詞章の執筆は当時の立作者《たてさくしゃ》三世並木《なみき》五瓶《ごへい》に託した。五瓶は能の『安宅』をそっくり取り、当時講談界で重要な読物とされていた『山伏問答』を入れた。講釈師の大陵・南窓等のも参考にしたが、伊東燕凌《えんりょう》のテキパキとした読み口を演出の参考にしたという。そうして最初には竹本と長唄の掛合《かけあい》にする積《つも》りだったが、長唄だけのほうが賑やかでよかろうというのでそうなったという。

いったい『勧進帳』は始めの意気込みの尋常でなかったに拘《かかわ》らず、初演は好評でなく、回を重《かさ》ね、九代目が洗練《せんれん》するに及んで一層著名となったのだが、もう一つの大きな理由は、長《なが》唄《うた》の作曲が如何にもよく出来ているという点に存する。四世杵屋六三郎（後の六翁）が一世

九代目市川團十郎　『勧進帳』の弁慶は明治20年、井上馨邸で明治天皇の天覧をえた

一代として苦心した作曲だけに、長唄中の大作とはなった。この作曲と並行して、振附《ふりつけ》の四世西川扇蔵《にしかわせんぞう》も異常の苦心を以てあたり、作曲・按舞共に傑出したものとなった。長唄連中も芳村伊十郎と絃《いと》の杵屋長次郎、美音で聞えた岡安喜代八と絃《いと》の杵屋六三郎との両《りょう》タテという陣立、これがタテ分《わ》かれの嚆矢《こうし》と言われている。実に緊張《きんちょう》しきったものだった。

配役は武蔵坊弁慶《むさしぼうべんけい》（海老蔵―七代目團十郎）、判官義経《ほうがんよしつね》（八代目團十郎）、常陸坊海尊（佐野川市蔵）、片岡八郎（市川黒猿）、伊勢の三郎（市川赤猿）、駿河《するが》の次郎（市川海猿）、卒子伴藤（市川箱猿）、卒子権藤（大谷万作）、富樫左衛門《とがしさえもん》（三代市川九蔵―後の六代團蔵）等で、稽古も熱心にし、記憶の悪い海老蔵《えびぞう》が、当時下端の狂言作者だった黙阿弥の壮時の記憶にたより、無本《むほん》で後見《こうけん》に出て貰《もら》ったという挿話もある。何しろ能舞台移しの松羽目物《まつばめもの》の最初というのだから、演出前の海老蔵の苦心は一通りではなかった。能と同様に幕が明いてから長唄囃子《はやし》連中をしずしずと出した。能装束《のうしょうぞく》は能装束御用達の関岡から密《ひそ》かに手に入れた。楽屋から揚幕まで毛氈《もうせん》を敷かせるなどという騒ぎをやった。全く劇壇の大御所海老蔵なればこそ出来たのである。見物に来た観世清孝《きよたか》に意見を求めたという程に細心でもあった。

しかし折角の彼の苦心にも拘《かかわ》らず、一般からは不評判だった。時代に一歩あるいは二歩先んじていたからだった。明治期に入るに及んで時勢にも恵まれ、九代目の芸も次第に成熟した。海老蔵が苦心して忍び忍びに見学した能は、何人の前にも公開された。山内容堂侯から能装束を贈られたりしたので、衣裳も一層高雅《こうが》となり、延年《えんねん》の舞《まい》のごときも増補されて光輝を増した。演出にも脚本にも幾多の洗練が施《ほどこ》されて、今日のごとく、歌舞伎十八番中の代表作たるばかりでなく、全歌舞伎ないし舞踊劇《ぶようげき》の代表的演目とはなったのである。特に『勧進帳』史上特筆さるべきは、明治二十年四月、井上馨《かおる》侯邸で明治大帝の天覧を忝《かたじけの》うしたことであり、その後大正・昭和を通じ、国賓《こくひん》を前にして本邦の代表的演劇としてしばしば演ぜられたことである。実に『勧進帳』は、能を移して十分に歌舞伎化したものである。しかも古《こ》雅《が》美《び》と詩美とを兼ね備えて、近世時代嗜好の集成において成功せる、整然たる舞台芸術というに躊躇《ちゅうちょ》しない。

（本作の校訂に際しては、書きおろしの際の台本二通を基礎とし、従来の活字本を参照して、現行本を集録した。詞章の異同、改訂、演出上の要点等については、註釈中に指摘しておいた。）

主要参照書目

『歌舞妓十八番考』（石塚豊芥子）「勧進帳の型」（『歌舞伎（第一次）』六七号以下）
『続歌舞妓年代記』（同）「勧進帳研究」
『増補勧進帳考』（伊坂梅雪）（三島霜川其他、『演芸画報』昭和八年二月号その他）
『歌舞伎狂言往来』（渥美清太郎）『古典芸術の研究』（小宮豊隆）
『市川團十郎の代々』（伊原青々園）『義経伝説と文学』（島津久基）

景清

歌舞伎十八番の『景清《かげきよ》』は、通常「牢破《ろうやぶ》りの景清」と呼ばれるもので、元文四年七月、江戸市村座の『初髻通曾我《はつもとゆいかよいそが》』の四番目大詰《おおづめ》で、二代目團十郎が初めてこれを演じた。作者は藤本斗文。初演当時の曲節は外記節《げきぶし》で、作曲は杵屋新右衛門であった。

景清は『平家物語』や『源平盛衰記』、『盛長私記』等に現われてはいるが、むしろ伝説的人物としてその存在を拡大されている観がある。彼は元来平家の臣であった。ある時は平《たいらの》維盛《これもり》に従って源義仲を攻め、ある時は平知盛に附随《ふずい》して源行家を破り、平家滅亡の後も飽くまでも源家を狙って、惜しからぬ命を全うしたと伝えられている。通称を上総《かずさ》七郎兵衛、俗に悪七兵衛と呼ばれ、体軀《たいく》長大にして剛勇無比《ごうゆうむひ》の偉丈夫であったという。景清も曾我に似て、早くより幸若舞《こうわかまい》曲や謡曲に取り入れられた。幸若には『景清』があり、謡曲には『大仏供養《だいぶつくよう》』と『景清《かげきよ》』の二曲がある。

幸若の方では、大仏供養その他の機会に度々頼朝《よりとも》を狙ったが遂に捕われる。しかも頼朝が寛大な処置をとるので、その仁心に感激して両眼をえぐり、日向《ひゅうが》宮崎に赴くという筋。謡曲『大仏供養』は、大仏供養ありと聞いて西国から上った景清は、母を尋ねた後変装して頼朝の身辺を窺《うかが》う。が事顕われるに及んで警固の武士を斬り払い、姿を隠すという内容である。大仏供養で頼朝を狙うという筋は、長門本『平家物語』の第十九に、大仏供養に際会して頼朝の降人となった中務之丞宗助《なかつかさのじょうむねすけ》が頼朝を狙ったとあるが、これが景清劇ないし景清説話の主想となっているらしい。

幸若や謡曲《ようきょく》の景清が母胎となって、やがて浄瑠璃・歌舞伎に盛んに脚色された。浄瑠璃では近松の『出世景清《しゅっせかげきよ》』が最も古く、以来景清は曾我兄弟に匹敵する人気を持つようになった。しかして概して、それ等は曾我狂言の中に取り入れられ、その趣向も様々で中には断片的なものもあるが、景清が剛勇無比の人物として誇張的に扱われている事は、そのいずれもに共通するところである。江戸歌舞伎においては、春狂言には必ず上演されるようになった。それというのも景清は座頭《ざがしら》俳優の役と決《き》まっていたし、春狂言にふさわしい潑剌《はつらつ》とした力に満ちていたからである。出世景清・大仏供養の景清・日向島の景清・茶の湯景清（非人景清）・琵琶の景清・岩戸の景清・所作事の丹前景清《たんぜんかげきよ》等の系統が、彼此相錯綜《ひしあいさくそう》して歌舞伎界を賑わしたのであるが、歌舞伎十八番の牢破り『景清』も、数多い景清劇中から選ばれたもので、主人公の性格から言っても荒事的《あらごとてき》存在で、それが市川家の家芸となったのも偶然でない。

平家の遺臣景清が源家に捕えられ鎌倉の土牢に押籠められたが、源家の禄《ろく》は一粒一滴も咽喉を通そうとしない。平家伝来の重器青山《せいざん》の琵琶と青葉《あおば》の笛の所在を詮議しようとして、秩《ちち》父《ぶ》重忠と岩永左衛門の二人が景清を吟味したが、頑として白状せぬ。景清の娘人丸《ひとまる》と妻の阿《あ》古屋《こや》も召捕われて景清の面前に引出され、これを枷《かせ》に責めても更に言わない。重忠の情《なさけ》あるはからいも効なく、景清は遂に怒って牢を破り荒れ廻るという。これが略筋で、元文四年初演当時の役割は左の如くであった。

悪七兵衛景清（二代目團十郎）、秩父重忠（八代目市村羽左衛門）、岩永左衛門（二代目松本幸四郎）、娘人丸（滝中歌川）、阿古屋（富沢門太郎）等。

その後明和四年の春、中村座で『初《はつ》商《あきない》大《おお》見世《みせ》曾我《そが》』の第一番目に四代目團十郎によって同じ『景清』が上演された時、多少の改訂が施され、外記節《げきぶし》であったのが大薩摩節《おおざつまぶし》に改められた。五代目團十郎は安永七年五月、中村座で『国色《かいどういちや》和《わらぎ》曾我《そが》』の第三番目で同じ景清を勤めているが、この時は初代桜田治助が大改訂をした。後代の上演は概ねこの時のものを基礎にしている。下って、七代目團十郎は天保十三年三月河原崎座において演じ、「歌舞伎十八番の内、景清」と銘記した。『続歌舞妓年代記』に、

故人五代目白猿当座に於《おい》て御評判に預り候歌舞妓十八番の内景清、此度《このたび》海老蔵に相勤めさ

せ尤《もっと》も古風《こふう》なる大薩摩《おおざつま》浄瑠璃《じょうるり》を常磐津《ときわづ》文字太夫出語《でがたり》にて奉入御覧候《ごらんにいれたてまつりそうろう》、至而古雅《いたってこが》なる狂言故、御目まだるいがちに候得共《そうらえども》、大江戸根生《おおえどねおい》の市川流家《いちかわりゅうのいえ》の芸《げい》に候えば、宜敷《よろしく》御評判願上候。

とある。大薩摩《おおざつま》を常磐津に改めたのは新機軸であり、時代の流行に応じた方法であった。しかるにこの狂言の興行中に、海老蔵は奢侈の禁令に触れ狂言は中止となり、やがて彼は江戸追放の厄に遭った。「景清は牢を破って手錠《てじょう》食い」の川柳の生れたはこの時である。八代目は嘉永二年八月、河原崎座で一度演じたが、九代目はこれを不吉として生涯勤めなかった。従って暫く中絶していたのを、明治四十一年十一月、市川高麗蔵《こまぞう》（松本幸四郎）が竹柴金作の補筆で歌舞伎座において復活上演した。

『景清』は荒事狂言であるが、舞踊的要素も持っている。

系統的に見れば、幸若舞曲の『景清』並に近松の『出世景清《しゅっせかげきよ》』に脈を引いている。即ち鎌倉に牢舎の身となった景清が、源氏の粟《ぞく》を食《は》まぬという一条がそれである。なお、阿古屋《あこや》に琴を弾かせて重器の所在をたしかめるというのは、「阿古屋の琴責」で有名な浄瑠璃『壇浦《だんのうら》兜軍記《かぶとぐんき》』から来た趣向である。もっとも、この条は既にその前元文三年春、河原崎座上場の『初緑豊年調《はつみどりほうねんしらべ》』の中に取り入れられて好評だったことが『歌舞妓年代記』には見えている。

阿古屋と人丸の登場により、哀愁の情をからませ、人情の葛藤《かっとう》を描いて優艶な情景を点出し、それと対蹠的に豪壮勇烈な景清があるいは恩愛の情に泣き、重忠の仁侠に感激《かんげき》し、岩永等の侮辱に眦《まなじり》を裂き、果ては牢を破って荒れ廻るのだから、いわゆる荒事《あらごと》の部分もあり、洒落《しやれ》も滑稽もある。しかし景清の深刻な性格の一面もしんみりと描かれている。実悪《じつあく》を得意とした四代目團十郎が、牢舎の五器口《ごきぐち》から顔を出して阿古屋と人丸に対面するの所は、「哀れに物凄く、古今の大評判」を得たという。私どもは十八番中の深刻なもの、異色あるものとして考えたい。

（本作の校訂には、渥美《あつみ》清太郎氏所蔵の台本（天保十三年七代目上演本『岩藤浪白石《いわふじなみのしらいし》』の、三升屋二三治筆の原本より謄写せるもの）を基礎とし、従来の活字本をも参照した。）

主要参照書目

『歌舞妓十八番考』（石塚豊芥子）「景清芸談」（松本幸四郎、『演芸画報』明治四十一年十二月号）

『続歌舞妓年代記』（同）『市川團十郎の代々』（伊原青々園）

『芸苑講談』（関根黙庵）『日本文学大辞典』（新潮社）

矢の根

『矢の根《やね》』の初演は享保十四年正月で、江戸中村座の『扇恵方曾我《すえひろえほうそが》』の第一番目として、二代目市川團十郎により上演された。

『矢の根』という名題《なだい》は、作中の曾我の五郎が矢の根を研《と》ぐに由来する。名題《なだい》としては、矢の根五郎・鏃五郎《やのねごろう》・念力矢の根五郎・分身鏃五郎《ぶんじんやのねごろう》・念力荒人神《あらひとがみ》・英名鏃五郎・神通《じんつう》矢の根五郎・別家鏃五郎《でだなやのねごろう》・寿《ことぶき》根元矢根《こんげんやのね》五郎《ごろう》等々が、興行によりて用いられている。

曾我兄弟の話は『東鑑《あずまかがみ》』や『曾我物語』に伝えられ、武士道の精華としてまた国民的崇《すう》敬《けい》の的《まと》として人口に膾炙《かいしゃ》し、早くより謡曲に幸若舞曲に古浄瑠璃に脚色さるるところとなった。蓋《けだ》し五郎十郎の兄弟二人が長年の間父河津《かわづ》三郎の仇工藤《くどう》祐経を狙い、艱難辛苦《かんなんしんく》の果に討取ったという事実が、孝に生き武を尚《たっと》ぶ我が国民性と結びついて、後代の同情賞讃と歓迎とをうけるようになったのである。しかも源義経の生涯がそうであったごとく、曾我兄弟の物語も、人気あり又それ自身が戯曲的性質に富んでいるために、作者は好んでこれに題材を仰いだ。

かの近松門左衛門の歌舞伎狂言には『大名《だいみよう》なぐさみ曾我《そが》』があり、浄瑠璃にも天和三年の『世継曾我《よつぎそが》』以来享保三年の名作『曾我会稽山《そがかいけいざん》』に至るまで十一種の曾我物がある。それ等はいずれも時流に投じ観衆の嗜好《しこう》に応じたからである。

曾我の物語が江戸歌舞伎に取り入れられたのは、明暦元年正月山村座の『曾我十番斬』を以てその嚆矢《こうし》とする。更にこれが市川家の手で演ぜられたのは、延宝三年五月山村座の『勝《かち》時誉曾我《どきほまれそが》』が最初で、五郎時致を初代團十郎が勤めた。以後曾我狂言は形を変え名を変え、様々の趣向を凝《こ》らして江戸の各座に上場されるようになった。下って、寛永六年の春、山村座に『愛保曾我《あいほそが》』、中村座に『傾城嵐曾我《けいせいあらしそが》』、市村座に『銘石曾我《めいせきそが》』、森田座に『福引曾我《ふくびきそが》』と、四座とも曾我狂言を上演して何れも大当りをとったので、縁起《えんぎ》を祝って、爾後江戸では初春に曾我の狂言を出す慣例を生じ、明治に至るまで続けられた。そのためには当然無理も生じ、荒唐無稽《こうとうむけい》をいやが上に重ねる結果をも生じた。曾我の名は冠しても、必ずしも五郎十郎の事蹟《じせき》を取扱ったものでないものも現われた筈である。助六実は曾我の五郎といった風の現象が夥《おびただ》しく生れた。『矢の根』もこの曾我物の一種で、吉例通りの初春狂言であること言うまでもない。しかも他の曾我狂言と異なり、草摺引《くさずりびき》と共に夢幻劇《むげんげき》として成長した所作事である。作詞者は村瀬源三郎、作曲は五世杵屋喜三郎とされている。ただし現行本は藤本斗文の筆に成ったもの。

『矢の根』の題材は、その源を幸若舞曲の『和田酒盛《わだのさかもり》』に発している。この曲では五郎が古井という所で矢の根を研《と》いでいたが、睡たさに碁盤《ごばん》を引き寄せ、枕にして臥す折しも兄十郎が枕上《まくらがみ》に立って呼び起すのに驚き醒《さ》め、下女に尋ねると兄は宵より大磯に行き留守と聞き、武具《もののぐ》を身につけ裸馬《はだかうま》に乗って駆け出すという趣向が構えられている。この『和田酒盛』が宇《う》治加賀掾《じかがのじょう》の浄瑠璃『頼朝浜出《よりともはまで》』となり、更に江戸の土佐節『風流和田酒盛《ふうりゅうわだのさかもり》』となった。細部の点に多少の相違はあっても、大綱は幸若のそれと同じである。二代目團十郎は、これに荒事趣味を加味して、曾我狂言中に仕組ませたのであるが、伝うる所によると、より直接に『矢の根』構成の上にヒントを与えた事実があった。

それは團十郎贔屓《びいき》で、当時江戸神田佐柄木《さえき》町に住む幕府の御研物師《とぎものし》、佐柄木弥太郎の家に伝えられていた、矢の根研ぎという初春の吉例儀式であったという。この弥太郎の祖先は矢の根を研ぐに妙を得たので、常に家康のお側に召されてしばしば戦場にも従った。ある時の戦いに味方危うくなり、城中に援兵を乞う武士にも事欠いたので、弥太郎にその使者を命ぜられた。弥太郎は言附け通り道を急ぐうち、一人の百姓が大根をつけた馬を曳いて来たのに逢い、その馬を奪って使命《しめい》を果したのでその機転《きてん》を賞され、天下一統の後は神田に宅地を賜わり、御研物御用を勤めさせられた。その先祖の功を忘れぬように家の紋も大根の打交《ぶっちが》えに改め、研師をやめて名主となってからも、毎年正月には矢の根研ぎの式を行い、知己を招待した。その時は、大褞袍《おおどてら》に縄襷《なわだすき》という出立《いでたち》で炬燵櫓《こたつやぐら》に腰を掛け、大きな矢を持ち、矢の根を砥石《といし》に当てて研ぐ真似《まね》をするので、如何にも奇抜で勇壮な式例だった。團十郎はしばしばこれに招かれてその実況を見、その荒事趣味に合致するを喜び舞台に取り入れ、『和田酒盛』の五郎に結びつけたというのである。

しかし私は思う、『和田酒盛』に五郎が矢の根を研ぐの条のある以上は、佐柄木家《さえきけ》の古式との関係を素直に受け入れるわけにはいかない。二代目は別として、大薩摩《おおざつま》主膳太夫とか佐柄木家に縁故《えんこ》のある者が、附会して宣伝に利用したのではなかったろうか。非常な大当りを取り、五月人形に五郎の人形が沢山に作られた話に徴しても、そうした想像のめぐらされるのも止むを得なかろうと思う。

『矢の根』の筋は至極簡単である。曾我の五郎は父の仇を討つために、炬燵櫓《こたつやぐら》に腰を掛けて、とても大きい誇張した矢の根を一心に研いでいる。折しも年始の門礼者《かどれいしゃ》大薩摩主膳太夫がやって来て、七福神や宝船の問答などがあり、太夫が帰って行くと春の日永に睡気《ねむけ》を催《もよお》し、「敵《かたき》の首引っこ抜く夢でも見べいか」と、五郎は砥石を枕にふんぞり返って暫しまどろむ。と、兄十郎の姿が幻《まぼろし》の様に現われて、今自分は工藤の館へ虜《とりこ》となっている、早く来て危難を救えと告げて消える。五郎は夢から醒めるや、むっくと起き上り、通りかかった馬士の馬を奪い、つけていた大根を鞭《むち》にし、一散に工藤の館を目指して駆けつけるというに終る。

初演には、五郎を二代目團十郎、十郎を初代沢村宗十郎が勤め、大薩摩主膳太夫の出語《でがた》りであった。

この興行は前に述べたごとく非常な大当りで、「團十郎矢の根五郎初めて勤める。古今の評判にて、五月まで続き、座元蔵を建てしを矢の根蔵と」いい、今日の西両国の矢の倉の地名はここに発すると、『歌舞妓年代記』にある。のみならず、江戸市中の評判が高いので、矢の根五郎の人形が造り出され、人形屋では五郎の人形を看板に出し、兜人形《かぶと》にも造られたということが『歌舞妓十八番考』にも見えている。

『矢の根』は実に単純《たんじゅん》なものであるが、その価値は舞台上の形式美、絵画美にある。人形芝居化された美しい大まかな所作に、大薩摩浄瑠璃の壮快雄渾《ゆうこん》な演奏と、豪快なセリフとの諧調に夢幻的な陶酔《とうすい》を醸し出す。そこに『矢の根』の生命がある。勇壮であると同時に稚気《ちき》と誇張とを伴なうのが荒事の特色であるが、『矢の根』の興味もそこにある。しかもそのセリフには、当時の見物が最も喜んだであろうところの当込みやら、穿《うが》ち、駄洒落《だじゃれ》等が加えられて、いわゆる江戸ッ子の軽快《けいかい》な気風を端的《たんてき》に表現している。それも当代観衆の人気に投じ、異常な成功を納めた所以であったろう。

『矢の根』の舞台面で注意されるのは、市松格子《いちまつごうし》の揚障子《あげしょうじ》である。後世の曾我狂言において、「対面」や「草摺引《くさずりびき》」の場に、必ずこの市松模様の揚障子が舞台意匠として採用されるようになったのもこの曲以来だという。

二代目團十郎はその後海老蔵と改名してからも演じ、宝暦八年三月市村座の四度目を最後としているが、その時は『富士太鼓《ふじだいこ》』の趣向を取り入れ、團十郎は時致の神霊《しんれい》矢の根五郎で現われ、後の九代目市村羽左衛門なる市村亀蔵の富士太郎国次に、親の敵を討たせるため矢の根を譲《ゆず》るという筋であった。その亀蔵が宝暦十三年二月市村座で上演の時は、『帯曳小《おびひきこ》蝶昏《ちょうのたそがれ》』なる名題で、その名の示す様に『矢の根』から虎少将との帯引に変る趣向であった。市川家では、三代、四代ともにこれを演じなかったが、五代目は二回、七代目は生涯《しょうがい》に三度演じた。天保三年四月市村座上場の際、初めて「寿《ことぶき》歌舞妓十八番の内矢の根五郎」の銘を打ったのである。八代目は上演せず、九代目は二回勤めている。

市川家以外では、初代荻野伊三郎が元文元年に、初代市川男女蔵《いちかわおめぞう》が文化四年に演じて居り、二代目瀬川菊之丞は『女矢の根《おんなやのね》』を勤め、初代中村富十郎も演じたことがある。なお京阪では、初代山下金作・初代嵐雛助《あらしひなすけ》・四代目市川團蔵・三代目中村歌右衛門等によって上演されている。近来では、市川左團次（二世）、松本幸四郎（七世）、市川三升、坂東三津五郎（七世）等が勤めている。

（本作の校訂には、九代目所演〔黙阿弥自筆〕本を基礎とし、現行台本並に流布活字本を参照した。）

主要参照書目

『歌舞妓十八番考』（石塚豊芥子）
『歌舞妓年代記』（立川焉馬）
「矢の根の原拠」（黒木勘蔵『邦楽』第三ノ十一号）
「同　題材」（久保田金仙『邦楽』第三ノ二号）
「同　批評」（同昭和五年十二月号・同九年六月号其他）
「矢の根の型」（『演芸画報』明治四十四年一月号）
『日本文学大辞典』（新潮社）

毛抜

『毛抜《けぬき》』は同じ歌舞伎十八番物の『鳴神』、『不動』と共に『雷神不動北山桜《なるかみふどうきたやまざくら》』の一節で、寛保二年正月大阪の佐渡島座で、二代目團十郎により初演された。この時團十郎は三部作の主人公たる粂寺弾正《くめでらだんじょう》、鳴神上人、不動の三役を勤めたのであった。毛抜は又鑷《けぬき》とも書く。別名題として『帰　花北山桜《かえりばなきたやまざくら》』『花屋《はなや》形智勇磁石《かたちゆうのじしやく》』『妻迎《つまむかえ》　万歳　館《ばんぜいのやかた》』等の称呼がある。

十八番物の三部作でもあり、次条に『鳴神』の解題もあることだから、稿下当時の台本によって、全曲五幕の段取を述べよう。

序幕　大内の場。大内において天下の旱魃《かんばつ》に対する評議をし、北山の鳴神上人に雨乞の祈りを命じたが、上人は戒壇《かいだん》の建立《こんりゅう》を許可されなかったを恨んでこれに応じない事が分かる。
二幕目　松原の場。小野春風《おののはるかぜ》と言交した腰元小磯《こいそ》が石原瀬平（小原万兵衛）に殺され、小野小町の短冊を奪われる。
三幕目　小野の館《やかた》。即ち『毛抜』の幕で、小野の短冊の紛失と息女錦《にしき》の前《まえ》の奇病とによって、御家の騒動中へ文屋《ぶんや》家《け》の家老粂寺弾正が来て、錦の前の奇病は悪臣が磁石《じしやく》を利用したもの、短冊も悪臣の謀計と見顕わし、首尾よく解決する。
四幕目　桂團之丞の邸。天下の旱魃は鳴神上人が大内に対する恨みから龍神を封じ籠《こ》めたものと分かり、雲の絶間《たえま》姫は山に登って破戒《はかい》させようと決心する。
五幕目　岩屋の場は『鳴神』の幕。鳴神上人を雲の絶間が誘惑《ゆうわく》し、酒に酔わせておいて注連縄《しめなわ》を切り、龍神を解放したので大雨沛然《はいぜん》と降る。上人はそれと気付いて大暴《おおあば》れにあばれる。次の北山の麓《ふもと》の場で、上人は雲の絶間を捕えようとする所へ粂寺弾正が現われて上人を殺し、絶間を連れ帰る。絶間の婚礼《こんれい》の場へ上人の亡霊が出て妨げると、不動明王が現われて安泰《まんたい》になる。この最後の不動の役が歌舞伎十八番なのである。
『雷神不動北山桜』の作者は津打半十郎、安田蛙文、中田萬助の三人。また初演の時における『毛抜』の分の配役は、粂寺弾正（市川海老蔵事二代目團十郎）、小野春道《はるみち》（中島蔵右衛門）、錦の前（大和田明石）、八剣玄蕃《やつるぎげんば》・勅使《ちよくし》桜町中将（嵐七五郎）、秦民部《はたみんぶ》（佐渡島長五郎）、石原瀬平（山中平十郎）、春風（坂東豊三郎）等であった。非常な好評を博し、寛保二年正月の十六日に開場して七月中旬に至るまで、百七十余日も演続《えんぞく》してなお見物が薄くならなかったという。評判を聞き伝えて遠く四国西国からも押し寄せたので、大阪表の宿屋が満員になったともいう。その翌年には八文字屋本の『雷神不動桜』も刊行された。最も好評を博したのが『鳴神』の部分であったことは疑いないが、『毛抜』も無論異色《いしょく》ある役柄だから、歓迎されたのであった。

『歌舞妓十八番考』に「粂寺弾正という役名は元祖才牛よりあり、ただし毛抜の狂言は右を始めとする哉」とある。才牛即ち初代團十郎の勤めたというのは、元禄十三年三月江戸森田座上場の『和国御翠殿《わこくごすいでん》』のことである。また享保十八年七月江戸の市村座で、同じ二代目團十郎によって上演された『相栄山鳴神不動《おうさかやまなるかみふどう》』(津打治兵衛改訂作)においても、鳴神・不動と共に毛抜の条も演じたらしいが、それが果して後の『毛抜』と同様のものだったかどうかは判然としない。

『毛抜』としては恐らく寛保二年のを、最初のものと見てよいであろう。

『毛抜』は二代目團十郎が勤めて以来、四代・五代・七代の団十郎がそれぞれ上演している。京阪でも、三代・四代の市川團蔵、初代の尾上菊五郎、三代目の中山新九郎等が勤め、また中村富十郎が女粂寺《くめでら》の趣向で演じたこともある。七代目以後は久しく上演されなかったが、明治四十二年九月明治座において、市川左團次(二世)が復活上演した。番附の上に「歌舞伎十八番の内」と銘打ったのはこの時が最初だと言ってよい。

言うまでもなく、『毛抜』は一種のお家騒動劇である。お家騒動は元来元禄《げんろく》の上方劇壇に盛んに使用されたもので、以来歌舞伎劇には広く常套的に用いられる一形式となり、後代に至るに従ってその性質は次第に複雑化した。この作はその点では単純で、要するに玄蕃《げんば》一派の策謀《さくぼう》により、小野家を覆《くつがえ》さんとするお家騒動に過ぎぬ。この劇の持つ興味の中心は全体としての筋の上にあるのでなくして、部分的な趣向の奇抜《きばつ》さにある。蓋《けだ》し題名の拠って来るところの、毛抜《けぬき》の躍るに基づいて、磁石の謀計を見破る一条こそ、この作の焦点をなすものである。息女の髪が逆立《さかだ》つという趣向も奇抜なら、それが天井裏に仕《し》掛《か》けた大磁石の作用であるというに至っては、人の意表に出た奇想と言うべきで、この不思議な妖怪味を科学の力によって解決をつける探偵小説的の興味に、この作の覗《ねら》い所がある。

既に説いた通り、一般に感情的なのが江戸の気風であり、理智的なのが上方の人気であった。江戸の荒事劇もそうした背景を持って生れたものだし、上方の傾城事《けいせいごと》もそういう気風の上に生長した。しかるに『毛抜』は同じく歌舞伎十八番物とは言いながら、荒事風に誇張された演出であるにしても、純粋の荒事ではない。劇の性質としてはむしろ和実である。しかして、どことなく活歴劇めいて、理屈っぽい運び方で、情趣にも音楽的情調にも乏しい。磁石を持ち出したのは、能狂言の『磁石』によっているのではないかとも考えられるが、そうではあるまい。何かこの当時の舶来品《はくらい》の中に磁石が問題になったかして、好奇心を促がし、「石の上で硝子《びいどろ》を手玉に取るよりあぶない」などという、ハイカラがった事も言わせたのであろうと思う。何となく理詰めに脚色されている所には、大阪生れ――でなくとも、大阪作者の改訂を経たることを、首肯せしむるものがある。だが、天井裏にありながら毛抜を躍らせるほどに強力な磁石だとすると、突こうとする槍《やり》でも小柄《こづか》でも、近寄れば吸い寄せてしまいはせぬかなどという偏痴気論《へんちきろん》も起って、一種のナンセンス劇という見方も考慮されないではない。

しかし趣向の奇抜と、粂寺弾正の武張っている磊落《らいらく》な、おどけた英雄的性格は痛快である。

（本作の校訂には、稿下本と思惟される台本を基礎とし、『歌舞伎新報』『日本戯曲全集』等の活字本をも参考にした。）

主要参照書目
『歌舞妓十八番考』（石塚豊芥子）　『歌舞妓年代記』（立川焉馬）
「毛抜の型」（伊原青々園、市川左團次、『歌舞伎（第一次）』第百十一号）
「毛抜の研究」（小山内薫、『演芸画報』大正十一年七月号）
「舞台の印象」（楠山正雄、『演芸画報』大正六年六月号）
「毛抜の考証」（渥美清太郎、『演芸画報』昭和三年二月号）
「毛抜考」（兼子伴雨、同誌同号）　『日本文学大辞典』（新潮社）

鳴　神

『鳴神《なるかみ》』は通称で、本名題は『雷神不動北山桜《なるかみふどうきたやまざくら》』という。また『桜花雲鳴神不動《はなのくもなるかみふどう》』『鳴神上人北山桜』『鳴神上人五穀雨』『鳴神上人行力桜』等の別名題もある。作者は津打半十郎、中田萬助、安田蛙文の三名で、寛保二年正月大阪大西芝居に書おろし上演された。主演者は二代目市川團十郎（当時海老蔵）であった。

『鳴神《なるかみ》』の題材と沿革については、既に『歌舞伎名作集』上巻所収の『源平雷伝記《げんぺいなるかみでんき》』の解題に詳しく述べた。能の『一角仙人』に出発し、貞享元年二月十五日より江戸中村座で初代團十郎により上演された『門松四天王《かどまつしてんのう》』が鳴神劇の祖をなし、元禄十一年同座において再演すると同時に大改訂を施したのが『源平雷伝記《げんぺいなるかみでんき》』であった。その後上演毎に好評を博し、戯曲としても著しき発達を見た。二代目が初めて勤めたのは宝永七年で、元祖の七回忌という名目だった。その後享保十八年に江戸市村座で、『相栄山鳴神不動《おうさかやまなるかみふどう》』の名題で演じ、津打治兵衛の筆で改訂された。そうして更に上阪に際して増補して出来上ったものが、即ち本巻集録の『雷神不動北山桜《なるかみふどうきたやまざくら》』だということになる。

この『源平雷伝記』から『北山桜』に至る約五十年間に、いかように戯曲的展開を遂げているかを、彼此対照の上観察してほしい。なお『鳴神』を包含する全曲の梗概《こうがい》は、『毛抜』の解題中に述べたが、その時の配役は、鳴神上人（市川海老蔵）、黒雲坊《こくうんぼう》（佐渡島長五郎）、白雲坊《はくうんぼう》（市川助五郎）、雲の絶間《たえま》（初代尾上菊五郎）等であった。この時の興行が異常な成功を収めたので、翌寛保三年八月、同じ大阪の豊竹座に上場された『久米仙人吉野桜《くめのせんにんよしのざくら》』（為永太郎兵衛作浄瑠璃）の第五段目には、そっくり『鳴神』の条が摂取された。

七代目團十郎が初めて演じたのは文化九年六月、市村座の『京詣雷神桜《きょうもうでなるかみざくら》』であったが、後天保五年三月大阪角の芝居で演じた時、初めて「歌舞妓狂言尽し十八番之内、鳴神桜《なるかみざくら》」と銘を打ったのである。九代目は生涯に一度も演ぜず、暫く中絶していたのを明治四十三年五月岡鬼太郎氏の補筆により、明治座で左團次（二世）が復活し、しばしば上演されている。所作《しょさ》浄瑠璃は最初は外記節《げきぶし》であったが、その後大薩摩となり、常磐津《ときわづ》となり、清元の用いられたこともある。近来は長唄である。


『鳴神』は典型的な荒事劇《あらごとげき》で、また代表的な江戸狂言である。しかし、十八番物の中では、最も近代的な味を持っており、恒久的な内容を持っている。かつまた戯曲として見ても、科白劇《せりふげき》として完全な形式を持っていると言える。江戸狂言としては合理的であり、恐らく一《ひと》幕物《まくもの》として現代人の胸を打つこと歌舞伎十八番中の随一であろう。

大内への怨みを抱いて、天下に雨を降らせまいと龍神を封じ込め、行法に専念《せんねん》する我執の強い、意志の強い鳴神上人は、聖僧《せいそう》ではあったが矢張り人間だった。一度は誘惑を意識し、絶間姫をしりぞけたものの、次第に本能意慾《ほんのういよく》に打ち負かされ、峨々たる山奥の、暮れて行く庵室を、きらびやかにも艶《えん》な絶間姫とただ二人の世界とした時には、戒を破って酒も飲み、姫の好意を求める一個の人間となる。神秘的な空気の中に現実の世界を巧みに描き出している。酔いしれている中に裏切られた鳴神上人は夢魔からさめ、憤怒《ふんぬ》のあまり物凄《ものすご》い形相《ぎょうそう》で荒れ狂い、岩石を砕き侍僧を投げ殺し、再び超現実的な世界を現出する。歌舞伎の一幕物として立派に独立性を持っているし、推移といい変化といい自然であり、狙い所が単純なだけに力強い傑作である。

（校訂に際しては『毛抜』と同じく、寛保の稿下原本と思しきものを基礎とし、在来の活字本をも参照した。）

主要参照書目

『歌舞妓年代記』（立川焉馬）　『江戸芝居年代記』（著者未詳）
『歌舞妓十八番考』（石塚豊芥子）　「鳴神の研究」（小山内薫、『演芸画報』大正十一年一月号）
『続歌舞妓年代記』（同）　「同」（『演芸画報』昭和八年二月号）

暫

同じ歌舞伎十八番の内でも、この『暫《しばらく》』は他の物とは全く性質を異にしている。『矢の根』にせよ『助六』にせよ、『鳴神』でも『毛抜』でも、脚本にはまず定本《ていほん》があると言ってよい。それは無論上演毎に進化もしており、所演俳優によって多少の変更はあったにしても、定本はあったと言える。が『暫』だけは型破《かたやぶ》りで、江戸時代に演ぜられた何百回かの『暫』には一つも同一のものはなかったのである。近年しばしば演ぜられる時の『暫』

は、ツラネだけがその時に新作される外は、一定の台本によっている。これは九代目團十郎が最終に演じた明治二十八年以来の話しで、その以前には、ただ一つの要点以外は、上演毎に筋や趣向の変った新作にするのが慣例になっていた。その要点というのは、眼目の局面《シチユエーション》である。即ち、悪人が暴慢《ぼうまん》、惨虐《ざんぎやく》を敢てしようとしているところへ、主人公である荒事役《あらごとやく》が「暫く」と声を掛けて現われ、悪人共を膺懲《ようちよう》する点である。この要所はいずれの場合にも共通せる根幹であって、『暫』の題名もそこから生じている。

本巻に収めた『暫』は現行定本《ていほん》とも称すべき九代目の所演台本であるが、参考用として、古い形式や要素を多分に含む天明期の、いかにも歌舞伎全盛時代の『暫』らしい『暫』を同時に採録したのは、上に述べたような理由があるからだ（天明期の『暫』は電子版に収載——編集部注）。ここでついでながら両者の解説を述べる。

第一の『暫』は、いわば江戸時代の『暫』のエッセンスともいうべきものである。福地桜痴《おうち》の改訂を経て、夾雑物《きようざつぶつ》を出来るだけ排除し、当時の九代目の趣味に合致するように高雅なものに編整したものである。「例の茶番めきたる事は一切ヌキとなし、ツラネも桜痴居士の手にて多少訂正をなし、——大福帳の件を書きなお」したと、『続々歌舞伎年代記』にもある。明治二十八年十一月東京歌舞伎座で、九代目の第三回目上演で大好評を博した。この時の主なる配役は次のようであった。

鎌倉権五郎《ごんごろう》景政（九代目團十郎）、清原武衡《たけひら》（市川権十郎）、鹿島入道震斎（市川新蔵）、足柄左衛門《あしがらさえもん》（先代市川寿美蔵）、荏原八郎（先代市川八百蔵）、東金《とうがね》太郎（先代市川猿之助）、垣生《はにゅう》五郎（市川猿蔵）、加茂の次郎（市川染五郎―松本幸四郎）、同三郎（市川團次郎）、宝木蔵人《たからぎくらんど》（市川歌仙）、豊島平太（市川幡谷）、田方運八（市川三寿蔵）、海上藤内《うながみとうない》（市川大よし）、大住兵次（中村太郎）、那須の妹照葉（市川女寅）、息女桂《かつら》の前《まえ》（中村明石）、老女呉竹《くれたけ》（中村富十郎）等。

第二の『暫』は天明二年十一月江戸市村座の『伊勢平氏栄花暦《いせへいじえいがごよみ》』の三立目《みたてめ》に演ぜられ、市川高麗蔵（後の五世松本幸四郎）の暫《しばらく》で、役名は上総七郎景清。この幸四郎は鼻が高かったので鼻高幸四郎と呼ばれ、時代物にもよく、また写実的な世話狂言の名手で、寛政から文化・文政にかけての名優であった。何しろ明和・安永・天明といえば江戸歌舞伎の全盛時代である。思いきって遊戯本能を発揮して、洒落《しゃれ》のめし、ふざけちらした時代の『暫』の見本といってもいい。いかにものんびりとしている。興行時間の観念などは毛頭もなかった時代のことだ。馬鹿々々しくもあり、おかしくもあり、面白くもありという作柄である。上演の時の配役は次の通り。

上総七郎景清（市川高麗蔵後の五世松本幸四郎）、ウケ平宗盛《たいらのむねもり》（市川幾蔵）、股野の五郎（中村助五郎）、鯰坊主《なまずぼうず》いかめ入道幽慶（鳴海五郎四郎）、文珠《もんじゅ》の智恵助《ちえすけ》実ハ六条の助太夫宗信（山科四郎十郎）、非人五郎蔵《ごろぞう》実ハ有王丸（坂東熊十郎）、瀬尾《せのお》太郎兼康（三代目山中平九郎）、伊曾呂《いそろ》平馬（中村秀蔵）、中納言基房（袖崎いせの）、能勢《のせ》の九郎定国（市川滝蔵）、奴永井大部《ながいだいぶ》（宮崎八蔵）、宇野の兵衛国広（松本大五郎）、和田の小文治義兼（中島勘蔵）、荒岡《あらおか》八郎妹八重垣（瀬川富滝）、八重垣妹早咲（中村彦太郎）、男舞《おとこまい》綾子姫（芳沢

五郎市）、かぶき花田丸（きかた堅太郎）、同滝田丸（中村よし蔵）、同品田《しなだ》丸《まる》（大谷国太郎）等。

前に述べた通り、江戸時代の『暫』は上演毎に新作だった。座附狂言作者は顔見世に際して変った趣向を競って立てたのである。そうして『暫』はほとんど一番目狂言の三立目《みたてめ》（今日の序幕）に置くのが習慣だったから、立作者《たてさくしゃ》の執筆することはむしろ少なく、二枚目もしくは三枚目の作者を指導して書かせたものであろう。右の『伊勢《いせ》平氏《へいじ》栄花暦《えいがごよみ》』の時の「三建（立）目暫の段」は斉馬《せいば》雪《せつ》の作である。馬雪はあまり著名でないために、伝記《でんき》も未詳であるが、宝暦十三年から金井三平の門下として作者道に入った。初名は瀬井秀助。明和五年には中村座から森田座に転じ翌年二枚目作者に出世した。同八年十一月から馬雪を名乗り、天明元年の十一月から斉馬雪と改称し翌年立作者となった。即ち前記の『暫』は二枚目作者時代のものである。歿年を明らかにしないが、当時の名作者たる壕越二《に》三治《そうじ》、中村重助、初代桜田治助などのよき助手、合作者として活躍し、ことに舞踊劇の作詞者としてすぐれていたという。

『暫』は何時の頃いかにして始められ、いかようの発達を遂げたか、この問題にはなお幾多の疑問はあるが、おおよその伝統だけを述べて見よう。

今日のところでは、ともかくも「暫《しばら》く」と声をかけた最初の劇は、元禄十年正月、江戸中村座に上演された『参会名《さんかいな》護《ご》屋《や》』だということになっている。作者は初代市川團十郎自身であった。その第二番目北野天満宮社頭の場に、『暫』が盛り込んであった。東山家の後見役正親町太宰之丞が北野の社に参詣し、雷丸の名剣を奉納しようとすると、若君春王の奉納した「大福帳」と書いた絵馬が懸っているので、それを引下ろそうと手を掛ける折しも、「暫く」と声がかかる。留める者は何奴かと問うに答えて、東山の家来不破伴左衛門が現われ、「まことに一花《いっか》開《ひら》けてより、尚御《なおお》恵《めぐ》みの四方《よも》の春《はる》——」のセリフを言い、大福帳の謂《いわ》れを述べ立てた後、太宰之丞を説伏して再び大福帳を懸けるというものだった。そうして不破の役は元祖市川團十郎であった。ただしこの際呼物《よびもの》となり、後世までも『暫』の附物《つきもの》となった大福帳のツラネは、必ずしもこれが最初ではなかった。既に元禄五年森田座上場の『大福帳朝比奈百物語』にもあり、同七年正月京都村山座の『源氏武者 誉《ほまれの》勢力』においても、同じく團十郎が朝比奈の役で大福帳の故事来歴を述べ立てている。しかしながら「暫く」という掛《かけ》声《ごえ》のあった芝居、いわゆる暫劇なるものを形造った最初のものは、やはり『参会名《さんかいな》護屋《ごや》』とされているのである。

元祖團十郎は、その後もしばしば暫の役を勤めているが、その舞台における扮装を古図によって見ると、野郎頭《やろうあたま》に鎌髭《かまひげ》、烏帽子、素袍《すおう》の片肌を脱ぎ、一本太刀《だち》という武骨ないでたちで、すこぶる原始的な、粉飾《ふんしょく》の施されざる荒事狂言だったらしく、今日のとは大いに異なっている。

しかしてそうした演出様式を洗練して、整備したのは二代目團十郎の功績であった。二代目は正徳四年十一月中村座の『万民大福帳《ばんみんだいふくちょう》』において、鎌倉権五郎の役名で『暫』を演じた。この時の状況を『歌舞妓年代記』は次のごとく語っている。「鎌倉の権五郎景政に團十郎、宗任に山中平九郎、大福帳へ手を懸けるところにて、暫くと声を掛ける狂言のきっかけなるを、実悪の開山と呼ばれたる平九郎、親團十郎と競《せ》り合《あ》いし者なれば、二代目今年二十七歳、日頃の狂言にも青二《あおに》才《さい》々と侮りし故、初日セリフばかりにて引きおろそうかと言いて帳へ手をかけず、その時團十郎暫くと声をかけず、さしもの平九郎舞台の間《ま》が抜ける故、エエしょう事がない引きおろすべいか、ドリヤと言う時暫《しば》くと声かけ團十郎出でず、また間の抜けし故平九郎、今引きおろさんとする所へ、暫《しばら》くと声をかけたは何者だやいと、腹立まぎれに言えば團十郎『暫く』、平九郎『暫くとはやい』この時團十郎『しばらく〳〵』と言いて、揚幕《あげまく》より出ずる。誠に平九郎は腹立顔、龍虎の争いのごとく、見物のどよむ声両町《りょうちょう》の茶屋にひびき、如何《いか》成《な》るぞというばかりなりと、故人の物語なり。大入大評判、ことに角《すみ》鬘《かずら》の暫《しばらく》これを初めとす。されば暫《しばらく》うけ答え三度に及ぶ事、今に顔見世の吉例となる。元祖團十郎暫の初まりは惣身を赤く塗り、長袴《ながばかま》をくくり、龍神巻《りゅうじんまき》の素袍《すおう》にて赦免状《しゃめんじょう》などを持ち、しばらく〳〵と声をかけて出《で》たることとなるを、その後大紋《だいもん》の形《なり》、塗顔の荒事なりしを、二代目團十郎工夫にて八反の素袍、角鬘《すみかずら》、大太刀にて出ずるとかや」とある。

　これによると、『暫』の演出形式、型というものは、正徳四年上演の時に完成されたようであるが、今日ではそれは誤りであることが指摘されるようになった。三度呼止めの『暫』を勧めたのは、実は享保二年十一月森田座の『奉納太平記』の時であり、角前髪《すみまえがみ》に素袍の扮装の大成されたのは、元文元年十一月河原崎座の『順風太平記』の時であるらしい。これは

『日本文学大辞典』において秋葉芳美氏の述べている所であるが、『歌舞妓年代記』には齟齬《そご》脱漏が少くないのだから、新資料による研究を是《ぜ》とすべきである。

なお、この狂言を毎年十一月の顔見世《かおみせ》興行に演ずる慣習は、二代目の時に定まったことで、元祖時代には正月狂言として演じたこともあり、五月狂言として扱われたこともあった。問題の『万民大福帳《ばんみんだいふくちょう》』を正徳四年十一月に二代目が勤めて、大当りを取った頃から、顔見世狂言の吉例として確立された。

『暫』はその後四代・五代の團十郎に受け継がれたが、五代目が劇界を退隠するや幾分廃《すた》れ気味《ぎみ》になったのを、七代目に至って復活し、九代目によって継承され、由緒ある古典芸術としての『暫』は連綿として今日に及んでいる。しかしてこの『暫』を寿狂言《ことぶききょうげん》十八番中に選定したのは七代目であるが、初めて、「歌舞伎十八番の内」と名題に冠したのは、九代目の最終上演たる明治二十八年十一月の歌舞伎座の時であった。

以上は市川家に伝来した『暫』について述べたのだが、無論市川家の荒事《あらごと》として生れたのだから、専売品の観はあったが、他家の俳優により、また女方による『女暫』なるものも早くから現われている。これについて文化二年版八文字屋自笑の『役者一口商』には、『暫』を真行草《しんぎょうそう》の三種に分類して、

（真）　二代目團十郎の『万民大福帳』に始まりて、市川家代々及び門弟がその正統を伝えて勤めるもの。（評に析。木を切る斧のごとく勢猛なり）

（行）初代團蔵『和合一字太平記』に三升《みます》に一を抜き海老蔵と和合して『暫』を勤めてよりこの系あり、二代目團蔵宝暦十二年長裃の暫を勤めて当る。（評に車。見物のどよめき車のごとし）

（草）本行を略して種々の工夫によるもの。瀬川如皐が振袖姿で柿の素袍を着せた團十郎の人形を手にのせた、女暫などは草中の草なり。（評に曰。よしあしの曰《いわ》くあり）

と言っている。「真《しん》」は即ち『参会名護屋』を母胎《ぼたい》として『万民大福帳』を経て『順風太平記』に至って完成し、以て今日に及ぶところの市川家々芸としての本格の『暫』を指す。ただし市川家以外の俳優も盛んに上演している。「行《ぎょう》」も系統的に見れば矢張り市川家より出たもので、二代目團十郎自身も上演している。例えば奴の形《なり》装で演じた『奴暫《やっこしばらく》』、先きに暫を一人登場させ、あとからもう一人、より強い暫を登場させる『二重の暫《しばらく》』のごときである。八文字屋が「草《そう》」として扱っている『女暫』も、要するに男を女に置きかえただけのもので、女方が一座に勢力を持った時、あるいは座頭《ざがしら》が荒事役者でないような時に出した。延享二年十一月市村座の『婦楠観粧鑑《おんなくすのきよそおいかがみ》』に二代目芳沢あやめが楠女房《にょうぼう》菊水役で演じたのを最初とし、その扮装までも『暫』と同一にして演出したのは寛政三年河原崎座『御影《みえい》講妙法《こうのりの》鉢木《はちのき》』に四代目岩井半四郎が演じたのを最初としている。後者の時には、大谷広次の和田の太郎が三つ扇の柱建《はしらだて》を引きおろそうとするところへ、秋田之助が暫くと声をかけて出で、小佐川常世の女房と出逢って半四郎は女の姿になり、顔の隈《くま》をおとし、衣裳をはずすと、町芸者お仲になるという趣向が構えられていた。『女暫』も種々に変遷し、様々の趣向が凝《こ》らされたが、弘化元年十一月市村座で坂東しうかの上演以来中絶していた。それを明治三十四年十一月市村座で、中村歌右衛門（五代目）が芝翫《しかん》時代に巴御前《ともえごぜん》の役名で復活上演し、また女優では森律子が大正七年二月帝国劇場で舞鶴の役名で勤めた。

『暫』に必ずなくてはならないものにツラネがある。これは「大福帳」の来歴を、爽快に流《りゅう》暢《ちょう》に言い立て、それが大好評であった所に基づいている。元来ツラネは延年《えんねん》の舞《まい》の「連事《ツラネ》」の伝統を引くもので、一種の雄弁術《エロキューション》である。元祖團十郎ことに二代目團十郎は名調子で非常な雄弁であったと伝えられている。五代目も七代目も九代目も稀なる名調子だった。内容としてはほとんど何等の価値のない芝居であるだけに、暫の役を演ずる人には、押出しの利《き》く柄《がら》と凜々《りんりん》たる名調子（音声）という条件を必須としたのであった。ツラネは毎回新作され、これだけは今日もその時々に新らしくされる。しかし旧来の『暫』の趣向同様、ツラネも翻作が多かった。大抵が焼きなおしであり、また場当り風の、個人的の挨拶《あいさつ》を交えたものであることや、「ホホ、敬まって白《もう》す」というのが結末であることなどは、付録のツラネ集によって見ても分かる。

『暫』の芝居のどこが面白いと訊《き》かれればどこも面白いと答えよう、どこが詰らないかと訊《き》かれればどこも詰らないと答えよう――と岡鬼太郎氏は言っている。やかましく言えば、『暫』の文化史的な意義、成り立ち、古い江戸歌舞伎に理解を持って眺めれば、どこもかも面白い、もしそうでなく、合理的常識的な演劇の立場からすれば、他愛のない童話劇みたいなもので、正しく一篇のナンセンス劇であり笑劇《ファース》でもある。何が故に江戸の庶民は毎年々々、それも三座同時に競演されても、これを歓迎し陶酔せんとしたのであろうか。これには少くも二つの理由があると思う。

その一つは主題《テーマ》である。公卿《くげ》の悪人が難癖をつけて善人を虐げる、そこへ豪快にして勇猛なる暫《しばらく》が出現して悪人共を取りひしぎ、撫《な》で切りにして善人を救う。この心持は、江戸時代の庶民の心を表現したものだった。武家階級に対する庶民階級の対立、今日からは想像も及ばないような厳重な階級制度が存して、堪え難き圧迫を忍んでいたのであった。『暫』はその遣る瀬ない鬱陶《うっとう》しい心持を、思う存分に爆発せしめ、痛快を叫ぶよすがとなった。ウケと呼ばれる公卿一味の悪人は、圧迫を加え、暴虐を敢てする武家階級の象徴、虐げられる善人は善良なる庶民、そこへ「暫《しばらく》」なる空想的英雄を創造して、対立階級を木端微塵《こっぱみじん》にする、庶民はそれに胸を打たれた。自分等に代って万丈の気焔《きえん》を吐いてくれるのだから、何物にも替え難い痛快さを味わったのも無理はない。そこに庶民の熱烈な支持を受けた根本的の理由があった。

他の一つは顔見世狂言として、甚《はなは》だふさわしいものだったということである。登場人物が多くて、いろいろな役柄が含まれている。暫は立役《たちやく》の座頭《ざがしら》、ウケは実悪《じつあく》、中《なか》ウケというウケの家来には敵役《かたきやく》、善人には立役また色男役である二枚目《まいめ》、鯰坊主は道外方《どうけかた》で三枚目、立女方が女鯰、若女方がお姫様といった風に、新らしく一座を組織した俳優全部が、それぞれの役どころにおいて観客にお目見得《めみえ》できる、しかも洒落《しゃれ》沢山《だくさん》で他愛なく悦ばすことができる。それから、舞台面が豪壮華麗で、各役の扮装が色彩に富んでいて絵のようで、音楽美にも満ちている。これも、賑やかであるべき顔見世月の、歌舞伎狂言たるにふさわしかった。

主要参照書目

『歌舞妓年代記』(立川焉馬)　『歌舞伎狂言往来』(渥美清太郎)
『歌舞妓十八番考』(石塚豊芥子)　『團十郎の芝居』(伊原青々園)
『続歌舞妓年代記』(同)　『日本文学大辞典』(新潮社)
『続々歌舞伎年代記』(田村成義)
「『暫』研究」(『演芸画報』大正八年十一、十二月号及び昭和八年二月号)

助　六

『助六《すけろく》』は歌舞伎十八番物のうちで、時代にして世話《せわ》、荒事にして和事《わごと》という特色ある狂言で、『暫』を除けば、最も上演度数が多い。

初演は正徳三年三月、二代目團十郎が山村座の『花館愛護桜《はなやかたあいごのさくら》』(又『花館泰平愛護若』)の二番目に、揚巻《あげまき》の助六を勤めた時だと言われる。その時の狂言の内容は明瞭でないが、吉原の酒売新兵衛のところで男達が酒を飲んでいる。そこへ花川戸助六実は大道寺《だいどうじ》田《た》畑之《はたの》助《すけ》が二三人の男達を追い駈けて来て、髭《ひげ》の意休《いきゅう》との達引になる。それを遊女の揚巻《あげまき》や喜世川《きせがわ》が中に入って留《と》め、やがて意休は新兵衛に敵《かたき》と見顕わされて逃げる。これを助六と新兵衛が追って敵《かたき》を討つという筋であったらしい。配役は助六が團十郎、新兵衛が生島新五郎、髭《ひげ》の意休《いきゅう》が山中平九郎、揚巻が玉沢林弥という顔触《かおぶ》れであった。

さて『助六』の題材となったものは何であるか、『歌舞妓年代記』は、五代目團十郎の言葉として次のように記している。「都太夫一中浄瑠璃に、萬屋助六心中というありてことの外流行《はやり》けるについで、又元禄の頃髭の無休《むきゅう》といえる遊客のありしを取入れ、花川戸の助六という男達の元吉原《もとよしわら》へ通いし事を今揚巻に仕組んで、祖父團十郎作者津《つ》打治《うちじ》兵《へ》衛《え》と相談にて作りし狂言也とかや」と。

都一中《みやこいっちゅう》が語った浄瑠璃は延宝六年五月なのであるが、この助六心中は延宝の初年にあった事実で、島原の遊女揚巻《あげまき》と萬屋助六とが恋仲《こいなか》になり、助六は縁切金千両を貰って親から勘当をうけたが、その金で揚巻を身請《みうけ》し、二人は心中したというのである。しかし一中節より早く延宝六年三月の『上巻助六千日寺心中《あげまきすけろくせんにちでらしんじゅう》』やその他種々の浄瑠璃に作られていたし、一中節でも後に『蟬のぬけがら』や『傾城《けいせい》おかた成《なり》』等が生れている。歌舞伎の方でも、延宝七年に京都四条の芝居で『萬屋助六扇屋揚巻二代道行《にだいのみちゆき》』、延宝三年十一月京都早雲座に『助六心中紙子《かみこ》姿』、同じく大阪片岡座に『京助六心中』、享保二年七月には大阪中の芝居で『萬屋助六廓通』等も続々興行された。

いずれにせよ、かく浄瑠璃化され歌舞伎化される程に、有名な心中事件であった。しかしてそれが一中節を通して江戸に移入され、江戸の巷談《こうだん》事実が混入して、十八番の『助六』を生むに至ったものであろう。

言伝えによると、宝永頃に江戸浅草の花川戸《はなかわど》に戸沢助六という侠客が居たとか、花川戸助六という男達《おとこだて》が居たとか、助六の存在について種々の説がなされ、この助六が、当時有名な三浦屋の遊女揚巻《あげまき》と馴染《なじ》んで、恋敵の田中三左衛門という武士と吉原で喧嘩をしたと伝えられている。又作中に出る髭《ひげ》の意休《いきゅう》という人物のモデルについても、元禄当時吉原に居た髭の無休という幇間であるという説、廓《くるわ》へ繁く出入した侠客の自休《じきゅう》であるとの説もある。この自休は直接のモデルになったものらしく、彼は本名を深見十左衛門貞国と言い、江戸奉行が侠客を処分した時、隠岐《おき》の国へ島流しになった程の人物で、乱暴者として当時評判の高かったのを、芝居に利用したものであろう。この自休の部下にかん貫《ぬき》門兵衛という町奴《まちやっこ》があった。これが劇中のくわんぺら門兵衛であろうという。

二代目が初演の時の助六の拵《こしら》えや演出は、今日のそれと大いに異なり、黒紬《くろつむぎ》へ三升《みます》と牡丹《ぼたん》模様の伏縫《ふせぬい》、巾広《はばびろ》の帯に樺色《かばいろ》木綿の鉢巻で、紺足袋《こんたび》に一本ざし、しかも両肌を脱ぎ尺八を振上げて、相手を追掛けながら舞台へ出るという変ったもので、如何にも初期の単純な荒事劇らしい面影《おもかげ》が窺える。

その後三年目の、享保元年中村座の二月狂言『式例《しきれい》和《やわらぎ》曾《そ》我《が》』で、彼は二度目の助六を勤めた。作者は津打治兵衛である。

この上演で注目さるべきは、助六の本名が曾我の五郎になったことである。題名の依ってきたる所以で、以後『助六』は曾我の世界のものとなった。扮装や演出は初演に比してはるかに変化を遂げている。黒小袖《くろこそで》に小さ刀《ちいがたな》、紫の鉢巻、下駄穿《げたばき》という姿で、尺八を手に提げ、蛇の目傘をさして現われ、友切丸詮議《ともきりまるせんぎ》のため廓へ入り込み意休を殺し刀を取り返して白酒売《しろざけうり》新兵衛に渡し、空から花の散るを見て「やがてこの身も散る花の」と思入れして幕を閉じるという趣向であった。助六の出には江戸半太夫節が用いられていた。初演の時に比較すれば著しく和事味《わごとみ》が加えられ、全体として今日の『助六』に大分接近している。わずか三四年間に、そうした演出上の大変化を見たのは、時代への対応だったのでもあるが、大まかな単純な荒事では、廓情調の豊かな助六劇には不適当だったが為であろう。

その後享保十八年三月市村座で、市村竹之丞（後の八代目羽左衛門）が『英分身曾我《はなぶさぶんじんそが》』で助六を勤めた。浄瑠璃名題を『所縁江戸桜《ゆかりのえどざくら》』といい、初めて河東節《かとうぶし》で語られ、これ以来本筋の『助六』は、河東節に限られるようになった。次に元文四年二代目の息三代目團十郎が、市村座の『通曾我《かよいそが》』の第三番目『助六定紋英《すけろくじょうもんのはなぶさ》』において助六を演じている。この時の衣裳は杏葉牡丹《ぎょようぼたん》の五所紋《いつところもん》、裾《すそ》は色《いろ》ざしで水に海老の模様、下着を重ね帯は三升形《みますがた》の織出《おりだ》し、黒塗下駄に黒鼻緒《くろはなお》であったという。

次に、既に海老蔵と改名していた二代目團十郎が、寛延二年三月中村座で一世一代と銘打って三度目の助六を勤めた。即ち『男文字曾我物語』の二番目で、浄瑠璃名題は『助六廓《すけろくくるわの》家桜《いえざくら》』、藤本斗文の作であった。おおよそ、この時に『助六』の形式は完成し、今日に伝わる助六劇の基礎が固定されたと見られている。即ち黒羽二重の小袖に紅絹裏《もみうら》、杏葉牡丹友禅の五所紋、下着は浅黄無垢《あさぎむく》で一つ前に着なしている。綾織《あやおり》の帯、一つ印籠《いんろう》、尺八を後ろにさし、紫縮緬の鉢巻を左に結び、蛇《じゃ》の目傘をさし、桐柾《きりまさ》くりぬきの下駄、左の手に小褄《こつま》を取り、仲の町の花の雨という心持で、花道から出たのであった。『歌舞妓年代記』に「この年吉原にて、初めて桜を植えたるに付、舞台一面花道まで桜、桟《さ》敷《じき》仲の町の道具立《だて》にて、江戸浄瑠璃大評判大当り也《なり》」とあるように、舞台装置に必ず用いられる桜も、この時が最初であった。

かくて助六劇が一度確立するや、以後は上演毎に一層洗練され大成されて行った。果して、いつ頃一幕物として、今日の形式のごとく独立したかは明らかでないが、筆者の蔵書中に安永八年三月中村座上演の台本がある。二代市川門之助の助六、四代岩井半四郎の揚巻であるが、作者は初代桜田治助と笠縫《かさぬい》専助である。この台本は現存『助六』中最古のものらしいが、天明に入って上演された『助六曲輪名取草《すけろくくるわのなとりぐさ》』とほとんど同一である。これより先、明和八年三月、五代團十郎が中村座で上演した時にも初代桜田治助は立作者であった。治助が『助六』の最も有力な補筆者、改修者であることは伝えられているが、これによって見れば、明和には今日見るごとき台本にまで到達していたことを知る。しかして、『勧進帳』は時代が新らしいから別だが、『助六』の台本というものは、早くから古典視された故もあろうが、早くに完成されたまま明治まで、そっくり定本的に維持されて来ている。これは『矢の根』以外には見られない現象である。

爾来幾多の復演を経て、天保三年三月江戸市村座において七代目團十郎四度目の上演に際して、「寿狂言《ことぶききょうげん》十八番の内」と銘打たれたのである。十八番物の最も大きな『助六』が、歌舞伎十八番の魁《さきがけ》をなしたことは偶然でないが、なおこの時には『外郎売《ういろううり》』を初めて助六劇中に取入れたことも記憶されねばならない。七代目がどんな心持で歌舞伎十八番を選定したり、『外郎売』を挿入したりしたかは、概説で述べたから繰返さない。

なお『助六』が市川家の家芸であることは言うまでもないが、他家の俳優も演じている。八代目市村羽左衛門、初代尾上菊五郎、二代目市川門之助等が勤めたことは既述の通りだが、今日でも市村羽左衛門（十五世）、松本幸四郎（七世）、六代目菊五郎、河原崎長十郎によりしばしば上演されている。

江戸末期の名優市川小團次は、安政五年三月の市村座改築落成興行の時、『助六』上演の希望を抱いていたが、助六は柄と調子を条件とする役なので、小男で音声の悪い小團次には不向だから、黙阿弥は彼のために世話狂言風に翻作した『黒手組助六』を書いている。また天明五年二月には桐座で、『重重《やえ》一人《ひとえ》重歌曾我《ことのはぞが》』の二番目に、三代目瀬川菊之丞が『春昔《はるはむかし》由縁英《ゆかりのはなぶさ》』の名題で五変化の所作事を出したが、その中に長唄を地とする『女《おんな》助六』があった。単なる所作事であるが、その後五代目岩井半四郎、四代目中村歌右衛門等により、あるいは七変化、あるいは八変化等で、『所作《しよさ》の助六』が上演された。今日長唄に伝わる『助六』はその一つである。これらは助六劇の変形として注目さるべきである。

当時の庶民に許された社交機関であった遊廓を背景とし、現実の江戸生活を舞台上に描いた助六劇は、当然観衆から異常な歓迎をうけると共に、いわゆる贔屓筋《ひいきすじ》と密接な関係を持つに至った。たとえば、蔵前《くらまえ》、魚河岸、吉原等には芝居側より『助六』開演前に挨拶《あいさつ》に行き、魚河岸からは助六の鉢巻料《はちまきりょう》として紫縮緬を贈り、吉原からは煙管《きせる》を贈り傘《かさ》や提燈を貸すという慣例も生まれた。ここにも吉例古式を重んずる歌舞伎劇の特質が窺える。

『助六』の梗概は、述べる必要もないくらいだが、やはり簡単に書き添えておく。

曾我の五郎時宗《ときむね》は養父祐信《すけのぶ》のために、源家の重宝友切丸《ともぎりまる》を詮議《せんぎ》のため、花川戸の助六と変名して廓へ足繁く出入し、喧嘩をしかけては人の帯刀を検《しら》べていた。助六は三浦屋の傾城《けいせい》揚巻と深き契りを結んでいる。一方助六の放埒《ほうらつ》な身持を案じた母の満江《まんこう》や、白酒売新兵衛に身をやつした兄の十郎は、助六に逢って様々に意見し、満江は助六が喧嘩を止めるよう、また廓通いを止めるよう、揚巻に頼む。振られても振られても揚巻に執念《しつこ》く言い寄る男に、髭の意休《いきゅう》というがあった。彼は子分のくわんぺら門兵衛や朝顔《あさがお》千平等を引きつれて吉原を横行するのだが、助六は彼の腰の物こそ尋ねる友切丸と悟り、三浦屋の店頭《みせさき》で揚巻を中にはさんで意休と恋の達引《たてひき》をした末、助六は彼の刀が友切丸であることを確かめ、遂に意休を斬《き》って友切丸を取り返す。

物語《ストーリー》としては、御家騒動の一端を吉原において解決するだけのことだが、十八番物中では最も複雑であり、人物もそれぞれ性格を持っているし、今日の時間にして約三時間半を要する一幕物である。場　面《シチユエーション》の変化にも富み、心理経過の起伏もあり、音楽美、色彩美《しきさいび》と相まって舞台効果を挙げている。

『助六』一篇は、まさに吉原レヴューないしページェントであると私は思う。

江戸庶民の歓楽境また社交場であった吉原を舞台にとり、桜を見せ、花魁《おいらん》の道中を見せ、劇場の内外をことごとく吉原情調に包み、実際の吉原や縁故《えんこ》の深い蔵前、魚河岸からは特別の援助をする。遊侠の徒が現われ、通人が現われ、荒事と和事を兼ねた英雄的の助六が現われ、意気と張りを見せた揚巻《あげまき》が現われる。黒羽二重の助六、織物《おりもの》の意休、盛装した道中姿の傾城、禿《かむろ》。廓情調に引き入れる清掻《すががき》に河東節《かとうぶし》、傾城出《けいせいで》の唄《うた》——色彩と音楽で構成《モンタージュ》されたレヴューであり、ページェントである。舞踊もあり、音楽的なツラネもあり、命を的にかけた際どい喧嘩にスリルを感じ、滑稽味もあり、天水桶の水のザァザァとこぼれるのに眼を見張る。

ここにも『暫』と同じく階級闘争の爆発がある。武士階級の暴虐を代表する意休一派を、庶民の理想的性格たる助六が散々に罵り、その非を暴露し、心ゆくまで復仇するのである。江戸の庶民が如何に熱意を以て『助六』に愛著したか測り知られない。鷹揚《おうよう》で暢気で、大胆で率直で、放胆《ほうたん》で自由で、洒落《しゃれ》な味わいに満ちている、安永・天明以後に抬頭した黄表紙洒落本の趣味がこの中にも横溢している。軽い愉快な、極彩色の浮世絵《うきよえ》のような散文詩である。俗味、卑俗味もここまで洗練されると、艶麗にして豪壮な美術になる。

この劇に付随して書くべき事は多く、また後世への影響あるいは一般文学に及ぼしたところも少くない。が、こまかいことは註釈の中に出来るだけ入れておいた。

（本作の校訂には、安永八年三月の二代目門之助の所演本を基礎とし、堀越家所蔵の文化八年七代目上演台本、明治十七年九代目の上演台本を始め、流布の活字本をも参照した。）

主要参照書目

『歌舞妓年代記』（立川焉馬）　『江戸文学研究』（山口剛）
『歌舞妓十八番考』（石塚豊芥子）　『文学と演劇』（小山内薫）
『続歌舞妓年代記』（同）　『名曲選』（高野辰之）
『助六由縁江戸桜の型』（木村錦花・遠藤為春）　『近世演劇考説』（黒木勘蔵）
『竹の屋劇評集』（饗庭篁村）
『歌舞伎狂言往来』（渥美清太郎）　「助六研究」（『演芸画報』大正四年四・五月号及び昭和五年五月号）
『團十郎の芝居』（伊原青々園）

勧《かん》進《じん》帳《ちょう》

安宅新関の場

役名

九郎判官源義経	片岡八郎
富樫の左衛門	亀井の六郎
武蔵坊弁慶	番卒三人
常陸坊海尊	太刀持[*1]
伊勢の三郎	長唄囃子連中

※本舞台《ほんぶたい》一面《めん》の置舞台《おきぶたい》、※向《むこ》う松《まつ》の襖《ふすま》、※左右若竹《さゆうわかたけ》の書起《かきおこ》し、※正面常足《しょうめんつねあし》の壇《だん》、毛氈掛《もうせんか》けあり、※日覆《ひおおい》より破風《はふ》の摺込《すりこ》みの天幕《てんまく》、上《かみ》の方《かた》 ※切戸口《きりどぐち》、下《しも》の方揚幕《かたあげまく》、総《すべ》て※本行《ほんぎょう》好《ごの》みの通《とお》り飾《かざ》りつけよろしく、※片《かた》シャギリ、柝無《きな》しにて幕明《まくあ》く。[*2]

ト※頭取出《とうどりで》て、元祖團十郎百九十年の寿《ことぶき》として歌舞伎《かぶき》十八番の内中絶《うちちゅうぜつ》したる勧進帳《かんじんちょう》の

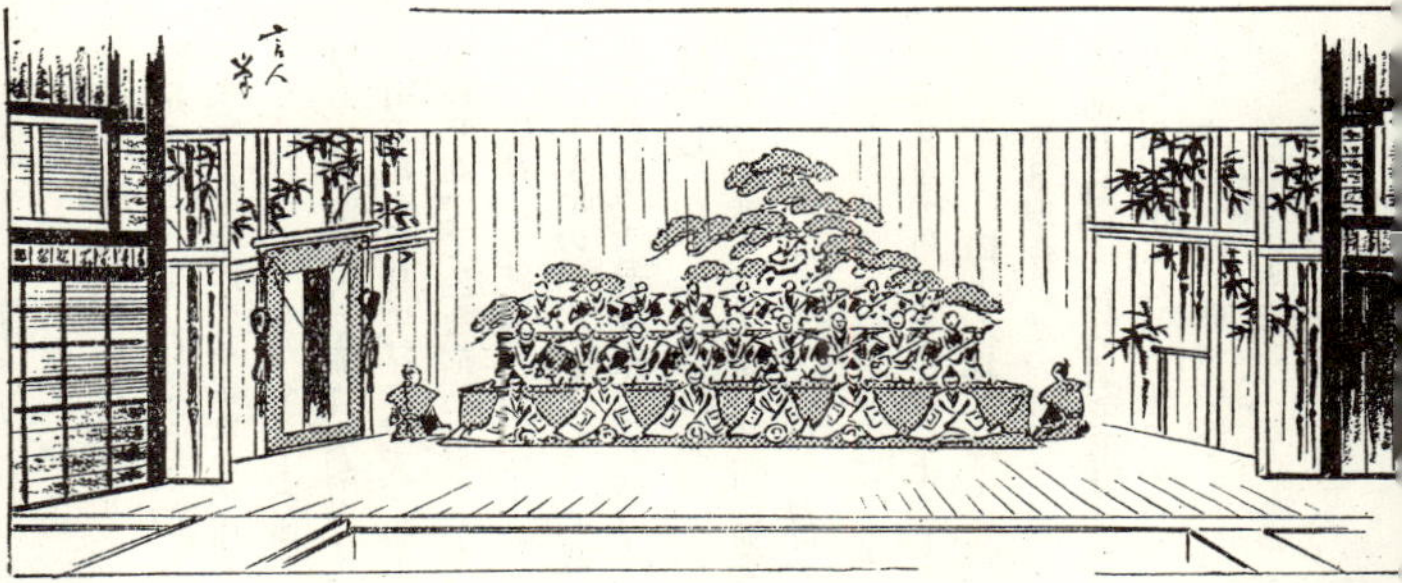

狂言《きょうげん》相勤《あいつと》め候《そうろう》口上《こうじょう》よろしくあって、※役人触《やくにんぶれ》を読《よ》み、其《その》為《ため》※口上左様《こうじょうさよう》と上手《かみて》へはいる。此内下手《このうちしもて》より長唄連中《ながうたれんじゅう》上下《かみしも》にて出《で》て来《きた》り壇《だん》の上へ居並《いなら》ぶと、」*3※笛《ふえ》のあしらいになり、下手《しもて》より富樫《とがし》の左衛門《さえもん》出《で》て来《く》る、跡《あと》より太刀持《たちもち》、番卒甲《ばんそつこう》、乙《おつ》、丙《へい》の三人附添《にんつきそ》い出《で》て来《きた》り、*4

＊1役名中、番卒は士卒とした場合も多くあり、初演の時には「卒子」となっている。また太刀持は明治五年以来能にならって設けた。**○本舞台一面の置舞台**　本舞台は橋掛りや附舞台や花道に対した名称である。置舞台は所作舞台とも敷舞台ともいう。高さ四寸、幅三尺、長さ八尺の檜製の台である。普通の舞台には切穴や釘穴や凹凸があるので、所作事の動作を滑らかにし、又足拍子の音を高く立てるために用いる。その置舞台を本舞台一面に敷きつめる。本舞台のみでなく今日は、花道まで敷きつめて用いる。**○向う松の襖**　「向う」は正面。正面の背景は松を描いた襖即ち張物になっている。「松を描いた鏡板」とした台本もある。後には「松を描いた松羽目」となった。何れにしても製作法に大した変りはない。「能取り物」と呼ばれる能・狂言から移植した所作事は、皆松を画いた松羽目を背景とするから「松羽目物」と称している。**○左右若竹の書起し**　本舞台の左右即ち上手、下手共に若い竹を描い

てある。書起しというのは元来日本画の描法であるが、片ぼかしにくっきりと画いてあるをいう。○**正面常足の壇…**　正面松羽目の前に常足即ち高さ一尺四寸の足の付いた壇があって、毛氈をかけてある。即ち長唄囃子連中が居並ぶための所謂雛壇が設けられている。緋毛氈をかけて、いかにも雛壇のようだからそういう。言うまでもなく、上の段が唄うたいと三味線、下の段が太鼓、大・小鼓、笛の座である。○**日覆より…**　日覆は古く歌舞伎劇場に屋根のなかった時代、舞台に日光の射すを防ぐため、舞台の前方に、日覆い用の幕を吊り下げたので、後世舞台前の上方を日覆と称するようになった。摺込みは染色の方法で、型木を押しあてて色を摺込むから言うので、染めた天幕、幕というに同じ。つまり全体を能舞台と見せるために、能舞台の破風付きの屋根を見せたのである。これは九代目になってから廃された。○**切戸口…**　能舞台の上手奥の出入口をいう。臆病口ともいう。次の「下の方」は「橋掛り」の積りなので、橋掛りとした台本もある。○**本行好みの通り**　本行は能をいう。能舞台を摸した装置よろしくである。○**片シャギリ、柝無し**　片シャギリは太鼓と能管で物静かな囃子。柝無しは拍子木なしで、どこまでも能の心持である。***2**この舞台書きは、初演台本なのであるが、今日一般に行われるものは次の如くになっている。「本舞台一面の置舞台、向う松の板羽目、左右若竹の書割、正面常足の壇、上手臆病口、下手と向う揚幕、片シャギリにて幕明く」。同じことである。（壇は古くは段と書いている）○**頭取出て**　楽屋頭取である。この演目に重味をつけ、また特に上演した主旨を述べる。○**役人触**　役人替名の次第即ち役割を、触れ、発表するをいう。○**口上左様**　口上の終った時はいつもこういう。「口上、左様に御承知あられましょう」の略である。***3**現今普通の興行には口上は述べない。また長唄囃子連中は幕の明く前に雛壇に列んでいる。○**笛のあしらい**　笛の音を程よく織り込ませる。***4**初演以来太刀持の役はなかったが、第七回目明治五年に九代目が演じた時以来この役が設けられた。富樫の衣裳を「梨子打烏帽子、素袍にて」と書いた台本があり、また次の「斯様に候う者は云々」のセリフの前に、富樫「いかに、者共あるか」。番卒三人「御ん前に候」とあるのもある。しかしこのセリフは近年用いられない。

富樫　※斯様《かよう》に候《そうろ》う者《もの》は、加賀《かが》の国《くに》の住人《じゅうにん》、富樫《とがし》の左衛門《さえもん》にて候《そうろう》。さても※頼朝義経御《よりともよしつねおん》仲不和《なかふわ》とならせ給《たも》うにより、※判官《ほうがん》どの主従《しゅじゅう》、※作《つく》り山伏《やまぶし》となり、※陸奥《みちのく》へ下向《げこう》のよし、鎌倉殿《かまくらどの》聞《きこ》し召《め》し及《およ》ばれ、国々《くにぐに》に斯《か》く新関《しんせき》を立《た》て、山伏《やまぶし》を堅《かた》く詮議《せんぎ》せよとの厳命《げんめい》によって、それがし此《こ》の関《せき》を相守《あいまも》る。方々《かたがた》、左様心得《さようこころえ》てよかろう。

卒甲　ハッ、仰《おお》せの如《ごと》く、この程《ほど》も怪《あや》しげなる山伏《やまぶし》を捕《とら》え、※梟木《きょうぼく》に掛《か》け並《なら》べ置《お》きましてござりまする。*5

卒乙　随分《ずいぶん》※ものに心得《こころえ》、われわれ御後《おんあと》に控《ひか》え、もし山伏《やまぶし》と見《み》るならば、御前《ごぜん》へ引《ひ》き据《す》え申すべし。*6

卒丙　修験者《しゅげんじゃ》たる者《もの》来《きた》りなば、即座《そくざ》に縄《なわ》かけ、打取《うちと》るよう、

卒甲　いずれも警固《けいご》、

三人　いたしてござりまする。

富樫　※いしくも各《おのおの》申されたり、猶《なお》も山伏来《やまぶしきた》りなば、謀計《はかりごと》を以《もっ》て虜《とりこ》にし、鎌倉殿《かまくらどの》の御《み》心安《こころやす》んじ申すべし。方々《かたがた》、この儀《ぎ》※きっと番頭仕《ばんとうつかまつ》れ。

三人　心得《こころえ》て候《そうろう》。（ト皆々上《みなみなかみ》の方《かた》によろしく※住《すま》うと、※次第《しだい》になり、）

〽※旅《たび》の衣《ころも》は篠懸《すずかけ》の、旅の衣は篠懸の、露《つゆ》けき袖《そで》やしおるらん。〽時《とき》しも頃《ころ》は※如月《きさらぎ》の、如月《きさらぎ》

の十日《とおか》の夜《よ》、月《つき》の都《みやこ》を立《た》ち出《い》でて、*7ト※三絃入《しやみせんい》り、大小寄《だいしょうよ》せになり、※向《むこ》うより 源《みなもとのよしつね》　義経、※笈《おい》を背負《せお》い、※網代笠《あじろがさ》、※金剛杖《こんごうづえ》を持《も》ち出《で》て、花道《はなみち》へとまる。

○斯様に候う者は　かく此処に罷り出でた者は。この件は、能にいう名乗りである。**○頼朝義経…**　義経は平家討伐に大功を立てたが、一面また頼朝の誤解をも受け、梶原景時の讒言にもより、叛逆者と見なされ、不和が醸された。それをいう。**○判官**　「ほうがん」は「はんがん」の音便。検非違使の尉をいう。源九郎義経を指している。**○作り山伏**　仮に山伏の姿に作る。にせ山伏。山伏は古くは山野に出でて修行する僧をいったが、後には修験者、法印のことをそう呼んだ。**○陸奥へ下向**　陸奥の藤原秀衡を頼って下る。**○梟木**　さらし首に用いる木。さらし木。ごくもん台。**＊5**「置きましてござりまする」を「置いて候」とした台本もある。後者は近年の慣用である。**○ものに心得**　物に気をつけ。しっかりと注意して。**＊6**「引き据え」を「引っ立て」とした台本もある。**○いしくも申されたり**　「いしく」は、よくも、けなげにも、殊勝にもの意。よく言ってくれた。**○きっと番頭仕れ**　番頭は商店の雇人の頭をいうのであるが、ここでは警固し、番をするをいう。しっかりと守れ。**○住う**　座をしめるをいう。「富樫上手へ行き、葛桶に腰をかけ、太刀持その後ろへ、番卒一同は上手奥へ住う」ということになる。葛桶は能に用うる腰掛け台で腰桶とも呼ばれ、古くは鼓桶と呼んだという。**○次第になり**　元は声明より出たというが、能楽の詞。能にて役者が舞台に現われ、その現われた次第由来を述べる時、又は一番の能のうちで特別な舞の始まろうとする時謡う七五、七五の字数の文句をいい、又その文句を謡う役者が舞台に出る時の囃子をもいう。大鼓と小鼓を用いる。次の旅の衣云々は謡曲『安宅』の次第の文句と同一である。**○旅の衣は篠懸の…**　篠懸は、山伏が身に著ける麻の上衣をいう。これは修行のため深山に入る時、露をふせぐために用いられたのだが、後には山伏の法衣として扱われた。「露けき袖云々」は衣の袖が露でぬれ、しぼるばかりになるであろう。また篠懸や狩衣などの袖くくり紐もいう。露にぬれると衣の露とをかけたのである。つまり篠懸を着て遠い旅に出ることであるが、道々露にぬれつつ果てしない旅をつづけると、行末を思いやるの意。○**如月の…**　如月は旧暦二月の称。あたかも時は二月の十日の夜。『吾妻鑑』には文治三年二月とあり、『義経記』には文治二年二月二日とある。**＊7**有名な文句である。〽旅の衣の件には「謡」と肩に入れ、〽時しも頃はの件には「外記」と肩に入れたのがある。外記は大薩摩節の祖である。前者は謡がかりで荘重に唄い出し、〽時しもからは、外記節風の節で唄うという指定である。しかし今日は始めが「謡いがかり」、後のは大薩摩である。○**三絃入り、大小寄せになり**　人寄せ合方ともいう。大鼓・小鼓と三味線で、時代物に限って用いられ、人物の出入りに使う。○**向う**　この「向う」は花道。○**笈**　修験者や行脚僧等が、旅中書籍、衣服、食器等を入れて背に負う箱。○**網代笠**　網代は檜のへぎ、又は竹、葦などの薄く細くしたのを、斜に縦横に編んだものをいう。その網代で作った笠。○**金剛杖**　行者が金剛堅固の所作の象徴とする杖。

〽※これやこの、行《ゆ》くも帰《かえ》るも別《わか》れては、知《し》るも知《し》らぬも、逢坂《おうさか》の山隠《やまかく》す霞《かすみ》ぞ春《はる》はゆかしける、※浪路《なみじ》はるかに行《ゆ》く船《ふね》の、※海津《かいづ》の浦《うら》に着《つ》きにけり。*8
トこの唄《うた》にて、向《むこ》うより、伊勢《いせ》の三郎《さぶろう》、片岡八郎《かたおかはちろう》、亀井《かめい》の六郎《ろくろう》、常陸坊海尊《ひたちぼうかいそん》、何《いず》れも山《やま》伏《ぶし》の拵《こしら》えにて、※兜巾《ときん》、篠懸《すずかけ》、小《ちい》さ刀《がたな》、珠数《じゅず》を持ち、※中啓《ちゅうけい》を手に出《で》て来《きた》り、後《あと》より武蔵坊《むさしぼう》弁慶《べんけい》、※好《この》みの拵《こしら》え、珠数を持ち、※文句《もんく》一ぱいに出《で》て、花道《はなみち》にとまる。※コイヤイになり、*9

○これやこの…　『後撰集』の「これやこの行くも帰るも別れつつ（異本、ては）、知るも知らぬも逢坂の関」、『古今集』の「山かくす春の霞ぞ怨めしき、いずれ都の境なるらん」の二首を引用したもの。意味は、既に都を立ち出でて逢坂の関をも越すことであるが、それにつけても都の方がなつかしく、春霞のたなびく都の空を振りかえってみるというのである。**○浪路はるかに**　近江のことだから、ここは湖水を渡るさま。**○海津の浦**　海津は、近江の国高島郡に在って、越前への順路である。浦は海岸、湖岸。**＊8**歌舞伎では山伏は四人もしくは五人であるが能では九人山伏が出る。その辺の関係から、「海津の浦に着きにけり」で終っていて、安宅まで行く文句がない。能ではなおこの後に「東雲早く明けゆけば、浅茅色づく有乳山――花の安宅に着きにけり」とある。これは有る方が合理的である。**○兜巾**　山伏が頭へ戴くもので、頭に鉢巻をし、その上に載せ紐を以て頤に結びつける、一種の冠り物。**○中啓**　親骨の上端を外へそらしてあるので、畳んでもなお中ぐらいは啓〔ひら〕いているように造った扇。**○好みの拵え**　好みは注文通り、希望通り。拵えは身なり、よそおい。**○文句一ぱいに出て**　「海津の浦に着きにけり」という唄の文句を唄い終るのと、弁慶が出て花道へとまるのと、ちょうど一緒になるをいう。**○コイヤイ**　大鼓・小鼓だけにて、掛声を合せては打つ。セリフの間にあしらって入れる。**＊9**能では義経の一行は、シテの弁慶、子方の判官、ツレの山伏が九人、狂言方の強力が一人と、都合十二人なのであるが歌舞伎では六人である。能では子方・シテ・ツレ・狂言の順序で登場して、舞台で二列に並んで次第を謡うのだが、歌舞伎では先ず判官が現われ、四天王が現われ、最後に弁慶が現われる。

義経　如何《いか》に弁慶《べんけい》、道々《みちみち》も申す如《ごと》く、あの如《ごと》く行《ゆ》く先々《さきざき》に関所《せきしょ》あっては、所詮《しょせん》、陸奥《みちのく》までは思《おも》いもよらず。名もなき者に討たれんよりはと、覚悟は疾《と》に極《きわ》めたれど、各《おの》各《おの》の※心《こころ》もだし難《がた》く、弁慶《べんけい》が詞《ことば》に従《したが》い、斯《か》く※強力《ごうりき》とは姿《すがた》を替《か》えたり。※面々計《めんめんはか》ろう旨《むね》ありや。

常陸　※さん候《そうろう》、帯《たい》せし太刀《たち》は何《なん》の為《ため》、※いつの時《とき》にか血《ち》を塗《ぬ》らん、君御大事《きみおんだいじ》は今《いま》この時《とき》。

伊勢　※一身《しん》の臍《ほぞ》を固《かた》め、関所の番卒《ばんそつ》切り倒し、関《せき》を破《やぶ》って越《こ》ゆるべし、

亀井　多年《たねん》の武恩《ぶおん》は、今日唯今《こんにちただいま》、

片岡　それこそ望《のぞ》む所《ところ》なれ。いでや関所《せきしょ》を、

四人　踏《ふ》み破《やぶ》らん。*10

弁慶　ヤアレ暫《しば》らく、御待《おんま》ち候《そうら》え。先程《さきほど》も申す如《ごと》く、*11 これは由々《ゆゆ》しき御大事《おんだいじ》にて候《そうろう》。この関《せき》一つ踏《ふ》み破《やぶ》って越《こ》えたりとも、行《ゆ》く先々《さきざき》の新関《しんせき》に、※かかる沙汰《さた》のある時《とき》は、求《もと》めて事《こと》を破《やぶ》るの道理、たやすくは陸奥《みちのく》へ参《まい》り難《がた》し、それゆえにこそ、兜巾《ときん》篠懸《すずかけ》を退《の》けられ、笈《おい》を御肩《おんかた》に参《まい》らせ、君《きみ》を強力《ごうりき》に仕立《した》て候《そうろう》。とにもかくにもそれがしに御任《おんまか》せあって、御痛《おんいた》わしくは候《そうら》えども、御笠《おんかさ》を深々《ふかぶか》と召《め》され、如何《いか》にも草臥《くたび》れたる体《てい》にもてなし、我《わ》れ我《わ》れより後《あと》に引下《ひきさ》がって、御通《おんとお》り候《そうら》わば、※なかなか人《ひと》は思《おも》いもより申すまじ。はるか後《あと》より御出《おんい》であろうずるにて候《そうろう》。

義経　とにもかくにも、弁慶計《べんけいはか》らい候《そうら》え。各各《おのおの》※違背《いはい》すべからず。

四人　畏《かしこ》まって候《そうろう》。
弁慶　さらば、皆々御通《みなみなおんとお》り候《そうら》え。
四人　心得《こころえ》申して候。
〽いざ通らんと旅衣、関《せき》のこなたに立《た》ちかかる。
トこれにて誂《あつら》えの鳴物《なりもの》になり、皆々本舞台《みなみなほんぶたい》へ来《く》る。*12

○**心もだし難く**　「もだし」は黙する。捨てる。忠節な家来たちの心を無にすることが出来ず。○**強力**　高山などに登る時、案内に立ち、荷物を運ぶ者をいう。ここでは山伏の下僕。荷物などを負うて従う者。○**面々計ろう旨ありや**　面々はおのおの。諸君、何か工夫がありますか。○**さん候**　「さにそうろう」の音便。左様でございます。別台本には「されば候」としたのもある。○**いつの時にか血を塗らん**　折角身に帯びている太刀を、何時役立たせましょうの意。○**一身の臍を固め**　一身は総身。臍を固めるは決心をしっかりとすること。**＊10**「踏み破らん」を四人で言わせてあるは、古い形式で、近来の演出では、前の「さん候――」のセリフ以下を亀井、片岡、伊勢三人で言い、このセリフを三人で言うと、「常陸坊は右手を上げて止める」ということになっている。で、扮装も常陸坊は一番年長にしてある。**＊11**「先程も申す」を「道々も申す」とした台本もある。松本幸四郎の直話に、師九代目が晩年になるほどこの「ヤアレ暫らく、御待ち候え」が、怒鳴らずによく四天王を圧するように底力を持つに至ったと言っている。○**かかる沙汰**　安宅の関で山伏達が関を踏み破って越えたとの知らせ。○**なかなか**　何かは何かは。とても。○**違背**　そむき従わぬ。**＊12**台本には誂えの鳴物とあるが、現行の演出では三味線のアシライだけである。義経と四天王とは花道の西際に寄って西向きとなる。弁慶は能の構えの摺足でその後を通りぬけて舞台へ行く。この間に義経は杖を亀井に渡して笠を冠り、杖を受け取って四天王の跡から舞台に行くのである。

弁慶　如何《いか》に申し候《そうろう》。これなる山伏《やまぶし》の、御関《おんせき》を罷《まか》り通《とお》り候《そうろう》。

ト番卒《ばんそつ》の三人こなしあって、

卒甲　ナニ、山伏のこの関にかかりしとや。

富樫　なんと、山伏のお通りあると申すか。心得てある。

ト立って来《きた》り、弁慶に向い、

ノウノウ客僧《※きやくそう》達、これは関にて候。

弁慶　承《うけたまわ》り候。これは南都《※なんと》東大寺《とうだいじ》建立の為に、国々《くにぐに》へ客僧《きやくそう》を遣《つか》わさる。北陸道※を此《こ》の客僧、承って罷《まか》り通り候。

富樫　近頃殊勝《ちかごろしゆしよう》には候《そうら》えども、この新関《しんせき》は山伏たる者に限り、堅く通路なり難《がた》し。

弁慶　※コハ心得《こころえ》ぬ事どもかな。して、その趣意は。

富樫　さん候《ぞうろう》。頼朝義経御仲不和《よりともよしつねおんなかふわ》にならせ給《たも》うにより、判官《ほうがん》どのは陸奥秀衡《みちのくひでひら》を頼《たの》み給《たま》い、作《つく》り山伏《やまぶし》となり下向《げこう》ある由《よし》、鎌倉殿聞《かまくらどのきこ》し召《め》し及《およ》ばれ、国々《くにぐに》へかくの如《ごと》く新関《しんせき》を立《た》てられ、それがし此《こ》の関《せき》を承《うけたまわ》る。

卒甲　山伏を詮議《せんぎ》せよとの事《こと》にて、我《わ》れ我《わ》れ番頭《ばんとう》仕《つかまつ》る。

卒乙　殊《こと》に見《み》れば、大勢《おおぜい》の山伏達。
卒丙　一人《にん》も通す事、
三人　罷《まか》りならぬ。
弁慶　委細《いさい》承り候《そうろう》。そは、作り山伏をこそ留《とど》めよとの仰《おお》せなるべし。誠《まこと》の山伏を留《とど》めよとの、仰《おお》せにてはよもあるまじ。
卒甲　イヤ、昨日も山伏を、三人まで斬りたる上は、
卒乙　たとえ誠《まこと》の山伏たりとて、容赦《ようしゃ》はなし。
卒丙　たって通れば、一命《めい》にも、
三人　及《およ》ぶべし。
弁慶　さて、その斬《き》ったる山伏、首は判官《ほうがん》どのか。
富樫　※アラむずかしや、問答無益《もんどうむやく》、一人《にん》も通す事、
三人　罷《まか》りならぬ。(卜上手《かみて》へ来《きた》り、富樫《とがし》、葛桶《かずらおけ》にかかり居《い》る。)
弁慶　言語道断《ごんごどうだん》、かかる不祥《※ふしょう》のあるべきや。この上《うえ》は力及《ちからおよ》ばず。さらば最期《※さいご》の勤《つと》めを始め、尋常《※じんじょう》に誅《ちゅう》せらりょうずるにて候。方々《かたがた》近《※ちこ》う渡《わた》り候《そうら》え。
四人　心得て候。
弁慶　いでいで、最期の勤めをなさん。

〽それ※山伏《やまぶし》といっぱ、※役《えん》の優婆塞《うばそく》の※行儀《ぎようぎ》を受《う》け、※即心即仏《そくしんそくぶつ》の本体《ほんたい》を、ここにて打留《うちと》め給《たま》わん事、※明王《みようおう》の照覧《しようらん》はかり難《がと》う、※熊野《ゆや》権現《ごんげん》の御罰《ごばつ》あたらん事、立所《たちどころ》に於《おい》て疑《うたが》いあるべからず、※唵阿鼻羅吽欠《おんあびらうんけん》と、珠数《じゆず》さらさらと押《お》し揉《も》んだり。*13

○客僧　客は旅の意で、旅僧をいう。**○南都東大寺**　東大寺は奈良市にある華厳宗の総本山。本尊は金銅の盧舎那仏。俊乗坊重源の勧進したのは、平重衡による堂塔炎上に対するもの。**○北陸道**　若狭、越前、加賀、能登、越中、越後、佐渡の七ヵ国。**○コハ心得ぬ事どもかな**　これは合点の行かぬことであるよ。**○アラむずかしや…**　「むずかし」は煩わしく厭わしきにいうので、面倒だ、うるさい。「問答無益」は問答しても何もならぬ。問答無用、ツベコベ言うな。**○不祥**　不善。不吉。こまること。**○最期の勤め**　今生最後の勤行。**○尋常に誅せらりょうず**　従順に、おとなしく斬られましょう。**○近う渡り候え**　近くへ寄りなさい。こちらへ集って下さい。**○山伏といっぱ**　「いっぱ」は「言うは」の急呼。山伏というものは。**○役の優婆塞**　役の行者である。また小角仙人と言われ修験道の祖。文武天皇の時、大和国葛上郡茅原村に住む。葛城山に登り、藤の衣を着、松の緑を食として孔雀明王の法を修すること三十年。大宝年中入唐して終に帰朝せざりきと伝えられる。**○行儀**　行法、立居振舞の作法。**○即心即仏の本体**　「即心即仏」は仏語で、その心そのまま仏となるをいう。その本体というのは、肉体の意であろう。**○明王の照覧…**　ここでは不動明王。不動明王は五大明王の一で、忿怒の相を現わし、外道、悪魔を降服するという。不動明王のみそなわすことも計りがたい。即ち、不動明王がこの不祥な、不法な事件をどう御覧なさるか、よもお悦びではあるまい。**○熊野権現の…**　紀州の熊野神社。山伏の必ず参詣し、また常に崇敬する神社。熊野神社の御罰も必ず即座に下るであろう。**○唵阿鼻羅吽欠**　下の「蘇波訶〔そはか〕」を略してある。梵語。大日如来に祈る時の呪文。この一呪に一切の諸法を含み、これを誦すれば一切の法一として成就せざるは無しとされている。「南無阿弥陀仏」に相当する語。＊13祈りの段または勤めの段と言われている。この時弁慶と四天王との位置は、次のト書きにもあるが、四菩薩の見得になる。

トこのうちノット※にて、弁慶真中《べんけいまんなか》に、左右へ二人ずつ別《わか》れ、祈《いの》りよろしくある。富樫思《とがしおもい》入《いれ》あって、

富樫　近頃殊勝《ちかごろしゅしょう》の御覚悟《おんかくご》。先に承《うけたまわ》り候《そうら》えば、南都東大寺の※勧進《かんじん》と仰《おお》せありしが、勧進帳《かんじんちょう》の御所持なき事はよもあらじ。勧進帳を※遊《あそ》ばされ候《そうら》え。これにて聴聞《ちょうもん》仕《つかまつ》らん。

弁慶　なんと、勧進帳を読《よ》めと候《そうろう》や。

富樫　如何《いか》にも。（ト弁慶思入《べんけいおもいいれ》あって、）

弁慶　心得《こころえ》て候《そうろう》。

〽元《もと》より勧進帳《かんじんちょう》※のあらばこそ、笈《おい》の内《うち》より※往来《おうらい》の巻物《まきもの》一巻取出《とりい》だし、勧進帳《かんじんちょう》と名付《なづ》けつつ
高らかにこそ読み上げけれ。

ト笈《おい》の内《うち》より一巻を出し、押し開き、

※それ、つらつらおもん見《み》れば、

ト富樫立上《とがしたちあが》り、勧進帳《かんじんちょう》を差覗《さしのぞ》く。弁慶見《べんけいみ》せじと正面《しょうめん》をむき、きっと思入《おもいいれ》＊14。

※大恩教主《だいおんきょうしゅ》の秋の月は、涅槃《ねはん》の雲《くも》に隠《かく》れ、※生死長夜《しょうじちょうや》の永《なが》き夢《ゆめ》、驚《おどろ》かすべき人《ひと》もなし。

勧進帳を読み上げる弁慶　九代目團十郎

ここに※中頃《なかごろ》の帝《みかど》おわします、御名《おんな》を※聖武皇帝《しょうむこうてい》と申し奉《たてまつ》る、※最愛の夫人に別《わか》れ、恋慕《れんぼ》の情《じょう》やみ難《がた》く、※涕泣 眼《ていきゅうまなこ》に荒《あら》く、涙玉《なんだたま》を貫《つら》ね乾《かわ》くいとまなし、故《ゆえ》に※上求菩提《じょうぐぼだい》の為《ため》、※盧《る》遮那《しゃな》仏《ぶつ》を建立し給《たも》う。然《しか》るに、※去《い》んじ寿永《じゅえい》の頃《ころ》焼亡《しょうぼう》し畢《おわ》んぬ。かかる霊場絶《た》えなん事《こと》を嘆《なげ》き、※俊 乗坊 重源 勅命《しゅんじょうぼうちょうげんちょくめい》を蒙《こう》むって、※無常《むじょう》の関門《かんもん》に涙を落し、上下《じょうげ》の親族を勧《すす》めて、彼《か》の霊場を再建《さいこん》せんと諸国に勧進す。※一紙半銭奉財《しはんせんほうざい》の輩《ともがら》は、※現世《げんぜ》にては無比《むひ》の楽《らく》に誇《ほこ》り、当来《とうらい》にては数千蓮華《れんげ》の上に坐《ざ》せん。※帰命稽首《きみょうけいしゅ》、敬《うやま》って白《もう》す。*15

〽天《てん》も響《ひび》けと読《よ》み上《あ》げたり。

○**ノット**　元来は能楽の囃子で、大・小鼓と笛であるが、歌舞伎では三味線が加わる。○**勧進**　仏寺に要する金銭、材料を諸人より募集すること。その主意を記して巻物などにしたるを勧進帳という。○**遊ばされ候え**　勧進帳は読み上げて聞かせるべきものなので、それをして下さい。どうぞ読み上げて下さい。〇**あらばこそ**　あろう筈がない。ない。〇**往来の巻物**　手紙のやりとりの文を書いたるものを往来という。その書き集めた巻物。〇**それ、つらつらおもん見れば**　よくよく考えてみるに。＊14全曲中でも次の問答、延年の舞と共にやかましい所である。「そオれエーつらつらアー、おもんみれーばー」と低く引いて重く謡のように言う。この間に富樫は立上り、忍び足に寄って、延び上り気味に覗きこむ。と弁慶これに心付いて、左足をトンと強く踏んで右足を引き、巻物を持ったまま右手を後ろへ引いて少し下げ、左手は乳のあたりにつけて首だけを富樫の方を見る気持で、上手を見上げてきまる。鼓の掛声が強くかかって、富樫も共に左の足を引いて正面切った見得できまる。弁慶が右手を次第に上げると同時に左足から円く摺り寄って、富樫の方を向きながら巻物を見られぬ程度に両手を前に出して構える。ここで富樫は下手向きに直り、弁慶は富樫の様子を窺い窺い、調子を張り上げて又読み始めるのである。〇**大恩教主…**　釈尊は衆生のためには主と師と親との三徳を兼ねているので大恩教主という。釈尊の入滅を涅槃という。仏徳円満、明らかなること秋の月の如き釈尊も遂に入滅した。月と言ったので雲に隠れと対応させた。〇**生死長夜の…**　釈尊が入滅してから、長夜の夢に等しいこの生死界の迷いを、呼びさます人も無い。〇**中頃**　上古でなく、奈良時代であるから中頃と言った。〇**聖武皇帝**　第四十五代の帝。深く仏法に御帰依遊ばされ、奈良に東大寺、諸国に国分寺を御建立遊ばされた。〇**最愛の夫人**　大仏御建立の当時は光明皇后は御在世であったので、夫人とは何人を指したものか判明しない。元来東大寺は聖武帝が国家鎮護の道場として創立されたもの。〇**涕泣眼に…**　御涙を甚だしく流し悲しまるる状。悲しんで眼に一杯涙を湛え、また涙が玉を貫きならべたように流れる。それ程に悲しみ給うをいう。〇**上求菩提**　上に向って、菩提の道を求めること。仏果を求めること。〇**盧遮那仏**　毘盧遮（舎）那の略。ここでは奈良の大仏を指す。〇**去んじ寿永の頃**　「去んじ」は往にし。過ぎにし。去る。この時の焼亡は治承四年で、寿永ではないので、九代目團十郎は治承と訂正して言った。〇**俊乗坊重源**　法然上人の弟子。東大寺焼亡後勅を奉じて再建主任者大勧進となり、文治元年八月開眼供養をした。○**無常の関門…** 関門は観門であり、親族は真俗であろうとの島津久基氏の説に賛成である。『平家物語』の第五巻、文覚勧進帳の条に「無常観門落レ涙、勧ニ上下真俗ニ」云々とあるによったものと考えられる。観門は仏語で、観法即ち心に真理を観察することを修するの方途である。なさけない有様を見て取って涙を落し、上下各階級の僧侶、俗人を説き勧めて。○**一紙半銭奉財の輩** 一枚の紙、半銭なりとも、喜捨して東大寺に寄付する人々。○**現世にては無比の楽に誇り…** 現世に在っては無上の安楽を得られ、来るべき世の未来にては、数千の蓮華の上に坐するようになる。即ち極楽浄土に生れるとの意。○**帰命稽首** 命を仏に帰すること即ち信心の極を帰命といい、首の地につくまで体を屈して拝するを稽首という。**＊15**「御名」を「みな」、「恋慕」を「追慕」、「涙玉を貫ね乾くいとまなし」を「涙玉を貫く思いを善途にひるがえし」、「寿永の頃」を「治承の頃」、「かかる霊場」を「かほどの霊場」とした台本がある。多くは明治以後能を一層参酌した九代目の演出以来である。なお読んでしまった時の形は、不動明王に準じ、巻物を右手で竪に持ち、肱を引いて右乳のあたりに構え、左手首の珠数を掌へ持ち直して縄の心で左乳のあたりに構えて立つ。

富樫　いかに候《そうろう》、勧進帳聴聞《ちょうもん》の上《うえ》は、疑いあるべからず。さりながら、事《こと》のついでに問《と》い申さん。世《よ》に仏徒《ぶつと》の姿《すがた》さまざまあり、中《なか》に山伏《やまぶし》は、※いかめしき姿《すがた》にて、仏門《ぶつもん》修行は訝《いぶ》かしし、これにも謂《いわ》れあるや如何《いか》に。＊16

弁慶　その来由《らいゆ》いと易《やす》し。それ修験《しゅげん》の法といっぱ、所謂《いわゆる》※胎蔵金剛《たいぞうこんごう》の両部《りょうぶ》を旨《むね》とし、嶮山悪所《けんざんあくしょ》を踏み開き、世に害をなす悪獣《あくじゅう》毒蛇《どくじゃ》を退治して、※現世《げんぜ》愛民《あいみん》の慈愍《じみん》を垂《た》れ、或《ある》いは難行苦行の功《こう》を積《つ》み、※悪霊《あくりょう》亡魂《ぼうこん》を成仏得脱《じょうぶつとくだつ》させ、※日月清明《じつげつせいめい》、天下泰平《てんかたいへい》の祈禱《きとう》を修す。かるが故《ゆえ》に、※内《うち》には慈悲《じひ》の徳《とく》を納《おさ》め、表《おもて》は降魔《ごうま》の相《そう》を顕《あらわ》し、悪鬼《あくき》外《げ》道《どう》を威服《いふく》せり。これ※神仏《しんぶつ》の両部《りょうぶ》にして、※百八の珠数《じゅず》に仏道《ぶつどう》の利益《りやく》を顕《あら》わす。

富樫　シテ又《また》、袈裟衣《けさころも》を身《み》にまとい、仏徒《ぶっと》の姿《すがた》にありながら、額《ひたい》に戴《いただ》く兜巾《ときん》は如何《いか》に。

弁慶　即《すなわ》ち、兜巾篠懸《ときんすずかけ》は武士の甲冑《かっちゅう》に等しく、腰《こし》には※弥陀《みだ》の利剣《りけん》を帯《たい》し、手《て》には※釈迦《しゃか》の金剛杖《こんごうづえ》にて、大地を突いて踏み開き、※高山絶所《こうざんぜっしょ》を縦横《じゅうおう》せり。

富樫　寺僧《じそう》は※錫杖《しゃくじょう》を携《たずさ》うるに、山伏修験《やまぶししゅげん》の金剛杖《こんごうづえ》に、五体《ごたい》を固《かた》むる謂《いわ》れはなんと。

弁慶　※事《こと》も愚《おろ》かや、金剛杖は※天竺檀特山《てんじくだんどくせん》の神人《しんじん》、※阿羅邏仙人《あららせんにん》の持《も》ち給《たま》いし霊杖《れいじょう》にて、胎蔵金剛《たいぞうこんごう》の功徳《くどく》を籠《こ》めり。※釈尊《しゃくそん》いまだ瞿曇沙弥《くどんしゃみ》と申せし時、阿羅邏仙《あららせん》に※給仕《ぎゅうじ》して苦《く》行《ぎょう》したまい、やや功積《こうつも》る。仙人その信力強勢《しんりきごうせい》を感じ、瞿曇沙弥《くどんしゃみ》を改《あらた》めて、照普比丘《しょうふびく》と名付《なづ》けたり。*17

○いかめしき姿　おごそかな、厳重な姿。小刀も帯し、金剛杖を携えているからいった。**＊16**これからが問答である。能にあっては、勧進帳の読み上げに先立っておかれているが、これは歌舞伎の方が効果的でもあり、またずっと複雑になっている。講談師口調でもある。**○胎蔵金剛**　仏語。金胎両部などともいう。胎蔵界は理としての絶対界で、大日如来を理の方面より開示した部門。金剛界は大日如来を智徳の方面より開示した部門。この両部を二図の曼陀羅に現わしたるを両界曼陀羅という。**○現世愛民…**　現世の万民を愛すること。**○悪霊亡魂を…**　祟りをする死霊、怨霊や死人の魂に対して、仏果を成就せしめ、解脱の徳を得せしむる。**○日月清明**　日月を曇らし掩うものを払って、明朗にする。**○内には慈悲の…**　内心にはなさけ深くやわらかい心を以て徳をおさめ、表には魔神を降服せしめる、いかめしき姿を現わして、悪しき鬼畜即ち精霊、真理に反すると思惟する所の外道を威嚇して服従せしめるのである。**○神仏…**　神と仏とを兼ねた両部というのであるが、これは意味をなしていない。多分金剛・胎蔵両部の教理を以て神道を説明せんとした、所謂両部神道のことを持ち出したのであろう。**○百八の珠数**　珠数は百八箇を以て作るを常法とし、五十四、四十二、二十七、十四等の顆数にて作ることもある。それでこう言った。**○弥陀の利剣**　弥陀は阿弥陀如来の略。利剣は鋭い剣。**○釈迦の金剛杖**　釈尊の携えられた金剛杖。**○高山絶所を…**　高い山、高い崖などを縦横に歩きまわった。「縦横せり」は狂言作者が固苦しく書こうとして、妙な使い方をしたのである。**○錫杖**　僧侶、修験者の持つ杖。上部は錫、中部は木、下部は牙又は角から成り、頭部は塔婆の型に象どり、数箇の鐶を掛ける。**○事も愚かや**　そのような事を御質問なさるはおろかしい。**○天竺檀特山**　天竺は印度、檀特山は弾多落迦山ともいい、北印度の古国健駄羅〔がんだら〕にある山で俗に釈迦入山修行の山とされている。**○阿羅邏仙人**　印度の哲学者。王舎城の北にある弥樓〔みる〕山に住んで、坐禅を修し、戒律を守しながら生死を脱するを主義とした。釈迦も一時師事したことがあるが、後には弟子となった。**○釈尊…**　沙弥は仏門に入って得度式を終えたばかりの、修行未熟の小僧をいう。比丘は仏門に帰依して具足戒を受けた僧をいう。沙弥の上の階級。**○給仕**　そば近く侍して、雑用を弁ずる者をいう。＊17このセリフの「事も愚かや、金剛杖は」で、巻物を持った手を右の乳のあたりからおろし、左手を前へのばして足を割り、ジリジリと摺り足で富樫の方へ詰寄り、向合って立ち、また摺足で正面に立つと、富樫もまた弁慶に詰寄る。両者の問答の呼吸の合う合わぬが問題となるところである。

富樫　して又《また》、修験に伝《つた》わりしは。

弁慶　阿羅邏仙《あららせん》より照普比丘《しょうふびく》に授《さず》かる金剛杖《こんごうづえ》はかかる霊杖《れいじょう》なれば、我《わ》が祖役《そえん》の行者《ぎょうじゃ》、これを持って山野《※さんや》を経歴《けいれき》し＊18、それより世々《よよ》にこれを伝《つた》う。

富樫　仏門《ぶつもん》にありながら、帯《たい》せし太刀《たち》はただ物《※もの》を嚇《おど》さん料《りょう》なるや。誠《まこと》に害《がい》せん料なるや。

弁慶　これぞ案山子《かかし》の弓《ゆみ》に等《ひと》しく、嚇《おど》しに佩《は》くの料《りょう》なれど仏法王法《※ぶっぽうおうほう》の害をなす、悪獣《あくじゅう》毒蛇《どくじゃ》は言《い》うに及ばず、たとえ人間なればとて、世を妨げ、仏法王法に敵する悪徒《あくと》は、一殺多生《※せったしょう》の理によって、忽《たちま》ち切《き》って捨《す》つるなり。

富樫　目《め》に遮《さえぎ》り、形《かたち》あるものは切《き》り給《たも》うべきが、モシ、無形《※むぎょう》の陰鬼《いんき》陽魔《ようま》、仏法王法に障碍《しょうげ》をなさば、何《なに》を以《もっ》て切《き》り給《たも》うや。

弁慶　無形の陰鬼陽魔亡霊は、九字真言《※じしんごん》を以《もっ》て、これを切断《せつだん》せんに、なんの難《かた》き事《こと》やあらん。

富樫　して、山伏の出立《いでたち》は。

弁慶　即《すなわ》ち、その身《み》を不動明王《ふどうみょうおう》の尊容《そんよう》に象《かたど》るなり。

富樫　頭《かしら》に戴《いただ》く兜巾《ときん》は如何《いか》に。

弁慶　これぞ五智《※ち》の宝冠《ほうかん》にて、十二因縁《※いんねん》の襞《ひだ》を取《と》って是《こ》れを戴《いただ》く。

富樫　掛《か》けたる袈裟《けさ》は。
弁慶　※九会曼陀羅《くえまんだら》の柿《かき》の篠懸《すずかけ》。
富樫　足《あし》にまといしはばき※は如何《いか》に。
弁慶　※胎蔵黒色《たいぞうこくしき》のはばきと称《しょう》す。
富樫　さて又《また》、八※つのわらんずは。
弁慶　※八葉《よう》の蓮華《れんげ》を踏《ふ》むの心《こころ》なり。
富樫　出《い》で入《い》る息《いき》は。
弁慶　※呵吽《あうん》の二字《じ》。

○**山野を経歴し**　山野を跋渉すること。山野を旅する。＊18「経歴」は九代目に至って「跋渉」と改訂された。無論改訂の方がよい。○**物を嚇さん料**　物は前の悪鬼外道等をいう。その物をおどすための道具。○**仏法王法**　釈迦の説いた道、王者の施行する法律。即ち正しき道。○**一殺多生**　一人を殺して多くの人を助け生かすこと。○**無形の陰鬼陽魔**　陰鬼は陰性の精霊、陽魔は陽性の魔物、化物。○**九字真言**　九字は中国の道家より起り、邪魅を避けるまじないとしたものだが、いつか真言宗、修験道に伝えたもの。臨兵闘者皆陳列在前〔りんぴょうとうしゃかいちんれつざいぜん〕の九字を唱え印を結び、指頭にて虚空中に四縦線、五横線を書く、これを九字を切るという。九字護身法ともいう。○**五智の宝冠**　五智円満の形を表象し宝冠。五智は界体性智・大円鏡智・平等性智・妙観察智・成所作智を言う。大日如来・金剛薩埵・虚空蔵菩薩等はこの宝冠を戴き五智円具の妙徳を現わしている。○**十二因縁の襞**　一切衆生が過去現在未来にわたり、六道に輪廻する次第および縁起を十二期に分ち、兜巾の十二のひだに表わしたというのである。その十二期とは、無明・行・識・名色・六入・触・受・愛・所有・生・老・死等である。○**九会曼陀羅** 一印会・理趣会・降三世会・降三世三昧会・成身会・羯磨会・微細会・供養会・四印会の九つを九会という。曼陀羅は仏所及び十方世界の状態を画き集めたものである。つまり柿渋色の篠懸衣は九会を集めあらわせる曼陀羅に擬したものだとの意。○**はばき** 脚絆。○**胎蔵黒色のはばき** 胎蔵界の曼陀羅を表わした黒色のはばき。○**八つのわらんず**「八つ目のわらんず」の略。八つの目のある草鞋。目は乳〔ち〕である。能では「八つ目」という。○**八葉の蓮華** 草鞋を蓮華の台座に比して、八弁の蓮華を常に踏む心だと言ったのである。○**呵呍の二字** 阿吽が正しい。開口第一の音は「あ」であり、閉口の音は「ん」である。この二字を以て字母の根元となし仏法では尊んでいる。

富樫　そもそも九字《じ》の真言《しんごん》とは、如何《いか》なる義《ぎ》にや、事《こと》のついでに問《と》い申さん。ササ、なんとなんと。

弁慶　九字は大事《だいじ》の神秘にして、語《かた》り難《がた》き事なれども、疑念の晴らさんその為《ため》に、説き聞かせ申すべし。それ九字の真言といッぱ、所謂《いわゆる》、※臨兵闘者皆陳列在前《りんぴょうとうしゃかいちんれつざいぜん》の九字なり。将《まさ》に切《き》らんとする時は、正《ただ》しく立って歯《は》を叩《たた》く事《こと》三十六度《ど》、先《ま》ず右の大指《おおゆび》を以《もっ》て四縦《じゅう》を書き、後《のち》に五横《おう》を書く。その時、※急々如律令《きゅうきゅうにょりつりょう》を呪《じゅ》する時《とき》は、あらゆる※五陰鬼《いんき》煩悩鬼《ぼんのうき》、まった悪魔《あくま》外《げ》道死霊生霊《どうしりょういきりょう》、立所《たちどころ》に亡《ほろ》ぶ事《こと》、霜に熱湯を注ぐが如《ごと》く、実《げ》に※元品《がっぽん》の無明《むみよう》を切《き》るの大利《だいり》剣《けん》、※莫耶《ばくや》が剣《けん》もなんぞ如《し》かん。［武門《ぶもん》に取《と》って呪《じゅ》を切《き》らば、敵《てき》に勝《か》つ事疑《ことうたがい》なし。」まだこの外《ほか》にも修験《しゆげん》の道、疑いあらば、尋ねに応《おう》じて答え申さん。その徳《とく》、※広大無量《こうだいむりよう》なり。肝《きも》にえりつけ、人にな語りそ、※穴賢々々《あなかしこあなかしこ》。大日本《にっぽん》の※神祇《じんぎ》諸仏菩薩《しよぶつぼさつ》も照覧《しようらん》あれ、※百拝稽首《はいけいしゆ》、恐《おそ》れみ恐《おそ》れみ謹《つつし》んで申すと※云々《うんぬん》、斯《か》くの通《とお》り。

〽感心してぞ見えにける。

富樫　ハハ斯《か》く尊《とうと》き客僧《きやくそう》を、暫時《ざんじ》も疑《うたが》い申せしは、眼《め》あって無《な》きが如《ごと》き我《わ》が※不念《ふねん》、今よりそれがし勧進の施主《せしゆ》につかん、ソレ番卒《ばんそつ》ども、※布施物《ふせもつ》持て。

三人　ハッ。(ト番卒《ばんそつ》三人上手《かみて》へはいる。)

〽士卒《しそつ》が運《はこ》ぶ広台《ひろだい》に、※白綾袴一重《しろあやはかまひとかさ》ね、※加賀絹《かがぎぬ》あまた取揃《とりそろ》え、御前《ごぜん》へこそは直《なお》しけれ。

ト此《この》うち番卒は白木《しらき》の台《だい》へ、加賀絹と白綾袴地《しろあやはかまじ》を載せ、※三方《さんぽう》へ帛紗包《ふくさづつ》みの丸鏡《まるかがみ》と、袋入りの砂金を載せ持ち出て、富樫に見せ、よき所へ並べる。

富樫　近頃些少《ちかごろさしよう》には候《そうら》えども、南都《なんと》東大寺《こうだいじ》建立の勧進、即《すなわ》ち布施物《ふせもつ》、御受納《ごじゆのう》下さらば、それがしが※功徳《くどく》、偏《ひと》えに願《ねが》い奉《たてまつ》る。

弁慶　コハ※有難《ありがた》の大檀那《だいだんな》、※現当二世《げんとうにせ》安楽《あんらく》ぞ、なんの疑《うたが》いあるべからず。重《かさ》ねて申す事の候《そうろう》。猶《なお》我《わ》れ我れは、近国《きんごく》を勧進し、※卯月半《うづきなか》ばには上《のぼ》るべし、それまでは、※嵩高《かさだか》の品々《しなじな》、お預《あず》け申す。[鏡《かがみ》一面《めん》、砂金一包受納致《しやきんひとつつみじゆのういた》す。」いかに方々《かたがた》、御通《おんとお》りあれかし。*19

四人　畏《かしこ》まって候《そうろう》。
弁慶　いでいで、急《いそ》ぎ申すべし。
四人　心得《こころえ》申して候。
〽こは嬉《うれ》しやと山伏も、しずしず立《た》って歩《あゆ》まれけり。

○**臨兵闘者…**（既出）九字真言参照。○**急々如律令**　大急ぎで律の如くあらしめたまえ、即ち何卒早く邪魅を払いたまえと念じるの意。○**五陰鬼…**　悪しき精霊や魔物をかぞえたのである。○**元品の無明…**元品は「がっぽん」とセリフに言っているが「下品」ではなかろうか。元品とすれば元本で、根本の意である。無明は仏教に説く、邪見妄執のために一切諸法の真理に闇いことをいう。何れにしても真暗な悪魔界を切りひらくの大利剣であるというのである。○**莫耶が剣**　莫耶は干将莫耶の故事に出で、古の中国の名剣の一。ここでは如何なる名剣もの意である。○**広大無量**　広くしてはかり知られない。○**穴賢…**　穴賢と書くのは当字、「あな、畏し」である。ああ畏れ多い。もったいないもったいない。○**神祇諸仏菩薩**　天神地祇諸仏諸菩薩である。かみがみ、仏も菩薩も。○**百拝稽首**　百拝は何度も礼をすること。稽首は九拝のこと。頭を地につけて何度も礼をすること。○**云々**　しかじか。妙な使い方であるが、だいたいこういうわけでございますと言ったまで。○**不念**　気づかずして済まなかったこと。不注意。「不念」でなく「あやまり」とある台本もある。○**布施物**　布施の財物。僧侶に贈る品物。施主は即ち布施する人。○**白綾袴**　白地の綾織物。模様を織り出した裂地。それを袴用として一と揃い。○**加賀絹**　生絹の一種。加賀国江沼郡庄村に起り、後能美郡小松町その他から製出された。○**三方**　方形の折敷の台の三方に孔あるもの。○**功徳**　現在又は将来を益する善い所業。○**有難の大檀那**　布施物などを多く喜捨する檀那。檀那は僧に対しての施主をいう。○**現当二世**　現在と当（将）来。○**卯月半ば**　四月半ば。○**嵩高の品々**　かさばる品。**＊19**「鏡一面云々」のセリフは、近来は省いて言わない。しかしこれは言いたいセリフである。

ト弁慶先に、四人付いて花道《はなみち》へかかる。義経《よしつね》、後《あと》より行きにかかるを、番卒《ばんそつ》甲、富樫に囁《ささや》く、富樫思入《おもいい》れあって、太刀《たち》を取《と》り立上《たちあが》り進《すす》み＊20、

富樫　いかに、それなる強力《ごうりき》、※止《と》まれとこそ。（トこれにて、皆々《みなみな》※キッとこなし。）

弁慶　ヤ、慌《あわ》てて事《こと》を仕《し》損《そん》ずな。

〽すわや我《わ》が君怪《きみあや》しむるは、※一期《ご》の浮沈爰《ふちんここ》なりと、各々後《おのおのあと》へ立帰《たちかえ》る。

トこのうち弁慶ツカツカと急ぎ舞台へ戻り、義経に向《むか》い

※こな強力《ごうりき》め、何《なに》とて通《とお》り居《お》らぬぞ。

富樫　あれは、此方《こなた》より留《とど》め申す。

弁慶　それは何《なに》ゆえ留《とど》め候《そうろう》な。

富樫　あの強力が、チト人《ひと》に似《に》たりと申す者の候《そうろう》程《ほど》に、さてこそ只今《ただいま》留めたり。

弁慶　何《なん》と、人《ひと》が人《ひと》に似《に》たりとは、珍《めず》らしからぬ仰《おお》せにこそ。さて、誰《た》れに似《に》て候《そうろう》ぞ。

富樫　判官《ほうがん》どのに似たると申す者の候《そうろう》ゆえ、※落居《らくきょ》の間《あいだ》留《とど》め申す。

弁慶　ナニ、判官どのに似《に》たる強力《ごうりき》め。一期《ご》の思《おも》い出《で》、のう腹立《はらだ》ちや。※日高《ひだか》くば能登《のと》

の国《くに》まで越《こ》そうずると思えるに、僅《わず》かの笈《おい》一つ背負《せお》うて後《あと》に下《さ》がればこそ、人《ひと》も怪《あや》しむれ。総《そう》じてこの程《ほど》より、ややもすれば判官どのよと怪《あや》しめらるるは、おのれが※仕業《しわざ》の拙《つたな》きゆえなり。ムム、思《おも》えば憎《にっく》し、憎《にっく》し憎《にっく》し、いで物見《ものみ》せん。

〽金剛杖《こんごうづえ》をおっ取《と》って、さんざんに打擲《ちょうちゃく》す。

ト弁慶、金剛杖にて義経を打つことよろしくあって、*21

通《とお》れ。

〽通れとこそは、罵《ののし》りぬ。

富樫　如何《いか》ように陳《ちん》ずるとも、通《とお》す事《こと》、

番卒三人　罷《まか》りならぬ。

弁慶　ヤ、笈《おい》に目《め》をかけ給《たも》うは、※盗人《とうにん》ぞうな。

トこれにて、四人《よにん》立《た》ちかかるを、

コリヤ。

ト留《と》める。富樫、番卒もこれを見て、立ちかかる。双方《そうほう》よろしくあって、

〽方々《かたがた》は何《なに》ゆえに、かほど賤《いや》しき強力《ごうりき》に、太刀《たち》かたなを抜《ぬ》き給《たも》うは、※目《め》だれ顔《がお》の振舞《ふるまい》、臆病の至りかと、皆《みな》山伏は※打刀《うちがたな》を抜《ぬ》きかけて、勇《いさ》みかかれる有様《ありさま》は、如何《いか》なる※天魔《てんま》鬼神《おにがみ》も恐《おそ》れつびょうぞ見《み》えにける。

ト此《この》うち、弁慶、金剛杖を持って、双方を留《と》める事《こと》よろしくあって、キッと見得《みえ》。*22

富樫　こは先達《※せんだち》の荒《※あら》けなし。まだこの上にも御疑《おんうたが》いの候《そうら》わば、この強力めを、荷物の布施もろともに、お預け申す。如何《いか》ようとも糺明あれ。但《ただ》しこれにて打ち殺し申さんや。

弁慶　然《しか》らば、只今疑《うたが》いありしは如何《いか》に。

富樫　士卒《しそつ》の者が我《わ》れへの訴《うった》え。

弁慶　御疑念《ごぎねん》晴らし、打ち殺し見せ申さんや。

富樫　イヤ、早まり給《たも》うな。番卒《ばんそつ》どものよしなき※僻目《ひがめ》より判官《ほうがん》どのにもなき人《ひと》を、疑えばこそ、斯《か》く折檻《せっかん》もし給《たも》うなれ。今は疑い晴れ候《そうろう》。とくとく誘《いざな》い通《とお》られよ。

弁慶　大檀那《だいだんな》の仰《おお》せなくば、打ち殺して捨てんずもの、命冥加《※いのちみようが》に叶《かな》いし奴《やつ》、以後《いご》はキッと、慎《つつし》み居《お》ろう。

富樫　我《わ》れはこれより、猶《なお》も厳しく警固《けいご》の役目。方々来《かたがたきた》れ。

三人　ハアア。

〽士卒を引《ひ》き連《つ》れ関守は、門《かど》の内《うち》へぞ入《い》りにける。

ト富樫先《とがしさき》に、番卒附いて、上手《かみて》へ入る。と合方《※あいかた》こだまになり、下《しも》の方《かた》より弁慶、義経の手を取り、上座《じょうざ》へ直し敬《うやま》う。*23

＊20弁慶は富樫に向い辞儀をして、大きく廻って花道にかかると、四天王も花道にかかり、義経は笠を冠り、右手をふちにかけ立上って歩きかけると、番卒の甲が義経を見て驚き、立って後ろから富樫の袂を引いて指す。と富樫きっとなって、中啓を高く投げすて、右の素袍の肩を脱ぎ、太刀持から太刀を取って反りを打って左脇に抱え、右手を柄にかけて、つかつかと舞台中ほどまで進みセリフになる。劇的光景の高潮である。**○止まれとこそ**　「こそ」は強めただけの語。「止まれ」を強く言ったのである。**○キッとこなし**　きっとは「きと」の急呼で、きはやかなるをいう。何！　と皆急に意気込む。こなしは動作、表情。**○一期の浮沈**　生涯の身の浮き沈み決定の瀬戸際。一生の大事。**○こな強力**　ここな強力。この強力。**○落居の間**　居は許とも書いてあるが、居が正しい。事の落ち居て、きまりのつくをいう。真偽のはっきりするまで。**○日高くば**　日がまだ高くあって、時間があるから。**○仕業の拙き**　所業、行為のまずい、悪い。＊21打擲の場面である。義経の肩に当てている金剛杖を右手で荒々しく引ったくり、足を割って右手を高く、左手を低くして杖を振上げ、その杖の頭を長く右の方へ出した形で、もったいないという思いをちょっとして、義経の笠の前縁を一つ打ち、つづけて後ろ、又前と一つずつ打つのである。**○盗人ぞうな**　盗人で候な。盗人であると見える。**○目だれ顔の振舞**　目垂顔〔めだりがお〕である。卑怯な振舞をいう。**○打刀**　刺す刀に対していう。鍔〔つば〕をつけて、敵を討つに便ならしめた刀をいう。**○天魔鬼神**　天魔は四魔の一で、常に正法を害し、智慧・善根を失わしむる魔王。鬼神は荒く恐ろしい神をいう。つまり、どんな荒い恐ろしいものでもの意。＊22押合の場面。劇的興味の最高潮というべきである。**○先達**　修験者の勤行を積んで、峯入りの時など、同行に先立って先導するものをいう。**○荒けなし**　あらあらしい。**○よしなき僻目**　「よしなき」はこれという理由のない、根なしの。僻目はひとみの正しくない眼をいう。即ちつまらぬ見そこない。**○命冥加**　死すべき場合に不思議に助かったをいう。**○合方こだまに**

なり　小鼓二挺にて、ポポン、ポポンと打って、こだまに聞かせる。それを合方にする。＊23弁慶は下手へ首うなだれて摺足で行く。義経は入れ替りに笠を脱いで上手に出て住う。四天王は正面に居並ぶ。弁慶は右手に中啓を持ち、右膝をつき片胡坐に坐る。そうして中啓を右下に置き両手を突いて辞儀をする。

義経　扨《さて》も弁慶、今日《こんにち》の機転、更《さら》に凡慮の及ぶ所にあらず。※兎《と》角《かく》の是非を問答せずして、ただ下人の如《ごと》くさんざんに我《わ》れを打って助けしは、正《まさ》に※天《てん》の冥助《みょうじょ》、※弓矢正《ゆみやしょう》八幡《まん》の加護と思えば、忝《かたじけな》く思うぞや。

常陸　この常陸坊《ひたちぼう》を初《はじ》めとして、随《したが》う者《もの》ども関守《せきもり》に、呼《よ》びとめられしその時は、ここぞ君《きみ》の御大事《おんだいじ》と思いしに、

伊勢　誠《まこと》に「※源氏《げんじ》の弓矢神《ゆみやがみ》、」正八幡《しょうはちまん》の「我君《わがきみ》を、」守《まも》らせ給《たも》う御《おん》しるし「の顕《あら》われし上《うえ》は、」陸奥下《みちのくげ》向《こう》は速《すみや》かなるべし。

片岡　これ全く武蔵坊《むさしぼう》が智謀にあらずんば、免《まぬ》がれがたし。

亀井　なかなか以《もっ》て、我《わ》れ我《わ》れが及ぶ所に非《あら》ず、

常陸　驚《おどろ》き、

四人　入《い》って候《そうろう》。

弁慶　それ、世は※末世《まっせ》に及《およ》ぶといえども、日月《じつげつ》いまだ地《ち》に落《お》ち給《たま》わず、御高運《ごこううん》、ハハ

有難《ありがた》し有難《ありがた》し。さはいえ、計略とは申しながら、正しき主君《しゅくん》を打擲《ちょうちゃく》、天罰そら恐ろしく、※千鈞《きん》をも上《あ》げるそれがし、腕も痺《しび》るる如《ごと》く覚《おぼ》え候《そうろう》。アラ、勿体《もったい》なや勿体《もったい》なや。

〽ついに泣かぬ弁慶も、※一期《ご》の涙ぞ殊勝《しゅしょう》なる。〽判官御手《ほうがんおんて》を取《と》り給《たま》い。*24

ト皆々《みなみな》愁《うれ》いの思入《おもいいれ》。

義経　如何《いか》なればこそ義経《よしつね》は、弓馬《きゅうば》の家《いえ》に生《う》まれ来《き》て、一命《めい》を兄頼朝《よりとも》に捧《ささ》げ、屍《かばね》を西海《さいかい》の浪《なみ》に沈《しず》め、

弁慶　山野《さんや》海岸《かいがん》に、起《お》き臥《ふ》し明《あ》かす武士《もののふ》の、

唄　風波《ふうは》に身《み》を任《まか》せ、合方「チーンチチンチ」、唄　萎《しお》れかかりし鬼薊《おにあざみ》、面白《おもしろ》や山水《やまみず》に、流《りゅう》に牽《ひ》かるる、いざや舞《まい》を舞《ま》おうよ、元《もと》より弁慶は三塔《さんとう》の遊僧《ゆそう》、山水《やまみず》の鳴《な》るは滝《たき》の水《みず》

〽※鎧《よろい》にそいし袖枕《そでまくら》※、かたしく暇《ひま》も波の上、※或《あ》る時は船に浮《うか》び、風波《ふうは》に身《み》を任《まか》せ、また或る時は※山脊《さんせき》の、馬蹄《ばてい》も見えぬ雪の中に、※海少《うみすこ》しあり夕浪《ゆうなみ》の、立《た》ちくる音や須磨《すま》明石《あかし》、とかく三年《みとせ》の程《ほど》もなくないたわしやと、※萎《しお》れかかりし鬼薊《おにあざみ》、霜《しも》に露置《つゆお》くばかりなり。

ト弁慶、よろしく物語《ものがた》りようの振《ふ》りあって納まる。

四人　とくとく※退散《たいさん》。

〽互《たが》いに袖《そで》をひきつれて、※いざさせ給《たま》えの折柄《おりから》に。

ト弁慶先《さき》に、皆々立上《みなみなたちあが》り、行《ゆ》きにかかると下手《しもて》より、番卒《ばんそつ》の甲大盃《たいはい》を三方《ぼう》に載《の》せ、これを持《も》ち、番卒の乙、丙は瓢簞《ひょうたん》の※吸筒《すいづつ》を持ち出て来《きた》り、後《あと》より富樫出《とがしで》て来《きた》り、

富樫　のうのう客僧達《きゃくそうたち》、暫《しば》し暫《しば》し。

ト　これにて皆々《みなみな》※入《い》れ替《かわ》り、よろしく住《すま》う。

さてもそれがし、山伏達に※聊爾《りょうじ》を申し、余《あま》りに面目《めんぼく》もなく覚《おぼ》え、麁酒《そしゅ》一つ進《しん》ぜんと持参せり。いでいで、杯《さかずき》参《まい》らせん。

石投げの見得　十二代目市川團十郎

ト土器《かわらけ》を取上《とりあ》げる。番卒酌《しゃく》をする。富樫呑《の》んで、弁慶へさす。

弁慶　有難《ありがた》の大檀那《だいだんな》、御《ご》馳走頂戴《ちそうちょうだい》仕《つかまつ》らん。

〽※実《げ》に実《げ》にこれも心得《こころえ》たり、人《ひと》の情《なさけ》の杯《さかずき》を、受《う》けて心《こころ》をとどむとかや。

ト杯を受け、よろしく

あって、[*25]
〽今※は昔の語《かた》り草《ぐさ》、〽あら恥《はず》かしの我《わ》が心《こころ》、一度《ど》まみえし女《おうな》さえ、〽迷《まよ》いの道《みち》の関越《せきこ》えて、今《いま》さら爰《ここ》に越《こ》えかぬる、〽人目《ひとめ》の関《せき》のやるせなや、〽アア、悟《さと》られぬこそ浮世《うきよ》なれ。

○兎角の是非…　とやかくと理窟を言わずして。**○天の冥助**　冥々のうち、目に見えない神仏の助け。「天の加護」とせる台本もある。**○弓矢正八幡**　弓矢八幡ともいう。弓矢の神である八幡大菩薩の護らせたまう所。**○源氏の弓矢神**　源氏は八幡大菩薩を守護神としていた。**○末世に及ぶ…**　仏教に説く末世は末法の時をいう。釈迦の入滅後五百年を正法、次の一千年を像法の時、次の一万年を末法の時という。降りて衰えたる世をいう。法の衰えた時であるとは言うものの、日月地に落ちず、明らかに正しき道を照して下さるので、こういう有難いことになった。**○千鈞をも**　普通の台本には「斤」と書いてあるが鈞である。鈞は三十斤をいうから、三万斤の重量をいい、極めて重いことにいう。**○一期の涙…**　一生涯のうちで、強い弁慶が唯一度の涙を流したが、まことに思えばけなげなことであるの意。**＊24**義経は弁慶の手を取る心持で、右手を差出す。弁慶はこれを見てトントンと膝で二つ後へさがって、中啓を置いて、右手を平らに下に突き、左手の掌を上向けて前に出して泣き、辞儀をする。ここの「御手を取り給い」が、問題の文句で、義経が弁慶に対して妥当でないことは古く又現在も説がなされている。種々の改訂も試みられたが、音調上また慣習上、今日もこのまま襲用されている。もっとも、初演時にこの文句を唄った岡安喜代八が当時名うての美音家で、観客のみならず楽屋の者までも魅了したということも、存置の大きな理由とされている。**○鎧にそいし袖枕**　鎧の袖を枕として。**○かたしく暇も波の上**　衣の片袖を敷いて眠る暇もなくて、波の上に苦しい旅をつづける。**○或る時は船に浮び…**　元暦二年二月十八日屋島の戦に摂津渡辺から船に乗り、風波を冒して阿波に着いたことを指している。**○山脊の…**　山脈の最も高いところを連結した線を山脊という。その山のいただきの、馬の蹄の隠れるほど積った雪の中をさまよう。寿永三年二月七日一の谷の合戦に、鵯越の雪路に迷ったをいう。**○海少しあり夕浪の…**　これは『源氏物語』の須磨明石の巻を引き、光源氏の君が須磨に三ヵ年謫居していたことをほのめかしている。即ちその三ヵ年と、義経が平家を滅すに、約三ヵ年の苦労をしたとをかけたのである。「海少しあり」は須磨の巻の「海少し遠けれど」を持って来たので、「海は少し遠いが」の意。**○萎れかかりし鬼薊**　鬼薊は強い弁慶によそえたので、弁慶がしおれ、しょげたさまをいう。**○退散**　ここへ退散というも妙であるが、出立し、行こうの意。**○いざさせ給えの折柄に**　いざお立ちめされという折に。**○吸筒**　酒又は水を入れて携帯する筒形の器をいうのであるが、瓢簞の酒入れのこと。**○入れ替り**　義経が上座にいたのが、又下座へ下り、位置を入れ替る。**○聊爾**　軽々しき振舞。粗忽。失礼。**○実に実に…**　「よろしい、分かりました。情の酒盃を手にさせて、きげんを取ろうとするのか、油断をするな」との意。謡曲には「げにげにこれも心得たり、人の情の盃に、うけて心をとらんとや、これにつきても猶々人に、心なくれそくれはどり」とある。この意味を強いて短かくしたから徹底しなくなったのである。**＊25**弁慶は土器で飲むのがもどかしくなり、番卒に頼んで葛桶の蓋を取って貰い、いろいろ滑稽なシグサがある。**○今は昔の…**　昔のことを思い出すと、自分ながら恥かしくなる。一生に一度契りを結んだだけで、女色に迷う関は迷わずに越せたが、今ここに人目もあって越え兼ねる関所にかかり、やるせない思いをしていることである。弁慶は一生に一度女と契ったのみという伝説をもじってある。

ト此《この》うち番卒を相手に、杯事《さかずきごと》あつて、トド葛桶《かずらおけ》の蓋《ふた》を取り、両人《りょうにん》の吸筒《すいづつ》の酒を残らず注《つ》ぎ、グッと飲干《のみほ》し酔《よ》うたる思入《おもいいれ》にて、

〽面白《おもしろ》や山水《やまみず》に山水《やまみず》に、杯《さかずき》を浮《うか》べては、※流《りゆう》に牽《ひ》かるる曲水《きよくすい》の手《て》まずさえぎる袖《そで》ふれて、いざや舞《まい》を舞《ま》おうよ。

ト此内《このうち》※大小《だいしよう》にて、よろしく振《ふり》あって、三絃《しやみせん》入り※男舞《おとこまい》になり、本行《ほんぎよう》の舞になり、よろしくあって、

弁慶　先達《せんだち》、お酌《しやく》に参《まい》って候《そうろう》。

富樫　先達、一差《ひとさ》し御舞《おんま》い候《そうら》え。

弁慶　※万歳《ばんぜい》ましませ万歳《ばんぜい》ましませ、巌《いわお》の上《うえ》、亀《かめ》は棲《す》むなり、ありうどんどう。*26

ト※延年《えんねん》の舞《まい》になる。

〽元《もと》より弁慶は、※三塔《さんとう》の遊《ゆ》僧《そう》、※舞延年《まいえんねん》の時《とき》のわか。

ト此《この》うち、振《ふ》りあって舞《まい》の二段目になる。

これなる山水《やまみず》の、落《お》ちて巌《いわお》に響《ひび》くこそ。

〽これなる山水《やまみず》の、落《お》ちて巌《いわお》に響《ひび》くこそ、※鳴《な》るは滝《たき》の水《みず》、鳴《な》るは滝《たき》の水《みず》。

ト振《ふ》りあって舞《まい》の三段目《だんめ》になり、

〽鳴《な》るは滝《たき》の水《みず》、日《ひ》は照《て》るとも、絶《た》えずとうたり、*27 ※とくとく立《た》てや手束弓《たつかゆみ》の、心許《こころゆる》すな関《せき》守《もり》の人々《ひとびと》、暇申《いとまもう》してさらばとて、笈《おい》を押取《おっと》り肩《かた》に打《う》ちかけ、

ト※大小片《かた》シャギリになり、弁慶、※振《ふり》のうち、皆々《みなみな》に行《ゆ》けという思入《おもいいれ》。これにて義経《よしつね》先《さき》に、四人《よにん》附《つ》いて向《むこ》うへ入る。弁慶、笈《おい》を背負《せお》い、金剛杖《こんごうづえ》を持ち、富樫《とがし》に辞儀《じぎ》して立上《たちあが》

る。

へ※虎《とら》の尾《お》を踏《ふ》み、毒蛇《どくじゃ》の口《くち》を遁《のが》れたる心地《ここち》して、陸奥《むつ》の国《くに》へぞ下《くだ》りける。

トよろしく弁慶花道際《はなみちぎわ》へ行《ゆ》き、舞台《ぶたい》は富樫《とがし》、番卒《ばんそつ》残《のこ》りて見送《みおく》り、弁慶金剛杖《こんごうづえ》をトンと突《つ》くを木《き》の頭《かしら》、※キザミなしに

ト※打込《うちこ》み、カケリになり、弁慶よろしく※振《ふ》って這入《はい》る。*28 ※止《と》めの木《き》にて、跡《あと》シャギリ。

幕

○**流に牽かるる…**　曲水の宴のことをいっている。曲水の宴は古く三月三日の節会に禁裡で行われた。幾曲りもしている流れに盃を浮べ、それが自分の前に来た時取り上げて酒を飲み、次の盃の流れてくるまでに詩を作るのである。ただし盃の来ようの早い時には、先ず手を出して盃を遮り止める。『和漢朗詠集』に「牽レ流遄過手先遮」とあるから来たのであるが、手から袖を持ち出し袖を上げて舞うと言ったのであろう。○**大小**　大・小鼓。○**男舞**　元来は男装の舞の意で、古く歌ひめが男の装いをして、白水干に立烏帽子、白鞘巻の太刀を佩き、今様歌をうたいて舞ったのをいう。だが能の舞の現在物の仕手男の直面（ひためん）の舞をもいう。ここは後者である。で本行即ち能がかりの舞いになりと、次にある。○**万歳ましませ…**　めでたい文句である。ましませは万年もながらえておいで下さいますようにの意。巌の上に亀は棲むは、亀は万年も生きるというので続けたもの。「ありうどんどう」は能の『翁』その他における「とうとうたらり、たらりら云々」の文句と同一系統のもの。笛や鼓の拍子の擬声から出たともいい、一種の囃し言葉のように用いられている。**＊26**初演の時には、この弁慶のセリフも、次の「これなる山水の――」のセリフもなかった。また前の富樫の「先達、一差し――」の前に、「強いて御所望申す」というセリフが初演台本には見

えている。多分九代目になって延年の舞の増補されたものであろう。**○延年の舞**　延年の舞は平安朝の末から鎌倉期にかけて、僧家において僧侶大衆の会合の席で余興として催された演技歌舞の称であった。歌舞伎では古めかしい踊りを踊るだけのことである。**○三塔の遊僧**　三塔かけての遊僧の意。つまり延年舞の演者即ち遊僧である。比叡山には東塔、西塔、横川と三つの塔があった。弁慶はその西塔に住んでいた故こう言ったのである。**○舞延年の時のわか**　延年にはその内容演芸の如何で、歌延年とか舞延年とかの称があった。舞延年は舞を主としたものをいう。「わか」は歌をうたう時の若音児〔わかねちご〕という高い調子、ソプラノの歌手という意味。つまり弁慶は延年興行の時には、その中に加わって盛んにやった芸人僧だったというのである。**○鳴るは滝の水**　延年の舞に用いられた歌であろう。鎌倉頃に流行した今様歌「うれしや水、鳴るは滝の水、日は照るとも絶えずとうたらり」。『翁』その他の曲に出る。どんどんと鳴っているのは滝の水である。どんなに日照りが続いても、この滝は相変らずどんどんと絶えず鳴って落ちている。めでたいことである。「とうたり」は「ありうどんどう」と共に意味不明である。**＊27**「鳴るは滝の水」から「絶えずとうたり」までが延年の舞と言われる部分の舞。明治五年以前の演出では、七世團十郎が宝生流を参酌し、舞も短かったが、九代目の創意で後半の滝流しに、観世流の舞を参酌して、杵屋弥十郎に音楽を、振を初代花柳寿輔に按ぜしめて、能の舞にも近づき、ずっと賑やかに長くして、効果的なものにしたという。**○とくとく立てや…**　前の歌の「とうたり」を受けて「とくとく」と言ったのだが、義経等に疾〔はや〕く出立せよと舞いながら目くばせをするのである。手束弓は握りのところの太く巻いた弓のこと。「たつか弓」も「立てや」を受けたのである。**○大小片シャギリ**　大小は大・小鼓であり、片シャギリは太鼓と能管の鳴物。**○振のうち**　振は踊りの振である。「舞踊しているうちに」である。**○虎の尾を…**　『大論』に「如㆓虎尾踏㆒、如㆓毒蛇首踏㆒」とある。非常に危険なる処を遁れ得たるをいう。**○キザミなしに幕**　弁慶がトンと金剛杖を突くと同時に、拍子木を一つチョーンと打つ。いつもならチョンチョンチョンチョンチョンと続けて打って（即ちキザンで）幕を引くのであるが、チョーンと一つ打ったきりで、後は拍子木を入れずにすうっと幕を引く、と下手花道際に弁慶一人残り、後ろへ鳴物の人が出て、その鳴物につれて六方を振って花道へ這入るのである。○**打込み、カケリ**　打込みは太鼓と大太鼓である。カケリは大小鼓と能管。○**振って這入る**　六方を振って這入るのである。この時の六方は片手六方。歌舞伎では「振る」と言えば六方を振ることである。**＊28**九代目は始めの間は六方がこまかく、トントントンと三つずつ飛んだが、晩年には一足飛んで片足で中心を取っていたというが、後者の方が演じるにはむつかしいとは七世松本幸四郎の芸談にある。○**止めの木にて、跡シャギリ**　幕をひきつけ、閉じてしまってから、一つチョーンと大きく最後の拍子木を打つ、それを止めの木という。チョーンと打つを合図にシャギリになる。シャギリは砂切とも書き、太鼓・大太鼓・能管の三者で賑やかな鳴物をいう。

景《かげ》清《きよ》（牢破り景清）

土牢の場

役名

悪七兵衛景清　長谷の八郎政景
秩父の庄司重忠　敦盛嫡子　保　童　丸
岩永左衛門宗連　海野の太郎行氏
仁田の四郎忠常　竹の下の孫八
梶原平三景時　景清の妻　阿　古　屋
榛沢六郎成清　同　娘　人　丸
番場の忠太　常磐津連中

本舞《ほんぶ》台《たい》一面《めん》の平舞《ひらぶ》台《たい》。向《※むこ》う、松《※まつ》の大襖《おおぶすま》。左右折廻《※さゆうおりまわ》し、竹《たけ》の絵《え》の大襖。日覆《※ひおおい》より、摺込《※すりこ》みにて、破風《はふ》の天幕《てんまく》*1。正面に、誂《あつら》えの二間《けん》の牢《ろう》。まんなかに五器口《※ごきぐち》。牢の上に大木《たいぼく》、大石《たいせき》を載《の》

せあり。上《かみ》の方《かた》、振《※ふり》よき松《まつ》の立木《たちき》。下《しも》の方《かた》、浄瑠璃《じようるり》台《だい》。ここに常磐津連中居並《ときわづれんじゆういなら》び、すべて本行《※ほんぎよう》好《この》みの通《とお》り飾《かざ》りつけ、※時《とき》の太鼓《たいこ》にて幕明《まくあ》くと、口上頭取出《※こうじようとうどりで》て、「歌舞伎《かぶき》十八番《ばん》の内《うち》、景清牢破《かげきよろうやぶ》り、七代目《※だいめ》白猿相勤《はくえんあいつと》め候《そうろう》」と役人触《※やくにんぶれ》、太夫連名《※たいふれんみよう》を読《よ》み、そのため口上左様《※こうじようさよう》と上手《かみて》へはいると、笛《ふえ》のあしらいになり、向《むこ》うより、海野《うんの》の太郎《たろう》、大紋《※だいもん》、立烏帽《たてえぼ》子《し》、小《ちい》刀《がたな》、中啓《※ちゆうけい》を持《も》ち、竹《たけ》の下《した》の孫八《まごはち》、同《おな》じ拵《こしら》えにて出《で》て来《きた》り、直《す》ぐに本舞台《ほんぶたい》へ来《きた》り、

孫八　如何《いか》に海野《うんの》どの、先達《せんだつ》て捕《とら》われとなりし七兵衛景《※しちびようえかげ》清《きよ》、最《も》早《はや》日《ひ》数《かず》も五十日《にち》に及《およ》ぶと雖《いえど》も、二品《※ふたしな》の宝《たから》、今《いま》に於《おい》て白状《はくじよう》せず、なんと死太《※しぶと》い奴《やつ》ではござらぬか。

太郎　それのみならず、一滴《てき》の水《みず》、一粒《りゆう》の穀類《こくるい》をも、源《げん》氏《じ》の禄《ろく》は受《う》けぬとて咽喉《のんど》を通《とお》さず、それゆえ今日頼朝《こんにちよりとも》公《こう》より秩父《ちちぶ》の重忠《しげただ》、範頼公《※のりよりこう》より岩永左衛門《いわながさえもん》、添役《そえやく》として仁《※に》田梶原《たんかじわら》の御両所《ごりようしよ》も、出仕《しゆつし》召《め》さるるとの事《こと》でござる。

孫八　梶原岩永《かじわらいわなが》の御両所《ごりょうしょ》は、範頼公《のりよりこう》より※御内意《ごないい》ござれど、

太郎　秩父《ちちぶ》仁田《にたん》は頼朝公《よりともこう》より、仰《おお》せを受《う》けし事《こと》なれば、

孫八　景清降参《かげきよこうさん》なす上《うえ》は、頼朝公《よりともこう》のお味方《みかた》は知《し》れた事《こと》。

太郎　どうぞ範頼公《のりよりこう》へお味方《みかた》を、勧《すす》めたいものでござる。

孫八　何《なに》は然《しか》れ、※非常《ひじょう》をただす今日《こんにち》の役目《やくめ》。

太郎　然《しか》らば、これにて相待《あいま》ち申《もう》そう。

ト両人《りょうにん》思入《おもいいれ》あって、牢《ろう》の左右《さゆう》へ控《ひか》え、※葛桶《かずらおけ》へ腰《こし》をかける。※前弾《まえび》きにかかる。常磐津《ときわづ》の※床《ゆか》の下《した》に毛氈《もうせん》を敷《し》き、囃子方《はやしかた》四人《よにん》居並《いなら》ぶ。笛《ふえ》、太鼓《たいこ》、小鼓《こつづみ》、大鼓《おおつづみ》なり。＊2

○向う　劇場用語で、舞台の正面、奥の方をいう。**○松の大襖**　松を描いた書割の一種。歌舞伎で、大道具の書割を画く張物のことを襖ともいうが、ここは大きな襖の体裁になっていて、それが背景となり、絵が描いてある。ただし挿入の舞台面図では襖は竹になっており、松は上手に一本見せてある。**○左右折廻し、竹の画の大襖**　松の大襖の左右は折廻しの大襖で、竹が描いてある。**○日覆**（既出）　舞台の上だけしか屋根のなかった時代、日光を防ぐために舞台の直前へ日覆の布を張ったので、その名が残っている。舞台前方の上をいう。**○摺込みにて破風の天幕**　「摺る」は形木をあてて布帛に模様を置く意。「破風」は家の屋根の切妻についている山形の装飾板。舞台前方から下っている幕に、破風が描いてある。**＊1**この舞台装置で、能舞台を模そうとした意図が窺われる。七代目團十郎は天保十一年に『勧進帳』を能舞台風の装置で演じたが、この作も同じ行き方をした。明治四十一年に復活上演された時には、この様式ではなく

て、写実的になり、背景を岩窟とし、岩の間に牢が設けてあった。〇**五器口**　五器は食物を盛る器物。木製、金属製又は土器。後世は特に椀の称。五器口は、牢屋などで、囚人の食器を出し入れする口をいう。〇**振よき**　恰好のよい。枝振りのよい。〇**本行好み**　本行は能のことをいう。「本行好み」は能の様式に準ずるをいう。〇**時の太鼓**　ドン、ドン、ドン、と時を報ずる荘重な太鼓の音。〇**口上頭取**　口上は楽屋の頭取が出て述べる習慣だったからこう言った。〇**七代目白猿**　七世市川團十郎、白猿はその俳名。初名は新之助、後海老蔵、七世團十郎となり、天保三年三月以来再び海老蔵と改名。安政六年没。荒事、武道の外、和事、実悪、女方も兼ね舞踊もよくした。十八番を選定したのはこの七世。〇**役人触**　役割を触れ述べる。〇**太夫連名**　常磐津浄瑠璃の太夫・三味線の名前書を述べる。〇**口上左様**　口上左様は御承知下さりましょうの略。口上は以上の通りという程の意味。〇**大紋**　直垂の称だが、大形の家紋を五処にあらわしたもの。〇**中啓**　（既出）親骨の上端を外へそらし、畳んでも半ば開いているように造った扇。〇**七兵衛景清**　平家の侍大将。通称上総の七郎兵衛。伯父の大日坊を殺したというので悪七兵衛と渾名された。著名の大力で、屋島合戦に美尾谷十郎との錣引、東大寺再建供養に頼朝を覗い、阿古屋との情事、娘人丸との恩愛等、伝説の英雄悪七兵衛景清は平家第一の人気者である。〇**二品の宝**　後に出る青山の琵琶と青葉の笛。〇**死太い**　強情な。頑固な。〇**範頼公**　頼朝の弟、義経の兄に当る。始め蒲冠者範頼といい、後に三河守となる。〇**仁田梶原**　仁田の四郎忠常と梶原平三景時のこと。〇**御内意**　内々の御意向。〇**非常をただす**　ここの非常は普通でない大罪人のことであろう。大事の罪人を取調べる。〇**葛桶**　鬘桶。つづみおけ。能・狂言にて舞台において腰を掛けるに用うる。〇**前弾き**　浄瑠璃物にしろ唄物にしろ、最初の語り出し、唄い出しの前に、三味線だけを前奏することがある。それをいう。〇**床**　前の舞台書きにもある通り、舞台下手の常磐津の連中の位置している浄瑠璃台を床という。＊2笛・太鼓・小鼓・大鼓の四人だけを浄瑠璃台の下に位置させたのも、能の囃子を模したのである。

〽※国政《こくせい》を聞《き》く事三月《ことみつき》にして、魯国《ろこく》大《おお》いに治《おさ》まれる、御代《みよ》の誉《ほま》れは今《いま》も世《よ》に、※直《す》ぐに導《みちび》く勲《いさお》しや、調《ととの》う礼儀《れいぎ》をそれぞれの姿《すがた》ゆゆしき鎌倉《かまくら》の。卜時《とき》の太鼓《たいこ》になり、花道《はなみち》より[*3]、重忠《しげただ》、仁田《にたん》、何《いず》れも※大小《だいしょう》、上下《かみしも》衣裳《いしょう》、後《あと》より軍兵《ぐんびょう》四人《にん》、結構《けっこう》なる蒔絵《まきえ》の膳《ぜん》にいろいろ盛《も》り並《なら》べ、※三方《ぼう》に土器《かわらけ》、長柄《ながえ》の銚子《ちょうし》、持《も》ち出《で》て来《く》る。※東《ひがし》の口《くち》より、岩永《いわなが》※赤塗立《あかぬりた》て、梶原《かじわら》白髪《しらが》かづら、同《おな》じく上下《かみしも》、衣裳《いしょう》、大小にて、出《で》て来《く》る。後《あと》より、軍兵四人、大《おお》きなる鮑貝《あわびがい》に飯《めし》を盛《も》りしを持《も》ち、三方《さんぼう》に載《の》せ、手桶《ておけ》、梯子《はしご》を持《も》ち付添《つきそ》い出《で》て来《く》る。両方《りょうほう》花道《はなみち》好《よ》き所《ところ》に留《と》まり、

重忠　※政事《まつりごと》をなすに徳《とく》を以《もっ》てすれば、譬《たと》えば北辰《ほんしん》のその所《ところ》に在《あ》って、衆星《しゅうせい》これに向《むか》うが如《ごと》く、※右幕下《うばっか》より仰《おお》せを蒙《こうむ》り、

岩永　われわれとても範頼公《のりよりこう》より、重《おも》き仰《おお》せにて悪七兵衛景清《あくしちびょうえかげきよ》を、味方《みかた》に勧《すす》むるきょうの役目《やくめ》。

仁田　添役《そえやく》として仁田《にたん》の四郎忠常《しろうただつね》、わたくしならぬ重《おも》き厳命《げんめい》。

梶原　味方《みかた》に付《つ》かねばその身《み》の破滅《はめつ》、直《す》ぐにお祟《たた》り、いやか応《おう》かの※一口商《ひとくちあきな》い。

重忠　最早《もはや》※未《ひつじ》の上刻《じょうこく》なれば、

岩永　※屠所《としょ》の歩《あゆ》みの囚人景清《めしうどかげきよ》。

仁田　拷問《ごうもん》の刻限《こくげん》。
梶原　イザ、御一緒《ごいっしょ》に、
重忠　相詰《あいつ》め、
四人　ましょう。
〽※白洲《しらす》へこそは打通《うちとお》る。

○国政…　孔子が壮年時魯国の司寇となり、国政に与かること三月にして、魯は大いに治まるに至ったことをさして言う。**○直ぐに**　正しく。**＊3**向うと書いたり、花道と書いたりしてある。「花道より」と書くのは古い形式であるが、十八番物の中などにはしばしば用いられている。**○大小**　大小の刀、即ち刀と脇差の両刀。**○三方**　貴人に食物を奉る時、又は儀式に物を供える時等に用いる台。**○東の口**　東の仮花道〔あゆみ〕の出入口。**○赤塗立て**　赤面なること。多く敵役・悪人の顔の扮装の型として赤く塗った。**○政事をなすに…**　「政事をなすに」以下「衆星これに向う」の文句は『論語』「為政第二」の最初にある。有徳の者が政治の局に立てば、北極星がその位置に静止していて、他の星がこれに帰向する如く、法令刑罰によらずして民衆を善導することが出来るの謂。**○右幕下**　幕下は将軍の尊称にもいう。右幕下とは頼朝が右近衛大将だったからである。**○一口商い**　否か諾か、たった一口の返事によって決まる運命だ。「商い」といったのは運命を売る人間を自分と見立てての平三の言葉。**○未の上刻**　未は今日の午後一時から三時までの間をいう。未の上刻は午後一時頃。**○屠所の歩み**　羊の屠所に就く歩みをいう。時々刻々死に近づくに喩え、憐れなることに喩える。未の上刻と言ったのに掛けている。**○白洲**　訴訟を審理する場所。罪人を糺問する場所。

太郎　ト時《とき》の太鼓《たいこ》になり、舞台《ぶたい》へ皆々来《みなみなきた》り、上手《かみて》に重忠《しげただ》、岩永《いわなが》、下手《しもて》に仁田《にたん》、梶原《かじわら》、軍兵《ぐんびょう》左右へ別《わか》れ、何《いず》れも葛桶《かずらおけ》にかかり、よろしくあって、

両人　何《いず》れも方《がた》には、今日《こんにち》のお役目《やくめ》、

岩永　御苦労《ごくろう》に存《ぞん》じまする。

梶原　これはこれは御両所《ごりょうしょ》、今日拙者《こんにちせっしゃ》が拷問《ごうもん》の次第《しだい》、以後《いご》の手本《てほん》に見物《けんぶつ》さっしゃい。

重忠　われわれはのがれぬ役目《やくめ》、

仁田　※加役《かやく》と申《もう》すはおのおの方《がた》、

重忠
仁田　御苦労千万《ごくろうせんばん》。

岩永　イヤナニ重忠《しげただ》どの、※青山《せいざん》の琵琶《びわ》、※青葉《あおば》の笛《ふえ》の詮議《せんぎ》、もし白状《はくじょう》いたさず、お味方《みかた》にも参《まい》らぬ時《とき》は、

梶原　由比《ゆい》ケ浜《はま》に引出《ひきい》だし、首打《くびう》ち放《はな》し、※軍門《ぐんもん》に曝《さら》せよとある、範頼公《のりよりこう》の、

岩永
梶原　御上意《ごじょうい》でござる。

〽重忠《しげただ》耳にも入《い》れ給《たま》わず。

重忠　イヤモウ、頼朝公《よりともこう》にもお味方《みかた》に招《まね》きたしとの事《こと》なれども、捕《とら》われとなって今日《こんにち》

まで、最早《もはや》日数《ひかず》も五十日《にち》、湯水《ゆみず》を始《はじ》め日夜《にちや》の食事《しょくじ》も、源家《げんけ》の禄《ろく》は一粒《りゅう》も、咽喉《のんど》へ通《とお》さぬ※我強《がづよ》き景清《かげきよ》。

仁田　このままに致《いた》し置《お》かば相果《あいは》てまするは※治定《じじょう》、さすれば二品《ふたしな》の在所《ありか》も死人《しにん》に口無《くちな》し、それのみならず、お味方《みかた》の沙汰《さた》も※水《みず》の泡《あわ》。

重忠　只《ただ》この上《うえ》は、景清《かげきよ》に食事を進め、身体を養《やしな》いまするが、

重忠
仁田　肝要かと存じまする。

岩永　ムムハハハハハ。いずれも聞《き》かしゃったか。いま鎌倉で※四相《しそう》を悟《さと》ると噂《うわさ》のある、重忠《しげただ》どのの計《はか》らいも、やはり食事を進めるのでござるか。

梶原　われらとてもやはりその通《とお》り、同じ事でござる、ハハハハハ。誠《まこと》に景清《かげきよ》が娘人《ひと》丸《まる》、先達《さきだっ》て※小袋坂《こぶくろざか》にて召捕《めしと》り置《お》き、只今《ただいま》これへ召連《めしつ》れましてござる。

重忠　それは好《よ》い者《もの》がお手《て》に入《い》ってござる、拙者方《せっしゃかた》へも景清《かげきよ》が妻《つま》※阿古屋《あこや》、自身《じしん》に名《な》乗《の》り出で、今日《こんにち》これへ召連《めしつ》れてござる。

仁田　双方《そうほう》とも、これへ呼び出しましては、如何《いかが》でござりましょう。

梶原　イカサマ、左様《さよう》いたそう。ヤアヤア梶原《かじわら》が家来《けらい》番場《ばんば》の忠太《ちゅうた》、人丸《ひとまる》をキリキリこれへ引摺《ひきず》り出《だ》せ。

重忠　重忠《しげただ》が家来《けらい》榛沢六郎《はんざわろくろう》、囚人《めしうど》の阿古屋《あこや》を召連《めしつ》れい。

両人　※ト東西《とうざい》の揚幕《あげまく》にて、
委細畏《いさいかしこ》まってござります。

○**加役**　本職の補佐役のことをいうが、劇道では本職以外に勤むる役をいう。例えば常に男の役を勤める役者が女性の役を勤めるなどを加役という。○**青山の琵琶**　大夫経政の重器。『三代実録』の清和天皇貞観九年十月四日の条に、藤原貞敏の事が記してある。貞敏は大唐にて劉二郎という者に琵琶を習い、帰朝に及んで二面の琵琶を劉二郎から贈られた。この二面の琵琶は『大日本史』巻百十四に「将に帰朝せんとするに及び、二郎為めに祖筵を設け、贈るに紫檀・紫藤琵琶各一張を以てす。貞敏持ち帰り、終に朝廷の重器となる。所謂玄象・青山是なり」とある。○**青葉の笛**　平敦盛の重器。青葉の笛は、一名「葉二つ」と号する。その由来は博雅三位がある月夜に朱雀門に於て鬼から与えられ、名器となったという。（『江談抄』『拾芥抄』『教訓抄』『十訓抄』『糸竹口伝』等）『続教訓抄』（巻十一、下）には業平が授かったことになっている。室町期天正十五年以前の作で御伽草子に『青葉の笛』というのがあり、これも業平が授かったことを題材にして書かれてある。○**軍門に曝せ**　軍門は軍営の出入口。そこに曝し首にする。○**我強き**　わが思う処を言い張って、人の言に従わぬこと。強情なるをいう。○**治定**　必然。必ず……にきまっている。○**水の泡**　はかなき喩にもいうが、ここは為したことの無効となるの意。○**四相を悟る**　四相は仏語。生・老・病・死を一期の四相、生・住・異・滅を有為の四相、また我相・人相・衆生相・寿者相を識境の四相という。四相を悟るは聡明なるをいう。○**小袋坂**　鎌倉の建長寺のすぐ脇にある地名で、巨福呂坂とも書く。○**阿古屋**　景清の情人。景清が東大寺再建の砌、頼朝刺殺を企て捕えられて鎌倉の土牢に投ぜられ、これを破って逃亡するや、阿古屋は景清の行方を知る者と疑われ、堀川御所において畠山、岩永の両名から琴責めの詮議を受けた。しかし、阿古屋の奏でる音曲にはいささかも乱れる所がなかったため遂に許される。阿古屋は景清と共に種々脚色され、幸若、浄瑠璃、歌舞伎等になっている。この『景清』もその一つである。○**東西の揚幕**　揚幕は歌舞伎劇場の花道の終端、役者の出入口に掛けた小幕の名。延いてはその出入口をもいう。黒地に白く劇場の紋を染抜き、上部は金属の環で鉄線に繋がれてある。東西は東の仮花道と西の本花道とをいう。

〽今《いま》は便《※たよ》りも涙《なみだ》にて、胸《むね》はほどけぬ思《おも》いの色香《いろか》、まだ孤児《※みなしご》のきずなさえ、引《ひ》かれて憂《※う》き目《め》みちのくの、阿古屋《あこや》と同じ人丸《ひとまる》も、姿《すがた》の花《はな》もうつろいて、※

ト この文句《もんく》のうち、花道《はなみち》より阿古屋《あこや》、切継《※きりつぎ》、ふけたる拵《こしら》えにて、腰縄《※こしなわ》にかかり、軍兵《ぐんびょう》縄を取り、後《あと》より榛沢六郎《はんざわろくろう》、上下股立《かみしもももだち》にて、蒔絵《まきえ》の直垂箱《※ひたたれはこ》を持《も》ち、付添《つきそ》い出《で》る。東《※ひがし》の口《くち》より人丸《ひとまる》、振袖《ふりそで》、切継《きりつぎ》なり、これも腰縄《こしなわ》にて、軍兵《ぐんびょう》縄を取《と》り、番場《ばんば》の忠太《ちゅうた》、棒鞘《※ぼうざや》の痣丸《あざまる》の刀《かたな》を持《も》ち、付添《つきそ》いて出《で》て来《きた》り、花道にて、ちょっとこなしあって、本舞台《ほんぶたい》へ来《く》る。

軍兵　下《した》に居《お》ろう。（ト引据《ひきす》える。）

榛沢　仰《おお》せに従《したが》い先達《さきだつ》て、われと我《わ》が身《み》に名乗《なの》り出《い》で、縛《いまし》め受《う》けましたる景清《かげきよ》が妻《つま》阿《あ》古屋《こや》、召連《めしつ》れましてござります。

番場　この程小袋坂《ほどこぶくろざか》で召捕《めしと》りたる、景清《かげきよ》が娘人丸《むすめひとまる》、引《ひ》きすえましてござりまする。

ト 岩永思入《いわながおもいい》れあって、

岩永　ヤイ阿古屋《あこや》、人丸《ひとまる》、景清《かげきよ》に逢《あ》いてえか。

〽夫《おっと》のその名《な》を聞《き》くにさえ、みちくる涙押拭《なみだおしぬぐ》い、

阿古　我《わ》が夫捕《つまとら》われの身《み》と聞《き》きしゅえ、逢《あ》いたさ見《み》たさそれゆえに、名乗《なの》って出《で》ました心《こころ》の内《うち》、御推量《ごすいりょう》なされて下《くだ》さりませ。

人丸　そうおっしゃるは母上様《ははうえさま》、お懐《なつ》かしゅうござりまする。

阿古　其方《そなた》は娘人丸《むすめひとまる》、逢《あ》いたかった、逢《あ》いたかったわいの。

〽逢《あ》いたかったと母親《ははおや》が、寄《よ》らんとすれど縛《しば》り縄《なわ》、娘も共《とも》に締《※し》め絡《から》む血筋《ちすじ》の縁《えん》の。

ト両人《りょうにん》思入《おもいい》れあって、立《た》ちかかるを、

軍兵二人　下《した》に居《お》ろう。

〽親《おや》と子《こ》が、大地《だいち》へどうと伏《ふ》しまろぶ。

ト両人《りょうにん》寄《よ》ろうとする。縄取《なわと》り縄《※なわ》を控《ひか》えるゆえ、寄《よ》られぬこなしあって、泣伏《なきふ》す。重忠《しげただ》思入《おもいい》れあって、

重忠　ハアア、親子《おやこ》の愛情《あいじょう》さもありなん。一つ所《ところ》に引《ひ》かれ来《き》て、名乗《なの》り合《あ》う喜《よろこ》びの中《なか》にも浅《あさ》ましいこの対面《たいめん》。

仁田　嘆《なげ》きの程察《ほどさっ》し入《い》る。この上《うえ》は景清《かげきよ》に、対面《たいめん》いたさせましては如何《いかが》でござりましょう。

重忠　如何《いか》にも左様《さよう》仕《つかまつ》らん。イヤナニ、重忠《しげただ》が所存《しょぞん》もあれば、両人《りょうにん》のいましめを解《と》

きやれ。ソレ、榛沢番場《はんざわばんば》の両人《りょうにん》は、牢《ろう》の格子《こうし》を開《ひら》きめされ。

両人　畏《かしこ》まってございまする。

　ト両人《りょうにん》　鍵《かぎ》を持《も》ち、牢《ろう》の格子《こうし》を開《ひら》く。

〽※祇園精舎《ぎおんしょうじゃ》の鐘《かね》の声《こえ》、諸行無常《しょぎょうむじょう》の響《ひび》きあり、沙羅双樹《さらそうじゅ》の花《はな》の色《いろ》、盛者必衰《しょうじゃひっすい》の理《ことわ》りをあらわす、されば平家《へいけ》※世《よ》を取《と》って二十余年《よねん》の栄華《えいが》も、夢《ゆめ》と覚《さ》めたる※無漏《むろ》の海《うみ》、浪間《なみま》に※月《つき》の景《かげ》清《きよ》が、夢《ゆめ》を覚《さ》ませし妻《つま》や子《こ》の、声懐《こえなつ》かしく流石《さすが》にも。

トこの文句《もんく》のうち、景清《かげきよ》、※百日《にち》、※半切《はんぎり》、籠手《こて》臑当《すねあて》の形《なり》、※大綱《おおつな》にて縛《しば》られたるままにて、五器口《ごきぐち》より顔《かお》を出《だ》す。この時《とき》、両人、景清《かげきよ》を見《み》て、いろいろ焦《あ》せる思入《おもいい》れ。

〇便りも涙にて　「便りもなく、なみだにて」で、「なみだ」の「な」が懸詞になっている。**〇孤児のきずな…**　「みなし児」は即ち「実なし」（一人前にならぬの意）で、前の「色香」、後の「花もうつろい」と共に、植物に事よせた文のアヤ。孤児とはいいながら、まだ親子の縁は引いている娘人丸が縄にひかれて。**〇憂き目みちのくの**　憂き目を見るみちのく。ここも「み」が懸詞になっている。「みちのく」には別に意味がない。**〇うつろいて**　うつりかわって。盛りのものが衰えるをいう。**〇切継**　切りてつぎ合わすること、又その物。つぎはぎの見すぼらしい姿。**〇腰縄**　軽罪の囚人などの腰だけに縄をかけること、またその縄。本縄に対する。**〇直垂箱**　直垂は、昔は庶人の常服で、後世は礼服となったもの。直垂を入れ納める箱。**〇東の口**　仮花道の出入口。東の揚幕である。**〇棒鞘**　一直線で、そりのない刀の鞘。**〇締め絡む…**　母も娘も縄に締め結ばれており、血縁につながれている二人。「締め絡む」が懸詞になっている。**〇祇園精舎…**　「祇園精舎」以下

〇縄を控える　腰縄を控え持って、ゆるめてくれないので動かれない。

次項の「盛者必衰の理り」云々までは、『平家物語』冒頭の有名な文章。諸行無常は万有の変遷流転して、しばらくも常住せざることをいう。沙羅双樹は印度に産する落葉の喬木。釈尊その樹下にて涅槃に入った。**○世を取って**　天下の覇者となる。天下を自分の掌中におさめる。**○無漏の海**　仏語。無漏は有漏に対す。煩悩の惑根を絶ちたること。「……の海」と続けてきたのは、次の「浪間に月の」云々を言いたいがためもあり、又平家の亡んだ場所一の谷、屋島、壇の浦の海をも仄めかしている。**○月の景清が**　月の影も清いと、景清とが懸詞になっている。平家の栄華の夢もさめて、今や何の煩悩もなく、あたかも浪間にうつる月の影の清く澄んでいるような心境にある景清が、妻子の声に澄心の夢をさまされて。**○百日**　百日鬘のこと。百日も月代を剃らずして、月代の生え延びたるさまの芝居の鬘。盗賊又は囚人などに扮するとき用うるもの。**○半切**　「はんぎり」は能装束の形大口に似て、金銀の模様あるものをいうのだが、芝居衣裳にも適用されている。芝居では、主に荒事の役に用い、錦または箔を地質に摺込んだ、能のそれとほぼ同形のもの。**○大綱**　太い綱。

景清　懐《なつ》かしや、阿古屋《あこや》人丸《ひとまる》、右幕下《うばつか》に見参《※けんざん》なすまでは、逢《あ》い見《み》る事《こと》も叶《かな》うまじと思《おも》いしに、今日優曇華《※うどんげ》の対面《たいめん》、これで満足《まんぞく》、日頃《ひごろ》信《しん》ずる薩埵《※さった》の功力《くりき》、アラ有難《ありがた》や、忝《かたじけな》や。さはさりながら人丸《ひとまる》、阿古屋《あこや》、変《かわ》り果《は》てたる有様《ありさま》じゃなア。

〽見交《※みかわ》す顔《かお》も鶯《うぐいす》の、ほう法華経《ほけきよう》の普門品《ふもんぼん》。

阿古　絶《た》えて久《ひさ》しき景清《かげきよ》どの、お目《め》にかかって嬉《うれ》しいが、あさましいそのお姿《すがた》。

人丸　幼《おさな》い時《とき》にお別《わか》れ申《もう》せし父《ちち》のお顔《かお》、母様《ははさま》のお顔《かお》さえ、見《み》るに甲斐《かい》ないこの縄目《なわめ》。

阿古　さぞ御無念《ごむねん》で、

両人　ござりましょうなア。

〽深《ふか》き嘆《なげ》きは母娘《ははむすめ》※、泣《な》く音《ね》を包《つつ》む袖《そで》さえも、哀《あわ》れ弥増《いやま》すばかりなり。

ト両人《りょうにん》縋《すが》り寄《よ》り愁《うれ》いのこなし、景清《かげきよ》眼《まなこ》を閉《と》じ、普門品《ふもんぼん》をよみいる。＊4

軍兵　控《ひか》えて居《お》ろう。

トこれにて両人《りょうにん》入替《いれかわ》って住《すま》う。

重忠　イヤナニ岩永《いわなが》どの、景清《かげきよ》をこれへ引出《ひきいだ》し、拷問《ごうもん》いたしては如何《いかが》でござろう。

岩永　それようござろう。何《いず》れも、景清《かげきよ》めをこれへ、

梶原　引出《ひきだ》し召《め》されい。

軍兵　ハアア。

〽手枷足枷《てかせあしかせ》それよりも、妻《つま》と娘《むすめ》※の羈《ほだ》しさえ、心《こころ》にかけぬ大丈夫《だいじょうふ》、食《しょく》を絶《ぜっ》せし衰《おとろ》えに、心《こころ》ばかりは痩《や》せねども、身《み》こそ弱《よわ》りて見《み》えにける。

ト皆々《みなみな》立ちかかり、景清《かげきよ》を牢《ろう》の中《なか》より連《つ》れ出《だ》し、舞台《ぶたい》の真中《まんなか》へ据《す》える。阿古屋《あこや》、人丸《ひとまる》思入《おもいい》れ、

〽重忠景清《しげただかげきよ》が傍《そば》へ寄《よ》り、地上《ちじょう》に描《えが》く情《なさけ》の牢舎《ひとや》、縛《いまし》めの縄引解《なわひきほど》けば。

○見参　普通は面会又は拝謁などの意であるが、ここでは格闘又は果し合いなどの義。**○優曇華の対面**

「優曇華の花」は、極めて遇い難きことの喩。元来優曇華は、印度の想像上の植物で、芽出でて一千年、蕾をふくみて一千年、花開きて一千年、都合三千年に一たび花を開くものにして、この花の開くとき金輪王出現すという。全く珍らしい対面の意。○**薩埵の功力**　薩埵は菩提薩埵の略で、菩薩のこと。○**見交す顔も鶯の…**　見交す顔も憂く、うぐいすのとかけてある。鶯の啼声ホウホケキョーのホケキョーを法華経と当て、法華経の縁で第二十五巻の普門品と言った。後に出るが、景清は牢中で清水の観世音を念じ、朝夜千巻ずつ普門品を誦すのである。このことを予め浄瑠璃で前触れさせた。○**泣く音を包む袖**　泣き声を袖で押えて、忍び泣きする。＊4享和二年二月五世團十郎が、一世一代として江戸河原崎座において演じた時のことが『芸苑講談』に載っている。「阿古屋と人丸を引出し、重忠景清に逢わせんと軍兵に命じ、格子の五器穴を開くと、大薩摩の浄瑠璃で、景清百日鬘・籠手・臑当・花やかな陣羽織、袖無しを着、上着は将棋の駒、龍王を縫った切付衣裳青隈取り、太縄に縛られて顔を出し、阿古屋と人丸と顔を見合せ、双方とも思入、哀れに物凄く、古今の大評判で首尾よく打上げ、三階で團十郎一同へ労を謝し、当り振舞をなし、庵崎の隠宅に閉居して世事に関しなかった」と。○**羈し**　絆。馬の脚を繋ぐ縄の意より出て、すべて自由を束縛する物事をいう。

ト重忠《しげただ》、刀《かたな》の鐺《こじり》にて丸《まる》を描《えが》き、景清《かげきよ》の縄《なわ》を解《と》く。景清思入《かげきよおもいい》れあって、

景清　重忠《しげただ》、なぜ縛《いまし》めをとき召《め》された。

重忠　※不審《ふしん》な尤《もっと》も。

ト描《えが》きし丸《まる》の内《うち》へ思入《おもいい》れ。

景清　ムウ。

＼※強気《ごうき》に恐《おそ》れぬ景清《かげきよ》も、※智仁《ちじん》を悟《さと》り座《ざ》に直《なお》れば、岩永左衛門《いわながさえもん》声荒《こえあら》らげ。
トこなしあって、景清図《かげきよず》の内《うち》へ入《い》り、葛桶《かずらおけ》へ腰《こし》をかける。岩永思入《いわながおもいい》れあって、

岩永　ヤア※不念《ふねん》でござろう、重忠《しげただ》どの。未《いま》だ善悪《ぜんなく》わからぬ景清《かげきよ》、縛《いまし》めをゆるしたは、さては※御辺《ごへん》きょうの拷問《ごうもん》は、生温《なまぬる》うやらるるな。

梶原　その上《うえ》、地上《ちじょう》へ丸《まる》い物《もの》を描《えが》いて、その中《なか》へ景清《かげきよ》を入《い》れ召《め》されたは、

両人　どういう心《こころ》か、承《うけたまわ》りたい。

重忠　イカサマ御合点《ごがてん》が参《まい》るまい。※周《しゅう》の文王《ぶんのう》が政道《せいどう》にて、如何《いか》な五※刑《けい》の罪人《ざいにん》なりとも、地《ち》の上《うえ》へ※亀図《きず》を描《えが》き、その中《なか》へ入《い》れ放《はな》ち置《お》く。これ聖人《せいじん》の仁義《じんぎ》の牢舎《ひとや》。たとい※鉄《くろがね》の楯《たて》は破《やぶ》るとも、重忠《しげただ》が寸志《すんし》の牢舎《ひとや》、この牢《ろう》ばかりは破《やぶ》れまい。
ト※大小《だいしょう》、コイヤイになり、
＼情《なさけ》も籠《こも》る仁義《じんぎ》の牢舎《ひとや》、景清《かげきよ》は感《かん》じ入《い》り。

景清　こは忝《かたじけな》き重忠《しげただ》が※寛仁《かんじん》、さほどに厚《あつ》き志《こころざし》あるこの牢舎《ひとや》、描《えが》いた牢《ろう》でも、※むざとはどうも破《やぶ》られぬ。この上《うえ》の願《ねが》いには、一目《ひとめ》なりとも頼朝公《よりともこう》の御顔《おんかんば》せ、拝《はい》し奉《たてまつ》らんものならば、生前《せいぜん》の大慶《たいけい》。重忠殿偏《しげただどのひと》えに願《ねが》い奉《たてまつ》る。＊5

重忠　如何《いか》にも、さもあらん。ソレ、榛沢六郎《はんざわろくろう》、申《もう》し付《つ》けた品《しな》これへ。

榛沢　ハア。

ト榛沢六郎《はんざわろくろう》、烏帽子《えぼし》、直垂《ひたたれ》の箱《はこ》を持来《もちきた》り、重忠《しげただ》に渡《わた》す。

○不審な尤も 「不審は尤も」の訛。いぶかしく思わるるも無理ではない。**○強気に恐れぬ** 相手が如何に強く猛き心の者でも、それに恐れるような景清ではないが。**○智仁を悟り** 智仁ある、真の武士らしい重忠の扱い、態度を知り、感心して。**○御辺** 同輩に用うる対称の代名詞。そこもと。貴殿。**○不念** 不注意。浅慮。**○五刑の罪人** 五刑は中国の五種の刑罰。即ち墨(イレズミ)・劓(ハナキリ)・剕(アシキリ)・宮(勢ヲ割ク)・大辟(クビキリ)の称。しかしここでは、大罪を犯した罪人の積りである。**○周の文王** 中国の周の初めの王。**○亀図** 亀甲の形の図。**○鉄の楯** 楯は戦争の用具で、身体又は器具を蔽いて、敵の矢丸を防ぐに用い、榎、楠などの厚板を以て造った。それよりも丈夫な鉄製の楯。**○大小、コイヤイ** 大小は大鼓と小鼓のこと。コイヤイ(コイ合)は能楽に出た名称で、浄瑠璃やセリフの間に、掛声を低く掛けては大小を打つをいう。**○寛仁** 度量ゆるやかにして、なさけ心の深きこと。**○むざと** むざむざと。惜しげもなく。わけもなく。＊5頼朝にひと目なりとも逢って、害せんとの念願を持っているから、こう言った。

へお召《め》しの烏帽子《えぼし》直垂《ひたたれ》を、重忠取上《しげただとりあ》げ、あなたなる松《まつ》に掛《か》け、

ト重忠《しげただ》、上手《かみて》の松《まつ》へ烏帽子《えぼし》直垂《ひたたれ》を掛《か》け、

重忠　これ見《み》られよ景清《かげきよ》。あの松《まつ》ケ枝《え》に掛《か》けたるは、頼朝公《よりともこう》の御烏帽子《おんえぼし》、直垂《ひたたれ》。

ト景清《かげきよ》、これを見《み》て、

景清　ナニ、頼朝公《よりともこう》の御烏帽子《おんえぼし》、直垂《ひたたれ》とや。

　トきっと眼《め》をつけ、思入《おもいい》れ。

重忠　如何《いか》にも。時《とき》に取《と》っての頼朝公《よりともこう》。

仁田　イザ、お目見得《めみえ》、

両人　致《いた》されよ。

　ト景清思入《かげきよおもいい》れあって、謡《うたい》がかりにて、

景清　アアラ珍《めず》らしや、右幕下《うばつか》の御尊顔《ごそんがん》を、拝《はい》する心地《ここち》仕《つかまつ》るぞや。ア、さりながら重忠《しげただ》どの、あの頼朝公《よりともこう》にては、まだまだ描《えが》いた牢《ろう》は破《やぶ》られぬ。

重忠　然《しか》らば※時《とき》の面目《めんぼく》は雪《すす》がれつらん。あの松《まつ》ケ枝《え》の頼朝公《よりともこう》へ、何卒心《なにとぞこころ》を和《やわ》らげて、

仁田　お味方《みかた》を承引《しょういん》せられよ。

岩永　イイヤ景清《かげきよ》、範頼公《のりよりこう》の味方《みかた》に付《つ》きやれ。まだその前《まえ》に尋《たず》ねたいは、青山《せいざん》の琵《び》琶《わ》、まった青葉《あおば》の笛《ふえ》の在所《ありか》をば、キリキリ、

岩永
梶原　吐《ぬ》かしてしまえ。

　ト景清《かげきよ》、これを聞《き》いて、きっと思入《おもいい》れあって、

景清　知《し》らねえわ。又《また》しても宝《たから》の在所《ありか》、頼朝《よりとも》どのが善根《ぜんごん》をするのなんのと、※善心《ぜんしん》の面《つら》で、平家《へいけ》の菩提《ぼだい》を弔《とむら》い、※追福追善《ついふくついぜん》の大法会《だいほうえ》に管絃《かんげん》を奏《そう》し、※万僧供養《まんぞうくよう》あるゆえに、その管絃《かんげん》の※音律《おんりつ》を揃《そろ》えん為《ため》に、青葉《あおば》の笛《ふえ》と琵琶《びわ》を加《くわ》えるなんどと言《い》って、※平家《へいけ》の重器《ちょうき》

を源氏《げんじ》の宝《たから》になさんという下心《したごころ》か、よしまた法事《ほうじ》をするにせよ、平家《へいけ》の法事《ほうじ》を源氏《げんじ》の大将《たいしょう》にしてもらう※ようがない。誠《まこと》平家《へいけ》の追善《ついぜん》というは、千僧万僧《せんぞうまんぞう》の供養《くよう》、※百律《りつ》千呂《りよ》の管絃を奏《そう》さんより、頼朝公《よりともこう》の御首《おんくび》を賜《たま》わるが、平家《へいけ》の為《ため》の大法事《だいほうじ》。これが※いっち好《よ》い弔《とむら》いだ。また二品《ふたしな》の宝《たから》の在所《ありか》、知《し》ったればとて言《い》うものか。元《もと》より知《し》らねえから、白状《はくじょう》する筋《すじ》がねえわ。聞《き》きしに劣《おと》った岩永《いわなが》、梶原《かじわら》。※けちな性根《しょうね》の侍《さむらい》だなア。

〽言《い》い廻《まわ》されて※口《くち》あんぐり、岩永《いわなが》は面脹《つらふく》らし。

岩永　ヤア、白状《はくじょう》せざるのみならず、憎《にっ》くき雑言《ぞうごん》。（ト向《む》こうへ向《む》かい、）ヤアヤア、長谷《はせ》の八郎《はちろう》、※保童丸《ほうどうまる》を召連《めしつ》れい。

八郎　心得《こころえ》ました。

〇時の面目　当座の、一時の面目。一応の面目はたてられたであろう。**〇善心の面で**　情ある者のふりをして。**〇追福追善**　追福も追善も同じ意味。死者の冥福を祈ること。**〇万僧供養**　多数の僧侶を集めて、盛大に供養し、死者の霊又は仏に回向すること。**〇音律を揃えん為**　音楽の調子を揃え、楽器を揃え、整備するため。**〇平家の重器**　平家の重要な、宝ともしている楽器。**〇ようがない**　いわれがない。わけがない。**〇百律千呂**　律は陽に属する音調、呂は陰に属する音調。様々な音楽の調子をいう。**〇いっち好い**　「いっち」は「いち」の訛り。一番よい。**〇けちな性根**　「けち」にはやぶさか、卑怯、いやしきこと等の意がある。ここでは第二、第三の意である。〇**口あんぐり**　茫然自失して、覚えず口をひらいているさまにいう。〇**保童丸**　一の谷で熊谷直実に討取られた平敦盛の嫡子であり、忘れ形見である。

ト※鼓《つづみ》の合方《あいかた》になり、八郎《はちろう》、上下衣裳《かみしもいしょう》、大小《だいしょう》、股立《ももだ》ちをとり、保童丸《ほうどうまる》、着流《きなが》し、※広振《ひろふ》り、※丸絎《まるぐけ》を締《し》め、これを引抱《ひっかか》えて出《で》て来《きた》り、

仰《おお》せに従《したが》い保童丸《ほうどうまる》を、引据《ひきす》えましてござります。（ト阿古屋《あこや》、人丸《ひとまる》これを見《み》て、）

阿古人丸　ヤ、保童丸《ほうどうまる》さま。

岩永　その童《わっぱ》めを、牢《ろう》の内《うち》へ叩《たた》き込《こ》め。

八郎　心得《こころえ》ました。餓鬼《がき》め、うしょう。

阿古人丸　アアモシ。

ト留《と》めるを、八郎突退《はちろうつきの》け、保童丸《ほうどうまる》を牢《ろう》の内《うち》へ入《い》れる。景清《かげきよ》、思《おも》わず立上《たちあ》がる。皆々見《みなみなみ》て、

皆々　牢《ろう》を破《やぶ》るか牢《ろう》を破《やぶ》るか。

トこれにて、景清思入《かげきよおもいい》れあって、ジッと下《した》に居《い》る。

八郎　サア、何奴《どいつ》も此奴《こいつ》も見《み》たか、敦盛《あつもり》が忘《わす》れ形見《がたみ》の保童丸《ほうどうまる》、鶴《つる》ケ岡《おか》から引《ひ》っくくって連《つ》れて来《き》た。コレ景清《かげきよ》、どうで物《もの》を吐《ぬ》かさぬからは、味方《みかた》に付《つ》く所存《しょぞん》もあるまい。いま見《み》る如《ごと》く保童丸《ほうどうまる》も、牢舎《ひとや》へ叩《たた》き込《こ》み、穀《ごく》を絶《た》てば命《いのち》がねえが、それでもわ

れは吐《ぬ》かさぬか。サア、保童丸《ほうどうまる》が助《たす》けたくば、宝《たから》の在所《ありか》を吐《ぬ》かしてしまえ。

景清　いやだわえ。うぬ等《ら》が面《つら》を見《み》るも穢《けがら》わしい。（トきっと思入《おもいい》れ、八郎《はちろう》びっくりこなし。）さては岩永梶原《いわながかじわら》が仕業《しわざ》よな。その後御行方《のちおゆくえ》知《し》れざりしが、御機嫌《ごきげん》の御顔《おんかんばせ》拝《はい》し奉《たてまつ》るそれがしが大慶《たいけい》、まだいとけなき保童丸君《ほうどうまるぎみ》を、牢舎《ひとや》へ押込《おしこ》め奉《たてまつ》るとは大人気《おとなげ》なし。岩永梶原《いわながかじわら》、取《と》り所《どころ》のないたわけだなア。

岩永　イイワ、そう吐《ぬ》かしやア、※骨《ほね》を拉《ひし》いでも言《い》わせて見《み》しょうワ。

梶原　ヤアヤア、景清《かげきよ》に水喰《みずくら》わせる、

両人　用意《ようい》をしろ。

皆々　ハアアア。

重忠　アイヤ、御両所暫《ごりょうしょしばら》くお控《ひか》えなされい。その責《せ》め道具《どうぐ》は、重忠用意《しげただようい》いたしてござる。

岩永　すりやアノ、責《せ》め道具《どうぐ》を。

重忠　如何《いか》にも、榛沢六郎《はんざわろくろう》、申し付《つ》けたる責《せ》め道具《どうぐ》、これへ持《も》て。

榛沢　ハッ。

〽はっと答《こた》えて責《せ》め道具《どうぐ》、いとも優《やさ》しき※爪琴《つまごと》や、哀《あわ》れ催《もよお》す胡弓《こきゅう》をば二人《ふたり》が前《まえ》に直《なお》し置《お》く。

○鼓の合方　鼓だけの伴奏。**○広振り**　広振袖の略。**○丸絎**　丸くけて、綿を入れた帯。**○骨を拉いでも**　骨を砕いても。ひどく責め折檻しても。**○爪琴**　妻琴とも書く。琴に同じ。琴は爪で弾くからのこと。

トこれにて、軍兵《ぐんびょう》、誂《あつら》えの琴《こと》、胡弓を直《なお》す。

重忠　これ見《み》られよ景清《かげきよ》。この琴《こと》に見覚《みおぼ》えござるか。

ト景清《かげきよ》きっと見《み》て、こなしあって、

景清　如何《いか》にも、この琴《こと》こそ、※三位中将重衡《さんみちゅうじょうしげひら》の重器《ちょうき》、朝霧《あさぎり》と名《な》づけたるこの※倭琴《わごん》、如何《いかが》いたして、貴殿《きでん》の御手《おんて》に入《い》り申《もう》した。

重忠　不審《ふしん》な尤《もっと》も。既《すで》に平家《へいけ》に三《み》つの重器《ちょうき》、※大夫経政《たいふつねまさ》が重器青山《ちょうきせいざん》の琵琶《びわ》、二つには※無官《むかん》の大夫敦盛《たいふあつもり》が重器青葉《ちょうきあおば》の笛《ふえ》、三《み》つには中将重衡《ちゅうじょうしげひら》が重器朝霧《ちょうきあさぎり》の琴《こと》、存命《ぞんめい》の砌《みぎ》り、深《ふか》くこの琴《こと》に執心《しゅうしん》なす事《こと》、世《よ》を挙《あ》げて人《ひと》の知《し》るところ。

仁田　さるに依《よ》って死後《しご》の今《いま》、当鎌倉《とうかまくら》の宝《たから》となりしを、

重忠　頼朝公《よりともこう》のお眼識《めがね》を以《もっ》て、それがしへ預《あず》け置《お》かるるこの倭琴《わごん》。

仁田　まった重忠《しげただ》どのが心《こころ》を籠《こ》めしそれなる胡弓、時《とき》に取《と》っての責《せ》め道具《どうぐ》、胡弓の弓《ゆみ》の※矢柄責《やがらぜ》め、智略《ちりゃく》の程感心仕《ほどかんしんつかまつ》る。

岩永　コレサコレサ重忠《しげただ》どの、責《せ》め道具《どうぐ》責《せ》め道具《どうぐ》と、なんぞ厳《きび》しい事《こと》と思《おも》えば、遊興《ゆうきょう》

らしい琴胡弓《ことこきゅう》。ハハア、こりゃ気晴《きば》らしをめさるるな。

梶原　責《せ》め道具《どうぐ》とはかたはら痛《いた》い。見事《みごと》琴や胡弓が、責め道具の役に立ちまするか。

重忠　ハハハハハ、こりゃ御両所《ごりようしよ》のお詞《ことば》とも存《ぞん》ぜぬ。古《いにし》え※博雅《はくが》の三位《さんみ》が調《しら》ぶる琴《こと》を、※称識《しようしき》という者《もの》よく聞《き》いて賞嘆《しようたん》なす。これ音律《おんりつ》を知《し》るゆえなり。この琴《こと》を阿古屋《あこや》に弾《ひ》かせ、また胡弓《こきゅう》をば人丸《ひとまる》に※摺《す》らせ、両器《りようき》の在所《ありか》を白状《はくじよう》させん。

仁田　阿古屋《あこや》、人丸《ひとまる》、それにて調《しら》べい。

ト両人《りようにん》思入《おもいい》れあって、

阿古　※面伏《おもてぶ》せなるこの責《せ》め苦《く》、仰《おお》せを請《う》けて調《しら》べるも、

人丸　この世《よ》からなる苛責《かしやく》の琴《こと》、

阿古　胡弓《こきゅう》の弓《ゆみ》に引《ひ》かるる親子《おやこ》、

景清　二十余年《よねん》の星霜《せいそう》も、※盧生《ろせい》が夢《ゆめ》の夢現《ゆめうつつ》。

阿古
人丸　ほんに果敢《はか》ない。

重忠　コリャ、琴《こと》に数多《あまた》の調子《ちようし》あり、

仁田　人悲《ひとかな》しみに堪《た》えざる時《とき》は、

重忠　哀傷《あいしよう》の調子を発《はっ》し、

景清　心《こころ》に恨《うら》みを含《ふく》む時《とき》は、

岩永　殺伐《さつばつ》の調子となる、
阿古　思《おも》いある身《み》は、
仁田　相思《そうし》の調子、
人丸　曲《まが》れる時《とき》は、
梶原　乱調子。
重忠　直《す》ぐなる心《こころ》で調《しら》ぶれば、自然《しぜん》と響《ひび》く※常音《じょうおん》の、調子を仮《かり》の責《せ》め道具《どうぐ》。
仁田　よし又《また》阿古屋《あこや》、文句《もんく》を替《か》え、白状せずとも、その音声《おんせい》の混濁《こんだく》にて、
重忠　宝《たから》の在所《ありか》を覚《さと》る重忠《しげただ》。人丸《ひとまる》、阿古屋《あこや》、早《はよ》う弾《ひ》け。
岩永　キリキリ弾《ひ》かぬか。
皆々　どうだエエ。[*6]
〽是非《ぜひ》なく二人立向《ふたりたちむか》い、甲斐《かい》なき調《しら》べ掻《か》き鳴《な》らす。

○**三位中将重衡**　平重衡。○**倭琴**　やまとごと。あずまごと。琴の一種で、六絃のもの。○**大夫経政**　平経政。一の谷で討死した。○**無官の大夫敦盛**　平敦盛。「無官の大夫」は官なくして四位五位の位のみを受けたる人。多くは公卿の子の、元服せずして五位に叙せられたるものの称。○**矢柄責め**　矢柄は矢の幹。拷問の一法。矢柄にて打ちたたきて責めること。○**博雅の三位**　雅楽の名家。延喜十八年生、天元三年薨。醍醐帝第一の皇子克明親王の御子。当時音楽を以て最も有名。琴・笛・琵琶・篳篥等もすべてその妙

を極め、作曲にもまた妙を得ていた。官は皇太后宮権大夫に至り、従三位を授けられた。月夜に朱雀門で鬼から青葉の笛を与えられたとの伝説がある。○**称識**　他の台本には「セウシキ」と片仮名で書いてある。どういう故事か詳かにしない。○**摺らせ**　胡弓を鳴らすことを摺るという。こすらせる。弾かせる。○**面伏せ**　面目なきこと。はずかしきこと。○**盧生が夢**（既出）盧生の夢のごとくにはかなく、夢ともなく現ともなく過ぎて来た。○**常音**　常の、正しい音。＊6語尾に「エエ」を付けるのは、荒事に用いられる所で、強く荒々しい気分を現わすためである。『暫』その他にもある。

トこれにて、阿古屋《あこや》は琴《こと》、人丸《ひとまる》は胡弓《こきゅう》にかかり、※式佐三味線《しきささみせん》にて、これより三曲《きょく》にかかる。

〽※翠帳紅閨《すいちょうこうけい》に、更《ふ》け行《ゆ》く月《つき》や散《ち》る花《はな》の、惜《お》しみしものを徒《いたず》らな、比翼《ひよく》の枕《まくら》いつしかに、朽《く》ちて跡《あと》なき夢心《ゆめごころ》。

ト重忠思入《しげただおもいい》れあって、

重忠　榛沢《はんざわ》、その膳部《ぜんぶ》これへ。

岩永　番場《ばんば》、その鮑貝《あわびがい》を景清《かげきよ》へ。

両人　ハッ。

ト榛沢《はんざわ》は蒔絵《まきえ》の膳《ぜん》、番場《ばんば》は鮑貝《あわびがい》の三方《ぼう》を景清《かげきよ》へ据《す》える、

重忠　精力《せいりょく》疲《つか》れし七兵衛景清《しちびょうえかげきよ》、身体《しんたい》を養《やしな》い、何卒頼朝公《なにとぞよりともこう》へ御味方《おんみかた》。

岩永　コレサコレサ重忠《しげただ》どの、待《ま》たっせえ。御自分《ごじぶん》は頼朝公《よりともこう》、又《また》この岩永梶原《いわながかじわら》は、範《のり》

頼公《よりこう》より景清《かげきよ》を、味方《みかた》に呼《よ》ばるる、思《おも》い付《つ》きの食《く》い物《もの》。

梶原　五十日《にち》がその間《あいだ》、湯水《ゆみず》を断《た》ちたる飢渇《きかつ》を助《たす》くる、両人《りようにん》が寸志《すんし》、

岩永　有難《ありがた》いと三拝《ぱい》して、

梶原　頂戴《ちようだい》をしやれ。

ト大小コイヤイになり、岩永《いわなが》、以前《いぜん》の鮑貝《あわびがい》を景清《かげきよ》へ差付《さしつ》ける。

景清　※沓新《くつあた》らしといえども冠《かんむり》にせず、※鮑貝《あわびがい》で喰《くら》うものは、犬《いぬ》か猫《ねこ》より外《ほか》にゃアねえ。景清程《かげきよほど》の武士《もののふ》を、畜生《ちくしよう》にして嘲弄《ちようろう》するか。岩永梶原《いわながかじわら》、なぜ景清《かげきよ》を畜生《ちくしよう》にするのだエエ。

岩永　オオ、ちっと口惜《くちお》しかろう。腹《はら》が立《た》とうわえ。

人丸　同《おな》じように並《なら》んでお出《い》でなさんしても、なされ方《かた》はまた格別《かくべつ》、重忠《しげただ》さまのこの御膳《ごぜん》、

阿古　あがったとて、源氏《げんじ》の味方《みかた》になるじゃなし、力《ちから》を固《かた》め身《み》を固《かた》め、身《み》を全《まっと》うしたその上《うえ》で、なぜお望《のぞ》みを達《たっ》そうとは思《おぼ》し召《め》さぬぞ。

人丸　五十日《にち》がその間《あいだ》、物《もの》をもあがらず、湯水《ゆみず》を断《た》ち、どうマアお命《いのち》が続《つづ》きましょうぞ。

阿古　どうぞこのままちっとも早《はよ》う、御膳《ごぜん》を上《あが》って下《くだ》さりませ。

人丸　父上様《ちちうえさま》。
阿古　景清《かげきよ》どの。
景清　ハハハハハ、さほどの事《こと》を女童《おんなわらべ》に習《なら》おうや。今日まで喰《く》わぬ穀類《こくるい》を、女房《にょうぼう》の勧《すす》めで喰《く》わりょうか。娘《むすめ》の勧《すす》めが嬉《うれ》しいとて、これを喰《くら》う景清《かげきよ》と思《おも》うか、ハハハハハ、馬鹿《ばか》な事《こと》を。七兵衛景清《しちびょうえかげきよ》は、日頃信心《ひごろしんじん》なし奉《たてまつ》る清水寺《きよみずでら》の観世音《かんぜおん》を念《ねん》じ奉《たてまつ》り、※朝昏暮夜《ちょうこんぼや》に千巻《がん》ずつ、普門品《ふもんぼん》を※マ喰《くら》っていれば、千日万日恙《にちまんにちつつが》はない。右幕下《うばっか》の見参《けんざん》に入《い》るまでは、死《し》ぬ事《こと》ではない。女房《にょうぼう》、娘《むすめ》、落附《おちつ》いて居《お》ろうぞ。
岩永　ヤイ景清《かげきよ》、範頼公《のりよりこう》のお味方《みかた》になりゃア、この五器《ごき》に引替《ひきか》えて、
梶原　※珍膳高味《ちんぜんこうみ》は望《のぞ》み次第《しだい》だ。
太郎　コレ、命《いのち》を取《と》ろうと言《い》うのじゃない。命《いのち》を助《たす》け、お味方《みかた》に招《まね》くのだ。
孫八　有難《ありがた》いと三拝《ぱい》して、早《はや》くその飯《めし》を、
両人　頂戴《ちょうだい》しろエエ。
ト景清《かげきよ》、こなしあって、
景清　※伯夷叔齊《はくいしゅくせい》は首陽山《しゅようざん》に跡《あと》を隠《かく》し、蕨《わらび》を喰《くろ》うた例《ためし》もあり、※賢人《けんじん》の魂《たましい》は大鵬《たいほう》、うぬらがように源氏《げんじ》へ付《つ》いたり、平家《へいけ》へ付《つ》いたりひろぐ※うちまた侍《ざむらい》は、※鴻《こう》の巣《す》の死《し》巣《そう》を喰《くら》う雀《すずめ》も同然《どうぜん》、どうして大鵬《たいほう》の心《こころ》が知《し》れるものか。悪七兵衛景清《あくしちびょうえかげきよ》は、源氏《げんじ》の禄《ろく》は

一粒《りゅう》も喰《くら》わず、踏《ふ》み留《とど》まって平家《へいけ》の仇《あだ》を報《ほう》ぜん料簡《りようけん》。ここに並《なら》んだ侍《さむらい》めらは、二十余年《よねん》がその間《あいだ》、平家《へいけ》の禄《ろく》を取《と》った奴《やつ》ら。これ皆平家《みなへいけ》の恩沢《おんたく》ならずや。うぬらが心《こころ》に引比《ひきくら》べて、※鼻《はな》の下《した》を養《やしな》う野郎《やろう》めらが、※二君《じくん》に仕《つか》えぬ景清《かげきよ》を、味方《みかた》に付《つ》けんなんぞとは穢《けが》らわしい。むさ汚《くろ》しいこの穀類《こくるい》。喰《く》ってよけりゃアうるさい餓鬼《がき》めら、片《かた》ッ端《ぱし》からこれを喰《くら》え。

ト膳《ぜん》を蹴返《けかえ》し、

この五器《ごき》で景清《かげきよ》に食《しょく》を勧《すす》め、一粒《りゅう》でも喰《くら》えば範頼公《のりよりこう》が扶持人《ふちにん》、味方《みかた》と言《い》わん謀計《はかりごと》の勧《すす》め膳《ぜん》、喰《く》ってよけりゃア此《こ》の中から喰《く》って見《み》せるわ。味方《みかた》になるが穢《けが》らわしい。源氏《げんじ》の米《こめ》は一粒《りゅう》でも、喰《く》わずに居《い》たいわ。その景清《かげきよ》に向《むか》って、※畜生《ちくしょう》の器《うつわ》で手向《たむ》けた岩永梶原《いわながかじわら》。われより白痴《たわけ》な範頼《のりより》どのへ、なんの命《いのち》が惜《お》しくって、お味方《みかた》に参《まい》るものだ。喰《く》ってよけりゃア岩永梶原《いわながかじわら》、その飯《めし》はうぬら喰《くら》え。（ト鮑貝《あわびがい》を蹴返《けかえ》す。）

○**式佐**　この天保十三年の時は、五代目岸沢式佐。『宗清』『将門』『小夜衣』等の名曲の作曲家。岸沢は常磐津の三味線弾きの名である。阿古屋は琴、人丸は胡弓、式佐は三味線と、三人で三曲を奏する。○**翠帳紅閨**…　翠帳は緑のとばり、紅閨は美人のねや、即ち婦人の居る美しい部屋のこと。比翼の枕は夫婦の枕。中国の伝説にある、雌雄一目一翼にして常に一体となりて飛ぶという鳥から出ている。○**沓新らしといえども冠にせず**　貴賤上下の品等を乱るべからずとの喩。『韓非子』「外儲説」に「夫冠雖レ賤、頭必戴レ之、履雖ㇾ貴、足必履ㇾ之」とある。○**鮑貝で喰う**　鮑貝を食器にして食う。○**朝昏暮夜に**　朝はまだ暗い中、夜は遅くまで。○**マ喰って**　「喰って」とだけあって、「マ」の字のない台本もある。「喰って」を強めて言う場合に、エロキューションの手段として「マ」の字を軽く言う。その「マ」である。○**珍膳高味**　珍らしい料理、美味なるもの。「高味」は「好味」。○**伯夷叔齊**　孤竹君の二子たる伯夷叔齊。父は叔齊を立てて嗣とせんとしたが、父の歿後二人は互いに位を譲り合って遂に逃る。よって国人はその中子を立てた。二人は周の武王が殷を討ったのは道にあらずと非難して、周の粟を食わず、首陽山に隠れて蕨などを食っていたが、遂に餓死した。○**賢人の魂は大鵬**　鵬は鳳に同じ。おおとり。鯤という大魚の化してなった鳥ともいう。想像上の鳥である。この所『史記』の「燕雀安知ニ鴻鵠之志一哉」を言おうとしている。即ち小人ばらの智を以てしては、到底大人豪傑の意中を量ることが出来ない。○**うちまた侍**　「内股膏薬」に同じ。二心あって両方にくっつくの意。自分に確たる主義定見なく、かれにつき、これについてゆく姑息な武士を罵った言葉。○**鴻の巣の死巣を喰う雀**　大人物の生存中は恐れ従い、その死ぬや俄かに讐をなすといった、小人物の譬え。○**鼻の下を養う野郎めら**　鼻の下は口のこと。口を糊する、即ち食わんがためには、節操も守らず手段も選ばず振舞う者ども。○**二君に仕えぬ**　「忠臣二君に仕えず」は臣たる者の道。一旦平家に仕えし身が、平家没落せしを以て再び源氏につくが如きことは断じてせぬ。○**畜生の器**　犬猫畜生に用いる食器、即ち鮑貝。

梶原　ヤア、重々《じゅうじゅう》の過《か》言雑言《ごんぞうごん》。この上《うえ》は責《※せ》めを変《か》え、青山《せいざん》の琵琶《びわ》青葉《あおば》の笛《ふえ》、詮議《せんぎ》せにゃア置《お》かぬ。

岩永　これからは岩永《いわなが》が、詮議《せんぎ》の奥義《おうぎ》を見《み》せてくれん。忠太《ちゅうた》、その刀《かたな》を持《も》て。

ト人丸《ひとまる》を引付《ひきつ》け、忠太刀を持《も》って来《く》る。岩永受取《いわながうけと》り、

これを見《み》ろ。これぞ景清《かげきよ》が所持《しょじ》の、※人丸《ひとまる》の像《ぞう》を目貫《めぬき》に入《い》れし痣丸《あざまる》の剣《つるぎ》。この刀《かたな》で今《いま》人丸《ひとまる》めを芋刺《いもざ》しだぞ。それが厭《いや》なら二品《ふたしな》の宝《たから》の在所《ありか》を、

岩永
梶原　白状《はくじょう》しろエエ。

ト刀《かたな》を人丸《ひとまる》へ差付《さしつ》ける。阿古屋《あこや》こなしあって、

阿古　アモシ、どうしてその子《こ》が宝《たから》の在所《ありか》を。

岩永　但《ただ》し範頼公《のりよりこう》へ、景清《かげきよ》を味方《みかた》に付《つ》けるか。

阿古　サア、それは。

岩永　人丸《ひとまる》をおッ殺《ころ》そうか。

阿古　サア、それは。

岩永　ナア。

両人　サアサアサア。

岩永　どうだ、味方《みかた》に付《つ》けざァ景清《かげきよ》が※鼻《はな》の先《さき》で、人丸《ひとまる》を先《ま》ずこの如《ごと》く。

ト人丸《ひとまる》を突《つ》こうとするを、景清《かげきよ》、その刀《かたな》をもぎ取《と》り、人丸《ひとまる》を※引付《ひきつ》ける。阿古屋思入《あこやおもいい》れあって、景清《かげきよ》に縋《すが》り、

阿古　コレ景清《かげきよ》どの、なんでその子《こ》を。

景清　妻子《つまこ》の愛《あい》にほだされて、心《こころ》に染《そ》まぬ源氏《げんじ》の奴等《やつら》に手《て》を下《さ》げようか。娘《むすめ》の一人《ひとり》や二人《ふたり》、おッ殺《ころ》したとてその吠《ほ》え面《づら》、白痴者《たわけもの》、足手纏《あしてまと》いのこの餓鬼《がき》め、いま目《め》の前《まえ》で親《おや》が手《て》にかけ殺《ころ》すを見《み》ろ、南無阿弥陀仏《なむあみだぶつ》。

阿古　いえいえこの子《こ》は殺《ころ》させぬ。

景清　痣丸《あざまる》の刀《かたな》で、親《おや》が手《て》にかけ殺《ころ》せとある、※宿世《すくせ》の約束《やくそく》 ※自業自得果《じごうじとくか》、※罪障《ざいしょう》 消滅《しょうめつ》。

ト突《つ》こうとする、阿古屋《あこや》きっと留《と》めて、

阿古　マアマア待《ま》って下《くだ》さんせ。

景清　未練《みれん》な女《おんな》め、さし付《つ》けて立派《りっぱ》に殺《ころ》せと言《い》うべきに、源氏《げんじ》の武士《ぶし》の嘲《あざけ》りをも顧《かえり》みず、なぜその吠《ほ》え面《づら》。放《はな》せ放《はな》せ放《はな》せエエ。

重忠　ヤア、早《はや》まるな景清《かげきよ》。先《ま》ず先《ま》ず。

ト刀《かたな》を取《と》り、阿古屋《あこや》、人丸《ひとまる》を元《もと》の所《ところ》へやり、

たとえ親子《おやこ》なればとて、囚人《めしうど》の身《み》を以《もっ》て、わたくしに殺害《せつがい》はなり申さぬ。人丸《ひとまる》、阿《あ》古屋《こや》、憂《うれ》いを顕《あら》わす※心《こころ》の音律《おんりつ》、ササ、今《いま》の後《あと》を。

阿古
人丸　それじゃというて。

皆々　キリキリ弾《ひ》かぬか。

ト皆々思入《みなみなおもいい》れ。

重忠　コリヤ。
　ト阿古屋《あこや》、人丸《ひとまる》、これにて、琴《こと》、胡弓《こきゆう》にかかる。
阿古　小鳥可愛《ことりかわい》と。
　〽※畏《おそ》れ啼《な》きしたる夕《ゆう》べより。
　〽母鳥《ははどり》は、なき潰《つぶ》したる目《め》なし鳥《どり》、闇《やみ》の方《かた》ゆく時鳥《ほととぎす》、血《ち》を吐《は》く思《おも》い果《は》てしなや。

○責め　折檻。くるしめ。**○人丸の像…**　奈良朝の歌人柿本人麿の像を目貫に入れてある、平家の重宝たる痣丸の名剣、景清が拝領していたのを取り上げてあった。それを持ち出して責めるのである。**○鼻の先で**　面前で。眼の前で。**○引付ける**　手許に引き寄せる。**○宿世の約束**　過去の世、前世よりのさだまりごと。因縁。**○自業自得果**　仏語。自己のなしたる業因により、その報いを受けるをいう。**○罪障消滅**　罪障は往生のさわりとなる罪業。罪を消滅させ給え。**○心の音律**　手先でなく、心が自然と伝わって響く音楽の調子。**○畏れ啼きしたる夕べより**　何か襲う者があってか、怯え啼きしたその夕べから。

　トこの時《とき》、薄《うす》ドロドロになり、阿古屋《あこや》、人丸《ひとまる》の絃口《いとぐち》より、雲気《うんき》二つ立上《たちのぼ》り、日覆《ひおおい》へ引《ひ》いて取《と》る。これと一時《とき》に、※向《むこ》う引舟前《ひきふなまえ》、※切穴《きりあな》へ雲気顕《うんきあらわ》れる　皆々《みなみな》見て、
皆々　これは。
　ト見得《みえ》。小太鼓《こだいこ》の楽《がく》になり、
景清　ハテ怪《あや》しや。阿古屋《あこや》が弾《たん》ずる朝霧《あさぎり》の音《ね》に連《つ》れて、※祥々然《しょうしょうぜん》たる一つの気《き》顕《あら》わ

れ、空中にたなびき渡《わた》る、その色青《いろあお》く黄《き》を帯《たい》して、青海波《せいがいは》の如《ごと》くにして※一帯水《いちたいすい》の形《かたち》を顕《あら》わす。

重忠　まったく一つは竹葉《ちくよう》に似《に》て、しかも地中《ちちゅう》へ散乱《さんらん》と、埋《うず》もれし形《かたち》あり。

仁田　音律《おんりつ》に連《つ》れて気《き》を感《かん》じ、同気求《どうきもと》めるその風情《ふぜい》。

景清　笛《ふえ》は正《まさ》しく水中《すいちゅう》に、沈《しず》んだりと覚《おぼ》えたり。

重忠　琵琶《びわ》は地中に埋《うず》もれ、隠《かく》るるに※必定《ひつじょう》せり。

景清　然《しか》らば朽《く》ちず失《う》せもせず。

重忠　誠《まこと》に阿古屋景清《あこやかげきよ》が、

仁田　知《し》らざるに疑《うたが》いなし。

景清　琴《こと》の音《ね》に連《つ》れ奇瑞《きずい》を顕《あらわ》す、

重忠　笛《ふえ》と琵琶《びわ》との、

仁田　※同気感通《どうきかんつう》。

景清　思《おも》えば、

仁田　思《おも》えば、

景清　世《よ》にも妙《たえ》なる※糸竹《いとたけ》の、

三人　※奇瑞《きずい》じゃよなア。

〽どうでも重※《しげ》さん粋《すい》じゃもの、問《と》わでやみなば嬉《うれ》しからまし。

ト琴唄切《ことうたき》れる。トドロドロにて雲気《※うんき》を引《ひ》いて取《と》る。岩永《いわなが》、きっと思入《おもいい》れあって、

岩永　ヤア、※イケ面倒《めんどう》なる重忠《しげただ》の物知《ものし》り顔《がお》、手《て》ぬるい手ぬるい邪魔《じゃま》な女郎《めろう》めら、長谷《はせ》の八郎《はちろう》、ソリャ。

八郎　心得《こころえ》ました。

ト八郎、阿古屋《あこや》へかかる。人丸《ひとまる》よろしく支《ささ》えて、ちょっと立廻《たちまわ》り、景清《かげきよ》、八郎《はちろう》を取《と》って投《な》げ、又《また》かかるを引《ひ》ッ捕《とら》え、八郎が腕《うで》を引抜《ひきぬ》き、噛《か》みこなす。＊7

○**向う引舟前**　劇場にて、舞台の正面の桟敷を引舟と称した。前後三側に分かれ、前列を前船、次の側を中船、最後の側を後船という。向うは花道である。花道の揚幕寄りの所に雲気が現われ、煙りが立ちのぼる。○**切穴**　舞台の床を切って作った穴。ここは花道であるが、やはり切穴という。花道の舞台寄りにあるをスッポンともいう。○**祥々然**　めでたそうなる形をいう。○**一帯水**　一本の川水。ひとすじの川。○**必定せり**　必ず……だ。きっと……に違いない。○**同気感通**　同気相求むと同じ意。○**糸竹**　琴・笛等の楽器を総括していう。転じて音楽の意。○**奇瑞**　不思議なめでたきしるし。○**重さん…**　「どうでも重さん粋じゃもの」などいう文句は小唄にありそうであるが出典は不詳。享和二年五世團十郎（白猿）所演の際は、「問わで――」は「誰が養い受けざらめやは」となっていた。「重さん」は重忠をにおわしている。○**雲気を引いて取る**　今迄たちのぼっていた雲気を引いて取る。消す。紐で吊り下げてあるのだから、引いて取るという。○**イケ面倒**　「イケ」という接頭語は、意味を強めて憎みの心を現わす語。**＊7**荒事の本領を発揮した所。『鳴神』にも同じようなことがある。

皆々　ヤア。（ト驚《おどろ》く。）
八郎　オオ、痛《いた》い痛《いた》い。大事《だいじ》の手《て》を引抜《ひきぬ》かれちゃア、大磯《おおいそ》の女郎《じょろう》どもに、なんぼ男《おとこ》がよくっても、※手《て》のないお客《きゃく》だと言《い》われるだろう。併《しか》し、景清《かげきよ》に手《て》を抜《ぬ》かれりゃア、おれも本望《ほんもう》、大願成就《だいがんじょうじゅ》※片腕《かたうで》ないわえ。＊8（ト倒《たお》るる。）
皆々　イヤア。（ト驚《おどろ》く。）
梶原　待《ま》て景清《かげきよ》、源氏《げんじ》の禄《ろく》は喰《くら》わぬと吐《ぬ》かしたが、
太郎　源氏《げんじ》の武士《ぶし》の肉《ししむら》を、
孫八　なぜ喰《くら》った。
岩永　さすれば源家《げんけ》へ、
皆々　お味方《みかた》なすか。
景清　イイヤ、此奴《こやつ》は源氏《げんじ》の領《りょう》の武士《ぶし》でない。
皆々　イヤア、
景清　それがしが家代々所領《いえだいだいしょりょう》の内《うち》、※上総《かずさ》の長谷《はせ》にて生《うま》れた此奴《こやつ》が親仁《おやじ》に、禄《ろく》を与《あた》えて人間《にんげん》に拵《こしら》えたを、源氏《げんじ》に喰《く》い付《つ》く※猫股武士《ねこまたぶし》、生《うま》れたどころかそれがしが所領《しょりょう》にて育《そだ》った奴《やつ》だによって、此奴《こやつ》が肉《ししむら》は景清《かげきよ》が領地《りょうち》の肉《ししむら》、これを喰《くら》えば源氏《げんじ》の恩《おん》は受《う》け

ないぞ。

皆々　ヤアア。

景清　サア、腹内《ふくない》に力《ちから》が乏《とぼ》しく、じっと無念《むねん》を怺《こら》えたが、これで余《よ》ッぽど力《ちから》が付《つ》いて来《き》たわい。

皆々　ヤアア。

ト景清立上《かげきよたちあが》り、きっとなって、

景清　先《ま》ず目前《もくぜん》の怨敵《おんてき》たる、右幕下《うばつか》頼朝公《よりともこう》へ見参《けんざん》せん。

※トつっかけになり、景清《かげきよ》、松《まつ》に掛《か》けし二品《ふたしな》を取上《とりあ》げ、

※晋《しん》の予譲《よじょう》が例《ため》しに習《なら》い、この御烏帽子直垂《おんえぼしひたたれ》は、今日《こんにち》右幕下《ばつか》頼朝公《よりともこう》、思《おも》い知《し》り給《たま》え思《おも》い知《し》り給《たま》え。（ト痣丸《あざまる》の刀《かたな》を抜《ぬ》き、きっと見得《みえ》あって、刺《さ》し通《とお》す。）

○**手のない**　手のないという意味を転じて、廓での遊びの手を知らぬ者という通言とした。○**片腕ない**　片腕を引抜かれたことを、前項と同じに洒落て「忝い」を利かせたもの。＊8荒事には滑稽味のつきまとう場合が多い。『毛抜』においても、『暫』においてもそうである。他愛のない、滑稽な味が荒事の調味料となっている。○**上総の長谷**　上総に長谷という所ありや否や、地図では見当らない。○**猫股武士**　猫股は猫の年老いて、尾二岐に分かれ、よく化けると称せられるもの。平家につき、源氏につき、節操なく二心ある、二股武士を罵ったのである。○**つつかけ**　注進の時、又武士の花々しい出に用い、大・小鼓と能管

を用うる。**○晋の予譲が例し**　予譲は春秋戦国の時の晋の人。その主たる智伯の讐、趙襄子を殺さんと欲し、身に漆を塗って炭を呑んで声の出ぬようにし、全く形をかえて襄子を窺った。が遂に志を得ずして襄子に捕えられた。よって襄子の衣を請い、剣を抜いて之を撃ち、遂に死したと伝えられる。

太郎　ヤア景清《かげきよ》、大地《だいち》に描《えが》いたこの牢《ろう》を、

孫八　いま目前《もくぜん》に、

皆々　打破《うちやぶ》ったな。

景清　頼朝公《よりともこう》の御着用《ごちやくよう》を裂《さ》く上《うえ》は、秩父《ちちぶ》仁《に》田《たん》が仁心《じんしん》もこれまで。この上《うえ》は重忠《しげただ》が情《なさけ》の牢《ろう》は愚《おろ》かな事《こと》、※此方《こっち》の牢《ろう》もついでに破《やぶ》り、保童丸様《ほうどうまるさま》の御供《おんとも》する。行儀正《ぎょうぎただ》しく見物《けんぶつ》しろ。

皆々　ヤアア。

岩永　者《もの》ども、ソリャ。

皆々　やらぬわ。

ト軍兵《ぐんびょう》皆々《みなみなた》立ちかかるを、投散《なげち》らす。

景清　アラ心地《ここち》よや、※星満々《ほしまんまん》たりといえども、月《つき》の光《ひかり》に勝《か》つ事能《ことあた》わず。イデもの見《み》せん。

へと言《い》うままに、

ト早笛《※はやふえ》になり、皆々《みなみな》かかるを取《と》って投《な》げ、立廻《たちまわ》りあって、吹替《※ふきが》えの軍兵《ぐんびょう》を差上《さしあ》げ、右《みぎ》の手《て》を格子《こうし》へかけ、よろしく見得《みえ》。

〽牢《ろう》の格子《こうし》に右手《めて》をかけ、力《ちから》を籠《こ》むればゆさゆさゆさ、又《また》もかかるを打払《うちはら》い、

ト※人形を放《ほう》り出《だ》し、牢《ろう》を動《うご》かす、牢仕掛《ろうしかけ》にて動《うご》き、バラバラとこわれる。保童丸《ほうどうまる》を中《なか》より出《だ》して、阿古屋《あこや》に渡《わた》し、角柱《かくばしら》を持《も》って、皆々《みなみな》を散《ち》らし、※シャンと見得《みえ》。

〽ふんばたがったる有様《ありさま》は、目覚《めざ》ましくもまた凄《すさ》まじし。

○此方の牢　今迄景清が入れられていた、本当の牢屋。**○星満々たり…**　大空一ぱいに星が耀いて明るいとはいえども、なお月一つの明るさにはかなわない。雑兵共がいくら大勢かかっても、この俺一人の剛力にはかなうまい、という景清の気焔。**○早笛**　能から来た鳴物。太鼓と能管。大・小鼓の入る時もある。**○吹替え**　実物の代りに替玉に用うるもの。小道具で、死骸の代りに出す細工物。中は籠で作って紙を貼り、上へ衣裳を着せる。**○人形**　前項の吹替えの人形。**○シャンと見得**　きっぱりと、シャンときまって見得をきる。

ト軍兵《ぐんびょう》かかるを、牢《ろう》の格子《こうし》の柱《はしら》を持《も》って打《う》ち散《ち》らす。皆々向《みなみなむこ》うへ逃《に》げてはいる。景清真《かげきよまん》中《なか》に、重忠《しげただ》、岩永《いわなが》、仁田《にたん》、梶原左《かじわらさ》右《ゆう》を取巻《とりま》き、きっと見得《みえ》。

重忠　如何《いか》に景清《かげきよ》、いま討取《うちと》るは易《やす》けれども、両三度《りょうさんど》まで見《み》のがせと、頼朝公《よりともこう》の寛仁《かんじん》

大度《たいど》、それゆえ保童丸《ほうどうまる》の命《いのち》を助《たす》け、汝《なんじ》に得《え》さする。

仁田　それを功《こう》に立別《たちわか》れ、妻子《つまこ》諸《もろ》とも早《はや》くこの場《ば》を。

岩永　イイヤ、この牢舎《ひとや》は打破《うちやぶ》るとも、我《わ》が君《きみ》の御威光《ごいこう》で搦《から》め捕《と》る。

景清　愚《おろ》かや、斯《か》く虜《とりこ》となりしも、御大将《おんたいしょう》へ見参《けんざん》を願《ねが》うがゆえ。一旦《たん》この場《ば》は別《わか》るるとも、また重《かさ》ねての見参《けんざん》には、御大将《おんたいしょう》の烏帽子首《えぼしくび》、尋常《じんじょう》にたまわって後《のち》、重忠忠常《しげただただつね》二人《ふたり》が首《くび》も掌《たなごころ》に握《にぎ》り、保童丸《ほうどうまる》を守《まも》り奉《たてまつ》り、赤旗諸《あかはたもろ》とも平家《へいけ》の御世《みよ》に翻《ひるがえ》すわ。

重忠　オオ頼《たの》もし潔《いさぎよ》し、戦場《せんじょう》にて見参《けんざん》せば、景清《かげきよ》が首重忠《くびしげただ》が申《もう》し受《う》くるぞ。

仁田　時節《じせつ》を待《ま》って※鎌倉山《かまくらやま》。

景清　先《ま》ずそれまでは、重忠《しげただ》、忠常《ただつね》。

四人　七兵衛景清《しちびょうえかげきよ》。

景清　弱虫《よわむし》めら。

皆々　さらば。

〽さらばさらばと景清《かげきよ》が、英雄豪傑並《えいゆうごうけつなら》びなき、誉《ほまれ》は代々《よよ》に残《のこ》りけり。

トこのうち、阿古屋《あこや》、保童丸《ほうどうまる》を連《つ》れ、人丸付添《ひとまるつきそ》い向《むこ》うへはいる。景清花道《かげきよはなみち》へ行《ゆ》き、軍兵《ぐんびょう》残《のこ》らずかかるを睨《にら》む。これにて、軍兵残《ぐんびょうのこ》らず倒《たお》れる。岩永《いわなが》、梶原《かじわら》※刀《かたな》へ手《て》をかけるを、重忠《しげただ》、仁田《にたん》留《と》める。引張《ひっぱ》りよろしく。※三重、カケリにて、ト幕外《まくそと》、※打込《うちこ》み、カケリにて、景清《かげきよ》、向《むこ》うへ※振《ふ》ってはいる。鳴物打上《なりものうちあ》げ、跡《あと》※シャギリ。*9

幕

○鎌倉山　鎌倉山にて見参せんの意か。**○刀へ手をかける**　斬ってかかる身構えする。**○三重、カケリ**　三重は三味線の荘重な音調で、三重カケリは能楽の狂い、合戦の場面の鳴物で、大・小鼓と能管を用うる。カケリの鳴物は幕切の見得の場合に多く適用される。**○打込み**　大太鼓と太鼓。テンテンドンドン。**○振ってはいる**　六方を振って引込む。**○シャギリ**　幕のしまる毎にやる囃子。打出しにもはやす、太鼓・大太鼓・能管を用うる。**＊9**嘉永二年八月八世團十郎が、江戸河原崎座で上演した時には、だいたい父海老蔵の型通りであったが、父海老蔵の時は、柱を差上げた大見得で幕になったのを、八代目は花道で柱に右の足をかけ柱巻の見得をし、後で六方を振って引込んだという。九世團十郎は、父海老蔵がこの狂言上演中町奉行所に召喚され、江戸十里四方お構いの刑に処されたというので、不吉とて一回も演じなかった。近年七世松本幸四郎によって復演されたのである。

矢《や》の根《ね》

役名

※曾我の五郎時宗
曾我の十郎祐成
畑右衛門
大薩摩主膳太夫
馬士
※大薩摩連中

本舞台《ほんぶたい》三間《げん》高足《※たかあし》の二重。前側《まえがわ》両褄共《※りようづまとも》市松《※いちまつ》の揚障子《あげしようじ》を取付《とりつ》け、三方折廻《※ぼうおりまわ》し、本庇《ほんびさし》、本縁《ほんえん》付《つき》、平舞台《ひらぶたい》上《かみ》の方植込《かたうえごみ》にて見切《※みき》り。続《つづ》いて紅白《こうはく》の梅《うめ》の立木《たちき》、仕掛《※しかけ》あり。此後《このうし》ろ土塀《どべい》にて、下《しも》の方《かた》は藪畳《やぶたたみ》、これにも仕掛《しかけ》あり。続《つづ》いて中足程《※ちゆうあしほど》の浄瑠璃台《じようるりだい》を拵《こしら》え、よろしく片《※かた》シャギリにて幕明《まくあ》く、

ト大小入《※だいしようい》り寄《よ》せになり、一《ひと》くさりあって、鳴物《なりもの》打上《※うちあ》げ、直《す》ぐに浄瑠璃《じようるり》になる。*1

大薩摩〽さる※程《ほど》に、曾我《そが》の五郎時宗《ごろうときむね》は、恵方《※えほう》に向《むか》って※ふとのつと、それ父《※ちち》の仇《あだ》には倶《とも》に天《てん》筆和合楽《ぴつわごうらく》、寿福開運万巻《じゆふくかいうんばんかん》の、軍書《ぐんしよ》のまどの北面《※ほくめん》は、残《のこ》んの雪《ゆき》の朝《あさ》みどり、春風春水《※しゆんぷうしゆんすい》一

枝《し》の梅《うめ》、かっと開《ひら》くや花《はな》の春《はる》、新《※あた》らし庵《あん》の物事《ものごと》に、あらたまれども時宗《ときむね》は、今年《ことし》も古庵古《ふるあんふる》だたみ、古井《※ふるい》と言《い》いしところにて、矢《や》の根《ね》みがいていたりける。

ト大小入《だいしょうい》り寄《よ》せになり、三方障子上《※ぼうしょうじあが》る。此内《このうち》に、曾我《そが》の五郎《ごろう》 吉例矢《※きちれいや》の根五郎《ねごろう》の拵《こしら》えよろしく、炬燵櫓《※こたつやぐら》に腰《こし》を掛《か》け、矢《や》の根《ね》をみがいている見得《みえ》。うしろに矢屏風《※やびょうぶ》、朱《しゅ》の房糸《ふさいと》にて三本太刀《ぼんだち》を掛《か》け、脇《わき》に矢《や》の根《ね》を立《た》てる台《だい》あり。

〽伝《つた》え聞《き》く、養由《※ようゆう》が矢先《やさき》は高麗唐土《※こまもろこし》、近《ちか》く和朝《※わちょう》を尋《たず》ぬれば、鎮西八郎為朝源三位頼政《ちんぜいはちろうためともげんざんみよりまさ》が、古今無双《ここんむそう》の弓勢《ゆんぜい》にも勝《まさ》りはするとも劣《おと》らじと、天性《てんせい》 不敵《※ふてき》の気丈者《きじょうもの》。

○**曾我の五郎時宗**　五郎時致の「致」を浄瑠璃や歌舞伎では「宗」と書くことがある。古いところでは「宗」のほうが多い。『助六』などでもそうである。○**大薩摩連中**　大薩摩節は江戸の古浄瑠璃の外記節の門から出た大薩摩主膳太夫の流れを汲むもので、勇壮活潑な曲節。流祖主膳が享保十四年正月『矢の根』の初演に際し、出語りを勤めて大評判を取って以来、歌舞伎に出演を続けたが、後長唄の三味線を借りて語り、三代目で絶えるに及んで長唄の一部のごとく見做されて今日に至る。○**高足の二重**　二重は二重舞台（既出）の略。高足は二尺八寸の市松模様のついている突きあげ障子である。○**両褄** 褄は側面のことをいう。前面と左右両側三方とも。○**市松の揚障子** 高さの二重をいう。三方とも折って廻したように作られている。折りまがりに作られて、庇も縁側も画いたのでなく、本物をつけてあるというのである。(舞台図参照) ○**三方折廻し…** 特別の装置、仕掛がしてある。○**見切り** 見限りである。舞台面の限界が植込みになっている。○**仕掛あり** 宙乗りで出てくる時の仕掛、次の藪畳は幕切れで畑右衛門を投げ込む時の仕掛がしてある。○**中足程の浄瑠璃台** 中足は足の高さ二尺一寸の二重。その高さの浄瑠璃台。大薩摩連中の出語り台である。下手に設けられることもあり、この頃では多く上手に設けられる。○**片シャギリ** 太鼓と能管で壮重な鳴物。○**大小入り寄せになり** 三味線に大鼓、小鼓入りの人寄せの鳴物になり。○**打上げ** 打ちどめにし、終る。と直ぐに出語りの浄瑠璃にかかる。＊1近来では、浄瑠璃にかかる前に口上を入れる。楽屋頭取が、舞台の裏から、「東西々々」と声をかけ、平舞台の真中にいる後見が「高うはござりますれど、これより相勤めまする歌舞伎十八番の内矢の根にござりますが、これは大昔し大時代の狂言にはござりますが、故きをたずねて新らしく演じまする儀にござりますれば、御目まだるき所は御贔屓なもちまして……」といったような、口上を述べて、重味をつけると同時に、大まかな単純な劇であることを吹聴するのである。○**さる程に** 古浄瑠璃の書出しには「さるほどに」とか、「さてもその後」というのが多い。「さて」とか「ここに」とかいう位の意味である。○**恵方** 吉祥の方位。この方角に向って物事をなせば成功するといい、その歳の干支に基いて定める。元来が正月狂言だったから、こういう文句が綴られた。○**ふとのつと** 「ふとしのりとごと」即ち太祝詞の詰まりたるもの。祝詞の美称である。○**父の仇には…** 父の仇とは倶に天を戴かずという文言を洒落たもの。天篳の篳は「ひちりき」。台本によっては謚・筆・櫃等と書いていて捕捉し難いが、和合楽という次の文句から見て、楽器と考えられる。寿福の寿も地となっているのがあり、開運の運も台本によっては、延などとあるが目出度いことを列べたもの。○**北面** 軍書の窓とあるから北面の武士という積りもあるらしいが、北面の窓で残んの雪があるのだとも考えられる。すべて語呂と洒落に終始しているので、解説は厄介だと言ってよい。○**春風春水…**　風も水も暖かになり、梅が開いて迎えたこの春。○**新らし庵**　この「庵」も椀・あん・わん等とも書いているが、やはり庵であろう。○**古井**　相州曾我の字名である。宇治加賀掾の浄瑠璃『頼朝浜出』の第三段にも「曾我五郎時宗は古井といいしところに、僅か庵を引結び」とある。○**三方障子**　前に出た前面と両棲のものである。○**吉例**　めでたきしきたり通りの扮装。顔には筋隈、車鬢の鬢、どてらに襷をかけ、絹の股引をはいている。○**炬燵櫓**　普通の炬燵櫓である。近来は黒く塗ったのを用いる。貧家の心なのである。九世團十郎が久しぶりで復演した時、葛桶にせんと言いて、故老の狂言作者にたしなめられた逸話がある。○**矢屏風**　矢を立てるために屏風のように立ててあるもの。（舞台図参照）○**養由が矢先**　養由は養由基のこと。中国春秋時代の楚の共王の臣で、百歩離れて柳の葉を射るに、百発百中であったといわれる程の、射術の名人。○**高麗唐土**　高麗は朝鮮、唐土は中国であるが、広く「外国」の意味に用いたのである。○**和朝**　我が国の朝廷。我が国。○**不敵の気丈者**　大胆で、敵を敵とも思わぬしっかり者。

五郎　※虎《とら》と見《み》て石《いし》に田作《たづくり》※掻鱠《かきなます》、※矢立《やたて》の酢牛蒡煮《すごぼうに》こごり大根《だいこん》、※一寸《すん》の鮒《ふな》に昆布《こぶ》の魂《たましい》、たとえば※祐経《すけつね》※せち汁《じる》の、※鯨《くじら》の威《い》勢《せい》振《ふる》うとも、われ鯱鉾《しやちほこ》の飾海老《かざりえび》、※赤《あけ》えは親仁《おやじ》が譲《ゆず》りの面《つら》、つらつら世上《せじよう》を※鑵子《かんす》の蓋《ふた》、※ちろり爛鍋《かんなべ》文福茶釜《ぶんぶくちやがま》、毛抜鋏《けぬきはさみ》の折《おれ》までも※古《ふる》がね買《けえ》に遣《や》り羽子《はご》の、※一夜明《いちやあ》けても旧冬《きゆうとう》の※くさりかたびら籠手《こて》臑当《すねあて》、※臑《すね》からひだいも乾貝《ほしがい》も取《と》るに取《と》られぬ酒屋《さかや》の通《かよ》い、しめて十七貫《かん》八百六十四文《もん》、※横《よこ》に子《ね》の日《ひ》の初寅《はつとら》も、※喰合《くいええ》のねえ福《ふく》の神《かみ》、どうで貧乏《びんぼう》するからは自問自答《じもんじとう》の※悪《あく》たいを※申して申さく。*2　まず大黒《だいこく》は※慮外《りよげえ》もの。
〽とはどうじゃ。
五郎　ハテ、不断頭巾《ふだんずきん》を脱《ぬ》がぬわサ。
〽恵比須《えびす》は身持《みもち》が※うそ汚《ぎたな》い。
五郎　とはどうじゃ。
〽ハテ鯛《たい》を※おだきの脇《わき》の下《した》。
五郎　※江戸前《えどまえ》にてもあらばこそ。
〽精進日《しょうじんび》には付合《つきあ》われぬ。
五郎　※毘沙門天《びしやもんてん》の兜頭巾《かぶとずきん》な、用心過《ようじんす》ぎてうっとうしいわ。
〽布袋《ほてい》は※土仏《どぶつ》、福禄寿《ふくろくじゅ》は、
五郎　※月代剃《さかやきそ》るに手間《てま》が入《い》る。
〽弁財天《べんざいてん》は※船饅頭《ふなまんじゆう》、※波乗船《なみのりふね》の銭《ぜに》もうけ、
五郎　儲《もう》けらりょうがられめえが、苦労《くろう》にするは※国土《こくど》のたわけ。
〽※富貴天《ふつきてん》にあり。
五郎　死生命《しせいめい》あり。
〽何《いず》れ、

五郎　祈《いの》るに、
〽所《ところ》なし、実《げ》に※顔回《がんかい》が陋巷《ろうこう》に、
五郎　一※箪《たん》の食《し》、一瓢《ぴょう》の飲《いん》、
〽※疎食《そし》を喰《くら》い水《みず》を飲《の》み、
五郎　肱《ひじ》を曲《ま》げて枕《まくら》とす。
〽楽《たのし》み※新造《しんぞ》その中《なか》に、※あるにまかする安煙草《やすたばこ》、煙管《きせる》おっとり吸付《すいつ》けて、鼻《はな》の先《さき》なる春霞《はるがすみ》、
打眺《うちなが》めつつ時宗《ときむね》は、※緩々《かんかん》としていたりける。

○**虎と見て…**　昔、中国の熊渠子、夜、石を見て虎と思い、弓を以てこれを射た所、矢は石に深く射さった。近寄って見たところ石であったので、再びこれを射てみたが、今度は矢が石に当って砕け散ったという故事に基く。○**搔鱠**　初春の芝居だったから、石に「矢の立つ」と言ったので「田つくり」と洒落、それからやはり初春につくる搔鱠を持って来たまで。搔鱠は削った大根を入れて作った鱠。○**矢立の…**　矢立は矢立硯のことではなく、石に矢の立つの語呂であろう。酢牛蒡は本来はスカンポのことであるが、ここでは鱠といったので、酢につけた牛蒡といったまでであろう。煮こごり大根も煮つけた大根に同じ。○**一寸の鮒に昆布の魂**　一寸の虫にも五分の魂のもじり。鮒の昆布巻も初春の食膳に上るからである。○**祐経**　仇敵の工藤左衛門祐経。○**せち汁**　正月十五日のせちくに作る汁。多分白味噌に半ぺんなどを入れたものであろうという。○**鯨…**　鯨や鯱鉾も勢いのいいもの。飾海老といったのは、初春にはつきものだし、團十郎の家には海老蔵という著名な代々名があったからのこと。○**赤えは…**　海老は赤いものだし、赤くいろどる五郎の顔は親の代からのしきたりであり、譲り物だ。赤いは「あけえ」と訛る。○**鑵子**　世

上を「観ずれば」の洒落。○**ちろり…**　ちろりは地炉裏。酒を温むるに用いる金属製の器。筒形をして下の方がややすぼんでいる。燗鍋も酒の燗をする鍋、器を並べたので文福茶釜を持ち出したまで。○**古がね買…**　金属類を買う屑屋。その古がね買にやるといったので、遣り羽子と初春の遊びに続けたのである。遣り羽子は追羽根に同じく、二人以上にて一つの羽子をついてやりとりするをいう。○**一夜明けても**　大晦日から元日になり、初春を迎えるをいう。○**くさりかたびら籠手臑当**　鏈帷子〔くさりかたびら〕は小さい鎖をつなぎ合せて襦袢のようにしたもの。籠手は鎧の附属具で、左右の上肢を覆うもの。臑当も鎧の附属で、臑を覆うために、鉄または革で作った。○**臑からひだいも…**　臑からひたい（額）の洒落であろう。「ひだい」は乾鯛または「ひだこ」としたのなどもある。乾貝も串貝とか「とりがい」とか「ひるがい」としたのもある。当時流行の品物を当て込んだものであろう。○**横に子の日**　横に寝るのと、子の日とを兼ねた。正月の第一の子の日は祝い日だったから持って来たのであろう。○**喰合のねえ福の神**　喰合は喰合せて毒になるをいう。寅の日に河豚〔ふぐ〕を喰うと中毒するという伝説があった。初寅と福とはそんなことを掛けたものかとも取れる。○**悪たい**　悪態。罵ること。悪口。○**申して申さく**　申して見ましょうの意。台本によって、「申して申さん」「申して申さば」としたのもある。**＊2**こういうセリフは、『暫』のそれの如きツラネの一種である。團十郎の代々が誇りとした名調子で朗誦するエロキューションである。セリフの合理的な意味、内容よりも、機智に富み、洒落に富み、悉くが語呂合せであり、意味の遊戯である。つまり音楽的な効果と、これに伴う形式美に富んだ、誇張された動作とを重んじた。○**慮外もの**　無礼者。無躾者。○**うそ汚い**　「うそ」は「うす」である。何となくである。○**おだき…**　鯛を脇の下に抱いているから、うすぎたないというのだが、これには当時著名の文句の語呂合せでもありそうだ。○**江戸前**　本場物のことをいう。江戸の前面の海で取れた、新鮮な魚の意。○**毘沙門天…**　七福神の一。兜頭巾は錏にラシャを用いたもの。○**土仏**　土製の布袋和尚はぶくぶく肥え太っているから、ぶくぶく肥った男女をそう呼ぶのだが、ここでは布袋そのもののことを言っている。○**月代**　冠明〔さかあき〕の義。昔男子が額より頂にかけて髪を剃ったをいう。○**船饅頭**　古く船を住処とする私娼をそう呼んだ。○**波乗船**　宝船の図には「長き夜のとをのねぶりのみなめざめ、なみのりふねのおとのよきかな」と記してあった。その波乗船を持って来たのである。○**国土のたわけ**　国土安穏から思いついたのであろう。○**富貴天にあり**　『論語』の顔淵篇に、「子夏曰、商聞レ之矣、死生有レ命、富貴在レ天」とある。人間の富貴は天命であるから、人力では求めることが出来ない。人の生死は天命で、これも人力では如何とも仕難いという意。○**顔回が陋巷に**　「顔回が巷に」となっているのもある。かと思うと「顔回の老功」などとした台本もある。『論語』に顔淵篇がある。顔回は字は子淵、孔子の弟子で、貧生活に処して天命を楽んだ。○**一箪の食…**　『論語』雍也篇に「賢哉回也、一箪食、一瓢飲、在二陋巷一人不レ堪二其憂一回也不レ改二其楽一賢哉回也」とあるによる。ごく少しの飲食物の意。○**疎食…**　『論語』述而篇に「子曰、飯二疎食一飲レ水曲レ肱而枕レ之、楽亦在二其中一矣」とある。疎食は粗末な食事の意。つまり貧生活に徹してその中に楽しみを見出すをいう。○**新造**　遊廓の新造と、ほんに、まことにの「真ぞ」とを通わせたもの。○**あるにまかする安煙草**　そこにある安い煙草を構わず取上げて。○**緩々と**　のんびりしていること。悠々としていること。

〽時《とき》に年始《ねんし》の※門礼者《かどれいしや》、※素礼《すれい》年玉《としだま》挟箱《はさみばこ》三味線箱《しやみせんばこ》の※一調子《ひとちようし》、声張上《こえはりあ》げて※物《もの》もう。

五郎　どうれ。

〽※大薩摩《おおざつま》主膳太夫《しゆぜんだいふ》、御年始《ごねんし》の御礼《おんれい》申しまする、

五郎　これはこれは、はやばやとの※出語《でがた》り御大儀《ごたいぎ》に存《ぞん》じます、殊《こと》に年玉《としだま》として※末広並《すえひろなら》びに※宝船《たからぶね》、※上下《じようげ》を取《と》って、ササ奥《おく》へ、祝《いわ》いましょ。

〽イヤそう致《いた》しては居《い》ますまい、方々《ほうぼう》でござれば、猶《なお》※永日《えいじつ》の時《とき》を期《ご》し、ゆるりと※御意《ぎょい》を得《え》ましょうぞ。

五郎　デモ、ちょっと盃《さかずき》を。

〽イイヤ御免《ごめん》々《めん》々、※春永《はるなが》にと言捨《いいす》ててこそ立帰《たちかえ》る。*3

五郎　大薩摩主膳太夫《おおさつましゆぜんだいふ》なればこそ、この時宗《ときむね》が所《とけ》え祝《いお》うてくれる。ハテ奇特《きどく》な男《おとこ》じゃなア。

〽其《そ》の時五郎年玉《ときごろうとしだま》を、開《ひら》くや扇宝船《おうぎたからぶね》、ハテ気《き》のついたる年玉《としだま》と、※正月心《しょうがつごころ》※若輩《じゃくはい》に、※上《うえ》から読《よ》んでも長《なが》き夜《よ》の、下《した》から読《よ》んでも長《なが》き夜《よ》のとおの眠《ねぶ》りのとろとろと、したたか過《す》ぎたる雑煮《ぞうに》ばら。

五郎　※枕《まくら》の下《した》へおっかかって、敵祐経《かたきすけつね》が首《くび》を引《ひ》ッこぬく夢《ゆめ》でも見《み》べいか。

〽食後《しょくご》の一睡《すい》一楽《らく》と、砥石《といし》を拭《ぬぐ》い無造作《むぞうさ》に、これ※邯鄲《かんたん》の枕《まくら》ぞと、ふんぞりかえって時宗《ときむね》は。*4

五郎　※ヤットコドッチャア、ウントコナア。

〽暫《しば》しまどろむ高《たか》いびき、※ゆたかにこそは臥《ふ》しにけれ。

ト五郎砥石《ごろうといし》を枕《まくら》に寝《ね》ることよろしく。

○門礼者　新年に門口へ来て、祝儀を述べる人。**○素礼**　ただ礼を述べるだけ。年玉などを持参しない門礼者をいう。○**一調子**　ここは鳴物のことではない。単に一段声を張り上げてと言ったのである。○**物もう**　物申すの略。御免下さい。○**大薩摩主膳太夫**　「大薩摩文太夫」としたのもある。それは文太夫が勤めた時の台本なのである。○**出語り**　出語り出遣い等の語は、人形浄瑠璃から来たものであるが、すべて観客に顔、姿を現わすをいう。上手または下手の浄瑠璃台において語るをいう。「出語り」を単に「おいで」とした台本もある。○**末広**　扇子。○**宝船**　種々の宝物と、七福神とを載せた様を画いた船の図。前記の「長き夜の」の歌が書いてある。○**上下を取って…**　「かみしも」とよんでいるのもある。四角張った、窮屈な上下を取りのけて、サ奥へいらっしゃい。奥で祝盃を上げましょう。○**永日**　明けてより暮れるまでの時の永い日。春永。また単に「何れゆるゆる」の意に用いて、別れの言葉とする。○**御意を得ましょう**　貴意を得たい。お目にかかりましょうの意。○**春永**　永日に同じ。＊3主膳太夫ないし文太夫に関する部分は、後見が出て来て、すべて浄瑠璃に合せて、無言で動作するのである。○**正月心若輩に**　とても楽しそうな心持になって、また年若なだけに。○**上から読んでも…**　（既出）長き夜のとおのねぶりのみなめざめ、波乗船の音のよきかな。○**したたか過ぎたる**　十分過ぎた意。腹一杯喰べ過ぎた。○**枕の下…**　江戸時代には宝船の図を正月二日の夜、枕の下に敷いて吉夢を見るという禁呪があった。○**邯鄲の枕**　中国の盧生の故事。邯鄲という地にて、呂翁という道士から枕を借りてうたたねしたところ、身は次第に栄達して富貴を極めた。ところが夢覚めてみれば、その時間は僅かに枕頭の黄粱が未だ熟さなかった程の間にすぎなかったという。盧生が夢ともいい、人の世のはかなき譬えにいう。＊4宝船を下に置き、左手においてある盥の砥石の上面を左の袖で二度ほど無造作に拭い、それを持ち出して宝船の上へ置く。そうして両足踏み出して後ろ向きになり、ヤットコ、ドッチャアの掛声をし、反りかえってギバをして（ガタリとお尻を落し、両足を前方に開く）、そうして大の字なりに寝る。○**ヤットコドッチャア…**　歌舞伎十八番物の荒事には大抵ついてまわる、勇壮な掛け声。○**ゆたかに**　やすらかに。

〽アラ不思議《ふしぎ》やうたた寝《ね》の、※かたわら凄《すご》き風《かぜ》の足《あし》、※実地《じっち》を踏《ふ》まぬ朧影《おぼろかげ》、うつつともなく夢《ゆめ》ともなく、いと色青《いろあお》ざめたる顔色《がんしょく》にて、※舎兄《しゃきょう》十郎祐成《じゅうろうすけなり》 忽然《こつぜん》と現《あらわ》れいで、

ト※薄《うす》どろになり、上手《かみて》梅《うめ》の立木《たちき》よき所《ところ》へ、曾我《そが》の十郎祐成《じゅうろうすけなり》 長裃《ながかみしも》、ときいろの着付《きつけ》、*5小《ちい》さ刀《がたな》、宙乗りにて出《で》て、

十郎　いかに時宗《ときむね》、われはからずも今日《こんにち》祐経《すけつね》が館《やかた》に捕虜《とりこ》となり、※籠中《こちゅう》の鳥網裡《とりもうり》の魚《うお》、働《はたら》かんにも力《ちから》なし、急《いそ》ぎ来《き》たりて急難《きゅうなん》を救《すく》いくれよ。コリャ 弟《おとうと》、起《お》きよ時宗《ときむね》。

〽起《お》きよ五郎時宗《ごろうときむね》と、言《い》うかと思《おも》えば忽《たちま》ちに消《き》えて形《かたち》は失《う》せにけり。

ト薄《うす》どろどろにて、十郎上手《かみて》へ消《き》えることよろしく。

〽時宗夢覚《ときむねゆめさ》めむっくと起《お》き、あたりを見《み》れども人《ひと》もなく、茫然《ぼうぜん》としていたりける。

ト五郎起上《おきあが》り、あたりを見《み》て、

五郎　さては夢中《むちゅう》に兄祐成《あにすけなり》、念力通《ねんりきつう》じて急難《きゅうなん》を救《すく》いくれよと告《つ》げたるか、たとえば祐《すけ》経天《つねてん》へ昇《のぼ》らば続《つづ》いて昇《のぼ》り、大地《だいち》へ入《い》らば同《おな》じく分《わ》け入《い》り、日本《にっぽん》六十余州《よしゅう》は目《ま》のあたり。東《ひがし》は奥州※外《そと》ケ浜《はま》、

〽西《にし》は※鎮西《ちんぜい》、鬼界《きかい》ケ島《しま》、

五郎　南《みなみ》は紀《き》の路《じ》熊野浦《くまのうら》、

〽北《きた》は越路《こしじ》の荒海《あらうみ》まで、

五郎　人間《にんげん》の通《かよ》わぬところ、
〽千里《り》も行《ゆ》け、
五郎　万里《ばんり》も飛《と》べ。*6
〽イデ追駆《おつか》けんと時宗《ときむね》が、勢《いきお》いすすむ有様《ありさま》は、恐《おそ》ろしかりける次第《しだい》なり。かかる所《ところ》へ向《むこ》うより、*7
トこの内花道《うちはなみち》より、馬士《まご》畑右衛門《はたえもん》大根《だいこん》を附《つ》けし馬《うま》を曳《ひ》き出《で》て来《く》る。
〽馬附大根《※うまつけだいこ》の春《はる》あきない、大根々々《だいこだいこ》と売来《うりき》たる、時宗是《ときむねこれ》をきっと見《み》て、これ幸《さいわい》の肌脊《※はだせ》馬《うま》、価《あたい》は望《のぞ》みにまかすべし。
五郎　馬《うま》をかせ馬をかせ。
〽其馬貸《そのうまか》せと近寄《ちかよ》れば、馬士《まご》も気《※き》おって狼藉《ろうぜき》なり。

○かたわら凄き風の足　うたたねをしているあたりを、凄い風が掠めて吹いて行ったと思うと。**○実地を踏まぬ**　実際に地上を踏まずしてフラフラと歩いて来て。次のト書にあるように、宙乗りの仕掛で、上手の植込み間からすっと現われる。**○舎兄十郎祐成**　古くは「しゃきょう」とよんだが、近来は「あに」と言っている。**○薄どろ**　鳴物の一種。大太鼓を用いて、ドロドロドロドロと打つ。凄く不気味である。幽霊の出る時に必ず用うる。**＊5**長裃、ときいろの着附、近来は長裃は用いず、着流しである。**○籠中の鳥…**　籠の中に捕えられた鳥、網の中にはいって自由を奪われた魚。捕われの身となっているをいう。**○外ケ浜**　（既出）陸奥国津軽の沿海地。**○鎮西**　（既出）九州のこと。古く鎮西府を置いたため、この名がある。＊6『鳴神』の幕切れにもほとんど同じセリフがある。『矢の根』の方が先であろう。非常な意気込みを示す、荒事の場合には慣用されたのであろう。＊7この少し前からが五郎の特に力を入れるべき所である。「勢いすすむ有様は」で力足を二度踏んで更に右の足を踏み、左の足を上げると同時に右の手を開いて五六歩駆け出し、思い返してきっとなり屋台へ戻り、後見の取ってわたす三本太刀の中の真中のを、右手で取って左に持ちかえ、その手を挙げて右の手で膝頭を持ち、前へ出て一つきまり、三段ある階段の二段目へ左の足を踏出して、右の手を後ろ向きにひねり、大まかな元禄見得を切るのが「恐ろしかりける」の切れになる。○**馬附大根**　馬に附けた大根の初春あきない。初荷である。○**肌脊馬**　鞍をおかない馬の背。鞍なしの馬。○**気おって狼藉なり**　負けじと張合って乱暴だ。

馬士　商《あきな》い馬《うま》に乗《の》らんとは、※びゃくらいならぬ、ならないぞ。

〽びゃくらい成《な》らぬと言《い》うところを、引摑《ひっつか》んで七八間《けん》、エイエイやっと※人礫《ひとつぶて》。

ト立廻《たちまわ》って馬士《まご》を見事《みごと》に下手《しもて》藪畳《やぶだたみ》の中《なか》へ投込《なげこ》み、手綱引寄《たづなひきよ》せ、馬《うま》に跨《また》がり、きっと見得《みえ》。

〽手綱《たづな》おっとりひらりと打乗《うちの》り、手頃《てごろ》の大根《だいこん》※千里《り》が鞭《むち》。

五郎　※直《す》ぐに行《ゆ》けば五十町《ちょう》。

〽廻《まわ》らば三里《り》※三ヵの荘《しょう》、宇佐美久須美河津《うさみくすみかわづ》が次男《じなん》、

五郎　曾我《そが》の五郎時宗が、※曲馬《きょくば》の程《ほど》をこれ見《み》よや。

〽工藤《くどう》が館《やかた》へ急《いそ》ぎしは、ゆゆしかりける次第《しだい》なり。＊8

ト※カケリにて、文句《もんく》一ぱい、よき見得《みえ》にて、木《き》の頭《かしら》＊9、よろしく

幕

○**びゃくらい**　白癩。白なまずの病をいう。転じて自誓の言葉となり、誓いにそむけば白癩にかかるというのである。どんなことをしても。どうしたって。○**人礫**　小石を投げるように人を投げる。○**千里が鞭**　千里も走らせる鞭ともとれるが、千里の駒の鞭にするの意であろう。「時宗は大根で馬をぶちのめし」という『矢の根』を詠んだ川柳は、ここの情景である。○**直ぐに**　真直に。一直線に。○**三ヵの荘…**　荘は荘園。宇佐美、久須美、河津は何れも伊豆にある地名。○**曲馬**　馬を使って、種々に操り乗るをいう。＊8「ゆゆしかりける」が「勇ましかりける」となっている台本もある。○**カケリ**　物狂い、合戦、幕切れの見得等に用いられる。大・小鼓、能管である。＊9「……次第なり」という文句を、大薩摩で語り終るのと同時に、一ぱいに、よき見得となったのをチョンと柝の頭（第一音）を打ち込み、勇壮な太鼓入り飛去りの鳴物になり、五郎は左手を延ばし、右手の大根を高く振りあげ、からだをひねって馬上で大見得をきり、幕になる。

毛《け》抜《ぬき》

小野春道館の場

役名

小野左衛門春道
同　一子　春風
家老　八剣玄蕃
同　一子　数馬
家老　秦民部
同　弟　秀太郎

桜町中将清房
小原万兵衛　実は石原瀬平
粂寺弾正
小野の息女　錦の前
侍女　巻絹
その他忍びの者、仕丁、侍等

※造《つく》り物《もの》、正面《しょうめん》※天井張《てんじょうば》り座敷《ざしき》、床《とこ》、違《ちが》い棚《だな》、金襖《きんぶすま》、至極結構《しごくけっこう》なる館《やかた》の体《てい》。※橋《はし》がかり、亭《ちん》のような小座敷《こざしき》。※前通《まえどお》り開《ひら》き板《いた》、※坪《つぼ》の内《うち》、植込《うえこ》みあり。※幕《まく》の内《うち》より、※白囃子《しらばやし》にて、秦秀太《はたひでた》

郎《ろう》、八剣《やつるぎ》数馬《かずま》着《き》流《なが》し、互《たが》いに白無垢《しろむく》、脱《※ぬ》ぎかけ、真剣《しんけん》の勝《しょう》負《ぶ》、討《う》ち果《はた》さんといろいろ太刀打《たちうち》あり。巻絹《まきぎぬ》、留《と》めて居《い》る。両方座敷《りょうほうざしき》の障子襖《しょうじふすま》を明《あ》け、本舞台《※ほんぶたい》より八剣玄蕃《やつるぎげんば》、橋《※はし》がかりより秦民部《はたみんぶ》、着流《きなが》し羽織《はおり》にて、思入《おもいい》れしながら見《み》て居《い》る。双方《そうほう》、太刀打《たちうち》いろいろあり、巻絹留《まきぎぬと》める。

巻絹　ママア、待《ま》って下《くだ》さんせ。

秀太　巻絹《まきぎぬ》どの、退《の》かっしゃれ。

数馬　怪我《けが》さっしゃるな。退《※の》こうてや退こうてや。

巻絹　たとえ、怪我《けが》があろうと留《と》めにゃならぬ。マア待《ま》って下《くだ》さんせ。こなさん方《がた》は、なんの意趣《いしゅ》があって、切《き》り合《あ》わしゃんすのじゃ。サアその訳言《わけい》わしゃんせ。それ言《い》わしゃんせ言《い》わしゃんせ。

秀太　女中方《じょちゅうがた》に申《もう》しても、なんの役《やく》に立《た》たぬこと、死《し》するは御主人《ごしゅじん》への忠義《ちゅうぎ》。八剣数馬《やつるぎかずま》※おくれたか。サア勝負《しょうぶ》勝負《しょうぶ》。

数馬　忠心《ちゅうしん》に劣《おと》らぬ親《おや》への孝行《こうこう》。どうしておくれるものじゃ。サアサア勝負勝負《しょうぶしょうぶ》。

ト又切結《またきりむす》ぶ。巻絹抱《まきぎぬだ》き留《と》める。

巻絹　サアその御主人《ごしゅじん》への忠義、親御《おやご》への孝行、その訳言《わけい》わしゃんせ。さもないうちは放《はな》さぬ放《はな》さぬ。

秀太　サア、その御主人へ忠心というは。

民部　御家代々家老職《おいえだいだいかろうしょく》の身《み》として色《いろ》に溺《おぼ》れ、金銀賄賂《きんぎんまいない》を貪《むさぼ》らんと、人《ひと》に頼《たの》まれ許嫁《いいなずけ》ある大切《たいせつ》な姫君《ひめぎみ》を、あわよくばと身《※み》から出《で》た錆刀《さびがたな》、玄蕃《げんば》が一子《し》数馬《かずま》が打《う》つ刀《かたな》に、おくれを取《と》るな秀太郎《ひでたろう》、兄民部《あにみんぶ》が控《ひか》えて居《い》る。踏《ふ》ん込《ご》んで勝負勝負《しょうぶしょうぶ》。

玄蕃　ハハア、親《※おや》に似《に》ぬ子《こ》は鬼子《おにご》、身《み》が常々《つねづね》仕込《しこ》んでおいた手《※て》の内《うち》はここじゃ。臆病《おくびょう》侍《ざむらい》の弟を、打放《※ぶっぱな》すに何《なん》の手間隙《てまひま》がいるものじゃ。うじうじと埒《らち》の明《あ》かぬ。踏《ふ》み込《こ》んで大袈裟《※おおげさ》に打《ぶ》ち放《はな》せ打《ぶ》ち放《はな》せ。

巻絹　もうし玄蕃《げんば》さま、民部《みんぶ》さま、お二人《ふたり》ともに、ヤレ危《あぶな》いと留《※と》めさんしょう所《ところ》を、若人《わこうど》たちの腰押《こしお》しして気《き》を持《も》たせるように、どういうことでござんすぞいのう。お二人《ふたり》ともにおとなしゅうない。委細《いさい》の訳《わけ》は知《し》らねども、早《はよ》う留《と》めて下《くだ》さんせ留《と》めて下《くだ》さんせ。

玄蕃　親《おや》が子《こ》に、見事《みごと》に打放《ぶっぱな》せと言《い》うに、何《※なん》の如才《じょさい》があろう。ヤイ忰《せがれ》、よくよく武士《ぶし》の立《た》たぬことと見《み》えた、留《と》めはせぬ。見事《みごと》に死《し》ねじゃが、黙《だま》って死《し》ぬるは唖《おし》が頓死《とんし》をした同然《どうぜん》、どういう仔細《しさい》で討《う》ち果《はた》す。手短《てみじこ》うたった一言《ひとこと》言《ゆ》うて死《し》ね。仔細《しさい》はなんとじゃ。

数馬　只今《ただいま》これなる秀太郎《ひでたろう》と、※弓《ゆみ》の手前《てまえ》の稽古《けいこ》の話《はな》しを致《いた》した所《ところ》、なんぼう修業しても、そちが親玄蕃《おやげんば》が曲《まが》った性根《しょうね》に、弓《ゆみ》の稽古《けいこ》は覚束《おぼつか》ないと笑《わら》いまする。大切《たいせつ》な父上《ちちうえ》様《さま》の儀《ぎ》を、曲《まが》ったの歪《ゆが》んだのと笑《わら》われては、※武士《ぶし》の一分《ぶん》が立《た》ちませぬゆえ、只今の勝負でござりまする。

○**造り物**　作り物とも書く。能楽では舞台へ持ち出す道具立を作り物という。主として京阪において用いられた劇場用語で、道具立・舞台装置をいう。○**天井張り座敷**　天井の張ってある座敷。歌舞伎においては特殊の場合の外、天井というものを用いなかった。この芝居で天井が張ってあるのは、後に天井裏に忍びの者がひそむから。○**橋がかり**　舞台の下手即ち向って左手の奥をいう。そこが小座敷になっている。能舞台の橋懸りが変化したもの。○**前通り開き板**　亭のような座敷の前面即ち見物に面した部分は、板の開き戸になっている。○**坪の内**　殿舎の間、又は垣の内などにある一区域の地。一般に坪庭、庭内のことをいう。○**幕の内より**　まだ幕のあかないうちから。○**白囃子**　能楽の修羅囃子である。大・小鼓で、三味線の入ることもある。○**脱ぎかけ**　上着の肩を脱いでいるをいう。○**本舞台より**　花道に対しての語で正面の舞台。即ち天井張りの座敷からは、八剣玄蕃がじっと見ている。○**橋がかりより…**　下手奥寄りの小座敷からは、秦民部が見入っている。○**退こうてや**　退きなさいということさ。「てや」は軽い命令を含んだ接尾語。○**おくれたか**　気おくれしたか。臆して、畏縮したか。○**身から出た錆刀**　自分のした悪行のために自ら苦しみ、又禍害を被むるという諺。この諺に拘泥するとここの意味がとりにくい。うまく行けば姫君を手に入れようというようなそんな不忠な、心も錆び、刀も錆びている玄蕃の一子云々の意である。○**親に似ぬ子は鬼子**　諺。父母に似ぬ子は人の子ではないの意。大抵の子は親に似る、我子だから自分に似て強い。○**手の内**　腕前。技倆。○**打放す**　打ち放す。首と胴とを打放す。斬り殺す。○**大袈裟**　大きく袈裟がけに斬る。一方の肩から他方の腋下にかけて、斜に斬り下げる。○**留めさんしょう所を**　お留めなさるであろう所を。お留めなさるべき場合であるのに。○**何の如才があろう**　何のぬかりがあろう。少しも差支えはない。○**弓の手前**　弓を射るしかた、作法。○**武士の一分**　一分はその一身の分際、面目である。武士の面目、武士たるものの面目。

秀太　※十目《もく》の見《み》る所《ところ》、十指《し》の指《ゆび》ざすところ、御家中挙《ごかちゅうこぞ》って玄蕃《げんば》が邪曲《よこしま》という取沙汰《とりさた》、それゆえ曲《まが》った心で弓《ゆみ》の稽古《けいこ》はなるまいと申したれば、忠心第《ちゅうしんだい》一の兄上《あにうえ》を、イヤ阿《あ》房《ほう》じゃの腰抜《こしぬ》けじゃのと、悪口《あっこう》いたしまするゆえ、弟《おとうと》の身《み》で堪忍《かんにん》ならず、討果《うちはた》そうと申すのでござりまする。二人《ふたり》のお方《かた》のおいでなされたこそ幸《さいわ》い、双方《そうほう》※検使《けんし》を願《ねが》いまする。

数馬　覚悟《かくご》は極《き》めて居《い》る。サア、勝負勝負《しょうぶしょうぶ》。邪魔《じゃま》になる。サア退《の》いた退《の》いた。

ト巻絹《まきぎぬ》を突退《つきの》け、

八剣《やつるぎ》が一子《し》同苗数馬《どうみょうかずま》。

秀太　秦《はた》の民部《みんぶ》が　弟《おとうと》　同苗秀太郎《どうみょうひでたろう》、尋常《じんじょう》に、

両人　勝負勝負《しょうぶしょうぶ》。

ト又切結《またきりむす》ぶ。玄蕃《げんば》、民部《みんぶ》、※刀《かたな》を鞘《さや》とも抜《ぬ》き、

玄蕃　忰待《せがれま》て。

民部　弟《おとうと》控《ひか》えい。

両人　何故《なにゆえ》お留《と》めなされるな。

玄蕃　そう聞《き》いては如何《いか》にも死《し》なねばならぬ。如何《いか》にも望《のぞ》みの通《とお》り、すっぱりと死《し》なせてやろうが、それでは死損《しにぞん》じや。※子供《こども》の喧嘩《けんか》はいつでも親《おや》の捌《さば》き。マア、※納《おさ》みょうてや。

ト言《い》いながら抜身《ぬきみ》を鞘《さや》に納め、数馬《かずま》を※脇《わき》へ引廻《ひきまわ》す。

秀太　数馬《かずま》、卑怯《ひきょう》な。こりゃ逃《に》げるか。サア勝負勝負《しょうぶしょうぶ》。

ト打《う》ちかけようとする。民部《みんぶ》扇子《せんす》にて留《と》め、

民部　狼狽者《うろたえもの》、コリャどうする。相手《あいて》が鞘《さや》へ納《おさ》めれば、丸腰《まるごし》も同然《どうぜん》、鞘《さや》へ納めぬか。

ト刀《かたな》を奪い取《と》り、鞘《さや》へ納め、秀太郎《ひでたろう》に渡《わた》し、秀太郎を脇《わき》へ引廻《ひきまわ》す。

○十目の見る所、十指の指ざすところ　諺。多数の人の見る所は、間違いのないものだの意。**○検使**

事実の見届をなす使者。見届け役。○**刀を鞘とも抜き**　刀を鞘と共に、鞘ごと抜いて。○**子供の喧嘩は親の捌き**　諺。子供等の喧嘩の後始末は、親がするものだ。○**納みょうてや**　刀を納めなさいということさ。○**脇へ引廻す**　前にいるのを自分の脇、後方へ引廻し位置を変えさせる。

巻絹　オオ、嬉《うれ》しや。これでちっと落《お》ちついた。※とてものことに仲直《※なかなお》りの盃事《さかずきごと》を取《と》り持《も》とう。待《ま》ってござんせ。ドレ、盃取って来《※こ》うわいなア。

民部　イイヤ、盃事《さかずきごと》どころじゃござらぬ。子供の喧嘩は親の捌《さば》きという一言《ひとこと》が聞《き》き所《どころ》じゃ。もう秀太郎《ひでたろう》には目《め》はかけぬ。どう親が捌かれるぞ。サア、その捌きとやら見物いたそう。

玄蕃　そっちから見物せいでも、見せずにおこうか。この玄蕃《げんば》が何《なに》が曲《まが》って、弓の手《て》前《まえ》が覚束《おぼつか》ない。イヤサ、金銀《きんぎん》を貪《むさぼ》り人《ひと》に頼《たの》まれて、なんじゃ、主《ぬし》あるお姫様《ひめさま》を、コリヤ常《つね》のこととは違《ちが》うぞ。悴《せがれ》どもがおどり狂《くる》うは当座《とうざ》の戯《※ざ》れごと、我が一言《ごん》は表《※おもて》。※出頭《しゅつとう》の身共《みども》を嫉《ねた》んで、様々《さまざま》の讒言《ざんげん》をする、ここな売僧《※まいす》侍《ざむらい》めが。

民部　イヤ、人《※ひと》の一寸身《すんみ》の一尺《しゃく》、我《※わ》がひが事《ごと》は棚《たな》へ上《あ》げて、忠心第一の民部《みんぶ》を売僧《まいす》侍《ざむらい》とは。言《い》わず語《かた》らずと、皆《みな》お身《み》が心《こころ》に覚《おぼ》えがある筈《はず》。未《いま》だ若年《じゃくねん》の弟めも、御家《ごか》中《ちゅう》の取沙汰《とりさた》を聞《き》き及《およ》び、子心《こごころ》にも忠義の道を忘れず、討果《うちはた》そうという彼《か》れが心に恥じもせず、※雑言《ぞうごん》を以《もっ》て人《ひと》を掠《かす》めるか。両人《りようにん》の若者どもが※争論《いさかい》に取《と》り結《むす》んだこそ幸《さいわ》い、よい詮議《せんぎ》の手がかり。言分《いいぶん》あらば弟が名代《みようだい》にて、民部《みんぶ》が相手になろう。サア、なんとじゃ。

玄蕃　※正真《しようじん》の説《せつ》ならば親《おや》を出《だ》せ。悴《せがれ》数馬《かずま》が代《かわ》りに、最前《さいぜん》からの※当言《あてこと》。もう死際《しにぎわ》じや、※百年目《ねんめ》と思《おも》うて、サア覚悟《かくご》をせよ。

数馬　親父様《おやじさま》に刃向《はむか》うと、※手《て》を見《み》せぬぞ。

秀太　兄様《あにさま》に狼藉《ろうぜき》すると許《ゆる》さぬぞ。

民部　八剣玄蕃《やつるぎげんば》、

玄蕃　秦民部《はたみんぶ》、

数馬　秀太郎《ひでたろう》、

秀太　数馬《かずま》、

四人　サア、勝負勝負《しようぶしようぶ》。

ト四人《よにん》一緒《しよ》に※反《そ》りを打《う》つ。巻絹中《まきぎぬなか》へはいり、

巻絹　これは仕様《しよう》ない。お前方《まえがた》は気《き》が違《ちご》うたか。イヤ、狂気《きようき》でもさしゃんしたか。大《たい》切《せつ》な御家老《ごかろう》の身で、どういうことでござんすぞ。気《き》を静《しず》めて下《くだ》さんせいなア。

玄蕃　女《おんな》、こざかしい。出《で》しゃばって古疵《ふるきず》の上《うえ》へ、新疵《あらきず》を受《う》けまいぞ。すっ込《こ》んで居《い》

ようすっ込《こ》んで居よう。

四人　サア、勝負勝負《しょうぶしょうぶ》。（トこなしある。）

○**とてものことに**　いっそのことに。○**仲直りの盃事**　仲直りの印しに取り交す盃。○**来うわいなア**　来よう、来ましょうよ。○**戯れごと**　ふざけてすること、冗談事。○**表**　おもてむき。おおやけ。はれ。○**出頭**　臣下にして最も寵愛せられる者をいう。○**売僧侍**　元来「まいす」は宋音で、商売をなす僧、即ち仏を売り法を商う卑陋なる僧の義。それを侍に応用したので、「いやしい侍め」の意。○**人の一寸身の一尺**　諺。他人の欠点なら一寸のものでも目につくが、我が身の非は一尺のものでも知るは難い。○**我がひが事は棚へ上げて**　自分の道理にはずれたことは、うち捨てておいて。○**雑言を以て人を掠める**　雑言は悪口、悪罵をいう。悪口を言って自分の欠点をごまかそうとするのか。○**争論に取り結んだこそ幸い**　若い者共の事から言い争いになったのは、丁度いい幸いだ。○**正真の説ならば親を出せ**　誇らしい句である。それが本当の言分なら親が出るがよい。○**当言**　あてこすり。それとなしに、遠回しに、諷刺していう言葉。○**百年目と思うて**　退引ならぬはめだと思って。これが最期だと覚悟して。○**手を見せぬ**　抜く手を見せぬ位に、手早く切りつける。○**反りを打つ**　刀を抜く構えをする。

※呼ビ　お勅使《ちょくし》のお入《い》り。

四人　ハア。（ト控《ひか》える。）

玄蕃　ナニ、お勅使《ちょくし》とな。

巻絹　聞《き》かしゃんしたか。お勅使様《ちょくしさま》のお入《い》りといなア。わたくしの遺恨《いこん》は追《お》ってのこと。マア静《しず》まって下《くだ》さんせいなア。

民部　イカサマ、大切《たいせつ》なるお勅使《ちょくし》のお入《い》りとあれば、玄蕃《げんば》、

玄蕃　民部《みんぶ》。

民部　わたくしの宿意《しゅくい》は追《お》ってのこと。暫《しばら》く和睦《わぼく》して、お迎《むか》いに出申《でもう》さずばなるまい。

玄蕃　そちが命《いのち》はいつでもこっちの物《もの》。※死出《しで》の旅立《たびだ》ちの置土産《おきみやげ》、お勅使《ちょくし》のお迎《むか》い、もう一度《ど》勤《つと》めさせてやろうかい。

秀太　イヤ、その雑言《ぞうごん》聞《き》いては、もう許《ゆる》されぬ。（ト反《そ》りを打《う》ち、詰寄《つめよ》せる。）

民部　狼狽《うろた》え者《もの》、控《ひか》えて居《お》れ。

ト又《また》、向《むこ》うに――、

呼ビ　お勅使《ちょくし》のお入《い》り。

民部　巻絹《まきぎぬ》どの、両人《りょうにん》を奥《おく》へ御同道願《ごどうどうねが》いまする。

巻絹　合点《がてん》でござんす。仲《なか》ようして奥《おく》へござんせ。

秀太　重《かさ》ねて最前《さいぜん》のように言《い》うと許《ゆる》さぬぞ。

数馬　許《ゆる》さぬとは※推参《すいさん》な。（ト両人、反《そ》りを打《う》つ。）

巻絹　サア、ござんせ。

ト三人《にん》はいると、※天王立《てんのうだ》ちになり、桜町中将清房《さくらまちちゅうじょうきよふさ》、花道《はなみち》より※衣冠束帯《いかんそくたい》にて出《で》る。※素袍《すおう》侍《ざむらい》、※仕丁《しちょう》出《で》る。奥《おく》より小野左衛門春道《おののさえもんはるみち》、※長絹《ちょうけん》、烏帽子《えぼし》。一子小野春風《おののはるかぜ》、上下《かみしも》にて出迎《でむか》え、※三拝《ぱい》する。勅使《ちょくし》、上座《じょうざ》へ通《とお》り、床几《しょうぎ》にかかる。

春道　これは桜町《さくらまち》の中将清房卿《きよふさきょう》、お勅使御苦労千万《ちょくしごくろうせんばん》に存《ぞん》じ奉《たてまつ》りまする。

春風　して、※勅諚《ちょくじょう》の趣《おもむ》き、

玄蕃　恐《おそ》れながら、

皆々　慎《つつし》んで、承《うけたまわ》りとう存《ぞん》じまする。

清房　小野左衛門春道《おののさえもんはるみち》、同《おな》じく春風《はるかぜ》。両人《りょうにん》への勅諚《ちょくじょう》。

両人　ハア（ト辞儀《じぎ》する。）

清房　此度天下《このたびてんが》旱魃《かんばつ》につき、万民歎《ばんみんなげ》き苦《くる》しむ有《あり》さま、大君《おおぎみ》にも歎《なげか》わしく思《おぼ》し召《め》され、小野春道《おののはるみち》の家《いえ》の重宝《ちょうほう》、小野小町《おののこまち》が雨乞《あまご》いの名歌《めいか》、※「ことわりや」の短冊《たんざく》、即《すなわ》ち小町が直筆《じきひつ》を以《もっ》て、先年雨乞《せんねんあまご》いの節件《せつくだん》の短冊《たんざく》、※神泉苑《しんせんえん》のお池《いけ》へ流《なが》したる所《ところ》に、小町が名歌に天《てん》も※納受《のうじゅ》あって、忽《たちま》ち車軸《しゃじく》の雨《あめ》を下《くだ》して、四海泰平《かいたいへい》に納まる。その例に任《まか》せ、件《くだん》の短冊《たんざく》を神泉苑《しんせんえん》にうかべ、雨乞《あまご》いをなさば、雨《あめ》の降《ふ》らんこと目《ま》のあたり、急《いそ》いで其《そ》の短冊《たんざく》を差上《さしあ》げよとの勅諚《ちょくじょう》、謹《つつし》みて御請《おう》け召《め》されてよかろう。

○**呼ビ**　姿を現わさないで、花道の揚幕の内にいて呼ぶこと。多く使者の到着等を報らせる場合に用いられる。○**死出の旅立ちの置土産**　死んでゆく者が娑婆に仕残してゆく仕事をいう。○**推参**　推して参上することの意であるが、それから転じて無礼なふるまいをいう。○**天王立ち**　公卿等高貴の人物の出入に用いる鳴物。先ず能管がヒーと鳴り、太鼓、大・小鼓がはいる。○**衣冠束帯**　本来衣冠と束帯とは違った服装で、平装と正装程度に区別さるべきものであるが、ここでは公卿の服装をいう。○**素袍侍**　素袍は古くは庶人の常服、江戸時代には武家の礼服であった。直垂と違わないが、五ツ紋で下に長袴をつける、上下同じ染色。その素袍を着た侍。○**仕丁**　公卿、大臣家等において、雑役に服させた賤吏。○**長絹**　装束の名。長絹の水干、或いは長絹直垂の略。もと長絹で作ったが、後世は紗、生絹等で作った。色は多く白色。作りは直垂に似るが、袖括りや総〔ふさ〕のあることなどが違う。童体の元服前に着たもの。○**三拝**　三度繰り返して礼拝する。敬意を表して、丁寧に辞儀するをいう。○**勅諚の趣き**　天子のおおせ、みことの趣旨、ことわけ。○**「ことわりや」の短冊**　この歌不詳。歌舞伎に出て来る歌には、尤もらしく、もったいをつけてあっても、実際はあやふやなのや、出たらめなのがある。○**神泉苑のお池**　神泉苑は京都市中京区にある東寺派の直轄寺。平安朝造営の際創設された禁苑は八町四方に及んだ。お池というのはその中の法成就池で、公卿等がしばしば舟を浮べて管絃の楽をなしたところ。天長元年空海が善女龍王を勧請して『大雲輪請雨経』の修法をなして以来、常に旱魃には請雨の修法が行われる場所となった。○**納受**　うけおさめる。天もお聞き入れあっての意味。

春道　こは有難《ありがた》き勅諚《ちょくじょう》蒙《こう》むってござりまする。こと改《あらた》まった申《もう》しごとながら、私方《わたくしかた》は小野小町《おののこまち》より三代《だい》、君《きみ》の御厚恩《ごこうおん》を蒙《こう》むり、只今《ただいま》までも家名繁昌《かめいはんじょう》いたしまする所に、先例《せんれい》に任《まか》せ、先祖《せんぞ》小町《こまち》がことわりやの短冊《たんざく》を以《もっ》て、雨乞《あまご》いをなされんとは、末《まつ》代《だい》までも小《こ》町《まち》が誉《ほま》れ、末流《まつりゅう》の我《わ》れ我《わ》れ身《み》に取《と》り有難《ありがと》う存《ぞん》じ奉《たてまつ》りまする。ナニ春《はる》風《かぜ》、急《いそ》いで宝蔵《※ほうぞう》の短冊《たんざく》持《じ》参《さん》仕《つかまつ》って、お勅使《ちょくし》へ御覧《ごらん》に入《い》れ召《め》され。

春風　ハア。（ト当惑《とうわく》したる思入《おもいい》れにて俯向《うつむ》く。）

春道　イヤサ悴《せがれ》、早《はや》く短冊《たんざく》を持《じ》参《さん》仕《つかまつ》れ。

春風　ハイ。（トうじうじする。）

玄蕃　コレコレ若殿《わかとの》、もうし、こなたは咽喉《※のど》に骨《ほね》の立《た》ったような、味《※あじ》な身振《みぶ》りで※ぎくぎくと見苦《みぐる》しい。短冊《たんざく》を出《だ》すのに、なんの手《て》間《ま》隙《ひま》入《い》るもので。ドリヤ、玄蕃《げんば》がまいって持《じ》参《さん》いたそう。

民部　イヤ、玄蕃《げんば》控《ひか》えめされ。御家《おいえ》の大老職《たいろうしょく》でも、この短冊箱《たんざくばこ》の宝蔵《ほうぞう》へ、指《ゆび》でもさすことはなりますまい。身不肖《※みふしょう》ながら、この秦民部《はたみんぶ》が、宝蔵《ほうぞう》の鍵《かぎ》は君《きみ》より預《あずか》り奉《たてまつ》り、肌身《はだみ》にじっと附《つ》けて罷《まか》りある。なんぼう其許《そこもと》が出過《です》ぎめされても、こればっかりは、ちと我儘《わがまま》にはなりにくうござろう。

春道　お勅使《ちょくし》の前《まえ》で、役《やく》にも立《た》たぬ※せり合《あ》い。民部《みんぶ》早《はよ》う持《じ》参《さん》仕《※つかまつ》れさ。

民部　畏《かしこ》まりました。（ト立《た》とうとする。）

春風　アアコレコレ、その短冊《たんざく》は、宝蔵《ほうぞう》にはないわいのう。

玄蕃　ヤアなんと、短冊《たんざく》がどうした。
民部　ハテサテ、大切な御家の重宝《ちょうほう》が、どうするもので。
玄蕃　然《しか》らば早《はや》く持参《じさん》めされい。
民部　貴殿《きでん》の指図《さしず》がのうても知《し》れたこと。ハハア、只今《ただいま》持参仕《さんつかまつ》りましょう。
ト立とうとする。
春風　でも短冊《たんざく》は、アノ疾《と》うに。
民部　わたくしへ、お預《あず》けなされたではございませぬか。
春風　これは※気《き》の毒《どく》な、そうではない。そなたに隠《かく》して、あの短冊《たんざく》は。
玄蕃　なんとさっしゃれたぞ。
春風　サア、それは。
玄蕃　イヤサ、どうさっしゃれたぞ。
民部　拙者《せっしゃ》に隠《かく》して、一目御覧《ひとめごらん》なされたと申《もう》す儀《ぎ》でござりましょうが、そりゃ又※御覧《またごらん》ぜいで。如何《いか》に御家《おいえ》の御重宝《ごちょうほう》でも、※若殿《わかとの》のお前《まえ》、御覧《ごらん》ぜいでどう致《いた》そう。此《この》ような時《とき》に、うじうじと滅多《めった》なこと御意《ぎょい》なされぬがようござりまする。※千も万《まん》もいらぬ、これへ短冊《たんざく》を持参すれば済むこと。暫《しば》らくお控《ひか》え下《くだ》さりましょう。
ト又立《またた》とうとする。

春風　それでも、アノ、其方《そち》が居《い》ては、どうも、コレ、この座《ざ》の言訳《いいわけ》が。

春道　コリヤコリヤ何《なに》をうじうじするぞ。エエ、短冊持参《たんざくじさん》せぬかやい。

民部　ハアア、拙者《せっしゃ》が参《まい》るには及《およ》ばず、秀太郎《ひでたろう》、宝蔵《ほうぞう》のお宝《たから》、ことわりやの短冊《たんざく》、急《いそ》いでこれへ持参《じさん》いたせ。

秀太　ハアア。

ト上下《かみしも》にて、結構《けっこう》なる短冊《たんざく》の箱《はこ》を三宝《さんぽう》に載《の》せ、舞台先《ぶたいさき》へ据《す》える。

○**宝蔵**　宝物を入れ置く蔵。○**咽喉に骨の立ったような**　咽喉に魚の骨を立てて困っているような。○**味な身振り**　おかしい身のこなし。「味な」は一風変ったことや、意味のありげなるに言う。○**ぎくぎく**　音便では「ぎうぎう」である。追いつめられて苦しむ状をいう。○**身不肖ながら**　愚かな自分ながら。身不肖は自己の謙称として用いられる。○**せり合い**　互いに競い争い合うこと。○**仕れさ**　仕れということよ。「さ」は人を誘い促すような時に用うる。○**気の毒な**　心苦しい。困った。○**御覧ぜいで**　御覧なさらなくって、当然御覧なさってもよいものだ。○**若殿のお前**　主君の世子であるあなた。お前という言葉は古く敬称に使われた。○**千も万もいらぬ**　かれこれ言うには及ばない。京阪の語である。

春風　その短冊《たんざく》の箱《はこ》を、持参《じさん》しては。

トつかつかと寄《よ》ろうとする。玄蕃隔《げんばへだ》てて、

玄蕃　なんの真似《まね》でござる。キョロキョロと、※脾胃虚《ひいきょ》した子供《こども》に膳見《ぜんみ》せたように、まだ御披露《ごひろう》も済《す》まぬ先《さき》に、飛《と》び出《だ》して見苦《みぐる》しい。箱明《はこあ》けて披露《ひろう》する役人《やくにん》は大勢《おおぜい》ござる。なんでもかでも、自身《じしん》に捌《さば》きたがっては※したない。人《ひと》は氏《うじ》より育《そだ》ち、※部屋《へや》で燗《かん》して手料理でちょびつくとは違《ちが》いまする。お勅使《ちょくし》の前でござるぞ。嗜《たしな》まっしゃれ、苦々《にがにが》しい。

ト言《い》い言《い》い立《た》ち、短冊《たんざく》の箱《はこ》を明《あ》けようとする。春風《はるかぜ》つかつかと寄《よ》って、短冊《たんざく》の箱《はこ》を押《おさ》え、

春風　今日《こんにち》ここにて短冊《たんざく》を、お勅使《ちょくし》の御覧《ごらん》に入《い》れまするとは、どうもなるまい。

玄蕃　そりゃ何故《なぜ》。

春風　されば、未《いま》だ帝《みかど》の叡覧《えいらん》にも供《そな》えぬ先《さき》に、桜町《さくらまち》どのへ御覧《ごらん》に入《い》れることはならんぞ。

清房　イヤその儀《ぎ》は苦《くる》しゅうござらぬ。※前見毒味《ぜんげんどくみ》ということもござる。叡覧《えいらん》に供《そな》え奉《たてまつ》る短冊《たんざく》、それがしに内見《ないけん》いたせよと、関白殿《かんぱくどの》よりの上意《じょうい》でござる。サア、早う拝見《はいけん》いたそう。

春風　でも、その儀《ぎ》は。

春道　ヤイ春風《はるかぜ》、お勅使《ちょくし》の言葉《ことば》を背《そむ》くか。不調法《ぶちょうほう》な、立《た》ちのかぬか。

春風　サア、それでも。

春道　なんと。
春風　ハア。(ト立《た》ちのき、俯向《うつむ》く。)
玄蕃　さらばお勅使《ちょくし》の御内覧《ごないらん》に入《い》れ奉《たてまつ》りましょう。
ト言いながら短冊箱《たんざくばこ》の紐《ひも》を解《と》き、蓋《ふた》を明《あ》け、中《なか》を見《み》て、大《おお》きに驚《おどろ》きたる体《てい》、肝《きも》を潰《つぶ》したるこなし。*1
春道　コリャ、短冊《たんざく》はござらぬワ。
玄蕃　ヤア、なんと。
春道　空箱《からばこ》でござりまする。
ト箱《はこ》を俯向《うつむ》けにして見《み》せる。春道驚《はるみちおどろ》きたるこなし。皆々思入《みなみなおもいいれ》。春道《はるみち》つかつかと寄《よ》り、箱《はこ》を探《さが》し見《み》たり、すかし見《み》たり、いろいろ思入《おもいいれ》あって、
春道　ほんに民部《みんぶ》、短冊《たんざく》はない。コリャ、短冊《たんざく》がないが、どうしたぞや。悴《せがれ》、短冊《たんざく》がのうては今日のお勅使《ちょくし》※へ立《た》たぬ。サアサア、家《いえ》の大事《だいじ》になって来《き》た。ヤイ民部《みんぶ》、こりゃ何《なに》ゆえに黙《だま》って居《い》る。イヤサ大切《たいせつ》な家《いえ》の重宝《ちょうほう》の短冊《たんざく》は、どどうしたぞいやい。
民部　盗《ぬす》まれましてござりまする。
春道　ヤ、なんとしたと。

○脾胃虚した子供　脾臓の虚した、衰弱した子供。胃弱症で、無性に喰べたがる病症、子供に多い。**○はしたない**　不体裁だ。恰好が悪い。**○部屋で燗して手料理でちょびつく**　部屋で酒の燗をし、自分ごしらえの料理で勝手気儘に飲み食いする。**○前見毒味**　高貴の人に差上げる前に検分し或いは試食してその善悪を試し、所謂お毒味をすること。**＊1**「大きに驚きたる体」も「肝を潰したるこなし」も、同じことであるが、脚本の古い書き方で二つ重ねたものであろう。大味で誇張した表情たることを指定しているとも考えられる。**○お勅使へ立たぬ**　お勅使へ面目、言訳が立たない。

民部　よくよく民部《みんぶ》が武運《ぶうん》の尽《つ》きでがなござろう。先月《せんげつ》上旬、深更《しんこう》に及《およ》んで、宝蔵《ほうぞう》に何《なに》やら物音仕《ものおとつかまつ》るゆえ、ハッと存《ぞん》じて※押取《おっと》り刀《がたな》にて駈《か》けつけました所《ところ》に、六尺《しゃく》ゆたかの大《だい》の男《おとこ》、宝蔵《ほうぞう》の窓《まど》を蹴破《けやぶ》り、一つの箱《はこ》を引《ひ》っ抱《かか》えて立出《たちい》ずる、おのれ曲者《くせもの》、いずくまでもと追《お》い駈《か》けましたれども、目指《めざ》すも知《し》れぬ闇《やみ》の夜《よ》、無念《むねん》ながら盗賊《とうぞく》は取《と》り逃《に》がしましてござりまする。後《あと》にて詮議仕《せんぎつかまつ》って見《み》ますれば、大切《たいせつ》な御宝《おたから》の短《たん》冊《ざく》、箱《はこ》ともに見《み》えませぬ。南無三宝《なむさんぼう》、盗賊めに奪《うば》われたかと、無念骨髄《むねんこつずい》に徹《てつ》して、狂気の如《ごと》くに罷《まか》りなり、申し訳には直ちに腹《はら》かき切《き》ってとは存《ぞん》じたれども、いやいや雲《くも》を分《わ》け、水《みず》を潜《くぐ》ってなりとも、詮議仕《せんぎつかまつ》らんと存《ぞん》じ詰《つ》め、惜《お》しからぬ命《いのち》をながらえ、今日《こんにち》の大事《だいじ》に及《およ》び、申し訳もない仕合《しあわ》せでござりまする。（ト泣《な》く。）

春道　すりゃ、家の重宝《ちょうほう》の短冊《たんざく》は、

民部　盗賊に奪《うば》われましてござります。

春道　※大内《おおうち》に差《さ》し上《あ》げんことも叶《かな》わず、小野《おの》の家も今日限《こんにちかぎ》り滅亡するか。エエ情《なさけ》ないなア。（ト泣《な》く。）

玄蕃　ハハハハハ、※喧嘩《けんか》過《す》ぎての棒《ぼう》ちぎり、この段《だん》になって、泣《な》いても吠《ほ》えても何《なん》の役《やく》に立《た》たぬ。大切《たいせつ》な短冊《たんざく》を失《うしな》い、あの惣領《そうりょう》の※うっそり殿《どの》に芝居《しばい》させて、※鼻《はな》の下《した》の面《おも》長《なが》な民部《みんぶ》に預《あず》けるとは、※石の上でビイドロを手玉《てだま》に取《と》るより危《あぶな》いことさ。大殿《おおとの》にも覚悟《かくご》なされ、息子《むすこ》殿《どの》のお蔭《かげ》で、※遠流《おんる》になろうか※縛《しば》り首《くび》打《う》たりょうか、まつと仕合《しあわ》せがよくば、※逆磔刑《さかばつつけ》にかかろうも知《し》れぬ。それに最前《さいぜん》もぬけぬけと、イヤ忠心だの、イヤ忠義だのと、この玄蕃《げんば》に向《むか》って※きっぱ廻《まわ》した侍畜生《さむらいちくしょう》めが、よい忠臣の態《ざま》、おのれが不忠ゆえ、何も知《し》らぬ仏のような大殿に、※笠《かさ》の台《だい》の別《わか》れをさせ、大切な小野の家を、※はたき物《もの》にするとは、詞《ことば》を交《かわ》すもなかなか穢《けが》らわしい。ハハア、お勅使《ちょくし》へ申し上げまする。今日《こんにち》の有《あり》さま、包《つつ》みましょうようも、防《ふせ》ぎましょうようもござりませぬ。小野の家も今日限《こんにちかぎ》り、覚悟《かくご》仕《つかまつ》ってござりまする。急《いそ》いでこの段《だん》、※真直《まっす》ぐに仰《おお》せ上《あ》げられて下《くだ》さりましょう。

清房　ハテ※笑止千万《しょうしせんばん》。イカサマ、※安《やす》からぬ家の大事《だいじ》。春道《はるみち》、何《なん》ぞ言訳《いいわけ》の立《た》つ思案《しあん》はござらんかの。

春道　流石《さすが》は桜町《さくらまち》どのの情《なさ》けあるお詞《ことば》、忝《かたじけの》うござれども、途方《とほう》に暮《く》れまして、申し訳いたしようもござりませぬ。お勅使《ちょくし》の御前《ごぜん》におきまして、無礼《ぶれい》の段《だん》はお許《ゆる》されましょう。

トつかつかと立《た》ち、民部《みんぶ》が髻《もとどり》をとらえて、

ヤイ、日頃《ひごろ》忠義のおのれ、この場《ば》になって黙《だま》って居《い》て事《こと》が済《す》むか。なんぞ言訳の立《た》つ思案《しあん》はないか。イヤサ、お上へ申し訳の立つ料簡《りょうけん》はないか。エエ日頃《ひごろ》とは違《ちご》うて、不所存《ふしょぞん》不忠者めが。おのれゆえ小野の家は滅亡するわい。春道《はるみち》は切腹《せっぷく》するぞ。爰《ここ》な謀叛人《むほんにん》め、主殺《しゅころ》しめ。エエ、おのれは不届《ふとど》きな奴《やつ》じゃなア。

ト泣《な》く。

○**押取り刀**　危急の場合には、刀を腰に帯びる暇なく、ぐいと手に取るなり出かける。それをいう。○**大内**　天子御常住の宮殿のある所。皇居。内裏。○**喧嘩過ぎての棒ちぎり**　諺。事終りたる後に騒ぎ立てること。期におくれて用をなさぬをいう。「いさかい果ててのちぎり木」ともいう。○**うっそり殿**　うっかりし、ぼんやりしているお方。うつけもの。○**鼻の下の面長な**　鼻の下の長い人は女にのろいという。面長は寸の延びている、長いの意であるから、情にほだされてあまい、のろいという程度。○**石の上でビイドロを……**　ビイドロはスペイン語で硝子のこと。オランダから輸入され、元禄頃から製造するようになった。硝子は堅くてこわれ易い。その硝子製の玉を石の上で手玉にとればこわれる。それよりも、あぶなかしい。○**遠流** 流罪。島流しの刑罰中には近流、中流、遠流、とあって、最も重い流罪をいう。○**縛り首** 武家時代の刑罰。麻縄で罪人の両手を後方で縛り、その首を前方に引出して斬るをいう。○**逆磔刑** 武家時代の極刑。罪人の身体を逆さまにして行うはりつけ。○**きっぱ廻す** 「きっぱ」は「切刃」。切れる所の刃を振り廻すの意で、相手を論駁し、きめつけるをいう。○**笠の台の別れ** 笠をかぶる台即ち首と、身体とを別れさせる。首をなくさせる。○**はたき物にする** 没落させてしまう。身代をつかい果すことに言うのだが、ここでは家を亡ぼしてしまうの意。○**真直ぐに** 少しも曲げずに、ありのままに。○**笑止千万** 大層気の毒なことだ。後にはおかしいことだけに使われるようになったが、元来は気の毒のあまり、笑いがとまるを言った。○**安からぬ家の大事** 家にとって容易ならぬ一大事。

民部　お上《かみ》の仰《おお》せ、訳《わけ》の立《た》ちまするよう、仕《つかまつ》りましょう。

春道　なんじゃ、言訳があるか。

民部　ござります。

春道　まだしも人《ひと》らしいこと吐《ぬ》かした。サア、申し訳せい。

　ト突放《つきはな》す。民部《みんぶ》、身繕《みづくろ》いして肩《かた》を脱《ぬ》ぎ、

民部　南無阿弥陀仏《なむあみだぶつ》。

　ト腹切《はらき》ろうとする。秀太郎《ひでたろう》抱《だ》き留《と》め、

秀太　コレ兄《あに》じゃ人《ひと》。狂気なされたか。死《し》んで言訳が立ちまするか。イヤサ切腹《せっぷく》して君《きみ》へ申し訳になりますか。こなたは、いこう急《せ》かっさしゃれたぞや。急《せ》くところであるまい、待《ま》たっしゃれいのう。

民部　この場《ば》に及《およ》んで、なんの言訳があろう。御宝《おたから》の紛失《ふんじつ》は主人《しゅじん》の存《ぞん》じたことではない。預《あずか》り主《ぬし》のそれがしが盗《ぬす》まれたれば、この民部《みんぶ》が不調法《ぶちょうほう》。その過《あやま》ちを身《み》が科《とが》にして、切腹するからは殿《との》の御《お》家《いえ》に祟《たた》りはない筈《はず》。アア、恐《おそ》れながらこの儀《ぎ》よろしく、※御奏聞願《ごそうもんねが》い奉《たてまつ》ります。弟《おとうと》秀太郎《ひでたろう》、兄弟の誼《よしみ》に介錯頼《かいしゃくたの》む。いずれも、おさらば。

ト又腹《またはら》へ突《つ》き込《こ》もうとする。秀太郎留《と》める。

秀太　イイヤ、殺しは致《いた》しませぬ。

民部　イイヤ放《はな》せ。

秀太　待《た》たっしゃれい。

春風　秀太郎《ひでたろう》放《はな》すな。民部切腹《みんぶせっぷく》に及《およ》ばぬ。お上《かみ》へは、この春風《はるかぜ》が申し訳する、放《はな》すまいぞ。

玄蕃　どっちからでも、言訳が立ちさえすれば※煎豆《いりまめ》に花《はな》。サア若殿《わかとの》、こなたの言訳は。

トこのセリフのうち、巻絹《まきぎぬ》、後《うしろ》より立《た》ちかかり見《み》て居《い》る。

春風　サア、おれが言訳は。（ト身拵《みごしら》えする。）

玄蕃　なんとでござる。
春風　南無阿弥陀仏《なむあみだぶつ》。
　ト腹《はら》を切《き》ろうとする。後《うしろ》より、巻絹留《まきぎぬと》める。
巻絹　マア、お待《ま》ちなされませい。たとえ言訳にもせよ、大切《たいせつ》なお前《まえ》がお果《は》てなされて、大殿様《おおとのさま》はなんとなされましょうぞいなア。その上《うえ》、お前《まえ》が死《し》なしゃんして、わたしはどうしょうぞいなア。皆様《みなさま》の手前《てまえ》も恥《はず》かしけれど、人知《ひとし》れぬお情《なさ》けに、ほんに命《いのち》に替《か》えても、御大切《ごたいせつ》に存《ぞん》じて居《お》りまするぞえ。このことを※錦様《にしきさま》がお聞《き》き遊《あそ》ばし、賤《いや》しい其方《そち》じゃが、兄上《あにうえ》のお目《め》にさえ留《と》まったらば、※お部屋《へや》とも御簾中《ごれんちゅう》とも、わしが取《と》り持《も》とう程《ほど》に、随分《ずいぶん》兄上を大切に※お宮仕《みやづか》え申せと、錦様《にしきさま》の仰《おお》せつけ。したが※よい身《み》になる嬉《うれ》しさに、おいとしゅう思《おも》うのではない。なんのなんの、※誓文《せいもん》ござんせぬ。わたしも主税《ちから》が女房瀧野《にょうぼうたきの》が妹《いもうと》でござんす。是非《ぜひ》この場《ば》でお前《まえ》が死《し》なねば申し訳が立たずば、わたしから先《さき》へ死《し》んで、女《おんな》の操《みさお》を顕《あら》わして、お目《め》にかけましょう。とても死《し》ぬる命《いのち》なら、なぜ言訳して死《し》なしゃんせぬぞ。春風様《はるかぜさま》、エエお前様《まえさま》は、お情《なさけ》ないお心《こころ》でござんすなア。（ト泣《な》く。）

○**御奏聞**　天子に申し上げること。○**煎豆に花**　諺。煎った豆から芽が出て花の咲いた例しはない。到底有り得ない、出来ないことにいう。○**錦様**　錦の前、小野左衛門春道の息女で、春風の妹。文屋の景秀と許嫁の女性。○**お部屋とも御簾中とも**　お部屋様は貴人の妾。御簾中は貴人の妻。○**お宮仕え**　宮仕えは本来は宮中に仕え奉ることであるが、転じて貴き人の家に仕える事にいう。○**よい身**　よい身分。○**誓文**　誓文は誓約のための文書であるが、堅く誓って言うの意に転じた。必ず、決して等の意である。

玄蕃　ハハハハハ、※かかったことは一つもない。お勅使《ちよくし》へ※しかつべらしゅう言訳でもなることかと聞いて居《お》れば、お勅使の御前《ごぜん》、親子の中で※差合《さしあ》い知《し》らずに、※口舌《くぜつ》をやられるは、そりゃ言訳に死《し》ぬるのじゃない。心中《しんじゆう》に死《し》ぬるのだ。そんなら部屋の隅《すみ》の、※さいたら畑《ばたけ》へ行《い》たがまし。馬鹿馬鹿《ばかばか》しゅうて物が言われぬ。大殿《おおとの》、もうし、※松《まつ》の下《した》をたんと潜《くぐ》った代《かわ》りには、どうぞまちっと、人《ひと》らしい言訳はござりませぬかな。*2

ト春道《はるみち》ツカツカと寄《よ》って、春風《はるかぜ》、民部《みんぶ》が髻《もとどり》を摑《つか》み、舞台先へ引《ひ》き据《す》え

春道　なんの、言訳に両人《りようにん》が死ねば、今日のお勅使《ちよくし》の御返答《ごへんとう》、それで済《す》むか。小野の家が、それで立《た》つかやい。

春風
民部　サア、それは。

春道　なんと。

春風
民部　ハアア。（ト俯向《うつむ》く。）

春道　狼狽者《うろたえもの》めが。今死《いまし》ぬる命《いのち》をながらえて、今《いま》一度《ど》短冊《たんざく》の在所《ありか》を詮議《せんぎ》せぬ。それで知《し》れずば、その時《とき》に死《し》ぬるという料簡《りょうけん》は附《つ》かぬか。不所存者《ふしょぞんもの》めが、命《いのち》に替《か》えて詮議《せんぎ》はせぬか。

春風　あまり途方《とほう》に暮《く》れまして、そこへ心《こころ》が附《つ》きませなんだ。明日《あす》とも言《い》わず今日中に、短冊《たんざく》を尋《たず》ねまして、お目《め》にかけましょう。

春道　※しかとそうな。

民部　叶《かな》いませぬ期《ご》に及《およ》びますれば、主従《しゅじゅう》刺し違《ちが》えまする覚悟《かくご》でござります。

玄蕃　コレコレ大殿《おおとの》、老耄《おいぼ》れさっしゃれたか。※綸言《りんげん》は汗《あせ》の如《ごと》く、再び取返《とりかえ》しはなりませぬ。短冊《たんざく》の叡覧《えいらん》、明日《あす》までと言《い》い出《だ》されたを何《なん》と日延《ひのべ》がなりましょう。※切《き》り金《がね》の日延《ひの》べ見《み》るように、そんなことがどう※禁廷《きんてい》へ申し上げられましょう。なアお勅使《ちょくし》さま、左《さ》ようではござりませぬか。

清房　イヤイヤそれは苦《くる》しゅうない。尤《もっと》も勅 諚《ちょくじょう》は重《おも》けれども、今日《こんにち》家の珍事《ちんじ》は、春道《はるみち》どの御存《ごぞん》じないこと。たとえ二三日間《にちあいだ》があっても、短冊尋《たんざくたず》ね出《いだ》して差《さ》し上《あ》げれば、申し訳は立つというもの。最前《さいぜん》それがしが言訳の料簡《りょうけん》はござらぬかと申したは、ここのことでござる。油断《ゆだん》のう詮議《せんぎ》して、短冊《たんざく》を差《さ》し上《あ》げられい。それがしよろしゅう執成《とりな》しを申し置くであろう。

玄蕃　イヤ中将様《ちゅうじょうさま》、憚《はばか》りながら、それではお上《かみ》へ※済《す》みそもないものでござりまする。善《ぜん》は善《ぜん》、悪《あく》は悪《あく》と照《て》らさっしゃるお上《かみ》の鏡《かがみ》。最前《さいぜん》申す通り、今日《こんにち》の不首尾《ふしゅび》、明白《めいはく》に仰《おお》せ上《あ》げられずば、お前《まえ》の不調法《ぶちょうほう》になりそうなものでござりまする。

清房　※伝奏《てんそう》の御沙汰《ごさた》を、※地下《じげ》の其方《そのほう》が知《し》ろうか。皆《みな》この清房《きよふさ》が胸《むね》にあること。

玄蕃　でも、この儀《ぎ》は。

春道　玄蕃《げんば》、お勅使《ちょくし》へ向《むか》って※緩怠《かんたい》な、黙《だま》らぬか。

玄蕃　勝手《かって》にさっしゃれい。

春道　お勅使《ちょくし》には、暫《しばら》く奥殿《おくでん》へお入《い》りあって、御酒《ごしゅ》一献《こんめ》召し上《あ》がられ下《くだ》さりましょう。それ御案内仕《ごあんないつかまつ》れ。

清房　然《しか》らば左様《さよう》いたそう。御案内召《ごあんないめ》され。

春道　ハアア。ナニ春風《はるかぜ》、民部《みんぶ》、しかと今日中《きょうじゅう》に短冊《たんざく》の詮議《せんぎ》申しつけたぞ。

両人　畏《かしこ》まりました。

○かかったことは一つもない　紛失した短冊に関係のある事柄、言訳はちっともない。**○しかつべらしゅう**　然りつべくあらしの略。しかつめらしともいう。もっともらしく。**○差合い知らず**　お勅使や親子ともいる場所で、憚らねばならないのに。さしつかえ、さしさわりを無視して。**○口舌**　いさかい。特に男女の口あらそいをいう。○**さいたら畑**　又せいたらばたけとも。余計な仕事、相応せざる振舞、どうでもよい事をいう。部屋の隅にさいたら畑がある訳もないが、心中に死のうというなら、部屋の隅っこへでも行くがいいと罵ったのである。○**松の下をたんと潜った**　門松の下を多くくぐったという意味で、年を多く取っていること。若ければいざ知らず、年輩のこと故、もう少しどうかした申し訳が聞きたいというのである。**＊2**善人型の立役〔たちやく〕と悪人型の敵役〔かたきやく〕との対照、葛藤は劇の根本的な条件であり、構成上の常型であるが、民部と玄蕃とも、同じ筆法である。御家騒動狂言にはこうした類型的人物が現われる。敵役たる玄蕃の計画で民部が苦悩し、条寺弾正によって解決するのである。○**しかとそうな**　確かに左様であるな。念を押す言葉。○**綸言は汗の如し**　君主の言の取消し難いことを、汗の出て再び体内に戻り入ることなきに譬えて言う。○**切り金の日延べ見るように**　「切り金」は古く分割支払のことをいう。約束の期限に約束だけ支払えず、日延べをして貰うをいう。そのように。○**禁廷**　大内に同じ。○**済みそもないもの**　「そ」は「そう」の約音。言訳が立ちそうもない。○**伝奏の御沙汰**　天子へ奏上する処置、事柄。○**地下**　禁中へ奉仕しない者。○**緩怠**　不作法。不届。

玄蕃　ハハハハハ、※鉄《かね》の草鞋《わらじ》で三千世界《せかい》を一時《とき》に廻《まわ》っても、知《し》れそもない詮議《せんぎ》だ。

春道　巻絹《まきぎぬ》、秀太郎《ひでたろう》、御案内《ごあんない》いたせ。

両人　先《ま》ずお入《い》りなされましょう。

ト天王立《てんのうだ》ちになり、春道《はるみち》、春風《はるかぜ》、秀太郎《ひでたろう》、巻絹《まきぎぬ》、清房《きよふさ》、奥《おく》へはいる。＊3玄蕃《げんば》、民部《みんぶ》残《のこ》り、思入《おもいいれ》あって手《て》を組《く》み、※下《した》に居《い》る。天王立《てんのうだ》ち打上《うちあ》げると、

呼ビ　文屋《ぶんや》の豊秀《とよひで》さまお使者《ししゃ》——。

玄蕃　豊秀《とよひで》さまよりのお使者《ししゃ》、ハテ合点《がてん》の行《ゆ》かぬ。
民部　なんであろうと、お迎《むか》え申しましょう。
ト花道《はなみち》より、*4先払《さきばら》いの侍二人《にんで》出る。後《あと》より粂寺弾正《くめでらだんじょう》、上下《かみしも》にて※のしのしと出《で》る。※槍持《やりも》ち挟《はさ》み箱《ばこ》持ち出《で》る。花道の真中《まんなか》へ立《た》ちどまり、
弾正　あれへ参《まい》って、「粂寺弾正《くめでらだんじょう》でござりまする、主人豊秀《しゆじんとよひで》より使者《ししゃ》に罷《まか》り越《こ》しました、お取次《とりつ》ぎを頼《たの》みまする」と案内《あんない》を乞《こ》うて参《まい》れ。
従者　畏《かしこ》まりました。(ト行《ゆ》こうとする。)
弾正　こりゃこりゃ、随分無礼《ずいぶんぶれい》のないように。
従者　ハッ。(ト本舞台《ほんぶたい》へ出《で》て、)頼《たの》みましょう。
民部　委細《いさい》はこれにて承《うけたまわ》った。お使者《ししゃ》、これへお通《とお》りなされませいとお言《い》やれ。
従者　ハッ、これへお通《とお》りなされませいとの儀《ぎ》でござりまする。
弾正　供《とも》せい。
ト舞台先《ぶたいさき》へ来る。民部《みんぶ》、玄蕃出迎《げんばでむか》う。
民部　これはこれは弾正《だんじょう》どの、その後《ご》は※中絶《ちゆうぜつ》いたし御意得《ぎょいえ》ませぬ。先《ま》ず以《もっ》て今日《こんにち》のお使者《ししゃ》、御苦労千万《ごくろうせんばん》に存《ぞん》じまする。
弾正　民部《みんぶ》どのでござりまするか。誠《まこと》にその後《ご》は打《う》ち絶《た》え御意得《ぎょいえ》ませぬ。先《ま》ずは御健《ごけん》

勝《しょう》の体《てい》。

玄蕃　さてはこなたが承《うけたまわ》り及《およ》びました、文屋《ぶんや》の豊秀卿《とよひできょう》の御家臣《ごかしん》、粂寺弾正殿《くめでらだんじょうどの》、手前《てまえ》儀《ぎ》は当家《とうけ》の執権《※しっけん》、八剣玄蕃《やつるぎげんば》と申す役に立たずでござる。以後《いご》はお心易《こころやす》く御意得《ぎょいえ》ましょう。

弾正　これはこれは、玄蕃《げんば》どのでござりまするか。折《おり》を得《え》ませいで御意得《ぎょいえ》ませぬ。御《ご》疎遠《そえん》の至《いた》りに存《ぞん》じまする。この上《うえ》からは、断琴《※だんきん》の交《まじわ》りを頼《たの》み存《ぞん》じまする。

玄蕃　御丁寧《ごていねい》な御挨拶《ごあいさつ》、先《ま》ず先《ま》ずお通《とお》りなされましょう。

弾正　然《しか》らば左様《さよう》に仕《つかまつ》りましょう。（ト上座《じょうざ》へ通《とお》る。）

○**鉄の草鞋で三千世界を廻る**　諺。「鉄の足駄で」ともいう。いくら歩いてもすりきれない鉄製の草鞋を穿いて、世界中を探しても見付かるまい。三千世界は仏教語で、広漠たる一切世界をいう。＊3稿下以来の台本にはこうあるが、現行の、市川左團次復活上演の台本では、ここまでは省略されている。幕明きに侍を数人おいて、だいたい短冊献上について勅使が下り、それにつき急に詮索し始めたという意味のセリフを言わすようにしてある。○**下に居る**　坐す。うずくまる。ひざまずく。＊4文化文政以後の台本では、ほとんど「花道より」とは書かず「向うより」と書いているが、古い所では「花道より」となっている。○**のしのしと出る**　無遠慮な態度でゆったりゆったりと出て来る。白天鵞絨に金糸で三升の大きな紋を出した着附（上着）に、大きく碁盤の模様を現わした萌黄地の上下をつけ、黄色の足袋に草履をはき、両袖を刀の柄に載せた形でしずしずと出るというのが、今日市川左團次の演出様式である。鬘は立髪つきの燕手〔えんでん」という、豪放な人物の用うるもの。○**槍持ち挟み箱持ち**　主人の持槍を持った従者と、着替えの衣服などを入れた挟み箱を担いだ従者。○**中絶いたし御意得ませぬ**　暫くお逢い申しませんでした。○**執権**　政権を握る人であるが、ここでは支配人、家老職くらいの意味だが、しかつめらしく言ったのである。○**断琴の交り**　断金が正しい。『易経』の繋辞伝に「二人同レ心、其利断レ金」等とあるより出た言葉。極めて親密なる交り、友情の極めて厚いことにいう。

玄蕃　して、今日《こんにち》のお使者《ししゃ》の趣《おもむ》き、如何《いか》なる儀《ぎ》でござりまする。様子《ようす》一通《ひととお》り仰《おお》せ聞《き》かされましょう。

弾正　お尋《たず》ねなくとも申さねばならぬ使者の役目《やくめ》、主人豊秀申《しゅじんとよひでもう》し越《こ》しまするは、こなたの大殿春道公《おおとのはるみちこう》より、豊秀《とよひで》へ契約《けいやく》を以《もっ》て、姫君錦《ひめぎみにしき》の前《まえ》さまを、即《すなわ》ち主人《しゅじん》の宿《やど》の妻《つま》に、お極《き》めなされた儀《ぎ》でござりまする。所《ところ》に姫君《ひめぎみ》には、なんとやら御病気《ごびょうき》とあって、御婚礼《ごこんれい》の日限《にちげん》たちまして、今日《こんにち》までもお輿《こし》も入《い》りませぬ。この儀《ぎ》について朋輩《※ほうばい》どもを以《もっ》て、度々《たびたび》に申し越しますれど、ただ御病気《ごびょうき》ゆえ延引《えんにん》と、委細《いさい》の儀《ぎ》が相知《あいし》れませぬによって、それがし立《た》ち越《こ》し、大殿様《おおとのさま》の御返答《ごへんとう》も承《うけたまわ》り、又御病気《またごびょうき》の様子《ようす》も承《うけたまわ》り、とくとお伺《うかが》い申し、立帰《たちかえ》れとの申しつけを以《もっ》て、参上《さんじょう》いたしてござる。この儀《ぎ》よろしくお執成《とりな》し頼《たの》み上《あ》げまする。

民部　お使者《ししゃ》の趣《おもむ》き、承《うけたまわ》り届《とど》けましてござりまする。如何《いか》にも先達《せんだつ》て申し入れまする通り、姫君錦《ひめぎみにしき》の前《まえ》の儀《ぎ》、ちと御病気につかれましたゆえ、存《ぞん》じながら輿入《こしい》れの儀《ぎ》、延引《えんにん》仕《つかまつ》りましたが、御本復次第《ごほんぷくしだい》に、目出度《めでと》う御祝儀《ごしゅうぎ》を取結《とりむす》びまするでござりましょう。

玄蕃　コレコレ民部《みんぶ》、※面妖《めんよう》、この人《ひと》は※奥歯《おくば》に衣着《きぬき》せる男《おとこ》じゃ。あの姫君《ひめぎみ》の病《やまい》がどうして直《なお》るものじゃ。※この世《よ》が泥《どろ》の海《うみ》に引《ひ》っくり返《かえ》るまで待《ま》ったとて、なかなか本復《ほんぷく》のある気色《けしき》では※おりない。すっぱりと手短《てみじ》かな返事《へんじ》したがよい。イヤ弾正《だんじょう》どの、主人《しゅじん》春道《はるみち》へ披露《ひろう》申すにも及びませぬ。この縁談《えんだん》は、どうで埒《らち》の明《あ》かぬこと。※お帰《かえ》りなされてあろうならば、八剣玄蕃《やつるぎげんば》が申す、錦《にしき》の前《まえ》の縁組《えんぐ》みは調《ととの》いませぬに依《よ》って、今日《こんにち》の使者《ししゃ》を幸《さいわ》い離縁《りえん》いたすと、よろしく仰《おお》せられい。御大儀《ごたいぎ》に存《ぞん》じまする。煙草《たばこ》でもまいって帰《かえ》らしゃれ。ようござった。

民部　イヤ、玄蕃《げんば》控《ひか》えめされい。親殿《おやとの》へも御披露《ごひろう》申さず、貴殿《きでん》の計《はか》らいで、豊秀卿《とよひできょう》と錦《にしき》の前《まえ》との御仲《おんなか》を離縁《りえん》とは、そりゃ※下《しも》として上《かみ》を計《はか》るというもの。まして※歴々《れきれき》の弾正《だんじょう》どの手前《てまえ》、ちっと過言《かごん》でござろうぞ。

玄蕃　ハハハハハ、大殿《おおとの》が合点《がてん》でも、天照大神《てんしょうだいじん》が呑《の》み込《こ》ましやっても、この玄蕃《げんば》が頭《かぶり》を振《ふ》ったら、小野の家の※箸《はし》の転《ころ》んだことでもかなわぬことサ。数言《かずい》うは口《くち》ずいえ、この縁組《えんぐ》みは、玄蕃《げんば》が御家《おいえ》にあらん限《かぎ》りは成《な》り申さぬ。

民部　イヤ舌長《※したなが》な。この民部《みんぶ》が御家《おいえ》にあらん限《かぎ》りは、目出度《めでと》う御祝言《ごしゅうげん》を取結《とりむす》んでお目《め》にかきょう。

玄蕃　イヤ、推参《すいさん》な。

民部　なにが推参《すいさん》な。ト互《たが》いに刀《かたな》を取《と》る。弾正中《だんじょうなか》を隔《へだ》てて、

弾正　これはこれは御両所《ごりょうしょ》、それを調《しら》べに参《まい》った拙者《せっしゃ》さえ、詞《ことば》を出《だ》さず罷《まか》りある。それに側《そば》から御争論《ごそうろん》、粗忽千万《そこつせんばん》、平《ひら》にお控《ひか》えなされい。

民部　でも、余《あま》りと申せば、人《ひと》もなげなる過言《かごん》、弓矢八幡《※ゆみやまん》。

弾正　ようござるわいの。お急《せ》きなされなお急《せ》きなされな。ハハハハハ小野のお家《いえ》に承《うけたまわ》り及《およ》んだ玄蕃《げんば》どの、只今の御一言《ごいちごん》、定《さだ》めて深《ふか》い思《おぼ》し召《め》しあっての儀《ぎ》でござろう。して、許嫁《いいなずけ》のある姫君《ひめぎみ》を、離縁《りえん》いたすとはいぶかしい。サア、仰《おお》せられい。

玄蕃　家《いえ》の束《たば》ねをば致《いた》す拙者《せっしゃ》、粗忽《※そこつ》な儀《ぎ》を申そうか。離別《りべつ》なさると申すは、先《ま》ず第一《だいいち》に、此《こ》の方《ほう》とこなたの御主人《ごしゅじん》と、両家《りょうけ》の為《た》めを大切《たいせつ》に存《ぞん》ずるゆえ、離別《りべつ》の返事《へんじ》いたすのでござるてや。

弾正　ホウ、両家《りょうけ》の為《た》めに離別《りべつ》いたすとはな。

玄蕃　主人《しゅじん》ながら手前方《てまえかた》の息女《そくじょ》は、人間《にんげん》ではござらぬ。

弾正　ヤア、何《なん》と。
玄蕃　斯《か》く申したばかりでは、御合点《ごがてん》が参るまい。器量《きりよう》も大概《たいがい》、そうして余《あま》り阿房《あほう》ではござらぬが惜《お》しい儀《ぎ》でござる、人間《にんげん》の交《まじ》わりがなりませんサ。
民部　こりゃ玄蕃《げんば》、さまざまのことをお言《い》やるが、大切《たいせつ》な主君《しゆくん》の息女《そくじよ》を、人間《にんげん》の交《まじ》わりがならぬとは、重《かさ》ねて左様《さよう》な儀《ぎ》を口外《こうがい》いたすと、この民部《みんぶ》が手《て》は見《み》せぬぞ。
弾正　ハテ、ようござるて。ああおっしゃるには、深《ふか》い料簡《りようけん》があっての儀《ぎ》でござろう。そこがお智恵《ちえ》の満々《まんまん》たる代々《だいだい》の御家老職《ごかろうしよく》。先《ま》ず※幕際《まくぎわ》のセリフをお聞《き》きなされい。して、その後《あと》はどうでござるな。
玄蕃　人間《にんげん》の交《まじ》わりのならぬと申すは、病《やまい》の※根元《こんげん》でござるぞや。折角花嫁御《せつかくはなよめご》に貰《もら》わっしゃっても、大《おお》きな※業《ごう》ざらし、そこで離別《りべつ》ということを申すのでござる。それに民《みん》部《ぶ》の智恵《ちえ》もない癖《くせ》に、きっぱ廻《まわ》して小見苦《こみぐる》しい、大老職《たいろうしよく》の羽交《はがい》の下《した》に※しゃっ屈《かが》む雀《すずめ》が、ちゃちゃくちゃとやかましい。この縁組《えんぐ》みは、アハハハ、かなわぬことだと思《おも》わっしゃれい。

○朋輩　同僚。同じ家に奉公する者。**○面妖**　不思議なこと。妙なこと。怪しいこと。**○奥歯に衣着せる**　奥歯に物が挟ったようともいう。事実をありのままに語らないなどをいう。**○この世が泥の海に…**

陸地が海にめり込んでしまう、世の終り迄待ったとて。有り得ない出来事の起る、その時迄待ってもというのだから、いつ迄も絶対に御病気は癒らないというのである。○**おりない**　ない。能狂言によく見受け、終止形だけが用いられる。○**お帰りなされてあろうならば**　お帰りなさったなら。○**下として上を計るというもの**　家来の分際で主のことを分別し、勝手な取計らいをするをいう。○**歴々の弾正どのの手前**　世に聞えた身分の高い人を歴々という。高名なる弾正どののいられる前で。○**箸の転んだことでもかなわぬ**　箸の転ぶは実に些事中の些事であるが、そんなことでも、玄蕃がいけないと言ったなら、どうにも自由にはならない。○**舌長**　舌の長いこと。広言すること。憚らぬ言いぶり。大言。○**弓矢八幡**　武士が誓う時にいう語。昔時武士が弓矢神たる八幡大菩薩も照覧あれと誓いの際に述べたる語。少しも偽なきにいう語。誓って。○**粗忽な儀**　よく注意せぬ、軽はずみなこと。念の入らぬこと。○**幕際のセリフ**　幕の下りるを「幕になる」などという。その幕際である。幕が下りる前のセリフ即ち最後にどうなりますかお聞きなさい。弾正という傍若無人な性格に合ってもいるし、玄蕃に皮肉を言い、また観客にもある予感を与える、面白いセリフである。○**根元**　根本。根源。○**業ざらし**　恥さらし。仏教の説に、前世の悪業の報いによって、現世で受けた恥を世にさらすという、それである。○**しゃっ屈む雀**　「しゃっ」は罵る語の「しゃ」の急呼。屈んでいやアがる雀。

弾正　※燕雀《えんじゃく》なんぞ大鵬《たいほう》の心《こころ》を知《し》らんの譬《たとえ》を引《ひ》いての御挨拶《ごあいさつ》。流石《さすが》は御大老程《ごたいろうほど》あって、承《うけたまわ》り所《どころ》でござる。そりゃ御大病《ごたいびょう》の儀《ぎ》でござらば、事《こと》に依《よ》って離縁《りえん》いたすまいものでもござらぬ。併《しか》し、其許《そこもと》の口先《くちさき》ばかりでは済《す》みますまい。勿論主人《もちろんしゅじん》も御病気《ごびょうき》の容《よう》体《だい》をとくと伺《うかが》い、立帰《たちかえ》れと申しつけてござれば、千も万《まん》も入《い》りませぬ。慮外《りょがい》ながらお姫様《ひめさま》にお目見得《めみえ》いたして、直々御病気《じきじきごびょうき》の様子伺《ようすうかが》い、その上《うえ》での料簡次第《りょうけんしだい》に 仕《つかまつ》りましょう。※おむずかしいながらお執成《とりな》しを以《もっ》て、お姫様《ひめさま》へお目見得《めみえ》を仰《おお》せつけられて下《くだ》さりましょう。

民部　御尤《ごもっと》もな※御念《ごねん》ではござれども、人《ひと》に逢《あ》わっしゃる儀《ぎ》は、いこう恥《はず》かしがらっしゃる御病気《ごびょうき》のことでござれば。よもや御本復《ごほんぷく》ないと申す儀《ぎ》はござるまい。何卒《なにとぞ》それまで御祝言《ごしゅうげん》を、お待《ま》ちなされて下《くだ》さるよう、お執成《とりな》しを頼《たの》みまする。

玄蕃　其《その》ような※鼻《はな》の下《した》の延《の》び過《す》ぎた、※あんだらくさい料簡《りょうけん》じゃ済《す》まぬ。如何《いか》にも弾正《だんじょう》どのお望《のぞ》みの通《とお》り、姫君《ひめぎみ》をこれへ呼《よ》び出《いだ》し、御病気《ごびょうき》の様子を見せました上で、※現《げん》金商《きんあきな》いさっぱりと、しましたがようござるてや。

民部　それではあなたの御恥辱《おんちじょく》。

玄蕃　恥辱《ちじょく》とはなんのことじゃ。隠《かく》しても包《つつ》んでも、業《ごう》ざらしなあの病性《びょうしょう》、隠《かく》すことはござらぬ、此《この》ような浅《あさ》ましい病《やまい》は、諸人《しょにん》に見《み》せて、※回向《えこう》を受けるが其《その》身《み》の為《た》め。コリャコリャ、巻絹巻絹《まきぎぬまきぎぬ》。

ト巻絹出《まきぎぬで》る。

○燕雀なんぞ大鵬の心を知らん　小人物の智は大人物の意を量り得ぬの意。『史記』の燕雀いずくんぞ鴻鵜の志を知らんやに出た語。○**おむずかしいながら**　御迷惑、御面倒ではありましょうが。○**御念**　念の敬語。お考え。○**鼻の下の延び過ぎた**　痴愚なる人を、鼻の下の長い人という。ここでは気の長いとか、のんきなとかいう意味。○**あんだらくさい**　「あんだら」は馬鹿者という上方詞。馬鹿馬鹿しい。○**現金商い…**　現金と引換えに商品を取引するように、後くされのないように、さっぱりと解決するがよろしかろう。○**回向を受ける**　回向は善行をめぐらして菩提に向わせること。つまり、諸人に浅ましい姿を見せて、気の毒だと言われることによって業が滅し、癒るようにもなるであろうというのである。

巻絹　玄蕃《げんば》さま、急にお呼びなされたは、御用《ごよう》でもござりまするか。

玄蕃　文屋《ぶんや》の豊秀公《とよひでこう》よりのお使者《ししゃ》、粂寺弾正殿《くめでらだんじょうどの》に逢《あ》われましょうと言《ゆ》うて、錦《にしき》の前様《まえさま》をこれへお供《とも》しやれ。

巻絹　そりゃ何《なに》をおっしゃりまする。女子《おなご》同士《どうし》でさえ始《はじ》めてのお衆《しゅう》には、お逢《あ》いなされぬお姫様《ひめさま》。まして殿御《とのご》達《たち》の前へ、どうしてもお供《とも》申さるるものでござんすぞいなア。

弾正　イヤイヤ女中《じょちゅう》、それはちっとも苦《くる》しゅうない儀《ぎ》でござる。拙者《せっしゃ》は姫君《ひめぎみ》の殿御《とのご》、豊秀《とよひで》が家来《けらい》でござる。申さばお姫様の※乳人《めのと》も同然《どうぜん》、ちっとも御遠慮《ごえんりょ》のない儀《ぎ》でござる、※平《ひら》にお目見得《めみえ》のお取次《とりつ》ぎを頼《たの》みまする。

巻絹　なんぼうそうじゃと言《ゆ》うても。

玄蕃　ハテ、※うじうじと。玄蕃《げんば》が言《い》いつけじゃというて、御同道《ごどうどう》しやれ。
巻絹　サア、それでも。
玄蕃　ハテ、行《ゆ》こうてや。
巻絹　エエ、つんと我儘《わがまま》なことじゃぞ。（トはいる。）
内にて　マア、お出《い》でなされませいなア。
ト巻絹《まきぎぬ》、千鳥《ちどり》、木幡《こばた》、大勢《おおぜい》の声《こえ》にて言《い》う。
錦　嫌《いや》じゃわいのう嫌《いや》じゃわいのう。
ト錦《にしき》の前言《まえい》う。トセリフのうち大勢、錦《にしき》の前の手《て》を引《ひ》いて無理に連《つ》れ出《で》る。錦の前、振《ふり》袖《そで》にて裲襠《うちかけ》、※つけべりの差櫛《さしぐし》、※笄《こうがい》、蝶花形《ちょうはながた》をつけ、薄衣《うすぎぬ》を被《かぶ》り出《で》る。巻絹《まきぎぬ》、手《て》を引《ひ》き、天井のある※揚《あ》げ舞台《ぶたい》の屋形《やかた》の内《うち》に入《い》る。錦《にしき》の前《まえ》、恥《はず》かしがり俯向《うつむ》き居《い》る。弾正手《だんじょうて》を突《つ》き、
弾正　錦《にしき》の前《まえ》さまでござりまするか。拙者儀《せっしゃぎ》は、お前《まえ》さまのおいとしゅう思《おぼ》し召《め》されまする、許嫁《いいなずけ》の殿御《とのご》、豊秀《とよひで》の家臣《かしん》、粂寺弾正《くめでらだんじょう》と申す者でござりまする。今日《こんにち》参上《さんじょう》仕《つかまつ》りましたは、余《あま》り御縁談《ごえんだん》が延引《えんにん》いたしまして、一家中《かちゅう》殊《こと》の外《ほか》待《ま》ち兼《か》ねまする。一家中よりは第《だい》一マア旦那《だんな》が殊《こと》の外《ほか》お待《ま》ち兼《か》ね、定《さだ》めてお前《まえ》さまにも、嘸《さぞ》お待《ま》ち兼《かね》なされましょうと存《ぞん》じて、お迎《むか》えの為《た》め参上仕《さんじょうつかまつ》りました所《ところ》に、御病気《ごびょうき》ゆえお輿《こし》

を入《い》れませぬとの御家老様《ごかろうさま》よりの断《ことわ》り、余《あま》り心許《こころもと》のう存《ぞん》じまして、憚《はばか》りながら御病《ごびょう》気《き》の様子伺《うかが》いの為《た》め、お目見得《めみえ》を願《ねが》いましたのでござりまする。※あわれお詞《ことば》を下《くだ》しおかれましょうならば、これより直《す》ぐにお供《とも》仕《つかまつ》り、今日《きょう》まで互《たが》いにお待《ま》ち兼《か》ねなされた※未進《みしん》を、一度《ど》に埋《う》めさっしゃりまするように、お取《と》り持《も》ち申し上げまするでござりまする。

巻絹　ほんに※人体《にんてい》は堅《かと》う見《み》えるお侍《さむらい》さんじゃが、なかなか※おどけた人《ひと》さんじゃわいなア。*5もうし姫君さま、日頃恋《こい》しい床《ゆか》しいと仰《おっ》しゃった豊秀《とよひで》さまの御家老《ごかろう》さんでござりまする。早《はよ》う御挨拶《ごあいさつ》なされませいなア。

錦　「※夢《ゆめ》かとも、何《なに》か思《おも》わん浮世《うきよ》かな、消《き》えもやられぬ程《ほど》ぞ悲《かな》しき。」悲《かな》しいというて、わしがように悲《かな》しい身《み》が、※三千世界《せかい》に又《また》と二人《ふたり》あろうか。弾正《だんじょう》とやら、恥《はず》かしいと言《い》おうか、面目《めんぼく》ないと言《い》おうか、今吟《いまぎん》じた歌《うた》の如《ごと》く、なぜこの身《み》は消《き》えぬぞ。イイヤイノ、何《なに》ゆえこの憂《う》き身《み》は消《き》えてくれぬぞいなア。

ト泣《な》く。

○**乳人**　抱えられてその家の小児に乳を飲ませ、もり育てる女。乳母。おもり役。○**平に**　ひたすらに。何卒。○**うじうじ**　ぐずぐず。もじもじ。○**つけべりの差櫛**　縁〔へり〕を厚くつけた差櫛。○**笄、蝶**

花形　笄は髪掻の音便で婦女の髷にさして飾りとするもの。蝶花形は祝儀の際の銚子の蓋に飾るもの。蝶の羽を広げた形に紙を折り、紅白の水引にて結ぶ。蝶は酒毒を消すとて用いられるという。錦の前が頭につけているのも、病毒を消すのまじないであろう。○**揚げ舞台**　二重舞台は、床を一段高く揚げてあるから、上方にては揚げ舞台と呼んだ。○**あわれお詞を下しおかれましょうならば**　ああ、幸いにお言葉をおかけ下さりましょうならば。○**未進**　未進は未納分、不足分である。ここでは会いたくても会えなかった心の不満を、一度にいり埋めをなさるようにという意味。○**人体**　ひとがら。見かけ。人品。○**おどけた**　道化た。面白い。ふざけた。＊５条寺弾正は特異な性格に描写されている。四世團十郎や七世團十郎に打ってつけという役柄にしたせいもあろう。傍若無人で、粗野で、磊落で、慧敏で、それでいて通な所もあり、舞台の上で衆道までも持ち出すという、変った性格である。この巻絹のセリフはその説明の一である。○**夢かとも何か思わん…**　この浮世は夢のようにはかないけれど、そのように消えてしまわないことは悲しいことだ。いっそこの身が亡んでしまえばいいという感懐であるが、『新古今集』の惟喬親王の歌に「夢かとも何か思わむ浮世をば、背かざりけん程ぞくやしき」とある。これらをもじったものであろう。○**三千世界**　(既出)仏教の語。広漠たる世界をいう。

弾正　まだ祝言《しゅうげん》も済《す》まぬうちに、消《き》えてつまるものでござりますか。イカサマ、お身《み》の上《うえ》を寄《よ》ってたかって消《け》したがる※火《ひ》取虫《とりむし》が、あるまいものでもござりません。そこを拙者《せっしゃ》が油《あぶら》を注《つ》ぎ、燈心《とうしん》を殖《ふや》して、消《け》さすことじゃござりませぬ。[*6]お身《み》の明《あか》りをわたくしが今《いま》に立《た》てて上《あ》げましょう程《ほど》に、ちっともお気遣《きづか》いなされますな。

錦　さればいのう。なんぼう側《そば》から油《あぶら》を注《つ》ぎ、燈心《とうしん》を足《た》して掻《か》き立《た》てて貰《もろ》うても、どうも消えねばならぬ憂《う》き身《み》の上《うえ》じゃわいのう。誰《た》れあろう※今《いま》の世《よ》の優男《やさおとこ》と、※雲《くも》の上《うえ》まで隠《かく》れなく、※女官様方《じょかんさまがた》の恋《こい》しいと思《おも》わしゃんす豊秀《とよひで》さまを、親々《おやおや》のお許《ゆる》しで殿御《とのご》に持《も》つというは、姫御前《ひめごぜ》に生《うま》れた※規模《きぼ》と言《い》おうか、嬉《うれ》しいと言《い》おうか、わし程果報《ほどかほう》な者《もの》はないと、ほんにこの身《み》でこの身《み》を自慢《じまん》して、※出雲《いずも》の神様《かみさま》や※結《むす》ぶの神様《かみさま》を拝《おが》んでばかり居《い》たのに、※盈《み》つれば欠《か》くると、病《やまい》も多《おお》かろうに世《よ》に類《たぐい》ない病《やまい》を受《う》け、大事《だいじ》の殿御《とのご》にさえ添《そ》うことのならぬような、因果《いんが》な身《み》の上《うえ》になるというは、世界《せかい》の神様仏様《かみさまほとけさま》に見離《みはな》されてか。もう生《い》き存《なが》えて、人《ひと》に面《おもて》を見《み》らりょうより、いっそ死《し》んでと、守《まも》り刀《がたな》に手《て》をかけたことは、幾度《いくたび》ということはないわいのう。斯《こ》うした憂《う》き身《み》の中《なか》にも、おいとしいは父様《ととさま》、逢《あ》いたいは豊秀《とよひで》さまと、親《おや》を思《おも》い夫《おっと》を思《おも》い、死《し》ぬにも死《し》なれず、生《い》きるにも生《い》きられず、天地《てんち》の間《あいだ》に置《お》き所《どころ》ない因果《いんが》なわしが身《み》の上《うえ》。弾正《だんじょう》とやら、其方《そなた》に逢《お》うたは千万人《まんにん》の人《ひと》に恥《はじ》を曝《さら》すより、たった一人《ひとり》其方《そなた》に逢《あ》うが、わしゃ恥《はず》かしいわいのう。

ト大泣《おおな》き。*7

弾正　其《その》ようにお歎《なげ》きなされるは、御尤《ごもっと》もでござりまする。と言《い》おうにも、肝腎《かんじん》の御病気の様子《ようす》が知《し》れませぬによって、どうも御挨拶《ごあいさつ》の申しようがござりませぬ。

玄蕃　尤《もっと》も尤《もっと》も。病気の様子、お目《め》にかけましょう。（トずっと立《た》って、）サアサア、薄衣《うすぎぬ》を取《と》らっしゃれ。

ト薄衣《うすぎぬ》に手《て》をかける。木幡《こばた》留《と》め、

木幡　コレ玄蕃《げんば》さま、この衣《きぬ》を取《と》ると、又何時《またいつ》ものように御病気が起《おこ》って苦しまっしゃる。殊《こと》に弾正《だんじょう》さまの前《まえ》、※お恥《はず》かしいといなア。やっぱり衣《きぬ》を召《め》しましておかしゃんせいなア。

ト玄蕃《げんば》木幡《こばた》を突《つ》き退《の》け、

玄蕃　なんの女《おんな》の知《し》ったことじゃない、退《の》こう。（ト薄衣《うすぎぬ》を引《ひ》き退《の》ける。）病気の根《こん》元《げん》、お目《め》にかきょうか。

ト、ドロドロになり、錦の前《にしきのまえ》の髪逆立《かみさかだ》つ。

錦　のう情《なさけ》なや。又《また》病気が起《おこ》ったわいのう。錦の前、苦《くる》しき思入《おもいいれ》。エエ恥《はずか》しい。面目《めんぼく》ない。早《はよ》う衣《きぬ》を着《き》せてたもいのう。

トあたりを摑《つか》み、苦《くる》しみ、虚空《こくう》を摑《つか》み、さまざま思入《おもいいれ》。このうちドロドロ、仕掛《しかけ》にて髪《かみ》の毛逆立《けさかだ》つ。弾正大《だんじょうお》きに驚《おどろ》き、錦の前《にしきのまえ》が苦《くる》しむ身振《みぶり》をうつし、キョロキョロしながら立《たち》廻《まわ》り、肝《きも》を潰《つぶ》したる思入《おもいいれ》、いろいろあるべし。民部件《みんぶくだん》の薄衣《うすぎぬ》を取《と》って、

民部　※おんあぼきや、べいろしやのまかほだら、はらはりたや、そはかそはか。

ト唱《とな》えながら薄衣《うすぎぬ》を着《き》せる。

錦　ハアア。

ト泣伏《なきふ》す。髪《かみ》も静《しず》まる。弾正《だんじょう》、吐息《といき》をつき居る。

○火取虫　夏の夜などに燈火をめざして舞いこみ火を消す蛾。そこから火取虫の名がある。＊6ここも暗に玄蕃にあてつけたセリフである。俳優としてはしどころであり、所謂気味合の思入で、緊張する場面になる。**○今の世の優男**　当世の名だたる優雅なお方、美男子。**○雲の上まで隠れなく**　禁中までも噂が響いている。**○女官様**　女官は宮中に奉仕する女子。**○規模**　光栄。面目。ほまれ。果報。**○出雲の神様**　出雲の大神は縁結びの神と言われる俗伝による。**○結ぶの神様**　ここでは男女の縁を結んで下さる神様をいうのだが、広くは万物を生み成す霊徳ある神々をも指す。**○盈つれば欠くる**　諺。月の盈虧などからも出ている。余り幸福になりすぎると、何かしら不幸が起ってくる。＊7ト書きに「大泣き」と書くは、珍らしく又古めかしい。「泣き落す」ということはしばしば用いられる。これは大泣きに泣き落すの略である。**○お恥かしいといなア**　お恥かしいとおっしゃいますわいなア。**○おんあぼきや…**　真言宗で唱える陀羅尼の一。光明真言という。唵《おん》、阿謨伽《あぼきや》、尾盧左曩《べいろしやなふ》摩訶《まか》母捺囉《ぼだら》麼抳《まに》鉢納麼《はんどま》、人縛攞《じんばら》、鉢囉韈哆野《はらばりたや》吽《うん》。

民部　ハテ、是非《ぜひ》に及《およ》ばぬなア。（ト俯向《うつむ》く。）

玄蕃　なんと弾正《だんじょう》、お見《み》やったか。珍《めず》らしいと言《い》おうか、浅《あさ》ましいと言《い》おうか。何《なん》とも名《な》のつけようのない御病気でござる。誠《まこと》や蛇身《じゃしん》になる女子《おなご》は、呼吸の度《たび》ごとに髪《かみ》の毛《け》逆立《さかだ》つように動《うご》き、清水《せいすい》に浸《ひた》せば忽《たちま》ち血汐《ちしお》となると、古《ふる》い書《しょ》に見《み》えてござるげな。微塵《みじん》も違《たが》わぬ※蛇身《じやしん》の体相《たいそう》の病、すりや鬼畜《きちく》の類《たぐ》い。最前《さいぜん》申した通り、錦《にしき》の前どのは、人間《にんげん》ではないと申したが、誤《あやま》りでござるか。あの如《ごと》く浅《あさ》ましい姫君《ひめぎみ》を送《おく》っては、小野《おの》の家《いえ》の恥辱《ちじょく》、娶《めと》られた文屋《ぶんや》の家《いえ》の※瑕瑾《かきん》。そこで両家《りょうけ》のお為《た》めにならぬ縁組《えんぐ》みゆえ、離別《りべつ》してしまったがよいと申すのだが、家老《かろう》の分別奥《ふんべつおく》の手《て》、なんとこれでも玄蕃《げんば》が誤《あやま》りかな。

弾正　ハテ、思《おも》い寄《よ》らぬ稀有《けう》な御病気でござるナ。尤《もっと》も※奇病文《きびょうもん》にも、様々《さまざま》と病の説《せつ》を上《あ》げてござれども、その中《うち》にもござらぬ程《ほど》な珍《めず》らしい御病気。イカサマ、この体《てい》を見《み》ましては、玄蕃《げんば》どのの一言《ごん》、御尤《ごもっと》もに存《ぞん》じまする。

玄蕃　そこが※大家老《おおがろう》の※胸《むね》の広《ひろ》さ、早《はよ》う帰《かえ》って豊秀公《とよひでこう》へ、あの通《とお》り申し上げられい。さっぱりと離別召《りべつめ》されよサ。

弾正　イヤ、そうはなりますまい。

玄蕃　なぜサ。

弾正　最初《さいしょ》お姫様《ひめさま》を申し受けたは、其方《そなた》の手《て》からは申し受けは致《いた》さぬ。慮外《りょがい》ながら手前大殿《まえおおとの》、こなたの大殿様とお※口《くち》を堅《かた》められての御縁組《ごえんぐ》み、その大切《たいせつ》な御縁談《ごえんだん》を、こなたが離別《りべつ》しようと思《おも》わっしゃると、立帰《たちかえ》って主人《しゅじん》へなんと申されそうなものだと思《おぼ》し召《め》す。この儀《ぎ》については春道公《はるみちこう》、春風公《はるかぜこう》、御両所様《ごりょうしょさま》へお目見得《めみえ》して、※直《じき》の御挨《ごあい》拶《さつ》承《うけたまわ》って、その上《うえ》での拙者《せつしゃ》が料簡《りょうけん》。こりゃ、大家老《おおがろう》の御粗相《おそそう》かと、手前《てまえ》どもは存《ぞん》じまする。

玄蕃　なにさまナア。ちっと拙者《せつしゃ》や過《す》ぎてござる。その段《だん》は大家老《おおがろう》だけに大目《おおめ》に見《み》て下《くだ》されいサ、ハハハハハ。

弾正　ときに、その薄衣《うすぎぬ》を召《め》せば、お髪《かみ》は逆立《さかだ》ちませぬかな。

民部　さればでござる。※典薬医師《てんやくくすし》が手《て》を尽《つく》し、様々《さまざま》祈禱《きとう》祈念《きねん》に※おろかはござらねども、なかなか少《すこ》しも験《けん》の見《み》えぬ御病気。ところに有難《ありがた》い※鳴神上人《なるかみしょうにん》の、※光明真言《こうみょうしんごん》のお守《まも》り、これを薄衣《うすぎぬ》に縫込《ぬいこ》ませ、御覧《ごらん》の通《とお》り不断薄衣《ふだんうすぎぬ》を召《め》してござる其《その》うちは、御病気は起りませぬ。畢竟《ひっきょう》光明真言の加持《かじ》のお庇《かげ》と有難《ありがと》う存《ぞん》じまする。

弾正　すりゃ、その薄衣《うすぎぬ》を召《め》してござるうちは、逆立《さかだ》ちませぬか。

民部　左様《さよう》でござりまする。

弾正　ハテナア。(ト思案《しあん》する。)何《いず》れの道《みち》にも、大殿様《おおとのさま》にお目見得《めみえ》いたしてからの儀《ぎ》に致《いた》そう。お取次《とりつ》ぎを頼《たの》み存《ぞん》じまする。

民部　畏《かしこ》まってはござれども、今日《こんにち》はお勅使《ちょくし》お入《い》りなされて、奥殿《おくでん》にておもてなしの最中でござる。その上《うえ》ちっとお家《いえ》に縺《もつ》れました詮議《せんぎ》もござる。間《ま》を見合《みあわ》せまして御《ご》披露《ひろう》申しましょう。御退屈《ごたいくつ》ながら暫《しばら》くこれにお控《ひか》え下《くだ》さりましょう。

弾正　何《なに》がさて、お目見得《めみえ》いたさぬうちは、今日《きょう》が明日、今年が明年《みょうねん》までも相待《あいま》ちましょう。首尾《しゅび》を見合《みあわ》せてお取次《とりつ》ぎを頼《たの》み存《ぞん》じまする。

玄蕃　巻絹《まきぎぬ》、姫君《ひめぎみ》を奥《おく》へ御供仕《おんともつかまつ》れ。

三人　サア、お出《い》でなされませい。

ト錦《にしき》の前《まえ》を引《ひ》っ立《た》てる。

○**蛇身の体相の病**　蛇の姿に化身するという病の徴候とそっくり違わない。○**瑕瑾**　文屋家の恥辱になる。瑕は玉のきず、瑾は美玉で、欠点を意味する。○**奇病文**　奇異な病気を列挙した漢方医書の名であろうか。○**大家老**　元来は大老のことであるが、ここでは第一のとか、すぐれた家老の意味に用いてある。○**胸の広さ**　忠慮の深く大きいこと。寛容。○**お口を堅める**　本来は、他に口外せぬように注意するをいうのであるが、ここでは口約束を堅くした、堅い約束をしたの意である。○**直の御挨拶**　直々の、直接の御返辞。○**典薬医師**　典薬は禁中又は幕府にて医薬の事を司る職をいう。朝野の名医といった意味になる。○**おろかはござらねども**　この「おろか」は愚でなく、十分ならぬ劣れるさま、疎略の意である。疎略なく手を尽したけれども。○**鳴神上人**　この狂言の四段目即ち『鳴神』において中心人物となって活躍する上人。○**光明真言**　真言宗で唱える陀羅尼の一。先に民部が唱えたもので、これを誦すれば一切の罪障を除滅するといわれているので、それを書いた守り札を薄衣に縫込んであるのである。

錦　弾正《だんじょう》、恥《はず》かしい。今《いま》の体《てい》を見《み》せて、何《なん》と生《い》きていらりょうぞ。わしゃ早《はよ》う死《し》にたいわいのう。（ト泣《な》く。）

三人　サア、お出《い》でなされませいなア。

ト錦《にしき》の前《まえ》を、千鳥《ちどり》、巻絹《まきぎぬ》、木幡《こばた》連れてはいる。

民部　然《しか》らばお待遠《まちどお》ながら、暫《しば》らくお控《ひか》え下《くだ》さりましょう。

弾正　何時《いつ》までも相待《あいま》ちましょう程《ほど》に、お目見得《めみえ》を頼《たの》み存《ぞん》ずる。

民部　心得《こころえ》ましてござる。

玄蕃　然《しか》らば。

民部　後刻御意得《ごこくぎょいえ》ましょう。

ト合方《あいかた》になり、玄蕃《げんば》、民部《みんぶ》、弾正《だんじょう》に辞儀《じぎ》してはいる。弾正《だんじょう》一人残り、あたりを見て、

弾正　ハテ、合点《がてん》の行《ゆ》かぬ御病気じゃなア。※髪《かみ》の毛《け》は血分《ちぶん》の余《あま》り、※しいかんじんを予《かね》てしたうと聞《き》き及《およ》ぶ。※血分《ちぶん》の足《た》り不足《ふたり》によって、いろいろと髪筋《かみすじ》に※格段《かくだん》はある物《もの》なれども、あの通《とお》りに髪《かみ》の毛《け》の逆様《さかさま》に立《た》つというは、全《まった》く※五臓《ごぞう》のなす所《ところ》でもなし、又《また》あの薄衣《うすぎぬ》も合点《がてん》が行《ゆ》かず。思案《しあん》をして見《み》れば見《み》るほど、ハテ、訝《いぶか》しい御病気じゃなア。

ト合方《あいかた》になり、弾正《だんじょう》、手《て》を組《く》んでジッと思案《しあん》する所《ところ》へ、秀太郎《ひでたろう》、煙草盆《たばこぼん》を持《も》ち出《で》て、弾正《だんじょう》が前へ置き、

秀太　お使者《ししゃ》御苦労《ごくろう》に存《ぞん》じまする。わたくし儀《ぎ》は秦民部《はたみんぶ》が弟《おとうと》、同苗秀太郎《どうみょうひでたろう》と申す者でござります。民部《みんぶ》申し越しまするは、弾正《だんじょう》さま御退屈《ごたいくつ》にござりましょう。追《お》ッつけ御口上《ごこうじょう》の通《とお》り、大殿《おおとの》へ御披露《ごひろう》申し、御返事《ごへんじ》を承《うけたまわ》り、拙者《せっしゃ》がお目《め》にかかりますでござろう。お待遠《まちどお》ながら、今暫《いましば》らくお控《ひか》えなされて下《くだ》さりましょう。わたくしに参《まい》ってお※伽《とぎ》を申せと、申しつけましてござりまする。

弾正　これはこれは御丁寧《ごていねい》な。アノ其許《そこもと》が民部《みんぶ》どのの御舎弟《ごしゃてい》。ハテ、よい※御器量《ごきりょう》かな。※御才人《ごさいじん》に見《み》えまする。末頼《すえたの》もしゅうござる。定《さだ》めて弓槍《きゅうそう》のお稽古《けいこ》なされてござりましょうの。

秀太　ハア、※槍《やり》は静間《しずま》、弓《ゆみ》は那須《なす》の流《りゅう》を稽古《けいこ》いたしまする。

弾正　これは二道《どう》とも結構《けっこう》な流儀《りゅうぎ》でござる。精出《せいだ》しましょうぞ。して、馬《うま》はどの流儀を稽古なさるるな。

秀太　イヤ、馬《うま》は稽古《けいこ》にかかりませぬ。

弾正　まだ馬《うま》は稽古《けいこ》せぬ。

秀太　左様《さよう》にござりまする。

弾正　これはしたり、弓馬《きゅうば》の道《みち》と申して、武士の一番最初に稽古《けいこ》いたさねばならぬ儀《ぎ》でござる。※御油断《ごゆだん》に聞《きこ》えまする。※さっきゃくながら、馬《うま》の乗《の》りよう、拙者御指南《せっしゃごしなん》申しましょう。

秀太　それは忝《かたじけの》うござりまする。当世《とうせい》におきまして、粂寺弾正《くめでらだんじょう》さまの御指南《ごしなん》を受《う》けまするど申すは、いかいわたくしの規模《※きぼ》でござりまする。どうぞ御指南頼《ごしなんたの》み上《あ》げまする。

弾正　安《やす》いこと安《やす》いこと、指南《しなん》いたさいでどう致《いた》そう。先《ま》ず馬《うま》の乗《の》りよう、一寸教《ちょつとおし》えましょう。立《た》ち入《い》っては様々《さまざま》むずかしい儀《ぎ》でござれども、第《だい》一は手綱捌《たづなさば》きが稽古《けいこ》の初《はじ》めでござる。手《て》の内《うち》が大事《だいじ》じゃ、御指南《ごしなん》申そう、お手《て》を取《と》りまする。（ト秀太郎《ひでたろう》の手《て》を取《と》る。）さて柔《やわ》らかなお手《て》かな、先《ま》ず手綱《たづな》を斯《こ》う握《にぎ》って、斯《こ》うジッと締《し》めてな。この手《て》の内《うち》、御合点《ごがてん》か御合点《ごがてん》か。

秀太　アイアイ。（ト恥《はず》かしそうに俯向《うつむ》く。）

○**髪の毛は血分の余り**　髪の毛は血の余りであるという漢方医の説から持って来たのであろう。○**しいかんじんを予てしたう**　「しい」は「ひい」即ち「脾胃」の訛であろう。脾、胃、肝、腎等の内臓を慕い内臓の変化に応ずるの意であろう。○**血分の足り不足**　その人の持つ血の量が多いか少ないかによって。○**格段はある物なれども**　格は位、格式。段はわかち、等級。つまり相違があるのだが。○**五臓**　五心ともいう。肝、心、脾、肺、腎の五つの内臓をいう。しかし内臓の諸機関をさすので、五臓六腑などという。○**お伽**　徒然を慰めるお話相手をするをいう。○**よい御器量かな**　美しいお顔だわい。○**御才人**

才芸のすぐれた人、利口者。○**槍は静間、弓は那須の流**　槍に静間流というは聞えていず、那須流の弓術というも高名でない。那須の与市が弓をよく射たというので那須流といい、また静間流というも口から出任せで、賤ケ嶽の七本槍あたりから連想したのではなかろうか。○**御油断に聞えまする**　不注意のように思えます。○**さっきゃく**　早速。至急。○**規模**　（既出）面目。

弾正　さて、これからが※肝腎肝文《かんじんかんもん》。馬《うま》の乗《の》りよう、鞍坪《くらつぼ》へ腰《こし》の据《す》えよう。さらば御伝《ごでん》授《じゅ》申そうか。

ト俯向《うつむ》く秀太郎《ひでたろう》を、後《うしろ》よりジッと締《し》めつけて、

斯《こ》う締《し》めつけて乗《の》り据《す》えるが、伝授《でんじゅ》でござる。※これはどうもならぬならぬ。鞍《くら》の上《うえ》の乗《の》り具合《ぐあい》、※てんと命《いのち》め命《いのち》め。とてものことに、※一馬場《ひとばば》せめて御指南《ごしなん》申そうか。

秀太　アアコレ、悪《わる》いことなされまするな。

弾正　ハテ、これが馬《うま》の乗《の》りよう。指南稽古《しなんけいこ》というものは、ちっと辛抱《しんぼう》せねば芸《げい》が上《あが》らぬ。※コレ、拝《おが》む拝む。（ト抱《だ》き締《し》める。）

秀太　アア、悪《わる》いことなされまする。わたくしはそんな馬の稽古は存《ぞん》じませぬわいなア。

ト弾正《だんじょう》を突《つ》き退《の》ける。

弾正　これは※没義道《もぎどう》な。※口《くち》のこわい馬《うま》かな、たった一馬場《ひとばば》。（ト又手《またて》を取《と》る。）

秀太　※自堕落《じだらく》な、措《お》かっしゃりましょう。

　ト突《つ》き退《の》け、※もぎどうにはいる。

弾正　ハハハハハ、ハテ、堅《かた》い若衆《わかしゅ》かな。近頃面目次第《ちかごろめんぼくしだい》もござりません。（ト※見物《けんぶつ》へ辞儀《じぎ》する。）ハテ、返事《へんじ》は待《ま》ち久《ひさ》しいことかな。

　ト言《い》い言《い》い、懐中《かいちゅう》より毛抜《けぬき》を出《だ》し、髭《ひげ》を抜《ぬ》くこなし。*8

どうもあの髪《かみ》の逆立《さかだ》つは、思案《しあん》して見《み》ても、とんと※読《よ》めぬことじゃ。薄衣《うすぎぬ》を外《はず》すと、

　ト薄衣を外す思入《おもいいれ》して、

ドロドロ。イヤ、どうして見《み》ても合点《がてん》が行《ゆ》かぬ。

　トこのセリフ言《い》いながら髭《ひげ》を抜《ぬ》いて居《い》る所《ところ》へ、巻絹《まきぎぬ》、裲襠《うちかけ》にて、袱紗《ふくさ》を敷《し》き、茶《ちゃ》を持《も》ち出《で》る。弾正《だんじょう》が前に坐り、

巻絹　お姫様《ひめさま》からの御口上《ごこうじょう》でござりまする。弾正《だんじょう》さまには、さぞ御退屈《ごたいくつ》にござりましょう。せめてのお気慰《きなぐさ》みに、挽《ひ》き置《お》きながら※上林《かんばやし》の初昔《はつむかし》、お姫様《ひめさま》のお手前《てまえ》で、薄《うす》お立《た》てなされた、一服上《ぷくあが》って下《くだ》さりませいとの、御口上《ごこうじょう》でござりまする。

　ト茶碗《ちゃわん》を出《だ》す。弾正毛抜《だんじょうけぬき》を下《した》におき、

弾正　これはお心《こころ》の附《つ》かれた、有難《ありがた》い仕合《しあわ》せでござりまする。お姫様《ひめさま》からのお茶《ちゃ》と

は、どうも言《い》えぬ御馳走《ごちそう》。さらば※下《くだ》さりましょう。

ト茶碗《ちゃわん》を取《と》りながら、巻絹《まきぎぬ》が手《て》をともにジッと握《にぎ》る。

お姫様《ひめさま》のお茶《ちゃ》も嘸《さぞ》かしでござろうが、先《ま》ず差当《さしあた》って、其許《そこもと》のお茶《ちゃ》一服《ぷく》喰《た》べたい※でえす。

ト手《て》を取《と》り引《ひ》き寄《よ》せる。巻絹恥《まきぎぬはず》かしがり、

巻絹　アアコレ、※てんごうなされまするな。サア、お姫様《ひめさま》からのお茶《ちゃ》を、早《はよ》う上《あが》りませい。

弾正　なんぼう有難《ありがた》いといっても、お姫様《ひめさま》のお茶《ちゃ》は※頤《おとがい》の滴《しずく》で、肝腎肝文《かんじんかんもん》のお茶《ちゃ》が口《くち》へ入《はい》らぬ。其許《そこもと》のを一服所望致《ぷくしよもういた》したい、何《なん》と男《おとこ》の肌《はだ》は※初昔《はつむかし》か初昔《はつむかし》か。

巻絹　エエ嗜《たしな》ましゃんせ。堅《かた》い顔《かお》して、わしゃそんなことは知《し》らぬわいなア。

ト突《つ》き退《の》けてはいる。弾正後《だんじょうあと》を見《み》て、

弾正　てんとこれで※二杯振《はいふ》られた。さらば一服《ぷく》たまわろうか。

○肝腎肝文　肝も腎も内臓中大切なもの、肝文は大切な文章である。大切だの意。**○これはどうもならぬ**　これはどうも辛抱ができぬ。猥褻な意味で言ったのである。**○てんと命め**　「てんと」はこの上もなくよきにいう語。十分。ずんと。「命め」は「命取りめ」。命を取られても惜しくないということで、深い愛情を寄せる場合にいう。**○一馬場せめて**　馬をあやつって馬場を一廻り乗り廻すことであるが、実はここでは衆道を言っているのである。○**コレ、拝む**　コレ、たのむ。コレそなた、拝むから辛抱してくれ。言うことを聞いてくれ。○**没義道な**　非道な。人情のない。○**口のこわい馬かな**　思うように動かない馬。秀太郎が自分の意に従わないことを寓する。○**自堕落な**　ふしだらな。○**もぎどうにはいる**　（既出）そっけなく、ツイと退場する。○**見物へ辞儀する**　自分に言いつつ、見物にも呼びかけて詫びる。こういう手法は、観客と特別の親しみを持つ歌舞伎劇にはしばしばあるが、この場合は殊に効果的である。

＊8この毛抜は高さ二尺もある、誇張された偉大な毛抜である。こうした思いきって象徴的な演出をするところは、歌舞伎十八番の如き超人的な作意には合致している。写実的なまた合理的な演出とは縁が遠いのである。○**読めぬ**　了解出来ない。訳が判らない。○**上林の初昔**　上林は山城宇治の茶所である。初昔は茶の銘。○**下さる**　いただく。頂戴する。○**でえす**　ですの延語。です。であります。○**てんごう**　田楽の音便。ふざける。たわむれる。○**頤の滴**　諺。頤のしずくは手近にはあるが口へ入らぬ。手近にあるが我が物にならぬをいう。○**初昔か**　前出の初昔に因んで言ったのだが、男の肌は初めてかというのである。○**二杯振られた**　二人に振られ、拒絶されたことを、お茶にかけて二杯と言ったのである。

ト茶《ちや》を一口《ひとくち》呑《の》みながら毛抜《けぬき》を見《み》る。毛抜《けぬき》、仕掛《しかけ》にて踊《おど》り出《だ》す。弾正大《だんじようおお》きに肝《きも》を潰《つぶ》し、飛《と》び退《の》き、毛抜《けぬき》の踊るにつれて踊り廻り、可笑《おか》しきこなし様々《さまざま》ありて、先《ま》ず毛抜《けぬき》を押《おさ》え、

こわごわ手《て》に取《と》って見《み》て、

こりゃどうじゃ。毛抜《けぬき》に足《あし》が生《は》えたワ。兎角合点《とかくがてん》の行《ゆ》かぬ。下《した》に置《お》くと踊《おど》る。取《と》るとなんともなし。ハテ、その意《い》を得《え》ぬ。今日程合点《きようほどがてん》の行《ゆ》かぬことのある日《ひ》はない。どうでも爰《ここ》は化物屋敷《ばけものやしき》ではないか知《し》らぬ。

トあたりを見《み》て怖《こわ》がる思入《おもいいれ》して、

毛抜《けぬき》の踊《おど》るというは、とんと読《よ》めぬことじゃ。煙管踊《おど》らぬゆえ、ジッと見詰《みつ》めて、

ト煙管《きせる》を取《と》り、最前《さいぜん》の通り下に置いて見る。

フム、煙管《きせる》は踊らぬ。

ト煙管を取り、ジッと見《み》ながら思案《しあん》して、煙管を捨《す》て、脇差《わきざし》の小柄《こづか》を抜《ぬ》いて下に置く、

アレアレ、又踊《またおど》るワ。

ト最前の通りこなし。此《この》うち合方《あいかた》。小柄《こづか》を取《と》り、つくづくと見《み》て、

毛抜《けぬき》と小柄《こづか》は踊る。煙管《きせる》は踊らぬ。ハテ、これはなんぞの。

トあたりを見《み》て、

ハテ、合点《がてん》の行《ゆ》かぬ。

ト手《て》を組み思案《しあん》して居《い》る所《ところ》へ、侍《さむらい》一人《にん》、あわただしく駈《か》け出《で》て、

侍　民部《みんぶ》さまはどれにござりまする。民部《みんぶ》さま民部《みんぶ》さま。

ト急《せ》いたる思入《おもいいれ》にて、あたりを探《さが》す。弾正《だんじょう》、肝《きも》を潰《つぶ》し、煙草盆《たばこぼん》と刀を提《さ》げ、

弾正　こいつも化物《ばけもの》そうな。兎角化物屋敷《とかくばけものやしき》に極《きわ》まった。

トうろつきながら※下座《しもざ》に下《さが》って様子を窺《うかが》い居《い》る。侍「民部《みんぶ》さま、玄蕃《げんば》さま」と呼ぶ。と

奥《おく》より民部《みんぶ》、玄蕃《げんば》出《で》る。

玄蕃　あわただしい。両人《りょうにん》を呼《よ》んで何事《なにごと》じゃ。

侍　イエモウ、大《おお》きなことが出来《でき》ましてござりまする。

民部　気遣《きづか》わしい、何《なに》ごとじゃ、早《はや》く申せ、何ごとじゃ。

侍　只今百姓体《ただいまひやくしようてい》の賤《いや》しい者《もの》が、お玄関《げんかん》へ参《まい》りまして、若殿春風《わかとのはるかぜ》さまに、直《じき》にお目《め》にかかって用《よう》があると申して、のさのさ奥《おく》へ踏《ふ》み込《こ》みまするゆえ、当番《とうばん》の侍どもが居《い》ましてござりますれども、なかなか※強勢者《ごうせいもの》で、張《は》り倒《たお》し突《つ》き倒《たお》し、もうこれへ参《まい》りまするようにござりまする。

民部　不調法千万《ぶちようほうせんばん》な。何程強勢《なにほどごうせい》なればとて、留《と》めぬということがあるものか。早《はや》く追《お》い戻《もど》せ早《はや》く追《お》い戻《もど》せ。

侍　斯《こ》う申すうちに、アレアレ、これへ参《まい》りまする。

弾正　又化物《またばけもの》が湧《わ》き出《で》るそうな。油断《ゆだん》のならぬ屋敷《やしき》じゃ。

ト眉《まゆ》を濡《ぬ》らして思入《おもいい》れ。爰《ここ》へ花道《はなみち》より侍大勢《おおぜい》押《お》し出《だ》され、*9小原《おはら》の万兵衛《まんべえ》、百姓の形《なり》、手拭《てぬぐい》鉢巻《はちまき》して大肌脱《おおはだぬ》ぎ、侍を押《お》し退《の》け突《つ》き退《の》け出《で》る。

万兵　なんぼうおぬしたちが留《と》めても、留《と》まる男《おとこ》じゃない。※天満天神住吉大明神《てんまてんじんすみよしだいみようじん》がお留《と》めやっても、春風《はるかぜ》どのに逢《あ》わにゃならぬ。サア、退《の》いた退いた。

ト突《つ》き退《の》けながら本舞台《ほんぶたい》へ来《く》る。侍「御前《ごぜん》じゃ、退《さが》れ退れ」と言《い》いながら押《お》され来《く》る。万兵衛本舞台《まんべえほんぶたい》へ来《きた》り、

貴様達《きさまたち》とのせり合《あ》いによって腹《はら》がすいた、先《ま》ず兵糧《ひょうろう》を遣《つこ》うて、

ト※舞台先《ぶたいさき》の真中《まんなか》へ大胡坐《おおあぐら》をかき、どっかと坐《すわ》る。

このお館《やかた》の息子《むすこ》春風《はるかぜ》どのにお目《め》にかかろう。春風《はるかぜ》どの、出《で》さっしゃれ出《で》さっしゃれ。マア、※腹《はら》でも丈夫《じょうぶ》にして。

ト腰《こし》より※打《うち》がえを出《だ》し、行李《こうり》を出《だ》して飯《めし》を喰《く》い喰《く》い、

春風《はるかぜ》どの、出《で》やらぬかいの出《で》やらぬかいの。借銭乞《しゃくせんこ》いの言訳《いいわけ》するように、古《ふる》い格《かく》で留守《るす》を使《つか》うまいぞ。サア、出《で》やいの出《で》やいの。(トやかましく言《い》う。)

○**下座**　舞台下手の方。(観客席より向って左方)○**強勢者**　勢い強い者。すばらしく勢いのいい奴。＊**9**特殊の人物を舞台に点出するに、先きに花道へ大勢の侍が押し出されて、小原の万兵衛が大肌脱ぎで出て来る。人物の点出法として、極めて効果的である。ここもその一例である。○**天満天神住吉大明神**　大阪にある天満の北野天神や住吉の住吉神社。由緒のある神々様がお留めなさっても、承知はせぬというのである。○**舞台先の真中**　舞台先は舞台の前方、見物席に近い所をいう。舞台端〔ぶたいばな〕ともいう。つまり舞台の中央部の前方をいう。○**腹でも丈夫にして**　腹ごしらえをしなければならない。○**打がえ**　打飼袋の略。狩の時犬や鷹の餌を入れる袋で、腰に纏いつける。転用して、すべて種々のものを入れて腰につける袋を称し、胴巻の如き袋をもうちがいという。

民部　待《ま》とう。見《み》ればはるか賤《いや》しい下郎《げろう》じゃが、若殿《わかとの》に軽々《かるがる》しい、お目《め》にかかろう出《で》

やれのと、緩怠千万《かんたいせんばん》な。酒《さけ》の酔《よ》いか狂人《きょうじん》か。出《で》て失《う》せ居《お》ろう。この上《うえ》に狼藉《ろうぜき》すると、手《て》は見《み》せぬぞ。

万兵　ハハハハハ、あんまり叱《しか》って貰《もら》うまい。若殿《わかとの》でも、夜《よる》の殿《との》でも逢《お》うて用《よう》があるから来たのじゃ。滅多《めった》に叱《しか》り立《だ》てして、後《あと》であやまるな。侍《さむらい》がつくぼうて、三拝《ぱい》するは見苦《みぐる》しいものでえす。すっ込《こ》んでお居《い》やれいの。春風《はるかぜ》どのはどうだな、出《で》ぬか、惣領《そうりょう》どの、イヤ春風《はるかぜ》どの、※うんつく太郎《たろう》どのへお目《め》にかかりたい。イヤ、逢《あ》いたいわいの。

民部　イヤ、推参《すいさん》な下郎《げろう》めが。出《で》て失《う》せぬか。

ト反《そ》りを打《う》つ。玄蕃《げんば》留《と》めて、

玄蕃　民部殿《みんぶどの》、お待《ま》ちやれ。めったに叱《しか》るまい、いずれも。若殿《わかとの》に逢《あ》う筋《すじ》があればこそ、歴々《れきれき》の屋敷《やしき》へ踏《ふ》み込《こ》んで、最前《さいぜん》からの体《てい》。あれが言《い》う通《とお》り、ひょっと後《あと》で、※こちとがあやまりになるまいものでもない。一通《ひととお》り様子《ようす》を聞《き》いて、その上《うえ》でのことサ。コリャそこな男《おとこ》、そちゃ元来何者《がんらいなにもの》じゃ。どういう仔細《しさい》で春風《はるかぜ》どのに、直《じき》に逢《あ》いたいと言《い》うぞ。

万兵　其許《そこもと》のように下《した》から出《で》さっしゃれば、如何《いか》にもおれが名《な》も所《ところ》も名乗《なの》り申すじゃ。あのお侍《さむらい》どののように※叱《しか》ったてて、びくりとも動《うご》く男ではない。おれが名《な》を聞《き》きたくば言《い》うて聞《き》かそう。おれはこのお屋敷《やしき》に腰元奉公《こしもとぼうこう》を勤《つと》めて居《い》た、小磯《こいそ》という者《もの》の兄《あに》、小原《おはら》の万兵衛《まんぺえ》という者《もの》でえす。村《むら》でもちっと※口《くち》を利《き》く百姓《しょう》でえす。

ト この時《とき》、弾正《だんじょうの》延び上《あが》り、万兵衛《まんぺえ》を見《み》て思入《おもいい》れ。

斯《こ》う言《い》うからは、もう春風《はるかぜ》どのが合点《がてん》であろう。サア春風《はるかぜ》どの、出《で》やっしゃれ。※手《て》の悪《わる》い、留守《るす》遣《つか》うのか。どうするのじゃなア。

民部　小磯《こいそ》が兄《あに》といえば、この方《ほう》の家来《けらい》も同然《どうぜん》。いよいよ慮外《りょがい》な奴《やつ》め、侍《さむらい》ども、こいつ引《ひ》っ立《た》てい。

侍　立《た》とう。

ト 寄《よ》ろうとする所《ところ》を、奥《おく》より春風《はるかぜ》出《で》る。後《あと》より数馬《かずま》、秀太郎《ひでたろう》、上下《かみしも》にて附《つ》いて出《で》る。

春風　侍《さむらい》ども、必《かなら》ず※聊爾《りょうじ》すな。民部《みんぶ》、控《ひか》えめされい。

民部　これは※はしたない。お前《まえ》の出《で》なさるる儀《ぎ》ではござりませぬ。サア、奥《おく》へお出《い》でなされませい。にっくい奴《やつ》め。

春風　※よいてや。小磯《こいそ》が兄《あに》といえば、如何《いか》にもおれが密《ひそ》かに逢《お》うて言《い》うことがある。幸《さいわ》いじゃ、必《かなら》ず叱《しか》るまいぞ。

民部　ハア。（ト控《ひか》える。）

玄蕃　イカサマ、こりゃ直《じき》にお逢《あ》いなされねば済《す》みそもない。どうやら縺《もつ》れ廻《まわ》ったような詮索《せんさく》であるぞ。

ト春風《はるかぜ》、万兵衛《まんぺえ》が前に坐り、

春風　さてはそちが小磯《こいそ》の兄《あに》、小原《おはら》の万兵衛《まんぺえ》じゃな。ハテ、よく来《き》たなア。如何《いか》にもおれに逢《あ》いたいこともあろう。おれも又《また》ちとそちに逢《あ》いたいことがある。マア聞《※き》こうは、小磯《こいそ》は息災《そくさい》か。

万兵　何《なん》じゃ、息災《そくさい》か。ここな、春風《はるかぜ》の人殺《ひとごろ》しめ。

春風　ヤア、なんと。

万兵　こなたは人殺《ひとごろ》しじゃわいの。

数馬　イヤ、推参《すいさん》なやつの。大切《たいせつ》の若殿《わかとの》を人殺《ひとごろ》しとは。

○**うんつく太郎どの**　ぼんやり惣領どの。うっかり長男どの。○**こちと**　此方人。われわれ。自分たち。○**叱ったてて**　叱ったとて。関西特有の言い方である。○**口を利く百姓**　はばのきく百姓。理窟をただして解決する百姓。○**手の悪い**　「手」は碁や将棋の「手」に同じ。やり方の悪い。○**聊爾すな**　軽々しい振舞をするな。乱暴するな。○**はしたない**　とんでもない。不都合です。○**よいてや**　よいということさ。○**聞こうは**　聞きますがね。聞きたいのは。

秀太　最前《さいぜん》からの狼藉《ろうぜき》、見逃《みのが》しにはなりますまい、数馬《かずま》どの。

数馬　秀太郎《ひでたろう》どの。
両人　引《ひ》っ立《た》てましょう。（ト立《た》とうとする。）
春風　こりゃ両人《りようにん》、必《かなら》ず聊爾《りようじ》するな。
両人　でも、余《あま》りと申せば過言《かごん》を申しまする。
春風　おれが静《しず》まれと言《い》うに、静《しず》まらぬか。
両人　ハア。（ト静《しず》まる。）
春風　なんと言《い》うぞ、春風《はるかぜ》が人殺《ひとごろ》しじゃと言《い》うか。
万兵　オオサ、こなたは人殺《ひとごろ》しじゃ。
春風　そりゃ、どういうことで人殺《ひとごろ》しじゃ。
万兵　死《し》にましたわいの。
春風　死《し》んだとは誰《た》れが。
万兵　妹《いもうと》小磯《こいそ》が。
春風　ヤア、小磯《こいそ》が死《し》んだ。
万兵　くたばった。くたばってしもうた。
春風　あの小磯《こいそ》が。ハアア、可愛《かわい》やなア。そりゃ又《また》どうして死《し》んだ。
万兵　どうしてとは、こなたが殺《ころ》した。そこでこなたは人殺《ひとごろ》しじゃわいのう。

春風　こりゃこりゃ、粗相《そそう》なこと言《い》うな。どうしておれが小磯《こいそ》を殺《ころ》すもので。

万兵　なんぼう隠《かく》しても、もう逃《のが》れぬ。こなたが小磯《こいそ》を殺《ころ》したわいの。

民部　イヤ、様々《さまざま》のことを吐《ぬ》かし居《お》る。いよいよこいつ乱気者《らんきもの》に極《きわ》まった。ソレ、侍《さむらい》ども、引《ひ》っ立《た》てい。

ト侍《さむらい》かかろうとする。

玄蕃　侍《さむらい》ども、※指《ゆび》でもつけな。民部《みんぶ》、先刻《さっき》にから滅多《めった》にこの男《おとこ》を叱《しか》りめさるが、まだ白《しろ》とも黒《くろ》とも理窟《りくつ》の知《し》れぬうちに、狼藉者《ろうぜきもの》じゃの乱気《らんき》じゃのと粗忽千万《そこつせんばん》、控《ひか》えめされ。万兵衛《まんべえ》とやら、わりゃ男気《おとこぎ》で面白《おもしろ》い物《もの》の言《い》いようじゃ。※沙汰《さた》はないこと。この御家中《ごかちゅう》で耳の明《あ》いて聞《き》き分《わ》ける人間《にんげん》はおれ一人《ひとり》。爰《ここ》に居合《いあわ》せてそちが仕合《しあわ》せ。おれが聞《き》いてくりょう。して妹《いもうと》は、どういう仔細《しさい》で死《し》んだ。

万兵　お前《まえ》さまのように、事《こと》を分《わ》けて聞《き》いて下《くだ》されば申します。コレ春風《はるかぜ》どの、よう聞《き》かっしゃれ。おれが妹《いもうと》は一年《ねん》一両《りょう》二分《ぶ》の給金《きゅうきん》で、こなたの妹御《いもうとご》の所《ところ》へ腰元《こしもと》奉公《ぼうこう》にこそ住《す》みましたれ、こなたの妾《めかけ》には住《す》みやせぬぞや。又妾《まためかけ》に住《すま》すなら、※牛《うし》の寝《ね》たほど金《かね》を取《と》って、※高津新地《こうづしんち》で馬乗場《うまのりば》ほどな屋敷《やしき》を買《こ》うて、親子兄弟が寝て暮すわいの。そんなむさい性根《しょうね》を持つ万兵衛《まんぺえ》でない。ろくろくに合点《がてん》もさせず妹《いもうと》を、こなたはなぜつまんだ。こなた、なぜ盗《ぬす》み喰《ぐ》いしたぞいの。

春風　コレコレ、声《こえ》が高《たか》い、人《ひと》が聞《き》く。サア、それは知《し》れてあることじゃ。静《しず》かに言《い》うてたも静《しず》かに言《い》うてたも。

万兵　イヤ大《おお》きな声《こえ》して言《い》う。人《ひと》が聞《き》こうが誰《だ》れが聞《き》こうが、そこに※頓着《とんじゃく》はない。言《い》うことは言《い》わにゃ置《お》かぬ男《おとこ》でえすじゃ。

○**指でもつけな**　指でも触るな。ちょっとでも乱暴してはいけない。○**沙汰はないこと**　世間に取沙汰してくれるな。世間の噂にはせぬように。○**牛の寝たほど金を取って**　牛はどっさりと落付いて寝る。どっさりと沢山の金を貰って。○**高津新地**　大阪高津の新地。遊廓あり、別荘地でもある。その高津新地に馬乗場程の広い土地を買って貰うというのである。○**頓着はない**　遠慮はない。

玄蕃　そうじゃ。男《おとこ》という者《もの》は、言《い》いにくい場所《ばしょ》を、さっぱりと言《い》うて退《の》けるが男じゃ。聞《き》き手《て》はこの玄蕃《げんば》じゃ。遠慮《えんりょ》なしに、なんなりともツカツカ言《い》え。

万兵　どうでもお前《まえ》さまは、よいお人《ひと》じゃ。言《い》うて見《み》ましょう。可愛《かわい》そうに妹《いもうと》めが、いやがるものを主《しゅう》の威光《いこう》で、叱《しか》ったり脅《おど》したりして、※無理矢理《むりやり》三宝《ぼう》に押《お》しつけ業《わざ》が、積《つも》り積《つも》りて因果《いんが》なことには、妹《いもうと》めが腹《はら》はぽてれん。サア、こなたの心《こころ》に覚《おぼ》えがあろう。情《なさけ》をかけて、せめて館《やかた》で目出度《めでと》う産《う》み落《おと》させ、末々《すえずえ》には奥様《おくさま》にでも据《す》えることとか、慰《なぐさ》みたい時《とき》は慰《なぐさ》んでおいて、お腹《※なか》に言分《いいぶん》が出来《でき》たりや、僅《わず》かなことを越度《おちど》に言《い》い立《た》て、暇出《ひまだ》しやったぞや。なんとこれが侍《さむらい》の身持《みも》ちでえすか。ソリャ侍《さむらい》でも何《なん》でもない。おれが前《まえ》へ言訳して見やれ。

ト小磯《こいそ》を殺《ころ》して盗《ぬす》み取《と》った書付《かきつけ》を出《だ》し、*10

懐胎《かいたい》のうちは介抱《かいほう》を頼《たの》む、見捨《みす》てはせぬと、こなたの直筆《じきひつ》で書《か》いておこしゃったこの書付《かきつけ》、これが物言《ものい》う。見捨《みす》てまいと言《い》うておこしゃってから、※合力《ごうりょく》のことはさて措《お》いて、今日《きょう》が日《ひ》まで※むしのこ一疋《ぴき》見舞《みま》いにはこぬぞや。

春風　サア、それには段々《だんだん》。

万兵　イヤ、言訳《いいわけ》よしにしてもらおう。※口車《くちぐるま》に乗《の》るような万兵衛《まんぺえ》じゃござらぬ。それでもあいつが可愛《かわい》さに、随分《ずいぶん》と介抱《かいほう》して、朝晩《あさばん》の喰《く》い物《もの》にも気《き》をつけ、苦労《くろう》した。聞《き》いておくりゃれ、鰹節《かつぶし》の代《だい》と※鱚《きす》の乾物代《ひものだい》が六※貫目《かんめ》余《あま》り入《い》った。それ程《ほど》にまで介抱《かいほう》した所《ところ》を、あいつが因果《いんが》の※つくばいに、今月《こんげつ》十三日《にち》の日《ひ》に、虫気《むしけ》がついて※綱《つな》にかかり居《お》った。※産月《うみづき》がたらぬかと思《おも》いながら、ヤレ、医者《いしゃ》よ、薬《くすり》よ祈禱《きとう》のと、※手足《てあし》を擂《す》り粉木《こぎ》にして駈廻《かけまわ》って、取上《とりあ》げ婆《ばば》さえ取《と》り替《か》え引《ひ》っ替《か》え、凡《およ》そ百※三十五人《にん》かけたれども、よくよくあいつが因果《いんが》のつくばいやら、それはそれは難産《なんざん》で、三日三夜《みっかみよ》さ綱《つな》にかかって苦《くる》しんで、産《う》み落《お》とさずくたばった。その苦《くる》しんで居《い》るうちに、妹《いもうと》めが言《い》い居《お》るは、斯《こ》う懐胎《かいたい》の身《み》にならずば死《し》にはせまいもの。わしが嫌《いや》じゃ嫌《いや》じゃと言《い》うものを、無理矢理《むりやり》にこうした身《み》にしておいて、一度《ど》の問《と》い音信《おとずれ》もせず、男《おとこ》めはのめのめと楽《たのし》んで居《お》り、恨《うら》めしい春風《はるかぜ》さん、聞《きこ》えぬというは若殿《わかとの》、わしが敵《かたき》というは小《お》野春風《ののはるかぜ》さんじゃ、必《かなら》ず必《かなら》ず敵《かたき》を取《と》って下《くだ》さんせ、アア苦《くる》しや、堪《た》え難《がた》やと、身《み》をもがいて、足掻死《あがきじに》に死《し》に居《お》った。その時《とき》の有《あり》さまを、思《おも》えば思《おも》えば可愛《かわゆ》うて可愛《かわゆ》うて、惨《むご》たらしいことをしたわいのう。（ト大泣《おおな》き。）

民部　ホイ。（ト俯向《うつむ》く。）

○**無理矢理三宝**　むりやりに。三宝は仏・法・僧に冥護を乞うなどの意ではなく、ただ語調を強めるために付けただけ。南無三宝の場合と等しい。○**お腹に言分…**　お腹にとやかく言うべきこと、異状が起ったらば、即ち妊娠したという意味。＊10万兵衛が小磯を殺す場面が、稿下当時には、この幕よりも以前に演ぜられたのであろう。が現在伝存本には、そういう場面は見当らない。もっとも上演上の効果から言うと、小磯を殺す場面はかえってない方がよい。○**おこしゃった**　「おこす」は「送り来る」である。よこした。お与えになった。○**合力**　力を合せること。援助すること。この場合には生活費を補助するをいう。○**むしのこ…**　人間はおろか、虫の子一疋も見舞いに来ない。無沙汰をしていることを強く、罵るように言ったのである。○**口車に乗る**　口先のうまい言い廻しにだまされる。○**鱈の乾物**　鱈のうちでも海に産する白鱈は淡白美味として知られている。背の青い魚は血をあらすと言って産前産後には忌まれていたから、鱈が用いられたものであろうか。○**六貫目**　六貫文目の略で、銭の価。一貫文目は千文、即ち今日の称呼の六銭。後には九百六十文になった。○**つくばい**　語義としては突き這う。うずくまる。また茶室の露地の手水鉢のことをいう。すべて動かなく、停滞する意味であるから、運命の停滞し、尽きたという心持から、こう言ったのであろうか。○**綱にかかる**　地方の習慣に、産をする時、たよりとする為に柱につないだ綱をつかんで、苦痛に耐えるということがあった。特に難産の場合に用いた。それを言う。○**産月がたらぬ**　胎児を産むべき月、臨月には日が足りない。○**手足を擂粉木にして**　手足を擂粉木のように、擂り減らすほどに奔走したという形容。○**百三十五人**　数の多いことを、大袈裟に、語呂の上から百三十五人と言ったにすぎない。

玄蕃　なにさま、こりゃそちが言《い》う通《とお》り、こっちの惣領《そうりょう》どのが殺《ころ》したも同然《どうぜん》じゃ。なるほど違《ちが》いもあるまい、人殺《ひとごろ》しというものじゃ。なんと民部《みんぶ》、これじゃによって、めったに叱《しか》られぬて。

万兵　おれが侍《さむらい》ならば、妹《いもうと》の敵《かたき》じゃ、こなたを真二《まっぷた》つに打放《ぶっぱな》すんじゃが、口惜《くちお》しいわい。そこが※土百姓《どびゃくしょう》のあさましさ。敵討《かたきう》ちは※かなわんかや。※千も万《まん》もない、さっぱりと料簡《りょうけん》づけてやりましょう。

民部　それは忝《かたじけな》い。何《なに》ごとも皆因縁《みないんねん》というものじゃ。この上《うえ》はそちが料簡してくれねばならぬわい。

万兵　そんな所《ところ》に無理《むり》を言《い》う万兵衛《まんぺえ》でもごんせぬ。敵討《かたきう》ちも止《や》めにして、春風《はるかぜ》どのの名《な》も出《だ》すまい、結構《けっこう》な料簡して進《しん》じょう。

春風　それは忝《かたじけな》い。どんな料簡でも聞《き》こう。是非《ぜひ》に及《およ》ばんと思《おも》いあきらめてくれさ。
万兵　料簡というは。
民部　どうじゃぞ。
万兵　妹《いもうと》を返《かえ》して貰《もら》いたい。
春風
民部　ヤア。（トびっくりする。）
万兵　妹《いもうと》さえ戻《もど》して貰《もら》えば、言分《いいぶん》はない程《ほど》に、そう合点《がてん》さっしゃれ。なんと、さっぱりとした料簡でござんしょがの。
民部　アノ死《し》んだ妹《いもうと》を戻《もど》せか。
万兵　春風《はるかぜ》どのが殺《ころ》したからは、春風《はるかぜ》どのの方《ほう》から取《と》り戻《もど》すが、わしが無理《むり》でごんすか。
玄蕃　イカサマ、こりゃ尤《もっと》もな料簡じゃ。
民部　なんのそれが尤《もっと》もな料簡か。なるほど、そう腹《はら》を立《た》ってねだりかけるも、至極《しごく》無理《むり》ではないが、一度死《どし》んだ妹が、どう返《かえ》されるものであろう。ほんのわやくな子《こ》が、ねだるようなもので、二年三年争《ねんねんあらそ》うても、埒《らち》の明《あ》かぬことじゃ。よいよい、この上《うえ》はおれが料簡つきょう。※御用金《ごようきん》を持《も》て。

秀太 ハア。
ト包《つつ》み金財布《がねさいふ》入《い》りを持《も》ち出《で》る。民部《みんぶ》受《う》け取《と》り、百両包《りょうづつ》み二つ取《と》り出《だ》し、万兵衛《まんぺえ》が前へ置き、
民部 若殿《わかとの》にも、さぞ残念《ざんねん》に思《おぼ》し召《め》そうが、生死《しょうじ》の道《みち》は力《ちから》に及《およ》ばぬ。兄妹《きょうだい》の仲《なか》、われもさぞ悲《かな》しかろう。そこは思《おも》い諦《あきら》めてくれたがよい。この金子《きんす》は少々《しょうしょう》ながら、若殿《わかとの》より下《くだ》さるる。百両《りょう》は小磯《こいそ》が未来《みらい》の為《ため》、菩提所《ぼだいしょ》へ寄進《きしん》して、随分後《ずいぶんあと》を懇《ねんご》ろに弔《とむら》うてやれ。又《また》百両《りょう》は其方《そのほう》に下《くだ》さるる、位牌所賑《いはいしょにぎ》やかに取《と》り計《はか》ろうたがよい。この上《うえ》は小磯《こいそ》じゃと思《おも》うて、其方《そのほう》を見捨《みす》てはなさるまい。サア、これを※規模《きぼ》にして帰《かえ》れサ。
万兵 アノ此《こ》の二百両《りょう》で、料簡して帰《かえ》れか。
民部 若殿《わかとの》のお志《こころざし》しじゃ程《ほど》に、早《はよ》う持《も》って帰《かえ》れサ。
万兵 馬鹿《ばか》な侍《さむらい》じゃ、人《ひと》の命《いのち》が銭金《ぜにかね》で買《か》われるものか。フム、そんなら金《かね》をねだりに来《き》たと思《おも》やるか。コレ、万兵衛《まんぺえ》は男《おとこ》でえすわいの。※めくさり金《がね》の百両《りょう》や二百両《りょう》、何《なん》にするものじゃ。そんなことすると気《き》が悪《わる》うなるぞ。サア、千も万《まん》も入《い》らぬ。早《はよ》う妹《いもうと》を返《かえ》して貰《もら》おう。

○土百姓のあさましさ 「土百姓」は百姓を賤しめて言ったまで。百姓という卑しい身分のために、侍に

抗議を申し込むわけに行かない。○**かなわんかや**　かなわないかなア。敵討ちは許されないのか、ああ、という詠嘆の意。○**千も万もない**　（既出）かれこれは言わない。○**わやくな子**　無理を言う子。腕白者。○**御用金**　公用金の意。普通には幕府が国用不足の際、臨時に豪商などに課した金をいうのだが、ここでは主君の御手許金の意である。○**規模**　（既出）面目。条件。○**めくさり金**　めくされ金ともいう。僅かな金を罵って言う語。はしたがね。めくさりぜに。

玄蕃　イカサマ、こりゃ金《かね》ずくじゃ済《す》みそもないものじゃ。

春風　そんなら玄蕃《げんば》、どうぞよい料簡《りようけん》があろうかの。

玄蕃　依怙贔屓《えこひいき》なしに、※正道《しようどう》に申そうなら、こなたの首《くび》を渡《わた》すか、妹《いもうと》を戻《もど》すか、この二つの外《ほか》に料簡はないじゃ、がどうもそうもなるまい。歴々《れきれき》の民部《みんぶ》どのお扱《あつか》いにかかって居《い》やるに、外《ほか》から口《くち》を差《さ》し出《だ》して言《い》おうようもなし、ゆるりとこれにて見《けん》物《ぶつ》いたそう。数馬《かずま》、煙草盆《たばこぼん》持て。

数馬　ハア。

　ト玄蕃《げんば》に煙草盆《たばこぼん》持って出《で》る。玄蕃《げんば》、煙草のみながら、素知《そし》らぬ体《てい》にて居《い》る。弾正延上《だんじようのびあ》がり、玄蕃《げんば》が頭《あたま》を叩《たた》く真似《まね》する。[*11]

秀太　兄《あに》じゃ人《ひと》、あれをお聞《き》きなされたか。なんと料簡《りようけん》ござるまいか。所詮面倒《しよせんめんどう》な。わたくしが御前《ごぜん》を引《ひ》っ立《た》てましょう。（ト立《た》とうとする。）

民部　よいよい、身《み》が思案《しあん》がある。静《しず》まって居《い》ようぞ。（ト又財布《またさいふ》より三百両出《りょうだ》し、）聞けば小磯《こいそ》には阿母《おふくろ》があるげな。それを※はったりと忘《わす》れた。この三百両は、若殿《わかとの》から阿母《おふくろ》へ下《くだ》さるる、寺詣《てらまい》り金《きん》にでもおしゃれ。都合《つごう》五百両《りょう》、この金子《きんす》で料簡して、早《はよ》う帰《かえ》れサ。

ト万兵衛《まんぺえ》、物《もの》も言《い》わず足《あし》にて金《かね》を蹴散《けち》らし、

万兵　とり貝《かい》※かうるめの乾物《ひもの》を買《か》うように、ちびちびとそんなことじゃゆかぬ。五百両《りょう》のはした金《がね》で、小磯《こいそ》が命《いのち》が取《と》り戻《もど》されるか。春風《はるかぜ》の人殺《ひとごろ》し、サア、妹《いもうと》を返《かえ》して貰《もら》おう。（ト喚《わめ》く。）

民部　コレサ、声《こえ》が高《たか》い。奥《おく》にはお勅使《ちょくし》のお入《い》りじゃわい。

春風　親人《おやびと》の耳へはいると、どうもならぬ。料簡して去《い》んでたもいのう。

万兵　勅使《ちょくし》でも杓子《しゃくし》でも、そこらに遠慮《えんりょ》はない。こなたはおれが妹《いもうと》を殺《ころ》したじゃないか。エエ。

ト万兵衛《まんぺえ》、春風《はるかぜ》が面《つら》を殴《は》る。

民部　イヤ、推参《すいさん》な。

ト寄《よ》ろうとする民部《みんぶ》も殴《は》り倒《たお》す。

万兵　こりゃ、どうするのじゃ。妹《いもうと》を殺《ころ》して、まだ足《た》らいで、又《また》おれを殺《ころ》すのか。

それでは小野《おの》の家が立《た》つまいわいのう、サア、殺《ころ》さりょう、殺《ころ》した殺した。
ト大肌脱《おおはだぬ》ぎになり、大胡坐《おおあぐら》かき、
サア、妹《いもうと》を返《かえ》すか、おれを殺《ころ》すか、どうするのじゃ。

○正道 正しき道、正直に言えば。＊11条寺弾正を洒落な人物にしてある。見物の心持を代表するが如き意味合において、弾正に玄蕃の頭をたたく真似をせしめる。**○はったり** はたと。すっかり。**○とり貝** 肉が鳥の形に似ているので、こういう。正円形の貝で、表面に放射状の隆起があり、帯黄白色。又うるしがいともいう。**○うるめ** うるめいわしの略。脂少く味は淡白で、乾物にすることが多い。安価なもの。

民部　サア、全《まった》くそういうことではない。そう高声《たかごえ》を出《だ》されては。
万兵　エエ、面倒《めんどう》な侍《さむらい》じゃ。（ト民部《みんぶ》を蹴《け》のめす。）
秀太　イヤ、推参《すいさん》な。兄《あに》じゃ人《ひと》をなんとする。
ト押取《※おっと》り刀《がたな》にて立《た》とうとする。
玄蕃　こりゃ秀太郎《ひでたろう》、あの男《おこと》に指《ゆび》でもさすと、小野《おの》のお家《いえ》が立《た》たぬぞ。皆《みな》※惣領《そうりよう》のうんつく太郎《たろう》どのゆえじゃ。大事《だいじ》のお家の名の出ること、民部《みんぶ》、控《ひか》えて居《い》やれ。
春風　サア、それじゃによって、何分《なにぶん》にも料簡《りようけん》して、早《はよ》う戻《もど》ってたもいのう。サア、料簡してたもいのう。

ト万兵衛《まんべえ》が側《そば》へ寄《よ》る。万兵衛、春風《はるかぜ》を突《つ》き倒《たお》し、

万兵　そんな甘口《※あまくち》なことじゃゆかぬ。妹《いもうと》を返《かえ》しや返《かえ》しや。

民部　エエ、声《こえ》が高《たか》いと奥《おく》へ聞《きこ》える。困《こま》った奴《やつ》じゃ。

ト頭《あたま》かきかき、うろうろする。此《この》うち弾正《だんじょう》、始終《しじゅう》とくと聞いて、こなしある。

弾正　もうし、最前《さいぜん》からこれで聞《き》いて居《お》れば、つい埒《らち》の明《あ》きそうな扱《あつか》いに、いこうお困《こま》りそうに見《み》えまする。どうやら差《さ》し出《で》がましゅうはござれども、申さば一家《け》の家《け》来《らい》の拙者《せっしゃ》、御家来《ごけらい》も同然《どうぜん》、不調法乍《ぶちょうほうなが》らちっと料簡《りょうけん》いたして見《み》ましょうかな。

民部　それは忝《かたじけの》う存《ぞん》じまする。愚昧《ぐまい》のわれわれが料簡には及《およ》びませぬ。どうぞ御思《ごし》案頼《あんたの》み存《ぞん》じまする。

玄蕃　入《い》らぬお世話《せわ》。詮議《せんぎ》してよければ、身《み》ども罷《まか》り在《あ》る。どう扱《あつこ》うても万兵衛《まんべえ》が尤《もっと》も。それを下手《へた》な扱《あつか》いを入《い》れて、しまいが附《つ》かずば、御自分《ごじぶん》の体《からだ》はどう納《おさ》め召《め》さるる。

弾正　両腰《※りょうこし》は伊達《だて》には差《さ》しませぬ。御自分様《ごじぶんさま》が左様《さよう》おっしゃれば、扱《あつか》い致《いた》すにいこう花《はな》が咲《さ》いて、面白《おもしろ》うござりまする。ハテ、もし扱《あつか》い損《そこ》のうたらば、春風公《はるかぜこう》の御名代《ごみょうだい》に、切腹《せっぷく》いたすまでのことサ。然《しか》らばあれへ参《まい》りましょうか。

民部　御苦労《ごくろう》ながら。

玄蕃　さらば、弾正《だんじょう》どののお捌《さば》き、これで見物《けんぶつ》いたそう。

トこのうち弾正《だんじょう》、つッと立《た》って、万兵衛《まんぺえ》が前へ坐る。

民部　して、御思案《ごしあん》とはな。

弾正　思案と申して、別儀《べつぎ》もござらぬ。ヤイ、万兵衛《まんぺえ》とやら、憎《にく》い奴《やつ》だ。最前《さいぜん》から若《わか》殿《との》へ対《たい》しての過言《かごん》、民部《みんぶ》どのへ向《むこ》うての※慮外《りょがい》、許《ゆる》されぬ奴《やつ》なれども、申さば妹を殺《ころ》された愁傷《しゅうしょう》、一通《ひととお》り聞《き》き所《どころ》あればこそ、そこに免《めん》じて身《み》どもが料簡《りょうけん》つけてくりょう。そちが妹に、お歴々《れきれき》のお手《て》がかかって懐胎《かいたい》したというは、そちたちが身《み》では、近頃《ちかごろ》※冥加《みょうが》にかのうたというもの。お上《かみ》から下《くだ》さるこの五百両《りょう》、結構《けっこう》なことじゃと思《おも》うて、早《はや》く帰《かえ》れ帰《かえ》れ。

万兵　お侍様《さむらいさま》、お前《まえ》はいこう※しかつべらしゅう出《で》さっしゃりましたが、人《ひと》の命《いのち》が銭《ぜに》金《かね》で売買《うりかい》がなりまするか、お前《まえ》は売《う》らっしゃりまするか、五百両や千両で妹が命は買われませぬわいの、※あんだらくさい。

ト足《あし》にて金《かね》を蹴《け》る。弾正金《だんじょうかね》を集《あつ》めて、

弾正　そんなら、この金《かね》は入《い》らぬの。スリャ、妹を戻《もど》しさえすれば言分《いいぶん》はないな。ハテよいわ、妹《いもうと》を戻《もど》してくりょうわ。

万兵　サア受《う》け取《と》りましょう。今《いま》ここで戻《もど》して貰《もら》いましょう。

弾正　なるほど戻《もど》してくりょう。

春風　コレ弾正《だんじょう》、死《し》んだ者《もの》が、どうして戻《もど》るものじゃ。

弾正　ハテサテ、苦労《くろう》なされまするな。

万兵　面白《おもしろ》うなって来《き》た。早《はよ》う妹を受け取ろう。

弾正　渡《わた》そうとも渡《わた》そうとも。若侍《わかざむらい》たち、料紙《りょうし》を持《も》たっしゃれ。

ト数馬《かずま》、硯箱《すずりばこ》を持《も》ち出《で》て、弾正《だんじょう》が前に置く。

○**押取り刀**　（既出）押し取り刀の急呼。いそいで刀を手に取ること。○**惣領のうんつく太郎**　惣領は嫡子、長男。「うんつく」は「ぼんやり者」、「うっかり者」、「ばか者」。○**甘口**　いい加減なこと。手ぬるいこと。○**両腰は…**　「両腰」は大小の二つの刀。刀と脇差と。両刀。「伊達」はだてだてしきの下略で、侠気の義にも用うるが、ここでは「見栄をかざる」をいう。大小はただ見栄にさしているのではない、人を斬るため、また切腹するためだ。○**慮外**　ぶしつけ。無礼。○**冥加にかのうたというもの**　「冥加」とは目に見えぬ神仏の加護をいうので、その冥加を受けることができたというものだ。滅多にない幸いをうけたというもの。有難いことだ。○**しかつべらしゅう**　（既出）しかつめらしゅうともいう。「然りつべくあらし」の略。もっともらしく、ものものしく。○**あんだらくさい**　（既出）京阪の方言。あほたらの訛。あほたらは阿房太郎で、おろかなこと、ばかげたことにいう。

万兵　料紙《※りょうし》も猟人《かりゅうど》も入《い》らん。妹を受け取るぞ受け取るぞ受け取るぞ。

春風　弾正《だんじょう》、こりゃ、どうすることじゃぞいの。
民部　イヤ弾正《だんじょう》どの、そりゃ何《なに》ごとでござる。あの死《し》んでしもうた妹が、どうして戻《もど》るものでござるぞえ。そこを御自分様《ごじぶんさま》が、小磯《こいそ》を戻《もど》そうとおっしゃるには、なんぞ仔細《しさい》でもござるかな。
弾正　なんであろうと、※拙者次第《せっしゃしだい》になされませい。
ト言《い》い言《い》い筆《ふで》を取《と》り、さらさらと書く。
玄蕃　アア、これでお使者《ししゃ》の智恵袋《ちえぶくろ》が知《し》れた。どうやらこれも本気《ほんき》ではなさそうな。これで文屋《ぶんや》の家《いえ》の※束《たば》ねも高《たか》が知《し》れた。※目《め》の寄《よ》る所《とこ》へは玉《たま》も寄《よ》る。※しまいの納《おさ》めを見《けん》物《ぶつ》いたそうか。
ト煙草盆《たばこぼん》を控《ひか》える。弾正書《だんじょうか》きしまい、万兵衛《まんぺえ》に向《むか》い、
弾正　如何《いか》にも今《いま》妹を戻《もど》しは戻《もど》そうが、一度《ど》死《し》んだ妹《いもうと》じゃによって、この世《よ》には居《い》ぬワ。産婦《さんぷ》で死《し》んだれば※血《ち》の池地獄《いけじごく》に居《お》るであろう。地獄《じごく》から呼《よ》び帰《かえ》して、われに渡《わた》そう。これが即《すなわ》ち地獄《じごく》への手紙《てがみ》。これを読《よ》んで見《み》よ。
ト万兵衛《まんぺえ》に差《さ》しつける。万兵衛、合点《がてん》のゆかぬ思入《おもいい》れあり、状《じょう》を取《と》る。民部《みんぶ》、春風《はるかぜ》、合《が》点《てん》のゆかぬ思入れ。万兵衛文《ふみ》を披《ひら》き読《よ》む。
万兵　「口上書《こうじょうがき》の事《こと》、一《ひとつ》、小原《おはら》の万兵衛《まんぺえ》妹《いもうと》小磯《こいそ》と申す者、急用御座候《ござそうろう》うまま、再《ふたた》び

甦《よみがえ》らせて此《こ》の者《もの》と一緒《しょ》に娑婆《しゃば》へお帰《かえ》し下《くだ》さるべく候《そうろう》。恐惶謹言《きょうこうきんげん》。閻魔大王様《えんまだいおうさま》、御披露《ごひろう》、急用神《きゅうようかみ》の御中《おんちゅう》、粂寺弾正判《くめでらだんじょうはん》。」

ト読《よ》みしまい、玄蕃《げんば》と顔見合《かおみあわ》せ思入《おもいいれ》。

弾正　何《なん》と、読《よ》んで見《み》たか、その手紙《てがみ》をやると、妹は早速娑婆《さっそくしゃば》へ戻《もど》る。閻魔大王《えんまだいおう》とおれとは兄弟同然《きょうだいどうぜん》に心安《こころやす》い仲《なか》じゃが、一つ困《こま》ったことがある。この文《ふみ》を持《も》たして地獄《じごく》へ遣《や》る者《もの》がない。幸《さいわ》いじゃ、われがこの文《ふみ》を地獄《じごく》へ持《も》って行《い》て、妹《いもうと》を同道《どうどう》して戻《もど》れサ。

万兵　エエ。（ト気味悪《きみわる》がるこなし。）

弾正　ハテサテ、代人《だいにん》を遣《や》ろうよりは、同胞《きょうだい》の其方《そのほう》が迎《むか》いに行《い》たら、妹《いもうと》もさぞ悦《よろこ》ぶであろう。最前《さいぜん》から大金《たいきん》を下《くだ》されても、金にも目がくれず、兎角《とかく》妹を戻《もど》せ戻《もど》せと理《り》窟張《くつば》るわれを迎《むか》いにやる。閻魔大王《えんまだいおう》が方《かた》へ、おれが手紙《てがみ》をやることは、めったなことではやらぬ。あんまり其方《そのほう》が志《こころざ》しが殊勝《しゅしょう》だから、言《い》い難《にく》い無心《むしん》を言《い》うてやるのじゃ。これから直《すぐ》に行《い》け、行《い》ったら閻魔《えんま》にも言伝《ことづて》してくれい、替《かわ》ることもござらぬか、粂寺弾正息災《くめでらだんじょうそくさい》で居《お》りまするよ。地獄《じごく》へ行《ゆ》く路銀《ろぎん》をくりょう。したが、地獄道中《じごくどうちゅう》は銀《ぎん》や金《きん》は通用《つうよう》せぬぞ。銭《ぜに》がよい。そういうて多《おお》くも入《い》らぬ。たった六文《もん》※あればつい行《ゆ》かれる程《ほど》に、コレ、この手紙《てがみ》を持《も》って、早《はや》く地獄《じごく》へ迎《むか》いに行《ゆ》け。

ト万兵衛《まんぺえ》、気味《きみ》の悪《わる》い思入《おもいいれ》して、じりじりと後退《あとじさ》りながら、玄蕃《げんば》と顔見《かおみ》合《あわ》せる、玄蕃《げんば》早く逃げよと顔にて教《おし》える思入《おもいい》れ。

サア、どうじゃ。支度《したく》して早《はや》く地獄《じごく》へ旅立《たびだ》ちせぬか。

○料紙も猟人も入らん　料紙（所用の紙）は無用だと言ったまでだが、語呂の上から猟師を連想して猟人も入らぬと、洒落て続けたのである。**○拙者次第に**　私委せに。私のするがままに。**○束ねも高が知れた**　文屋家を取締る人、即ち弾正の才智の程度が分かった。大したものではない。**○目の寄る所へは玉も寄る**　諺。同類相集まる譬えにいう。馬鹿殿の味方には馬鹿な人が加わるという意味。**○しまいの納め**　終いの納まり。最後の結果。**○血の池地獄**　仏教に説く、地獄にある血を湛えた池をいう。産婦で死んだ、血の道で死んだという所にかけて、血の池と言ったのである。**○六文あれば**　死者を葬むる時に銭六文を入れる風習が仏教にあって、古く中国から伝わった。それで六文と言ったのである。

民部　イカサマ、こりゃ御尤《ごもっと》もな料簡《りょうけん》でござる。

万兵　そりゃ妹を迎《むか》いに参《まい》るまいものでもござりませぬが、惣体《そうたい》ちょっと京《きょう》や大阪《おおさか》へ参《まい》るのにさえ、※日《ひ》柄《がら》を選《えら》んで旅立《たびだ》ちするじゃござりませぬか。何《なに》がはるばる遠《とお》い冥《めい》土《ど》の旅《たび》へ赴《おもむ》きますること、※町所《ちょうところ》へ黙《だま》っても参《まい》られませぬ。庄屋《しょうや》どのへも暇乞《いとまご》いいたして参《まい》りましょう。

玄蕃　それもそうじゃ。町所《ちょうところ》へ黙《だま》って旅立《たびだ》ちはなるまい。早《はよ》う帰《かえ》って、所《ところ》の役人《やくにん》にも相談《そうだん》いたせ。早《はよ》う行《ゆ》け早《はよ》う行《ゆ》け。
万兵　左様《さよう》でござりまする。マア、ちょっと去《い》んで参《まい》りましょう。
ト立《た》とうとする。弾正《だんじょう》、万兵衛《まんぺえ》の腕《うで》を取《と》り、引《ひ》き据《す》え、
弾正　それじゃ、われ、口《くち》が違《ちが》うぞよ。たった今《いま》この場《ば》で、妹を受け取ろうとねだったではないか。言《い》う通《とお》りたった今《いま》、妹《いもうと》を戻《もど》してくりょう程《ほど》に、この座《ざ》から直《す》ぐに旅立《たびだ》ちをし居《お》ろう。
ト万兵衛《まんぺえ》、尻込《しりご》みして頭《あたま》を掻《か》き掻《か》き、
万兵　そりゃ、あんまり急《きゅう》にござります。※わらんじも逆様《さかさま》に穿《は》かねばならず、※頭陀袋《ずだぶくろ》も縫《ぬ》わねばならず、何《なに》もかも支度《したく》せねばなりませぬ。どうじゃあろうとわたくしは、マア、お暇《いとま》申しましょう。
ト立《た》つ。弾正《だんじょう》※しかしかと附《つ》いて廻《まわ》る。玄蕃《げんば》、目配《めくば》せして、
玄蕃　早《はや》く支度《したく》に行《ゆ》け。
万兵　お暇《いとま》申しまする。
ト駆《か》け出《だ》す所《ところ》を、弾正《だんじょう》※抜《ぬ》き打《う》ちに切倒《きりたお》し、止《とど》めを刺《さ》し、万兵衛《まんぺえ》が小袖《こそで》にて血《ち》を拭《ぬぐ》い、静《しず》かに鞘《さや》へ納《おさ》め、衣裳《いしょう》を繕《つくろ》い、下《した》に居《い》る。皆々《みなみな》、ハッと肝《きも》を潰《つぶ》す思入《おもいいれ》。

○日柄　その日の吉凶。ただしよい日柄の方に特に用いる。**○町所へ…**　町所は自分の住んでいる町名、番地であるが、町年寄の詰めている町の事務所、会所のことをも指している。遠方へ行く時には一々断り、許可を受ける必要があった。**○わらんじも逆様に穿く**　死装束は逆のことが多い。着物を左前にしたり、屏風を逆さに立てたり、枕を北にしたりする。これもその一つで、草鞋も逆に穿かせる。**○頭陀袋**　修行の為に食を乞いながら諸所を旅行する僧が、雑具を入れて首にかける袋だが、ここでは死人を葬る時、その頭にかける袋である。**○しかしかと附いて廻る**　厳重に附いて廻る。逃げようとしても逃がさぬように附いて廻る。**○抜き打ち**　抜くが早いか切りつけるをいう。

玄蕃　弾正《だんじょう》どの、何《なに》ゆえ万兵衛《まんぺえ》を切《き》った。殺《ころ》してよくばお身《み》の手《て》は頼《たの》まぬ、殺《ころ》すことはさて措《お》き、※爪撥《つまはじ》きも当《あ》てられぬ万兵衛《まんぺえ》を。それというも若殿《わかとの》の不行跡《ふぎょうせき》からのこと、奥《おく》にはお勅使《ちょくし》がお入《い》りなされる、大切《たいせつ》な家《いえ》の短冊《たんざく》は紛失《ふんじつ》する、旁々以《かたがたもっ》てお家《いえ》の大事《だいじ》、その中《なか》へ万兵衛《まんぺえ》が最前《さいぜん》からの言分《いいぶん》は、皆彼《みなか》れが道理《どうり》ゆえ、騙《だま》しすかして戻《もど》そうと、身《み》どもがとくと思案《しあん》をして置《お》いたのに、差《さ》し出過《です》ぎて殺《ころ》してしまった。すりや若殿《わかとの》ゆえ小磯兄妹《こいそきょうだい》を殺《ころ》したというもの。たとえ軽《かる》い者《もの》の命《いのち》でも、お上《かみ》の御詮議《ごせんぎ》にかかれば、重《おも》いの軽《かる》いのと命《いのち》に二つの差別《さべつ》はない。よって小磯兄妹《こいそきょうだい》が下手人《げしゅにん》は若殿《わかとの》に極《きわ》まる。こりゃ、手伝《てつだ》いして小野《おの》の家《いえ》を潰《つぶ》すのか。弾正《だんじょう》、なんとじゃ。

春風　たとえ如何程《いかほど》ねだっても、妹《いもうと》が死《し》んだれば、皆万兵衛《みなまんぺえ》が尤《もっと》もじゃ。その万兵《まんぺ》衛《え》を殺《ころ》すとは、弾正《だんじょう》が粗相《そそう》ばっかりじゃない。この春風《はるかぜ》が天命《てんめい》の尽《つ》きたる所《ところ》、エエ是非《ぜひ》に及《およ》ばぬなア。

玄蕃　コレ弾正《だんじょう》どの、落《お》ちつく所《ところ》じゃない。大《おお》きな粗相《そそう》を仕出《しいだ》して、こりゃマア、しまいはどう納《おさ》みょうと思《おも》うてござる。

弾正　ハハハハハ、※盗人《ぬすびと》の昼寝《ひるね》も当《あて》がのうては致《いた》さぬ。こいつは誠《まこと》の小磯《こいそ》が兄《あに》ではござらぬ。※真赤《まっか》いなにせ者《もの》、ねだり者《もの》でござる。お家《いえ》を見《み》かけて金《かね》をしたたかしてやろうという狂言盗人《きょうげんぬすびと》でござるによって、即座《そくざ》にぶち放《はな》してござるわいの。

民部　フム、にせ者《もの》という証拠《しょうこ》があるか。

弾正　何《いず》れもは、小磯《こいそ》が兄《あに》というを、お見知《みし》りござるかな。

玄蕃　ハテ、若殿《わかとの》が遣《つか》わされた一筆《いっぴつ》が慥《たし》かな証拠《しょうこ》サ。

弾正　それが即《すなわ》ち、にせ者《もの》の※根元根本《こんげんこんぽん》でござるて。

玄蕃　して、にせ者《もの》の根元《こんげん》とはな。

弾正　小原《おはら》は拙者《せっしゃ》が主人《しゅじん》、文屋《ぶんや》の豊秀《とよひで》が知行所《ちぎょうしょ》でござる。然《しか》るに当月上旬《とうげつじょうじゅん》拙者《せっしゃ》が当番《とうばん》にて、※決断所《けつだんしょ》に相詰《あいつ》め罷《まか》り在《あ》った所《ところ》に、かれ小原《おはら》の万兵衛《まんぺえ》が参《まい》って訴訟《そしょう》いたすには、わたくしが妹《いもうと》小磯《こいそ》と申す女を、昨日《きのう》※木《き》の島明神《しまみょうじん》の松原《まつばら》に於《おい》て、何者《なにもの》とも知《し》れず刺《さ》し殺《ころ》して、捨《す》て置《お》きましてござります。この女《おんな》の懐中《かいちゅう》には、小野春風公《おののはるかぜこう》よりのお手紙《てがみ》、並《なら》びに大切《たいせつ》な一品《ひとしな》を懐中いたして居《お》りましたを、妹《いもうと》を殺《ころ》して、一品《ひとしな》を奪《うば》い取《と》って立《た》ち去《さ》りましてござりまする。この儀《ぎ》を御詮議《ごせんぎ》なされて下《くだ》さりませと、訴《うった》えました。小野《おの》のお家にかかった、大切《たいせつ》な詮議《せんぎ》と存《ぞん》じて、小磯《こいそ》が死骸《しがい》を検使《けんし》を以《もっ》てとくと見届《みとど》け、兄万兵衛《あにまんぺえ》も手前《てまえ》が屋敷《やしき》に留《と》め置《お》きましてござりまする。最前《さいぜん》からの様子《ようす》、察《さっ》する所紛《ところまご》う所《ところ》もない彼奴《きゃつ》めが小磯《こいそ》を殺《ころ》して、兄《あに》の証拠《しょうこ》になる手紙《てがみ》を持《も》って難渋《なんじゅう》を言《い》いかけ、金子《きんす》をねだると見受《みう》けたゆえ、討《う》って捨《す》てましてござる。まだまだ大切《たいせつ》な詮議《せんぎ》がござる。

トつかつかと立《た》ち寄《よ》り、死骸《しがい》の懐《ふところ》を探《さが》し、短冊《たんざく》を出《だ》し、

なんと御覧《ごらん》なされたか。今日《こんにち》お家《いえ》の断絶《だんぜつ》に及《およ》んだ短冊《たんざく》は、もしやこれではござりませぬか。

ト差《さ》し上《あ》げ見《み》せる。

○**爪撥きも当てられぬ**　爪で撥くことさえもできぬ。指一本触れることさえできない。○**盗人の昼寝も**……　諺。盗人が昼寝をするのは夜稼ぐ当てがあるからである。自分には確かな目当てがあってしたのだと、いったのである。○**真赤いな**　「真赤い」は真赤の形容詞で、古く日常語として使われた。真赤は誰が見ても明らかで純然たる色であるから、全然分かりきったことに言う。○**根元根本**　（既出）根源。おおもと。○**決断所**　鎌倉幕府の頃、訴訟の裁判を掌った役所。○**木の島**　木の島は大阪府泉南郡の北部、貝塚

町の東南、木の島郷の内近木川に沿ったところ。

玄蕃　如何《いか》にも、大切《たいせつ》な御家《おいえ》の短冊《たんざく》。

ト手《て》をかけようとする。弾正《だんじょう》ちゃっと隠《かく》し、

弾正　折角骨折《せっかくほねお》った短冊《たんざく》、其許《そこもと》には渡《わた》されぬ。

玄蕃　何《なに》ゆえな。

弾正　貴様《きさま》は最前《さいぜん》から、おれを強《きつ》う叱《しか》った、その返報《へんぽう》に此《こ》の短冊《たんざく》は。

玄蕃　おれに渡《わた》すか。

弾正　イヤ、こなたへお渡《わた》し申そう。

ト民部《みんぶ》へ渡《わた》す。民部《みんぶ》受取《うけと》り戴《いただ》く。

なんと、※細工《さいく》は流々《りゅうりゅう》仕上《しあ》げを御覧《ごろう》じなされたか、相変《あいかわ》らず不調法《ぶちょうほう》な体《てい》をお目《め》にかけました。

民部　※したり。アア、驚《おどろ》き入《い》ったる弾正《だんじょう》どののお捌《さば》き。お庇《かげ》で今日《こんにち》お勅使《ちょくし》の申し訳も立ち、お家《いえ》も恙《つつが》なし、これ程《ほど》忝《かたじけな》い儀《ぎ》はございませぬ。

玄蕃　流石《さすが》弾正《だんじょう》どののお捌《さば》きでござる。併《しか》し、先程《さきほど》より申した儀がお耳へかかったら、真平御宥免《まっぴらごゆうめん》に預《あず》かりましょう。

弾正　これは痛《いた》み入《い》ったる御挨拶《ごあいさつ》。
玄蕃　ハハハハハ。
両人　ハハハハハ。（ト笑《わら》い落《おと》す。）
弾正　ときに、此《こ》の詮議《せんぎ》は、ほんの差《さ》し出口《でぐち》。※肝腎肝文《かんじんかんもん》の使者《ししゃ》の御返事《ごへんじ》、早《はや》く承《うけたまわ》りとう存《ぞん》じまする。
民部　御尤《ごもっと》もに存《ぞん》じます。数馬《かずま》、秀太郎《ひでたろう》、この儀《ぎ》を大殿《おおとの》へ言上《ごんじょう》申し、お供《とも》申して参《まい》れ。
両人　畏《かしこ》まりました。
　トはいる。奥《おく》にて、
春道　聞《き》いた聞《き》いた。それへ参《まい》って逢《あ》おう。サア、娘《むすめ》おじゃ。
　ト言《い》いながら、錦《にしき》の前《まえ》が手《て》を引《ひ》き、千鳥《ちどり》、木幡《こばた》、巻絹《まきぎぬ》出る。
春道　最前《さいぜん》からの様子《ようす》、奥《おく》にて残《のこ》らず聞《き》き届《とど》けた。弾正《だんじょう》そちが働《はたら》きを以《もっ》て、大切《たいせつ》な宝《たから》が手《て》に入《い》って、お上《かみ》への申し訳も立ち、我《わ》れも立つ。これ程嬉《ほどうれ》しい儀《ぎ》はない。お勅《ちょく》使《し》へこの段披露《だんひろう》して、急《いそ》いで短冊《たんざく》を差《さ》し上《あ》げてあろうならば、さぞお悦《よろこ》びであろう。それまでは民部《みんぶ》。そちに短冊《たんざく》は、きっと預《あず》けたぞ。
民部　ハアア。

春道　さて姫《ひめ》が儀《ぎ》じゃ。一度《ど》互《たが》いに契約《けいやく》いたしたとなれば、送《おく》りたいものなれども、最前《さいぜん》もお見《み》やる通《とお》り、浅《あさ》ましい病気《びょうき》のありさま。あれを見《み》ては、どうも送《おく》られぬ程《ほど》に、離縁《りえん》して下《くだ》されと、弾正立《だんじょうた》ち帰《かえ》って豊秀殿《とよひでどの》へ申しておくりゃれ。変替《へんが》えするは両家《りょうけ》の為《た》め、近頃《ちかごろ》※わりないことじゃが、この婚礼《こんれい》は止《や》めて貰《もら》わねばならぬわいの。

錦　もうし、父様《ととさま》、そんならあの豊秀《とよひで》さまと、夫婦《ふうふ》になる事《こと》はならぬかえ。

千鳥　左様《さよう》でござりまする。こりゃ御尤《ごもっと》もな料簡《りょうけん》でござりまする。

錦　あのほんぼん※に離別《りべつ》するのか、ハアア。エエ浅《あさ》ましい、日頃願《ひごろがん》かけた神《かみ》や仏《ほとけ》はござらぬか。あなたと離別《りべつ》して、わしゃどうしょうぞいの。わしが離別《りべつ》したらば、定《さだ》めて雲《くも》※の絶間《たえま》さまと、睦《むつ》まじゅう夫婦《ふうふ》にならしゃんすであろう。それを思《おも》えば、腹《はら》が立《た》つやら悲《かな》しいやら。というて又無理《またむり》に夫婦《ふうふ》になろうとすれば、恥《はず》かしいこの病《やまい》を人々《ひとびと》に見《み》せ、夫《おっと》にも見《み》せて、父《とと》さんの恥《はじ》、御家《おいえ》の恥。離別《りべつ》すれば腹《はら》の立《た》つ、雲《くも》の絶間《たえま》さんと女夫《めおと》にする。女夫《めおと》になろうとすれば、大事《だいじ》の父様《ととさま》に恥《はじ》を与《あた》える。コリャマアどうしょうぞいのう。（ト大泣《おおな》き。）

春道　是非《ぜひ》に及《およ》ばぬ、思《おも》い諦《あきら》めたがよいワサ。

ト錦《にしき》の前《まえ》、身繕《みづくろ》いし、懐中《かいちゅう》より懐剣《かいけん》を出《だ》し、

錦　南無阿弥陀仏《なむあみだぶつ》。

錦　これが死《し》ないでなるものか、放《はな》して放《はな》して。（ト泣《な》く。）

弾正　コリヤ、お前《まえ》さまは、何《なに》ゆえ※御生害《ごしょうがい》なされまする。

ト死《し》のうとする。弾正留《だんじょうと》めて、

○細工は流々…　仕上げが肝腎ともいう。細工の方法は手を尽して、色々念を入れましたが、できあがった結果の良いことを御覧になりましたか。**○したり**　しすましたり。よくした。でかした。但し反対に、失敗した時に「しまったり」の意に用うることもある。ここは前者。**○肝腎肝文**　（既出）肝腎は共に人体に大切なもの。肝文は大切な文章のこと。極めて大切なことにいう。**○わりない**　「理無い」である。分別も方法もない。しょうがない。困り入った。**○ほんぼん**　本本。本当。実際。偽りならざること。**○雲の絶間**　大江惟正の娘で官女中第一の美女と称せられた。然しここでは、この作の連続である『鳴神』の部分において活躍する雲の絶間姫を指している。**○御生害**　御自害。御自殺。

弾正　お早《はや》まりなされて、どのお命《いのち》で豊秀《とよひで》さまと、夫婦《ふうふ》にならっしゃりまするぞ。

錦　サイナア、夫婦《ふうふ》になれぬから、死《し》ぬるのじゃわいの。

弾正　ハテ、悪《わる》い料簡《りょうけん》な。わたくしが御夫婦《ごふうふ》にして、進《しん》ぜますわいの。

錦　あの、それでも父《とと》さんが離別《りべつ》せねばならぬと言《い》わしゃんすもの。

弾正　父《とと》さんがおっしゃろうが、※鍾馗大臣《しょうきだいじん》がお言《い》いやろうと、わたくしが呑《の》み込《こ》んで夫婦《ふうふ》に致《いた》しまする。時《とき》にお前《まえ》さまの、この髪《かみ》の毛《け》の御病気《ごびょうき》は。

錦　ト薄衣《うすぎぬ》を引《ひ》ったくると、ドロドロにて髪上《かみあが》る。
　アレ悲《かな》しや。又病《またやまい》が起《おこ》ったわいの。

弾正　ト泣《な》く、弾正《だんじょう》髪《かみ》を押《おさ》え、つくづく見《み》て、

錦　ホウ、お前《まえ》は味《※あじ》な櫛笄《くしこうがい》、蝶花形《※ちょうはながた》をお差《さ》しなされてござりまするな。

弾正　サイナア、今大内《いまおおうち》ではやると言《い》うて、女子《おなご》どもが誂《あつら》えてくれた、銀《ぎん》の櫛笄《くしこうがい》の、蝶花形《ちょうはながた》じゃわいのう。

錦　なんの、これが銀《ぎん》でござりましょう。

弾正　ト言《い》いながら、櫛笄《くしこうがい》を引《ひ》ったくり、飛《と》び退《の》き、
サア皆《みな》さま、お姫様《ひめさま》の御病気《ごびょうき》が起《おこ》るか起《おこ》らぬか、試《ため》して御覧《ごろう》じませ。
ト気《き》がついて、錦《にしき》の前《まえ》つむりを振《ふ》り、あたりを見《み》て、

錦　ほんに、こりゃ、なんともない。常《つね》の通《とお》りの髪《かみ》じゃわいの。父《とと》さん、兄《あに》さん、民部《みんぶ》、これを見《み》てたも。髪《かみ》が逆立《さかだ》ちもなんともせぬ。直《なお》ったわいのう。エエ有難《ありがた》い忝《かたじけな》い。こりゃマア、どうして直《なお》ったぞいの。エエ、有難《ありがた》い有難《ありがた》い。
　ト　あたりを拝《おが》み、嬉《うれ》しがる。

民部　ほんに、直《なお》りました。ハテ、不思議《ふしぎ》な。

春風　なんにもせよ、先《ま》ずは本復《ほんぷく》して、嬉《うれ》しい嬉《うれ》しい。

弾正　御快気《ごかいき》なされたからは、相違《そうい》のう御縁組《ごえんぐ》みなされて下《くだ》さりましょうな。

春道　何《なに》がさて、病気平癒《びょうきへいゆ》いたすからは、元《もと》の通《とお》り夫婦《ふうふ》にすると、立《た》ち帰《かえ》って言《い》うておくりゃれ。

玄蕃　そりゃ病気《びょうき》のことなれば、※起《おこ》りざめもある慣《なら》い。今平癒《いまへいゆ》して、後《のち》に起《おこ》るが病《やまい》の慣《なら》い、少《すこ》しの間《あいだ》、髪《かみ》が素直《すなお》になったというて、粗忽《そこつ》に御縁談《ごえんだん》はなりますまい。

春道　イカサマ、そこもあるかいのう。

錦　弾正《だんじょう》、聞《き》いてたも。また父様《ととさま》のあんなこと言《い》うてじゃわいの。どうぞそなたの思案《しあん》で、二度《ど》と病《やまい》の起《おこ》らぬようにしてたもいのう。

弾正　お気遣《きづか》いなされまするな、病《やまい》の根《ね》を絶《た》ってお目《め》にかけましょう。拙者《せっしゃ》ちと医心《※いごころ》がござりまするてや。

玄蕃　その療治《りょうじ》が見《み》たい。

弾正　療治の匙加減《さじかげん》、只今《ただいま》お目《め》にかきょう。ト股立《ももだ》ち取《と》る。

玄蕃　サア、療治の仕方《しかた》はどうじゃ。

弾正　身《み》どもが療治は。ト使者《ししゃ》の間《ま》にかけてある鎗《やり》を取《と》り、天井《てんじょう》を突《つ》く。天井《てんじょう》の忍《しの》びの者《もの》、大《おお》きなる磁石《じしゃく*12》を抱《かか》えて逃《に》げようとする。弾正取《だんじょうと》って押《おさ》える。

○**鍾馗大臣** 鍾馗は、中国で疫鬼を退け、魔を除くという神。その像は眼大きく髯多く、黒き衣冠を着け、抜剣して鬼を捕え持つ。我国にては五月幟に描き又は五月人形に作る。強い者の権化、象徴とされていた。○**味な** 気の利いた。一風変っている。妙な。○**蝶花形** (既出) 祝宴の際に銚子などの装飾に使った蝶の形をした紙。○**起りざめ** 発歇。体熱のあるいは高くなり、あるいはさめること。よくなったり悪くなったりすること。○**医心** 医道、医者の心得。＊12 ここの磁石は磁石盤である。現行舞台では毛抜と同じく、偉大なる磁石盤(羅針盤)を用いている。磁石そのものは古くから我が国にもあり、また左團次の復演以前は、磁石の石塊であったことは絵番附の上からも推察されるが、石炭に見えそうだというので羅針盤を用いたという。(解題参照)

春道
民部 この体《てい》はな。

弾正 即《すなわ》ちこれが病《やまい》の根元根本《こんげんこんぽん》。最前毛抜小刀《さいぜんけぬきこがたな》の、おのれと立《た》つは、合点《がてん》行かぬと心《こころ》をつけて見《み》るところに、只今姫君《ただいまひめぎみ》の櫛笄《くしこうがい》を見《み》れば、悉《ことごと》く皆鉄《※みなてつ》の薄金《うすがね》を以《もっ》て彫上《ほりあ》げたる蝶花形《ちょうはながた》、察《さっ》する所《ところ》、天井《てんじょう》に磁石《じしゃく》を仕掛《しか》け、姫君《ひめぎみ》のござる方《かた》へこいつが天井《てんじょう》にて磁石《じしゃく》をさしかざす、まった鉄《※てつ》のせんくずを蠟《ろう》にまぜ油《あぶら》となし、是《これ》を用《もち》い磁石《じしゃく》を以《もっ》て鉄気《かなけ》を吸《す》い上《あ》げさする、従《したが》って稀有《けう》の病《やまい》と言《い》い立《た》てて、主人豊秀《しゅじんとよひで》と縁《えん》を切《き》り、どこその誰《た》れぞと姫君《ひめぎみ》を、添《そ》わせんとの企《たく》らみと睨《にら》み据《す》えたゆえ、一鎗《ひとやり》に突《つ》き落《おと》したれば、案《あん》に違《たが》わず磁石《じしやく》のからくり。サアおのれ、何者《なにもの》に頼《たの》まれた。真直《まつす》ぐに吐《ぬ》かせ。命《いのち》は助《たす》けてくりょう。サア、吐《ぬ》かさぬか。

忍び　何《なに》がさて、命《いのち》さえお助《たす》けなされて下《くだ》さりょうならば、申さいでなんと致《いた》しましょう。これを頼《たの》んだ人《ひと》は。

トこのセリフのうちに、玄蕃後《げんばうしろ》より忍《しの》びの者《もの》の咽喉笛《のどぶえ》をぐっと突《つ》く。忍《しの》びの者《もの》、ウンとこける。皆々驚《みなみなおどろ》く。

弾正　こりゃ、詮議《せんぎ》ある者《もの》を、何《なに》ゆえ殺《ころ》し召《め》された。

玄蕃　ハテ、詮議《せんぎ》は知《し》れて居《お》りまする。皆《みな》こいつが企《たく》らみ、拷問《ごうもん》にかかりゃ切《せつ》なきまに、どのように白状《はくじよう》しょうも知《し》れず。なりゃ、御家《おいえ》の騒《さわ》ぎというもの。そこを存《ぞん》じて御家《おいえ》を丸《まる》う治《おさ》みょう為《た》め、大家老《おおがろう》の拙者《せつしや》が悪人《あくにん》めを成敗《せいばい》いたしましたが、なんと玄蕃《げんば》が誤《あやま》りでござるかな。

弾正　ハテ御家《おいえ》を丸《まる》う治《おさ》みょうために、詮議《せんぎ》のある科人《とがにん》を、物《もの》をも言《い》わせず殺《ころ》してしまわっしゃったのでござるな。ハテ、よいお手廻《てまわ》しでござるのう。千も万《まん》も入《い》りませぬ。短冊《たんざく》は出《で》る、御家《おいえ》は治《おさ》まる、姫君《ひめぎみ》の御病気《ごびようき》は平癒《へいゆ》する。こなたはおまめでジッとしてござる。これ程目出度《ほどめでた》い儀《ぎ》はござらぬわいの。目出度《めでた》いついでに、これから直《す》ぐに、姫君《ひめぎみ》の御供《おんともつかまつ》仕り、立《た》ち帰《かえ》りとう存《ぞん》じまする。

春風　尤《もつも》もな料簡《りようけん》、弾正《だんじよう》の働《はたら》きで家《いえ》の騒動《そうどう》も治《おさ》まる。これ程満足《ほどまんぞく》なことはない。如何《いか》にも今日《こんにちい》妹《もうと》を、其方《そのほう》へ送《おく》りたいものなれども、今日《こんにち》はお果《は》てなされた母《はは》じゃ人《ひと》の御命日《ごめいにち》じゃ。なりゃ、精進日《しようじんび》に、妹《いもうと》が一生《しよう》の堅《かた》め、目出度《めでた》い婚礼《こんれい》の儀《ぎ》は心《こころ》がかり。明日《あす》になったらば、※礼儀《れいぎ》を改《あらた》め、目出度《めでと》う輿《こし》を入《い》れるであろう。併《しか》し、使者《ししや》に立《た》ち召《め》された弾正《だんじよう》、※手《て》を振《ふ》っても戻《もど》られまい。

ト刀《かたな》を抜《ぬ》き、

この一腰《ひとこし》は※仁《に》王三郎《おうさぶろう》の名作《めいさく》、小野家《おのけ》の重宝《ちようほう》、覚《おぼ》えのある※業物《わざもの》ゆえ、春風《はるかぜ》が不断帯刀《ふだんたいとう》いたし居《お》る。これを今日縁談《こんにちえんだん》の印《しる》しに、豊秀《とよひで》どのへ※聟引出物《むこひきでもの》に進上《しんじよう》申す程《ほど》に、立《た》ち帰《かえ》って、よろしく披露頼《ひろうたの》み申す。玄蕃《げんば》、この一腰《ひとこし》を弾正《だんじよう》へ取次《とりつ》ぎ召《め》され。

ト差《さ》し出《だ》す。玄蕃《げんば》、一腰受取《ひとこしうけと》り、鐺《こじり》を持《も》って、弾正《だんじよう》が方《かた》へ柄《つか》を差《さ》し出《だ》す。

○**皆鉄の薄金**　混ぜ物のない鉄を薄い板にしたもの。○**鉄のせんくず**　鉄屑。鉄の屑。鉄砂。○**礼儀を改め**　礼の儀容を改めて。それ相当の礼儀を正し、花嫁を送るに適当な礼儀を以て。○**手を振っても戻られまい**　何も持たずに手ぶらで、ぶらぶら手を振っても戻られまい。○**仁王三郎の名作**　刀工仁王三郎の製作した良刀。仁王は二王で周防吉敷の刀匠宗三郎清綱をいう、応永年間の人。○**業物**　名工の鍛えたきれあじのよい刀剣をいう。○**聟引出物**　婚姻の時、舅から聟へ与える贈り物。

玄蕃　どうやらこうやら、マア、御祝言《ごしゅうげん》が済《す》んでお目出度《めでと》うござる。聟引出物《むこひきでもの》の一《ひと》腰《こし》、受《う》け取《と》らっしゃれ。

弾正　お志《こころざ》しの聟引出物《むこひきでもの》、慥《たし》かに受《う》け取《と》りましょう。この上《うえ》は主人豊秀《しゅじんとよひで》より、舅《しゅうと》君《ぎみ》へ※頼《たの》みの印《しる》し、御祝儀《ごしゅうぎ》を差し上げましょう。

春風　頼《たの》みの祝儀とは。

ト弾正《だんじょう》、柄《つか》へ手《て》をかけ、抜《ぬ》き、

弾正　斯《こ》うでござる。

ト玄蕃《げんば》が首《くび》を討《う》つ。仕掛《しか》けにて前《まえ》へ飛《と》ぶ。首《くび》、舞台先《ぶたいさき》へ出《で》て目鼻《めはな》を動《うご》かす。*13

豊秀《とよひで》が頼《たの》みの御祝儀《ごしゅうぎ》、御家《おいえ》の病《やまい》の根《ね》を絶《た》って、目出度《めでと》う送《おく》りましてござります。

春風
民部　慥《たし》かに申し受けました。

弾正　然《しか》らば拙者《せっしゃ》は、お暇《いとま》申しましょう。

トよろしくあって向《むこ》うへはいる。*14

ひょうし幕

○**頼み**　結納のこと。『貞丈雑記』に「結納は古えはたのみとも言いしなり、是は舅とたのみ、妻とたのみ、聟とたのみ、夫とたのむの祝儀なる故、たのみという」とある。**＊13**玄蕃の首が斬りおとされて、ポンと前へころげる。とその首が舞台先き即ち見物席に近い前方にとまり、見物の方へ顔を向けたと思うと、目をパチリとあいて眼玉を動かし、鼻のあたりを動かす。作り物の首ではそういかないが、所謂本首〔ほんくび〕を用うるのである。玄蕃に似た下の役者に同じ化粧をさせ、鬘をかけさせておいて、玄蕃が斬られると同時に、舞台の床下から首をつき出させ、斬られた首のように見せかけて目鼻を動かす仕掛である。＊14左團次の演出では、花道へかかり、七三即ち花道全体の長さの七分三分の位置で、拝領の刀を右肩にあてた形でキッときまる。そこで幕が引かれる。と両手に刀を捧げて軽く頭をさげて行きかかり、一旦右の手で高くかざし、あたりを見て左脇にさす。それで荒事によく見る三本太刀の形になり、突袖をして悠々と花道をはいるのである。(花道の七三は、今日では舞台寄りが三分であるが、古くはその反対であった)

鳴《なる》神《かみ》

岩屋の場

役名

鳴神上人

同宿　白雲坊

同　黒雲坊

雲の絶間姫

※造《つく》り物《もの》、本舞《ほんぶ》台《たい》一面《めん》に嶮岨《けんそ》なる岩山《いわやま》。正面《しょうめん》に、高《たか》さ五尺、※なだれ七八尺ばかりの※かき上げ土手。※山三方《やまさんぽう》。上に四※本柱《ほんばしら》立《た》て、美麗《びれい》なる庵《いおり》。四方《ほう》に※注連《しめ》を張《は》り、後《うし》ろに※山御簾《やまみす》。※橋懸《はしがか》り、嶮岨《けんそ》なる※岩組《いわぐ》み。大滝《おおたき》あり。滝《たき》の元《もと》に、大竹《おおだけ》二本《ほん》立《た》て、太縄《ふとなわ》にて注連《しめ》を張《は》る。但《ただ》し※岩《いわ》壺《つぼ》より、※しゃなしゃな水《みず》を吹《ふ》き上《あ》げ、大竹《おおだけ》を伝《つと》うて龍《りゅう》の昇《のぼ》る仕掛《しかけ》、その外《ほか》軽《かる》き※投《な》げ石《いし》、大《だい》分《ぶ》岩組《いわぐ》みに投入《なげい》れてあり幕《まく》の内《うち》より、※とひろとひろにて、幕明《まくあ》く[*1]。

ト白雲坊《はくうんぼう》、黒雲坊《こくうんぼう》、坊主《ぼうず》にて、※玉襷《たまだすき》をかけ、花道《はなみち》より、

白雲　聞《き》いたか聞《き》いたか。

黒雲　聞《き》いたぞ聞《き》いたぞ。

白雲　何《なに》を聞《き》いたぞ聞《き》いたぞ。

黒雲　本堂《ほんどう》の後《うし》ろに、鶯《うぐいす》の鳴《な》くを聞《き》いたわいの。*2

白雲　たわけ者《もの》、その事ではない。師《し》の御坊鳴神上人《ごぼうなるかみしょうにん》の、この度《たび》の※行法《ぎょうほう》の訳《わけ》を聞《き》いたかということじゃ。

黒雲　そのような訳《わけ》は、おりゃ知《し》らぬわい。

白雲　知《し》らぬということがあるものか。※知《し》らざ言《い》うて聞《き》かそう。この度《たび》の師《し》の御坊《ごぼう》の行法《ぎょうほう》というは、※大内様《おおうちさま》へ願《ねが》いを立《た》てられた所《ところ》が、お許《ゆる》しがないというて、※三千世界《せかい》の※龍神《りゅうじん》を封《ふう》じ籠《こ》めて、※世界《せかい》に雨《あめ》を一滴《てき》も降《ふ》らせまいという行法《ぎょうほう》じゃ。それで雨《あめ》は先《ま》ずこの三十日余《にちあま》りも一滴《てき》も降《ふ》らぬは、※なんときついものじゃないかい。

黒雲　されば、此《こ》のように雨《あめ》が降《ふ》らねば、※紙鳶《いか》を上《あ》げる子供《こども》の為《ため》にはよけれども、※苗代時《なわしろどき》に向《むこ》うては、百姓《ひゃくしょう》のいかい難儀《なんぎ》じゃて。

白雲　サア、そこじゃて。百姓《ひゃくしょう》に難儀《なんぎ》をきせるというが、大内様《おおうちさま》を困《こま》らすのじゃ。元《もと》これが彼《か》の※戒壇《かいだん》をお願《ねが》いなされたを、お許《ゆる》しないから起《おこ》った事《こと》じゃ。

黒雲　大内様《おおうちさま》も大内様《おおうちさま》じゃ。戒壇《かいだん》を許《ゆる》されぬ事《こと》なら、初手《しょて》から知《し》れた事《こと》じゃ。おれは※斎非時《ときひじ》の食《く》う事《こと》には行《ゆ》かれず、托鉢《たくはつ》には出《で》ず、そうじゃによって、小遣《こづか》いは一文《もん》もなし、その上《うえ》にこき使《つか》われては、※ドンスネどもがたまるものじゃないわい。

白雲　又其《またそ》のような事言《ことい》うか。※師《し》は針《はり》の如《ごと》し、弟子《でし》は糸《いと》の如《ごと》く、師匠《ししょう》に随《したが》う弟子《でし》の坊《ぼう》主《ず》でないか。師匠《ししょう》が凍《こご》え死《し》んだら、共《とも》に凍《こご》え死《し》んだがよい。そこが行法《ぎょうほう》じゃ。

黒雲　サア、そうは思《おも》えども、アア※気《き》が尽《つ》き果《は》てたわい。※辟易《へきえき》した辟易《へきえき》した。

白雲　イヤ、辟易《へきえき》の段《だん》ではない、いっそ阿房《あほう》のようになった。

○**造り物**　（既出）道具立。舞台装置をいう。○**なだれ**　傾斜しているをいう。傾斜面が七八尺ばかり。○**かき上げ土手**　画き上げ土手である。土手と見えるように画いてあるの意。○**山三方**　山が三方にある。上手、下手、後方の三方が山になっている。○**四本柱**　四本の柱。嘉永四年の台本には「丸太柱」とある。無論丸太のままの四本柱である。○**注連**　しめなわ。七五三とも書く。神前の清浄地を区画し、引きわたす縄。○**山御簾**　山と見せるための竹簾が庵の奥、後方にかけてある。○**橋懸り**　（既出）舞台の下手、奥の方。○**岩組み**　岩に見えるように組み拵えた道具。○**岩壺**　岩石の間の、ひくく壺になった所。滝壺というに同じ。張子で作った石。○**しゃなしゃな**　しなやかな形容。ひょろひょろ。さらさら。○**投げ石**　投げるために使う石。○**とひろとひろ**　後の台本には「とひよ」となっている。擬音の一種で、鳥笛を吹いて深山に棲む鳶や鷹などの声をきかせる。＊**1**この舞台書きは、寛保二年の『雷神不動北山桜』初演当時のままと思惟されるもので、極めて粗雑な書き方である。補足の意味で嘉永四年市村座所演の台本の舞台書きを次に附記して御参考にする。本舞台三間の間向う一面峨々たる岩山、中程より少し上手へ寄せて壇場、丸太柱わらぶき本屋根、後ろへ荒壁、ここに七五三を引張り、荒菰を敷き、不動明王の掛物をかけ、もっとも仕掛あり、この前誂らえの護摩壇、燈明を照し、供物を供え、この壇場上り下りの岩組、これより下の方へ莫大なる滝壺、この後へ書割、前通り一面に滝落ちる心にて、銀巻きの細物を引きこの上に太き七五三を張り、よき所に誂えの鎮守の宮、この前に差出したる松のそなれ、誂らえあり、この左右は岩組にて包み、舞台一面に松の釣枝、所々に松杉の立木、上の方に竹本連中下手に常磐津連中、左右とも誂らえの通り打返し宜しく、鳴物山おろし一声にて幕明く。○**玉襷**　襷の美称で、普通の襷である。＊**2**別本には「昼間の惣菜の辛子がきいたわ」などというのもある。○**行法**　天台宗、真言宗にて、密教の行を修すること。○**知らざ言うて聞かそう**　知らなけりゃ言って聞かせよう。「知らざ」は「知らざア」の約である。○**大内様**　(既出)「大内」は禁中即ち朝廷のこと。「大内様」は天子様の意。○**三千世界**　(既出)世界中。○**龍神**　雨を掌るという海神。○**世界**　漠然と「よのなか」「世間」又は「日本中」という程の意味。○**きつい**　ひどい。えらい。○**紙鳶を上げる**　「いか」は「いかのぼり」の略。京阪地方の語で、凧〔たこ〕に同じ。○**苗代時**　水田に稲の種籾を蒔いて、稲の苗を作る時分。田に水がなくては苗は作れないので、初夏の雨が多く降るべき季節。○**戒壇**　本来は僧侶に戒法を授けるために設けた壇であるが、すべて広く祈願を凝らす式場をいう。○**斎非時**　僧家で食事のこと。午前の食を斎といい、午後の食を非時という。○**ドンスネ**　原本にも片仮名で書いてある。「ドン」は接頭語の「ド」。臑〔すね〕どもめが。○**師は針の如し…**　糸は針の穴にさされて、いつも針の後に従ってついてゆく。師匠と弟子の関係はこれと同じとの喩え。○**気が尽き果てた**　元気がなくなり果てた。気力がなくなる。ぐったりとした。○**辟易した**　タジタジとなる。まいった。

黒雲　サア、其《そ》の気欝《きうつ》した所《ところ》を、※わっさりとなるように、薬《くすり》があるがなんと呑《の》もうか。

白雲　なんじゃ、よい薬《くすり》がある。気《き》のわっさりとする薬なら、ドレ、ちっと呑《の》もうか。

黒雲　呑《の》まそう呑《の》まそう。※万病円不老不死《まんびょうえんふろうふし》という薬《くすり》じゃ。

白雲　サア、早《はよ》うくれいやい。

黒雲　大事《だいじ》の薬《くすり》じゃ。それで袂《たもと》や懐《ふところ》へ入《い》れられぬゆえ、蔵《くら》へ入《い》れておいた。いま※戸《と》前《まえ》を開《ひら》き、出《だ》してやろうぞ。

白雲　其《そ》のような阿房《あほう》じゃ。それを今《いま》から寺《てら》へ取《と》りに下《くだ》って、又《また》この五十丁《ちょう》もある山《やま》へ、薬《くすり》を持《も》って登《のぼ》られるものかい。

黒雲　イヤサ、お寺《てら》の蔵《くら》ではない、鼻《はな》の先《さき》の蔵《くら》に入《い》れてあるわい。

白雲　鼻《はな》の先《さき》の蔵《くら》とは。

黒雲　※股《また》ぐらじゃ。
白雲　何《なに》を言《い》うぞいやい。
ト黒雲坊《こくうんぼう》、股《また》ぐらより貧乏樽《※びんぼうだる》を出《だ》し、
黒雲　なんと確《たし》かな蔵《くら》へ入《い》れておいたであろうがな。しかも股《また》ぐらの発熱《※はつねつ》で、よい呑《の》み加減《かげん》の燗《かん》じゃ。また茶碗《ちゃわん》もソリャ爰《ここ》にある。（ト袖《そで》より茶碗《ちゃわん》を出《だ》し、）さらば呑《の》んでさそうか。（ト呑《の》もうとする。）
白雲　泥棒坊主《どろぼうぼうず》の横着者《おうちゃくもの》、言語道断《ごんごどうだん》の悪僧《あくそう》め。
黒雲　おれを悪僧《あくそう》とは。
白雲　殺生《※せっしょう》、偸盗《※ちゅうとう》、邪淫《※じゃいん》、妄語《※もうご》、飲酒戒《※おんじゅかい》、これを五戒《※かい》と言《い》わざるや。かかる師《し》の御坊《ごぼう》の行法《ぎょうほう》のうちに、飲酒戒《おんじゅかい》を破《やぶ》るか、この儘《まま》にさし措《お》かれぬ、おのれ見《み》いよ。
ト身繕《みづくろ》いして行《い》こうとする。黒雲坊《こくうんぼう》、立塞《たちふさ》がり止《と》めて、
黒雲　アア、コリャコリャ、拝《おが》むぞ拝《おが》むぞ。
白雲　拝《おが》むとは、おのれ。
黒雲　過《あや》まって改《あらた》むるに憚《はばか》る事勿《ことなか》れ。大《おお》あやまりじゃ。言訳《いいわけ》ではないが、一※﨟《ろう》だけに其許《そこもと》を慰《なぐさ》めんが為《ため》、そのついでにおれも又《また》、有《※あ》りようは一杯《ぱいひ》引ッかけて、この深山《※しんざん》のしつを受《う》けまい為《ため》じゃ。ハテ、煩《わず》ろうては師匠《ししょう》の奉公《ほうこう》がならぬわいの。それ程《ほど》こ

なたが腹《はら》を立《た》てることなら、よいわ、こなたの見る前で、この樽《たる》を岩《いわ》に打《ぶ》ち付《つ》けて、砕《くだ》いてしまおう。如是《※にょぜ》畜生発菩提心《ちくしょうほつぼだいしん》。

ト樽《たる》を打《ぶ》ち付《つ》きょうとする。

白雲　コリヤ、そりゃ何《なに》をするぞいやい。

黒雲　こなたが叱《しか》るによって、この樽《たる》を打《ぶ》ち砕《くだ》いてしまうのじゃ。

白雲　アラ勿体《もったい》なや。一粒万倍《※いちりゅうまんばい》一粒万倍《いちりゅうまんばい》。酒《※さけ》はもと菩薩《ぼさつ》、南無《※なむ》酒如来《さかにょらい》南無《なむ》酒如来《さかにょらい》。こぼそうというが勿体《もったい》ないによって、いっそ呑《の》んでやろう。

黒雲　そこが臨機応変《りんきおうへん》というところじゃ。

○**わっさり**　あっさり。さっぱり。憂鬱がとれて晴々となる。○**万病円**　多くの病にきく薬の心を、薬の名にして言ったまで。○**戸前**　蔵の入口、戸のある所。○**股ぐら**　股谷〔またぐら〕の義。股間。○**貧乏樽**　形は小さく五合もしくは一升を入れるくらい。漆が塗ってなく、徳利代りに用うる。現今は角樽を用うる。○**発熱**　からだの温かみ。「酒の燗は人肌」と言って、体温ほどの燗をよしとする。○**殺生**　生あるものを殺すこと。○**偸盗**　ぬすむこと。○**邪淫**　妻又は夫ならぬものと淫事をすること。○**妄語**　いつわりをいうこと。○**飲酒**　酒をのむこと。○**五戒**　上の五つの禁戒をいうので、優婆塞・優婆夷の守るべき所と仏教に説く。○**一臈**　一法臘の中略語で、始めは年功を積んだ僧侶のことであったが、一般仕官人にも言われ、すべて年功を積んだ先輩のことを呼んだ。○**有りようは**　ありていには。ありのままに言えば。本当は。○**深山のしつ**　「しつ」は「湿」であり、湿瘡をいう。深山には湿気が多く身体のために悪く、病気のもととなる。○**如是畜生発菩提心**　「如是」は仏教にて、経文中に説く所の伝説を指示すること。「発菩提心」の菩提は無上正真道。無上正真道を求むる心を発するを、発心菩提という。ここではふざけて言うので、「畜生、ぶちこわしてしまうぞ」位の意味。○**一粒万倍**　一粒の種を蒔けば、繁殖して万倍の粒となる。ここでは、少しだといって粗末にしてはいけない、もったいないの意。○**酒はもと菩薩**　元来「菩薩」は仏につぐ位の者をいうが、米の異名でもある。酒は米から造られるものだから、「酒はもと菩薩」といったまで。○**南無酒如来**　南無釈迦如来の洒落。

白雲　ドリャ一献《こん》。サアサア、つげつげ。
　ト黒雲坊《こくうんぼう》注ぐ。白雲坊《はくうんぼう》、一つ受《う》けて呑《の》み、頭《あたま》を叩《たた》き、
ハア、極楽極楽《ごくらくごくらく》。こう一杯《ぱい》引《ひ》ッかけたところは、※寂光浄土《じゃくこうじょうど》へ生《うま》れた心《こころ》。サア※和御《わご》料《りょ》にさしたぞや。
黒雲　戴《いただ》こう。（ト黒雲坊《こくうんぼう》、一杯《ぱい》受《う》け、）※上《あ》げました。よい酒《さけ》でござる。こなたへ進上《しんじょう》。
白雲　よい呑《の》み口《くち》じゃなア。サアサア、※押《おさ》えた押《おさ》えた。
黒雲　押《おさ》えたが、これ何《なん》にも※挟《はさ》む物《もの》がない。蜜柑《みかん》でも※勝栗《かちぐり》でも持《も》って来《き》たらよかったなア。
白雲　あるぞあるぞ、好《よ》い肴《さかな》があるぞ。おれが夜食《やしょく》にしてやろうと思《おも》うて、今朝未明《けさみめい》に取《と》り寄《せ》せておいたが、忙《いそ》がしさに、してやる間《ま》がなかった。これでも嚙《か》んで酒《さけ》を

呑《の》もう。※兜頭巾《かぶとずきん》という肴《さかな》じゃ。
黒雲　なんじゃ。
白雲　これじゃこれじゃ。
ト干蛸《ひだこ》を股《また》ぐらより出《だ》す。嗅《か》いで見《み》て、
黒雲　そなたの肴《さかな》はこれか。
白雲　なんと、よかろがよかろが。
黒雲　生臭坊主《なまぐさぼうず》めが。まだおれが酒《さけ》は飲酒戒一通《おんじゆかいひととお》りじゃが、出家《しゆっけ》に似合《にわ》ぬ干蛸《ひだこ》を股《また》ぐらから出《だ》して、大切《たいせつ》な師《し》の御坊《ごぼう》の壇上《だんじよう》を汚《けが》すとは、※破戒無残《はかいむざん》の悪僧《あくそう》。師《し》の御坊《ごぼう》へ言《い》わねばならぬ。お師匠様《ししようさま》お師匠様《ししようさま》。
白雲　※聞《き》かざよい。おれも聞《き》かぬ。師匠様《ししようさま》へ申し上げる。黒雲坊《こくうんぼう》が酒《さけ》を喰《くら》いまするぞえ。
黒雲　イヤサ、聞《き》かぬ聞《き》かぬ。
トいろいろこなしあり。白雲坊切《はくうんぼうせつ》ながって留《と》める思入《おもいいれ》、よろしくあるべし。
黒雲　白雲坊《はくうんぼう》が蛸《たこ》を喰《く》いますると言《い》うぞよ。
ト大《おお》きな声《こえ》して言《い》うて、両方口塞《りようほうくちふさ》ぐ。
白雲　※とかく町《まち》には事《こと》なかれじゃ。おれも黙《だま》っていよう程《ほど》に、われも黙《だま》っていてくれいよ黙《だま》っていてくれいよ。

黒雲　黙《だま》っていいでどうするものじゃ。

白雲　エエ※粋《すい》め。

黒雲　※粋方《すいほう》も野暮天《やぼてん》も、

白雲　酒《さけ》でなければ世《よ》の中《なか》はいかぬ。今《いま》一杯《ぱい》が命々《いのちいのち》、エエ※来《き》たわい。

黒雲　おれもござ※ったわいの。

白雲　※当年《とうねん》の恵方《えほう》から。

黒雲　※福大黒《ふくだいこく》がござった。一臈《ろう》や。

白雲　※二臈《ろう》や。

黒雲　ヤア。

白雲　※三両《りょう》や。

黒雲　ヤア、五両《りょう》や。

白雲　六両《りょう》や。

黒雲　七両《りょう》八両《りょう》や。

白雲　九両《りょう》十両《りょう》や。

黒雲　アア、いつまで言《い》うても同《おな》じ事《こと》じゃ。とかく戯《たわむ》れ遊《あそ》ぶべし。*3

○**寂光浄土**　仏のみ住み給う所、極楽浄土のこと。何とも言えぬいい心持だといったのである。○**和御料**　多く婦人に用うる対称の代名詞。あなた。君。○**上げました**　「明けました」ではないかと思う。「上げる」にしても手に高く持って飲むことを意味してはいる。頂戴いたしました。○**押えた**　盃を他からささんとするを止めて再び飲ませるをいう。「さしつおさえつ」などという。盃をさしたり、さされるをとめて又飲ませる。○**挟む物**　箸で挟む物、肴。○**勝栗**　栗の実をゆでてよく乾し、臼に入れて搗き渋皮と殻とを取去ったもの。○**兜頭巾**　江戸時代、火事の時、騎馬の士の着せし頭巾。形が章魚〔たこ〕に似ているから洒落たのである。○**破戒無残**　「無残」は「無慙」が正しい。破戒してその良心に恥じざること。○**聞かざよい**　聞かぬならどうとも勝手にしろ。「聞かざ」は「聞かざア」。○**とかく町には事なかれ**　「村には」とも「世間に」ともいう。面倒なことは起らぬ方が良い。○**粋め**　物のわかったやつめ。○**粋方も野暮天も**　何かの洒落であろうが、不明である。「粋な人も野暮な人も」で大した意味はない。○**来たわい**　酔いが出てきた。○**ござったわいの**　上に同じ。○**当年の恵方から**　今年の吉方。「吉方」とは、歳徳神の在ます方角、世俗この方角に向いて事を行えば吉なりとする。寛保二年正月の興行だったから、「ござった」というセリフにつれて、福大黒へかけて言ったのである。○**福大黒**　七福神の一、「大黒天」のこと。飲食の神といい、又は護法の神といい、又は闘戦の神ともいう。○**二藺**　黒雲が「一藺（既出）や」と言ったので、白雲が酔った戯れに「二藺や」といったのである。○**三両や**　前項と同様に、「藺」を「両」と言い換えて、戯れた。＊3白雲、黒雲二人だけになっているが、後には舞台を賑かにする必要上、酒を飲み始めているところへもう二人赤雲、青雲の二坊を出すことになっている。

ト両人《りょうにん》戯《たわむ》れいろいろあるべし。と此《この》うち花道《はなみち》の揚幕《あげまく》にて、鈴《れい》の音《おと》する。

両人　ヤア、お師匠様《ししようさま》がお師匠様《ししようさま》が。（ト驚《おどろ》き静《しず》まる。）

謡へさる程《ほど》に鳴神上人《なるかみしようにん》は、※龍神《りゆうじん》 龍女《りゆうじよ》の飛行《ひぎよう》を封《ふう》じ、国土《こくど》の雨《あめ》を閉《と》じ籠《こ》むる、※岩窟《いわや》伝《づた》いの
山深《やまふか》く、壇上《だんじよう》さして上《のぼ》りける。

ト鳴神上人《なるかみしようにん》、右《みぎ》の謡《うたい》にて出《で》る。*4 謡《うたい》しもうて浄瑠璃《じようるり》になる。浄瑠璃《じようるり》のうちに、そろそろと壇上《だんじよう》へ上《のぼ》り、坐《すわ》ると浄瑠璃《じようるり》しまう。*5 白雲坊黒雲坊《はくうんぼうこくうんぼう》、壇上《だんじよう》の左右《さゆう》に坐《すわ》る。

鳴神　※風葉《ふうよう》に因縁《いんねん》を知《し》り、※輪廻《りんね》いくばくの年《とし》にか悟《さと》る、岩《いわ》に砕《くだ》くる滝《たき》の水《みず》に煩悩《ぼんのう》の垢《あか》を洗《あら》う、※三摩地門《さんまじもん》の床《ゆか》の上《うえ》に、※感得応護《かんとくおうご》の 眥《まなじり》 を垂《た》れ給《たま》え。南無《なむ》※大聖不動明王《たいせいふどうみようおう》南無《なむ》大聖不動明王《たいせいふどうみようおう》。

ト浄瑠璃《じようるり》になる。*6 雲《くも》の絶間《たえま》、着流《きなが》し、※緋扱帯《ひしごき》、※片肌《かたはだ》ぬぎ、※肩《かた》に薄衣《うすぎぬ》を掛《か》け、衿《えり》に鉦《かね》を懸《か》け、撞木《しゆもく》を持《も》ち花道《はなみち》よりそろそろ出《で》て、滝壺《たきつぼ》の前《まえ》に立《た》つ。浄瑠璃《じようるり》のかかりにて、※雲《くも》の絶《たえ》間念仏《まねんぶつ》申し、このうち白雲坊黒雲坊居眠《はくうんぼうこくうんぼういねむ》る。*7

鳴神　※一鳥鳴《ちような》かず、山更《やまさら》に幽《かす》かなり、人跡稀《じんせきまれ》にして、禽獣《きんじゆう》だに通《かよ》い難《がた》き此《こ》の深山《みやま》の、遥《はる》か滝壺《たきつぼ》のもとに念仏《ねんぶつ》の声《こえ》するは、ハテ、怪《あや》しやナア。

ト下《した》を見《み》れば両人居眠《りようにんいねむ》り居《い》る。

コレ一臈白雲《ろうはくうん》、黒雲坊《こくうんぼう》、両僧《りようそう》 両僧《りようそう》。

ト中啓《ちゆうけい》にて壇上《だんじよう》を叩《たた》く。両人《りようにん》、肝《きも》を潰《つぶ》し、目《め》を覚《さま》す。

両僧《りようそう》、※惰弱千万《だじやくせんばん》。なぜ居眠《いねむ》る。

白雲　イエイエ勿体《もったい》ない。なんの眠《ねむ》りましょうぞ。
鳴神　あれ程眠《ほどねむ》ったじゃないか。
白雲　イイエ、わたくしは居眠《いねむ》りは致《いた》しませぬ。あの坊主《ぼうず》めが居眠《いねむ》りましてござります。
黒雲　コリャコリャ、其《そ》のような人《ひと》に言《い》い掛《が》けをする。お師匠様《ししようさま》、わたくしは目《め》を皿《さら》程《ほど》にして見張《みは》って居《お》ります。一臈《ろう》が眠《ねむ》りましてござります。
白雲　嘘《うそ》をつく坊主《ぼうず》め、何処《どこ》におれが居眠《いねむ》った。おのれが眠《ねむ》ったわいやい。
黒雲　おぬしが眠《ねむ》った。
白雲　おのれが眠《ねむ》った。
黒雲　イヤ、おのれとは。
白雲　おぬしとは。
　ト両僧腕《りようそううで》まくりして、かかろうとする。

○**龍神龍女の飛行を封じ**　龍神（既出）は雨を降らせる海神。龍王のこと。龍女は龍宮に住む龍王の女〔むすめ〕。八歳にして男子と化して成仏せりという。龍神龍女の活動を束縛し、雨を降らせる機能をなくさせること。○**岩窟伝い**　岩の間を伝って。＊4「緋の衣、手に珠数をつまぐり、香炉を持ちて出て来る」とある。後にはこの謡のところも竹本浄瑠璃に語らせている。＊5ここには浄瑠璃の文句を書いてないが、別本には「また踏み分くる道芝のかたえに見上ぐる冷泉の数丈をはしる滝のもと、そうそうたる庵りの内、きんぜんとして坐したまい」とある。○**風葉に因縁を知り**　風に木の葉の散るを見て、悟りを開くをいう。○**輪廻いくばくの…**　輪廻とは、人の霊魂は肉体と共に枯死せず、転々他の肉体にうつり、無始無終、生死の境をめぐるをいう。あたかも車輪の如くなるよりいう。輪廻の理はいつになったら悟るであろう。○**三摩地門**　「三摩地」は三昧に同じ。心思を一事に集注して他念なきこと。その三昧に入る門。○**感得応護…**　「感得」は我信心の神仏に通じ、その望むものを得ること。「応護」は諸仏・諸菩薩が衆生の所願に応同し、衆生を保護するをいう。信心に対し、仏が応え、慈悲をかけて下さるをいう。○**大聖不動明王**　大聖は徳の高きにいう。不動明王は仏教にいう五大明王の一で、大日如来が一切の悪魔を降伏するために、変化して怒りの姿を現わしたもうたもの。鳴神上人は不動明王に祈誓をかけていたからこう念じた。＊**6**浄瑠璃の文句として「祈りの声は山彦の響きにつれて鈴の音も物凄くこそ聞えけり」とある。○**緋扱帯**　深紅のしごき帯。「しごき帯」とは一幅の布を然るべき長さに切り、しごいて帯としたもの。○**片肌ぬぎ**　素肌を片方見せるように、片肌を脱ぎて。○**肩に薄衣を掛け**　薄き衣をかけて、肌のすき通って見えるようにして現われる。なまめかしい。○**かかりにて**　とっかかり、初まりにて。＊**7**この浄瑠璃から嘉永四年五月市村座所演本では清元がはいり、竹本との掛合になる。清元「かかる山路も後の世のかたみと聞けば当摩もる松の落葉を袖も張り覆えと人やとがめんと。夕山桜ちりてさえ、夫とし言えば山鳥の尾上へだつる片羽のつばさ、その筐こそあだなれと、肩にかけまくいつの世に逢い見ん事は松虫のなく音も細き歌念仏」。当麻姫のセリフ「忘れねばこそ夢も結ばず幻の影ぞ立ちそうあずまやの、迷いを洗うあかの水、南無阿弥陀仏南無阿弥陀仏」。清元「なまいだなまいだなまいだなまいだおうごの撞木滝津瀬にいとど哀れや響くらん」。竹本「上人耳を傾けて」とあって、鳴神の「一鳥啼かず云々」のセリフになる。○**一鳥鳴かず…**　鳥の声一つせず、ひっそり閑として、山は静まり返っている。○**惰弱千万**　なまけて意気地なきこと甚だし。

鳴神　コリャ、どうじゃ。
両人　ハイ。（ト静《しず》まる。）
鳴神　それが※沙門《しゃもん》の行跡《ぎょうせき》か。よいわ。眠《ねむ》らざ眠《ねむ》らぬにしてやろうが、鉦《かね》の音《ね》を聞《き》いたか。
両人　エエ。
鳴神　イヤサ、鉦《かね》の音《ね》を聞《き》いたか。
両人　何《なん》でござります。
鳴神　ソレ、それじゃ。それが眠《ねむ》らぬと言《い》わるるかやい。何《なん》とも合点《がてん》の行《ゆ》かぬ事《こと》じゃ。鳥《とり》も通《かよ》わぬ山岳《さんがく》なれば、愚僧《ぐそう》とそち達《たち》と、三人《にん》より外《ほか》に人《ひと》はないが。
両人　さようでござります。
鳴神　それに遥《はる》か滝壺《たきつぼ》の辺《ほと》りに聞《きこ》えて、さも悲《かな》しげなる声音《こわね》にて念仏《ねんぶつ》申すは。
両人　エエ。（ト両人《りょうにん》怖《こわ》がる思入《おもいいれ》にて慄《ふる》う。）
鳴神　ハテ、心得《こころえ》ぬ事《こと》じゃ。妖怪《ようかい》の類《たぐい》か。但《ただ》しは幽霊《ゆうれい》か。
ト両人《りょうにん》、大《おお》きに怖《こわ》がる。
鳴神　僧《そう》、滝壺《たきつぼ》の元《もと》へ行《い》て、見届《みとど》けて来《こ》い。

両人　エエ。（ト両人《りようにん》、大《おお》きに肝《きも》を潰《つぶ》し、驚《おどろ》く。）
鳴神　行《ゆ》かぬか。
両人　アイ、（ト慄《ふる》う。）
鳴神　ハテ、行《ゆ》かぬか。
両人　畏《かしこ》まりました。
白雲　黒雲坊《こくうんぼう》、師《し》の御坊《ごぼう》の御意《ぎょい》じゃ。行《い》て見《み》い。
黒雲　エイ。
白雲　早《はや》く行《い》っておじゃれ。
黒雲　コレ、そなたは一臈《ろう》じゃないか。
白雲　それが何《なん》とした。
黒雲　コレ、膳《ぜん》に坐《すわ》る時《とき》には其方《そなた》が先《さき》へ坐《すわ》るか、又《また》おれが先へ坐るか。
白雲　そりゃ一臈じゃさかい、※おれが先へ坐るが、それが何《なん》とした。
黒雲　サア、それじゃに依《よ》って、其方《そなた》が先へ見て来《き》やれということじゃ。
白雲　コリャヤイ、膳《ぜん》と幽霊《ゆうれい》と一口《ひとくち》に言《い》わるるものか。何《なん》でもこの一臈《ろう》の言《い》うことに随《したが》わぬか。
黒雲　何《なん》ぞというと一臈呼《ろうよば》わりをするが、一臈じゃに依《よ》って、先《さき》へ行《ゆ》きやれと言《い》うが、わしが誤《あやま》りか。サア、其方《そなた》行《ゆ》きやいのう。

白雲　イヤ、わごりょ行《ゆ》きやれ。

黒雲　ハテ、其方《そなた》行《ゆ》きやいの。

白雲　言《い》う事《こと》を聞《き》かぬと、くらわすぞよ。

黒雲　イヤ、わごりょをくらわすぞよ。

白雲　イヤ、此奴《こいつ》が。

ト両僧《りょうそう》、腕《うで》まくりして※はり合《あ》おうとして、その手《て》を見付《みつ》けらるる。

鳴神　そりゃ、なんじゃ。

黒雲　ハイ、此《こ》のような※つくね薯《いも》がござりまするなら、※お前《まえ》の菜《さい》に致《いた》そうと存《ぞん》じて。

鳴神　たわけめが。イヤ、あいつはあいつとも思《おも》うが、そなたのその手付《てつ》きはなんじや。

白雲　ハイ、此《こ》のような蕪《かぶら》が見《み》えましたら、汁拵《しるこし》らえて置《お》こうと存《ぞん》じまして。*8

鳴神　大《おお》だわけめが。

両人　ハイ。

ト両僧《りょうそう》、静《しず》まる。

○**沙門**　出家して道を修する人。僧侶。○**さかい**　京阪地方の方言で、「……だから」「……が故に」に当る。これは大阪上演の時の台本である故でもある。○**はり合おうとして**　「はる」は横さまにうつ、平手で叩きうつの意。なぐり合おうとして。○**つくね薯**　仏掌薯と書く。やまのいもに似た形をし、地下茎大きく塊をなす。擂ってとろろにする。「つくいも」ともいう。相手を擲ろうとして振上げた手を薯にたとえたおかしみ。○**お前の菜**　今は「お前」を同輩又は目下の者を呼ぶ代名詞として用いるが、元来は敬称である。「菜」は副食物。あなたのおかず。＊8つくねいもと言い、蕪と言い、握って振り上げた手の始末をつけようとしたおかしみであるが、蕪という代りに「わらび」などといっている場合もある。

鳴神　両僧《りようそう》ともに、争《あらそ》いを止《や》めて見《み》て来《こ》い。
両人　畏《かしこ》まりました。
黒雲　よい気味《きみ》の。お師匠様《ししようさま》に叱《しか》られて、ワアイ。
白雲　それで、おれが行《ゆ》こうというものを、おのれが出《で》しゃばって、エエ、サア、おれに附《つ》いて来《こ》い。
黒雲　附《つ》いて行《ゆ》かいで。誰《だ》れがまた一人《ひとり》行《※ゆ》くもので、気味《きみ》の悪《わる》い。
白雲　サアサア、先《さき》へ行《ゆ》け。
黒雲　其方《そなた》行《ゆ》かっしゃれ。
白雲　そち行《ゆ》け。

黒雲　其方《そなた》から行《ゆ》かっしゃれいのう。
白雲　行《ゆ》かぬか。
　ト両人《りようにん》、また争《あらそ》う。
鳴神　ハテ、早《はよ》う行《ゆ》かぬか。
両人　アイイイイ。
　トおずおずさし足《あし》にて滝壺《たきつぼ》へ行《ゆ》き、雲《くも》の絶間《たえま》が顔《かお》を見《み》て両人肝《りようにんきも》を潰《つぶ》し、又本舞台《またほんぶたい》へ戻《もど》り、
白雲　ハテ、見事《みごと》なものじゃ。
黒雲　※けうといけうとい。※目恥《めはず》かしいか。マア、あのような美《うつく》しいものを見《み》たは今《いま》が初《はじ》めてじゃ。
白雲　※とっく行《ゆ》けとっく行《ゆ》け。※無類大極上々吉飛切《むるいだいごくじようじようきちとびき》りじゃ。マア、あれはなんであろうと思《おも》うぞ。
黒雲　アア、其方《そなた》は愚昧《ぐまい》なものや。何《なん》であろうとは、ありゃ女子《おなご》じゃ。
白雲　サア、女子は知《し》れてあるわい。ただの女《おんな》ではない。ありゃ人間《にんげん》ではないぞよ。
黒雲　おれもそう思《おも》うて居《い》るぞ。
白雲　先《ま》ず、わごりょはなんじゃと思《おも》うぞ。推《すい》して見《み》い。

黒雲　※三寸俎板見抜《ずんまないたみぬ》いた。
白雲　どう見抜《みぬ》いた。
黒雲　※天人《てんにん》じゃ。
白雲　天人《てんにん》という証拠《しょうこ》は。
黒雲　ハテ、美《うつく》しいものを、天人《てんにん》のようなと言《い》うじゃないか。その上《うえ》、肩《かた》にかけたを見《み》や。ありゃ、アレ、※天《あま》の羽衣《はごろも》じゃ。師《し》の坊《ぼう》の行力《ぎょうりき》で、世界《せかい》に水《みず》がないによって、羽衣《はごろも》を爰《ここ》へ洗濯《せんたく》に来《き》たのじゃ。
白雲　イヤイヤ、目違《めちが》いじゃ。ありゃ龍女《りゅうじょ》じゃ。
黒雲　龍女《りゅうじょ》という訳《わけ》は。
白雲　ハテ、師《し》の坊《ぼう》の行力《ぎょうりき》で、世界《せかい》の龍神《りゅうじん》龍女《りゅうじょ》は、これ爰《ここ》な岩窟《がんくつ》へ皆封《みなふう》じ籠《こ》められて、そこで雨《あめ》が降《ふ》らねば、海《うみ》も川《かわ》も地《ち》も皆干上《みなひあ》がり切《き》って居《い》るによって、龍女の居所《どこ》がない。正《まさ》しく龍宮で見世《みせ》を追《お》われたものじゃ。今世界《いませかい》に水《みず》というものは、この滝《たき》ばつかりじゃ。そこで封《ふう》じ込《こ》められた龍神の、一門一家《もんけ》に逢《あ》いに来《き》たのじゃ。龍女に極《きわ》まった龍女に極《きわ》まった。
黒雲　エエ、※滅相《めっそう》な坊主じゃなア。これ、龍女というものは、頭《あたま》の上に※生貝《なまがい》か海老《えび》が付《つ》いてある筈《はず》じゃ。イヤ※海老《えび》は師匠《ししょう》へのさし合《あ》いじゃ。龍女じゃない。あの美しいところが、天人《てんにん》に極《きわ》まったわいの。
白雲　ハテ、龍女じゃ。
黒雲　イヤ、天人じゃ。
白雲　龍女じゃというのに。
黒雲　天人じゃというのに。
白雲　また此奴《こいつ》、口答《くちごた》えするか。*9
黒雲　言《い》う事言《ことい》わいでなんとしょう。
白雲　喰《くら》わすぞよ。
黒雲　※はってこますぞよ。
白雲　イヤ、此奴《こいつ》が。

○**行くもので**　行くものであろうぞ。行くものだい、行かない。ものでの「で」は「だい」の約。○**けうとい**　気疎い。驚くべし。たまげたものだ。○**目恥かしい**　目が恥かしがる。「目」には別に意味はない。見る目も恥かしい。○**とっく行け**　疾く行け、早く行って見ろ早く行って見ろ。○**無類大極上々吉飛切り**　何れも最上級の文句を、調子に乗って並べたてたのである。○**三寸俎板見抜いた**　諺。三寸の厚みある俎板を、裏まで見抜くの意。容易ならぬ難問を解決する、見極めるをいう。○**天人**　天上に棲むという想像上の人。天上を飛行する女性の姿が画として現わされて居り、頭に華鬘〔けまん〕をつけ羽衣を着ている。美しい女の象徴とされている。○**天の羽衣**　前項の天女の身につけている羽衣。絶間姫の薄衣を指した。○**滅相な**　滅相は仏語にて、業尽き命終りて、身体もまた壊滅すること。これを語源として、頭から否定する場合、形容の詞として用いる。法外な。ひどい。○**生貝**　なまの貝。画かれた龍女の頭には貝だの海老だのがついている。○**海老は…**　鳴神上人に扮する役者が市川海老蔵なので、それを当てこんでさしさわりがあると言ったので、上演毎に変更もするし、省略されもする。＊9美しいものを列べるのに、小野の小町の幽霊だとか、楊貴妃の幽霊だとかと言い争う台本もある。○**はってこます**　揶ってへこます。やっつける。

ト片肌脱《かたはだぬ》ぎ、互《たが》いに喰《くら》わそうとする。又見付《またみつ》けられて、

鳴神　そりゃなんじゃぞ。
黒雲　ハイ。
鳴神　イヤサ　その手《て》はなんじゃや。
黒雲　※池《いけ》のどん亀《がめ》なら、潜《くぐ》るべいとや。
白雲　ずぼんぼえ。※
黒雲　ずぼんぼえ。（ト踊《おど》る。）
鳴神　大《おお》だわけめが。エエ、おのれ等《ら》では※落着《らくぢゃく》せまい。※結跏趺坐《けっかふざ》して黙《もく》して居《お》ろう。
両人　ヘイ。（トかしこまる。）

鳴神　よいわ。愚僧《ぐそう》が見届《みとど》きょう。
　ト滝壺《たきつぼ》の方《かた》を見返《みかえ》り、
　これこれこれ。
絶間　エエ。
両人　エエ。
鳴神　※黙《だま》ろう。ハテ心得《こころえ》ぬ。※飛禽走獣《ひきんそうじゅう》だに通《かよ》い難《がた》き山路《やまじ》を経《へ》て、さも※やごとなき女性《にょしょう》の身《み》の、※峨々《がが》と聳《そび》えし瀑布《ばくふ》の前《まえ》に立《た》ったるは、アラ訝《いぶか》しやなア。まず、こなたは何《なに》人《びと》じゃ。
絶間　わたしかえ。
両人　わたしかえ。
鳴神　黙《だま》ろう。
両人　ハイ。
鳴神　なる程《ほど》、其方《そなた》の事《こと》じゃ。
絶間　アイ、自《みずか》らは遥《はる》かこの山《やま》の麓《ふもと》の者《もの》でござんする。語《かた》るにつけて懐《なつ》かしや、自《みずか》らは連合《つれあ》いに別《わか》れました者《もの》でござんすわいなア。*10
鳴神　夫《おっと》に放《はな》れたとか。

絶間　アイ。（ト泣《な》く。）
鳴神　生別《いきわか》れか、死別《しにわか》れか。
絶間　アイ、死別《しにわか》れでござんす。
鳴神　南無阿弥陀仏南無阿弥陀仏《なむあみだぶつなむあみだぶつ》。
絶間　しかも、今日《きょう》が丁度七七日《ちょうどにち》。
鳴神　四十九日《にち》となったか。
絶間　アイ。
鳴神　南無阿弥陀仏南無阿弥陀仏《なむあみだぶつなむあみだぶつ》。
絶間　※形見《かたみ》こそ今《いま》はあだなれ是《こ》れなくば、忘《わす》るる時《とき》もあらましものを、※あらあらしきこの薄衣《うすぎぬ》、浮世《うきよ》の垢《あか》を濯《すす》がんと存《ぞん》じましても、如何《いか》なる事《こと》にや、百日余《にちあま》りも日照《ひで》りして雨降《あめふ》らねば、井《い》の水《みず》も涸《かわ》きまして、単衣《ひとえ》を洗濯致《せんたくいた》しましょうにも、水《みず》がございませぬ。承《うけたまわ》りますれば、この山《やま》の※滝津瀬《たきつせ》は、かかる旱魃《ひでり》にも水絶《みずた》えず、清水流《せいすいなが》れます名水《めいすい》じゃとござりまするによって、女子《おなご》の身《み》の踏《ふ》み馴《な》れぬ山路《やまじ》を登《のぼ》って、これまで参《まい》りましたは、夫《つま》の形見《かたみ》を洗《あら》いに参《まい》りましてござりまする。床《ゆか》しき夫《つま》の形見《かたみ》なれば自《みずか》らが心《こころ》の内《うち》を、御推量《ごすいりょう》なされて下《くだ》さりませいなア。（ト泣《な》く。）

○池のどん亀…　「どん亀」は団亀（ドロガメの転）、すっぽんのこと。振り上げた手をとがめられての言訳だが、子供の遊びにあるのを持ち込んだのである。**○ずぼんぼえ**　江戸にも明治の初期までは残っていた子供の遊びで、細長い紙片の四隅に重りの小石などを貼りつけ、それを二つ畳の上に置き、扇にてあおぐと、二疋の獅子が踊るように見えるのである。二疋の獅子ということにはなっているが、由来はスッポンなのであろう、囃し言葉にも「ずぼんぼやすぼんぼや、ずぼんぼヤレこりゃつらにくや、池洲のどん亀なりやこそ、酒〔ささ〕の相手にずぼんぼや」とある。「ずぼんぼや」とか「ずぼんぼえ」と囃しながら踊るのも、そこから来ている。子供の遊びであった。それを持ち込んだ悪ふざけである。**○落着せまい**　片附くまい。**○結跏趺坐**　仏語で、禅定修行の坐相。右の足を左足のももの上に安んじ、左の足を右のももの上に安んじ、両趺〔あし〕を組合せて坐すること。**○黙ろう**　黙り居ろう。黙って居よ。**○飛禽走獣だに**　自由自在に飛び走ることの出来る鳥や獣でさえも。**○やごとなき**　やんごとなき。ただならざる。極めて貴い。**○峨々**　山高く嶮しい形容。**＊10**ここに浄瑠璃がある。清元「世に便りなきうき事の浮世の中を住みわびし、やもめ女にそうろうぞや」。**○形見こそ…**　『古今集』の巻第十四、恋歌四の中にある、題しらず読人しらずの歌。亡き夫のこの形見があるのが今の私の悩みの種である。この形見さえなかったら悩みも忘れられるであろうものを。**○あらあらしき**　甚だ粗末な。**○滝津瀬**　滝のこと。

鳴神　さてさて哀《あわ》れな物語《ものがたり》じゃのう。見《み》れば若《わか》い身《み》そうなが、去《さ》るものは日々《ひび》に疎《うと》しと、夫《おっと》の事《こと》も打忘《うちわす》れて、※褄《つま》をも重《かさ》ぬべき※容儀《ようぎ》の女《おんな》、きっと貞女《ていじょ》の操《みさお》を立《た》て、攀《よ》じ登《のぼ》ったる志《こころざし》、ハテ感涙《かんるい》至極《ごくいた》致したが、それ程《ほど》の仲《なか》ならば、夫《おっと》に連《つ》れ添《そ》うたる間《あいだ》、いこう仲《なか》がよかったであろう、そうかそうか。

絶間　仲《なか》のよい段《だん》かいなア、天《てん》にあらば※比翼《ひよく》の鳥《とり》、地《ち》にあらば※連理《れんり》の枝《えだ》と、言交《いいかわ》した
る越《こ》し方《かた》を、思《おも》えば思えば※おはもじいやら、面白《おもしろ》いやらでござんしたがなア。
鳴神　※煩悩即菩提《ぼんのうそくぼだい》、婦人《ふじん》に対《たい》して斯《か》くの如《ごと》き詞交《ことばかわ》すも因縁《いんねん》というものじゃ。※即仏往《そくぶつおう》
生《じょう》の為《ため》じゃ。その話が聞《き》きたいものじゃが。
絶間　せめてお話ししてなりとも、心《こころ》の憂《う》さを晴《は》らしとうござりまする。なんと、お
話し申しましょうかいなア。
鳴神　そりゃよかろう。サア、話《はな》さっしゃれ話《はな》さっしゃれ。
絶間　サア、話《はな》しましょうが、其所《そこ》と爰《ここ》と遥《はる》か隔《へだ》たって居《お》りまする。低《ひく》う話《はな》しました
らば、お耳へもはいりますまい。高《たこ》う申しましたらば、山彦《やまびこ》が答《こた》えて凄《すさ》まじゅうご
ざりましょう。どうぞお側《そば》へ寄《よ》って、近《ちこ》うお話《はな》し申し度《た》いものじゃが、お側《そば》へは行《ゆ》
かれませぬかいなア。
鳴神　ちっとも※だんない事《こと》じゃ。爰《ここ》へおじゃれ。それから話しては滝《たき》の音《おと》に紛《まぎ》れて、
中々《なかなか》耳へは入《はい》るまい。爰《ここ》へおじゃ爰《ここ》へおじゃ。
絶間　ハイ、行《い》てもだんないかえ。
鳴神　だんないとも、サア、爰《ここ》へおじゃ爰《ここ》へおじゃ。
絶間　そんなら参《まい》りましょう。

○褄をも重ぬべき　「褄重」に「夫重」を通わせた。夫の外に男をもっても差支えない。『新古今集』に「さらぬだに重きが上のさよ衣我がつまならぬつまな重ねそ」というのがある。**○容儀**　みめ。なりふり。**○比翼の鳥**　中国の伝説に、雌雄二鳥何れも一目一翼で常に一体になって飛んだという。夫婦深く親愛して離れがたい関係にある譬え。**○連理の枝**　一樹の枝が他樹の枝と相連なりて、木理の相通ずること。夫婦、男女の契深い譬喩。白居易「在レ天願作二比翼鳥一、在レ地願為二連理枝一」。**○おはもじい**　「はずかしい」の女房言葉。**○煩悩即菩提**　煩悩とは无明貪愛のまよい、情慾願望のまよいである。菩提とは無上の正道、無上の正覚・仏果を得ること、仏道のさとりである。煩悩はやがて菩提に入るべき路の意。**○即仏往生**　現在身にてそのまますぐに仏となり、極楽浄土へゆく。**○だんない**　だいじない。かまわない。

ト滝壺《たきつぼ》を離《はな》れて本舞台《ほんぶたい》へ、つかつかと来《く》ると、白雲坊《はくうんぼう》立ち塞《ふさ》がり、

白雲　コリヤ、ならぬぞならぬぞならぬぞ。※ずんどならぬぞ。

絶間　でも、お師匠様《ししょうさま》のお許《ゆる》しでござんす。

白雲　何《なん》のお許《ゆる》し、師匠《ししょう》の仰《おお》せ渡《わた》されでも女人禁制《にょにんきんぜい》。

黒雲　禁制禁制《きんぜいきんぜい》。※東方白龍白蛇《とうほうはくりゅうはくだ》、※誓文《せいもん》くっされならぬぞくっされならぬぞ。

白雲　アア、穢《けが》らわしい。※七里《り》けんばい七里《り》けんばい。

黒雲　オオ、七里《り》けんぱい。※しっちんが一ちん、二ちんがさっちん、二一天作《てんさく》の※ごんご道断《どうだん》の女人《にょにん》、飛《と》びしさろう。

白雲　そうじゃ。この壇場《だんじょう》へ女《おんな》を入《い》れては、行法《ぎょうほう》の算盤《そろばん》が合《わ》わぬわい。
黒雲　南無《なむ》※ぱちぱち算用《さんよう》そわか。
絶間　アレ、あのように言《ゆ》うてござんす。
鳴神　よいよい。あのように言《い》う筈《はず》じゃ。壇場《だんじょう》近《ちか》く女《おんな》は寄《よ》る事《こと》はかなわぬ。よいワ。両僧《りょうそう》が膝許《ひざもと》近《ちか》く寄《よ》って、それで話《はな》しゃれ。
絶間　アイアイ。そんなら爰《ここ》で話《はな》しましょう。お二人様《ふたりさま》も、よう聞《き》いて下《くだ》さんせ。
黒雲　アア、寄《よ》るまいぞ寄《よ》るまいぞ。
白雲　そうじゃ。※外面如菩薩《げめんにょぼさつ》、内心如夜叉《ないしんにょやしゃ》じゃ。
黒雲　※しゃっとも寄《よ》って見《み》い。サア、遠《とお》くに居《い》る程《ほど》に、話《はな》した話《はな》した。
絶間　オオ、仰山《ぎょうさん》な。
黒雲　ニア、一臈《ろう》。
白雲　オオ、師匠《ししょう》の言《い》いつけじゃ。
絶間　さらば、話《はな》しましょうか。
三人　さらば、聞《き》こうか。
絶間　恥《はず》かしながら、その殿御《とのご》に馴《な》れ初《そ》めたはナ、遠《とお》い事《こと》でもござんせぬ。こぞの春《はる》、弥生《やよい》なかば、※清水《きよみず》の花見《はなみ》に行《い》たと思《おも》わしゃんせ。見渡《みわた》せば、柳桜《やなぎざくら》をこきまぜて、※都《みやこ》ぞ春《はる》の錦《にしき》というは、あの※音羽山《おとわやま》の事《こと》でござんす。*11 幕打廻《まくうちまわ》して爰《ここ》には琴《こと》の爪《つま》音《おと》、彼所《かしこ》では三味線鼓《しゃみせんつづみ》の音《ね》、唄《うた》うやら舞《ま》うやら、イヤモウ、※たまったものではござんせぬ。わしも父様母様《ととさまかかさま》の許《ゆる》しを受《う》けて、盛《さか》りの花《はな》を見《み》るうちに、幕《まく》の外面《そとも》に、年《とし》の頃《ころ》は二十歳《はたち》ばかりの殿御《とのご》が、※すんがりと立《た》って、わたしが幕《まく》の内《うち》を覗《のぞ》いて居《い》さしやんしたわいなア。フット、わたしが幕《まく》の内《うち》から見付《みつ》けたと思《おも》わしゃんせ。その殿《との》御《ご》の気高《けだか》さ、可愛《かわい》らしさというものは、目付《めつ》きなら口許《くちもと》なら、イヤモウ、どうも言《い》われた事《こと》ではないわいなア。とんとわたしが方《ほう》から、いとしゅうなったと思《おも》わしゃんせ。

白雲　アノ、※近付《ちかづ》きでもないのに。

絶間　サイナア、その可愛《かわい》らしさというものが、ほんに※身柱許《ちりけもと》から。

黒雲　ぞっとしたか。

絶間　ぞっとした段《だん》かいなア。

黒雲　がたがたと慄《ふる》うたか。

絶間　慄《ふる》うた段《だん》かいなア。そうしたればな、寒《さむ》うなったり又熱《またあつ》うなったり、その殿御《とのご》の顔《かお》に見惚《みと》れ果《は》てたと思《おも》わしゃんせ。

白雲　面白《おもしろ》い面白い。

黒雲　こりゃたまらぬわい。

○**ずんど**　ずんとに同じ。すぐれて、ぐっと、ずっと。転じて、どうしても、決して。○**東方白龍白蛇**　白龍も白蛇も清らかなもの、清浄無垢であるから、東方即ち日本国の清浄なる神体を言ったものであろう。○**誓文くっされ**　『恋八卦柱暦』にも「八百貫目や八千貫は、せいもんくっされ、利なしでやんす」とあり、「誓文腐〔くっさ〕れ」は誓っての意。○**七里けんばい**　七里結界の訛伝。結界は僧侶の仏道修行のため、一定の地域を定めて、障害を入れさせないようにするをいう。七里四方を結界する。断じて近づけぬこと。荻生徂徠の随筆『南留別志〔なるべし〕』に、「俗語に七里けんばい、又けんばいをふるうなどいうことあり。見敗とかく。見敗見敗家という呪文あり。悪魔を払い遠ざくる文なり」とある。○**しっちんが一ちん**　算盤の算法。前の「七里けんぱい」と同じような語呂を列べたにすぎない。○**ごんご道断**　前の二一天作の五の「ご」をつかまえて「ごん」とし、言語道断と洒落たのである。○**ぱちぱち算用そわか**　「蘇波訶〔そわか〕」は光明真言の結句である。前に算盤を言い出したので、やはり「ぱちぱち算用」を承けたのである。○**外面如菩薩、内心如夜叉**　女子の顔のやさしく柔和に見えるが、その心根の険悪恐るべきをいう。○**しゃっとも**　ちょっとでもの意か。○**清水**　京都の清水。清水寺を音羽山と称する。清水寺は法相宗の寺で音羽山の半腹にあるので、殿舎が崖にかかり、舞台上からの見晴しがよい。なお清水寺は西国三十三ヵ所の第十六番目に当る。○**都ぞ春の錦**　『古今集』巻第一、素性法師の歌「花ざかりに京を見やりてよめる」と題し「見わたせば柳桜云々」とある。「都」は京。○**音羽山**　京都清水寺を称しあるいはその附近一帯をも意味する。＊11後の台本では、「見渡せば」から以下を清元に取り、また花見の有様の時には黒雲、白雲両坊が踊るようになっている。○**たまったものではござんせぬ**　とてもたまりません。○**すんがり**　すらすらと伸びているをいう。○**近付き**　面識ある人。知人。○**身柱許**　身柱は灸所の名で、項の下、両肩の中央の処、ぼんのくぼである。ぼんのくぼの辺り。

絶間　そしたればな、その殿御《とのご》もいたずらな、あっちからわたしが顔《かお》を、ジッと見《み》るようで見《み》ぬようで見《み》るようで、※つっくりと立《た》って居《い》さしゃんしたと思《おも》わしゃんせ。

白雲　うまいワうまいワ。

黒雲　※氷砂糖《こおりざとう》で餅《もち》を喰《く》うようなものじゃ。

絶間　時《とき》に、かの殿御《とのご》が懐《ふところ》から、短冊《たんざく》を出《だ》して、※矢立《やたて》の筆《ふで》に墨《すみ》を含《ふく》ませて、一首《しゅ》の歌《うた》を、さらさらと書《か》いて、*12わたしが腰元《こしもと》を招《まね》いて、これをあなたへあげてくれいとて、わしがところへ送《おく》らしゃんしたと思《おも》わしゃんせ。その手《て》の美《うつく》しさというものが、イヤモウ、どうも言《い》われた事《こと》じゃござんせぬわいなア。

両人　※能書《のうじょ》か能書《のうじょ》か。

絶間　能書《のうじょ》とも能書《のうじょ》とも。※行成《ごうぜい》ように書《か》かしゃんしたわいなア。

白雲　エエ、とっく行《ゆ》けとっく行《ゆ》け。

絶間　その短冊《たんざく》を見《み》れば、面白《おもしろ》い古歌《こか》を書《か》かしゃんした。

白雲　その歌《うた》は。

絶間　※見《み》ずもあらず、見《み》もせぬ人《ひと》の恋《こい》しきは。

白雲　見《み》ずもあらず、
黒雲　見《み》もせぬ人《ひと》の、
白雲　恋《こい》しきは、
絶間　アア、なんとやらいう下《しも》の句《く》でござんした。
白雲　それを忘《わす》れるという事《こと》があるものかい。
黒雲　板《いた》に書《か》いて帯《おび》に括《くく》り付《つ》けて置《お》いたがよい。
鳴神　ま一度《ど》吟《ぎん》じて見《み》やしゃれ。
絶間　「見《み》ずもあらず見《み》もせぬ人《ひと》の恋《こい》しきは」。
鳴神　「あやなく今日《きょう》や眺《なが》め暮《くら》さん」という、下《しも》の句《く》ではなかったか。
絶間　ほんに、そうでござんす。
鳴神　してして、どうじゃ[*13]。
絶間　とんと、それから面白《おもしろ》うなったと思《おも》わしゃんせ。
両人　その筈《はず》その筈《はず》。
絶間　そこでわしが※局《つぼね》を呼《よ》んで、あなたのお名《な》を早《はよ》う聞《き》いておじゃ、何国如何《いずくいか》なる所《ところ》に、お住《す》みなさるるお方《かた》じゃ、早《はよ》う聞《き》いておじゃと言《い》いつけて、局《つぼね》をやったと思《おも》わしゃんせ。

両人　言《い》うたか言《い》うたか。
絶間　言《い》わしゃんせぬわいなア。その憎《にく》さが、人《ひと》にものを思《おも》わせて、やつがれは名《な》もなきものにて候《そうろ》う、住居《すまい》は※嵯峨野《さがの》の奥《おく》の片《かた》ほとり、住居捨《す》てたる草《くさ》の庵《いおり》とばかり言《い》うて、去《い》なしゃんしたわいなア。
白雲　それを問《と》わぬという事《こと》があるものか。
黒雲　残念千万《ざんねんせんばん》な。

○つっくりと　つうっと。すうっと。**○氷砂糖で餅を喰う**　氷砂糖は白砂糖を煮て、玉子の白身を入れて灰汁を去り、青竹の割りたる中に入れて凝結せしめたるもの。上等の砂糖である。その氷砂糖をつけて餅を喰うようにうまいといって、前のセリフに合わせたのである。**○矢立**　墨壺に柄があって、柄の中へ筆を入れるように出来ていて、帯などに挟んで、携帯に便利なもの。**＊12**次の腰元を招くというセリフの前に清元がある。「薫りも高き紅梅の、その色紙につやかけし、硯の墨の筆染めて、さらさらと走り書き」。**○能書**　上手な筆蹟。**○行成よう**　行成ぶりとも。能書家藤原行成は権大納言。平安時代中期、小野道風、藤原佐理とともに三蹟と称される。**○見ずもあらず**　『古今集』巻第十一、恋歌一、在原業平の歌。「右近の馬場のひおりの日むかいにたてたりける車の下簾より女の顔のほのかに見えければよみて遣しける」という題がある。歌の意は、一向に見ぬでもなく、たしかに見たのでもない人が心にかかるが、このように恋しく思うからは、何の詮もなく今日は一日辛気に思って暮そうことか。**＊13**後の台本には、ここに「壇場より思わず珠数を取り落す」というト書きがある。**○局**　部屋を有している女官。**○嵯峨野**　山城国葛野郡（現在、京都市の右京区内）。大堰川を帯び、古来高貴の別荘あり。洛西の勝地。

絶間　イヤ、残《のこ》り多《おお》いやら、気《き》が揉《も》めるやら、わしが心《こころ》は、どうも斯《こ》うもなったこっちゃござんせぬ。ヤレ、※留《と》めましや、呼《よ》び返《かえ》しやと言《い》ううちに、[*14]入相《いりあい》の鐘《かね》に花《はな》ぞちりぢりに、花見《はなみ》の衆《しゅ》も去《い》ぬると思《おも》わしゃんせ。そうするとお乳《ち》や腰元《こしもと》が、サア、お前《まえ》もお帰《かえ》りなされませと言《い》うて、無理《むり》に乗物《のりもの》に乗《の》せられて、その日《ひ》は家《うち》に戻《もど》ったわいなア。

両人　南無妙法蓮華経《なむみようほうれんげきよう》。

絶間　※普門品《ふもんぼん》の功徳《くどく》というものは、きついものでござんす。観音様《かんのんさま》に願《ねが》いをかけておけばなア。あらたかなお告《つ》げにあずかった、その男《おとこ》に逢《あ》おうと思《おも》わば、供《とも》も連《つ》れず只一人《ただひとり》、雪《ゆき》の降《ふ》る夜《よ》も、心《こころ》を尽《つく》して通《かよ》えと有難《ありがた》い夢《ゆめ》の告《つ》げがあったと思《おも》わしゃんせ。

両人　奇妙奇妙《きみようきみよう》。

絶間　奇妙《きみよう》な段《だん》ではない。その有難《ありがた》さ嬉《うれ》しさというものが、イヤモウ、詞《ことば》に述《の》べられたものじゃござんせぬ。その夜みんなを寝させて置いて、たった一人、嵯峨野《さがの》の奥《おく》まで行《い》たわいなア[*15]。

両人　※きついきつい。

絶間　昼《ひる》さえ道《みち》を知《し》らぬのに、※東山《ひがしやま》を上《あが》ったり又下《またお》りたり、しかも真《しん》の闇《やみ》になア。とうとう嵯峨野《さがの》へ行《い》たと思《おも》わしゃんせ。したればなア、大きな川があったと思《おも》わしゃんせ。

白雲　あるともあるとも、※大井川《おおいがわ》か※桜川《さくらがわ》か。

黒雲　※桂川《かつらがわ》か。*16

絶間　サイナア。その川を渡《わた》ろうと思《おも》うても、船《ふね》はなし橋《はし》はなし。たとえ水《みず》に溺《おぼ》れて死《し》ぬるとも、この川を渡《わた》って逢《あ》わにゃおかぬと思《おも》うてな。さらばこの川渡ってのきようと思《おも》うてな、ほんに昼《ひる》ならよいものか、闇《やみ》を便《たよ》りに川渡《かわわた》り、女子《おなご》の身《み》で大胆《だいたん》な、裾《すそ》をぐっと絡《から》げてなア。

白雲　捲《まく》ったか捲《まく》ったか。

絶間　アア、捲《まく》った段《だん》かいなア。とんと※裳裾《もすそ》を絡《から》げて、

ト此《この》うち両人《りょうにん》、思入《おもいい》れさまざまあり、このうち絶間《たえま》姫《ひめ》仕《し》方話《かたはな》しを立《た》ってする。川渡りの思入《おもいい》れあるべし。

川中《かわなか》へ入《はい》りやんした。オオ冷《つめ》た。

両人　オオ、冷《つめ》た。

絶間　その冷《つめ》たさもいとわばこそ、向《むこ》うへ※ぞんぶり。
白雲　ぞんぶり。
絶間　ぞんぶり。
黒雲　ぞんぶり。
絶間　ぞんぶり。
両人　ぞんぶりぞんぶり。
黒雲　ホホオ、深《ふか》いワ深《ふか》いワ。*17
両人　これは脊《せ》が立《た》たぬワ。
　トこの間《あいだ》、三人して川を渡るという思入《おもいい》れ。白雲坊黒雲坊《はくうんぼうこくうんぼう》、川渡《かわわた》りの可笑味《おかしみ》あるべし。
白雲　これじゃによって、おれが※島田《しまだ》に泊《とま》ろうと言《い》うたのに。
黒雲　イヤ、※九十川《つづかわ》。
絶間　人《ひと》の精力《せいりよく》というものは恐《おそ》ろしいものじゃござんせぬか、向《むこ》うの岸《きし》へ渡《わた》り着《つ》いたわいの。
白雲　エエ、しぼれしぼれ。
　ト着物《きもの》をしぼる思入《おもいい》れ。

○留めましや　おとどめ申せ。「まし」は尊崇の助動詞。**＊14**ここにも清元がはいっている。「早入相の鐘の音に、花見のくんじゅが入りつどい、何のよすがもいう汐かけ」で、終りの方の、「その日は家に戻ったわいなア」のセリフになっている。**○普門品**　普門は観音菩薩が普く人を仏道に引き入れ給う所の門戸をいう。即ちこの普門の法を明かにしたる経文を普門品という。『法華経』の第二十五巻。**＊15**清元「小笹その草押し分けて、露持つ嵯峨のかくれ里、鬼一ト口も何のその、色の世界であるまいか」。**○きつい**　つよい。えらい。**○東山**　山城国京都市の東方諸山の総称。北方如意岳に起り、南下して稲荷三ケ峰に至る。概して三十六峯と称す。山勢温藉優美にして、四季の風光明媚を極め、賀茂川と相まって京の風致をなしている。**○大井川**　大堰川とも書く。京都市西南部の川で、上流を保津川、嵯峨のあたりでは大堰川という。平安時代に管絃の船を浮べて貴族が宴遊したのはこの川上。桂に至って桂川と称す。賀茂川を併せて宇治川に入る。**○桜川**　常陸国にある川。筑波山等の西麓を流れ、土浦町の南に至り霞ケ浦に入る。流程約十三里。筑波川ともいう。**○桂川**　京都市の西を流れ、淀川に入る川。上流は保津川及び大堰川。名所の嵐山は保津川と桂川との中間である。**＊16**川の名を挙げる所で、「名代の川なら隅田川隅田川」「安倍川なら大好物じゃ」「ええ意地のきたない」などというセリフのある台本もある。**○裳裾**　衣のすそ。**○ずんぶり**　ざんぶり。ザブリと。**＊17**「ずんぶり」という清元がはいっている。**○島田**　静岡県下にあり。東海道五十三次の一駅。大井川を距て、金谷と相対す。**○九十川**　「大井川」の川の縁で「九十川」と言い続けよという意を引き出す。九十川という川はない。「鈴川」の洒落であろう。

黒雲　※一帳羅《ちようら》を※らりにしたわいの。ほんに、※けんぺきまで濡《ぬ》れたわいのう。

白雲　濡《ぬ》れいで濡《ぬ》れいで。

絶間　※濡《ぬ》れぬさきこそ露《つゆ》をもいとえ。※小笹《おざさ》掻きわけ萩踏《はぎふ》みしき、足《あし》に任《まか》せて行《ゆ》く程《ほど》に、とうとうその殿御《とのご》の庵《いおり》へ辿《たど》り着《つ》いたわいなア。

白雲　着《つ》いたか着《つ》いたか。

絶間　その家居《いえい》のつき※づきしさ。枝折戸《しおりど》を押《お》しあけて、ずいと内《うち》へ入《はい》ったと思《おも》わしゃんせ。そうすると彼《か》の殿御《とのご》が、ヤレおじゃったかと言《い》うて、わしが手《て》を直《す》ぐに取《と》って、床《とこ》の内《うち》へ入《はい》ったわいなア。

白雲　※溶《と》けるわ溶《と》けるわ。

黒雲　そなたは溶《と》けるか知《し》らぬが、おれは※木《き》になった。

絶間　そうすると、何《なに》かの積《つも》る物語《ものがた》り、香《こう》をきくやら酒《さけ》を呑《の》むやら、組《く》んず転《ころ》んず転《ころ》んず組《く》んず、何《なん》の事《こと》ものう抱《だ》きついたわいな。

両人　コリヤ、たまらぬ。

ト坊主同志《ぼうずどうし》、抱《だ》きつき思入《おもいい》れいろいろあるべし。

絶間　あんまり戯《たわむ》れがあまってなア、つい※口舌《くぜつ》になったわいなア。

白雲　※咽喉元《のどもと》通《とお》れば熱《あつ》さ忘《わす》るるじゃの。

絶間　エエ、ずんと※おかしゃんせ、おくまいがなんとする、イヤ、抓《つめ》るぞえ、叩《たた》くぞ、叩《たた》いて見《み》や、叩《たた》かいではと、殿御《とのご》の頭《つむり》をぴっしゃり。

ト両人《りょうにん》が頭《あたま》を叩《たた》く。黒雲坊《こくうんぼう》痛《いた》がり、唾《つば》をつける思入《おもいい》れ。

白雲　よいワ、堪忍《かんにん》せい堪忍《かんにん》せい。

絶間　その言《※い》い上《あが》りが斯《こ》うじゃ。面白《おもしろ》うない程《ほど》に、わしゃもう去《い》ぬると言《い》や、イヤ、去《い》なす事《こと》はならぬ。イヤ去《い》なにゃおかぬと、わしがズッと立《た》って去《い》のうとする、わしが袖《そで》をじっと控《ひか》えて、そりゃあんまりむごいぞやと言《い》うて、また古歌《こか》を読《よ》ましゃんしたわいなア。

白雲　また読《よ》んだか、して、その歌《うた》は。

絶間　「明日《※あす》は又誰《またた》がなからんも知《し》れぬ世《よ》に、」

白雲　「明日《あす》は又誰《またた》がなからんも、

黒雲　知《し》れぬ世《よ》に、」

絶間　オオ、また下《しも》の句《く》を忘《わす》れた程《ほど》にの。

白雲　またかいのう。エエ、鈍《※どん》な和郎《わろ》じゃわいの。

黒雲　エエ、気《き》が抜《ぬ》けて悪《わる》い、後《あと》はどうじゃ後《あと》はどうじゃ。

絶間　サア、「明日《あす》は又誰《またた》がなからんも知《し》れぬ世《よ》に、」

鳴神　「友《とも》ある今日《きょう》の日こそ惜《お》しけれ」と言《い》うて止《と》めはせなんだか。

絶間　ほんにそうでござんしたわいな。

鳴神　してして、どうじゃ。

絶間　イヤ、なんぼうそう言《い》うて止《と》めさしゃんしても、去《い》のうと言《い》い出《だ》したからは去《い》なにゃおかぬと、走《はし》って行《ゆ》こうとしたれば、袂《たもと》を取《と》って、イヤ、やる事《こと》はならぬと言《い》うて引《ひ》かしゃんす。イヤ去《い》ぬる。イヤ去《い》なさぬ、イヤ去《い》ぬるやらぬと、引《ひ》かれる袂《たもと》を振《ふ》り切《き》って、つウいと。※

トこのうち鳴神上人《なるかみしようにん》、壇上《だんじよう》より滑《すべ》り落《お》ち、気《き》をとり失《うしな》う。*18

○**一帳羅**　一枚限りの晴着。○**らり**　乱離。散々に離れ散ること。めちゃめちゃ、さんざんにした。○**けんぺき**　けんぴきともいう。痃癖。頸より肩及額にかけて筋のひきつる病をいう。頸のあたりをいう。○**濡れぬさきこそ露をもいとえ**　諺。一旦過ちたる上は、非を遂げて憚らぬにいう。一旦濡れたからには、どうにでもなれとどしどし進む。○**小笹**　笹。「小」は接頭語。○**つきづきし**　につかわしい。ふさわしい。○**溶ける**　とろける。身も心もうっとりとして、とろけてしまうような思い。○**木になった**　木の如く堅くなった。無論下掛りの意である。○**口舌**　男女の間のいいあい。いさかい。○**咽喉元通れば…**　諺。口をやけどする程の熱い物も、咽喉を通ってしまえば忘れる。前にひどい目に逢って懲りたのも何処へやら、平気になる。ここでは、仲良しが過ぎてツイ不和になるという程の意。○**ずんとおかしゃんせ**　もうもうよして頂戴。○**言い上りが**　言い募った果が。口争いの果が。○**明日は又…**　出典不詳。○**鈍な和郎**　馬鹿な子。「和郎」はわらわ・わらわべ・おのこ・奴僕などにもいう。又人を罵りていう時には、「やつ」の意味。○**つウいと**　つうっと。すうっと。**＊18**嘉永の上演本では、鳴神が壇上から落ちるまでが、もっと濃厚になり、舞踊化した要素が多分に取り入れられている。前の絶間のセリフ「その言い上りが——」の以下が次のようになっている。セリフ「その言いがかりが昂じて、先きの殿御が腹立て、わしを内へ押入れて其身は外へ出て行かしゃんす、コレもうし」と白雲坊に衣を着せ、壇場より落した紫の袱紗を置頭巾にして、連れて出て、清元になる。「ほんに女子をそれ程に思わせぶりかうつり気が幾夜枝折に待ちあかす、宵は寝もせで暁にまどろむひまも忘れじの行末遂げぬ仇惚とさきでひぞれば恥かしながら、惚れた顔をば見せまじと、そりゃさかさまな恋すちょう逢う瀬嬉しき花のもと、忘れかねたるお姿に積る思いの嵯峨の奥、やっと来たものあんまりと取りつく袂を振り放し、外面女菩薩内証にどんな浮名があるやらと、つめつたたいつ立ちしほの」とあって、セリフ「腰折れ歌を言うたわいなア」。白雲「何と言うたぞ何と言うたぞ。」絶間「いたずらによしなき花の宿借りて。」鳴神「袂に春の香りこそすれと言うて、とめはせなんだか。」絶間「アイ、留めたわいなア。」鳴神「シテシテどうじゃ。」絶間「それがその夜の口舌の始まり、手入れ足入れ床入りの。」で清元になり「二つ枕の扱いに月もいるさの夜明のからす、可愛可愛と抱きしめて、ツイそのままに。」四人「アア、寝たかや。」絶間「アイ、寝ましたわいなア。」清元「話しにときめく上人は壇場より真逆さま、どうと落つればおどろく人々、これはとばかり仰天し。」白雲「ヤアヤア、お師匠様が落ちられた。」となっている。

白雲　ヤア、こりゃ、お師匠様《ししょうさま》が落《お》ちさっしゃったワ。
黒雲　ヤア、師匠様《ししょうさま》が目《め》を廻《まわ》さっしゃったワ。
　ト三人《にん》、大《おお》きに驚《おどろ》き狼狽《うろた》える。
白雲　お師匠様《ししょうさま》いのういのう。
黒雲　上人様《しょうにんさま》いのういのう。

絶間　上人様《しょうにんさま》、上人様《しょうにんさま》。
ト三人声々《にんこえごえ》に呼掛《よびか》ける。気《き》が附《つ》かぬ。
三人　サアサア、気《き》が附《つ》かぬワ気《き》が附《つ》かぬワ。
黒雲　こりゃ、気《き》附《つ》けがあるぞ。
ト懐《ふところ》ろより※貝殻《かいがら》を出《だ》し、明《あ》けて見《み》て、
イヤ、こりゃ、※黒砂糖《くろざとう》じゃ。
白雲　たわけ者《もの》めが[*19]。
トこのうち雲《くも》の絶間《たえま》、滝《たき》の水を手に掬《すく》うて口《くち》に含《ふく》み、口《くち》うつしに水《みず》を呑《の》まし、両人《りょうにん》手足を撫《な》でて、
白雲　ヤア、こりゃ、惣身《そうみ》が冷《つめ》とうなったワ冷《つめ》とうなったワ。
ト驚《おどろ》く、雲《くも》の絶間《たえま》、待《ま》たんせと、我《わ》が胸《むね》を開《あ》け、鳴神上人《なるかみしょうにん》を抱《だ》き起《おこ》し　肌《はだ》を合《あわ》せ温《あたた》めて呼《よ》び生《い》ける。此《この》とき鳴神上人《なるかみしょうにん》、ウンと気《き》の附《つ》きし思入《おもいい》れ。
両人　アア嬉《うれ》しや、お気《き》が附《つ》いたぞ。
絶間　上人様《しょうにんさま》、お心《こころ》が附《つ》きましたかえ。
鳴神　両僧《りょうそう》。
両人　ハアイ。

鳴神　ハテサテ、※沙門《しやもん》にあるまじい、婦人《ふじん》の話《はな》しに聞《き》きほれて、思《おも》わず壇上《だんじよう》より滑《すべ》り落《お》ち、アア、いこう胸《むね》を打《う》った。今性根《いましようね》を失《うしな》ううち、一滴《てき》の冷水《れいすい》、口中《こうちゆう》に入《い》ると思《おも》うと、胸《むね》の中《うち》がひいやりと気《き》もさわやかになったが、両僧《りようそう》、其方達《そのほうたち》が。

絶間　アイ、その筈《はず》でござります。あの滝《たき》の水《みず》を手《て》に掬《すく》うて上《あ》げましょうと存《ぞん》じましたれば、お歯《は》を喰《く》いしばってござんしたによって、慮外《りよがい》ながらわたしが口《くち》に含《ふく》んで、口《くち》うつしにして上《あ》げたのでござりまする。

鳴神　ハテサテ、しおらしい志《こころざし》の人《ひと》じゃのう。嬉《うれ》しうおじゃる。その上胸《うえむね》がほっかりと温《あたた》かになったと思《おも》うたれば、いよいよ心《こころ》がはっきりとなったが、両僧達《りようそうたち》が。

両人　イイエ。

絶間　それもわたしが懐《ふところ》を開《あ》けて、お前様《まえさま》のお胸《むね》へわたしの胸《むね》をひったりと合《あわ》せて、じっと抱《だ》き締《し》めて居《い》たによってな、それでお気《き》が附《つ》いたわいなア。

鳴神　ハテ、重《かさ》ね重《がさ》ね、※頓智《とんち》な女中じゃのう、近頃《ちかごろ》※過分過分《かぶんかぶん》。

絶間　なんのお礼《れい》に及《およ》びましょうぞいなア。まそっと温《あたた》めて上《あ》げましょうかえ。

ト側《そば》へ寄《よ》ろうとする。

鳴神　フン、そんなら冷水《れいすい》を口《くち》に含《ふく》んで、口《くち》うつしに呑《の》ませたも其方《そなた》。

絶間　アイ。

鳴神　又肌《またはだ》と肌《はだ》を合《あわ》せて温《あたた》めたも其方《そなた》。

絶間　アイ。

鳴神　水《みず》を口《くち》へ注《そそ》ぎ、胸《むね》と胸《むね》との肌《はだ》えを合《あわ》せ、じっと抱《だ》き締《し》めたとは。

ト雲《くも》の絶間《たえま》の顔《かお》を、ジッと見《み》て、暫《しば》く思入《おもいいれ》ありて、雲《くも》の絶間《たえま》の胸倉《むなぐら》を取《と》って突《つ》きのける*20。

絶間　オオ怖《こわ》。こりゃ、お前《まえ》なんとなされますえ。

○貝殻　気附薬のような売薬はよく蛤の貝殻にはいっていた。**○黒砂糖**　黒砂糖は狡童愛の必要品なので、ここへ持ち出したのである。＊19皆々うろたえ騒ぐところで床の竹本浄瑠璃になり、「正気づかねば絶間姫、爰ぞ大事と滝の水、手に汲み上げて口と口、はだえをひたと押しあてて」とある。**○沙門**　（既出）善を勤め悪を息むる人。僧侶。**○頓智**　機に応じ変に処して働く智慧。気転のきいた。**○過分**　身分不相応なること。身に余って有難い、うれしく思う。＊20竹本「はっとおどろく鳴神上人、面色かわって眉をひそめ、絶間をつかんでどうと投げつけ」。

鳴神　両僧《りょうそう》、油断《ゆだん》すな。ヤア、訝《いぶ》かしき女《おんな》。昔《むかし》※天竺破羅那国《てんじくはらなこく》に一人《にん》の※導師《どうし》あり、額《ひたい》に一つの角《つの》を生《しょう》ず、名付《なづ》けて※一角仙人《いっかくせんにん》という。或《あ》る時雨後《ときうご》の事《こと》なるに雨《あめ》の滴《したた》り乾《かわ》く事《こと》なく、※山谷《さんこく》一面《めん》に滑《なめ》らかなり。雲《くも》に乗《の》り水《みず》を歩《あゆ》む仙人《せんにん》なれども、暫時《ざんじ》の怠慢《たいまん》に仙《せん》術《じゅつ》を忘《わす》れ、誤《あやま》って遥《はる》かの谷《たに》へ辷《すべ》り落《お》ちたり。一角《いっかく》大《おお》いに怒《いか》って龍神《りゅうじん》というものありて海水《かいすい》を巻《ま》き上《あ》げて雨《あめ》を降《ふ》らす、雨《あめ》滴《したた》って草《くさ》滑《なめ》らかなり、爰《ここ》において我《わ》が仙術《せんじゅつ》失《うしな》われ、直《ただ》ちに谷《たに》へ転《まろ》び落《お》つ。これ雨《あめ》の科《とが》なり。雨《あめ》は無心《むしん》にして科《とが》なし、雨《あめ》を降《ふ》らせしは龍神《りゅうじん》の業《わざ》なり。よし、天地《てんち》の間《あいだ》の龍神《りゅうじん》龍女《りゅうじょ》を仙術《せんじゅつ》を以《もっ》て封《ふう》じ籠《こ》め、国土《こくど》に雨《あめ》を降《ふ》らせじと、怒《いか》れる眼車輪《まなこしやりん》の如《ごと》く、ついに大千世界《だいせんせかい》の龍神《りゅうじん》龍女《りゅうじょ》を悉《ことごと》く退治《たいじ》、巌窟《がんくつ》に封《ふう》じこめ、その上《うえ》に符《※ふう》を書《か》いて、仙術《せんじゅつ》※ごうりも怠《おこた》らず、爰《ここ》に於《おい》て天下《てんが》大《おお》いに旱魃《かんばつ》して雨《あめ》一滴《てき》も降《ふ》らず、田畑《たはた》は枯《か》れて民《たみ》の煩《わずら》いとなる。時《とき》の帝《みかど》これを嘆《なげ》かせ給《たま》い、かかる仙術《せんじゅつ》破《やぶ》らんには眉目《みめ》よき女《おんな》に如《し》かずと、その頃《ころ》旃陀羅女《※せんだらによ》という美《うつく》しき婦人《ふじん》あり、かの女《おんな》に詔《みことの》りして、汝一角仙人《なんじいっかくせんにん》が仙窟《※せんくつ》に至《いた》って色《いろ》を以《もっ》て通力《つうりき》を失《うしな》わすべし、然《しか》らば忽《たちま》ち雨降《あめふ》るべしと、勅諚《ちょくじょう》に従《したが》い旃陀羅女《せんだらによ》が言《い》えらく、我《わ》れかの山《やま》に入《い》って一角仙人《いっかくせんにん》が首《※くび》にまとわらずんば、再《ふたた》び都《みやこ》に帰《かえ》らじと誓《ちか》いを立《た》て、件《くだん》の山《やま》に分《わ》け入《い》り、色《いろ》を以《もっ》て一角《いっかく》が魂《たましい》を蕩《とろ》かし、通力《つうりき》を破《やぶ》って帝都《ていと》に帰《かえ》る。直《ただ》ちに黒雲天《くろくもてん》にむらがり、大雨《たいう》車軸《※しやじく》を流《なが》し、草木《そうもく》五穀潤《こくうるお》い生《しょう》ずる事三日三夜《ことみつかみよ》さ。一角程《いっかくほど》の仙人《せんにん》も、旃陀羅女《せんだらによ》が色《いろ》に溺《おぼ》れ、通力《つうりき》を破《やぶ》らるる、まッその如《ごと》く、おのれその古《ふる》き例《ため》しを引《ひ》き、我《わ》が行法《ぎょうほう》を破《やぶ》らんため御諚《ごじょう》を得《え》てここに来《きた》る女《おんな》。サア、大内《おおうち》にては如何《いか》なる公家《くげ》の息女《そくじょ》なるぞ。又《また》は無官《むかん》の娘《むすめ》なるや、高位高官《こういこうかん》の婦人《ふじん》にもせよ、正直《※しょうじき》正路《しょうろ》の返答《へんとう》に及《およ》ばずんば、立《た》ち所《どころ》に引裂《ひきさ》き捨《す》つるが、女《おんな》、返答《へんとう》はど、ど、どうじゃ。[*21]

絶間　これは思《おも》いがけもない、お疑《うたが》いを受《う》けましてござりまする。何卒《なにとぞ》あなたのお弟子《でし》になりとう存《ぞん》じましても、近寄《ちかよ》る手段《てだて》もなく、ツイ申しました我が身の話《はな》し。お疑《うたが》いをうけまして、なんと御返答《ごへんとう》申しましょうようもござりませぬ。わたくしが願《ねが》いも叶《かな》いませず、却《かえ》ってお疑《うたが》いをうけますからは、所詮《しょせん》生きても詮《せん》ない事《こと》、あれなる滝壺《たきつぼ》へ身《み》を沈《しず》め、相果《あいは》てるが申《もう》し訳《わけ》、そうじゃ。[*22]

ト滝《たき》の方《かた》へ行《ゆ》く。

鳴神　両僧留《りょうそうと》めい。

両人　マア待《ま》たしゃれ。（ト両人留《りょうにんと》める。）

絶間　イヤイヤ放《はな》して、殺《ころ》して下《くだ》さりませ。

鳴神　ハテサテ短気《たんき》な人《ひと》じゃのう。そんならわしが今《いま》の様《よう》に言《い》うたに依《よ》って、身《み》を捨《す》てて疑《うたが》いを晴《は》らそうとは、ムウ、ハテサテ、こなたは突《つ》き詰《つ》めた人《ひと》じゃのう。

黒雲　左様《さよう》でござりまする。

鳴神　その有《あり》ようを見《み》れば、出家《しゅつけ》になりたいというに疑《うたが》いもあるまいかい。

白雲　なんの違《ちが》いがござりましょう。

ト鳴神上人《なるかみしょうにん》、雲《くも》の絶間《たえま》の手《て》を取《と》り、

鳴神　マア、死《し》ぬにも及《およ》ばぬ。すりゃ、いよいよ愚僧《ぐそう》が弟子《でし》になる気《き》じゃの。

絶間　その願《ねが》いゆえ、はるばる参《まい》りましたのでござりまする。

○天竺破羅那国　天竺は印度の古称。波羅那は国名。江繞と訳す。恒河の流域にあるからで、鹿野園はこの中に在った。**○導師**　正道を説いて衆生を仏道に導く僧。**○一角仙人**　印度古代神話の仙人で、独角仙人ともいう。太古波羅那国の山中で鹿母の腹より生れ、頭に一角あり、長じて禅定を修し、通力を得、たまたま婬女扇陀に惑わされてその通力を失い、山より出でてその国の大臣となると伝う。一角仙人を題材としたものは、『太平記』中にあり、又謡曲にもあり、更に歌舞伎の『鳴神』ともなっている。**○山谷一面に滑らか**　山も谷も一帯に雨のために湿って、つるつると滑らかになっている。**○符**　護符の符である。おふだ。神仏の守札。**○ごうり**　「こうり」とも書いてある。何のことか不明であるが、「毫釐」のこころであろうと思う。**○旃陀羅女**　扇陀、旋陀とも書く。印度伝説中の美女。**○仙窟**　仙人の棲む岩屋。**○首にまとわる**　首にまとわりついて、媚態を現わし、たらし込む。**○車軸を流す**　大雨の降るさまの形容。車軸は雨滴の大なるに喩える。**○正直正路の**　すなおな、まっすぐな、いつわりない。＊21竹本「怒りの声のこだまに響き、物すさまじく聞えけり、姫はあるにもあられぬ思い」。＊22この押問答が簡単過ぎる。嘉永本では、言訳をするが聞かぬ、それを歎く、歎いての果に、滝へ身を沈めようと決心するので、押問答が数回あって、竹本もはいってから、次の「留めい」というセリフになる。

鳴神　オオ殊勝《しゆしよう》の願《ねが》い。今《いま》の覚悟《かくご》を見《み》る上《うえ》は、如何《いか》にも愚僧《ぐそう》が弟子《でし》にして進《しん》じょう。

絶間　すりゃ、お弟子《でし》となして下《くだ》さりまするか。エエ、有難《ありがと》うござりまする。

鳴神　弟子《でし》にすれば一時《とき》も早《はよ》う、剃髪《ていはつ》させずばなりますまい。
絶間　エエ、有難《ありがと》うござります。
鳴神　コリャ、両僧《りようそう》のうち、麓《ふもと》へ下《くだ》り、剃刀《かみそり》を取《と》って来《き》やれ。
両人　ハッ。
白雲　サア、黒雲坊《こくうんぼう》、お師匠様《ししようさま》の言付《いいつ》けじゃ。早《はよ》う剃刀《かみそり》を取《と》ってござれ。
黒雲　又《また》わしを使《つか》やるかいの、こなた取《と》ってござれ。
白雲　ハテサテ片意地《※かたいじ》な、一臈《ろう》の言付《いいつ》けを背《そむ》くか。
黒雲　なんぞというと、一臈一臈《いちろういちろう》と、こなた取《と》りに行《ゆ》かっしゃれ。
白雲　ムウ、さてはお師匠様《ししようさま》の詞《ことば》を聞《き》かぬか。
黒雲　聞《き》かぬではなけれど。
白雲　アレもうし、黒雲《こくうん》が、なんぼうでも参《まい》りませぬ。
鳴神　黒雲《こくうん》、なぜ行《ゆ》かぬ。
黒雲　サア、行《ゆ》かぬではなけれども、日暮《ひぐ》れじゃに依《よ》って。
鳴神　日暮《ひぐ》れならば行《ゆ》かぬものか。
黒雲　サア、参《まい》りまする。参《まい》りますは参《まい》りますが、いっそ明日《あした》の事《こと》になされませぬか。

鳴神　師匠《ししよう》の詞《ことば》を背《そむ》くか。

黒雲　サア。

鳴神　早《はよ》う行《ゆ》かぬか。

黒雲　ハイ、そんなら参《さん》じまする。

白雲　参《さん》じませいじゃ。早《はよ》う行《ゆ》きや早《はよ》う行きや。

黒雲　行《ゆ》くわい、やかましい。エエ、たった一人《ひとり》、このマア山中《さんちゆう》を、淋《さび》しい事《こと》じゃなア。（ト言《い》い言《い》い花道《はなみち》へ行《ゆ》く。）

白雲　ハテ、※ぼやかずと早《はよ》う行《ゆ》きや。

黒雲　日《ひ》は暮《く》れかかる。ひょっと道《みち》でなんぞに逢《お》うたら。（ト向《むこ》うを見《み》て、）アレイ。

トびっくりする。白雲坊《はくうんぼう》もびっくりする。

白雲　なんとしたなんとした。

黒雲　何《なに》やら赤《あか》い物《もの》が。（ト透《すか》し見《み》て、）エエ、※桟敷《さじき》の提燈《ちようちん》じゃ。（ト入《はい》る。）

白雲　ハテサテ、臆病《おくびよう》な奴《やつ》ではあるぞ。ハイ黒雲《こくうん》は参《まい》りましてござります。

鳴神　さてもさても、臆病《おくびよう》な者《もの》ではあるぞ。

白雲　エエ、あれは※悟道《ごどう》の足《た》らぬのでござります。出家《しゆつけ》の身《み》で怖《こわ》いというはない事《こと》でござります。

鳴神　ソレソレ、其方《そち》は又《また》一臈程《ろうほど》あって、なかなか※殊勝《しゆしよう》にござる。
白雲　イヤモウ、兎角出家《とかくしゆつけ》は※心《こころ》の取置《とりお》きでござります。
鳴神　エエ、とんと忘《わす》れた。黒雲《こくうん》はもう行《い》たであろうなア。
白雲　黒雲黒雲《こくうんこくうん》。もう余程行《よほどゆ》き過《す》ぎましてござります。
鳴神　エエ残《のこ》り多《おお》い。この人《ひと》を出家《しゆつけ》にさすれば、直《す》ぐに袈裟衣《けさころも》をかけておかねばならぬ。一緒《しよ》に言《い》うてやるをとんと忘《わす》れた。
白雲　ほんにお心《こころ》が付《つ》きませなんだ。
鳴神　イヤナニ白雲《はくうん》、こなた行《い》て袈裟衣《けさころも》を取《と》ってござれ。
白雲　エエ。（ト大《おお》きに肝《きも》をつぶす。）
鳴神　エエとはどうじゃ。きつい肝《きも》のつぶしようの、サアサア一刻《こく》も早《はよ》う取《と》ってござれ。
白雲　お師匠様《ししようさま》、又《また》さっきよりは日《ひ》が暮《く》れて参《まい》りました。それに此山中《このさんちゆう》を、どうマア行《ゆ》かれるものでござりまする、※ウソ気味《きみ》の悪《わる》い、よいかげんな事《こと》をおっしゃりませい。
鳴神　そりゃドウいうことじゃ、悟道召《ごどうめ》された一臈《ろう》には似合《にあ》わぬ言《い》い分《ぶん》なア。
白雲　デモおまえ、コレ人顔《ひとがお》が見《み》えませぬ、※とっくりと暮《く》れて参《まい》りました。

鳴神　日《ひ》が暮《く》りょうが夜《よ》が更《ふ》きょうが、師《し》の命《めい》に背《そむ》くか。
白雲　イイエ背《そむ》きは致《いた》しませぬ。
鳴神　行《い》こうと言《い》わば、早《はよ》う失《※う》しょうて。
白雲　うせまする、うせはうせますが、そんならおまえも、又《また》アノ坊主《ぼうず》と一緒《しょ》におやりなされましたがようござるわいのう。
鳴神　まだまだもじもじするか。
白雲　サア、参《まい》りますて。
鳴神　行《い》かいでなんとしょう、憎《にく》い奴《やつ》の。

○**片意地**　頑固に我が意を立て通すこと。我儘なこと。○**ぼやく**　不平、小言をいう。つぶやくの意であるが、劇道の通用語としてはぶつぶつ不平を言い、愚痴をこぼすをいう。○**桟敷の提燈**　桟敷は見物席の左右両側に、一段高くなっている特等席である。桟敷の軒には提燈がつるしてあった。（今日でもその面影は残っている）その提燈を突然に持ち出したのは、見物への御愛敬である。○**悟道**　仏道の真理を悟ること。○**殊勝**　本来は仏語で、最も勝れたる徳の意であるが、けなげな、感心な、という所に用うる。○**心の取置き**　心の据り工合。心の持ちよう。○**ウソ気味の悪い**　ウソはウス（薄）の転訛。何となく気味が悪くて怖ろしい。○**とっくり**　とっぷりに同じく、日の暮れ果てたさまを言ったのである。○**失しょうて**　失せよというに。「失せる」は消えてなくなる。見えなくなるで、即ち行ってしまうこと。

ト白雲坊《はくうんぼう》怖《こわ》がりながら花道《はなみち》へ行《い》って、空《そら》を見《み》たり、わきを見《み》たり、怖《こわ》がりながら様々《さまざま》思入《おもいい》れありて、

鳴神　まだうせぬか。

白雲　サア参《まい》りますでござります、参《まい》りますがアノ黒雲坊《こくうんぼう》をも、あっちへやっておいて、アノ女中《じょちゅう》と師匠様《ししょうさま》とたった二人《ふたり》、

鳴神　それがなんとした。

白雲　そんならアノ女中《じょちゅう》は、師匠《ししょう》の、

鳴神　なんじゃ。

白雲　※大黒々々《だいこくだいこく》、福大黒《ふくだいこく》を見《み》さいな。

鳴神　イヤ、あいつは。

白雲　ナンボ叱《しか》らしゃりましても、師匠様《ししょうさま》のアノ※どん亀《がめ》で、アノ女中《じょちゅう》を※くんぐるべいとは、お師匠様《ししょうさま》の、※ずぼんぼえずぼんぼえ。

トうたいながら白雲坊入《はくうんぼうはい》る。

鳴神　阿房《あほう》な奴《やつ》ばらじゃ、憎《にく》い奴《やつ》ばらではある、アレ見《み》さっしゃい、どうもなるものではござらぬ。

絶間　モシお師匠様《ししょうさま》へ。

鳴神　オオよいぞ、モウ師匠様《ししようさま》と言《い》うぞ、なるほどそう詞《ことば》を改《あらた》めたがよい、おれは師《し》匠《しよう》なりこなたは弟子《でし》なり、おっつけ※受戒《じゆかい》じゃほどに、心《こころ》を清浄《しようじよう》に持《も》ちましょうぞ。

絶間　そんならアノ今剃刀《いまかみそり》がくると、此髪《このかみ》を剃《そ》りますのかえ。

鳴神　くりくり坊主《ぼうず》にするわいの。（ト絶間《たえま》泣《な》く。）コリャ泣《な》くか、なぜに泣くぞ。

絶間　※一筋《ひとすじ》を千筋《ちすじ》となでし黒髪《くろかみ》を、今削《いまそ》りてすつると思《おも》えば。

鳴神　それが悲《かな》しゅうて泣《な》くか。

絶間　アイ。

鳴神　「※たらちねは、かかれとてしもうば玉《たま》の、我黒髪《わがくろかみ》をなでずやありけん」、※僧正《そうじよう》遍照《へんじよう》だにかかる和歌《わか》を詠《えい》ぜられた、女《おんな》の身《み》で今更髪《いまさらかみ》を惜《お》しむは無理《むり》ではない、道理《どうり》じゃ道理《どうり》じゃ。

ト絶間《たえま》つかえを起《おこ》す思入《おもいい》れあり。

鳴神　なんとしたなんとした。

絶間　アイ思《おも》い切《き》っては居《お》りますけれども、アア悲《かな》しいことじゃと思《おも》いまして、このつかえが、アアいたいた。

鳴神　ハテ気《き》の毒《どく》な、薬《くすり》はなし、おれが背中《せなか》を揉《も》んでやろう。

絶間　イエイエ、勿体《もったい》ない、ナンノ。

鳴神　ハテ病《やまい》のことじゃ、ナンノ遠慮《えんりよ》があろうぞ、ドレドレ。
絶間　アアいえ、いこうお腹《なか》がいとうござんする。
鳴神　※きゅうびへさし込《こ》んだものであろう、おれが手《て》は※苦手《にがて》じゃ、指《ゆび》が触《さわ》ると、※積《しやく》聚《じゆ》はなおりおさまる、ドレドレ。
ト懐中《ふところ》へ手《て》を入《い》れる。
絶間　アイアイ、有難《ありがと》うござんする、そんなら慮外《りよがい》ながら。*23
ト鳴神懐中《なるかみふところ》へ手《て》を入《い》れ、思入《おもいい》れあり、
鳴神　よいかよいか。そりゃ、虫《むし》がぐうと言《い》うたワ。
絶間　いこう心《こころ》ようござんする。
鳴神　ぜんたいはよい腹《はら》じゃ、チット右《みぎ》へこるのじゃ、※面妖婦人《めんようふじん》の病《やまい》は右《みぎ》なものじゃ。
ト鳴神《なるかみ》ちょっと手《て》をひいて、
絶間　※あじなものが手《て》にさわった。
鳴神　なんじゃえ、何《なに》がお手《て》にさわりましたえ。
絶間　生《うま》れてはじめて女《おんな》の懐中《ふところ》へ手《て》を入《い》れて見《み》れば、アノきょうかくの※間《あいだ》に、何《なに》やら和《やわ》らかなくくり枕《まくら》のようなものが二ツ下《さが》って、先《さき》に小《ちい》さな※把手《とつて》のようなものがあったが、ありゃなんじゃ。

絶間　お師匠様《ししょうさま》としたことが、ありゃ乳《ちち》でござんすわいな。

鳴神　ハア乳《ちち》か、嬰児《えいじ》の時《とき》に有難《ありがた》くも母《はは》の乳味《ちちみ》で育《そだ》ったて、今《いま》一寺《じ》の住職《じゅうしょく》となったも、全《まった》く母人《ははびと》の乳《ちち》の恩《おん》、その乳《ちち》を忘《わす》るるようになった、ナント出家《しゅつけ》というものは、※木《き》の端《はし》のようなものじゃの。

○**大黒**…　僧侶の妻、梵妻の俗称。厨にのみ居って、表へ出ないからいう。福大黒は福を招き与えてくれる大黒天の義で、大黒天に同じ。「福大黒を見さいな」は「大黒舞を見さいな」をきかしたものでもあろう。唄いながら道外た姿態をするのであろう。○**どん亀**　（既出）団亀（どろがめの転）。すっぽんのこと。男の性器の譬喩であろう。○**くんぐるべい**　「くくるべい」であろう。しめつける。しめる。占領する。○**ずぼんぼえ**　（既出）子供の遊びの囃し言葉。○**受戒**　仏門に入りたる者の、戒をうくること。○**一筋を千筋**…　一筋の髪の毛をも大切に撫でていたのに、今剃落すかと思うと悲しい。○**たらちねは**…　『後撰集』巻十七、僧正遍照の歌。「はじめて頭おろし侍りける時物にかきつけ侍りける」と題がある。歌の意は我が両親はこんな風に、頭を丸めよとて、我が黒髪を愛撫しなかったものを。「たらちね」は両親、「うば玉の」は黒・夜・闇・月・夢・寝・妹などに冠らせる枕詞。○**僧正遍照**　僧正は僧官の第一位。遍照は六歌仙・三十六歌仙の一。仁明天皇の御寵愛を蒙っていたが崩御にあいて出家し、叡山に登って名を遍照と改む。前の「たらちね……」の歌は初めて山に登った時のもので、両親の愛を思い出して歌ったのである。○**きゅうび**　鳩尾。胸骨の下部。みずおち。○**苦手**　人によりて苦手という手がある。その手が触れば芋の茎を折れば苦くなり、腹の痛を抑えて効あり、蛇を捕えれば動けなくなると『諺草』にある。一般の苦手の意味もそこから出たのであるが、ここは苦手で効があるから抑えて上げようというのである。○**積聚**　癪に同じく、さしこみをいう。＊23　嘉永の上演本では、鳴神が初めに、山中に薬はなしと困り、戒壇の加持した水を飲ませようと言うと、絶間は「アアもしそれには及びませぬ、ちっとここを押えて下さんせ」というと、鳴神は寧ろおずおずして、「オオ、どこじゃどこじゃ」と言いながら絶間の背中をさする。「アアもうし、そこではござりませぬ。御慮外ながら、ここを押えて下さんせ」と、鳴神の手を取って懐へ入れる。鳴神は一寸入れたが乳にさわったので飛びのくということになっている。さすがに上演毎に洗練されただけあって、この上演本の方が遥かに効果的であり、又絶間としてもこの方が合理的である。○**面妖**　妙に。どうも。○**あじなもの**　「あじ」は物事の趣味、おもむき。おもしろいもの、妙なもの。○**きょうかく**　胸膈。いったいは胸骨、肋骨等により構成せられた部分をいうのだが、胸膈の間に乳があるといったのである。○**把手**　手に取るためのもの、柄。つまみ。○**木の端のようなもの**　人情を解せぬ者の意。「木の股から出たような」と同じ意。

絶間　※お殊勝《しゅしょう》なことでござんする。

鳴神　ドレドレぢ※脈《みゃく》をとってみよう。（トふところへ手《て》を差《さ》し入《い》れ、）ハテ、むくむくとしたものじゃ、コレが乳《ちち》で其下《そのした》がきゅう尾《び》、かの病《やまい》の凝《こ》っている処《ところ》じゃ、オオさっきよりよっぽどくつろいだわいのう。コレ此《こ》のきゅうびの下《した》のコレ爰《ここ》を、※ずい分《ぶん》というぞや、それから下《した》が※しんけつ、ほぞとも臍《へそ》ともいうところじゃ、此《この》ほぞの左右《さゆう》が※天《てん》すう、ナントよい気味《きみ》か、ほぞからちょっと間《あいだ》を置《お》いて※気海《きかい》、気海《きかい》から※丹田《たんでん》、其下《そのした》が※いんぱく、そのいんぱくの下が、極楽浄土《ごくらくじょうど》じゃわいの。*24

絶間　あれ、お師匠様《ししょうさま》。

　トはずかしがる思入《おもいい》れして振放《ふりはな》し、

　お師匠様《ししょうさま》、もうお許《ゆる》し下《くだ》さりませ。

鳴神　拝《おが》む拝《おが》む。どうもならぬ。煩悩即菩提《ぼんのうそくぼだい》、※上品《じょうぼん》のうてなには望《のぞ》みはない、※下品下《げぼんげ》生《しょう》の下《げ》へ救《すく》いとらせ給《たま》え。

　ト絶間《たえま》振切《ふりき》る思入《おもいいれ》。

絶間　お師匠様《ししょうさま》、鳴神様《なるかみさま》、コリャおまえは、

鳴神　気《き》が違《ちご》うたかということか。

絶間　イヤ本性《ほんしょう》じゃござりますまい、イヤコレもうし。

鳴神　※破戒《はかい》したということか。

絶間　破戒《はかい》の段《だん》ではないわいのう、御出家《ごしゅつけ》の身《み》として。

鳴神　だらくした、※だごくした、生《い》きながら※阿鼻地獄《あびじごく》へ落《お》ちた、落《お》ちても、こけても、のめっても、だんないだんない。

絶間　イヤ、上人様《しょうにんさま》。

鳴神　※仏《ほとけ》も元《もと》は凡夫《ぼんぷ》にて、※悉達太子《しったたいし》の其《その》むかし、耶輸多羅女《やしゅたらにょ》という妻《つま》あって、羅喉羅《らごら》

という子《こ》を儲《もう》く、※羅什三蔵《らじゆうさんぞう》も妻子《つまこ》あり、近《ちか》くは※滋賀寺《しがでら》の上人《しようにん》、※六条《ろくじよう》の御息所《みやすどころ》に心《こころ》をかけ、「※初春《はつはる》のはつねのきょうの玉《たま》ははき、手《て》に取《と》るからにゆらぐ玉《たま》の緒《お》」という歌《うた》を詠《よ》んだためしもあり、※おうと言《い》や、おうと言《い》え、心《こころ》に随《したが》わぬにおいては、我《わ》れ立所《たちどころ》に※一念《ねん》の悪鬼《あくき》となりて、その美《うつく》しいのどぶえへ※ほっかりとくらいついて、ともに※奈落《ならく》へ連《つ》れ行《ゆ》くが、女返答《おんなへんとう》は、ナナナント。

絶間　上人様《しようにんさま》。

鳴神　ならぬか。

絶間　エエおまえは。

鳴神　ならぬか。

絶間　なるわいな。

鳴神　ヤ。

絶間　なんじゃの、こわい顔《かお》をして、そのような恋路《こいじ》があるものかいな。

鳴神　サアサア、どうじゃ。[*25]

絶間　オウじゃわいな。

鳴神　オウじゃ。

絶間　オウじゃ。

○**お殊勝な**（既出）仏語で、最も勝れたる徳の意であるが、しんみょう、けなげ。○**ち脈をとる**　地脈か血脈か。いずれにしても、心臓部の脈搏を調べてやろうというのである。○**ずい分**　水分。臍の直上一寸にあり、鍼穴を禁ずるという。臍を外方に距る二寸、直腹筋中にあるとされている。○**天すう**　天枢である。鍼穴であろう。臍のことと次にある。○**気海**　丹田の直ぐ上部をいう。気海丹田と続けていう。○**丹田**　臍の下一寸ばかりの処。体気常にここに凝集すれば健康保つべく勇気持すべしという。又ここを下丹田といい両眉の間を上丹田ともいう。○**いんぱく**　淫魄か陰迫か。前者は魂をとろかすの意であり、後者は陰気のせまるをいう。＊**24**竹本の浄瑠璃がある。「思い切ってさしこむ手先き振り放さんと身をもむを、じっと抱きしめ放さばこそ」。○**上品のうてな**　仏語。上品とは、極楽浄土の三等級の最上級。これを更に上中下に三区分して九品とする。死んでから上品の弥陀の来迎にあずかって、蓮の台にのるをいう。ここでは、上品の極楽往生をしたいとは思わぬ。○**下品下生**　九品の一なる下品中の最下級。○**破戒**　仏道の戒を破ること。○**だごく**　堕獄。現世の悪業により、死して地獄におちゆくこと。○**阿鼻地獄**　無間地獄のこと。八大地獄の一で最苦処。極悪の人これに堕つ。○**仏も元は凡夫にて**　仏も元は普通の人であった。この仏は釈迦如来をいう。○**悉達太子**　釈迦如来の幼名。○**羅什三蔵**　羅什は鳩摩羅什の略。印度に生れたる高僧で中国に来って訳経に従事し、秦弘始十四年歿した。三蔵は経・律・論の三蔵に通ずる高僧をいうのだが、羅什・曇無識・真諦・玄奘等に附する称号。○**滋賀寺**　崇福寺のことである。旧址は滋賀県大津市の北。志賀寺、志賀山寺ともいう。○**六条の御息所**　左大臣時平の女で、京極の御所に住っておられた。名は褒子。○**初春の…**　『万葉集』巻第二十、大伴家持の歌。新年の初の子の日の今日の玉箒を、手に取るからに（故に）飾りの玉の緒がゆらゆらと揺れる。子は十二支の最初のもので、特に新年の最初の子の日を祝った。箒につけた玉の緒が揺れて、玉が微妙な音を立てるという。その箒は、蚕を掃き立てる具であるから、新年の祝いとして用いられたものである。〇**おう**　応。承知せよ。ウンと言え。〇**一念の悪鬼**　一念は一すじのおもい、一心。一すじに思う余り鬼となって。〇**ほっかり**　ぱっくり。〇**奈落**　仏語で、地獄を言う。＊25竹本の浄瑠璃「女返事は女返事はと気色を替えて額に汗、追えども去らぬ煩悩の付廻したる破戒の有様、気も魂も身に添わず」。

鳴神　得心《とくしん》なれば、往生極楽《おうじょうごくらく》。サア※蓮台《れんだい》へ乗《の》りたい、サアサアサアサア。

絶間　エエせわしない、オウというからは、せかんす事《こと》はないわいな。

鳴神　いこう※せきばんおしつめて来《き》たわ。

絶間　サア待《ま》たしゃんせ、オウはおうじゃが、そんならおまえは、わしと女夫《めおと》になる気《き》かえ。

鳴神　※女夫《めおと》が池《いけ》へ、真逆様《まっさかさま》に落《お》ちる法《ほう》もあれ。

絶間　サ、待《ま》たしゃんせいの、女夫《めおと》になりはなろうが、わしゃぼんさんを夫《おっと》に持《も》つことはいや。

鳴神　※坊主《ぼうず》は脚気《かっけ》の薬《くすり》じゃがナ。

絶間　※なアにを。そんなら※還俗《げんぞく》さんすか。

鳴神　只今《ただいま》でも。

絶間　男《おとこ》にならんすか。

鳴神　※大阪風《おおさかふう》の今様《いまよう》に、髪結《かみゆ》うて見《み》しょう。*26
絶間　必《かな》ずかえ。
鳴神　※仏祖《ぶっそ》かけて。
絶間　其誓文《そのせいもん》が※抹香《まっこう》くさいわいな。
鳴神　※男冥利《おとこみようり》、七※代尽《だいつ》きる法《ほう》もあれ。
絶間　そんなら女夫《めおと》にはなろうが、殿御《とのご》の名《な》に鳴神上人《なるかみしょうにん》とは。
鳴神　イヤ、名《な》も変《か》えるじゃ。
絶間　ナントえ。
鳴神　※市川海老蔵助道《いちかわえびぞうすけみち》。
絶間　よい、女夫《めおと》になり申した。
鳴神　エエ辱《かたじけな》い。サアサアはじみょう、※芝居《しばい》を始《はじ》みょう。
絶間　又《また》せかんすわいの、シタが女夫《めおと》じゃという、盃事《さかずきごと》をしたいものでござんす。
鳴神　盃《さかずき》しょう盃《さかずき》しょう。
絶間　ドレ、お寺《てら》へいて、わしが酒取《さけと》って来《こ》う。（ト行《ゆ》こうとする。）
鳴神　コレコレ、コリャ逃《に》ぎょうでナ。
絶間　ナンノ逃《に》ぎょうぞいのう。酒取《さけと》って来《く》るわいな。

鳴神　酒《さけ》がある。
絶間　そんなら。
鳴神　盃《さかずき》もある。

○**蓮台**　はすのうてな。蓮華座。極楽浄土のこと。絶間の体に喩えて言ったのである。○**せきばんおしつめて来た**　「せきばん」は「赤飯」であろうか。「赤」を「急き」に通わせ、又「おしつめる」は「せく」と縁語になっているからこう言ったものであろうか。早く早く、こらえられなくなったぞの意。きわどい所で洒落を言っている。大まかな古い江戸狂言の味である。○**女夫が池**　血の池地獄などというに対して、女夫が池と洒落たのではなかろうか。○**坊主は脚気の薬**　未詳。『諺語大辞典』に、土佐に「坊主猿猴癇気の薬」というがある。癇気の薬は雁木の腐りの転訛で、小児の川遊びを戒しめたものであろうとある。「坊主は癇気の薬」を「坊主は脚気の薬」に通わしたものではなかろうか。○**なアにを**　坊主は脚気の薬と洒落を言ったので、なにを（馬鹿な）。○**還俗**　僧をやめて俗にかえること。○**大阪風の今様に**　大阪で今はやる風に。＊26嘉永の上演本は江戸市村座なので、「江戸風の今様に髪結うて見しょう」とある。○**仏祖かけて**　仏祖は釈迦牟尼。仏陀。神かけてと同じく、誓いの言葉。誓って。必ず。○**抹香くさい**　仏くさい。坊主じみている。抹香は、しきみの葉又は皮を細末となしたる香。○**男冥利**　男たるものの仕合せ。○**七代尽きる法もあれ**　我より後七代も、冥利がつきても構わぬ。○**市川海老蔵助道**　この作は二世市川團十郎（当時海老蔵）の所演なので、こう言ったのである。助道は色好みの助兵衛に通わせたもので、嘉永四年八世市川團十郎所演の際には「市川団十郎助兵衛」となっている。○**芝居を始みょう**　「始みょう」は始めよう。芝居といったのは、前に市川海老蔵と役者名を言ったので、それを踏まえたのだ。所謂あそびを始めようの意。

ト壇上《だんじよう》の脇《わき》より樽《たる》と大盃《おおさかずき》を出《だ》し、[*27]

何と、※けうといか、アノ弟子坊主《でしぼうず》めらがたいていな※粋狂《すいきよう》ではない、おれが目《め》を抜《ぬ》きおって隠《かく》しておいたを、ちらと見《み》ておいたで、※災《わざわ》いも三年《ねん》おけば三年酒《ねんざけ》、※五年酒《ねんざけ》のごねんを入《い》られて、隠《かく》しておきおったを今用《いまよう》に立《た》てるじゃて。

絶間　コレは※いかなこと、※合《お》うたり叶《かの》うたり、サ、おまえ始《はじ》めさしゃんせ。

鳴神　※そもじお始《はじ》めなされい。

絶間　ハテおまえ。

鳴神　ハテ※俗家《ぞくか》で聞《き》いた事《こと》がある、夫婦《ふうふ》の盃《さかずき》は女子《おなご》の方《ほう》から呑《の》んで、夫《おっと》へさすものじゃというぞや。

絶間　テモ※巧者《こうしや》なことかな。

鳴神　呑《の》んでさしや。

絶間　さらば目出《めで》とう呑《の》んで、上《あ》げましょうか。

鳴神　さらば酌《しやく》を致《いた》そうか。[*28]

ト注《つ》ぐ、絶間《たえま》うけて、

絶間　エエもう、わしゃたんとは得《え》いたべませぬ、サアこれが※二世迄《せまで》の盃《さかずき》じゃぞえ。（ト鳴神《なるかみ》いただく。）

鳴神　※がんにしくどくふぎゅうお一さい、がとうよしゅじょう、しゅじょうとは酒《さけ》に生《うま》るると文字《もじ》を書《か》きかえるじゃ。

ト絶間《たえま》注《つ》ぐ、鳴神《なるかみ》うけて、

※おととおととおとと。

絶間　コリャどうじゃいの。

鳴神　イヤ酒《さけ》は一滴《てき》もならぬ、奈良漬《ならづけ》さえきらいじゃ。

絶間　サ今迄《いままで》こそ下戸《げこ》であろうけれど、女房持《にょうぼうも》たんすからは、酒《さけ》も上《あが》ったがよいわいな。

鳴神　デモ呑《の》めぬものを。

絶間　アノわしが呑《の》ましゃんせというに、呑《の》ましゃんせぬか。

鳴神　呑《の》もう。

絶間　イイエ、おかしゃんせ。

鳴神　あやまった、あやまったりというままに、お注《つ》ぎなせえお注《つ》ぎなせえ。

＊27竹本の浄瑠璃「桜匂いの色衣、恋衣うつり易さよ袖の露」。○**けうといか**　驚いたか。びっくりしたか。○**粋狂**　「ものずき」の意もあるが、ここでは酒に酔っていること。酒好き。○**災いも三年おけば三年酒**　諺に「禍も三年おけば幸の種」「禍も三年たてば用に立つ」とある。それをもじったのである。初めは弟子共が隠し飲みするのを禍いと思ったが、今は丁度幸いだの意。○**五年酒のごねんを入られて**　前に三年酒と言った調子に乗って五年酒と言い、下の御念に語呂を通わせたのである。○**いかなこと**　「いかなること」で、何故かとか、どういうものかの義であるが、ここでは「すてきすてき」といった意味。○**合うたり叶うたり**　「願ったり叶ったり」に同じ。望む所に適合すること。○**そもじ**　婦人の対称代名詞。其文字。そはそなたの略、もじは文字詞。あなた。そなた。○**俗家**　俗人の家。僧が一般世間の家を称したもの。○**巧者**　巧者は上手。うまいことを仰しゃいますわね。＊28清元の浄瑠璃「さす盃の飲酒戒、飲みほしてそばに置き」。○**二世**　現世と来世と。夫婦は二世の縁があるという諺から、夫婦を意味する。○**がんにしくどく…**　仏教の「願以此功徳《がんにしくどく》、普及於一切《ふぎゅうおいっさい》、我等与衆生《がとうよしゅじょう》、皆共成仏道《かいぐじょうぶつどう》」を洒落に使った。○**おとどおとどおとど**　盃からこぼれそうになるので、相手の酌する者を制する言葉。

　ト一ツ注《つ》ぐ、ずっと乾《ほ》して顔《かお》をしかめる思入《おもいい》れあり、＊29

絶間　何《なん》とさんした。

鳴神　生《うま》れて始《はじ》めて酒《さけ》を呑《の》んだれば、腹《はら》のうちがひっくりかえる。オオ寒《さむ》うなった。

絶間　今《いま》の間《ま》にあつうなるぞえ、下戸《げこ》はそんなものじゃ。

鳴神　サア、貴様《きさま》へ戻《もど》そう。

絶間　ハテ、祝言《しゅうげん》※に戻《もど》そうとは言《い》わぬものじゃ。

鳴神　そんならかえそう。

絶間　かえそうとも言《い》わぬものじゃわいな。

鳴神　そんなら、オオ、おさめさせられい。

絶間　コリャ目出《めで》とう※おさひょうわいの。

鳴神　イヤモウならぬならぬ。

絶間　わしが言《い》う事聞《ことき》かんせぬか。

鳴神　お注《つ》ぎなせえ。（ト又注《またつ》ぐ。）ナント、※なむなむと受《う》けたであろうが。*30

絶間　見事《みごと》じゃわいの。アア怖《こわ》、（ト飛《と》び退《の》く。）

鳴神　ナントした、何《なに》が怖《こわ》い何《なに》が怖《こわ》い。

絶間　女夫《めおと》盃《さかずき》の中《なか》に、くちなわが居《い》るわいの、蛇《へび》が居《い》るわいのう。

鳴神　いかい阿房《あほう》でござる、ナンニモ居《お》りもせぬものを。

絶間　ソレ、居《い》るわいな。

鳴神　ハア聞《きこ》えた、蛇《へび》じゃない、注連《しめ》じゃ、それ見《み》や。

絶間　ほんに注連縄《しめなわ》じゃ。

鳴神　アア臆病《おくびょう》な。

絶間　ありゃなんの注連《しめ》じゃえ。

鳴神　ありゃ大事《だいじ》の注連《しめ》じゃ、あの注連《しめ》で雨《あめ》が降《ふ》らぬじゃて。

絶間　どうしてえ。

鳴神　大事《だいじ》のこっちゃ、人《ひと》に話《はな》すまいぞ、大内《おおうち》どのに恨《うら》みがあって、世界《せかい》の龍神《りゅうじん》をアノ岩屋《いわや》へ封《ふう》じ込《こ》んで、其《そ》の上《うえ》へ※密法《みっぽう》の注連《しめ》をひいた、今《いま》でも雨《あめ》を降《ふ》らしょうと思《おも》えば、あの翩翻《へんぽん》とひいた注連《しめ》の真中《まんなか》を切《き》るじゃ、と龍神《りゅうじん》が飛去《とびさ》り、大雨《たいう》車軸《しゃじく》を流《なが》すじゃ、大事《だいじ》の事《こと》じゃぞ。

絶間　アノ注連《しめ》の真中《まんなか》を切《き》りさえすれば、龍神《りゅうじん》が飛去《とびさ》って雨《あめ》が降《ふ》るかえ、テモ扨《さて》も不思議《しぎ》な事《こと》の、サア呑《の》まんせ。

※トこのうちのぞみあり、

鳴神　オット※北山桜《きたやまざくら》、新狂言《しんきょうげん》の名題《なだい》じゃ、サア上《あ》げやしょう。

絶間　※いおうて三献《こん》、いやならおかんせ。

鳴神　たがいやと言《い》い申した、いやとは言《い》いも致《いた》しゃせぬに。（トセリフ始終《しじゅう》※生酔《なまよい》のこなし。）モウならぬモウならぬ。（ト言《い》い言い寝《ね》る。）*31

＊29 清元の浄瑠璃「たしなみ難き煩悩は色衣、珠数につながる閼伽の水、戒を破ってぐっとほし」。「ト段々にドロドロ激しく、壇場に掛けし不動の画像燃え上る仕掛、鳴神上人うっとりと思入」というト書きが

ある。○**戻そう**　婚礼の席では「戻す」とか「返す」とかは不吉として忌まれた。○**おさひょう**（既出）盃をおかさねなさいの意か。○**なむなむと**　なみなみと言うべきを、語呂が似ており、又「ナムアミダブツ」と唱える癖がついているので、こう言ったまで。＊30竹本の浄瑠璃「次第にまわる酒の科、引きうけ引きうけ膝にもたれて」。○**密法**　仏教に於ける密教の法。真言秘密の祈願法。○**このうちのぞみあり**　このセリフの中、よろしく思入あるべしの意である。如何にせば雨を降らすべきかを初めて了解して悦び、いよいよ決心を堅める、最も肝要なセリフだからである。○**北山桜**　「オットきた」の「きた」を洒落て「北山桜」といった。この狂言の本名題が『雷神不動北山桜』、別名題が『鳴神上人北山桜』である。この北山桜を踏まえたもの。○**いおうて三献**　献は宴席にて杯を他にさす度数を数うる語。祝って三杯。○**生酔**　酒に酔いたる人。よっぱらい。＊31竹本の浄瑠璃「引き受け引き受け盃の数も重なる酒の酔、臥す猪の床の高いびき」。

絶間　オオよう呑《の》まんした、それでこそ愛《いと》しい※ぼんさんなれ、ほんに、ぼんさんじゃなかった、こちの殿御《とのご》、わしが※性根《しょうね》、もし起《お》きさんせ起《お》きさんせ。これはならぬぞ、アノ祝言《しゅうげん》に床入《とこいり》より先《さ》き、※他愛《たわい》ものう寝《ね》るものかえ。起《お》きさんせぬと、※こそぐるぞえこそぐるぞえ、もうしもうし。

　トゆりおこし、あたりを見《み》て、思入《おもいい》れあり、＊32

勿体《もったい》なや、恐《おそ》ろしや、鳴神様《なるかみさま》ゆるして下《くだ》さんせや。自《みず》らが心《こころ》よりおまえを※落《おと》したのじゃござんせぬ、忝《かたじけな》くも帝様《みかどさま》の勅命《ちょくめい》に依《よ》って、※有験《うげん》の高僧《こうそう》を色《いろ》と酒《さけ》とに性根《しょうね》を乱《みだ》し、浅《あさ》ましい体《てい》になしたは、我《わ》れながら恐《おそ》ろしや、今酔《いまよい》のうちに、大事《だいじ》を教《おし》えさしやんした教《おし》えの如《ごと》く、あの注連縄《しめなわ》を切《き》らば、龍神《りゅうじん》龍女《りゅうじょ》は忽《たちま》ちに海底《かいてい》に飛去《とびさ》り、五※穀成就《こくじょうじゅ》の雨《あめ》のあしは篠《※しの》をたばねて。つくづくと見上《みあ》ぐれば、千丈《じょう》の巌《いわお》のアノ内《うち》にこそ。

ト注連縄《しめなわ》をきっと睨《にら》み、身《み》づくろいして岩《いわ》の上《うえ》へ上《あが》り、ふるえる思入《おもいい》れさまざまあって、懐剣《かいけん》をとり、

まんまと仕済《しすま》した、南無諸天善神《なむ※しょてんぜんじん》、海龍王《かいりゅうおう》、雨《あめ》を降《ふ》らしてたび給《たま》え、南無帰命頂《なむ※きみょうちょう》礼《らい》南無《なむ》帰命頂礼《きみょうちょうらい》。

ト太鼓《たいこ》、謡《うた》いにて、注連縄《しめなわ》を切《き》ると、仕掛《しかけ》にて、女龍男龍天上《※めりょうおりょうてんじょう》する、滝壺《たきつぼ》より如露《じょろ》にて水吹《みずふ》き上《あ》げると、大雷《おおかみなり》、舞台先《ぶたいさき》へ本《※ほん》の雨《あめ》おびただしく降《ふ》る。此《こ》の長謡《ながうた》いのうち、絶間《たえま》花道《はなみち》へはいる。[*33] 処《ところ》へ白雲坊《はくうんぼう》、黒雲坊《こくうんぼう》、玉襷《たまだすき》、尻《※しり》からげ、破《やぶ》れたるすげ笠《がさ》にて、同宿《※どうしゅく》大《お》勢《ぜい》みなみな衣《ころも》、玉襷《たまだすき》、尻《しり》からげ、或《ある》いはからかさ、又《また》は菅笠《すげがさ》、或《ある》いは耳《みみ》をふさぎ、騒《さわ》ぎながら、花道《はなみち》より駆《か》け出《で》て、みなみな「お師匠様《ししょうさま》お師匠様《ししょうさま》」と声々《こえごえ》に呼《よ》び、みなみな鳴《なる》神《かみ》を尋《たず》ねる、白雲坊鳴神《はくうんぼうなるかみ》を見《み》つけて、

白雲　ヤア、ここにじゃ。

ト大勢《おおぜい》して抱《だ》きおこす、此《こ》のうち鳴神顔《なるかみかお》まっかになり、酒《さけ》に酔《よ》い[*34]、他愛《たわい》なき思入《おもいい》れ。

○ぼんさん　坊さんの訛り。**○性根**　こんじょう、こころだてであるが、「わしが性根」と呼んだのは、自分の愛人を、自らの精神に譬えてのことである。**○他愛ものう**　とりとめもなく。てごたえなく。だらしなく。**○こそぐる**　くすぐる。**○落した**　堕落させる。おとしいれる。わなに陥らせる。罪におとす。**＊32**嘉永上演本におけるこの条以後は後記する。**○五穀成就**　五穀は米・麦・粟・黍・豆をいう。すべての穀物をみのらせる。**○有験**　祈禱に効験あるをいう。**○篠をたばねて**　篠は篠竹で、細くして叢生する竹。その篠竹をたばねてつきおろすように雨が降る。篠つく雨などと形容する。**○諸天善神**　仏語。天上界にいます善き神仏。**○帰命頂礼**　帰命は仏に帰依して他に移らぬことであり、頂礼は自分の頭を仏の足につけて礼拝すること。仏を礼拝し、祈念する時に唱える語。**○女龍男龍**　龍神龍女に同じか。但しこの場合、仕掛にて天上するので、動物の龍の形をしている。**○本の雨**　本当の水。本の雨、後には本雨〔ほんあめ〕と呼んでいる。**＊33**絶間姫が鳴神を酔い倒れさせて、一人になってからこの条に至るまでを、嘉永の上演台本では次のように改修している。謡の代りに竹本・清元を掛合で使ってある。竹本『ゆり起せども夢うつつ、あたり窺い見廻して、今更せまる胸撫でおろし。（ト合方。）「許したまえや上人様、自らが恋慕よりさらさら落せし事にはあらず、忝くも帝さま多くの官女の其内より選り出されし身の面目、勅命とは言いながら破戒させしは主上の為国の為、アラ勿体なや。竹本『恐ろしや。（ト又合方。）「今酔の内に大事を忘れ教えたまいしアノ七五三縄、これを切れば龍神龍女は忽ちに海底にとび去り、五穀成就民安全、尊き聖りを落したる罪も報いも厭わぬ厭わぬ。竹本『滝にかかりし夕虹は取りもなおさず、「雨の足。竹本『かいがいしくも帯引きしめ、峨々たる岩石いといなく。「よし荒滝に打ちくだかれ、此身はここに失うとも。（トきっとなる。）清元『天下の為には厭うまじ、念力こっては藤かずら、八重のくさりに取縋り。（ト早い三重になり。）竹本『かよわき力にようようと仏陀の恵み神の加護、滝の辺りへよじのぼり、さも物凄き巌壁に、身の毛もよだつばかりなり。（ト此内絶間姫振袖の肌をぬぎ、きっと見得。滝の音はげしく、早目の合方。）「南無諸大善神海龍王、万民の為君の為雨をふらして当今の有徳を感じさせたびたまえ、南無帰命頂礼南無帰命頂礼。竹本『秘法の七五三縄ふっつと切れば、あら不思議や、一天俄かにかき曇り、姫は願いの叶いしと、丈の巌を飛びおりて。（ト此内岩の上へ段々上り、懐剣にて七五三縄を切ると、正面の宮一時に扉開き、中より十柄の御剣出る。金龍あらわれ滝のもとへ登る。これにて大雷の音はげしく、絶間十柄の宝剣を持ち飛下り、思入あって、）「嬉しや是ぞ十柄の御剣、我が手に入りしは天の恵み、是も鳴神殿の仕業ならん。大願成就忝い。清元『天の恵みと押しいただき、九十九折なる山道をこけつまろびつ急ぎ行く。

○尻からげ 尻端折り。**○同宿** 同じ寺にすむ僧侶。**＊34**酔倒れている間に顔を彩るのである。

ムム、くさいわくさいわ。

黒雲　酒蔵《さかぐら》へはいったようなお師匠様《ししようさま》、

皆々　お師匠様《ししようさま》お師匠様《ししようさま》。

ト鳴神少《なるかみすこ》し目《め》をさまし、他愛《たわい》なき体《てい》、

白雲　コレ鳴神様《なるかみさま》、行法《ぎようほう》が破《やぶ》れましたわいの。

黒雲　アレ、見《み》れば密法《みつぽう》の注連縄《しめなわ》もひっちぎれて、龍神《りゆうじん》は天《てん》へ駆落《かけおち》いたしましたわいのう。

白雲　じゃによって、雨《あめ》が降《ふ》りますわいの。

黒雲　大雨《おおあめ》になりましたわいの。

白雲　雷《らい》が鳴《な》りまするわいの。

二代目市川左團次と『鳴神』　九代目團十郎が生涯一度も演じず暫く中絶していた『鳴神』だったが、明治32年明治座で二代目左團次が復活させ、以降しばしば上演されている。
(写真提供：児玉竜一)

黒雲　大雷《だいらい》でござる、それぞれみんな※臍《へそ》に蓋《ふた》をして居《お》りまするわいの。
白雲　※うんらいぐせいでん、ねんぴかんのんりき。桑原桑原《くわばらくわばら》。
　トみなみな桑原桑原《くわばらくわばら》。此内大雷《このうちだいらい》。大《たい》雨《う》。コレより鳴神思入《なるかみおもいいれ》あって、
鳴神　ナンダ、雨《あめ》が降《ふ》る。
白雲　※こぼれますわいの。
鳴神　ナンダ、雷《らい》が鳴《な》る。
黒雲　アレ。
　ト大《おお》きく鳴《な》ると、鳴神思入《なるかみおもいい》れあって、
鳴神　コリャなぜ雨《あめ》が降《ふ》る、ナゼ雷《らい》が鳴《な》るやい。
白雲　コレ師《し》の坊《ぼう》、（ト泣《な》く、）こなたは、最前《さいぜん》の女《おんな》におとされさっしゃったぞや、あれをただの女《おんな》じゃと思《おも》わ

っしゃるか、逃《に》げていたあとで聞《き》いたれば、
黒雲　雲《くも》の絶間《たえま》*35というて、大内第《おおうちだい》一の官女《かんじょ》、勅諚《ちょくじょう》を以《もっ》て、おまえをおとしに来《き》たのでござるわいのう、おまえの落《お》ちさっしゃった上《うえ》に、また雷《らい》が落《お》ちようかと、み※なたんば色《いろ》になって居《お》りますわいの。
鳴神　扨《さて》は、我《わ》が行法《ぎょうほう》を破《やぶ》らんために雲《くも》の絶間《たえま》という女《おんな》、勅諚《ちょくじょう》を以《も》て、爰《ここ》に来《きた》りしよな、アアその絶間《たえま》めを。（トこれより荒立《※あれだ》ち、舞台中を飛《と》び廻《まわ》り、捜《さが》す、坊主《ぼうず》どもみなみなあとについて廻《まわ》る、望《※のぞ》みあり、此《こ》のうち始終かみなり。）
鳴神　ヤアラ無念《むねん》や、口惜《くちお》しやナア。寸善尺魔《※すんぜんしゃくま》の障碍《しょうげ》、仏罰《ぶつばつ》を蒙《こうむ》って、密法《みっぽう》の行《ぎょう》を破《やぶ》られしよな、よし我《わ》れ破戒《はかい》の上《うえ》からは、生《い》きながら鳴《※な》るいかずちとなって、かの女《おんな》を追《お》いかけんに、何条難《なんじょうかた》きことかあらん。天《てん》は※三十三天《てん》、地《ち》は金輪際奈落《※こんりんざいならく》の底《そこ》、雨《あめ》となり風《かぜ》となり、鳴雷《※なるいかずち》の上人《しょうにん》が、念力間近《ねんりきまぢか》く彼《か》れを追駆《おいか》けんに、東《※ひがし》は奥州外《おうしゅうそと》ケ浜《はま》、
浄瑠璃《じょうるり》にて、
〽西《にし》は鎮西鬼界《※ちんぜいきかい》ケ島《しま》、
南《みなみ》は熊野《くまの》、那智《なち》の滝《たき》、
〽北《きた》は越後《えちご》の荒海《あらうみ》まで、

人間《にんげん》の通《かよ》わぬ処《ところ》、

〽千里《り》もゆけ、

万里《ばんり》も飛《と》べ、イデ。

〽追駆《おいか》けんと鳴神《なるかみ》は、あとを慕《しと》うて。

ト大《※おお》三重《じゅう》、大《おお》がみなり、大雨大《※おおあめおお》ドロドロにて、鳴神大荒《なるかみおおあ》れに荒《あ》れ、花道《はなみち》へ駆《か》けてはいる。同宿皆々《どうしゅくみなみな》「お師匠様《ししょうさま》お師匠様《ししょうさま》」と跡《あと》を慕《した》いはいる。この内《うち》投《※な》げ人形《にんぎょう》、投《な》げ岩《いわ》、望《のぞ》みあり。*36

打出し幕

○**臍に蓋**　雷は人の臍を取るという伝説から、臍を取られまいと臍のあたりを押えて用心する。○**うんらい…**　「雲来鼓掣電念波観音力」落雷を防ぐ呪文、『法華経』普門品中に出ず。○**こぼれる**　雨の降ることを、こぼれているともいう。**＊35**雲の絶間が普通であるが、普通で、当麻姫としたのもある。嘉永の上演本は当麻である。また女鳴神では『当麻筐小袖』というのもある。○**たんば色**　胆礬色〔たんばんいろ〕である。驚いて顔色のあおざめているのをいう。○**荒立ち**　あれ始める。あばれだつ。所謂荒事の、誇張した勇壮な動作になる。○**望みあり**　（既出）誂らえありに同じく、この動作に特別の工夫を凝らすことを意味している。○**寸善尺魔の障碍**　世の中には、好事少なく、とかく妨げ、さわり多し。○**鳴るいかずち**　鳴り轟く雷。雷神。鳴神。○**三十三天**　仏教に説く、須弥山の頂の四方に各一峰あり、その各峰毎にある八つずつの天と、その中央にあってこれらを統轄する帝釈天との総称。○**金輪際奈落の底**　金輪際は大地の底、百六十万由旬深き所、即ち地の最下底。地獄の底までも。○**鳴雷の上人**　鳴神自身の称。○**東は奥州外ケ浜**　外ケ浜は、青森湾西沿岸一帯の称。到る所眺望よく勝地多し。「率土ケ浜」「蘇塗ケ浜」とも書く。古くから我国の東端として知られていたから、こういったのである。○**鎮西鬼界ケ島**　鎮西は九州のこと。鬼界ケ島は「喜界ケ島」とも書く。東と西と言ったので、西の果としてこの島を挙げたのである。○**大三重**　三味線の三重の手を大きく強く弾くこと。○**大雨大ドロドロ**　大雨の擬音、ドロドロという雷の音を聞かせる。○**投げ人形、投げ岩、望みあり**　天地鳴動し、大荒れに荒れる間に岩石飛び、上人が同宿を張り殺しなどする。それに使う人形や岩等に望み、誂らえ、注文がある。＊**36**嘉永上演台本の幕切は少しく違っていて、それが現行演出の基礎になっている。鳴神のセリフの「雨となり、風となり」から清元と竹本の掛合で、清元『東は奥州外ケ浜。「西は鎮西鬼界ケ島。（ト雷の音はげしく。）竹本『南は紀の路那智の滝。「北は越後の荒海まで、人間の通わぬ所、清元『千里も行け万里も飛べ、女を爰へ引きよせん。（ト此時皆々留める。千鳥になり、トド壇場へ鳴神駆けのぼる。）竹本『瞋恚のほむら舞いあがり。（ト鳴神引きぬくと、総身一面に火焔となり、毛逆立ちてきっと見得。）竹本『雲井はるかに鳴神が、怪し恐ろし。（ト鳴神柱巻の見得。これにて同宿残らず海老折れになる。大ドロドロ雷の音、この仕組よろしく。）幕というのである。なお前記『当麻篭小袖』の幕切れはよほど変っているから、それをも参考のために記しておきたい。『千里も行け万里も飛べ、追いかけんと鳴神は』と、浄瑠璃はこれで留まり、大岩大石を投げ出し大荒れになる。これを留める同宿の皆々を張り退け、大三重雷の音にて鳴神上人向うへ這入る。同宿の皆々は「上人様上人様」と呼びながら追っかけて入る。ここへ岩組の道具幕を引き、向うより討手頭に追われて以前の絶間走り出る。討手頭引っ立てる、ここへ立役の出ることあって、「姫君様、ここは拙者が受け取った。はやはやござれ」という。是にて絶間上手へはいる。あと立廻りあって皆々逃げてはいり、立役思入あって上手へ入る。と岩幕切って落す。山の半腹となり、道具納まると絶間逃げて走り出るを、鳴神上人荒れのなりにて追っかけ出て引きつけ、口説く事などありて、「食い殺すぞ」という。ここへ立役出て来り、鳴神を当て、「サ、ござりませ」と、絶間の供をして両人上手へはいる。これより祭文、鳴神宙乗りの仕掛、よき程に絶間、立役両人引戻される模様。これにて立役は懐ろより八咫の銘鏡を出して差しつける。鳴神飛び去りの見得にて幕。というのである。解題に述べた原作本にはこの面影がある。が無論前者のほうがすぐれている。三種の幕切れ中でも、頭註の前者の分が最もよいと思う。歌舞伎脚本に定本の得難いことは、時として述べたが、これもその一例である。

暫《しばらく》

鶴ケ岡社頭の場※

役名

鎌倉権五郎景政
清原武衡
足柄左衛門高宗
荏原八郎国連
鹿島入道震斎
東金太郎義成
垣生五郎助成
成田五郎義秀
武蔵九郎氏清
加茂次郎義綱
同三郎義郷

宝木蔵人貞利
渡辺小金丸行綱
豊島平太
田方運八
海上藤内
大住兵次
那須の九郎妹
実は景政の従弟女 照葉
月岡の息女 桂の前
同老女 呉竹
奴八人
半素袍の侍四人
侍女四人
白丁大勢

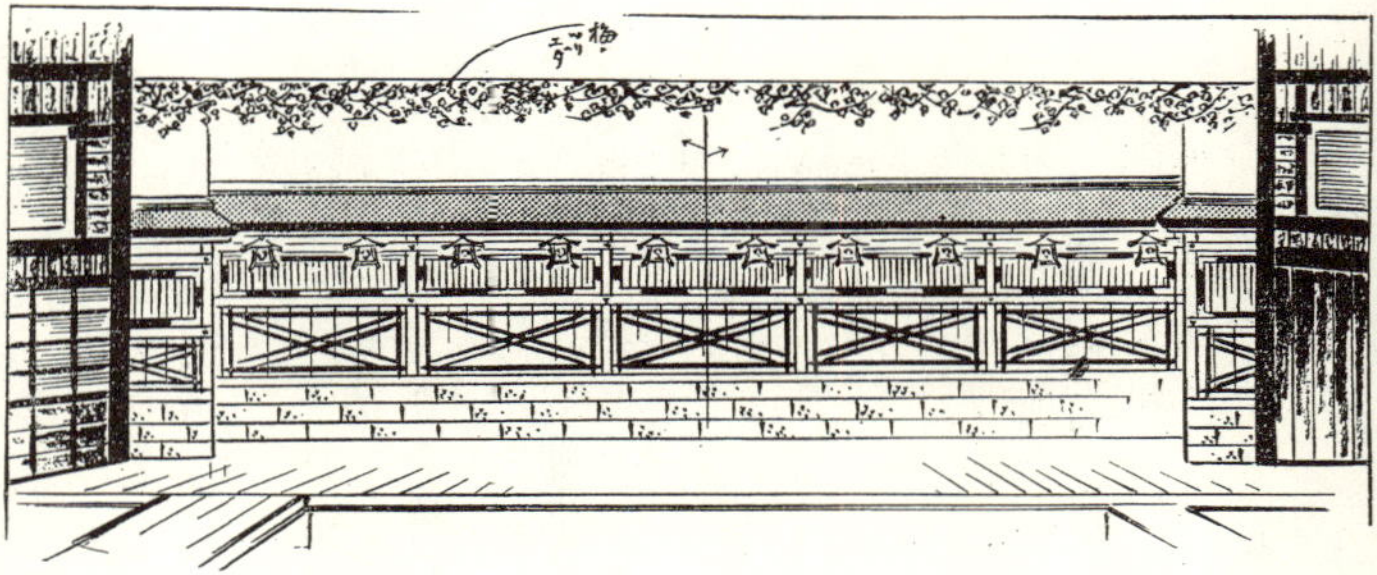

本舞台《ほんぶたい》一面朱塗《めんしゆぬり》の廻廊《かいろう》。軒口《のきぐち》へ金灯籠《かなどうろう》を大分《だいぶん》に釣《つる》し、上《かみ》下《しも》、梅《うめ》の立木《たちき》、日覆《ひおおい》より同《おな》じく釣枝《つりえだ》をおろし、すべて鶴《つる》ケ岡社頭《おかしやとう》の場。※早神楽《はやかぐら》にて幕明《まくあ》く。と※渡《わた》り拍子《びようし》になり、向《むこ》うより奴八人《やっこにん》、※対《つい》の捻切《ねじき》りにて、※鳥毛《とりげ》の鎗《やり》を持《も》ち、勇《いさ》ましく振《ふ》って出《で》て来《きた》り、

八人　よんやさ。[*1]

ト鳴物打上《なりものうちあ》げる。

奴一　江戸《えど》の歌舞伎《かぶき》の※吉例《きちれい》に、※一座《ざ》も極《きま》る顔見世月《かおみせづき》、

奴二　※一番太鼓《ばんだいこ》二番手《ばんて》と、繰込《くりこ》む奴《やっこ》の※大鳥毛《おおとりげ》、

奴三　※ふるとは雪《ゆき》かあられ※酒《ざけ》、※寒《かん》の師走《しわす》も捻切《ねじき》りに、

奴四　いつもなじみの※下馬先《げばさき》で、※盛切酒《もっきりざけ》の飲仲間《のみなかま》、

奴五　ぐっと一杯《ぱい》※二合半《ごうはん》、※ぶんぬき釘抜中抜《くぎぬきなかぬき》の、

奴六　※草履《ぞうり》も投《な》げの玄関先《げんかんさき》、※お髭《ひげ》の塵取《ちりと》り機嫌《きげん》取り、

奴七　※名《な》を鳥毛《とりげ》とは縁喜《えんぎ》もよく、今日《きょう》を曠《はれ》なる※伊達道《だてどう》

具《ぐ》、
奴八　渡《わた》り拍子《びようし》の音《ね》に連《つ》れて、目出度《めでた》き時《とき》に相変《あいかわ》らず、
奴一　勇《いさ》み勇《いさ》んで、
八人　※振込《ふりこ》むべいか。*2
トこの時上手《ときかみて》より、豊島平太《としまへいだ》、田方運八《たがたうんぱち》、海上藤内《うながみとうない》、大住兵次《おおすみひょうじ》、上下大小《かみしもだいしょう》にて出来《でき》り、
平太　これは何《いず》れも御苦労々々《ごくろうごくろう》、今日清原武衡卿《こんにちきよはらたけひらきよう》、
運八　当鶴ケ岡《とうつるおか》の神殿《しんでん》にて、関白宣下《かんぱくせんげ》の思《おぼ》し立《たち》、*3
藤内　我《わ》れ我《わ》れとても今日《こんにち》より思《おも》いの儘《まま》に立身出世《りっしんしゅつせ》、
兵次　めいめい誉《ほま》れを鳥毛鎗《とりげやり》とは、幸先《さいさき》のよい此《こ》の繰込《くりこ》み、
平太　誠《まこと》に目出度《めでた》い、
四人　事《こと》ではある。

○**鶴ケ岡社頭**　鎌倉の鶴ケ岡八幡宮の社前。○**早神楽**　立廻り、道具替り、又は幕明きに用いる楽で、笛・太鼓・大太鼓を用いる。○**渡り拍子**　太鼓・鉦・笛で急調。駆足で出る場合などに用うる。○**対の捻切り**　ここの「対」は「揃い」で、全部同じ、お揃いの意。「捻切り」は「捻切り奴」ともいう。上着を短かく着て、尻端折りをしている奴。この人数は八人が十人のこともある。○**鳥毛の鎗**　鳥毛鞘の鎗。鎗の

鞘に鳥毛の飾りのついたもの。＊1掛声である。全部出て来て揃ったところで「よんやさ」と掛声をして、右手を握って差出し、足を大きく割ってギックリと見得をする。「どっこい」という場合もある。**○吉例**　めでたいためし。即ち一年に一度と定まる顔見世興行の吉例として。顔見世興行とあれば『暫』は附き物のように思われていた時代があるからである。**○一座も極る**　昔は十一月を役者入替りの期とし、この新顔触れの第一回興行を顔見世と言った。そこで一座の顔触も決まったこの顔見世月というのである。即ち顔見世月は十一月のこと。**○一番太鼓二番手**　芝居興行をしらせる、第一番目に打つ太鼓を一番太鼓という。古くは午前二時頃に打ったものという。二番手は二番目に繰込むをいう。一番、二番と繰込むというのを洒落たのである。**○大鳥毛**　大鳥毛の飾りのついた、ここは鎗。大鳥毛は鷹の羽を栗の毬の形に大きく作って鞘の飾りとしてある。**○ふるとは雪か**　「ふる」は鳥毛鎗を振るのと、雪やあられが降るのと両方に掛けてある。**○あられ酒**　奈良の名産で、その製法は味醂に同じ。糯米の粕が全く溶けずして交っている、それを霰と見たのである。**○寒の師走**　寒は酒の「燗」と寒さとの両方をきかせたもの。師走は十二月の異名。**○下馬先**　略して下馬ともいう。一般に城門などの下馬札の立ちたる前をいう。**○盛切酒**　前記下馬先の供待部屋で酒を売っていた。それが一杯盛りきりでいくらといって売る酒だった。今ならコップ酒である。**○二合半**　二合五勺のこと。飯・酒などの少量のことにいい、転じてそれが一食の量なりとて身分低き士人を卑しむるに用う。足軽・奴を蔑しめていう語。一杯、二合半と調子を合せたのである。**○ぶんぬき…**　「ぶんぬき」は飲みつづけるの意であろう。釘抜はただ語調の上から中抜の草履をセリフに言うためである。**○草履も投げの玄関先**　中抜き草履は藁で作った草履。奴が主人の供をして他家を訪問し、帰りを待っている。いざお帰りという時に、主人の草履を玄関先へポンと投げてうまく揃えるのが手練とされ、自慢したものだという。それをいう。**○お髭の塵取り機嫌取り**　お髭の塵を払うともいう。目上におもねり、御機嫌を取るをいう。**○名を鳥毛**　顔見世月のことで、更新第一回であるから、名誉をとるとは縁起がいいと言うのを、鳥毛にかけたのである。○**伊達道具**　伊達な、見栄えのする道具、即ち鳥毛鎗のこと。○**振込むべいか**　鎗を振ってまいりましょうか。「べい」はべいべい（可可）詞の略で、奴詞とも言われる。関東の卑語である。＊2捻切り奴八人の渡りゼリフは時によって違う。明治二十八年以来この台本が先ず定本とされているが、これらの奴のセリフを始めとして、必要に応じて変更改訂の行われることを御承知おき願いたい。＊3清原武衡卿となって関白宣下とあるは、明治以後のことで、以前は王位に即くことになっており、平親王将門などの役名になっていた。将門になっている時には鶴ケ岡八幡でなく、新鹿島の社頭になっている。

ト時《とき》の太鼓《たいこ》になり、向《むこ》うより、加茂次郎義綱《かもじろうよしつな》、同三郎義郷《どうさぶろうよしさと》、宝木蔵人貞利《たからぎくらんどさだとし》、上下衣裳《かみしもいしょう》、義綱《よしつな》の許嫁桂《いいなずけかつら》の前《まえ》、老女呉竹《ろうじょくれたけ》、侍女《じじょ》四人《にんつ》連れだち、白丁《※はくちょう》大勢《おおぜい》、弓矢《ゆみや》を番《つが》え前後《ぜんご》を囲《かこ》み、半素袍《※はんすおう》の侍《さむらい》四人附添《よにんつきそ》い、引立《ひった》て出《で》て、舞台《ぶたい》へ来《く》る。＊4

侍　動《うご》くな。

義綱　こりゃ何故《なにゆえ》の此《こ》の狼藉《ろうぜき》。

トこの時上手《ときかみて》にて、

荏原　その仔細《しさい》、

三人　言《い》って聞《き》かせん。

ト管絃《かんげん》になり、上手《かみて》より荏原八郎《えはらはちろう》、垣生五郎《はにゅうごろう》、武蔵九郎上下衣裳《むさしくろうかみしもいしょう》にて出《で》て来《きた》り、

荏原　何故《なにゆえ》とは横道者《※おうどうもの》、今日主君武衡卿《こんにちしゅくんたけひらきょう》には、関白宣下《かんぱくせんげ》の式日《しきじつ》なるに、

垣生　当鶴《とうつる》ケ岡《おか》の※額堂《がくどう》へ、大福帳《だいふくちょう》の額《がく》を上《あ》げしは、不届《ふとど》き至極《しごく》の加茂《かも》の義綱《よしつな》、

武蔵　武衡卿《たけひらきょう》の御前《ごぜん》へ引《ひ》き、※きっと詮議《せんぎ》に及《およ》ぶ間《あいだ》、

荏原　そこ一寸《すん》も、

三人　動《うご》き居《お》るな。

義綱　こりゃ大福帳《だいふくちょう》を奉納《ほうのう》せしを、不届《ふとどき》なりとはその意《い》を得《え》ず、※国守《こくしゅ》の印《いん》を紛失《ふんじつ》なし、父の勘気《かんき》は受《う》けしかど、※朝家《ちょうか》を思《おも》う真心《まごころ》より奉納《ほうのう》なせし大福帳、

義郷　それを下《おろ》して他《た》の額《がく》を、掛《か》け召《め》さるるは無法《むほう》な振舞《ふるまい》、

蔵人　それ故《ゆえ》ささえ申してござる。

平太　ヤア、※ささえこさえをせしなどとは、承《うけたまわ》るさえ憎《にっく》きやつ、

運八　武衡卿《たけひらきょう》には天下《てんが》の政治《せいじ》を、握《にぎ》らせ給《たも》う御志願《ごしがん》あって、

藤内　当鶴《とうつる》ケ岡《おか》の額堂《がくどう》へ、御奉納《ごほうのう》の雷丸《いかずちまる》、

兵次　それに何《なん》ぞやそちらでは、大福帳の奉納額《ほうのうがく》、

平太　こりゃ※浪々《ろうろう》のたつきに迫《せま》り、小商《こあきな》いでもするつもりか、

運八　邪魔《じゃま》な額故《がくゆえ》、取《と》りおろすを、

藤内　ささえ立《だて》なす、

四人　不届者《ふとどきもの》めが。

桂　いやとよ、夫義綱様《よしつなさま》には左様《さよう》な賤《いや》しきお心《こころ》ならず、朝家《ちようか》の栄《さかえ》をお祈《いの》りの為、御《ご》奉納《ほうのう》ありし大福帳。

呉竹　たとい御目障《おんめざわ》りになればとて、先《さ》きへ奉納《ほうのう》してある額面《がくめん》、それを取退《とりの》け他《た》の額《がく》を、懸換《かけか》えんとは無作法至極《ぶさほうしごく》。

女一　どうぞ、あのままお置《お》き遊《あそ》ばし、

同二　※さしもに広《ひろ》さ、あの額堂《がくどう》、

同三　外《ほか》へお掛《か》けなされますよう、

同四　御無事《ごぶじ》を祈《いの》るお願《ねが》い、

同一　お聞《き》き届《とど》け下《くだ》さるよう、

四人　偏《ひとえ》にお願《ねが》い、

六人　申上げまする。

○白丁　白張〔しらはり〕の音読。傘持、沓持、口取等の仕丁即ち雑役に服した賤吏をいう。綿布白張りの狩衣を着ていたからそう呼ぶ。**○半素袍**　素袍の片肌を脱いでいるからいう。**＊4**引立てられて来る五人の人物は普通「太刀下〔たちした〕」と呼ばれている。これは善人で、引立てられて来て、腹出〔はらだ〕しと呼ばれる悪人共に斬られようとする場面が先にある。太刀の下に置かれるから「たちした」と呼ばれる。この太刀下は立役（即ち善人型）、桂の前は若女方である。主人公たる鎌倉権五郎は武道、実事であり、また「ウケ」と呼ばれる清原武衡は敵役、「中ウケ」と呼ばれる「腹出し」も敵役である。○**横道者**　よこしまな奴。不届き者。○**額堂**　神社仏閣などで、奉納の額をかけて置く堂。○**きっと詮議に及ぶ**　厳重に取り調べる。○**国守の印**　国守は国司の長官。一国又は一国以上を領する大名をもいう。○**朝家**　帝室のことだが、国守の印と前にあるから、その一国の積りである。国家と言っていたのを、明治以後に至って朝家と改めた。○**ささえこささえ**　「こささえ」は語呂を重ねたもので、別に意味はない。○**浪々のたつきに迫り**　主人に離れ浪人して、食禄に離れ活計に困るので。○**さしもに広き**　あれほどに広き。

荏原　ヤア、女共《おんなども》までしゃしゃり出《い》で、聞《き》きたくもなきよまい事《ごと》、それ、女共から射《い》止《と》めてしまえ。
白丁大勢　ハッ。（卜矢《や》を向《む》ける。）
義綱　マ、こりゃ何科《なにとが》もなき者迄《ものまで》を、
義郷　射止《いと》めんなどとは無法千万《むほうせんばん》、
垣生　然《しか》らば、御前《ごぜん》へ早《はよ》うしょう。
義綱　サア、それは、
武蔵　但《ただ》し之《これ》にて射止《いと》めようか。
義綱　サア、
荏原　サア、

両人　サアサアサア、
荏原　義綱《よしつな》、返事《へんじ》は、
平太等四人　※どうだエエ。
トきっと言《い》う、この時後《ときうし》ろにて、
呼ビ　出御《しゅつぎょ》。（ト呼ぶ。）
立役女方敵役五人　アノ声《こえ》は。
エエ、出御《しゅつぎょ》だわ。
ト大《おお》きく言《い》う。この時《とき》※大薩摩《おおざつま》になり、
〽※咸宮万里《かんきゅうばんり》の花《はな》の時《とき》、栄華《えいが》は雲《くも》の上《うえ》もなき、月日《つきひ》も爰《ここ》に弥高《いやたか》き、時《とき》の威勢《いせい》ぞ類《たぐ》いなき。
※ト早下《はやさが》り葉《は》になり、正面《しょうめん》の廻廊《かいろう》を※左右へ引割《ひきわ》り、この内《うち》に※誂《あつら》えの台《だい》、真中《まんなか》に清原《きよはら》の武《たけ》衡《ひら》、※吉例《きちれい》の冠《かんむ》り装束《しょうぞく》にて笏《しゃく》を持《も》ち、※立身《たちみ》。前《まえ》に白木《しらき》の三方《ぼう》へ大盃《たいはい》を載《の》せてあり。上《かみ》の方《かた》に東金太郎《とうがねたろう》、※赤塗《あかぬ》り、上下衣裳《かみしもいしょう》にて大福帳の附《つ》きし額《がく》を抱《かか》え、※鯰坊主鹿島《なまずぼうずかしま》入道震斎《しんさい》、吉例の拵《こしら》えにて、梅《うめ》の枝《えだ》に瓢箪を附《ふ》して担《かつ》ぎ、下《しも》の方《かた》に、足柄左衛門《あしがらさえもん》、赤塗《あかぬ》り上下《かみしも》衣裳にて、※雷丸《いかずちまる》の剣《つるぎ》を附《つ》けし額《がく》を抱《かか》え、那須《なす》の九郎妹照葉《くろういもうとてりは》、振袖衣裳にて、*5長柄《ながえ》の銚子《なりもの》を持《も》ち、※真中《まんなか》の後《うし》ろに、長柄《ながえ》の傘《かさ》を差《さ》しかけし白丁《はくちょう》附添《つきそ》い、この見得《みえ》、右《みぎ》の鳴物《なりもの》にて、中《なか》の台《だい》を前《まえ》へ押出《おしだ》す。*6後《あと》は奥深《おくぶか》に廻廊の中※遠見《どおみ》になり、鳴物打上《なりものうちあ》げる。

○**どうだエエ**　語尾の「エエ」は強めた語で、荒事には附きものである。○**大薩摩**　大薩摩節である。（『矢の根』の註参照）○**咸宮万里…**　咸宮は咸陽宮のことで、秦の始皇帝が陝西省西安の西方に造営した宮殿をいう。咸宮より見渡せば、万里の涯迄も花に埋もれているが、それはすべて我領土であると、国の盛んなことを述べた。「栄華は雲の上もなく」はこの上もない栄華であるの意で、「雲の上」と言ったのは花にかけたのと、貴い雲の上人にも優っているの意をかけたもの。「月日も」は「雲の上」からの調子で、高い権勢、威勢の形容である。○**早下り葉**　大太鼓に鈴・笛の音をあしらい、三味線の調べが入る。それを早めにする。とここで舞台が一変する。○**左右へ引割り**　廻廊が真中から割れて、上手下手へ引き込まれる。そういう仕掛に出来ている、所謂引き道具である。○**誂えの台**　二畳台という。方形の畳二畳分位の大きさ。しかし実際はずっと広い。○**吉例の冠り装束**　いつもの通りの冠り装束。紫紐の金冠。大紗綾形白綸子の着附。白地へ銀糸雲の織出し、胸の所に金糸龍の丸の台づけの袍。緋の長袴。鳥頭の太刀。象牙の笏を持っている。○**立身**　ただ立っているをいう。○**赤塗り**　顔を赤く塗り立てている。悪人型、所謂敵役〔かたきやく〕を象徴する。敵役をよく赤面〔あかつら〕ともいう。○**鯰坊主**　鯰の隈取りをし、鯰髭をつけた坊主。滑稽な役

で、道外方〔どうけがた〕俳優のつとめる役。＊5この役は普通の女で演じる場合もあるが、近来は島田鬘の左右の毛を垂れ下げて、女鯰として演ずる。○**真中の後ろ**　清原の武衡の立っている後方。＊6台を前へ押し出すというのは、これも引き道具で、下に車がつけてあって、廻廊が割れて取れると前方へ押し出す。○**中遠見**　中くらいの遠景。

立役女方　ヤヤ、是《こ》れは。（トびっくりする。）

荏原　ヤア、御前間近《ごぜんまぢか》く尾籠千万《※びろうせんばん》。

敵役皆々　下《さが》れエエ。

トきっと言《い》う。是《これ》より音楽《※おんがく》の鳴物《なりもの》になり、

武衡　既《すで》に青雲《※せいうん》の時到《ときいた》り、中納言清原《※ちゅうなごんきよはら》の武衡《たけひら》、坂東諸国を切従《きりしたが》え、遠《とお》からずして天下《てんが》の政治《せいじ》を我手《わがて》に握《にぎ》る幸先祝《さいさきしゅく》し、今日只今当社《とうしゃ》にて、冠装束《※かんむりしょうぞく》身《み》に着《ちゃく》し、自《みず》から昇《のぼ》る位山《※くらいやま》、

東金　誠《まこと》や君命畏《くんめいかしこ》くも、雲井《くもい》の花の魁《さきがけ》は寒紅梅《かんこうばい》の赤《※あか》っ面《つら》、

足柄　列《つらな》る顔《かお》は紅《くれない》に、赤《あか》いは酒《さけ》の科《とが》ならで、これも吉例役廻《※きちれいやくまわ》り、

震斎　その故実《※こじつ》さえ白梅《しらうめ》に、瓢箪《ひょうたん》から出《で》た駒《こま》ならで、鯰坊主《なまずぼうず》なま覚《おぼ》え、

照葉　君《きみ》の御威勢《ごいせい》誰れあって背《そむ》く者《もの》なき仰《おお》せを受《う》け、不束《ふつつか》ながらお執持《とりもち》、「女《おんな》だてらに鯰《なまず》とは、どうした拍子《ひょうし》の瓢箪を、ふりかたげたる伊達姿《だてすがた》、」＊7

武衡　我《わ》れに敵《てきと》うやつばらは、罪《つみ》を糺《ただ》して刑《けい》に行《おこな》い、日頃《ひごろ》の望《のぞ》み足《た》んぬる上《うえ》は、皆万《みなばん》
歳《ぜえ》を唱《とな》えろエエ。
荏原　何《いず》れも君《きみ》を祝《しゅく》されよ。
平太　只々御目出度《ただただおめでと》う、
敵役皆々　存《ぞん》じまする。
義綱　※後三年《ごさんねん》の戦《たたか》いに、僅《わず》かな勲功《くんこう》あればとて、分《ぶん》に過《す》ぎたるこの振舞《ふるまい》、
義郷　自《みずか》ら高位高官《こういこうかん》の、冠《かんむり》装束《しょうぞく》附けまとい、
蔵人　天下《てんが》の政治を握《にぎ》るなどとは、我意《がい》に募《つの》りし傲慢無礼《ごうまんぶれい》、
桂　それのみならず、義綱様《よしつなさま》がこのお社《やしろ》へお納《おさ》め遊《あそ》ばせし、
呉竹　大福帳のお額《がく》まで取《と》りおろしたるこの様子《ようす》、
義綱　以《もっ》ての外《ほか》の事共《ことども》なるわ。
武衡　ヤア、我《わ》が面前《めんぜん》にてその雑言《ぞうごん》、汝《なんじ》が父《ちち》の頼義《よりよし》にはかねて遺恨《いこん》のこの武衡《たけひら》、桂《かつら》の
前《まえ》を我《わ》れに靡《なび》かせ、是《これ》にて※随身《ずいしん》すればよし、さなくば成敗致《せいばいいた》してくれん。
義綱　ヤア、天理《てんり》に背《そむ》くおのれ武衡《たけひら》、何《なに》とて随身《ずいしん》なすべきや。
桂　自《みずか》らとても夫《おっと》ある身《み》が、何《なに》とて操《みさお》を破《やぶ》らんや。
呉竹　よしやこの身《み》はどうなろうと、お二人様《ふたりさま》は御無難《ごぶなん》に、この場《ば》をお逃《のが》れ遊《あそ》ばしま

せ。
蔵人　この有様《ありさま》を都《みやこ》へ上《のぼ》り、逐《ちく》一奏聞致《そうもんいた》されよ。
義綱　ササ、言《い》うにや及《およ》ぶ、弟来《おとうときた》れ。
ト立《た》とうとするを、
白丁大勢　動《うご》くな。（と弓矢《ゆみや》を向《む》ける。）
東金　ヤア、上意《じょうい》を背《そむ》くのみならず、都《みやこ》へ奏聞遂《そうもんと》げんなどとは、返《かえ》す返《がえ》すも憎《にっく》き奴《やつ》め
が。
足柄　この様子《ようす》では、そやつらは所詮随心《しょせんずいしん》しめえから、
荏原　首打落《くびうちおと》して、我君《わがきみ》の御賢慮休《ごけんりょやす》め奉《たてまつ》れ。
トこれを聞《き》き照葉《てりは》思入《おもいい》れあって、
照葉　ハッ、差出《さしで》ましたる事《こと》ながら、神《かみ》の社《やしろ》で血《ち》をあやさば※、神慮《しんりょ》の恐《おそ》れございます
れば、何卒《なにとぞ》その儀《ぎ》は御見合《おんみあわ》せを。
震斎　まま、これ※照葉《てりは》姉《あね》エも味方《みかた》のくせに、気《き》の弱《よわ》い事《こと》は言《い》わぬものだ。
武衡　生《い》け置《お》く時《とき》は邪魔《じゃま》なやつ、それ故成敗《ゆえせいばい》の用意致《よういいた》せ。
東金　こんな事《こと》には手馴《てな》れている、成田五郎《なりたごろう》を呼出《よびだ》さっせえ。
足柄　ハッ。（ト向《むこ》うへ向《むか》い）※車舎《くるまやど》りに控《ひか》えたる君《きみ》の愛臣成田五郎《あいしんなりたごろう》、御前《ごぜん》のお召《め》し、

急《いそ》いで是《こ》れへ。

成田　畏《かしこ》まってございます。

ト花道《はなみち》より成田《なりた》五郎《ごろう》、上下大小《かみしもだいしょう》股立《ももだち》にて出《で》て来《き》る。

○**尾籠千万**　尾籠は普通汚いことをいうのだが、その外に礼を失するの意味がある。無礼至極。失礼千万。○**音楽の鳴物**　楽器は楽太鼓と能管。歌舞伎で音楽というと、必ず雅楽系統のものをさす。○**青雲の時到り**　青雲は高位高官、又は立身出世を意味する。世に出る時、即ち天下の権を握る時が到来したる意。○**中納言…**　史実の武衡は鎮守府将軍武則の子で、乱を起して源義家の為に捕えられて斬られたことになっている。○**冠装束**　（既出）この替りに「金冠白衣」とした台本もある。○**位山**　位の昇り下りするを山に譬えて言ったので、他の台本では「天子の位に昇る」とか「即位の式」とかある。最上の位の積りである。○**赤っ面**　寒紅梅のように真赤な面。寒紅梅の花にかけたのである。○**吉例役廻り**　吉例に従って、割り当てられて勤める役だ。吉例によって赤面に塗っている。○**故実**　昔の儀式、法則、服装などの古例。しきたり。＊7照葉を女形で演ずる時には括弧内のセリフがある。普通の女方で勤める時は言う必要はない。○**後三年の戦い**　応徳三年から寛治元年十二月迄続いた、奥羽における清原武衡の乱。陸奥守源義家が攻めてこれを平げた。実際には殺されている武衡に、勲功があるなどと史上からみれば、まるで無茶苦茶である。ここが歌舞伎であり芝居である。○**随身**　つき従う。家来となる。○**あやさば**　そそぎかける。流す。○**照葉姉エ**　照葉殿をくずして言ったもの。所演俳優によって言い方を変えることもある。○**車舎り**　貴族の邸内の門側などに設け、暫時車を留めて牛馬の足を息むるところ。

足柄　成田五郎《なりたごろう》、
敵役
皆々　お来《き》やったか。
成田　お召《め》しの声《こえ》と一※ように押開《おッぴら》いたる寒紅梅《かんこうばい》、赤《あか》いは顔《かお》のしゃっ面見《つらみ》せ、※昔《むかし》に返《かえ》り
揚幕《あげまく》から、成田五郎義秀是《なりたごろうよしひでこれ》まで伺候《しこう》仕《つかまつ》ってござりまする。
武衡　皆《みな》一同《どう》にそれへ出《で》て、片ッ端《かたっぱし》から成敗《せいばい》しろエエ。
成田　君命背《くんめいそむ》く奴輩《やつばら》を、首打落《くびうちおと》すに何《なん》の手間《てま》ひま、覚《おぼ》えの刀《かたな》研《と》ぎすまし、疾《と》うより
控《ひか》えいてござる。
武衡　ソレ、用意《ようい》いたせ。
六人　ハッ、畏《かしこ》まってござりまする。※よんやまかしょとな。
ト是《これ》より※三保神楽《みほかぐら》になり、成田《なりた》、足柄《あしがら》、荏原《えばら》、東金《とうがね》、垣生《はにゅう》、武蔵前《むさしまえ》へ出《で》て、股立《ももだち》を取《と》り
仕度《したく》をすることよろしく、肌《はだ》を脱《ぬ》ぐ事《こと》あって、*8 此《こ》の内《うち》※アリヤアリヤの声《こえ》をかける。
※やっとこどっちゃアうんとこな。
武衡　彼等《かれら》の首《くび》を肴《さかな》として、イデイデ※九献《くこん》をめぐらさん。
震斎　ソレ照葉殿《てりはどの》、君《きみ》へお酌《しゃく》を。
照葉　ハッ。
ト銚子《ちょうし》を持《も》ち前へ出る。この時赤面《ときあかつら》六人立並《にんたちなら》び、

成田　イデ、素首《そっくび》を、打放《ぶっぱな》そうか。
東金　今《いま》が最期《せえご》だ。
六人　観念《かんねん》しろエエ。
ト武衡大盃《たけひらたいはい》にて酒《さけ》を呑《の》みにかかる。赤面六人刀《あかつらにんかたな》を振上《ふりあ》げる。この時《とき》、向《むこ》う揚幕《あげまく》にて、鎌《かま》倉権五郎景政《くらごんごろうかげまさ》の声《こえ》にて、
景政　しばらく。
敵役皆々　ヤア。
武衡　待《ま》て待《ま》て待《ま》て。我《わ》が心《こころ》に応《おう》ぜぬ奴輩《やつばら》の、罪《つみ》を糺《ただ》して成敗《せいばい》なし、今盃《いまさかずき》をめぐらさんとなす折柄《おりから》、
成田　どうやら聞《き》いた初音《※はつね》の一声《ひとこえ》、暫《しばら》くという声《こえ》を聞《き》き、首筋元《くびすじもと》がぞくぞくいたす、流行風《はやりかぜ》でも引《ひ》かにゃアいいが。
東金　左様々々《さようさよう》。
荏原　斯《か》く言《い》う手前《てまえ》も有《※あり》ようは、足《あし》の裏《うら》がムズムズ致《いた》し、気味《きみ》が悪《わる》うござるわえ。
足柄　何《なん》に致《いた》せ我《わ》れ我《わ》れなどは、まだ喰付《※くいつ》けぬ事《こと》なれば、
荏原　胸《むね》がどきどき致《いた》してならぬ。
垣生　左様々々身共《さようさようようみども》などもその通《とお》り、今暫《いましばら》くとの声《こえ》を聞《き》き、

武蔵　下《した》っ腹《ぱら》がぴんと申した。
震斎　物《もの》はためしだ、聞《き》いて御覧《ごらん》なさい。
武蔵　しばらくと声《こえ》かけたるは、
敵役皆々　何《なに》やつだエエ。
景政　しばらく。
敵役皆々　暫《しばら》くとは。
景政　暫《しばら》く暫《しばら》く、暫《しばら》プウ。*9
〽かかる所《ところ》へ、鎌倉《かまくら》の権五郎景政《ごんごろうかげまさ》、
ト※大小人寄《だいしょうひとよ》せになり、景政《かげまさ》、吉例《きちれい》の暫《しばらく》の拵《こしら》えにて出《で》て来《きた》り、花道《はなみち》へ留《とま》る。
〽※素袍《すおう》の袖《そで》も時《とき》を得《え》て、※今日ぞ昔《むかし》へ帰《かえ》り花《ばな》、名《な》に※大江戸《おおえど》の顔見世月《かおみせづき》、目覚《めざま》しかりける次第《しだい》なり。

○**一ように押開いたる…**　一陽来復の一陽であろう。一陽と一様とをかけたのである。お召しと共に直に出て来た赤い面。「顔のしゃっ面見せ」は顔見世興行を寓してある。○**昔に返り揚幕から**　この意味はよく分からない。以前よく勤めた敵役に扮して揚幕から出たとの意であろう。○**よんやまかしょとな**　掛声である。○**三保神楽**　楽器は大太鼓、能管である。ゆったりとした音楽。**＊8**揃って肌を脱ぐと、真赤な襦袢になり、赤い筋のはいった腹が大きく膨れて、その外へはみ出す。腹を出すから「腹出し」とこの役

「暫」の鎌倉権五郎　九代目市川團十郎

を呼ぶ。また受の武衡に対して、中受〔ナカウケ〕ともいう。肉襦袢を着て、その上に彩色がしてあるのである。この場合には腹出しは六人であるが、舞台の広狭によって適当なだけ出す。この点は『助六』の花魁と同じことである。〇**アリヤアリヤの声**　白丁共の掛声。長く引いてゆったりと「アーリヤ、アーリヤ」と繰返す。警護の掛声である。〇**やっとこどっちゃアうんとこな**　荒事に附きものの掛声である。〇**九献をめぐらす**　九献は中国の故事に出て酒の異名。盃をめぐらすに同じく、酒を飲もう。〇**初音の一声**　初めての一声。最初の一声。〇**有ようは**　まことは。ありていに言えば。〇**喰付けぬ事**　「暫く」と声をかける役などは勤めたことがなく、食いつけぬことだから、勝手が分からないから。**＊9**三回目の「暫く」は力を入れるので、「しばらプウ」というように発音する。名調子で有名な九代目團十郎のこの最後の「しばアらプウ」は、揚幕の中の控え所に響きわたり過ぎて、側の者は耳も聾するばかりだったとある。〇**大小人寄せ**　大鼓小鼓のはいった三味線の合方。大時代な鳴物で、人寄せ合方とも言い、人の出入りに用うる。〇**素袍…**　素袍は直垂の変じたもので武家の礼服。もとは庶人の常服であった。家の紋を染め出し、その上に菊綴をつけ、胸紐及菊綴は革緒。晴れがましく素袍を着るのは『暫』に限られていたので、その時を得て、即ち『暫』を上演することができて。〇**今日ぞ昔へ帰り花**　今日こそ昔のしきたりに帰って。久しぶりに昔の『暫』を演ずるという意である。○**大江戸の顔見世月**　名に「負う」と大江戸の「大」とをかけてある。江戸の顔見世興行を行う十一月。顔見世には必ず『暫』を上演して目覚ましい吉例になっていた。それをいう。

トよろしく座《ざ》に着《つ》く。[*10]皆々《みなみな》これを見《み》やり、

奴
八人
どっこい。

成田　今《いま》、我《わ》が君《きみ》の厳命《げんめい》にて、罪《つみ》ある奴《やつ》を成敗《せいばい》に行《おこな》わんとなす所《ところ》へ、

東金　暫《しばら》くと声《こえ》を掛《か》け、※のたくりつん出《で》た、※わっぱしめ。

震斎　イヤ、※赤《あか》い伯父《おじ》公二人《こうふたり》とも、知《し》らねば誰《たれ》も知《し》る筈《はず》なし。

照葉　こう見《み》た所《ところ》が、柿《かき》の素袍《すおう》に※大太刀《おおだち》佩《は》いた※お若衆《わかしゅ》さん、どうやら気味《きみ》が悪《わる》そうな。

足柄　聞《き》くは当座《とうざ》の恥《はじ》だといえば、まあともかくも、聞《き》いて見《み》よう。

荏原　そも先《ま》ずうぬは、

敵役
皆々
何《なに》やつだエエ。

成田　いやさ、何《なに》やつだエエ。

景政　※淮南子《えなんじ》に曰《いわ》く、※水余《みずあま》り有《あ》って足《た》らざる時《とき》は、天地《てんち》に取《と》って万物《ばんぶつ》に授《さず》け、前後《ぜんご》する所《ところ》なしとかや、何《なん》ぞ其《そ》の※公私《こうし》と左右《さゆう》とを問《と》わん、問《と》わでもしるき※源《みなもと》は※露玉川《つゆたまがわ》の

上水《じょうすい》にからだ許《ばか》りか胆玉《きもたま》まで滌《すす》ぎ上《あ》げたる坂東武士《ばんどうぶし》、ゆかり※三升《みます》の九代目《くだいめ》と人《ひと》に呼《よ》ばるる鎌倉権五郎景政《かまくらごんごろうかげまさ》、当年《とうねん》ここに※十八番《ばん》、久《ひさ》し振《ぶ》りにて顔見世《かおみせ》の昔《むかし》を忍《しの》ぶ※筋隈《すじぐま》は、彩色《いろどり》見《み》する寒牡丹《かんぼたん》、素袍《すおう》の色《いろ》の※柿染《かきぞめ》も※渋味《しぶみ》は氏《うじ》の相伝骨法《そうでんこっぽう》、機《き》に乗《じょう》じては※藁筆《わらふで》に腕前示《うでまえしめ》す荒事師《あらごとし》、江戸《えど》一流《りゅう》の※豪宕《ごうとう》は家《いえ》の技芸《ぎげい》と御免《ごめん》なせえと、ホホ敬《うやま》って白《もう》す。

ト宜《よろ》しく※つらねあって納《おさ》まる。

＊10鎌倉権五郎という役名が館の金剛丸になったり、篠塚伊賀守であったりする。その景政が揚幕からノッシノッシと現われる。素袍の両袖に顔をかくしながら出て、花道に出て間もなく、見物に向って一礼する所が古風である。それから舞台寄りの七三まで来ると、合引という腰掛台にかけ、東の方を向き、両手を張って大きく見得をする。三升大紋の素袍の袖には籐がはいっているから、ピンと張って大凧を左右につけたようである。超自然の権化といった味である。**○のたくりつん出た**　「のたくり」はのたうつ、くるしみもがくの意であるが、ここは「のそりのそり」と出て来おったの意。**○わっぱしめ**　童を罵る語で、大人を童扱いにして、相手を蔑しめる時に用いる。「し」は強めて、「め」は奴。**○赤い伯父公二人とも**　赤面の伯父さんたち二人とも。赤塗の東金太郎、足柄左衛門の二人とも。**○大太刀佩いた**　吉例の長い太刀を差している。大太刀は中古、戦場に臨む時背に負い又は肩に担って持って行った太刀。**○お若衆さん**　頭を角前髪にしているからこう言った。解題にも述べたが、角前髪の若衆で演ずることは、二代目團十郎に始まった。**○淮南子**　中国前漢の淮南王劉安の著。老子の説に基いて、治乱興亡、逸事瑣談を記載した書。二十一巻ある。**○水余り有って…**　水は由来万物に遍通するもので、余りあるものにも足らざるものにも一様に、天地の徳と同じく酬酢する、絶対的に公平無私なものであるの意。セリフはこれをもじったもの。

○**公私と左右とを問わん**　公と私と、又左と右とによって授け方が違うようなことはない。○**露玉川の上水**　露は玉川の枕詞、多摩川から江戸へ水を引いて来た、それを玉川上水という。即ち水道の水で洗ったとか、産湯を使ったというに同じ。○**三升の九代目**　三升は市川家の定紋で、その市川家の九代目團十郎。團十郎の先祖は甲州武士との説があるし、江戸とは縁が深いから、由縁も深い三升の九代目と言ったのである。○**十八番…**　家の芸、市川家十八番の『暫』を久しぶりに演ずる意味を述べた。明治十一年のまま二十八年まで演じなかったからである。○**筋隈**　顔の隈取をいう。顔に彩色を施して陰影をつけるからいう。古風だからこう言った。○**柿染**　永く柿色の素袍ときまっていたので、柿色は市川家に附きものの色ともされた。○**渋味…**　柿染の色の上品な渋い味は市川家に代々伝え受けついできた芸の傾向でもある。骨法は筋道であり、主眼点である。九代目の芸風は渋く、腹芸と言われた。この味は親の七代目、先祖の四代目、二代目あたりから流れている。○**藁筆**　筆の穂を藁しべにて作ったもの。荒事というのに対せしめた。○**豪宕**　気性が雄大で常規を逸するをいう。つまり江戸歌舞伎らしく並はずれた荒っぽいところ。○**つらね**　言葉につらねるから出た語。物の趣意、由来、効能などを長々しく、面白く述べる。歌舞伎では古くは単に「せりふ」と呼んでいた。『暫』では花道のこの「せりふ」が著名で、「せりふ」とか「つらね」とかいえば『暫』を連想するほどだった。殊に『暫』では役者の自作たることを原則としていたので、なおさら珍重され、興行毎に奇抜な文句を言う習慣があった。

奴八人　どっこい。

成田　サアサア暫《しばら》くでござる。※根元歌舞伎《こんげんかぶき》始《はじ》まって、江戸《えど》の名物《めいぶつ》暫《しばら》くの本店《ほんだな》、何《いず》れも首《くび》の用心《ようじん》しやれ。

敵役
皆々　ヤア。
武衡　今暫《いましばら》くと声《こえ》を掛《か》け、※つん出《で》たやつをよく見《み》れば、見覚《みおぼ》えのある※角前髪《すみまえがみ》、外《ほか》に類《たぐい》も荒事《あらごと》の本家《ほんけ》に相違《そうい》あらざるか、その権五郎景政《ごんごろうかげまさ》が何《なん》で暫《しばら》くと留立《とめだ》て致《いた》した。
景政　何《なん》で大福帳の額《がく》をおろした、イヤ誰《た》れがはずした。
武衡　してその大福帳に謂《いわ》れがあるか。
景政　愚《おろか》や、そも大福帳の謂《いわ》れ、先《ま》ず※大《だい》は万物《ばんぶつ》の頭《かしら》、※名《な》なくて外《ほか》なきを大《だい》と読《よ》ませ、一を書き人《ひと》を加《くわ》え、※天地《てんち》乾坤《けんこん》の惣名《そうみょう》これ大《だい》なり。
武衡　扨《さ》て又福《またふく》とは。
景政　福《ふく》は幸《さいわい》と読《よ》み、扁《へん》には則《すなわ》ち示《しめ》すと書《か》き、上《かみ》の恵《めぐ》みを下《しも》に示《しめ》すの心《こころ》なり、又作《またつく》りには一口《ひとくち》の田《た》と書《か》き、古《ふる》き文《ふみ》にも民《たみ》は国《くに》の御宝《おんたから》と釈《しゃく》し、誠《まこと》に君《きみ》の御威勢《ごいせい》は此《こ》の※あし原《はら》は申すに及《およ》ばず、※天竺震旦《てんじくしんたん》※あだし一口《ひとくち》に飲《の》み納《おさ》めんとの理《ことわり》なり。
武衡　扨《さ》て又帳《またちょう》とは、
景政　知《し》らずば事《こと》を問《と》い給《たま》え、帳《ちょう》は長久《ちょうきゅう》の長《ちょう》、上一人《かみいちにん》より下万民《しもばんみん》に至《いた》る迄人《までひと》の司《つかさ》を長《ちょう》と書《か》いてはおさと読《よ》む、扁《へん》には則《すなわ》ち巾《はば》を書《か》き、衣食満足《いしょくまんぞく》する時《とき》は国治《くにおさ》まりて民豊《たみゆた》かなり、※治《おさ》まる時《とき》は文《ぶん》を左《ひだり》にして民《たみ》を撫《な》で、乱《みだ》るる時《とき》は武《ぶ》を右《みぎ》にして敵《てき》を摧《くだ》く、夫《そ》れ惟《おもんみ》れば兵《へい》は兇器《きょうき》なり、止《や》むを得《え》ざるに是《こ》れを用《もち》うる、誠《まこと》に※呂望張良光武太宗《りよもうちょうりょうこうぶたいそう》天下《てんか》を治《おさ》むる所以《ゆえん》なり、※そのかみの歌《うた》に、※人《ひと》は石垣人《いしがきひと》は城《しろ》、なさけは味方仇《みかたあだ》は敵《てき》なり、※ただ一心《しん》のなす所《ところ》、誠《まこと》に天地人《てんちじん》の三方《ぽう》は、※国《くに》にあっては君民鼓腹《くんみんこふく》、家《いえ》にあっては※智《ち》仁勇《じんゆう》、民間《みんかん》に下《くだ》っては家《いえ》の三※宝、竈《かまど》も賑《にぎわ》い国家繁昌《こっかはんじょう》の色《いろ》をあらわす、是《これ》大福帳《だいふくちょう》の三字《じ》に※至極《しごく》す。ここに目出度《めでた》き※未《ひつじ》の年《とし》※吉辰秘密《きっしんひみつ》の額《がく》なりと、掲《かか》げたるが誤《あやま》りか、※ぐっとでも言《い》って見《み》ろ。*11

武衡　のさばり過《す》ぎたその詞《ことば》、此《こ》の武衡《たけひら》が耳障《みみざわ》り、誰《た》れかある引立《ひった》てい。

足柄　ハッ、こりゃ誰《た》れ彼《か》れというよりも、噂《うわさ》に聞居《ききお》る※吉例《きちれい》の、入道《にゅうどう》どんが引立《ひった》てさっせえ。

震斎　宜《よろ》しゅうござる。吉例《きちれい》とあれば是非《ぜひ》がない、勝手《かって》は知《し》らぬがやって見《み》ましょう。

敵役皆々　手並《てなみ》の程《ほど》が、見《み》たいな見《み》たいな。

○**根元歌舞伎**　歌舞伎の根本、大元。歌舞伎始まって以来。○**つん出た**　「つき出た」である。「つん」は「つき」の音便で、強調。現われ出たの意。○**角前髪**　若者の髪形で、前髪の生際を少し剃り込み、やがて元服することを表象した風俗。『暫』の髪を角前髪に作ることは、既記の如く二代目團十郎に始まる。○**大は万物の頭**　大という字はすべての物の上に立つもの。即ち大というものは何もないのだが、外に類のないものを大とよませる。○**名なくて…**　別に名はなくとも、外に比類のないものをすべて大という。

○天地乾坤　「天地」は宇宙、世の中、「乾坤」は天地、陰陽、何れも同様な意味で、世界をいう。景気のいいことを誇張していうのである。**○あし原**　日本国の別名。『古事記』に豊葦原の中国〔なかつくに〕とあるに出る。**○天竺震旦**　「天竺」は日本及び中国で称えられた印度の古称。「震旦」は印度において中国をチニスターンと呼んだのに基くという。中国や印度、即ち外国までもである。**○あだし一口**　「あだし」は、はかないとか無益なことをいう。たった一口。**○治まる時は…**　天下泰平の常時は文治を以て政治の基本として人民を愛撫し、国が乱れた非常時には武力を表に立てて敵を打ち破る。**○呂望…**　呂望は周代兵学の大家、張良は漢の高祖に仕えて武功ある人、光武は後漢第一代の帝、太宗は唐の第二世の世民をいうのであろう。いずれも武力を以て国家を治めた。**○そのかみの歌**　その昔の歌。古歌。**○人は堀…**　堀や石垣や城が緊密であってこそ城郭が堅固であるように、人は情をもってお互いの間を結び合わなければならないという意味。**○ただ一心のなす所**　ただ何事も一人の精神に存する。**○国にあっては…**　原本には「君民国武」とあるが「君民鼓腹」であろう。君民融和し、安らけく世が治まる。**○智仁勇**　智は理性の完全なる状態、仁は博愛で一さいの徳をすべる主徳、勇は勇気。東洋思想の根幹をなす三徳である。**○三宝**　仏語。三種の宝、即ち仏・法・僧、又は耳・口・目をいうが、つまり家にとっても大切だといったまで。**○至極す**　至り極まる。**○未の年**　この『暫』を上演した明治二十八年は、乙未〔きのとひつじ〕に当っていたからである。**○吉辰秘密の額**　吉辰はよき日、吉日。秘密の額は、この吉日に限って人に知らさぬように掲げるをよしとする。**○ぐっとでも言って見ろ**　「ぐっ」は物を言おうとして僅かに発する声である。言って見ろ、ただはおかないと言ったのである。**＊11**大福帳の言いたてである。時と場合とによって異なるが、こうしたツラネがあった。九代目も明治十一年に勤めた時にはなかったが、二十八年に古劇復興の意味で加えた。**○吉例の入道どん**　『暫』の引立ては、入道が最初にやるのが吉例になっていた。

ト震斎勢《しんさいいきおい》よく下手《しもて》へ来《き》て立《た》ちどまり、

震斎　いや待《ま》てよ、安請合《やすうけあい》に出《で》は出《で》たが、勝手《かって》は知《し》らず力《ちから》はなし、所詮只《しょせんただ》では立《た》ちおるまい、とあって後《あと》へは帰《かえ》られず、※、、なまずに去《い》んでは此《こ》の胸《むね》がすまぬ、

ト一寸唄《ちょっとうた》いかけて、

いや我《わ》れながら悪《わる》い声《こえ》だ、どりゃどりゃどりゃ、（ト花道《はなみち》へ行《ゆ》き、）※わっぱめ、そこを立《た》てエ。

トきっと言《い》う、景政此《かげまさこ》の体《てい》を見《み》て、

景政　こりゃアなんだ、鯰《なまず》の化物《ばけもの》か。

震斎　事《こと》も愚《おろか》や、我《わ》れこそは常陸《ひたち》の国《くに》の住人《じゅうにん》、鹿島入道震斎《かしまにゅうどうしんさい》とて、※要石《かなめいし》でも恐《おそ》れぬ入道《にゅうどう》、きりきりそこを立《た》てエ。（トきっと言《い》って気《き》を替《か》え、）というのは、ほんの御前体《ごぜんてい》ばかり、あたまに免《めん》じて若衆殿《わかしゅどの》、※坊主立《ぼうずた》っちゃくんさるめえか。

景政　立《た》てとは、どこへ。

震斎　※揚幕《あげまく》の方《ほう》へ。

景政　立《た》ってやろうと言《い》いてえが、まあいやだ、早《はや》くなくなれ、なくなり損《ぞこな》いが遅《おそ》いと、塩《しお》を附《つ》けてかじってしまうぞ。

震斎　ヤアアアア。
　ト びっくりして舞台《ぶたい》へ帰《かえ》る。この内照葉《うちてりは》二重《じゅう》より下《お》りて前《まえ》へ出《で》て、
照葉　震斎《しんさい》さん、どうでござんした。
震斎　いや、こういう時《とき》には女《おんな》に限《かぎ》る。こなた行《い》って引立《ひった》てて下《くだ》せえ。
照葉　どうして、私《わたし》にそんな事《こと》が。
震斎　いや、此《こ》の震斎《しんさい》が一緒《しょ》に行《ゆ》けば、まアともかくも来《き》さっせえ。
　ト 無理《むり》に花道《はなみち》へ連《つ》れて行《ゆ》く、照葉気味悪《てりはきみわる》きこなしにて、
照葉　モシ、※成田屋《なりたや》の親方《おやかた》さん、此《こ》の寒《さむ》いのによくまアお出《い》でなさんしたな、わたしゃチトお前《まえ》に頼《たの》みがあるが、何《なん》と聞《き》いては下《くだ》さんせぬか。
景政　誰《た》れかと思《おも》えば※滝《たき》の屋《や》の姉《あね》エか、女《おんな》だてらに引立《ひった》てとは、※冗談《じょうだん》なまずを押《おさ》えましょう、そうして用《よう》とは。
照葉　外《ほか》でもござんせぬが、ちっとそっちの方《ほう》へ寄《よ》っては下《くだ》さんせぬか。
景政　エエ、折角《せっかく》のおぬしの頼《たの》み、顔《かお》を立《た》ててやりてえが、うるせえ、いやだ、ぐずぐずするとにらみ殺《ころ》すぞ。
　ト 大《おお》きく言《い》う、是《これ》に恐《おそ》れて、
照葉　アレ……。（ト後《あと》へ下《さが》る。震斎入《しんさいい》れ替《かわ》って、）

震斎　うぬ、そうぬかせば、（ト握《にぎ》り拳《こぶし》を振上《ふりあ》げる。）
景政　どうしたと。
震斎　一ツとやアアア。
ト一寸《ちよつと》鞠唄《まりうた》を唄《うた》い、下座《げざ》の鞠唄《まりうた》になり、照葉《てりは》震斎《しんさい》のあたまを鞠《まり》につかいながら、舞台《ぶたい》へ帰《かえ》る。*12

○なまずに去んでは　自分が鯰坊主であることをかけ、「逢わずに去んでは此の胸が」という、有名な夕霧伊左衛門のセリフを洒落て言った。**○わっぱめ**（既出）角前髪の若衆姿をしているから、小僧めと軽蔑して言った。**○要石**　常陸国鹿島神社の境内にある石で、深く土中に盤踞して、動かし得ないものの喩え。**○坊主立っちゃくんさるめえか**　「どうぞ立っては下さるまいか」の洒落。**○揚幕の方へ**　花道の揚幕である。引込んでくれということになる。**○成田屋の親方さん**　團十郎の屋号は成田屋だからそう呼んだ。松本幸四郎が演じた時には高麗屋〔こうらいや〕となる。**○滝の屋の姉エ**　市川女寅の屋号は滝の屋という。中村福助ならば成駒屋となる。**○冗談なまず**　瓢箪が持ち出されているので、「瓢箪なまず」の洒落である。**＊12**握り拳を振りあげて、やり場に困ったので、鞠をつくために手を振りあげたように見せて、「一ツとやア――」と唄う。照葉が震斎の頭をつくようにして舞台へ戻る。滑稽なところである。

皆々　エエ、おかっせえ。
平太　然《しか》らばどうでも行《ゆ》かねばならぬか、ささて難儀《なんぎ》な役廻《やくまわ》り。

運八　併《しか》し首尾《しゆび》よく行《ゆ》く時《とき》は、御恩賞《ごおんしよう》にも有付《ありつ》く手柄《てがら》。
藤内　手柄《てがら》はしたし気味《きみ》は悪《わる》し、いっそ四人《よにん》で行《い》ってはどうじゃ。
兵次　サ、仕事《しごと》は大勢《おおぜい》、喰物《くいもの》は小勢《こぜい》に限《かぎ》ると下世話《げせわ》のたとえ。
足柄　エエ、無駄《むだ》を言《い》わずと行《い》かっせえな。
平太等
四人　どりゃどりゃどりゃ、（ト花道《はなみち》へ行《ゆ》く。）
平太　わっぱめ、ここを、
四人　立《た》てエエ。（トきっと言《い》う。）
景政　エエ、うぬらに引立《ひった》てられてつまるものか、悪《わる》く傍《そば》へ寄《よ》りやがると投込《なげこみ》※へほうり込《こ》むぞ。
平太　ヤア、こいつがこいつが、犬猫《いぬねこ》ではあるめえし、投込《なげこみ》などとは無礼《ぶれい》の雑言《ぞうごん》。
運八　人《ひと》もゆるせし我《わ》れ我《わ》れは、武衡卿《たけひらきよう》の四天王《てんのう》、
藤内　蟹《かに》※から天王魚《てんのうとと》やァやァ、
兵次　天王様《てんのうさま》※ははやすがおすき。
平太等
四人　ワイワイと囃《はや》せ、ワイワイと囃《はや》せ。
ト囃《はや》し立《た》てることよろしく。
景政　エエやかましいわえ。

トきっと言《い》う。

四人 ヨウ――。

トびっくりして、舞台《ぶたい》へ逃《に》げ帰《かえ》る。

奴一 サア、これからは奴《やっこ》の番《ばん》だ、どなたも身《※み》の用心《ようじん》さっしゃりやしょう。

ト鎗《やり》をついて思入《おもいい》れ。*13

奴二 社内《しゃない》を廻《まわ》らっしゃりやしょう。（ト茶屋《ちゃや》廻《まわ》りのこなし。）

奴五 エエ、おかっせえ。

トきっと言《い》う、奴《やっこ》八人揃《にんそろ》って出《で》て、

奴一 サァこれから、おいらが引立《ひった》てようか。

皆々 それがいいそれがいいそれがいい、どりゃどりゃどりゃ。

ト花道《はなみち》へ行《ゆ》き、

奴一 わっぱめ、そこを、

八人 立《た》てエエ。

景政 いやだ引込《ひっこ》め、引込《ひっこ》みようがおそいと、片《かた》っぱしから糸目《※いとめ》を附《つ》けて、切凧《きれだこ》にして打放《ぶっぱな》すぞ。

八人 所《ところ》をおいらが。

景政　どうしたと。
八人　ピンピンピン。
ト凧《たこ》の心《こころ》にて舞台《ぶたい》へ逃《に》げ帰《かえ》る。

○**投込**　「投込寺」の略。投込寺は、死骸を大きな穴に投げ込んで葬るのを許されている寺。つまり、みんな殺して一しょくたに葬るぞと言った。○**蟹から天王…**　臨済宗の経文『大悲円満無礙神呪』にある「南無喝囉但那、哆囉夜耶」の洒落。○**天王様ははやすがおすき**　前に天王と言ったから、すぐ洒落て天王様を持ち出した。天王様は牛頭天王、祇園天王などの神様。天王様のお祭に神輿が担ぎ出され、ワッショイワッショイと囃すからこう言った。○**身の用心**　「火の用心」の洒落。＊13火の番は夜中鉄棒を突き、これを引張りながら「火の用心さっしゃりましょう」と呼ぶ。鉄棒の代りに持っている鎗を突いて火の番を真似る。当時の見物にはよく分かって面白いから笑う。○**糸目を附けて…**　糸目とは紙凧の表につけた糸。奴を奴凧に見立て、糸目をつけて高く上げ、糸を切ってどことも知らず投げとばすぞと脅した。

成田　おきゃアがれ。
ト叱《しか》る、赤面《あかつら》六人《にん》※きっとなって、
成田　最前《さいぜん》から容赦《ようしや》をすれば、君《きみ》の御前《ごぜん》も憚《はばか》りなく、
東金　慮外《りよがい》をひろ※ぐ憎《にっく》きわっぱ。
足柄　いで、此《こ》の上《うえ》は我《わ》れ我《わ》れが、

荏原　あれへ参《まい》って、
六人　引立《ひった》てくれん。
成田　成田《なりた》五郎《ごろう》義秀《よしひで》、
東金　東金《とうがね》太郎《たろう》義成《よしなり》、
足柄　足柄《あしがら》左衛門《さえもん》高宗《たかむね》、
荏原　荏原《えばら》八郎《はちろう》国連《くにつら》、
垣生　垣生《はにゅう》五郎《ごろう》助成《すけなり》、
武蔵　武蔵《むさし》九郎《くろう》氏清《じきよ》、
成田　いで追《お》っ返《けえ》して、
六人　くれべいか。
景政　いや、わざわざ来《く》るにゃあ及《およ》ばねえ、おれが方《ほう》からそこへ行《ゆ》くぞッ。
六人　いやア。
景政　※檀那寺《だんなでら》へ人《ひと》をやれ。
六人　いやア。
景政　※早桶《はやおけ》の用意《ようい》しろ。
六人　いやア。

景政　さらば、神輿《みこし》を上《あ》げべいか。

トアリャアリャの声《こえ》になり、景政舞台《かげまさぶたい》へ来《きた》り、中啓《ちゅうけい》を咥《くわ》え、肌《はだ》を脱《ぬ》ぎ、皆々《みなみな》※千鳥《ちどり》に入《いれ》替《かわ》り、立役《たちやく》を囲《かこ》って、きっと思入《おもいいれ》、

奴皆々　どっこい。（ト納《おさ》まる。）

義綱　オオ景政殿《かげまさどの》、お来《き》やったか。

桂　待《ま》って居《い》ましたわいのう。

ト嬉《うれ》しきこなし。

○**きっとなって**　赤面の腹出し六人が憤然となって。○**ひろぐ**　「しろぐ」の訛。他人の行為を罵る時にいう。○**檀那寺**　菩提寺。墓所のある寺へ、葬式がありますという使いをやれの意。○**早桶**　葬送に用いる下等の棺桶。死人のあった時、急速に作るから早桶という。○**千鳥に入替り**　打ちかかってくる人々の間を、交互に、縫うように抜け通ること。本来千鳥は交鳥〔ちがえどり〕で、飛ぶ時の状に出ている。

景政　景政《かげまさ》が来《き》たからは、大船《おおふね》に乗《の》ったと思《おも》って落《お》ちついてござりませ落《お》ちついてござりませ。（ト敵役《かたきやく》に向《むか》い、）時《とき》に承《うけたまわ》ろう、何故《なにゆえ》あって此《こ》の人々《ひとびと》の、首《くび》を刎《は》ねんとおしやるのだ。

武衡　ヤア案外《あんがい》なるわっぱの景政《かげまさ》、若年者《じゃくねんもの》の分際《ぶんざい》で、無礼《ぶれい》をひろぐ憎《にっく》き奴《やつ》めが。

成田　彼《か》れ等《ら》の首《くび》を刎《は》ねるのは、今日《こんにち》我《わ》が君関白宣下《きみかんぱくせんげ》、国《くに》を治《おさ》むる剣《つるぎ》の額《がく》、
東金　当社《とうしゃ》へ奉納《ほうのう》なし給《たも》うに、お目障《めざわ》りとなる故《ゆえ》に、
足柄　義綱《よしつな》が納《おさ》めし大福帳、取退《とりの》けんとなす其《そ》の所《ところ》を、
荏原　※ささえこさえをなせし上《うえ》、
垣生　ここへ来《きた》って無礼《ぶれい》の雑言《ぞうごん》、
武蔵　それ故成敗致《ゆえせいばいいた》すのを、
成田　なんで邪魔《じゃま》だて、
六人　ひろぐのだ。
景政　先《ま》ず其《そ》の無礼《ぶれい》を糺《ただ》そうなら、その冠《かんむ》りから糺《ただ》さにゃならぬ。どこから許《ゆる》されて着《つ》けさっした。
武衡　サア、それは、
景政　自儘《じまま》に着《つ》けたか。
武衡　サア、
景政　サア、
両人　サアサアサア。
景政　誰《た》れだと思《おも》う、※エエつがもねえ。そればかりでなく朝家《ちょうか》の為《ため》に奉納《ほうのう》をする剣《つるぎ》の

額《がく》の、雷丸《いかずちまる》と言《い》うは偽《いつわ》り、君《※きみ》を呪咀《じゆそ》なす剣《つるぎ》であろうが。

武衡　事《こと》も愚《おろか》やこの雷丸《いかずちまる》の名剣《めいけん》は、忝《かたじけな》くも禁中《きんちゅう》にて雷《かみなり》を仕止《しと》め、朝家を守《まも》る御《み》太刀《たち》故《ゆえ》、雷丸《いかずちまる》と名《な》づけしなり。

景政　その仕止《しと》めたる雷《かみなり》は、水雷《みずがみなり》か火雷《ひがみなり》か、水雷《みずがみなり》なら体《からだ》もなければ、何《なに》を目当《めあて》に切《き》ったるぞ、火雷《ひがみなり》にてあったなら、刃《やいば》はただれて刃金《はがね》は鈍《にぶ》り、物《もの》の役《やく》には立《た》たぬ筈《はず》、まだその上《うえ》に※たんだいの印《いん》、大方《おおかた》赤《※あけ》エ伯父《おじ》イ達《たち》ぽっぽに持《も》って居《い》ようから、坊《※ぼう》に下《くだ》せえ手《て》エ手《て》エします。

成田　何《なん》でそれを、

皆々　知《し》るものか。

景政　うぬらが知《し》らずば正座《しょうざ》に居《い》る、武衡《たけひら》どんが持《も》って居《い》よう、イデ引《ひ》きずり下《おろ》いてくれべいか。

ト中啓《ちゅうけい》を投出《なげだ》す、この時照葉《ときてりは》懐中《かいちゅう》より紫《むらさき》の服紗《ふくさ》に包《つつ》みし国守《こくしゅ》の印《いん》を出《だ》し、

照葉　アアもうし、義綱様《よしつなさま》が御勘気《ごかんき》の基《もと》となりし紛失《ふんじつ》の御判《ごはん》、我《わ》が手《て》に戻《もど》り居《お》ります る。又雷丸《またいかずちまる》の名剣《めいけん》は、ヤアヤアお供《とも》の内《うち》の小金丸殿《こがねまるどの》、御宝《おたから》持参《じさん》し急《いそ》いでこれへ。

小金　心得《こころえ》ました。

○ささえこさえ（既出）ささえて邪魔する。**○エエつがもねえ**「つが」は理由、わけ。即ち訳もない、馬鹿々々しいという罵り言葉。（『助六』参照）**○君を呪咀なす** 君は天子様。君に禍を与えようと呪うために奉納する剣。**○たんだい** 探題である。武家時代地方におかれた要職。**○赤エ伯父イ達**（既出）赤面の伯父さん達、腹出しの六人のこと。**○坊に下せえ…** 私に下さい、頂戴々々をするから。伯父と言ったのでわざと子供っぽく持ちかけたのである。罪のなさ加減、馬鹿々々しさが分かる。

ト下手《しもて》より渡辺小金丸《わたなべこがねまる》、仕丁《じちょう》の形《なり》、三方《ぼう》に御剣《みつるぎ》を載《の》せ出《で》て来《きた》り、

仰《おお》せ附《つ》けられし御《お》家《いえ》の重宝《ちょうほう》、則《すなわ》ち是《こ》れに。

ト出《だ》す。景政受取《かげまさうけと》って、

景政　ササ是《こ》れさえあれば義綱殿《よしつなどの》も、御帰参《ごきさん》あって桂《かつら》の前《まえ》と、天下《てんか》晴《は》れて妹背《※いもせ》のかため、サア慥《たし》かにそっちへ渡《わた》しますぞ。

ト義綱《よしつな》に渡《わた》す。義綱《よしつな》ちょっと改《あらた》めて見《み》て、嬉《うれ》しきこなしにて、

義綱　チエエ　忝《かたじけな》い、再《ふた》び戻《もど》る国守《こくしゅ》の印《いん》、

蔵人　それにてお家《いえ》は、

立役
女方　万々歳《ばんばんざい》。

景政　目出度《めでた》く一つ〆《しめ》ますべい。

ト立役女方《たちやくおんながた》皆々《みなみな》手《て》を打《う》つ、敵役《かたきやく》皆々《みなみな》この体《てい》を見《み》て、

成田　こっちも〆《しめ》ろ。
敵役　ヨイヨイヨイ。（ト宜《よろ》しく手《て》を打《う》つ。）
東金　エエ馬鹿々々《ばかばか》しい。
　ト武衡思入《たけひらおもいい》れあって、照葉《てりは》に向《むか》い、
武衡　扨《さて》こそ、那須《なす》の九郎《くろう》の妹《いもうと》と入込《いりこ》むおのれは、廻《まわ》し者《もの》よな。
照葉　女子《おなご》だてらの大役《たいやく》も、殺生石《せっしょうせき》に由縁《ゆかり》ある那須《なす》の九郎《くろう》の妹《いもと》と偽《いつわ》り、今日《きょう》まで化《ば》
　て居《い》たわいなア。
小金　又《また》それがしは義家公《よしいえこう》の家来《けらい》にて、渡辺金吾《わたなべきんご》が※夜食《やしょく》のかたまり小金丸行綱《こがねまるゆきつな》、清原《きよはら》
　方《がた》※のうっそり共《ども》、何《なん》と肝《きも》がつぶれたか。
敵役皆々　ヤアヤアヤア。
景政　照葉《てりは》の知《し》らせに謀反《むほん》の企《くわだ》て、残《のこ》らず露顕《ろけん》の上《うえ》からは首《くび》を洗《あら》って待《ま》って居《い》ろ。義《よし》
　綱殿《つなどの》には、帰参《きさん》のお支度《したく》あれ。
義綱　礼《れい》は詞《ことば》に尽《つく》せぬ恩《おん》、
桂　勧《すす》めに任《まか》せ少《すこ》しも早《はよ》う、
呉竹　イザ、お立退《たちの》き遊《あそ》ばしませ。
武衡　この返報《へんぽう》は重《かさ》ねてきっと、

景政　ササ、言分《いいぶん》あれば言《い》って見《み》ろエエ。
敵役皆々　もう言分《いいぶん》は、
景政　どうしたと、
敵役皆々　ない。
景政　こりゃそうなくては叶《かな》わぬ筈《はず》だ、イデイデお立《た》ちあられましょう。
〽さらばさらばと日《ひ》の本《もと》に、英雄独歩《えいゆうどっぽ》のその勢《いきお》い、勇《いさ》ましかりける、
トこの内立役《うちたちやく》三人《にん》と、桂《かつら》の前《まえ》、呉竹《くれたけ》、侍女《じじょ》四人《にん》、照葉《てりは》附《つ》いて向《むこ》うへはいる。
敵役　それ。
ト是《こ》れにて奴《やっこ》八人《にん》、白丁大勢《はくちょうおおぜい》。
敵役　それ。
白丁　動《うご》くな。
ト景政《かげまさ》にかかり取《と》り巻《ま》くを、大太刀《おおだち》ぬいて一度《ど》に首《くび》を打《う》ちおとす。※ぶっ冠《かぶ》りになり、投《なげ》首《くび》を大分《だいぶん》に出《だ》す。[*14]
武衡　鎌倉権五郎《かまくらごんごろう》、
敵役皆々　景政《かげまさ》。
景政　弱虫《よわむし》めら。

敵役
皆々　さらば。

ト※片《かた》しゃぎりになり、※吉例《きちれい》の見得《みえ》にて、幕外《まくそと》景政《かげまさ》太刀《たち》をかつぎ、きっと見得《みえ》、※さらしになり、宜《よろ》しく向《むこ》うへ這入《はい》る。

幕

跡《あと》※しゃぎり。

○妹背のかため　妹背は妹〔いも〕と夫〔せ〕。即ち夫婦。夫婦の契りを交す。正式に夫婦になる。**○夜食のかたまり**　夜食は夜間の食事。夜ということから縁を引いて、「宿った子供」の意味に使う。**○うっそり共**　うっかり者。ぼんやり者。馬鹿者たち。**○ぶっ冠り**　衣を頭にかぶって、首を切られたことを示す。**＊14**投首はころころと投げる首である。打ちおとされた首の積りで、大太刀をぬいて、一遍振り廻すと、白丁はひっくり返って黒い布を冠り、舞台へはころころと首が沢山に出る。**○吉例の見得**　いつもの見得。太刀を肩に当てた見得。**○片しゃぎり**　幕切れに用いる鳴物。楽器は笛・太鼓。**○さらし**　荒事の立廻りなどに用いる鳴物で、楽器は太鼓・大太鼓・能管。時に大・小鼓を加えることもある。**○しゃぎり**　幕切れの、テンポの早い鳴物。笛・太鼓・大太鼓を用いる。

助六《すけろく》所縁《ゆかりの》江《え》戸桜《どざくら》*1

三浦屋格子先の場

※江戸太夫河東連中

役名

花川戸助六
実は曾我五郎時宗
髭の意休
実は伊賀平内左衛門
白酒売七兵衛
実は曾我十郎祐成
（外郎売藤吉）
福山担ぎ富吉

股くぐり侍二人
股くぐり　通人
茶屋廻り　三人
三浦屋　揚巻
同　白玉
同　傾城四人

朝顔千平　――　曾我の満江
くわんぺら門兵衛　――　遣手お辰
意休の子分四人　――　外に　茶屋女房、番頭新造、
新造、禿、並び女郎、仕出し大勢

本舞台《ほんぶたい》三間《げん》の間《あいだ》、女郎屋《じょろうや》、※大格子《おおごうし》、※簾《すだれ》を掛《か》け、※東《ひがし》の方《かた》へ寄《よ》せて、※三浦屋《みうらや》と染《そ》めたる大暖簾《おおのれん》、※西《にし》の方《かた》へ寄《よ》せて、※辻行灯《つじあんどん》、仕掛《しかけ》あり。※天水桶《てんすいおけ》、その上《うえ》に手桶《ておけ》大分重《だいぶんかさ》ねあり。※両桟敷《りょうさじき》、※仲《なか》の町茶屋《ちょうちゃや》の家名《いえな》を書付《かきつ》けし暖簾《のれん》、提灯《ちょうちん》一軒々々《いっけんいっけん》に掛《か》け、その前《まえ》に※作《つく》り物桜《ものさくら》、家毎《いえごと》に立《た》て、※揚幕《あげまく》に※大門口《おおもんぐち》を飾《かざ》り付《つ》け、すべて仲《なか》の町《ちょう》の※かかり。*2 ※長床几《ながしょうぎ》五脚《きゃく》、毛氈《もうせん》を掛《か》け、煙草盆《たばこぼん》を載《の》せ、男達四人《おとこだてよにん》、この床几《しょうぎ》に腰《こし》を掛《か》け、煙草《たばこ》を呑《の》んで居《い》る。※すがきにて幕明《まくあ》く。*3

＊1現今は『助六由縁江戸桜』と書くが、古くは「由」でなく「所」を多く用いている。ただし本作の底本とした安永八年春中村座の時は、『御摂乗曾我〔ごひいきねんねそが〕』の第二番目中幕として演ぜられ、浄瑠璃名題は『助六廓夜桜〔すけろくさとのよざくら〕』だ

った。〇**江戸太夫河東**　江戸節の太夫十寸見河東〔ますみかとう〕のことである。今日は普通には「河東節連中」と書く。〇**大格子**　「こうし」は格子〔かくし〕の音便。『洞房古語』に「享保十年会所で五丁相談の上、一分売、二朱売と遊女を分ち、店を二つに構え、二朱店の方は格子を細く打付け、横手に手摺を付け、一分の方は大格子に籬を構え云々」とある。これ大格子・小格子の称を生ずる濫觴であった。つまり吉原の遊女屋で、格式のよい大見世をいう。〇**簾**　この簾は普通よりも目を荒く編んでいる。というのは、この内に半太夫なり河東なりの連中がいて語るからである。今日は簾を上げることもある。〇**東の方へ寄せて**　格子から東の方、即ち上手寄りに。何故舞台の上手即ち観客席より向って右を「東の方」と言ったかというに、江戸で最も長く興行した堺町・葺屋町の地理から言って、南向きの建物になっていたので、西の方は舞台の下手で、本花道のある方、東は上手で仮花道のある方となっていた。その称呼と習慣が天保十三年以後浅草へ転座以後も襲用され、今日までも慣用されているのである。〇**三浦屋**　吉原にて著名の妓楼。〇**西の方へ寄せて**　大格子の西の方、下手寄りに。〇**天水桶**　火災の防備に天水を貯え置く桶。〇**両桟敷**　桟敷は高く構えた見物席で、見物席の東西両側にある。〇**仲の町**　吉原の廓の中央を貫通する主要道路の町名で、両側には引手茶屋が並んでいた。〇**作り物桜**　造花の桜である。吉原に桜を植えて景気をつけたのは寛延二年からで、それを早速助六劇に取り入れたのが始まりで、それ以来附きものになった。〇**揚幕**　花道の出入り口の幕。平生は座紋を紺地へ白く染抜いたのが掛っている。〇**大門口**　吉原の廓へ入る門。これをはいると仲の町になる。〇**かかり**　構え。作り方。＊2劇場全体を吉原の廓に見立てた趣向である。今日でもそうした工夫がめぐらされて、観客と舞台との融合親炙が考案されている。また古い台本にはないが、日覆より桜の釣枝が下る。舞台の上手下手の袖には、竹村という菓子屋の蒸籠を積み上げた心の書割になっている。〇**長床几**　本来床几は昔陣屋などで用いた腰掛であるが、一般に腰掛の意となり、長床几は板張りの長い腰掛のこと。〇**すががき**　ここは「すががきの合方」で、廓気分の幕明や人物の出などに用いられる三下りの三味線。軽く早間にチャンランランチャンランと弾くもの。＊3今日伝存の台本の多くは「土手の提灯の唄にて幕明く」となっている。これは吉原に限る唄と三味線と囃子との混合音楽で、「土手の提灯書いたかしくがつりばりか、つられくるくる廓の五丁町、サア」という唄を三下りで唄う。

ト※西東《にしひがし》の方《かた》より、女郎買《じょろうかい》の※仕出《しだ》し、侍《さむらい》、町人《ちょうにん》、按摩《あんま》、茶屋《ちゃや》の提灯《ちょうちん》をとぼせし男《おとこ》、玉子《たまご》売《うり》、鮓売《すしうり》などいろいろの仕出《しだ》し、打《う》ちまじり※三方《ぽう》へ入《い》り乱《みだ》れる。この中《うち》へ曽我《そが》の※満江《まんこう》、※紙子《かみこ》の衣裳《いしょう》、頭巾《ずきん》、手提灯《てちょうちん》を提《さ》げ、提灯《ちょうちん》の紋《もん》をいちいちに見《み》る思入《おもいいれ》。賑《にぎや》かに仕出《しだ》しはいると、花道《はなみち》より白玉《しらたま》、自分《じぶん》の紋《もん》つきたる提灯《ちょうちん》をとぼさせ、これに※禿《かむろ》二人《にん》、※遣手《やりて》お辰《たつ》、三《み》浦屋《うらや》息子《むすこ》長吉《ちょうきち》付《つ》き出《で》る。満江《まんこう》この提灯《ちょうちん》を見《み》て、※長吉《ちょうきち》が袖《そで》を控《ひか》え＊4、

満江　モシモシ、疎忽《そこつ》ながらその提灯《ちょうちん》の紋《もん》を、どうぞ見《み》せて下《くだ》さりませい。

長吉　この婆《ばあ》さまとした事《こと》＊5が、※道中《どうちゅう》の跡《あと》や先《さき》になって、こなさまは何《なに》を尋《たず》ねるのじや。

お辰　ホンニいやらしい婆《ばあ》さんではあるわいな。女郎《じょろう》さん方《がた》の紋所《もんどころ》をいちいち見《み》て、合点《がてん》の行《ゆ》かぬ顔《かお》をして居《い》さんすが、何《なん》ぞ面白《おもしろ》い事《こと》がござんすか。

禿一　この婆《ばあ》さんは、何《なに》をうろうろさんすぞいなア。

禿二　ほんに、おかしい婆《ばあ》さんじゃわいなア。

満江　イヤ、私《わたし》が尋《たず》ぬる紋所《もんどころ》がござりますによって、ぶしつけながら尋《たず》ねまする。

白玉　これは変《かわ》ったことじゃ、男《おとこ》ではあるまいし、わたしらが紋《もん》を何《なに》しに尋《たず》ねさんすぞ。お前《まえ》の尋《たず》ねさんすは、マア、どのような紋所《もんどころ》じゃぞいなア。

満江　※丸《まる》に三ツ扇子《おうぎ》と、※杏葉牡丹《ぎょようぼたん》、この二色《ふたいろ》の紋《もん》を付《つ》けてござる女郎衆《じょろうしゅ》を尋《たず》ねまする。

白玉　ハテなア、その二色《ふたいろ》の紋所《もんどころ》は、※揚巻《あげまき》さんの紋所《もんどころ》じゃな。

ト言《い》いながら、上《かみ》の方《かた》の床几《しょうぎ》に腰《こし》を掛《か》ける。

○**西東の方より**（既出）下手上手から。○**仕出し**　多くは二人以上にて出てくる、重要な役柄でない下っ端の役のこと。通行人・買物の人・参詣人など。○**三方**　上手・下手及び花道揚幕の三方である。廓内の賑わいを先ず見せる。○**満江**　助六（実ハ時宗）、七兵衛（実ハ祐成）兄弟の母。夫祐安を祐経に討たれてより、兄弟の子らと共に密かに敵討ちの機を狙う。祐信に再縁している。○**紙子**　紙製の衣服。紙衣の略。○**禿**　髪を短く切って結ばずに乱しておくをカブロといい、髪の様子からいう名。八、九歳より十二、三歳の小女で、禿が成長して新造になり、花魁に昇る。○**遣手**　鴇母とも書く。遊女の監督をなし、掟をする老婆をいう。○**長吉が袖を控え**　長吉の袖を引きとめて。＊4近来の演出においては、仕出しが入れ違って上手下手へはいると、直に口上と浄瑠璃触れになり、鉄棒引きが出て河東節が始まり傾城の出になる。＊5古い台本ではみな「婆さま」であるが、後世の文化頃以後のには「婆さん」としたのが可なりある。○**道中**　遊女の揚屋入りにいう。江戸の吉原では花魁が引手茶屋へ往来するをいう。

○**丸に三ツ扇子**　紋所の名。これは岩井半四郎・粂三郎等の紋である。揚巻を勤める俳優の紋を附けるのであるが、揚巻結びという紋もあるので、本来は「揚巻と杏葉牡丹」とすべきで、そうした台本もある。

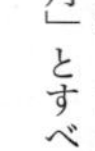

○**杏葉牡丹**　紋所の名。牡丹の花を杏葉の形に描きたるもの。團十郎の家の替紋である。三升屋二三治の『戯場書留』に、杏葉牡丹の紋は近衛家の紋であるが、宝永の頃将軍家へ御輿入れのあった時奥女中江島に賜り、江島より二世團十郎に贈ったのが基になっているとある。

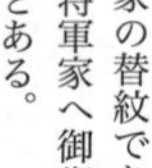

○**揚巻…**　揚巻の紋は揚巻結びである。下図の如きをいう。

長吉　コレ婆《ばあ》さま。その揚巻《あげまき》さんは三浦屋《みうらや》の※太夫《たいふ》さんでごんすが、何《なん》ぞ用《よう》があるのでごんすか。
満江　アイ、ちとお目《め》に掛《かか》りたい用《よう》がございます。
男一　何《なん》と皆見《みなみ》たか。あの婆《ばば》アは揚巻《あげまき》に逢《あ》いたいとよ。こう見《み》た所《ところ》が、遣手《やりて》にしては※勿体《もったい》がよし、
男二　なるほど、※花売婆《はなうりばば》アにしては器量《きりよう》がよし、
男三　※糊売婆《のりうりばば》アにしては綺羅《きら》がよし、
男四　後《うし》ろの風呂敷包《ふろしきづつ》みを見《み》ては、※針売婆《はりうりばば》アとも見《み》えず、
男一　※取上《とりあ》げ婆《ばば》アともつかず、

四人　とんと解《げ》せねえ婆《ばば》アだわえ。

男一　ほんに婆《ばば》アといえば、お辰《たつ》や、今日は※浅草《あさくさ》へまいったげなが、早《はや》い帰《かえ》りじゃな。

お辰　※さいなア、今日はわっちも※物日《ものび》じゃによって、早《はや》く帰《かえ》ろうと思《おも》いやしたが、あの※子《こ》供《ども》らがナ、ヤレ※軽業《かるわざ》の、※豆蔵《まめぞう》じゃのと、方々見《ほうぼうみ》て歩《ある》きやした。それから、あの※豆屋《まめや》の手拭《てぬぐい》を買《こ》うて来《き》やした。アノ松茸《まつだけ》はいつ見《み》ても心地《ここち》よしものじゃわいなア。

長吉　イヤ、皆《みな》さん聞《き》いて下《くだ》さりませい。※砂利場《じゃりば》で今日お辰《たつ》を褒《ほ》めました。

お辰　ほんにわっちを褒《ほ》めたわいなア。

四人　何《なん》と言《い》って褒《ほ》めた褒《ほ》めた。

長吉　イヨ、※鮫《さめ》ケ橋《はし》と褒《ほ》めました。

お辰　ほんに鮫《さめ》ケ橋《はし》という所《ところ》は、いかなる美人《びじん》のあるかして、ホホホホホ。

男二　おきゃアがれ、※悉皆《しっかい》※つらは累《かさね》のようだ。

男一　※河豚《ふぐ》の横飛《よことび》め、あんまり動《うご》くな。※ほしかの匂《にお》いがするわい。

お辰　何《なん》じゃの、姫御前《ひめごぜ》をとらまえて、河豚《ふぐ》じゃの、ほしかじゃのと、モウ、堪忍《かんにん》がならぬわいの。

男二　ならぬといって、どうしやアがる。

お辰　わしが相手《あいて》になろうわいなア。
四人　イヤ、こいつがこいつが。

○**太夫**　遊女の最上位のものをいう。松の位の太夫職などともいう。元来は延年舞、猿楽舞などの長をいったものであるが、転じて歌舞伎初期の女俳優の長をもそう呼んだので、遊女の長にもその称が残った。江戸の吉原では宝暦頃にこの称呼は絶えた。○**勿体がよし**　「勿体」は物々しきこと。おもおもしきこと。もったいらしい。品よく見える。○**花売婆ア**　三都ともに花売は男子多く、又稀に老婆もあった。仏に供する花を専らとし、活花に用うる花は少ない。下賤な見すぼらしいものだった。○**糊売婆ア…**　三都共に衣服洗濯後に用うる糊を売った。下賤なものだが、それにしては身なりがきれいだというのである。綺羅は綺〔かんはた〕と羅〔うすもの〕で衣服のこと。○**針売婆ア**　針売には男子も老婆もあった。多くは小間物も兼帯に売った。○**取上げ婆ア**　産婦を介抱し分娩せる子を取りあげる職業の女。産婆・助産婦である。○**浅草へまいった**　浅草観音へお詣りした。○**さいなア**　さればいの、さればいなアの簡約。○**物日**　物は事の意で、五節句その他祝日をいう。○**子供**　ここでは禿のこと。○**軽業の**　「軽業が見たいの」である。浅草観音の境内には、奥山と称して、綱渡りだの梯子乗りだのという軽業や見世物が沢山あった。○**豆蔵**　京阪では軽口という。宮、寺などの賑う所に出て、曲持などをし、滑稽を言いて銭を乞う街頭演芸者、古くは放下師と呼んだ。○**豆屋の手拭…**　豆屋は当時浅草にあった流行雑貨店の名らしい。そこで手拭を買って来た。が店頭に飾ってある松茸はいつ見ても立派だというのである。豆屋とあるから男性器の松茸がきいているわけである。しかしそうした具を飾るのは家運繁昌の為で、江戸時代には縁起と唱えて祀ってあった。その著大においては安永頃にあっても有名だったのであろう。○**砂利場…**　「ジャリバ」また「ザリバ」と発音したらしい。浅草の聖天町から日本堤へ出る所の地名。新吉原の遊里に赴く要路であった。古い安永度の台本には「すなば」とあるのもある。山谷堀の近くなので、砂や砂利の置場だったのであろう。砂利場で褒めたというのは、そこに働いている土方や船頭などが、ひやかして呼びかけたのであろう。○**鮫ケ橋**　江戸時代四谷にあった岡場所（私娼窟）の一。又貧民窟の所在地として名のあった所。○**悉皆**　すっかり。みんな、どれもこれも。○**つらは累のよう**　つらは累のように醜い。累は慶長の頃下総羽生村の名主与衛門の後妻で、醜婦であったがために、嫉妬の果殺害されたという伝説がある。芝居・小説・講談等に綴られ累といえば、無類の醜婦の異名となっている。○**河豚の横飛び…**　元来河豚は太ってふくれており見にくいものだから、醜婦の意味や形容に用いられる。太ッちょのぶくぶくしたのをいう。○**ほしか**　鰯の脂を絞りたる滓を日に乾したるもの。肥料とする。腐ったような、いやな臭いがある。

ト皆々立騒《みなみなたちさわ》ぐ。長吉《ちょうきち》両方を留《と》めて、いろいろおかしみの内《うち》、すがきになり、花道《はなみち》より※くわんぺら門兵衛《もんべえ》、男達《おとこだて》の形《なり》＊6にて出《で》て来《く》る。後《あと》より※朝顔千平《あさがおせんぺい》、奴《やっこ》の形《なり》＊7にて出《で》て、両人直《す》ぐに本舞台《ほんぶたい》へ来《き》て、皆々《みなみな》の中《なか》へ割《わ》ってはいる。皆々《みなみな》※捨《すて》ゼリフのうち、

門兵　よいさよいさ、黙《だま》れ黙《だま》れ。遣手《やりて》も騒《さわ》ぐ事《こと》はないわい。※わるい女《おんな》の身持《みもち》の、いつ見《み》ても※うまいつらだぞ。

お辰　うまくば※振舞《ふるま》おうかえ。

門兵　エエ、忌々《いまいま》しい。

お辰　オオ※すかやア。

長吉　コレコレ、お辰《たつ》、くわんぺらさまは何《なん》だか、きつう腹《はら》を立《た》ってござる様子《ようす》

だ。滅多《めった》な事《こと》を言《い》うて叱《しか》られまいぞ。

白玉　イヤ、くわんぺらさまの腹立《はらだ》てさんすは、色事《いろごと》じゃわいなア。ほんに門兵衛《もんべえ》さんは痛《いた》わしや、何《なん》ぼ惚《ほ》れても口説《くど》いても、先《さ》きはしみじみ好《す》かんと言《い》う。※鮑《あわび》の貝《かい》の片思《かたおも》い。※もしかに掛《かか》りうかうかと、うっかりくわんぺら門兵衛《もんべえ》さん、※きつい通《とお》り者《もの》じゃわいなア。（ト笑《わら》う。）

門兵　ハテ、よくしゃべる女郎《じょろう》だ。こいつは何《なん》という女郎《じょろう》だ。

お辰　忝《かたじけな》くも三浦屋《みうらや》の太夫《たいふ》さん、白玉《しらたま》さんでござんすわいなア。

門兵　なるほど、聞及《ききおよ》んだお名《な》※でえす。したが貴《き》さま達《たち》が、※綿帽子《わたぼうし》で眉毛《まえげ》を隠《かく》して、浅草《あさくさ》へ参《まい》ったり、芝居《しばい》を見物《けんぶつ》したり、※後《うし》ろ帯《おび》で※藪入《やぶい》りと化《ば》けて、人《ひと》をちょろまかすとは違《ちが》って、この門兵衛《もんべえ》は※骨《ほね》が太《ふと》い、食《く》われねえぞ、おかっしゃい。揚巻《あげまき》という※楊《よう》貴妃桜《きひざくら》に迷《まよ》う煩悩《ぼんのう》の※犬桜《いぬざくら》。どうでかなわぬ恋《こい》ならば、思《おも》い切《き》って身《み》を※墨染桜《すみぞめざくら》とやつし、諸国修行《しょこくしゅぎょう》の※西行桜《さいぎょうざくら》と、※出《で》かけべいと思《おも》っても、さすが畜生《ちくしょう》の悲《かな》しさは、※もしかに引《ひ》かれて今日もまた、※花車《かしゃ》を轟《とどろ》かしたのさ。コリヤあまめ。

お辰　あまとはわっちかえ。

門兵　うぬが事《こと》だ。

お辰　こは馬鹿《ばか》らしいの[*8]。

門兵　何《なん》と門兵衛《もんべえ》が金《かね》じゃア、吉原《よしわら》の女郎《じょろう》は売《う》らないのか。ヤイ※二才《さい》め、売《う》らないのかよ。

長吉　モシモシ、門兵衛《もんべえ》さま、野暮《やぼ》らしい。そりゃ何《なん》の事《こと》でござりまする。

千平　何《なん》の事《こと》とは知《し》れた事《こと》だわ。門兵衛《もんべえ》どのが腹《はら》を立《た》たっしゃるは揚巻《あげまき》が事《こと》よ。※いかさま、あの揚巻《あげまき》という※売女《ばいた》めは、よっぽど※味噌《みそ》な奴《やつ》だ。関白《かんぱく》どのの落《おと》し子《ご》じゃアあるまいし、勿体《もったい》を付《つ》けやアがらずと、くわんぺらどのに逢《あ》ったがよい。この朝顔千《あさがおせん》平《ぺい》が、この恋《こい》の取持《とりもち》にかかって、毎日毎晩廓通《まいにちまいばんくるわがよ》い、※誓文《せいもん》、この朝顔《あさがお》が※布子《ぬのこ》の裾《すそ》も萎《しお》れ果《は》てるわえ。*9

門兵　今夜《こんや》は揚巻《あげまき》に逢《あ》わねば男《おとこ》が立《た》たぬ。抱《だ》いて寝《ね》るぞ。

白玉　モシモシ、そりゃ※お前《まえ》でもないぞえ。揚巻《あげまき》さんは全盛《ぜんせい》な女郎衆《じょろうしゅ》。今夜《こんや》というて、今夜《こんや》逢《あ》われるものじゃないわいなア。

お辰　ほんに揚巻《あげまき》さんの隙《ひま》というては、師走《しわす》の大晦日《おおみそか》ばかり。*10

○くわんぺら門兵衛　男達で意休の子分。初演の頃には「かんてら門兵衛」であったが、後「門〔くわんぬき〕門兵衛」となり、転じてかんぺら又くわんぺらとなった。＊6鬘は世話がかった車鬢のノンコというもの。浅黄縮緬の襦袢に、はな色裏の荒い棒縞の八丈を着、萌黄献上の三寸幅帯、黒柄鮫鞘の一本差、黒皮銀鎖の煙草入を下げている。○**朝顔千平**　くわんぺら門兵衛の子分。奴である。＊7蔓は朝顔の葉を鬢に、鬢を花に、蔓を糸にしたスッポリ。衣服は白繻子に朝顔模様、金銀の縁縫黒繻子に、金糸でだんだらの奴襟。金のバレン附きの伊達下りに、膝に三里当を結んでおり、足袋は紫繻子である。○**捨ゼリフ**（既出）捨ことば。即ち脚本に一々書いてなくも、舞台上で臨機応変に余り重要でないセリフを言うをいう。この場合であれば「もう堪忍がならぬ」「どうしやがる」「こいつがこいつが」などという類いである。「よいさよいさ」を「よいわさよいわさ」とした台本もあるが、前者の方が古い形式である。○**わるい女の身持の**「わるい」は「醜婦」の意。「身持」は所行、行いであろう。不器量な女であって、こうした振舞いとは、いやはや。○**うまいつら**　この場合は「まずいつら」というべきを反対に、皮肉に言ったのである。○**振舞おうかえ**　「振舞う」は馳走する、もてなす。私の身体をお前に御馳走しましょうかね。○**すかやア**　遊里語。好かぬの義。すかないねえ。「すかぬやア」とした台本もあるが、前者の方が古い形である。○**鮑の貝の片思い**　あわび貝は片方だけしかないから「片思い」の枕詞の如く用いる。○**もしかに掛り**　それでも若しか成就しようかと、断念せずに、心にかけて。○**きつい通り者じゃわいなア**　「きつい」は大そうな。「通り者」は粋士。通人。これも反語法で反喩である。○**でえす**　「です」の訛で、「であります」の略。○**綿帽子…**　「綿帽子」は真綿を摘みひろげて作りたる帽子で、もとは老官女の用いたものという。が明和・安永の頃までは武家の婦女は礼服の時も他行の時もかぶった。遊女は眉毛があったが、一般家庭の元服した女は眉を落す。そこで綿帽子で眉をかくして他行すると言ったのである。○**後ろ帯で**　背後にて帯を結ぶこと。「かかえ帯」に対する。遊女は抱え帯にしているので、素人らしく背後で帯を結んでの意。○**藪入り**　正月又は七月の十五日・十六日の両日を藪入りと称し、奉公人が自分の宿（郷里）へ帰る。奉公人は大抵藪深い、草深い田舎から出て来るので、郷里へ帰るのを藪入りというとある。○**骨が太い**　しっかりしている。ガッチリしている。欺されるもんか。○**楊貴妃桜**　唐の玄宗皇帝の寵妃楊貴妃のように美しい桜、花魁という積り。○**犬桜**　山野に生ずる桜の一種。「煩悩の犬」という成句を「桜づくし」で綾づけたのである。○**墨染桜**　桜の一種、白桜に似て、花小さく単弁にして細い。色白く茎葉ともに青く、薄墨の如しという。○**西行桜**　謡曲の『西行桜』等からその名を取ったもの。諸国修行をした西行のように、我も出家して行脚に。○**出かけべい**　出かけよう。「べい」は「べし」の音便で、関東地方の方言。○**もしかに引かれて**　もしひょっと、恋が叶うかもしれないという思いにひかされて。○**花車を轟かした**　「花車」は既記のごとく遣手。「とどろかす」は花車と車に因んだ言葉を発したので、とどろかしたと言ったのであろう。おどろかしたの意もにおわせ、ここへやって来たのだという意味も籠めている。**＊8**「こは馬鹿らしい」は古い形で、「オオこは馬鹿らしい」としたのもあるが、これは意味をなさない。「オヤ馬鹿らしい」とした台本はいい。○**二才め**　青二才ともいう。年若き男を卑めていう語。○**いかさま**　なるほど。まことに。○**売女**　「ばいじょ」は遊女・娼妓。「ばいた」は夜鷹・辻君と概念的には分けられている。「ばいた」は娼婦でない一般の婦女を罵る言葉としても稀に用いられるが、ここは「揚巻という売女めは」と言っているので、遊女しかも太夫職の花魁を罵ったことになる。○**味噌な奴**　「手前味噌をならべる奴」の意である。生意気な奴だ。○**誓文**　ちかいの文。女郎と客が「お前一人を」と誓って取交す書付。転じて、誓って、まことに、本当に、全く等の意となる。○**布子の裾も萎れ果てる**　「布子」は木綿の綿入れ。着物の裾もすり切れる程繁く、何度も何度も通い、奔走する。朝顔千平だから萎れると言った。**＊9**「萎れ果てる」が正しいのだが、音のあやまり、書写の誤りから「しぼり果てる」となっている台本が少くない。○**お前でもない**　お前さんにも似合わぬ、訳の分らぬ事を言うものですね。**＊10**大晦日は師走に限っているが、口調の上から、重言ながら、こうあるのが古い形である。

白玉　ほんに今年《ことし》もモウ三月、師走になるに間《ま》もござんせぬ。それまで気《き》を長《なご》う待《ま》たしゃんせいなア。

門兵　何《なに》を。

長吉　モシモシ、門兵衛《もんべえ》さん、揚巻《あげまき》さんに※色身《いろみ》で逢《あ》おうとは、※よい思《おも》いつきの悪《わる》い思《し》案《あん》の。*11あの揚巻《あげまき》さんには深《ふか》い。

白玉　コレコレ長吉《ちょうきち》どん、役《やく》にも立《た》たぬ事《こと》を言《い》わぬものじゃぞ。

門兵　イヤイヤそれも合点《がってん》だ。揚巻《あげまき》にゃア※虫《むし》がある。しかも※しらえに貧《ひん》という虫《むし》だ。

その虫《むし》に身代《しんだい》を食《く》い倒《たお》され、※内証《ないしょう》は火《ひ》の車《くるま》だげな、※業《ごう》さらしめ。

白玉　門兵衛《もんべえ》さん、お前《まえ》が逢《あ》おうと言《い》わしゃんす揚巻《あげまき》さんは、お前《まえ》の親分《おやぶん》とやらの※髭《ひげ》の意休《いきゅう》さんも、揚巻《あげまき》さんには惚《ほ》れて居《い》さんすのに、又《また》お前《まえ》が惚《ほ》れるとは、こりゃ※意《い》気地《きじ》が悪《わる》いじゃないかえ。

門兵　なる程《ほど》、意休《いきゅう》さんの事《こと》はあれども、あの人《ひと》の由輪《くるわ》通《がよ》いは当座《とうざ》の慰《なぐさ》み。それに頓《とん》着《じゃく》はない。とかく胸《むね》の悪《わる》いは助六《すけろく》めだ。何処《どこ》ぞであいつに逢《あ》ったらば、やめろと言《い》え、おれが言《い》う事《こと》を背《そむ》いて、揚巻《あげまき》にくっ付《つ》いて居《い》れば、あの助六《すけろく》をばらしてしま※う

わ。

満江　エエ。（トびっくりする思入《おもいいれ》。）

門兵　この婆《ばば》アは、さっき二丁目《ちょうめ》※で見掛《みか》けた、杏葉牡丹《ぎょようぼたん》の紋所《もんどころ》をつける女郎《じょろう》を尋《たず》ねる

は、揚巻《あげまき》に用《よう》でもあるか。
満江　ハイ、逢《あ》いとうござりまする。
門兵　ハハアなるほど、逢《あ》いたくば逢《あ》わしてやろう。
満江　それは忝《かたじけの》うござりまする。
門兵　その替《かわ》りに、こなたに頼《たの》みたい事《こと》があるが、頼《たの》まれてくれるか。
満江　わしが身《み》に相応《そうおう》な事《こと》ならば。
門兵　先《ま》ずは御承知《ごしょうち》で忝《かたじけな》い、おれが頼《たの》みとは、どうぞこなたの、どうも小《こ》っ恥《ぱず》かしくって言《い》いにくい。朝顔《あさがお》、この婆《ば》アさまに、よいように呑込《のみこ》ましてくれろ。
千平　合点《がってん》だ、皆《みな》までのたもうな。呑込《のみこ》み呑込《のみこ》み。
ト満江《まんこう》が側《そば》へ来《き》て、
コレ婆《ばあ》さん。※女《おんな》は氏《うじ》のうて玉《たま》の輿《こし》。こなたは有卦《※うけ》に入《い》ったろう。これほど美《うつく》しい女郎《じょろう》がある中《なか》に、どうした縁《えん》か、くわんぺらどのが、お身《み》さまに恋慕《※れんぼ》れれつの筋《すじ》。※オオと言《い》いなさいオオと言《い》いなさい。
門兵　コレおきゃアがれ、そんな事《こと》じゃねえわえ。
千平　そして何《なん》だ。
門兵　ハテ、※粗相《そそう》な。揚巻《あげまき》が母《はは》であろうから、揚巻《あげまき》が事《こと》を婆《ばば》アに呑込《のみこ》まして、頼《たの》むの

　だわやい。
千平　おれはまた、あの婆《ばば》アに親分《おやぶん》が※色事《いろごと》だと思《おも》った。
門兵　※いまいましい。
千平　これは大《おお》きな間違《まちが》いだ。ときに婆《ば》アさん、お身《み》は宜《よ》い娘《むすめ》をもって浮《うか》み上《あ》がる。揚巻《あげまき》は今《いま》では曲輪《くるわ》一番《ばん》の女郎《じょろう》、したが疵《きず》には欲《よく》を知《し》らねえ、くわんぺらどののような、※いんつう満々《まんまん》たる大尽《だいじん》を厭《いや》がって、助六《すけろく》という貧乏神《びんぼうがみ》を※深間《ふかま》に持《も》って、身代《しんだい》を※すっきり助六《すけろく》に入《い》り上《あ》げる。コレこなさん、揚巻《あげまき》に逢《あ》って、助六《すけろく》を※長棹《ながざお》にして、おらが親方《おやかた》くわんぺらどのに乗換《のりか》えるように異見《いけん》して下《くだ》さい。くわんぺらどののほうへ靡《なび》くと、一家《け》一門《もん》浮《うか》み上《あ》がるわえ。
満江　イイエ、わたしは揚巻《あげまき》が母《はは》ではござらぬわいのう。
千平　揚巻《あげまき》が母《はは》ではねえか。
満江　ハイ、左様《さよう》でござりまする。
千平　また間違《まちが》いか、※いかいたわけの。
門兵　待《ま》て待《ま》て。さっきは揚巻《あげまき》が母《はは》のように言《い》って、今《いま》おれが頼《たの》むと、母ではござりませぬとは、こいつは聞《きこ》えた、女郎《じょろう》の紋所《もんどころ》を見《み》て歩《ある》く振《ふ》りをして、櫛笄《くしこうがい》を※してやる、こいつは婆《ば》アの巾着切《きんちゃくき》りだな。

満江　アアコレコレ、粗相《そそう》言うまい。
門兵　黙《だま》りやアがれ。おれもたびたび※鼻紙入《はながみい》れや、印籠《いんろう》を切《き》られたが、うぬだなうぬだな。
満江　※わっけもない。わしゃ其《そ》のような大胆《だいたん》なものじゃござらぬわいな。
千平　そんなら揚巻《あげまき》が母《はは》とぬかして、親分《おやぶん》の事《こと》を取持《とりも》つか。
満江　サアそれは。
門兵　そんならわりゃア巾着切《きんちゃくき》りか。
満江　全《まった》く以《もっ》て。
千平　揚巻《あげまき》が母《はは》か。
満江　サア。
門兵　サアサアサア。どうだ。面倒《めんどう》な。※会所《かいしょ》へ引摺《ひきず》って行《ゆ》くべいか。

○色身で逢おう　色事をしたいため、情交目的、情夫として逢おうの意。**○よい思いつきの悪い思案**　お前さんにとっては結構な考えだが、事情を知っているわれらから見ればお気の毒だがいい考えとはいえない。＊11思案を料簡としたのもある。また「よい思いつき」以下のセリフを全然省いたのもある。**○虫**　情夫を寄生虫に譬えていう。「虫がつく」（情夫が出来る）の虫に同じ。**○しらえに貧という虫だ**　しらえは「白絵」であろう。著色のない絵、黒絵をいう。見すぼらしいをいう。見すぼらしく貧乏な虫だと言ったのである。助六は実は曾我の五郎であるから、名うての曾我兄弟の貧乏を臭わせたのである。○**内証**遊廓にて娼家の主人の居間又は帳場などもいうが、ここでは内輪、内実。○**業さらしめ**　業は自ら作りし罪悪の応報。前世の罪の応報により、現在に恥辱をさらす。思い知れ。いい気味だ。○**髭の意休**　くわんぺら門兵衛の親分で、立派な髭を持っているので、通称となった。髭の意休実は伊賀の平内左衛門である。平家の隠士で、頼朝に敵しようとたくらんでいる人物。○**意気地が悪い**　意気張り。よくない意気張りじゃありませんか。○**ばらす**　関東の方言では「殺す」ことをいう。○**二丁目**　江戸町二丁目である。三浦屋は江戸町二丁目にあった。○**女は氏のうて玉の輿**　諺。氏は昔し家々の血統に従いて、朝廷より賜りたる苗字、源・平・藤・橘の類。即ちよき由緒である。「玉の輿」は貴人の乗る輿の美称。より富貴なる地位をいう。つまり由緒ある血統でなくても、素性の貴賤を問わず、運さえあれば見込まれて立派な人の妻になれるの意。○**有卦に入る**　陰陽家の説に、人の一生には有卦無卦循環し、有卦に入りし年間は万事吉にして、無卦には凶事多しという。よって幸運のつづくを有卦に入るという。○**恋慕れれつ**　「れれつ」は一種の調子語で、「れんぼ」の音調に乗ったまで。「恋慕の筋」即ち「惚れたんですとさ」。○**オオと言いなさい**　「応」である。はい承知したと言いなさい。○**粗相な**　そそっかしい。軽はずみな奴め。○**色事**　色をしかける行為。情事。○**いまいましい**　きらいなことだ。いやなことだ。馬鹿々々しい。○**いんつう満々たる大尽**　「いんつう」は銀子〔ぎんす〕の宋音で、金銀のことを洒落てこう言ったのである。「大尽」は大身であり、豪遊する人をいう。金子が沢山にあって、豪遊をする人。○**深間**　男女の情交の、いと深く、こまやかに親密なるをいう。情人。○**すっきり**　すっかり。全部。○**長棹**　江戸時代の遊里語で、遊女が客を突き出し、冷遇するをいう。舟が岸をはなれ遠ざかる時には長棹を用うるから、言い始めたとの説がある。○**いかいたわけの**　「いかい」は大きい。大へんな。大へん間抜けな俺ではあるわい。○**してやる**　「してやる」「ものす」等の語は場合により如何様にも解釈出来る。ここでは盗む、取る。○**鼻**

紙入れ　鼻紙袋。紙入。財布。〇**わっけもない**　「わけもない」の急呼。理由もないことです。滅相もない。〇**会所**　江戸には町々に名主あり、名主の宅を玄関といい、そこで町務を執ったが、吉原町は一廓五町聯合し、会所で町務を執った。名主年寄以下ここに集まり、時々協議執務する定めであった。

ト満江《まんこう》を※手籠《てご》めにする。白玉中《しらたまなか》にはいって、
白玉　待たんせ、門兵衛《もんべえ》さん。※いとしなげに婆《ばば》さんを相手《あいて》にこの手《て》は仰山《ぎょうさん》な、何《なん》の事《こと》じゃぞいなア。揚巻《あげまき》さんとは仲《なか》のよいこの白玉《しらたま》、言《い》う事《こと》があるならば、あの婆《ばば》さんに言《い》わずと、わたしに言《い》わんせい。やかましい声《こえ》ではあるぞ。*12
門兵　面白《おもしろ》い、われが婆《ばば》アが※腰《こし》を押《お》すか。
白玉　アイ、※こおう物《もの》を言《い》わんすりゃ、何処《どこ》までも腰押《こしお》し、又《また》※美《うつく》しゅう頼《たの》まんしたらば。
門兵　揚巻《あげまき》に逢《あ》わしてくれるか。
白玉　それは逢《あ》わせまいものでもないわいなア。
門兵　そんなら逢《あ》わしてくんなさいよ。
皆々　親分《おやぶん》、何《なん》だか気《き》が知《し》れないわえ。
門兵　白玉《しらたま》さん、※頼《たの》みやんすにえ。

白玉　そう美《うつく》しゅう言《い》わしゃんすりゃ、わたしが※拵《こしら》えて見《み》まいものでもござんせぬが、マア、お前《まえ》が爰《ここ》に居《い》さんしては悪《わる》いほどに、逢《あ》いたがらしゃんす揚巻《あげまき》さんには、わたしが後《のち》に逢《あ》わしょう程《ほど》に、※ちゃっと早《はや》うござんせい。

ト満江《まんこう》にかけて言《い》う。満江《まんこう》うなずきて※下座《げざ》へそっとはいる。

門兵　それがよいそれがよい。なア、門兵衛《もんべえ》さん。何処《どこ》ぞ、※ぞめいてござんせいなア。

門兵　エエ有難《ありがた》い有難《ありがた》い、※そもじがそう呑込《のみこ》んでくれれば、おれはマア行《い》って来《こ》よう。

トあたりを見《み》て、

白玉　婆《ばば》アはどうした婆《ばば》アはどうした。

門兵　ハテ、婆《ばば》アさんに用《よう》はない筈《はず》。わしに頼《たの》んでおいて、また婆《ばば》アさんに頼《たの》むのかえ。

白玉　何《なに》さ、お前《まえ》をひとえに※結《むす》ぶの神《かみ》。

門兵　そんなら、早《はよ》う往《い》てござんせい。

白玉　合点々々《がってんがってん》。時《とき》に若《わか》い者《もの》ども、※押付《おっつ》け意休《いきゅう》どのが見《み》えよう。ここに待《ま》って居《い》ろ。

門兵　いま白玉《しらたま》さんに頼《たの》んでおいた事《こと》、わいらも側《そば》から気《き》を付《つ》けてくれ。千平《せんぺい》、来《こ》い。

千平　白玉《しらたま》さん。

白玉　門兵衛《もんべえ》さん。

両人　※さばえ。

トすがきになり、門兵衛《もんべえ》、千平《せんぺい》、長吉《ちょうきち》、暖簾口《のれんぐち》へはいる。

○手籠め　腕力によりて理不尽に人の身体又は所有物を害せんとする。**○いとしなげに**　「いとし」は「いとおし」の約。かわゆらしさのない、ひどいやり方で。気の毒に。「いとしおなげ」とした台本もある。**＊12**文化頃から後の台本には「わたしに言わしゃんせ、ほんにやかましいお声ではあるわいなア」とある。**○腰を押す**　後押しになる。尻押しする。味方する。**○こおう物を言う**　「こわく」は「強く」である。その音便。どこまでも強硬に言うならば。**○美しゅう**　きれいに。やさしく。おとなしく。**○頼みやんすにえ**　頼みますからさ。**○拵えて**　二人の仲をうまく作る。取り持ち。取りむすんで。**○ちゃっとはやく。○下座**　安永度の台本にも文化度のも天保度のも明治期のも、悉く「下座へはいる」となっているが、これはそのまま書写したからである。安永度にいう下座の位置は今日の如く下手前方に移っていたから、その以後の台本ならば「上手へはいる」とあって然るべきなのである。文化度には、もう下座の位置は上手奥にあったのだから、満江のはいったのは上手奥なのである。**○ぞめいて**　ひやかして。騒ぎ歩いて。浮れて騒ぎ遊んで。**○そもじ**　其文字。多く婦人の対称の代名詞に用いる。あなた。そなた。君がそう言ってくれるんなら。**○結ぶの神**　前の「ひとえに」の縁語として「結ぶ」と言い出している。男女の縁を結び合わすことを掌る出雲大社の神様。**○押付け**　追付け。程なく。間もなく。**○さばえ**　「さらばえ」の略。人に別れる時又は新たに事を始める時などに言う。さようなら。それを親しんで言ったのである。

男一　ヤレヤレ、いつもながら門兵衛《もんべえ》どのの色事《いろごと》は、やかましい色事《いろごと》じゃアねえか。
男三　おいらは色気《いろけ》より食気《くいけ》、どうやら口淋《くちざみ》しくなったじゃアねえか。
男二　なるほど、なんぞ呑《の》むか食《く》うかしたいものだ。
男四　ほんに、酒《さけ》でも呑《の》もうじゃアあるまいか。
お辰　モシモシ、※酒《さけ》の噂《うわさ》に影《かげ》がさすと、向《むこ》うから何時《いつ》もの※白酒《しろざけ》さんが。
四人　ドレドレ。オオイオオイ。
ト※揚幕《あげまく》にて、白酒売七兵衛《しろざけうりしちべえ》の声《こえ》にて、*13
七兵　白酒々々《しろざけしろざけ》。
※トてんつつになり、花道《はなみち》より七兵衛《しちべえ》、白酒《しろざけ》の荷《に》をかたげ出《で》て来《き》て、花道《はなみち》の中程《なかほど》に留《と》まる。
お辰　こりゃいつもの白酒《しろざけ》どの、早《はよ》うござんしたの。
男四　いつもの通《とお》り、白酒《しろざけ》の※言《い》い立《た》てが。
男三　所望《しょもう》じゃ所望《しょもう》じゃ。
七兵　エヘンエヘン。*14 そもそも富士《ふじ》の白酒《しろざけ》と※いっぱ、昔《むかし》※駿州三保《すんしゅうみほ》の浦《うら》に、白龍《はくりょう》という漁夫《ぎょふ》、*15 天人《てんにん》と夫婦《ふうふ》になり、その天人《てんにん》の乳房《ちぶさ》より流《なが》れて落《お》つる色《いろ》を見《み》て、造《つく》り初《はじ》めし酒《さけ》なれば、第《だい》一寿命《じゆみよう》を延《の》ばし、*16 されば※厄払《やくはら》いの親方東方朔《おやかたとうほうさく》も、この白酒《しろざけ》を八杯呑《はいの》んで八千歳《ざい》、浦島太郎《うらしまたろう》は三杯呑《ばいの》んで三千年《ねん》、※三浦《みうら》の大介《おおすけ》は下戸《げこ》なれば一寸《ちよつと》※ちょうつけしたばかりでさえ百六つまで生延《いきの》びたり。先《ま》ず正月は屠蘇《とそ》の酒《さけ》、弥生《やよい》は雛《ひな》の白酒《しろざけ》に、女中の顔《かお》もうるわしく、*17 ももの媚《こび》ある桃《もも》の酒《さけ》、端午《たんご》の節句《せつく》は菖蒲酒《しようぶざけ》、七夕《たなばた》は一《ひと》夜酒《よざけ》、※重陽《ちようよう》は菊《きく》の酒《さけ》、仏法《ぶつぽう》に至《いた》っては※さけむに如来《によらい》ののたまわく、※にょろやくおでんを肴《さかな》にして呑《の》む時《とき》は、一升《しよう》は夢《ゆめ》の如《ごと》し、※上戸菩提《じようごぼだい》と説《と》かれたり。されば※酒《さけ》の上《うえ》のこれ呑《の》みが歌《うた》に、※上々《じようじよう》の上《じよう》の字《じ》付《つ》けし上戸《じようご》をば、下々《げげ》の下《げ》の字《じ》の下戸《げこ》がそしりて、コレ大和歌《やまとうた》にも載《の》せられたり。されば われらの白酒《しろざけ》は、事《こと》も愚《おろ》かや、ホホ敬《うや》まって、白酒々々《しろざけしろざけ》。*18

ト本舞台《ほんぶたい》へ来《く》る。

○酒の噂に影がさす　「噂をすれば影がさす」という諺を酒に言い替えたのである。酒の噂をしたので白酒売が来た。安永度の台本には「酒の噂のかげさすと」とある。**○白酒さん**　白酒屋さん。**○揚幕にて**　揚幕（既出）は花道の出入口。揚幕の内にて。揚幕を出ぬうち。＊13七兵衛はまた新兵衛につくる。近来ではほとんど新兵衛に統一されている。**○てんつつ**　二上りの三味線でテンツッテンツッと弾く。**○言い立て**　言い立つること。口上。宣伝の演舌。＊14「エヘン」も「エヘンエヘン」もないのが多い。また「エヘンエヘン、ホホうやまって白酒々々」とあって「そもそも――」にかかるのもある。**○いっぱ**　「い

皆々　やんややんや。

うは」の急呼。○**駿州三保の浦**　駿河の三保の松原の辺り。羽衣の伝説を取り入れてある。＊15白龍は「はくりょう」と発音する。「伯了」と書いたのもある。＊16「寿命を延ばし」を「寿命の薬となる」としたのもある。○**厄払い…**　厄を払えばめでたいのだから、吉事を意味する。「東方朔」は前漢の武帝の臣で、人となり諧謔を好み頗る弁舌に長じていたという。面白い、めでたい、朗らかな人だから、吉事の親方、元締と洒落たのである。○**三浦の大介**　『嬉遊笑覧』に「頼朝公天下を治め給うに及んで、三浦大介が忠節を思い、所領を増して無き人を生けるが如くなさりける、義澄ありがたしと、大介今迄存生仕らば百六歳にまかりならんと申しける、大介は八十七歳にて討死す。古えより加増の地賜りしこと先蹤なし、殊に福人なりとて百六つと申し伝う」とある。○**ちょうつけ**　銚子を盃にちょっとつけ、つぐ真似をするをいう。＊17「女中の顔」を「女郎衆の顔」と言ったこともある。○**重陽**　九月九日の節句。九という陽数の重なるより出ず。菊の宴又は菊の節句ともいう。○**さけむに如来**　「釈迦牟尼」というべきを「酒づくし」の場合なので、「さけむに」と洒落たのである。「酒無似」と字を当てた台本もある。○**にょろやくおでん**　『金剛般若経』に「如露亦如電」とある。それを酒の肴のおでんに通わせた地口。○**上戸菩提**　仏教の「上求菩提〔じょうぐぼだい〕」の洒落。○**酒の上のこれ呑み**　「坂上是則〔さかのうえこれのり〕」の洒落。是則は歌人。醍醐・朱雀の二帝に仕える。家集としては坂上是則集がある。○**上々の…**　最上等の上の字のついている上戸（酒飲）をば、最下等の下のついている下戸（飲めぬ者）がののしる。一種の狂歌の類いであろう。作者ありや否や。＊18冒頭に「エヘンエヘン、ホホうやまって白酒々々」とある時にも、終りにはやはりこの通りある。こういう言い立ては、一種の雄弁術で、『暫』のツラネや『外郎売』の言い立てなどに同じ。これは酒づくしともいうべき言い立てである。

白玉　七兵衛《しちべえ》さん、ござんしたかえ。
七兵　これはこれはとばかり、鼻《はな》の先《さ》きに※如意輪観音《にょいりんかんのん》の御来臨《ごらいりん》、※見《み》つけぬ所《ところ》が※大俗凡《だいぞくぼん》
　夫《ぷ》の白酒売《しろざけうり》、御免《ごめん》なされて下《くだ》さりませい。
白玉　何《なん》じゃやら、人《ひと》を嬉《うれ》しがらすような事《こと》がきつい好《す》きサ。マア、ここへ来《き》て話《はな》さ
　んせいなあ。
七兵　エエ有難《ありがた》い。さらば※内陣《ないじん》へ通《とお》ろうか。
男三　待《ま》ちゃアがれ待《ま》ちゃアがれ。うぬらが腰《こし》を掛《か》けると、床几《しょうぎ》が汚《けが》れるわえ。
男一　白玉《しらたま》さん。白酒売《しろざけうり》と役《やく》にも立《た》たぬ話《はなし》をしょうより、さっき門兵衛《もんべえ》どのの頼《たの》んだ
　事《こと》はどうさんす、※埒《らち》があけて貰《もら》いたい。
男二　野暮《やぼ》な奴《やつ》じゃアないか。人《ひと》の事《こと》より手前《てまえ》の得手勝手《えてかって》、白酒《しろざけ》を呑《の》みたそうな顔付《かおつ》
　き、いけねえ女郎《じょろう》だ。
男四　女《おんな》は女《おんな》とも思《おも》うが*19。
七兵　白酒《しろざけ》売りはさりとは※千枚張《まいばり》と思召《おぼしめ》そうが、そこが※まだいたりませぬぞえ。めっ
　たに強《つよ》い事《こと》ばかり言《い》って、女郎《じょろう》が可愛《かわい》がるものでない※です。ちと可愛《かわい》がらりょうと
　思《おも》うには、ちと工夫《くふう》がなけりゃアならぬてさ。
男一　こいつア面白《おもしろ》い事《こと》を言《い》う。その又可愛《またかわい》がられる工夫《くふう》を習《なら》いたい。

男二　おれも工夫《くふう》を習《なら》うべい、教《おし》えようが悪《わる》いとゆるさぬぞ。
男四　※まなこ玉《だま》を押《お》っ開《ぴら》いて見《み》ろ、※安《やす》い野郎《やろう》じゃアないぞ。
七兵　いかさま、※〆《しめ》て三百くらい、四百とはモウ出《だ》さぬわえ。
男四　おきゃアがれ。※うなア人《ひと》を馬鹿《ばか》にするな。
七兵　何《なん》の馬鹿《ばか》に致《いた》しましょう。お前方《まえがた》のような※通《とお》り者《もの》がなければ、商《あきな》いがございませぬ。ハテ、一日担《にちかつ》いで歩《ある》いたとて、そう白酒《しろざけ》が売《う》れるものじゃアございませぬ。お前方《まえがた》の側《そば》に居《い》ると、三百や四百が白酒《しろざけ》は、つい売《う》れると申す事でございまする。ナア※太夫《たいふ》さん。どなたもどなたも、可愛《かわゆ》らしい旦那衆《だんなしゅ》じゃございませぬか。
男一　うぬはおれをなぶるな。
七兵　ナニ勿体《もったい》ないことを。※商《あきな》い旦那《だんな》をなぶってよいものでございますか。
白玉　なるほどなるほど。何《なん》の白酒《しろざけ》さんが、お前方《まえがた》をなぶるもんじゃぞいなア。そんな事言《ことい》わずとも、機嫌《きげん》を直《なお》して、ここへ来《き》て遊《あそ》ばんせいなア。
男一　エエ有難《ありがた》い。生《うま》れて初《はじ》めて可愛《かわゆ》らしいお言葉《ことば》にあずかったわいなア。
男二　ソレソレ、ときに白酒《しろざけ》。どうすれば女郎《じょろう》に可愛《かわい》がられる。
七兵　元《もと》はといえば、この白酒《しろざけ》でございまする。
男三　何《なん》だ、この白酒《しろざけ》が可愛《かわい》がられる元《もと》とは。

七兵　奇妙《きみよう》な事《こと》の、これを一口上《ひとくちあが》ると女《おんな》の惚《ほ》れる事《こと》、あたかも※世之助《よのすけ》ははだし、※業平《なりひら》なぞは其処《そこ》のけで通《とお》らっしゃいという妙《みよう》があって、正月の三日《みっか》には、毎年《まいねん》わしが店《みせ》で女郎買《じよろうかい》が呑《の》み初《はじ》めまするじゃ。

皆々　ハテなア。

七兵　※親椀《おやわん》、膳《ぜん》、摺鉢《すりばち》、何《なん》でも大《おお》きなもので呑《の》む程《ほど》、恋《こい》がかなうのじゃ。

お辰　モシモシ七兵衛《しちべえ》さん。男《おとこ》に惚《ほ》れるにも、その白酒《しろざけ》が利《き》きやすかえ。

七兵　男《おとこ》はおろか、※若衆《わかしゅ》でも、坊主《ぼうず》でも、※撫付《なでつ》けでも、ござれござれじゃ。

お辰　そりゃモウ嬉《うれ》しいわいなあ。呑《の》まぬ先《さき》から身内《みうち》が燃《も》えるような。アア、好《この》ましい酒《さけ》じゃなア。

男一　物《もの》はためしだ、一杯呑《ぱいの》んで見《み》ようか。

皆々　それがよかろうそれがよかろう。一杯《ぱい》くれろ一杯《ぱい》くれろ。

ト皆々口々《みなみなくちぐち》に言《い》う。

○**如意輪観音**　観世音の一。美しい白玉を観音様に喩えたのである。○**見つけぬ所が**　鼻の先に観音様が居てもそれと気がつかないのが。○**大俗凡夫**　「大俗」は極めて俗なること。「凡夫」はただびと、無智の人。大俗凡夫は仏に対して一般衆生を指す。前の如意輪観音に対して七兵衛が自分を衆生に喩えた。○**内陣**　神社又は仏閣の奥の本尊を安置するところ。ここでは観音様（白玉のこと）の居る所だから、内陣というのが一層きいている。○**埒があけて貰いたい**　解決して貰いたい。＊19「思おうが」とした台本もあるが、「思うが」のほうが古い形である。○**千枚張**　面の皮の千枚張り。鉄面皮。厚顔なもの。図々しく恥ずることを知らざるもの。○**まだいたりませぬ**　まだ十分到達していない。ほんとうにお分かりになっておりませぬ。○**ないです**「ありません」の意。極めて新らしい現代口調に思われるが、古くから能狂言などにも用いている。○**まなこ玉**　眼玉〔めだま〕。○**安い野郎**　安っぽい男。重みのない男。○**〆て三百くらい**　四人で合計三百文ほどの意。一人で百（一本）に足りないのこころ。○**うなア**　うぬは。汝は。○**通り者**（既出）通人に同じ。花柳社会の事情に通じて居る人。又人情に通じ野暮ならざる人。ここでは白酒売の皮肉な反喩となっている。○**太夫**（既出）上級の遊女の称。ここは白玉に呼びかけたもの。○**商い旦那**　商いする旦那。買って下さるお客様。○**世之助ははだし**　世之助は西鶴の『一代男』の主人公で、色男の代名詞になっている。「はだし」ははだしで逃げるの意。遠く及ばざるを言う。有名な世之助さえ遠く及ばぬ程女にもてる。○**業平なぞは…**　業平なぞはわきへ却けさせる程女に惚れられる。業平は六歌仙の一。容貌美しく、美男、艶福家の代名詞となっている。○**親椀**　飯椀のこと。○**若衆**　未だ元服せずして、前髪のある男子の称。年若な男でも。○**撫附け**　撫附髪の略。また撫附髪の男。髪を結ばずに後へ梳き垂らしておく。僧形、儒者などにあった。ここは堅苦しい、道学者などの積り。

七兵　おっと待《ま》ったり。ときに※申さぬ事《こと》は後《あと》で悪《わる》い。この白酒現金掛値《しろざけげんきんかけね》なし、一升《しょう》につき代金《だいきん》※百疋《ぴき》。それとも惚《ほ》れられたくなくば、お呑《の》みなさるな。

男三　マアマア試《こころ》みだ。一杯売《ぱいう》りやれさ。

ト茶碗《ちゃわん》を出《だ》す、七兵衛《しちべえ》つぐ。男達《おとこだて》の三、呑《の》む思入《おもいい》れ。

皆々　どうだどうだ。
男三　いかさま、※常《つね》の酒《さけ》とは違《ちが》うようだわえ。*20
男一　ドリャ、おれにもくれろ。※前銭《まえせん》だ前銭《まえせん》だ。
ト懐中《ふところ》より銭《ぜに》を出《だ》してやる。七兵衛《しちべえ》茶碗《ちゃわん》についで出《だ》す。男達《おとこだて》の一、呑《の》んで思入《おもいい》れ。
ヤアどうやら身内《みうち》が、ぞくぞくするようだ。
七兵　そこが恋《こい》のしみ渡《わた》る所《ところ》じゃ。ちょっと立《た》ったり。
男一　こうか。
ト立《た》つ。七兵衛《しちべえ》その腹《はら》をあちこち撫《な》で廻《まわ》す。
男一　アア、※こそぐったいこそぐったい、何《なに》をする何《なに》をする。
七兵　斯《こ》うせねば白酒《しろざけ》が、思《おも》う所《ところ》へ落着《おちつ》かぬじゃ。
男一　そんなら白酒《しろざけ》が落着《おちつ》くと。
七兵　惚《ほ》れられるのが※一時《とき》じゃ。
男三　コレ、おれにもちっとさすってくれろ。
ト男達《おとこだて》の三、腹《はら》を出《だ》す。七兵衛《しちべえ》撫《な》でて見《み》て、
七兵　アア、これはよっぽど喧嘩《けんか》で腹《はら》が揉《も》めてあるわえ。
男三　明日《あす》から喧嘩《けんか》を控《ひか》えましょう。

男二　おれも※一分切《ぶき》りが呑《の》もう。

男四　おれにも呑《の》ませろ。

ト皆々《みなみな》呑《の》む。七兵衛《しちべえ》ついで廻《まわ》る。このうちお辰《たつ》、白酒《しろざけ》の荷《に》の中《なか》から、※唐徳利《からどくり》に入《い》れし白《しろ》酒《ざけ》を出《だ》し、下《しも》の方《かた》へ来《き》て茶碗《ちゃわん》で呑《の》んで居《い》る。皆々酔《みなみなよ》うたるこなし。※衣紋《えもん》をつくる捨《すて》ゼリフあって、

白玉　アレ見《み》さんせ。なるほど七兵衛《しちべえ》さんの白酒《しろざけ》は奇妙《きみょう》じゃわいなア。皆《みな》さんの男振《おとこぶり》が、どうやら可愛《かわゆ》らしゅうなったわいなア。

男一　七兵衛《しちべえ》や、※おし事《こと》はならぬものだ。一両《りょう》が呑《の》もうぞ。

皆々　それが宜《よ》いそれが宜《よ》い。

七兵　随分《ずいぶん》、※心《しん》を取《と》って呑《の》まっしゃい呑《の》まっしゃい。

トお辰《たつ》を見付《みつ》けて、

どっこいどっこい。コリャ、大切《たいせつ》なる白酒《しろざけ》を盗《ぬす》んで呑《の》むとは、どうしたものじゃ。

こっちへよこしたこっちへよこした。

お辰　ママア待《ま》って下《くだ》さんせいなア。惚《ほ》れられると聞《き》いて、是《これ》が呑《の》まずに居《い》らりょうかいなア。七兵衛《しちべえ》さん、ソレ。

ト巾着《きんちゃく》から金《かね》を出《だ》してやる。

○申さぬ事は後で悪い　前もって申すべきことを申しておかぬのは、あとでイザコザの種になるといけない。**○百疋**　古くは鳥目十文を一疋といったから百疋は一貫文。後には銭二十五文を一疋とした。百疋は二十五銭にあたる。**○常の酒**　普通の酒。ここでは濁酒〔どぶろく〕の積りで言っているのである。＊20「常の酒」を「常の白酒」とした台本もある。**○前銭**　代価の銭を前払いにする。**○こそぐったい**　「くすぐったい」に同じ。**○一時じゃ**　同時だ。**○一分切りが呑もう**　一分だけがとこ飲もう。**○唐徳利**　唐とつけたのは舶来のという意であって、硝子製の徳利をいう。後世の台本のは皆ただ「徳利」になっている。硝子のキリコの徳利を持ち出さしたのが、大いに気取って居たのであろう。**○衣紋をつくる**　着物の襟を合わせたりなぞ、乱れた着物をつくろう。気取り、色男ぶるのである。**○おし事**　おしあてに言う言葉。臆説。強言。馬鹿にはできないの意。**○心を取って**　「心」は「粇〔しん〕」であろう。粥などの凝りかたまったをいう。即ち白酒のかたまったような、いけない所を取り去って呑めというのである。

七兵　金《かね》さえ取《と》れば言分《いいぶん》なし。呑《の》みなさい呑《の》みなさい。

お辰　七兵衛《しちべえ》さん、どうやらわたしゃ、皆《みな》さんが可愛《かわゆ》うなった。

七兵　エヘンエヘン[*21]。

お辰　オオコレ、誰《た》れぞよい男《おとこ》が惚《ほ》れよかし。だいぶんからだに温《あたた》まりが来《き》たがなあ、アア、知《し》らぬ事《こと》ならしよ事《こと》がなし[*22]。

男二　こう呑《の》んでは、助六《すけろく》でも色男《いろおとこ》でも※続《つづ》きゃアしまい。モウ、惚《ほ》れる時分《じぶん》だがな。

男四　まだ呑《の》みようが足《た》らぬそうな。※腹《はら》を振《ふ》り振《ふ》り呑《の》みやれさ。
七兵　イヤ、助六《すけろく》といえば、白玉《しらたま》さまへ。助六《すけろく》と揚巻《あげまき》さまは、今《いま》に※仲《なか》がよう楽《たの》しまれますか。
白玉　イヤモウ、※きついものでござんす。あんまり仲《なか》が宜《よ》い故《ゆえ》に、皆《みな》さんが※法界悋気《ほうかいりんき》で、※かけ構《かま》わぬわしらまでが、取持《とりも》ってくれいの、口説《くど》いてくれいのと、頼《たの》まれるのに困《こま》るわいの。
七兵　ハテ困《こま》った男《おとこ》だ。コレ、どうぞ助六《すけろく》に逢《あ》いたいものじゃ。
男二　待《ま》て待《ま》て。助六《すけろく》に逢《あ》いたいと言《い》うは※聞《き》き所《どこ》だわえ。
男一　なるほど、助六《すけろく》に逢《あ》いたいといやア、うなア助六《すけろく》が為《た》めにゃア何《なん》だよ。
男三　ハテ、※味《あじ》な男《おとこ》だわえ。うなアマア助六《すけろく》が為《た》めにゃア、何《なん》だよ。
皆々　何《なん》だよ。
七兵　イエ、何《なん》でもござりませぬ。
男四　それに逢《あ》いたいと吐《ぬ》かしたはなぜだ。
七兵　サ、逢《あ》いたいと申したは。
皆々　何《なん》で逢《あ》いたいよ。
七兵　サア白酒《しろざけ》の貸《か》しがござります。その貸《か》しが取《と》りたさに、逢《あ》いたいと言《い》ったのさ。モシ、其《そ》のように仰山《ぎょうさん》に物《もの》をおっしゃると、※腹《はら》の内《うち》で白酒《しろざけ》が憎《にく》みまするぞ。唯《ただ》※一向《こう》一心《しん》に酒《さけ》を上《あ》がれ。ナア太夫《たいふ》さん。左様《さよう》じゃござりませぬか。

白玉　ほんに七兵衛《しちべえ》さんのお蔭《かげ》で、よい楽《たのし》みであったわいなア。モシ、わしが逢《あ》いたがらしゃんすお人《ひと》に逢《あ》わしょう程《ほど》に、ここに待《ま》って居《い》さんせえ。

七兵　それは有難《ありがと》うござりまする。そんなら※行《ゆ》き廻《まわ》って参《まい》りましょう。

トこのうち、お辰《たつ》、白酒《しろざけ》に酔《よ》いたる思入《おもいい》れ、がたがた震《ふる》えながら、※延《の》べ鏡《かがみ》を出《だ》し髪《かみ》を直《なお》し、無性《むしょう》に白酒《しろざけ》を顔《かお》へ塗《ぬ》る。七兵衛《しちべえ》荷《に》をかたげ行《ゆ》こうとする。

＊21エヘンエヘンは、それ見たことか、きいてきたであろうと、鼻を高くして威張って、エヘンエヘンと咳払いをしたのである。**＊22**からだがあつくなって来たが、知らぬことなら仕様もない。こっちのことを知らないので惚れてくれない。どう仕様もない。○**続きゃアしまい**　続いて来られまい。及ぶまい。○**腹を振り振り**　白酒を落ちつかせるように、腹を振りながら。前に七兵衛が男達の一人の腹を撫でつつ、「斯うせねば白酒が思う所へ落着かぬじゃ」「そんなら白酒が落着くと」「惚れられるが一時じゃ」と言った、それである。○**仲がよう…**　二人の仲がよく、睦まじく楽しくしているか。○**きついもの**　大変なもの。○**法界悋気**　我身に直接の関係なきことを嫉妬する。○**かけ構わぬ**　何の関係も持たない。○**聞き所だ**　聞きのがし出来ないこと。○**味な男**　妙な男。奇態な男。○**腹の内**　胃の中。○**一向一心に**　ひたすら、そのことのみに心を注いで。○**行き廻って**　歩き廻って。○**延べ鏡**　本来、あるものを鏡にうつし取って見ることであるが、ここでは懐中に持っている小さい鏡のことをいう。

男一　怪《あや》しい※白酒《しろざけ》、待《ま》ちゃアがれ。
　ト七兵衛《しちべえ》を小突《こづ》く。お辰後《たつうし》ろより「オオ嬉《うれ》し」と男達《おとこだて》の一に抱付《だきつ》く。
　コリャア何《なん》の真似《まね》だ。
お辰　いつぞはわたしがこなさんに、言《い》おう言《い》おうと思《おも》って居《い》た。一夜《ひとよ》ばかりは抱《だ》いて寝《ね》て下《くだ》さんせ。オオ恥《はず》かし。
男二　※あじなところへ白酒《しろざけ》が利《き》いたわえ。
七兵　何《なん》と奇妙か何と奇妙か。
男一　おきゃアがれ。※河童《かっぱ》め、放《はな》しゃアがれ。（ト　お辰《たつ》を突倒《つきたお》す。）
お辰　何《なん》じゃの、姫御前《ひめごぜ》を河童《かっぱ》とは、モウ、女子《おなご》の一分《ぶん》が廃《すた》った。立《た》たぬわいの立《た》たぬわいの。モシ、わたしゃ立《た》てて貰《もら》わにゃならぬわいな。（ト男達《おとこだて》の二に無性《むしょう》に抱付《だきつ》く。）
男二　気《き》が違《ちが》ったか、※木兎《みみずく》め、退《の》きゃアがれ。
お辰　そんなら、こなさん。（ト男達《おとこだて》の三に抱付《だきつ》く。）
男三　※鳶凧《とんびだこ》め。うるさいわ。
　ト突《つ》きのける。お辰《たつ》、男達《おとこだて》の四に抱付《だきつ》く。

男四　※牡丹餅《ぼたもち》め、のきゃアがれ。

ト是《これ》よりお辰《たつ》、皆々《みなみな》に抱付《だきつ》く。とど皆寄《みなよ》って裸《はだ》かにする。お辰《たつ》これより皆々《みなみな》を追廻《おいまわ》す。

七兵　※のぶすまのいけどり、銭《ぜに》は戻《もど》り銭《ぜに》は戻《もど》り。

トお辰《たつ》を皆々踏《みなみなふ》みのめし、逃《に》げて花道《はなみち》へはいる。お辰小袖《たつこそで》を抱《かか》えて立上《たちあが》り、

お辰　男《おとこ》畜生《ちくしょう》、情《なさ》けを知《し》らぬかいやい。オオイオオイ。

ト向《むこ》うへ追《お》っかけはいる。白酒売見送《しろざけうりみおく》って、

七兵　ハハハハ、いかいたわけの。白玉《しらたま》さん、そんならどうぞ助六《すけろく》が参《まい》りましたら、お逢《あ》わせなされて下《くだ》さりませい。

白玉　そりゃ、わたしが合点《がてん》じゃわいな。

ト言《い》ううち、※若《わか》い者花道《ものはなみち》より、提灯《ちょうちん》を提《さ》げて駆《か》けて出《で》て来《き》て、

若者　白玉《しらたま》さま白玉《しらたま》さま。意休《いきゅう》さまが何《なに》やらお前《まえ》を呼《よ》びまして来《こ》いとの事《こと》。ちょっとお出《い》でなされませい。

白玉　アイアイ、モシ、七兵衛《しちべえ》さん。わしゃちょっと行《い》て来《く》るほどに、待《ま》って居《い》さんせや。

七兵　畏《かしこ》まりました。白玉《しらたま》さま。

白玉　七兵衛《しちべえ》さん。

若者　サア、お出《い》でなされませ。

白玉　せわしない、※子供来《こどもき》や。

禿二人アイ――。

　ト白玉《しらたま》、禿《かむろ》二人《ふたり》に若《わか》い者《もの》、すがきにて花道《はなみち》へはいる。

七兵　扨々優《さてさてやさ》しい※女郎衆《じょろうしゅ》じゃ。アアコレ、早《はや》く助六《すけろく》に逢《あ》いたいものじゃ。

　ト荷《に》を肩《かた》へ上《あ》げて、
ほんに※何《なん》とも思《おも》いもせぬ助六《すけろく》ゆえに、此《こ》のように苦労《くろう》をする。是《これ》が※正真《しょうじん》の白酒《しろざけ》ではのうて、ア※黒酒々々《くろざけくろざけ》。

　トすがきになり、七兵衛《しちべえ》※臆病口《おくびょうぐち》へはいる。このうち※座附《ざつき》あって、※浄瑠璃《じょうるり》の口上《こうじょう》　済《す》むと※前弾《まえび》きになる。*23

〽時鳥《ほととぎす》啼くは何処《いずこ》ぞ※みよし野《の》の、※山口三浦《やまぐちみうら》うららと、曙《あけぼの》いづる日《ひ》のはじめ、※寝《ね》ぬに目《め》覚《ざ》めず※稲舟《いなぶね》は、乗初《のりぞ》めよしと乗《の》りそめる。船《ふね》はなにぶね宝船《たからぶね》、長《なが》き夜《よ》のとおの眠《ねぶ》りのみな目《め》ざめ、なみ乗《の》り船《ふね》の音《おと》ぞよき、
　トこの文句《もんく》にて、※東《ひがし》より傾城《けいせい》五人《にん》、これに一人々々《ひとりひとり》に銘々《めいめい》の紋付《もんつ》いたる※箱提灯《はこぢょうちん》をともし、若《わか》い者《もの》付《つ》き出《で》る。※花道《はなみち》より傾城四人《けいせいよにん》出《で》る。是《これ》にもめいめいの紋付《もんつ》いたる箱提灯《はこぢょうちん》を持《も》ち、若《わか》い者《もの》付《つ》き出《で》る。*24

〽※はつすがきの響《ひび》くなる、※初夜《しょや》は上野《うえの》か浅草《あさくさ》か、遠寺《えんじ》の鐘《かね》の声《こえ》つれて、※瀟湘《しょうしょう》の夜《よる》の

雨《あめ》、※何《なに》ぞと問《と》わん都鳥《みやこどり》、※橋場《はしば》庵崎《いおざき》待乳《まっち》山《やま》。*25（トこの文句《もんく》一杯《ぱい》に、左右の傾城《けいせい》本舞台《ほんぶたい》へ見《み》事《ごと》に並《なら》ぶ。）

○**白酒**　白酒売。○**あじなところへ**　妙なところへ。妙な奴に。○**河童め**　江戸では柳原や本所の私娼をそう呼んだ。お辰を私娼、引っ張りと罵ったのである。○**木兎**　木兎は夜に入って働らくという所から、夜鷹とか引っ張りのことにも言う。○**鳶凧**　鳶の形のいかのぼり。醜いものであり、それにふらふらとはねまわるから言ったのであろう。○**牡丹餅め**　醜婦を罵ったのと、あちこちへべたべたくっつくから言ったのであろう。○**のぶすまのいけどり**　「のぶすま」は「むささび」のこと。珍らしい獣とされていたから、よく見世物にもなった。そこで「銭は戻り銭は戻り」と見世物の木戸番の口上、呼び声を持って来たのである。○**若い者**　若い衆。商家などに使われ小僧より少し年長なる者の称。○**子供**（既出）禿は八、九歳より十二、三歳の少女なるにより子供とよんだ。○**女郎衆**　「衆」とあっても複数ではない。白玉のことをいう。「女郎さんだ」というに同じ。○**何とも思いもせぬ**　何の弁えとてもない。親兄弟の苦労も知らず、身儘勝手をしている助六。○**正真の**　まさしく。まことの。本当の。○**黒酒々々**　「苦労酒」の洒落。○**臆病口**　歌舞伎舞台上手奥の出入口。○**座附**　この場合は、座に附くをいう。半太夫なり河東なりの連中が定めの座に附くことをいう。○**浄瑠璃の口上**　半太夫節でも河東節でも、相当身分ある修得者の出演する習慣であったから、劇場としては重んじたので、頭取または後見の役の者が出て、中央より少しく下手前方に坐し、三浦屋の大格子の中に列んでいる浄瑠璃の連中に「河東節御連中様、どうぞお始め下されましょう」と挨拶する、そうすると簾が捲上って前弾きにかかるというのが慣習である。しかし歌舞伎十八番の『助六』を勤めるに就いての口上もこの前に述べるのが古式であった。○**前弾き**　語り物・唄物何れにても、曲の初めに三味線だけの手のついている部分をいう。前弾きが済んでから語り出し、唄い出しとなるわけ。＊23この時の浄瑠璃は、解題にも述べておいたが、安永八年三月中村座で第十七回目に演ぜられた時のもの。河東節で『助六廓夜桜〔すけろくさとのよざくら〕』という名題であった。浄瑠璃の文句は、今日普通に演ぜられる「春霞立てるやいずこみよし野の」というのとは少しく異なっている。「時鳥啼くは――」の河東節は第九回目の上演即ち宝暦六年四月中村座の時の『富士筑波卯月里』の時の詞章に同じ。ただし何れにしても大同小異であり、また綴り合したものなので、意味の上ではたどたどしいものもある。また近頃の上演ではこの条以前から台本通り演ずれば、約三時間を要するから、ずっと省略して、幕が明いて仕出しが入れ違うと、口上、浄瑠璃触れということになる。がこの条以下は省略せられることが比較的少ない。**○みよし野**　「みよし野」の「み」は美称又は語調を整うるために添える語。吉野のこと。「よしの」を「吉原」に通じさせてもある。**○山口三浦うらうらと**　山口・三浦は茶屋の山口屋・三浦屋である。「うらうら」は、三浦の「うら」を踏んで、うららかなるをいう。**○寝ぬに目覚めず**　初夢のことを織込んである。夜中妓と語り明かしたので、目覚めることもなく。**○稲舟**　刈った稲を積んだ舟、柴舟のごとき、積荷の軽い舟をいう。**○東より**（既出）仮花道より。**○箱提灯**　上に蓋ある大形の提灯。蓋に開閉し得る孔があつて、蠟燭の出し入れなどをし、蓋の中に全体の畳み込まれるもの。大きく紋が画いてある。**○花道**（既出）本花道即ち普通の、西の花道である。＊24古くはここにある如く両花道から出たものらしいが、近来はとんとない。**○はつすががき**　「すががき」（既出）の初春初めてのにいう。**○初夜は上野か浅草か**　「初夜」は「初夜の鐘」の略。初夜を報せる鐘の音。初夜とは昔、夜半より朝までの称。近頃は夕方より夜半迄の称。芭蕉の「花の雲鐘は上野か浅草か」という句に因んだもの。**○瀟湘の夜の雨**　中国の洞庭湖の西に、瀟水・湘水の二川があり、その辺に八つの勝景があって、その中に瀟湘の夜雨というのがあった。それを持って来たのである。**○何ぞと…**　『伊勢物語』業平の歌の「名にしおはばいざこととはん都鳥」から取ったもの。**○橋場庵崎待乳山**　橋場は現白髭橋の少し下の隅田川西岸をいう。庵崎は向島の秋葉権現の附近の概称。ともかくも隅田川の東岸、橋場・今戸・待乳山と相対した辺を指している。待乳山は隅田川の西岸、聖天町にある。＊25現今行われている河東節の、ここまでの文句は次のようである。「春霞立てるやいずこ三吉野の、山口三浦うらうらと、うら若草や初花にやわらぐ土手を誰がいうて、日本めでたき国の名の豊葦原や吉原に、根ごして植えし江戸桜、におう夕の風につれ、鐘は上野か浅草かその名を伝う花川戸」。この文句一ぱいに四人の傾城（八重衣、浮橋、胡蝶、愛染）が出る。

トすががき※通《とお》り神楽《かぐら》になり、＊26

傾一　もうし皆《みな》さん、いつもの※外郎《ういろう》は、もう見《み》えそうなものじゃわいなア。

傾二　ほんになア、噂《うわさ》をすれば向《むこ》うから、外郎《ういろう》が来《き》やんしたぞえ。

トこれに番頭新造《ばんとうしんぞう》※舞台端《ぶたいばな》へ出《で》て、

番新　おおいおおい。

ト手《て》を揚《あ》げて揚幕《あげまく》の方へ呼ぶ。傾城一同《けいせいいちどう》は正面格子下《しょうめんこうしした》の床几《しょうぎ》に、番頭新造《ばんとうしんぞう》、振袖新造《ふりそでしんぞう》は下手《しもて》の床几《しょうぎ》に掛《か》ける。※唄《うた》入り摺鉦《すりがね》の合方《あいかた》にて、向《むこ》うより外郎売虎屋藤吉《ういろううりとらやとうきち》、背《せ》に外郎箱《ういろうはこ》を背負《せお》い、左手《ゆんで》に※棗《なつめ》を、右手《めて》に扇《おうぎ》を開《ひら》き持《も》ち、直《す》ぐに舞台《ぶたい》へ来《く》る、番頭新造《ばんとうしんぞう》立《た》って来《き》て、

番新　オオいつもかわらぬ薬屋《くりすや》さん、いつもの通《とお》り※言《い》い立《た》てが所望《しょもう》じゃぞえ。

外郎　その言《い》い立《た》ても※口不調法《くちぶちょうほう》、お聞苦《ききぐる》しゅうござりましょうから、今日はお預《あず》けにいたしましょう。

傾三　いえいえ※吉例《きちれい》の薬《くすり》の言《い》い立《た》て。

傾四　いつもの通《とお》り、
皆々　所望《しよもう》じゃ所望《しよもう》じゃ。
　トこれにて外郎売《ういろううり》考《かんが》えるこなしあって、
外郎　左様《さよう》なれば仰《おお》せに任《まか》せ、少々《しようしよう》ばかりやりましょう。
　ト後《うし》ろ向《む》きになって草履《ぞうり》を脱《ぬ》ぎ、荷《に》を下《おろ》し、舞台真中《ぶたいまんなか》に立《た》ち、
エヘン、※拙者親方《せつしやおやかた》と申すは、お江戸《えど》を立《た》って二十里《り》上方《かみがた》、相州小田《そうしゆうおだ》原一色町《わらいつしきまち》をお過《す》ぎなされ、※欄干橋虎屋《らんかんばしとらや》藤《とう》右衛《え》門《もん》、唯今《ただいま》は剃髪致《ていはついた》し、円斎《えんさい》と申しまする。
ト※大小入《だいしょうい》り合方《あいかた》、長唄《ながうた》になり、
長唄〽そも此《こ》の薬《くすり》はその昔《むかし》し、※珍《ちん》の国《くに》より渡《わた》りたる外郎《ういろう》と申す唐人《とうじん》が、我《わ》が日《ひ》の本《もと》へ渡《わた》り来《き》て、秘伝《ひでん》の薬《くすり》を※大内《おおうち》へ奉《たてまつ》りしより叡感《えいかん》あり、※透頂香《とうちんこう》と名《な》をたもう。
　トよろしく振《ふり》あって、
※ホホ、敬《うやま》って白す。
〽しゃべりける。

　ト唄《うた》一ぱいによろしく※極《きま》*27る。

皆々　ヤンヤヤンヤ。

　ト褒《ほ》める。すがきになり、上手《かみて》より鳶《とび》の者《もの》、外郎屋《ういろうや》をさがす心《こころ》にて捨《す》ゼリフにて出《で》て、外郎屋《ういろうや》を見《み》て、

蔦者　おい薬屋《くすりや》、京町《※きょうまち》の蔦屋《つたや》で待《ま》っているぜ、早《はや》く行《い》ってくんねえ。

外郎　唯今《ただいま》直《す》ぐにまいります。

さらば一《ひ》と粒《つぶ》たべかけて、其《そ》の気味合《きみあい》をお目《め》にかけましょう。

長唄へ先《ま》ず一粒《りゅう》口中《こうちゅう》へ納《おさ》めるときは、ソリャソリャ、此《こ》の舌《した》が廻《まわ》って来《き》たぞ、廻《まわ》って来《く》るわ、風車《かざぐるま》、独楽《こま》にぶん廻《※まわ》しに風見《かざみ》のからす、又《また》も廻《まわ》るは長屋《※ながや》の佐次兵衛《さじべえ》、四国巡《しこくめぐ》りの旅立《たびだ》ちに、早天早朝《そうてんそうちょう》　相州小田《そうしゅうおだ》原透頂香《わらとうちんこう》、かくれござらぬ花外郎《※はなういろう》、東《あずま》より世界《せかい》の薬《くすり》のはじめ、薬師如来《やくしにょらい》も照覧《しょうらん》あれと、

ト言《い》いながら荷《に》を背負《せお》い、上手《かみて》へ行《ゆ》きかけ、傾城《けいせい》に向《むか》いこなしあって、

それでは皆《みな》さん、又《また》お目《め》にかかりましょう。

トすがき通《とお》り神楽《かぐら》の合方《あいかた》にて、上手《かみて》へはいる。と直《す》ぐに傾城《けいせい》の渡《※わた》りゼリフになる。＊28

○通り神楽　太神楽が囃しながら通る心持の鳴物。締太鼓と笛である。＊26以下は『外郎売（ういろううり）』の条である。『外郎売』は二世市川團十郎が享保三年春江戸森田座上演の『若緑勢曾我（わかみどりいきおいそが）』の中において小田原の外郎売を勤め、その由来や効能を自作の「つらね」によって述べたてたが、弁舌流るるがごとく、大評判となったので市川家の家芸のようになっていた。七世團十郎が歌舞伎十八番を選定した時、この役も数えたが、元より独立した狂言ではなく、単純な一種の雄弁術に過ぎないものなので、実際は二世以来絶えていたのだが、天保三年助六劇上演に際して復活された。九世團十郎はこれを挿入しなかったが、市村羽左衛門などは挿入したこともある。ただし役柄の関係上少年俳優に勤めさせたり

したので、近来の演出には「つらね」でなく、一種の振事めいたものにし、セリフはほんの僅かで長唄に唄わせる。全く助六劇とは関係を持っていないが、ここに挿入しておいた。**○外郎**　外郎売りのことである。外良と書いたのもある。「ういろう」は外郎の唐音で、唐時代の吏員の名。応安年中元の人で礼部員外郎を勤めていた陳宗敬帰化して筑前博多に伝えた薬剤で、別名を透頂香〔とうちんこう〕と呼んだ。それが相州小田原に伝わり今日に及んでいる。菓子の外郎はその形が似ているからである。薬効としては祛痰薬として知られ、不老長生の秘薬と言われた。**○舞台端**　舞台の前方をいう。**○唄入り摺鉦**　摺鉦のはいった賑やかな鳴物に唄の『花の色香』と呼ばれる唄。**○棗**　抹茶入れの一種で、多くは黒漆器である。がここでは薬を入れてある積り。**○言い立て**　白酒売りの言い立てと同じく、能書きを述べたてる「つらね」。趣向を凝らした機智に富んだセリフ。**○口不調法**　口べた。しゃべることが不器用である。由来外郎売りの言い立ては、能弁、雄弁、立て板に水の如くに述べたてるのが特色とされていたから、特にこう言って気を持たせたのである。**○吉例の**　例の。しきたりの。めでたい、慣例になっている。**○拙者親方**　これは外郎を売る「売りこ」の一人だから、私の主人と申すはの意。**○欄干橋**　外郎の本舗虎屋藤右衛門の店頭には欄干のついた橋が掛っていたのであろう。**○大小入り合方**　大鼓、小鼓入りの合方である。**○珍の国**…　別名を透頂香「とうちんこう」というので、珍の国といったのである。実は前述の如く元の国、外郎は唐人の名でなく、官吏の職名だった。**○大内**　（既出）禁裡、宮廷。**○透頂香**　公卿・殿上人の冠の甲に入れて髪の臭気を去るものに住頂香なるものがあった。外郎は口中を爽やかにし頭痛を去り、睡眠をさますの効があるともいうので、住頂香に因んで透頂香の名を生じたという。**○ホホ、敬って…**　つらねのセリフの終り、言い立ての終りには、きっとこういうことをつけてある。**○極る**　踊りの姿態を形よくシャンときまるのをいう。長唄の終ると同時に、右足を折って、右手に扇を控えた形にきまる。**＊27**外郎売の吉例の言い立てのセリフは、附録に収めてある。元来は二代目團十郎の初演以来五代目頃までは、長いセリフを滔々と述べ立てて見物を煙に巻いたのであったが、中絶して以後は大抵名門の若い俳優がお景物のように出演するようになった。そのため長いセリフを面白おかしく述べることは出来ないので、踊りでごまかすことになったのである。二代目團十郎が上阪した時、ういろう売のセリフに対して見物が半畳を入れたので、今言った長セリフを即座に逆に述べ立てて度胆をぬいたという有名な逸話がある。○**京町の蔦屋**　京町は吉原の町名である。蔦屋は妓楼。○**ぶん廻し**　今日のコンパスである。くるくると円を描くために用いる。舌がまわるというところから、くるくると廻るものをかぞえ挙げたのである。○**長屋の佐次兵衛**　安永、天明頃より江戸に流行した俗謡中の人名で、まめにくるくる廻る人間をいう。○**花外郎**　外郎の美称。○**渡りゼリフ**　四人の傾城が次々にセリフを言う。セリフは受け渡しともいう。順々にセリフを言うをセリフが渡るともいい、そのセリフを、渡りゼリフという。**＊28**ここまでが『外郎売』の件で、歌舞伎十八番の中にかぞえられている。しかし前にも述べた通り、近来でも多くは挿入して演じない。

傾一　何《なん》と、皆《みな》さん見《み》やしゃんしたか、仲《なか》の町《ちょう》※桜《さくら》の盛《さか》り、見事《みごと》じゃござんせんかいなア。

傾三　さいなア、又今年《またことし》から植《う》え初《そ》めし、この吉原《よしわら》の花見月《はなみづき》、又来《またく》る春《はる》が待《ま》たるるわいなア。

傾四　そうじゃわいなア、わたしらまでが珍《めず》らしいで、早《はよ》う仲《なか》の町《ちょう》へ出《で》とうなったわいなア。

傾二　ソレソレ、早《はや》いといえば揚巻《あげまき》さん。[*29]なぜに遅《おそ》い事《こと》じゃぞいなア。

傾三　そう言《い》わんすりゃ、揚巻《あげまき》さんはほんにまだ、ござんせぬわいなア。

傾一　ソレソレ、今日は早《はよ》う出《で》やしゃんす筈《はず》が、此《この》ように遅《おそ》い事《こと》は。

ト向《むこ》うを見《み》て、

皆々　アレアレ、あの提灯《ちょうちん》は、杏葉牡丹《ぎょようぼたん》、確《たし》かに揚巻《あげまき》さんであろうわいなア。

傾四　ほんに揚巻《あげまき》さんじゃわいなア。

ト※摺鉦《すりがねい》入りの賑《にぎや》かなる※出《で》の唄《うた》になり、若《わか》い者治郎七《ものじろしち》、揚巻《あげまき》の紋《もん》と杏葉牡丹《ぎょようぼたん》の※比翼紋《ひよくもん》の付《つ》いたる大提灯《おおちょうちん》を持《も》ち出《で》る。＊30　遣手《やりて》お辰《たつ》、以前《いぜん》の形《なり》にて出《で》る。※この肩《かた》へ三浦屋《みうらや》の揚巻《あげまき》かかり、※生酔《なまよ》いのこなしにて出《で》て来《く》る。＊31　後《あと》より禿《かむろ》の一、煙管《きせる》、煙草盆《たばこぼん》を持《も》ち出《で》る。禿《かむろ》の二、※茶台《ちゃだい》に綺麗《きれい》なる茶碗《ちゃわん》を載《の》せ持《も》ち出《で》る。若《わか》い者《もの》※長柄《ながえ》を差《さし》かけ出《で》る。茶屋息子《ちゃやむすこ》、提灯《ちょうちん》を提《さ》げ、※薬鍋《くすりなべ》を持《も》ち出《で》る。花道中程《はなみちなかほど》に留《と》まる。

傾四　見《み》さんせ、揚巻《あげまき》さんの道中《どうちゅう》は、どうやら舟《ふね》に揺《ゆ》らるるようなぞえ。

傾三　ほんにマア、こりゃ余《よ》っぽど過《す》ぎたぞえ。

傾一　さっきに※松屋《まつや》で逢《あ》った時《とき》から、余《よ》っぽど※めれんに見《み》えたぞえ。

傾二　お前《まえ》に逢《お》うた時《とき》はまだな事《こと》、さっきにちょっと逢《お》うた時《とき》は、大抵心遣《たいていこころづか》いをしたわいなア。

傾四　ほんにわたしらまで、無理《むり》やりに呑《の》ませられて、よっぽど酔《よ》うたが、その時《とき》よりはよっぽどな千鳥足《ちどりあし》。揚巻《あげまき》さん、何処《どこ》でマア其《そ》のように。

皆々　酔《よ》わんしたぞいなア。

揚巻　これはこれはお歴々《れきれき》、お揃《そろ》いなされて揚巻《あげまき》を、お待《ま》ち設《もう》け有難《ありがた》いじゃ。わたしがこの生酔《なまよい》は、何処《どこ》で其《そ》のように酔《よ》うたと思召《おぼしめ》しも恥《はず》かしながら、仲《なか》の町《ちょう》の門《※かど》なみで、あそこからも、此処《ここ》からも、呼《よ》びかけられてお杯《さかずき》の数々《かずかず》。松屋《まつや》の客衆《きやくしゆ》の男《※おとこ》振《ぶり》、悪洒落《※わるじやれ》な侍《さむらい》が持合《もちあわ》せた杯《さかずき》、あげまきさんといけ《※》ぬ口合《くちあ》い、憎《にく》さも憎《にく》し、押《お》えて三つ呑《の》ましたでござんす。こっちも一つ四《※よ》つ目屋《めや》で借《か》りられて、一寸《ちよつと》お近《ちか》づきにと差《さ》した杯《さかずき》、※二つ元結《もとゆい》の憎《にく》てらしい男《おとこ》つき、その上《うえ》にまたねじ上戸《※じようご》、その《※》ねじようと思《おも》わんせ、あんまり憎《にく》さにとうとうあっちをねじ倒《たお》し、ついには其処《そこ》に大《おお》いびき、いかなる上戸《じようご》もわたしを見《み》ては、御免々々《ごめんめん》と逃《に》げて行《ゆ》くじゃ、ホホホホ、それ程《ほど》の酒《さけ》にも、慮外《※りよがい》ながら憚《はばか》りながら、三浦屋《みうらや》の揚巻《あげまき》は酔《よ》わぬじゃて。

禿一　太夫《たいふ》さん、危《あぶ》のうござんす危《あぶ》のうござんす。

揚巻　これは大《※おお》きなやっこさんの御異見《ごいけん》。近頃有難《ちかごろありがた》いじゃ、誓文酔《せいもんよ》わぬぞえ。

茶屋息子　雨《あめ》も止《や》んだ。そのからかさをあっちへ遣《や》らっしゃい。

ト若《わか》い者《もの》、長柄《ながえ》をすぼめる。

子供《こども》や、サアこの酔《よい》の醒《さ》める薬《くすり》を進《しん》ぜや。

ト薬《くすり》をついで出《だ》す。

禿一　サア、酒《さけ》の醒《さ》める薬《くすり》、
禿二　※袖《そで》の梅《うめ》を呑《の》まんせいなア。
揚巻　何《なん》じゃ、袖《そで》の梅《うめ》じゃ。※誰《た》が袖《そで》ふれし袖《そで》の梅《うめ》とは、よう詠《よ》んだ歌《うた》じゃわいの。
禿二　イエイエ、いつも呑《の》まんす酒《さけ》のさめる薬《くすり》。
禿一　袖《そで》の梅《うめ》じゃぞいなア。
揚巻　袖《そで》の梅《うめ》とは面白《おもしろ》い面白《おもしろ》い。
ト茶碗《ちゃわん》を取《と》って呑《の》む。すがきになり、臆病口《おくびょうぐち》より満江出《まんこうで》て、一人々々《ひとりひとり》に提灯《ちょうちん》の紋所《もんどころ》を見《み》て歩《ある》き、花道《はなみち》へ来《き》て、揚巻《あげまき》が提灯の紋所《もんどころ》を見《み》て悦《よろこ》ぶこなし。

○**桜の盛り**　仲の町の真中に植え並べた桜（既出）の花の盛り。＊**29**揚巻は「上巻」と書いた台本もある。○**摺鉦入り**　摺鉦は「摺る」というのを忌んで「当り鐘」ともいう。屋台囃子には必須の道具で、賑やかにし用うるもので賑やかな感じを出す。○**出の唄**　登場人物を引立てるため、その人物に適った唄と囃子が入る。○**比翼紋**　情人の紋所と自己の紋所とを組合せたる紋。＊**30**大箱提灯ともいう。前に揚巻と太く書き、右方に朱で揚巻結び、左方に緑と朱で杏葉牡丹を書いてある。これは吉原から贈られ、京町一・二丁目、江戸町一・二丁目、揚屋町、角町からそれぞれ町所を記したのを一個宛よこすので、一日替りに用いた。○**この肩**　遣手お辰の肩の意。肩に手拭の畳んだのを置き、揚巻なり他の花魁なり、片手をその上にかける。今日は遣手でなく若い者である。○**生酔い**　酔わずして酔を装う人の場合にもいうが、劇場では必ず酒に酔いたる人、大酔せる人のことである。＊**31**揚巻の衣裳は三度替る。最初の出の時、二度目に満江と共に出る時、それから水入りの時とである。○**茶台**　人に茶を勧める時などに、茶碗を載せる台。○**長柄**　柄の長き傘。昔、馬上の貴人などに後ろよりさしかけたもの。太夫職の遊女の道中にもこれを襲用した。○**薬鍋**　薬を煎じるための鍋。あとで分かるが、酔醒ましの「袖の梅」が入れてある。○**松屋**　松屋は茶屋で江戸町二丁目にあって松屋吉兵衛と呼んだ。○**めれん**　酩酊すること。○**門なみ**　並んでいる家毎。○**男振**　男子の風采。すぐあとの「悪洒落」の「悪」に掛けたものと見れば、よくない容貌の男であるが、ここではその反対に、男ぶりのよい客が悪洒落を言ったので、の意。○**悪洒落**　下手な洒落を言う。○**いけぬ口合い**　「いけぬ」は為すことを得ない、出来ない。即ち下手な、まずい。「口合」は地口又は語呂などの趣向。「杯をあげましょう」を「揚巻」にかけたので、口合になる。○**四つ目屋…**　「四つ目屋」は江戸町二丁目の茶屋で権右衛門という。元禄度の吉原図に見えている。「借りられて」は立ち寄らせられて。外の茶屋へ行くべきを一寸呼ばれて寄ったをいう。この前後の文章、「三つ呑ました……一つ四つ……二つ元結」と一・二・三・四の数字をあやに用いてある。○**二つ元結**　「二筋がけの元結」の意で、元結二本をかけること。侠者の風俗とされていた。二筋がけの元結のいけ好かない男っぷり。○**ねじ上戸**　「ねじる」はくねり曲る、ゆがめまわす。酔払いがクダを巻き、からみついてくるに言った。○**ねじよう…**　クダの巻きようがどんなであったと思います！　○**慮外ながら**　失礼ですが。○**大きなやっこさん**　小さい禿を反喩して、大きなにくらしげな奴さんと言った。○**袖の梅**　酒の酔いを醒ます薬の名。正徳年間吉原伏見町天渓の製剤という。酒毒、風引、頭痛等に効ありとされた。○**誰が袖ふれし**　『古今集』に「色よりもかこそあわれとおもほゆれ、たが袖ふれし宿の梅ぞも」（読人不知）とあり、『新古今集』に「梅の花誰が袖ふれしにおいぞと、春やむかしの月にとはばや」（源通具）とある。

満江　是《これ》じゃわいの是《これ》じゃわいの。

治郎　コレコレ婆《ば》アさん、のかっしゃいのかっしゃい。
満江　いかにも、この紋所《もんどころ》じゃ。
お辰　ハテ、この婆《ば》アさまは気味《きみ》の悪《わる》い人《ひと》じゃ。あんまり側《そば》へ寄《よ》らっしゃるな。
治郎　モシモシ婆《ば》アさん、こなさんは先《さ》っきにも逢《あ》ったが、女郎衆《じょろうしゅ》に用《よう》でもあって提《ちょう》灯《ちん》をたずねさっしゃるか。
満江　あるともあるとも、是《これ》じゃ。この提灯《ちょうちん》の紋《もん》は杏葉牡丹《ぎょようぼたん》に揚巻《あげまき》、これこれ、お小《こ》袖《そで》の紋《もん》も杏葉牡丹《ぎょようぼたん》、これじゃこれじゃ。
禿二　何《なん》じゃ、ついに見《み》た事《こと》もない婆《ば》アさんが、太夫《たいふ》さんの紋所《もんどころ》を見《み》ると、それじゃのこれじゃのと、オオこわ。
禿一　わしらが太夫《たいふ》さんの紋所《もんどころ》を、※めつけ絵《え》じゃと思《おも》わしゃんすか。
お辰　ほんに気《き》の知《し》れぬ婆《ば》アさん。粗相《そそう》な事《こと》を言《い》わしゃんすな。
禿 両人　わアいわアい。
揚巻　コレコレ子供《こども》、其《そ》のように言《い》わぬものじゃぞ。ほんにこのお婆《ばーば》さんは、よう※夜《よ》見世見《みせみ》にござんしたの。子供《こども》、また袖《そで》の梅《うめ》をたもや。
禿 両人　アイ──。
トすがきになり、皆々本舞台《みなみなほんぶたい》へ来《く》る。満江《まんこう》、揚巻《あげまき》が袖《そで》を控《ひか》え、

満江　モシ、粗忽《そこつ》ながらその許《もと》さまは、揚巻《あげまき》さまとは申しませぬか。
揚巻　※こは、わたしが名《な》まで知《し》ってさ。
満江　そんならいよいよ揚巻《あげまき》さまか。ヤレ嬉《うれ》しやヤレ嬉《うれ》しや、揚巻《あげまき》さまに逢《あ》ったぞ逢《あ》ったぞ。
ト嬉《うれ》しき思入《おもいいれ》。
揚巻　モシモシ、ついにお目《め》に掛《かか》った事《こと》もないお方《かた》、揚巻《あげまき》はわたしでござんすが、あなたは何処《どこ》からお出《い》でなんしたえ。
満江　サア、わたくし事《こと》は助六《すけろく》が、
揚巻　モシ。（ト思入《おもいいれ》。）
満江　ほんに粗相《そそう》申しました。
揚巻　粗相といえば、わたしも粗相があったわいなア。
お辰　太夫《たいふ》さん。
皆々　酔《よい》が醒《さ》めやんしたかえ。
揚巻　ほんに袖《そで》の梅《うめ》は奇妙な薬《くすり》じゃ。酒《さけ》の酔《よい》がさっぱりと醒《さ》めたわいなア。*32 ヤ、コレ、治郎七《じろしち》どの。苦労《くろう》ながら鳥渡松屋《ちよつとまつや》へ往《い》て下《くだ》さんせぬか。
治郎　お前《まえ》も癖《くせ》の悪《わる》い、たった今《いま》、門《かど》を通《とお》って参《まい》りましたのに。

揚巻　ハテ、それじゃによって、粗相《そそう》じゃと言《い》うわいなア。往《い》て言《い》おうには、意休《いきゅう》さんは愈々今宵《いよいよこよい》お出《い》でなさんすかと、聞《き》いて来《き》て下《くだ》んせや。

治郎　意休《いきゅう》さんの事《こと》なら、捨《す》てておかっしゃりませい。

揚巻　ハテ、早《はよ》う往《い》て下《くだ》さんせ。往《い》きは早《はよ》う、戻《もど》りは随分遅《ずいぶんおそ》うてもよい程《ほど》に、酒《さけ》でも呑《の》んでゆっくりと戻《もど》らんせ。

治郎　ハテ、往《い》きは早《はよ》う、戻《もど》りは遅《おそ》くてもよいとは、合点《がてん》の行《ゆ》かぬ。

揚巻　コレコレ、治郎七《じろしち》どの。こなた煙草入《たばこい》れが欲《ほ》しいと言《い》うたではないか。

治郎　アイ、お願《ねが》い申しました。

揚巻　ソレ。

ト揚巻《あげまき》、煙草入《たばこいれ》を遣《や》る。治郎七《じろしち》とって※捨《す》ゼリフにて中《なか》を見《み》て、

治郎　こりゃ、お金《かね》。

揚巻　早《はよ》うござんせ。

治郎　アイ――。

ト花道《はなみち》へはいる、揚巻満江《あげまきまんこう》が側《そば》へ寄《よ》ろうとして思入《おもいいれ》、

揚巻　オオイオオイ。まだ頼《たの》む事《こと》があったに、コレお辰《たつ》どん、こなた大儀《たいぎ》ながら子供《こども》を連《つ》れて、わしが座敷《ざしき》の違《ちが》い棚《だな》に、封《ふう》じた文《ふみ》がある程《ほど》に、取《と》って来《き》て下《くだ》さんせ。

お辰　畏《かしこ》まりました。子供《こども》、わしと一緒《しょ》におじゃ。
ト禿《かむろ》を連《つ》れてお辰暖簾口《たつのれんぐち》へはいる。揚巻《あげまき》、満江《まんこう》が側《そば》へ寄《よ》ろうとして思入《おもいいれ》、
傾一　何《なに》やら揚巻《あげまき》さんがあの婆《ば》アさんに、話《はなし》でもあるそうな。
傾六　此《こ》のような処《ところ》に居《い》ては邪魔《じゃま》。何《なん》と皆《みな》さん、気《※き》を通《とお》そうじゃないかいなア。
傾三　それが宜《よ》うござんす。
皆々　揚巻《あげまき》さん、これにえ。
傾二　サア、お出《い》でなさんせいなア。
トすがきになり、皆々《みなみな》はいる。満江《まんこう》、揚巻残《あげまきのこ》る。

○お小袖　袿〔うちぎ〕の大袖なるに対して、常の袖の小さい衣をいう。**○めつけ絵**　あて物の一種。多くの絵の中にて、その一に人の目をつけさせ、此方よりその目を附けたるものを言いあつる戯れをいうと、『嬉遊笑覧』にある。**○夜見世**　夜の廓。吉原は始めは昼見世だけのものだったが、享保頃から夜も見世を張るようになった。**○こは**　此者〔こは〕の義という。これはまア。近来では、この言葉は通りが悪いので、「オヤ、わたしが名までよう知って」となっている。＊32袖の梅の宣伝をしている。菓子屋竹村のことか、そばやの福山とか、芝居の中で宣伝しているのがこの作中にもある。今も昔も盛んに用いられている。**○捨ゼリフ**　（既出）埋草的な間に合わせのセリフ。**○気を通す**　気を利かせる。

揚巻　サア、モウようござりまする。これへお出《い》でなされませい。

満江　行《い》ても※大事《だいじ》ござりませぬか。

揚巻　大事《だいじ》ない段《だん》じゃござりませぬ。そんならお前《まえ》は、助六《すけろく》さんのお母《かか》さんかいなア。

満江　ハイハイ、母《はは》でござりまする。そんならこなさんは、いよいよ揚巻《あげまき》さまじゃな。

揚巻　ハイ、揚巻《あげまき》でござんす。ようお出《い》でなさんした。マアマア此処《ここ》へお出《い》でなさんせい。

ト床几《しょうぎ》へ腰《こし》を掛《か》け、満江《まんこう》も一緒《しょ》に掛《か》ける。

満江　モシ、其処《そこ》に盆《ぼん》があるなら貸《か》して下《くだ》さりませ。

揚巻　此処《ここ》は※門中《かどなか》じゃに依《よ》って。

満江　よしよし、そんならこれそんならこれ。

ト腰《こし》の扇《おうぎ》を広《ひろ》げ、腰《こし》の風呂敷《ふろしき》の※茶《ちゃ》一斤《きん》を出《だ》し、

ホホホホ、是《これ》はおかしいものでござりまするが、この里《さと》の女郎衆《じょろしゅう》は、お客《きゃく》があると煮《に》ばなをして、御馳走《ごちそう》申さっしゃると聞《き》きました故《ゆえ》、ほんの手土産《てみやげ》、※松《まつ》の葉《は》じゃと思《おも》うて下《くだ》され。

揚巻　これはこれは、何《なに》よりのもの、戴《いただ》き申しまするぞえ。

満江　何《なん》の何《なん》の。何《なに》から御礼《おれい》申しましょうやら、あの身貧《※みひん》な助六《すけろく》を可愛《かわい》がって下《くだ》さる揚巻《あげまき》どの、今日は小袖《こそで》を貰《もろ》うた、明日《あす》は羽織《はおり》が来《き》たと、モウ何《なに》から何《なに》まで、印籠《いんろう》、巾着《きんちゃく》、草履《ぞうり》、鼻紙《はながみ》、アノ小遣《こづか》いまで、ホホホホ　忝《かたじけの》うござりまする。人《ひと》の噂《うわさ》にも傾城《けいせい》というものは、人《ひと》を騙《だま》すの何《なん》のと申しまするが、こなさんのような実義《※じつぎ》な人《ひと》はあるまい。逢《お》うてから礼《れい》も言《い》いたし、又頼《またたの》みたい事《こと》もあって来《き》ました。ほんにお傾《けい》城《せい》とは思《おも》わぬ。わしゃよい嫁《よめ》を取《と》ったと思《おも》うて居《い》まする、ホホホホ。

揚巻　これはこれは有難《ありがた》いお言葉《ことば》。アノ助六《すけろく》さんが毎日々々廓《まいにちまいにちくるわ》へござんすは、元《もと》の起《おこ》りはあの女郎《じょろう》めと、お叱《しか》りもありそうな処《ところ》を、嫁《よめ》じゃと思《おも》うとは、あんまりお言葉《ことば》が結構《けっこう》で、御挨拶《ごあいさつ》に困《こま》りまするわいなア。

満江　やさしい人《ひと》じゃの。揚巻《あげまき》どの、今日わざわざ母《はは》が来《き》ましたは、ちと言《い》いにくい無心《むしん》があって来《き》ました。

揚巻　何《なん》の他人《たにん》がましい、わたしゃお前《まえ》の嫁《よめ》じゃござんせぬか、何《なん》なりと御遠慮《ごえんりょ》のうおっしゃったがよいわいなア。

満江　サア其《そ》のように真実《しんじつ》に言《い》わっしゃる程《ほど》、どうも言《い》いにくいが、わしが無心《むしん》というは。

揚巻　お前《まえ》の御用《ごよう》は。

満江　サア、こなたへ頼《たの》みは、助六《すけろく》を。

揚巻　アノ助六《すけろく》さんを。

満江　廓《くるわ》へ呼《よ》んで下《くだ》さんなということ。

揚巻　エエエエ。

満江　サアサアサア、なるほど、肝《きも》が潰《つぶ》れようが、こなたに恨《うら》みはなけれども、あの助六《すけろく》は大切《たいせつ》な親《おや》の敵《かたき》、サア願《※ねが》いのある身《み》の上《うえ》、その願《ねが》いある身《み》の上《うえ》で、毎日々々《まいにちまいにち》、この廓《くるわ》で喧嘩《けんか》ばかりしますげな。その噂《うわさ》を聞《き》くとわしゃ、毎夜《まいよ》さ案《あん》じて寝《ね》た事《こと》はござらぬ。それも何《なに》ゆえ、この廓《くるわ》へ来《く》るゆえ、喧嘩《けんか》もする気《き》になる。廓《くるわ》へさえ入込《いりこ》まずば、自然《しぜん》と喧嘩《けんか》も止《や》むであろうと、思《おも》いついたるこなたへ願《ねが》い。こなさんが助六《すけろく》に来《く》るなと言《い》うてならば、廓通《くるわがよ》いも止《や》むであろう。ひょっと意気張《※いきは》りずくで、若《も》しもの事《こと》があった時《とき》には、助六《すけろく》が願《ねが》いも叶《かな》わず、母《はは》が嘆《なげ》きを思《おも》い遣《や》り、どうぞ呼《よ》んで下《くだ》さるな。こなたの真実《しんじつ》はわしが合点《がてん》なれど、助六《すけろく》が喧嘩《けんか》ゆえじゃと思《おも》うて、暫《しばら》く遠《とお》ざかって下《くだ》され、拝《おが》みます拝《おが》みます。

揚巻　なるほど、御尤《ごもっと》もでござりまする。どうしてマア、おとなしい助六《すけろく》さんが、いつのほど喧嘩好《けんかず》きにならしゃんしたやら。土手《どて》で切《き》ったは助六《すけろく》、仲《なか》の町《ちょう》でぶったは誰《だ》れじゃ、助六《すけろく》と、相手《あいて》変《かわ》れど主替《ぬしかわ》らず、わたしもその事《こと》ばっかり、コレ、御《ご》ろうじて下《くだ》さりませ。

ト満江《まんこう》が手《て》を取《と》り、懐《ふところ》へ入《い》れる。

満江　こりゃ、きつい癪《しゃく》でござるの。

揚巻　サア、是程《これほど》に案《あん》じる助六《すけろく》さん。一《ひ》と夜《よ》はおろか、一時逢《ときあ》わねば恋《こい》しいとは、ほんに因果《いんが》な事《こと》でござりまする。

満江　ようござる、助六《すけろく》をよこしましょう。

揚巻　そりゃ、ほんの事《こと》かえ。

満江　母《はは》が請合《うけお》うて寄《よ》こす、呼《よ》ばっしゃれ。じゃが喧嘩《けんか》を止《や》めるように異見《いけん》して下《くだ》されい。こなたのこれ程《ほど》までの真実《しんじつ》を感心《かんしん》して母《はは》が許《ゆる》す程《ほど》に、揚巻《あげまき》どの、喧嘩《けんか》の止《や》む仕様《しよう》はござらぬかいの。

揚巻　そんなら助六《すけろく》さんを呼《よ》びましても、大事《だいじ》ないかえ。

満江　母《はは》が許《ゆる》した母《はは》が許《ゆる》した。

揚巻　エエ、忝《かたじけの》うござんす。また助六《すけろく》さんの喧嘩《けんか》の事《こと》は、異見《いけん》の仕様《しよう》もござりましょう。

ト満江《まんこう》に囁《ささや》く。暖簾口《のれんぐち》より、禿《かむろ》、お辰《たつ》、出《で》て来《く》る。花道《はなみち》よりも治郎七帰《じろしちかえ》って来《く》る。

○**大事ございませぬか**　かまいませんか。○**門中**　「門」には「門の前」「門の近所」の意がある。ここでは往来中に同じ。○**茶一斤**　紙袋に入れた一斤の茶である。○**松の葉**　寸志の意を表する語。松の葉は人の粗末にして顧みないものだから、転じて進上の意となった。○**身貧**　貧乏な身の上。○**実義な**　まごころある。誠意ある。○**願いのある身の上**　願い事をもつ境遇。○**意気張りずく**　遊女においては「はり」と略していう。意地を張りきそう。

お辰　太夫《たいふ》さん、何処《どこ》を探《さが》しても、文《ふみ》はないわいなア。

治郎　揚巻《あげまき》さん、いま意休《いきゅう》さまがござりまする。*33

揚巻　何《なん》じゃ、意休《いきゅう》さんがござんす。そんならこなた、このお婆《ばあ》さんをわしが座敷《ざしき》へ連《つ》れまして往《い》て、御馳走《ごちそう》申して下《くだ》さんせ。

治郎　畏《かしこ》まりました。婆《ば》アさん、こっちへお出《い》でなされませ。

満江　そんなら往《い》ても、大事《だいじ》ござりませぬか。

揚巻　アイ、遠慮《えんりょ》なしにお出《い》でなされませい。

満江　そんなら揚巻《あげまき》どの、後程《のちほど》。

治郎　サア、斯《こ》うござりませ。

トすががきになり、治郎七《じろしち》、満江《まんこう》を連《つ》れて奥《おく》へはいる。

揚巻　アア、おいとしやなア。あのお袋《ふくろ》さまは助六《すけろく》さん故《ゆえ》に子故《こゆえ》の闇《やみ》、わしは又恋路《またこいじ》の闇《やみ》、何《なに》かにつけて女子《おなご》ほど、はかないものはないわいなあ。

ト是《これ》より浄瑠璃《じようるり》になると、*34 ※初手《しよて》の女郎《じよろう》、暖簾口《のれんぐち》より出《で》て床几《しようぎ》に並《なら》ぶ。向《むこ》うより白玉《しらたま》が紋《もん》の付《つ》いたる箱提灯《はこぢようちん》を持《も》ち、若《わか》い者出《もので》て来《く》る。後《あと》より意休《いきゆう》、白玉《しらたま》が肩《かた》へ凭《もた》れ出《で》て来《く》る。*35 白玉《しらたま》以前《いぜん》の形《なり》にて出《で》、後《あと》より男達《おとこだて》の三、※曲彔《きよくろく》を持《も》ち出《で》る。是《これ》に続《つづ》いて男達《おとこだて》の一、※褥《しとね》を持《も》ち付《つ》き出《で》る。後《あと》より男達《おとこだて》の二、※誂《あつら》えの香炉台《こうろだい》を持《も》ち出《で》る。男達《おとこだて》の四、結構《けつこう》なる香道具《こうどうぐ》を持《も》ち付《つ》き出《で》る。後《あと》より舟宿《ふなやど》、提灯《ちようちん》を提《さ》げ付《つ》き出《で》る。浄瑠璃《じようるり》一杯《ぱい》に花道《はなみち》に並《なら》ぶ。

〔意休 *36 誠《まこと》や※一双《そう》の玉手《ぎよくしゆ》千人《にん》の枕《まくら》とやら、※鴻門《こうもん》を破《やぶ》って高祖《こうそ》を助《たす》けしかの樊噲《はんかい》が力業《ちからわざ》、力《ちから》ずくでも動《うご》かぬものは傾城《けいせい》の意気地《いきじ》、今宵《こよい》も※ふらるる仲《なか》の町《ちよう》の花《はな》の雨《あめ》、※干《ほ》すかたもなき袂《たもと》と思《おも》えば振《ふ》らるるも亦《また》一興《きよう》、何《なん》と若《わか》い者共《ものども》、※酒《さけ》と討死《うちじに》はどうだ。

男一　いかさま親分《おやぶん》の言《い》わるる通《とお》り、※粋《すい》も不粋《ぶすい》も色《いろ》と酒《さけ》、呑《の》み明《あか》したる※夜桜《よざくら》に見世《みせ》すがきも※籬《まがき》から、※相《あい》の格子《こうし》も其《そ》の花《はな》に、歩《あゆ》みながらや小盃《こさかずき》、

男二　※せかれて間夫《まぶ》は※編笠茶屋《あみがさぢやや》、※意気《いき》と張《はり》との仲《なか》の町《ちよう》、いつも※二階《かい》は仇《あだ》なりと、※花《はな》に五戒《かい》の桜《さくら》かな。

男三　※紋日物日《もんびものび》も※鐘《かね》一つ売《う》れぬ日《ひ》はなし江戸《えど》の春《はる》、※やぶ鶯《うぐいす》も花《はな》に来《き》て、※手《て》ごとも尽《つ》きじ床《とこ》の海《うみ》。

男四　花《はな》の※江戸町打越《えどちようちこ》えて、振《ふ》って振《ふ》り出《だ》す※道中《どうちゆう》は、姿色《すがたいろ》ある※傾城《けいせい》の賢《けん》なるは此《こ》の柳《やなぎ》

かな。

男一　野暮《※やぼ》は文《ふみ》より半可《はんか》は起請《きしょう》、花《はな》をやり手《て》の目《め》を忍《しの》び、おととい昨日《きのう》京町《※きょうまち》の猫通《ねこかよ》いけり揚屋町《あげやまち》。

男二　伊達《だて》を来て見《み》よ人《ひと》に人《ひと》、恋《こい》の姿《すがた》や花《はな》に鳥《とり》、浮《※うか》れ鴉《がらす》のかあかあと、※ぞめきにあらぬ格子《こうし》先《さ》き。

男三　立《た》ち並《なら》んだる一対《つい》は、今日ぞ揃《そろ》いの衣紋坂《※えもんざか》、相手《※あいて》はきらわぬ花《はな》に風《かぜ》、※そこ退《の》きたまえ喧嘩買《けんかか》い、

男四　言《い》わずと知《し》れた髭大尽《※ひげだいじん》の、子分《こぶん》でごんす。*37」

男達四人

＊33 意休の文字は音をかりて、意久・伊休・伊久とも書く。しかし今日は意休を普通とする。＊34 ここの浄瑠璃は安永八年の上演台本に書いてなく、又台本によっては書いてないのもある。文句もその時々で違っている。『富士筑波卯月里』によると、この意休の出は次のような文句になっている。「闇の夜も吉原ばかり月夜かな、ふられぬ客もふる客も笠きて顔をかくす恋、首尾待合の辻占もよしやえにしの衣紋坂、こえていつ又くるわとは、誰が呼子鳥百千鳥、うたに和らぐ三味線の引く手にまとう歌がるた、末の松山末かけて、われても末に御見とは、結ぶの神の誓いなり」とある。今日は「おちこち人の呼子鳥いなにはあらぬ逢瀬より、ここを浮世の仲の町よしやかわせし越し方を」の文句で白玉と意休が出る。〇**初手**　はじめ。さいし

ょ。**＊35**意休の出は文化頃から近頃の演出では少々異なっている。先ず白玉が揚巻と全く同じ次第で出る。とその後から意休が左の手を懐ろに入れ、右の手に杖を軽く持って引きずるように突いて、ゆったりと出る、その後ろに男達が四人附いて出る、初めの一人は刀、次が褥、それから香道具、続いて振袖新造が二人、詰袖新造が一人、番新、遣手、若い者が一人、最後に茶屋の女房が送り提灯を持って出る。**○曲彔**　椅子の一種で、よりかかる所を円く曲げて造り、脚は床几のように交叉したもの。今日の舞台では持ち出さない。**○褥**　坐し又は臥す下に敷く物。座蒲団。**○誂えの香炉台**　三足〔みつあし〕の香炉台である。これは後に二つに切れ割れるように仕掛がしてある。それで「誂えの」とある。**＊36**この意休のセリフから先の男達四人のセリフまでの渡りゼリフは、古くはなかった。文化頃から花道のセリフを立派にするために入れたものと見てよい。七代目團十郎からではなかろうか。文化八年の初役の時の台本には見えている。**○一双の玉手千人の枕**　二本の腕に千人の多くを枕させる者、即ち遊女のこと。「実にゃ一双の屏風仙人の枕」とある台本もあるが、本文を取る。**○鴻門を破って…**　鴻門は項羽と劉邦の会飲した所として史上に名高い。秦末、漢の高祖たる劉邦は秦を討って先ず関に入り覇上に軍した。項羽やや遅れて鴻門に至り、劉邦の先きに入関せるを聞き怒ってこれを撃たんとした。劉邦は項羽の怒りを聞き、自ら百余騎を率いて鴻門に至って羽に会い入関の事を謝した。時に羽の謀臣范増はこれを斬らんとしたが、傑士樊噲の勇によって事なきを得た。世に「鴻門の楯破る」という。これは鴻門の会に樊噲が楯にて漢の高祖を保護した故事より、楯破れて保護するものなしというのである。つまりどんな力ずくにも動かぬといったのである。**○ふらるる**　前の「傾城」と後の「雨」と両方にかかる。即ち今宵も傾城に振られ、嫌って相手にされないのと、仲の町の花の雨に濡れるとをかけた。**○干すかたもなき**　乾かしようもない。「かた」は方法である。前の「ふらるる……雨」を受けて、濡れたという寓意のもとに「干すかたもなき」と言ったのである。**○酒と討死**　前の「干すかたもなき」の「干す」を「杯を干す」の意に転じ来って、「酒と討死」と言った。死ぬ程酒を飲むの意。○**粋も不粋も色と酒**　粋になるも不粋になるも、色と酒に通じる通じないにある。○**夜桜**　「夜」は掛詞で「呑み明したる夜、夜桜」となる。夜桜は仲の町の夜桜（既出）。○**籬**　遊廓にて、見世と入口の落間との間の格子戸。○**相の格子**　間の格子である。街路と見世との間の格子。○**せかれて**　逢うことをさえぎりとめられて。男女の仲を割かれて。○**編笠茶屋**　古く、身分ある者が遊廓に入る時は編笠をかぶって顔を掩った。江戸の新吉原の大門外五十間道に編笠茶屋というのがあって、貸編笠を業とした。○**意気と張**　意気も張も意気地に同じ。○**二階は仇**　「二階」は遊女屋の二階で、客の通される所。「仇」はうわき、浮薄。○**花に五戒**　「五戒」は偸盗・邪淫・妄語・殺生・飲酒の五つの悪行の戒。「二階」をふんで五戒と言ったまで。○**紋日物日**　（既出）物日の音便がもんび（紋日）。○**鐘一つ…**　江戸の繁昌を吟じた其角の有名な句。○**やぶ鶯**　藪に居る鶯。野暮な客。花は遊女をさす。○**手ごと**　「手ごと」は琴・三味線等で、唄は伴わず絃音楽をあざやかに弾くことであるが、ここは手練手管の意。○**江戸町**　吉原遊廓内の町の名。大門口をはいった両側一丁目、二丁目とにあった。○**道中**　遊廓にて遊女が日を定め盛装して廓内を巡り行くこと。○**傾城の…**　其角「傾城の讃」という題の句である。○**野暮は文より半可は起請**　この句も諸本一定していない。「文かけ繁花は気性」などとしたのもある。野暮は手紙を先ず書いて送り、半可通は起請をほしがるの意か。○**京町の猫…**　其角の句で、「近隣恋」の題がある。吉原の京町・揚屋町は裏合せであった。「京町」はすぐ前のおととい昨日に続けて「今日」というべきを語呂を踏んだのである。ただ名句を連ねただけのもの。○**浮れ鴉**　月夜に塒〔ねぐら〕を離れて飛鳴する鳥をいう。転じて夜うかれ歩く人、嫖客を指す。○**ぞめき**　（既出）「すけんぞめき」（素見騒）の熟語がある。浮かれてひやかし、騒いで歩くこと。○**衣紋坂**　「衣紋」はすぐ前の「揃い」にもつづく。揃いの服装で。吉原へ通う人、この坂までは急わしく来り、大門口が見えると俄に心付、衣紋をつくろう故、この名が付いた。○**相手はきらわぬ花に風**　誰れ彼れなく相手になろう、花に風の如く散らしてしまうぞ。○

そこ退きたまえ　そこのけ。「たまえ」は洒落た言葉。○**髭大尽**　髭のある大尽。髭で有名な大尽。意休大尽である。**＊37**こういう花道の渡りゼリフは、美辞麗句を語調よく並べるのが習慣で語釈は困難。

意休　若《わか》い者共《ものども》、あそこに並《なら》んでいる二人《ふたり》が、話《はなし》のあった突出《※つきだ》しか。

皆々　ハイ、地《※じ》もの同然《どうぜん》でござります。

意休　そりゃ耳《みみ》よりだ。一会出《※かいで》ずばなるまい。

白玉　モシ意休《いきゅう》さん。お前《まえ》が其《そ》のように心《こころ》が多《おお》い故《ゆえ》、揚巻《あげまき》さんが嫌《いや》がらしゃんす。気《き》の多《おお》いお方《かた》ではあるぞ。

意休　おっとあやまった。不心中《※ぶしんじゅう》じゃと言《い》うも尤《もっと》も。ここな心中者《※しんじゅうもの》め。

白玉　心中者《しんじゅうもの》とはえ。

意休　ハテ、五丁町《※ちょうまち》に名高《なだか》い白玉《しらたま》どの、いつもいつも揚詰《あげづ》めなれど、その客《きゃく》の顔《かお》を見《み》知《し》った者《もの》はない。人目《ひとめ》を忍《しの》んでお逢《あ》いなさるるによって、心中者《しんじゅうもの》という事《こと》よ。

白玉　意休《いきゅう》さんの、何《なん》の世話《せわ》にもならぬ、人《ひと》の客衆《きゃくしゅ》の詮議《せんぎ》までせずとようござんす。そんな事言《ことい》わんすと、わたしに頼《たの》んだ事《こと》はいやじゃぞえ。

意休　おっとあやまったり、頼《たの》んだぞや。

白玉　ちと嗜《たしな》ましゃんせい。

意休　さらばあそこへ往《い》て、お近付《ちかづ》きになろうか。

皆々　サア、お出《い》でなされませ。

トすがきになり、皆々本舞台《みなみなほんぶたい》へ来《く》る。上《かみ》の方《かた》の床几《しょうぎ》に褥《しとね》を敷《し》き、意休《いきゅう》これに腰《こし》を掛《か》ける。

傾城皆々　意休《いきゅう》さん、ござんしたかえ。

意休　これは有難《ありがた》い、われらが名《な》を御存《ごぞん》じか。

傾六　なんぼ突出《つきだ》しのわたしらでも、今《いま》の世《よ》の意休《いきゅう》さんを知《し》らいで何《なん》としようぞいなア。

意休　是《これ》は耳寄《みみよ》りだわえ、ゆるりとお出逢《であ》い申す事もなりましょうかな。

傾一　今夜《こんや》はお馴染《※なじみ》が障《さわ》ってかえ。

意休　意休《いきゅう》が馴染《なじみ》とは。

傾二　ハテ、能《よ》う知《し》って居《い》るわいなア。

意休　アア、揚巻《あげまき》が事《こと》か。

揚巻　エエ。

傾城皆々　意休《いきゅう》さんがござんしたわいなア。

揚巻　仰山《ぎょうさん》な、意休《いきゅう》さんのござんしたを、先《さ》っきにから待《ま》って居《い》たわいなア。

意休　待《ま》って居《い》たとは、助六《すけろく》と間違《まちが》いではねえか。

白玉　コレ、意休《いきゆう》さん。又《また》しても又《また》しても其《そ》のような、憎《にく》まれ口《ぐち》を利《き》かんすか。其《そ》のように意地《いじ》の悪《わる》いこと言《い》わんすと、構《かま》わぬぞえ。

意休　今《いま》になってそう言《い》うとは、仏作《ほとけつく》って魂《たましい》入《い》れず、拝《おが》むわ拝《おが》むわ。

白玉　そう、おとなしう言《い》わんすりゃ、わたしも合点《がてん》。モシ揚巻《あげまき》さん。日頃《ひごろ》から心易《こころやす》いわたしが頼《たの》み、意休《いきゆう》さんに逢《お》うて下《くだ》さんせ、定《さだ》めてお前《まえ》の思《おも》わしゃんすお方《かた》に※立《た》たぬというような事《こと》もあろうが、ハテ、意休《いきゆう》さんは※高《たか》で客《きやく》、お前《まえ》の思《おも》うお人《ひと》とは訳《わけ》の違《ちが》う事《こと》、寝《ね》る事《こと》がイヤなら座敷《ざしき》ばかり勤《つと》めて下《くだ》さんせ、白玉《しらたま》が頼《たの》みじゃぞえ。

揚巻　なるほど、日頃《ひごろ》から仲《なか》のよいお前《まえ》の言《い》わしゃんす事《こと》、座敷《ざしき》ばかりは勤《つと》めまいものでもないが、モシ、それではな。

意休　心中《しんじゆう》が立《た》たねえか、助六《すけろく》へ。

揚巻　助六《すけろく》とはえ。

意休　知《し》るまいと思《おも》おうが、この意休《いきゆう》が※目《め》を抜《ぬ》いて、助六《すけろく》にくっついて居《い》る事《こと》は、よく知《し》っておるわえ。

揚巻　デモ、先度《せんど》助六《すけろく》さんに逢《お》うて居《い》たを、お前《まえ》が見付《みつ》けさんして、※口舌《くぜつ》の上《うえ》の詰開《つめびら》きで、許《ゆる》す、逢《あ》えと言《い》わんしたぞえ。

意休　成程《なるほど》、そう言《い》った。

揚巻　それにまた、何故《なぜ》にせ※かんす。

意休　その時《とき》はそう言《い》ったが、よくよく思《おも》えば嫌《いや》だ。マア、わりゃアあの助六《すけろく》を、何《なん》だと思《おも》う。あいつは盗人《ぬすびと》だ。

揚巻　エエ。（トむっとする。）

意休　あれがマア喧嘩《けんか》の仕様《しよう》を見《み》ろ、喧嘩《けんか》とさえいえば、人《ひと》の腰《こし》の物《もの》へ手《て》を懸《か》けるが巾着切《きんちゃくき》りのしるし、その泥坊《どろぼう》といつまでも楽《たのし》む心《こころ》か、それが聞《き》きたい。

揚巻　楽《たのし》みにする身《み》の上《うえ》ではなけれども、どうした事《こと》やら助六《すけろく》さんが。

意休　可愛《かわい》いか。

揚巻　因果《いんが》なこっちゃわいなア。

意休　イイヤ、因果《いんが》じゃアない。魔王《まおう》に魅入《みい》られたというものだ。あのような者《もの》と心《こころ》易《やす》くすると、遂《つい》にはわれも真《ま》っ裸《ぱだか》。それが不憫《ふびん》さに言《い》うのだわえ。

揚巻　為《た》めになる客《きゃく》を余所《よそ》にして、間夫《まぶ》に逢《あ》うのは浮気《うわき》とも阿房《あほう》とも、わたしが事《こと》なら言《い》わんせじゃが、助六《すけろく》は盗人《ぬすびと》じゃ、助六《すけろく》さんが盗《ぬす》みするであろうとは、意休《いきゅう》さん、あんまりじゃあろうぞえ。

意休　何《なに》があんまりだ。併《しか》しあのような貧乏人《びんぼうにん》、盗《ぬす》みでもせずばなるまい。その泥坊《どろぼう》と懇《ねんご》ろにすると、われもいつぞは盗《ぬす》む気《き》がついて、客《きやく》の鼻紙袋《はながみぶくろ》を探《さが》すようになる。※とどは二人《ふたり》が宿無《やどな》し同然《どうぜん》、其《そ》のような身《み》になっても、わりゃア助六《すけろく》に逢《あ》い通《とお》す心《こころ》か。

揚巻　こりゃ意休《いきゅう》さんでもない、くどい事言《ことい》わんす。お前《まえ》の目《め》を忍《しの》んでな、助六《すけろく》さんに逢《あ》うからは、客《きやく》さん方《がた》の真中《まんなか》で、※悪態口《あくたいぐち》はまだな事《こと》、叩《たた》かりょうが踏《ふ》まりょうが、手《て》に掛《か》けて殺《ころ》さりょうが、それが怖《こお》うて※間夫狂《まぶぐる》いがなるものかいなア、慮外《りょがい》ながら揚巻《あげまき》でござんす。男《おとこ》を立《た》てる助六《すけろく》が深間《ふかま》、※鬼《おに》の女房《にょうぼう》にゃ鬼神《きじん》がなると、今《いま》からがこの揚巻《あげまき》が悪態《あくたい》の※初音《はつね》。意休《いきゅう》さんと助六《すけろく》さんをこう並《なら》べて見《み》た所《ところ》が、こちらは立《りっ》派《ぱ》な男振《おとこぶり》、こちらは意地《いじ》の悪《わる》そうな男《おとこ》つき。たとえて言《い》おうなら雪《ゆき》と墨《すみ》、硯《すずり》の海《うみ》も鳴門《なると》の海《うみ》も、海《うみ》という字《じ》に二《ふた》つはなけれど深《ふか》いと浅《あさ》いは間夫《まぶ》と客《きやく》、間夫《まぶ》が無《な》ければ女郎《じょろう》はやみ、暗《くら》がりで見《み》ても助六《すけろく》さんと意休《いきゅう》さんを取違《とりちが》えて、マ宜《よ》いものかいなア。たとえ茶屋《ちゃや》舟宿《ふなやど》の異見《いけん》でも、親方《おやかた》さんの詫事《わびごと》でも、※小刀針《こがたなばり》でもやめぬ揚巻《あげまき》が間《ま》夫狂《ぶぐる》い。サア、切《き》らしゃんせ。たとえ殺《ころ》されても、助六《すけろく》さんの事《こと》は思《おも》い切《き》れぬ。意《い》休《きゅう》さん。わしに斯《こ》う言《い》われたら、よもや助《たす》けてはおかんすまいがな。サア、切《き》らんせ[*38]。

意休　ムウ。（ト切《き》ろうとする。）

揚巻　サア、切《き》らしゃんせ。

ト意休思案《いきゅうしあん》して、つかつかと寄《よ》って揚巻《あげまき》を引立《ひった》て、

意休　うしょう。

揚巻　何処《どこ》へ。

意休　助六《すけろく》が所《ところ》へ。

揚巻　言分《いいぶん》はないかえ。

意休　うしゃアがれ。

ト揚巻花道《あげまきはなみち》へ行《ゆ》く。

○**突出し**　遊女の、始めて店を張り、客を取る者。○**地もの**　遊女に対して素人の婦女をいう。○**一会出ずばなるまい**　一会と出なくてはなるまい。一度揚げてやらなくてはなるまい。○**不心中**　心中立てせず浮気すること。（次項参照）○**心中者**　情事関係ある男女が、互いに浮気をせぬ契いをなし、契いを堅く守るを「心中だて」といい、その者を心中者という。○**五丁町**　吉原廓内は五ヵ町だったから、五丁町といえば江戸町の一・二丁目、京町の一・二丁目及び角〔すみ〕町のこと。○**馴染が障る**　「馴染」は遊廓にて、同一の遊女を三回以上相手として遊び又は馴染金を出したること。又その遊女のこと。馴染金は多く二三回目に与える。馴染を付ければ客と言われ、付けなければ客人と呼ばれる。馴染を付ければすべての待遇が外の客人よりずっとよい。「ゆるりとお出逢い」と言ったので、支障があって今晩はお逢いなさらぬのかえと言った。○**立たぬ**　「心中が立たぬ」である。義理が立たぬ。○**高で客**　客という程度。○**目を**

抜く　人目をかすめぬく。出しぬく。○**口舌の上の詰開き**　「口舌」はいさかい、いいあい。「詰開き」は応対、談判。口争いの果の談判。○**せかんす**　さえぎりとどめるか。仲を割こうとなさるのか。○**とどは**「止は」である。とどのつまりは。○**悪態口はまだな事**　罵り悪口言われる位は、まだ大したことでない、何でもない。○**間夫狂い**　情夫に夢中になること。○**鬼の女房にゃ鬼神がなる**　鬼の如き夫にはまた鬼神の如き女が連添うをいう。似たもの夫婦。○**初音**　「言いはじめ」の雅言。○**小刀針**　小刀針は鍼医の使用する三稜針のこと。安永頃吉原の娼家が遊女を小刀針で責殺して処刑された事が世にひろまり、小刀針の折檻が口にされるようになった。**＊38**セリフ中の「意休さん」を「お前」とした台本もある。

白玉　コレコレ揚巻《あげまき》さん。お前《まえ》が其《そ》のように腹立《はらた》てさんしては、両方《りょうほう》ながら※張合《はりやい》ずくになって、お前《まえ》の思《おも》わしゃんすお人《ひと》が、どのような難儀《なんぎ》になろうも知《し》れぬぞえ、サア、じゃによって、マア、奥《おく》へござんせ。意休《いきゅう》さん、お前《まえ》も其《そ》のように腹立《はらた》てさんせずと、機嫌直《きげんなお》したが宜《よ》いわいなア。揚巻《あげまき》さん、マアわたしと一緒《いっしょ》に奥《おく》へござんせ。仲《なか》のよいわしが頼《たの》みじゃわいなア。

揚巻　可愛《かわい》い男《おとこ》の所《ところ》へ行《ゆ》くのは、＊39わたしゃ嬉《うれ》しいけれど、仲《なか》のよいお前《まえ》の言葉《ことば》、※つぶされもしやんすまい。（ト不承々々《ふしょうぶしょう》に舞台《ぶたい》へ戻《もど》り、）意休《いきゅう》さん、この後《のち》はお前《まえ》の顔見《かおみ》る事《こと》も嫌《いや》じゃぞえ。白玉《しらたま》さん。

白玉　サア、ござんせい。

揚巻　子供《こども》、来《き》や。

禿　アイ――。

ト　すがきになり、揚巻《あげまき》、白玉《しらたま》、禿《かむろ》ついてはいる。向《むこ》う揚幕《あげまく》の内《うち》にて、尺八《しゃくはち》の音《おと》する。

傾六　アレ、虚無僧《こむそう》が来《き》やんしたわいなあ。

傾七　何《なに》を、ありゃ虚無僧《こむそう》じゃない。※地廻《じまわ》りの若《わか》い衆《しゅ》じゃわいの。

傾二　ドレドレ。

皆々　ほんになあ。

ト前弾《まえび》きになり、※助六《すけろく》花道《はなみち》へ留《と》まる。*40

〽※人目《ひとめ》の関《せき》の許《ゆる》しなく、笠《かさ》の雫《しずく》にしょぼ濡《ぬ》れて、雨《あめ》の※蓑輪《みのわ》のさえかえる。

傾六　助六《すけろく》さん、その、

皆々　鉢巻《はちまき》はえ。

助六　この鉢巻《はちまき》の※御不審《ごふしん》か。

〽この鉢巻《はちまき》は過《す》ぎし頃《ころ》、※由縁《ゆかり》の筋《すじ》の紫《むらさき》の、※初元結《はつもとゆい》の巻《ま》きぞめや、※初冠《ういかんむり》ぞ若松《わかまつ》の、松《まつ》
※のはけさき透《す》き額《びたい》。*41※堤八丁《つつみはっちょう》風《かぜ》そよぐ、くさに音《おと》せぬ※塗《ぬ》り鼻緒《はなお》、※一つ印籠《いんろう》※一つ前《まえ》、二《ふた》
※重《え》廻《まわ》りの※雲《くも》の帯《おび》、※富士《ふじ》と筑波《つくば》の山《やま》あいに、袖《そで》なりゆかし君《きみ》ゆかし。*42
君《きみ》なら君《きみ》なら。

〽※しんぞ命《いのち》を揚巻《あげまき》の、これ助六《すけろく》が※まえわたり、風情《ふぜい》なりける次第《しだい》なり。*43
ト※段切《だんぎれ》、浄瑠璃《じょうるり》切《き》れる。

○張合ずく　意地のはり合い、ますます烈しくなって。＊39「男」を「殿御」とした台本もある。**○つぶされもしやんすまい**　踏みにじることも出来ますまい。無視して恥をかかせ、お前の面目をつぶすようなこともされますまい。**○助六**　土地っ子でその土地の近辺に住み、常にまわり歩く人。吉原では常連の与太者にいう。**○地廻り**　本篇の主人公で揚巻の間夫。河津祐安の子で満江を母とする。古く曾我兄弟の狂言の中へ脚色したのが先例となって、いつでも助六実は曾我五郎時宗ということになっている。宝刀友切丸を詮議のため廓に入り込んでいる。＊40近来の台本には、助六は「黒の小袖、紫の鉢巻、日和下駄をはき、吉例のなりにて、蛇の目傘をさし出て花道へとまる」と書いてある。「前弾きになり」とあるは古い台本で、後になると、一とくさり河東節があってそれから出ることになっている。その文句もまちまちだが、「思い出見世やすががきの音じめの撥に招かれて、それと言わねど顔よ鳥、間夫の名とりの草の花」とあって、助六が出て、次は「人目の関」でなく、「思いそめたる五所〔いつところ〕、紋日待ち日のよすがさえ子供の便り待合の辻うら茶屋にぬれてぬる雨の蓑輪の冴え返る」となっている。この一節は河東節の聞かせ所であり、また助六の見せ場になっている。**○人目の関**　人の我れを見る目の厳しきを、関所のそれに喩えた。『勧進帳』には「人目の関のやるせなや……」とあり、『後拾遺集』にも「知るらめや身こそ人目を憚りの、関に涙はとまらざりけり」とある。**○蓑輪のさえかえる**　「さえかえる」は春になって少し暖かくなりかけたと思う間もなく、また寒さがぶり返して来るをいう。「蓑輪」は三之輪、千住大橋寄りの地。蓑輪の「蓑」はすぐ前の「雨の」と関聯して、「雨の蓑着て今居る蓑輪の春の寒さよ」ということになる。**○御不審**　不審はいぶかしいこと。どういう意味だというのですか。**○由縁の筋の紫の**　ゆかりの色は紫色をいう。それに縁故のある、さる筋の方から許された紫色の鉢巻の意を籠めてある。○**初元結の**　初元結は、元服の時に髪を結ぶ紫の組紐をいう。「初元結の」の「の」は「を」の意、あるいは「の紐を」の略意。○**初冠ぞ若松の**　「初冠」は元服に同じ。元服した凛々しい少年をめでたい、いさぎよい若松に喩えて「初冠ぞ若松の」と言った。○**はけさき透き額**　「はけさき」はチョンまげのさきをいう。「透き額」は青く剃りたてた広額をいう。古くは甲に月形のすかしのある冠をいい、元服後十六歳未満の男子に用いたという。それですかして額が見えたので「透き額」と言った。＊**41**「透き額」と「堤八丁」の文句とは意味のつながりにしっくりせぬ所があるが、これは高野辰之氏も指摘している如く、宝暦十一年三月市村座所演の河東節正本に次のような女郎と助六との対話がおかれているからである。女「サア助六さん、早うござんせ、誰やらが待ち兼ねてであろうぞえ」助六「何なア、おらづれを、ひょっとお邪魔になれば悪うごんす」女「又すねたこと言わずとも、顔見せてやらさんせいな」助六「何をおっしゃるやら、わしらは随分見つからぬように顔を包みまするわ」女「そりゃ何でエ」助六「風呂敷で」とあって「堤八丁」の文句にかかっている。しかし今日はこのセリフはない。○**堤八丁**　「堤」は日本堤のことで、山谷橋から衣紋坂までの間の堤。土手八丁ともいう。前項の註に「風呂敷で」というセリフがあるから「堤」と「包み」とをかけたことになる。○**塗り鼻緒**　なめし革を赤や黒に塗って作った鼻緒。助六は桐の柾に黒の鼻緒で、水にあってもしみにならないのでこれを水下駄と呼んだという。○**一つ印籠**　古く寛永の頃には、腰に瓢箪の類を印籠と共に下げたが、他の物はやめて印籠だけにしたのをこう呼んだのではなかろうか。（高野辰之氏『名曲選』）○**一つ前**　二枚以上重ね著して、前を一つに揃えたをいう。「一つ印籠一つ前」と続けて「二重廻りの」という所にも洒落がある。○**雲の帯**　雲が峯に長くたなびいて、帯の如く見ゆるをいう。○**富士と筑波の…**　駿河の富士山と常陸の筑波山の中間の江戸に、すっきりとした男がここにいる。「袖なり」は袖形で、容姿全体を意味する。「ゆかし」は何となく慕わしい、奥ゆかしい、上品である。＊**42**この条の文句、冒頭と結びには諸本さしたる変りもないが、現行の曲では「初元結」以下が違っている。「君が許しの色見えて、うつり変らで常磐木の、松のはけ先きすき額、堤八丁風誘う、目あての柳花の雪、傘に積りし山あいは、富士と筑波をかざし草、草に音せぬぬり鼻緒、一つ印籠一つ前、三下り せくなせきやるなサヨエ、浮世は車サヨエ、めぐる日並の約束に、籬へ立ちて音ずれも、果は口舌かありふれた手管に落ちて睦言と、なりふりゆかし君ゆかし」となっている。○**しんぞ…** 「しんぞ」は誓の言葉で、神かけて、真にである。＊命もあげたと揚巻とかけたのである。○**まえわたり** 体裁をつくろって、廓の前、格子の前を渡り来る。＊

43『やはらぎ曾我』の正本にはこの文句はロウサイ（弄斎）とあり、『廓の家桜』の正本にはナゲブシとある。○**段切** 浄瑠璃の一段終ったところに入れる。太鼓と能管である。

皆々　やんややんや。

傾七　助六《すけろく》さん、ちゃっと此処《ここ》へござんせいなア。

傾二　誰《だ》れやら、待兼《まちか》ねてであろうぞえ。

皆々　早《はよ》う此処《ここ》へ、ござんせいなア。

助六　※どうでんすなどうでんすな。いつ見《み》ても美《うつく》しいお顔《かお》、＊44そんならぶしつけながら、わっちゃア※割込《わりこ》みだよ。

皆々　サア、ござんせいなア。

助六　※冷《ひ》えものでござい、御免《ごめん》なさせえ御免《ごめん》なさせえ。

ト長床几《ながしょうぎ》へ腰《こし》を掛《か》ける。女郎手《じょろうて》んでに煙管《きせる》を出《だ》す。

助六　此《こ》のようにめいめい御馳走《ごちそう》に預《あず》かりましては、しんぞ火《ひ》の用心《ようじん》が悪《わる》うごんしょうぞえ。

ト一人々々《ひとりひとり》に取《と》って、めいめい助六《すけろく》に煙管《きせる》をやる。助六迷惑《すけろくめいわく》なる思入《おもいい》れして、

皆々　サア、煙草《たばこ》のまんせ。

皆々　何《なに》を。

意休　これ君《※きみ》たち、吸付《すいつ》け煙草《たばこ》を一服《ぷく》たべたい。

傾六　お易《やす》い事《こと》でごさんすが、煙管《きせる》がござんせぬ。

意休　それ程《ほど》ある煙管《きせる》を。

傾一　アイ、この煙管《きせる》にはぬしがあるわいなア。

意休　そのぬしは誰《だ》れだ。

助六　わっちでごんす、何《なん》ときつい※ものか、大門《おおもん》へぬっとつらを出《だ》すと、仲《なか》の町《ちょう》の両《りょう》側《がわ》から、近付《ちかづ》きの女郎《じょろう》の吸付《すいつ》け煙草《たばこ》が雨《あめ》の降《ふ》るようだわ。昨夜《ゆうべ》も松屋《まつや》の店《みせ》へちょっと腰《こし》を掛《か》けると、五丁町《ごちょうまち》の女郎《じょろう》の吸付《すいつ》け煙草《たばこ》で、誓文《せいもん》、店先《みせさき》へ煙管《きせる》を蒸籠《※せいろう》のように積《つ》んで置《お》いた。女郎《※じょろう》づかを握《にぎ》るものは、是《これ》でなければ嬉《うれ》しくねえ。大尽《※だいじん》だなぞと味噌《みそ》を上《あ》げても、大《おお》きなつらをしても、斯《こ》ういう事《こと》は金《かね》ずくじゃあならねえだて。撫付《※なでつ》けどの、誰《だ》れだか知《し》らぬが、煙管《きせる》が用《よう》なら、一本貸《ぽんか》して進《しん》じょう。

意休　それは忝《かたじけな》い、然《しか》らばその※味噌《みそ》な煙管《きせる》を、一本《ぽん》借《か》りましょうか。

助六　貸《か》して進《しん》ぜましょう。

ト煙管《きせる》を足《あし》にはさみ突出《つきだ》し、

サア、持《も》ってござらぬか、どうでんすな※どうでんすな。

意休　ハハハハハ、立派《りっぱ》な男《おとこ》だが、可哀《かわい》やてんぼうそうな。足《あし》のよく働《はた》らく※麩屋《ふや》の男《おとこ》か、其《そ》のような事《こと》をして男達《おとこだて》で候《そうろう》のと人《ひと》を脅《おど》かすか、総《そう》じて男達《おとこだて》というものは、第《だい》一正道《せいどう》を守《まも》り、不義《ふぎ》をせず、無礼《ぶれい》をなさず、不理窟《ふりくつ》を言《い》わず、意気地《いきじ》によって心《こころ》を磨《みが》くをまことの男達《おとこだて》という。※理非《りひ》を弁《わきま》えず慮外《りょがい》を働《はた》らく奴《やつ》をば※気負《きお》いという。とかく廓《くるわ》に絶《た》えぬが地廻《じまわ》りの※ぶうぶう、耳《みみ》のはたの蚊《か》も同然《どうぜん》、手《て》の平《ひら》でぶっつぶすぞ。したが虫《むし》の事《こと》、何《なに》を言《い》っても馬《うま》の耳《みみ》に風《かぜ》。ままよ、蚊遣《かや》りに※伽羅《きやら》でも焚《た》こうか。

助六　※兵道常《へいどうつね》ならず、敵《てき》によって変化《へんか》すとは※三略《さんりやく》の詞《ことば》、相手《あいて》によってあいしらいようが違《ちが》う。来《きた》って是非《ぜひ》を説《と》く人《ひと》はこれ是非《ぜひ》の人《ひと》。大《おお》きなつらを※ひろぐやつは足《あし》であいしらう。無礼咎《ぶれいどが》めをひろぐと下駄《げた》でぶつ、ぶたれて※ぎしゃばると引《ひ》っこ抜《ぬ》いて切《き》る。これが男達《おとこだて》の意気地《いきじ》だ、誠《まこと》の男達《おとこだて》の嘘《うそ》の男達《おとこだて》のと、※習《なら》いも伝授《でんじゅ》もないわ、引《ひ》っこ抜《ぬ》いてから※竹割《たけわ》りに打放《ぶっぱな》すが男達《おとこだて》の極意《ごくい》。誰《だ》れだと思《おも》うやい、※アアつがもねえ。

意休　ドリヤ、一つ食《た》びょうか。
ト男達《おとこだて》の一に酌《しゃく》をさせて、酒《さけ》を呑《の》んで居《い》る。

○どうでんすな　「どうでえすな」、「どうですどうです」ともある。「どうですな」に同じく、豪放らしく言ったまで。＊44「お顔」を「御面相」とした台本もある。また「お顔」も「御面相」も省いてあるのもある。**○割込み**　多勢の中へ押し割ってはいること。**○冷えものでござい**　「冷えものでえす」ともあり、「ござい」が「ござる」「ごんす」とあるもある。風呂に行って、冷えたからだで、あたたまった人の中へはいるので、その時の挨拶に江戸時代にそう言った。それが一般の場合の挨拶にもなった。つまり「失礼ですが」「御免なさい」の意である。**○君たち**　君は遊女の異称だが、「お前たち」位の意。**○きついものか**　凄いものじゃアありませんか。すばらしいでしょう。**○蒸籠**　積み重ねるの形容である。助六劇の舞台の上手下手の見切りには、新吉原の竹村という菓子屋の蒸籠が高く積んである。それを当ててもある。**○女郎づかを握る**　「つか」は接尾語で、物をおぼめかして、諷示した語である。つかと言ったから握ると言ったまでで、女郎を相手にするものは。**○大尽…**（既出）大尽は遊里にて金を多くつかう客。豪遊する人。大尽だなどと手前味噌をならべ、自慢し、吹聴しても。**○撫付けどの**（既出）髪を結ばずに後ろへ梳き垂らしておく髪、又その人。ここでは意休を軽蔑的に呼びかけたのである。**○味噌な**（既出）自慢の。**○てんぼう**　「手棒」の音便。手が棒のようだとの意で、指、手首又は手を失ってなきをいう。手に指がないから、足で出したのかと嘲笑し返したのである。**○麩屋の男**　麩を製するに、小麦粉を碾いたり、粉を捏ねたりするのには、足を使うから「足のよく働らく麩屋云々」と言ったのであろう。「麩屋の男かこんにゃく屋の男か」とした台本もある。**○理非を弁えず**　物事の善悪を区別しないで。**○気負い**　やたらに自分の勢を出したがる者。我武者の一種。**○ぶうぶう**　何度もうるさく言うこと。また助六は尺八を持っており、また吹いたので、（助六の出にも「向う揚幕の内にて尺八の音云々」ともある）それを諷喩して嘲笑的に言ったのである。○**伽羅**　梵語で黒の意。一種の香料、匂い強く、香合せには、六国香の一として、香料の中ことに貴ぶもの。○**兵道常ならず**　「兵道〔へいどう〕」を「へんどう」と発音してセリフに言うので「変動（道）」と書いてもある。兵の道は臨機応変なるべしというのである。○**三略**　中国の兵法七書の一。黄石公の作なりという。上略・中略・下略の三つに分かれているので、三略という。太公望の著の六韜〔りくとう〕と共に六韜三略などという。○**ひろぐ**　しろぐの訛。しゃアがる。○**ぎしゃばる**　打たれても何のかのと抵抗するの意。○**習いも伝授もない**　この道に、人から教えられるとか伝授を受けるとかいうことはない。○**から竹割り**　幹竹〔からたけ〕を割るごとくに、物を縦に真直に切り割くこと。○**アアつがもねえ**　歌舞伎十八番物、荒事風の狂言にはよく出る。「つがもなし」はたわいなし、ばかばかしい等の意。他を卑しめ侮りて言う語で、悪少年などの誇る場合などに用いる。助六も不良青年を標榜しているのだから、「何でい、馬鹿々々しい」と威張って見せたのである。

助六　女郎衆《じょろうしゅ》、この頃《ごろ》、この吉原《よしわら》へ蛇《へび》が出《で》るぞや。

皆々　オオ、こわ。

助六　イイヤ、怖《こわ》い蛇《へび》じゃアない。※つらはりきんで惣白髪《そうしらが》、髭《ひげ》があって、しかも○○○に似《に》た蛇《へび》*45だ。この蛇《へび》が変《かわ》った事《こと》の、毎晩々々女郎《まいばんまいばんじょろう》に振《ふ》られても、恥《はじ》を恥《はじ》と思《おも》わず通《かよ》いつめる執着《※しゅうじゃく》の蛇《へび》だ、こいつが時《※とき》おりふし伽羅《きやら》を焚《た》くだ。何《なん》の為《た》めに焚《た》くと思《おも》えば、そいつが髭《ひげ》に虱《しらみ》がたかる。伽羅《きやら》は虱《しらみ》の大禁物《だいきんもつ》、人目《ひとめ》に到《※いた》りと見《み》しょうとは、イヤきゃらッ臭《くせ》え奴《やつ》だ。*46
　ト奥《おく》にて、
門兵　いやだいやだ。
　ト門兵衛《もんべえ》、湯上《ゆあが》りの形《なり》にて出《で》て来《く》る。これに長吉《ちょうきち》と茶屋《ちゃや》の息子《むすこ》ついて出《で》る。お辰《たつ》も※取《とり》さ
　える。*47
おきゃアがれおきゃアがれ。くわんぺらさまが斯《こ》う怒《おこ》っちゃア、※矢《や》も楯《たて》もただは置《お》
かない。女郎《じょろう》めらを出《だ》せ女郎《じょろう》めらを出《だ》せ。
長吉　モシモシ、くわんぺらさま、どうしたものだ、野暮《やぼ》らしい、お静《しず》まりなされま
せい。
茶屋息子　なるほど、静《しず》かにおっしゃりませ。
門兵　いやだいやだいやだ。
意休　くわんぺら、何《なに》を小言《こごと》を言《い》う。
門兵　こりゃ親分《おやぶん》でござんすか。聞《き》いて下《くだ》さりませ。憎《にく》いやつは遣手《やりて》めだ。此処《ここ》へう
しゃアがれ。うなア女郎《じょろう》の※二重売《じゅうう》りをしやアがるか。太《ふと》い奴《やつ》だ。これじゃア済《す》まね
え済《す》まねえ。
お辰　モシモシ、何《なん》の事《こと》でござんす。太《ふと》いの細《ほそ》いのと、オオこわ。

門兵　うなア人《ひと》を馬鹿《ばか》にしやアがるか。コレヤイ、このくわんぺら※法王《ほうおう》さまが御酒宴《ごしゆえん》のあまりに、風呂《ふろ》に召《め》そうとの※御託宣《ごたくせん》。おれが思《おも》い付《つ》きは女郎《じよろう》を一所《しよ》に入《い》れて、脊《せ》中《なか》を流《なが》さしょうと思《おも》う心《こころ》、あつとお請《う》けを申した故《ゆえ》に、先《さ》っきにから風呂《ふろ》におれ只《た》った一人《ひとり》、待《ま》てど暮《く》らせど女郎《じよろう》めらが、※ひっとりもうしやアがらない。おらア湯《ゆ》の中《なか》で半分《はんぶん》とけたわえ。※惣仕舞《そうじまい》にした大尽《だいじん》を斯《こ》うしてもいいか。※ふんばりめらをきりきり此処《ここ》へ出《だ》せ。残《のこ》らず湯壺《ゆつぼ》へ叩《たた》き込《こ》んで、女郎《じよろう》の白湯《さゆ》漬けをかっ込《こ》むぞ。*48

傾六　モシモシ、くわんぺらさん。お前《まえ》ひとりが客《きやく》の始《はじ》まりではあるまいし、ふんばり呼《よ》わり置《お》いて下《くだ》さんせ。

傾一　そりゃあ、腹《はら》は立《た》ちょうとも横《よこ》にしょうとも、お前《まえ》の腹《はら》じゃによって構《かま》いはせぬが、ふんばり呼《よ》わり止《や》めて貰《もら》おうぞえ。

傾三　やめさんせぬと、お前《まえ》の口《くち》へ※大戸《おおど》を立《た》てるぞえ。

傾六　アノ憎《にく》らしい顔《かお》わいなア。

傾一　ほんに可愛《かわゆ》らしい処《ところ》は微塵《みじん》もない。

傾二　アレあの顔《かお》わいなア。

皆々　オオ笑止《しようし》。

門兵　黙《だま》りゃアがれ、ふんばりめら。おれが口《くち》へ大戸《おおど》を立《た》てると、※鼻《はな》の穴《あな》の潜《くぐ》りから、自由《じゆう》に出《で》はいりをするわえ。
傾三　みなさん聞《き》かんしたか、あの悪態《あくたい》わいのう。
傾一　ほんにあのように毒《どく》な事言《ことい》わねば、強《つよ》う見《み》えぬと思《おも》うてのことかいなア。
傾三　そんなに言《い》わしゃんす程《ほど》、※うわかぶきがして、障《さわ》ったら向《むこ》うへのめりそうな男《おとこ》じゃわいのう。
傾六　あの※下作《げさく》な顔《かお》わいのう。
皆々　しみじみ、オオ※好《す》かや。
門兵　※業腹《ごうはら》な奴等《やつら》だ。亭主《ていしゅ》め、ふんばりめらをみんな此処《ここ》へ連《つ》れて来《こ》い。※胴腹《どうばら》へ細引《ほそびき》を引通《ひツとお》して、五丁町《ちょうまち》の真中《まんなか》で、女郎《じょろう》の※百万遍《まんべん》を繰《く》るぞ。
傾三　ほんに自由《じゆう》そうに、女郎《じょろう》が珠数《じゅず》繋《つな》ぎになるかいなア。
傾一　アノ腹《はら》へ細引《ほそびき》を通《とお》すといなア。
傾六　あの愛嬌《あいきょう》のない事《こと》を、見《み》て笑《わら》わんせ。
皆々　ワアイワアイ。
門兵　うぬらは笑《わら》ったな。イヤ※笑《わら》い清《きよ》め奉《たてまつ》ったな。モウ許《ゆる》されぬ。
ト滅多無上《めったむしょう》に騒《さわ》ぐ。皆々《みなみな》※取《と》りさえる。この騒《さわ》ぎの中《なか》へ、饂飩屋《うどんや》福山《ふくやま》の※担《かつ》ぎ、箱《はこ》を担《かつ》ぎ出《で》て、門兵衛《もんべえ》に突当《つきあた》る。

アア痛《いた》いなアア痛《いた》いな。野郎《やろう》め、待《ま》ちゃアがれ。

担ぎ　アイアイ、お許《ゆる》しなされませお許《ゆる》しなされませ。

門兵　何《なん》だ、お許《ゆる》しなされませ。※うなア、※けんどん箱《ばこ》をぶっつけて、御免《ごめん》なさい。こ
こな蕎麦《そば》かす野郎《やろう》の、※たれ味噌《みそ》野郎《やろう》の、だしがら野郎《やろう》め。うなア、おれが目《め》の玉《たま》へ
いらねえか、うなアうなアうなア。（トこづき廻《まわ》す。）

担ぎ　御免《ごめん》なされませ。女郎《じょろう》さん方《がた》、お詫《わ》びなされて下《くだ》さりませいお詫《わ》びなされて下《くだ》
さりませい。

皆々　門兵衛《もんべえ》さん、堪忍《かんにん》してやらんせいなア堪忍《かんにん》してやらんせいなア。

門兵　ならねえならねえ。*49

○つらはりきんで　顔附きは、意気張った、勢を張った、おっかない。**＊45**○○○は意休を演ずる役者の名をいうのである。幸四郎ならば「幸四郎に似た蛇だ」となるのである。「髭があって」は「髭だらけで」とした台本もある。**○執着の蛇**　執念深い蛇。**○時おりふし**　時折節である。ときたま。時々。**○到り**「いたり」は物事の極度、きわまり。風流に徹底した人の意。**＊46**「洒落ッくさい」を「きゃらッ臭い」と駄洒落にしたのである。**○取さえる**　「取支える」である。鎮めなだめる。**＊47**ここへ外郎売を出したこともある。（弘化元年三月中村座）それは門兵衛が湯気にあたったので薬をくれという。そこへ外郎売が来るので呼び寄せ、言い立てがあって皆に薬包みをやり、「左様なら、どなたも。外郎を買わっしゃりませ買

わっしゃりませ」と呼びながらはいるのである。これは八世團十郎の初演であるが、七世が初めて外郎を入れたのもここだったろうと思う。○**矢も楯も…**　「矢も楯もたまらず、ただではおかれない」の簡略化。何と言ったって聞くものか。○**二重売り**　一旦人に売ったものを、又他の人に売る。ここでは揚巻を買ったのによこさず、他へまた二重に売ったと言ったのである。○**法王さま**　称徳天皇の時、僧道鏡に授けられた位なのであるが、ここは単に門兵衛が自分を尊大に自称した言葉。○**御託宣**　おっしゃったのだ。法王と自称したから、勿体らしくこう言ったまで。○**ひっとりも**　「ひとりも」の急呼。「一人」を強調したのである。○**惣仕舞**　全部を買いきるをいう。女郎全部を買い切ったと、大きく言ったのである。○**ふんばりめ**　「ふんばり」は下等の淫売婦をいう。またすべて野卑な女を罵っていう。＊48機智に富んだセリフがこの作には甚だ多いが、この「湯の中で半分とけた」、「女郎の白湯漬け」なども面白い、特色的な言い現わし方である。多分こうしたセリフは初世桜田治助の補筆になるものと言われている。○**大戸を立てる**　表口にある大きな戸。普通よりも幅広く大きい戸。口を利かせぬようにするをいう。○**鼻の穴の潜り**　「穴の」の「の」は「という」の意で、「鼻の穴」と「潜り」とは同格である。「潜り」はくぐり戸。即ち門や大戸の脇に設け、くぐりて出入りする低く小さき戸口。○**うわかぶき**　「上傾〔かぶ〕き」である。本来「歌舞伎」も「傾〔かぶ〕き」に由来しているのであるが、これの用法に同じ。頭がちで上の方が重く傾いているから、ちょっと障ったらのめり、倒れそうだというのである。○**下作**　下等な作品。まずい顔。品かたち賤しきこと。○**好かや**　(既出)「好かぬことや」の約。いやだねえ。○**業腹**　憤怒の念に堪えざること。いまいましい。○**胴腹へ細引を引通して**　「胴腹」は一般に腹部をいう。「細引」は麻にて綯いたる縄。腹へ穴をあけて麻縄をとおす。珠数になぞらえたのだ。○**百万遍を繰る**　「百万遍」は仏語で、念仏を百万遍唱うること。かくすれば往生を得るという。○**笑い清め…**　神事の「祓い清め奉る」をもじって言った。「笑い清め奉った」と自分を神に喩えて、尊大ぶった所にユーモアがある。○**取りさえる**

（既出）取支える。○**担ぎ**　担ぎ。物を担ぎ運ぶ人。出前持ちのこと。○**うなア**　「うぬは」の訛。この野郎は。○**けんどん箱**　「けんどん」は「倹飩」で「倹約饂飩」の略であるという。当字では慳貪と書く。それから転じてその倹飩を入れる「けんどん箱」の略称ともなった。即ちここでは、饂飩または蕎麦を入れて運ぶ箱である。○**たれ味噌野郎**　人に対しての罵言。「たれ味噌」は煮物に用うるどろりとした汁。＊
49文化頃の台本まではほとんどこのままであるが、天保頃からは、この担ぎの役を大いによくしてある。これは決して合理的ではないが、役者に花を持たせるためである。門兵衛が「ならねえならねえ、動きやアがるな」と言うと、担ぎがきっとなって、痰火をきる。「これほど詫びるに了簡がならねえのか。聞けねえけりゃア仕様がねえ。（ト尻をまくってあぐらをかき）廓で通った福山の暖簾にかかわることだから、けんどん箱の角だって、言わにゃアならねえ喧嘩好き、出前も早いが気も早い、担ぎが自慢の延びねえうち、水道の水で洗い上げた、肝の太打ち細打の手際をここで見せてやろう。憚りながら緋縮緬の大幅だ」という。と門兵衛が「この野郎め、口のはたに御番所がねえと思って、すてきな事をぬかしやアがる。なおなお了簡がならねえわ」ト拳を振り上げる。と助六双方の間に割ってはいり、門兵衛の左の手首を取って捻じ上げる。というのである。今日の演出も無論これである。その代り皆々の「助六さん云々」のセリフはない。
（上記中の「大幅」は「二巾」に同じく、湯具のことである）

皆々　助六《すけろく》さん、詫事《わびこと》してやらしゃんせやらしゃんせ。
　ト口々《くちぐち》に言《い》う。助六《すけろく》、門兵衛《もんべえ》が手《て》を捩上《ねじあ》げる。
門兵　オオ、痛《いた》い痛《いた》い痛《いた》い。
助六　※大事《だいじ》ない、早《はや》く行《ゆ》け早《はや》く行《ゆ》け。

担ぎ　アイ。(ト花道《はなみち》へ行《ゆ》こうとする。)
助六　待《ま》ちゃアがれ待《ま》ちゃアがれ。
門兵　ハテ、ようごんすようごんす、馬鹿《ばか》な奴《やつ》だ、早《はや》く行《ゆ》け早《はや》く行《ゆ》け。
　ト饂飩屋立《うどんやた》とうとする。
助六　動《うご》きやアがると叩《たた》き殺《ころ》すぞ。
門兵　ハテ、ようごんす、堪忍《かんにん》して遣《や》るものだよ。
助六　遣《や》るものだ。
門兵　ハテさて、堪忍《かんにん》して遣《や》りなさいよ。
助六　何《なん》だ、遣《や》りなさいよ、遣《や》りなさいがイヤだ。やりなさるめえが何《ど》うする。
門兵　ハテさて、高《たか》で手《※て》に足《た》りるものじゃアねえ。大人気《おとなげ》ない、堪忍《かんにん》しなさい。
助六　先《さ》っきにから、大分《だいぶ》しゃれるやつだが、うなア、おれを知《し》らねえな。
門兵　これはどうしたものでえす。こなたを知《し》らぬものがあるものか。この吉原《よしわら》はいうに及《およ》ばず、この江戸《えど》には隠《かく》れねえ。
助六　知《し》って居《い》るか。
門兵　誰《だ》れだか知《し》らねえ。
助六　おきゃアがれ。こいつは人《ひと》を上《あ》げたり下《おろ》したり、鳶《※とんび》だこのようにしやアがるな。

助六　うぬがような安《やす》い野郎《やろう》を、※たが知《し》るものだ。

門兵　こいつア、恐《おそ》れ多《おお》い事《こと》をぬかすわえ。おれを知《し》らぬとぬかすからは、ムウ、聞《きこ》えた、今日が吉原《よしわら》の※宮参《みやまい》りか。こりゃ赤《あか》っ子《こ》に知《し》らせると※疱瘡《ほうそう》のまじないになる、耳《みみ》の穴《あな》をほじって能《よ》く聞《き》け。是《これ》にござるがおれが親分《おやぶん》、※通俗三国志《つうぞくさんごくし》の利《き》きもの、関《かん》羽《う》字《あざな》は雲長《うんちょう》、髭《ひげ》から思《おも》い付《つ》いて※髭《ひげ》の意休《いきゅう》どの。その※烏帽子児《えぼしご》のくわんぺら、関羽《かんう》の関《かん》を取《と》って、くわんぺら門兵衛《もんべえ》、※ぜぜもちだぞ。※尊《とうと》い寺《てら》は門《もん》から見《み》える。門兵衛《もんべえ》さまという※腹《はら》っぷくれだ。うぬが※笠《かさ》を取《と》れ。イヤサ、そのあたまの紫《むらさき》の鉢巻《はちまき》を引《ひ》ったくって、三度《ど》礼拝《らいはい》をひろげよ。

助六　ハハハハ、※縁起《えんぎ》を聞《き》けば有難《ありがた》い。しかし貴様《きさま》の長《なが》ぜりふのうち、気《き》の毒《どく》な饂飩《うどん》が伸《の》びる、馬鹿《ばか》な奴《やつ》だ、早《はや》く行《ゆ》け早《はや》く行《ゆ》け。

門兵　遣《や》らねえ遣《や》らねえ。

助六　さっきにから詫言《わびこと》をしても、遣《や》らねえ遣《や》らねえと。ハハア、聞《きこ》えた。貴様《きさま》は※ひだるいの。丁度《ちょうど》よい時分《じぶん》に担《かつ》ぎめが来《き》たによって、どさくさ紛《まぎ》れに饂飩《うどん》をして※遣《や》ろうとな。ハテ、遠慮深《えんりょぶか》い男《おとこ》だ。そんならそうと言《い》ったがよい、つい済《す》む事《こと》を、おれが振舞《ふるま》いましょう。

ト饂飩箱《うどんばこ》より饂飩《うどん》を出《だ》して、
銭《ぜに》はおれが遣《や》る。こりゃア精進《※しょうじん》か。
担ぎ　イエ、生臭《※なまぐさ》うござりまする。
助六　※お精進《しょうじん》かは知《し》らねども、わしが給仕《きゅうじ》じゃ、一杯上《ぱいあ》がれ。
門兵　いやだわ。
助六　ハテ、力《※りき》まぬものでごんす、胡椒《※こしょう》を入《い》れて。
ト門兵衛《もんべえ》が鼻《はな》の先《さ》きで胡椒《こしょう》を入《い》れる。門兵衛《もんべえ》くさめをする。
サア、一つ上《あ》がれ。わしがくくめて※進《しん》じょう。
門兵　何《なん》だ、わしだ。
助六　ムウ、わしさ。
門兵　うぬが鷲《わし》なら、おらア熊鷹《くまたか》だ。
助六　ムウ熊鷹《くまたか》だ、熊鷹《※くまたか》の長範《ちょうはん》、貴《き》さまは手《て》が長《なが》いの。*50
門兵　おきゃアがれ。おらアいやだわえ。
助六　そんなら、是《これ》ほどに言《い》ってもいやか。
門兵　いやだいやだ、いやだわやい。
助六　好《す》きにしゃアがれ。

ト饂飩《うどん》を門兵衛《もんべえ》に浴《あび》せる。*51

門兵　斬《き》った斬《き》った斬《き》った斬《き》った。

ト是《これ》にて担《かつ》ぎは花道《はなみち》へ逃《に》げてはいる。門兵衛《もんべえ》の子分大勢《こぶんおおぜい》の中《なか》へ白酒売七兵衛《しろざけうりしちべえ》、棒《ぼう》を持《も》って出《で》る。朝顔千平《あさがおせんぺい》、帯《おび》と脇差《わきざし》とを持《も》ち、駆《か》けて出《で》て来《く》る。

○**大事ない**　差支えなし。かまわぬ。○**手に足りるもの**　手にとるに足るもの。○**鳶だこ**　鳶の形に似せて作ったいかのぼり。○**たが**　たれが。○**宮参り**　小児生れて後、初めてその産土の神に参詣するをいう。吉原を産土神にたとえて、初めて吉原へ来たのかという洒落。○**疱瘡のまじない**　天然痘の軽くてすむまじないになる。○**通俗三国志の利きもの**　『通俗三国志』は読本で五十一巻。作者は湖南文山、中国の小説の『三国志』を通俗化したもの。刊行は元禄二年から五年に至る。その『通俗三国志』で有名な、人気者の。○**髭の意休**　（既出）髭のある意休。髭が看板の意休。○**烏帽子児**　昔、元服するには烏帽子を初めて冠らせて貰い、幼名を捨て通称を名乗り始める。その時烏帽子親というものを立てて元服の式もし烏帽子名（通称）も受ける。親同然の恩人である。意休はその烏帽子親だというのである。○**ぜぜもち**　「ぜぜ」は銭の幼児語。お金持だぞ。○**尊い寺は門から見える**　諺。貴い寺は寺門に入ると、もう已に尊崇の念を生ずる。外面を見て内部の状態の察知せらるるという譬え。○**腹っぷくれ**　金で腹がふくれている。お金持ち。○**笠を取れ**　尊い俺の前へ出たからには、頭の笠を取れ。鉢巻のことを指している。○**ひだるいの**　ひもじいんだな。空腹だな。腹ペコなんだな。○**縁起して遣る**　神社仏閣の縁起由来の意味である。「ものす」などと同じく、場合に応じて如何様にも解釈出来る語。せしめる。ごまかして奪い取る。○**精進**　精進物の略。野菜の類のみにて、魚・肉類を雑〔まじ〕えざる食物。汁に鰹節の出しを使用してあるかないかと聞いたのである。○**生臭うござりまする**　生臭物でありますの意。○**お精進**　法王だの何だのと言ったからとも取れるし、また今日が精進日かは知らぬがとも取れる。○**力まぬもの**　「力む」は力を入れる。威張る。○**胡椒**　とうがらしのことである。薬味用に、こまかくきざんである。からくて刺激するから、くしゃみをする。これが効果的で、見物はこのくしゃみを悦ぶ。○**くめて**　口の中に含ませて。○**熊鷹の長範**　「熊鷹」から「熊坂」をもじって言った。平安末の熊坂長範という盗賊を門兵衛にかけて、手が長いのと言ったのである。「わし」から「鷲」になり、鷲から熊鷹になり、熊鷹から熊坂になっている。＊50この作には随所にこうした洒落がある。所謂明和、安永、天明の頃の洒落な時代相の現われで、狂歌における天明ぶり、小説における宝暦以後に発生した洒落本の味と共通したものである。それは助六劇の完成が、時代を同じくしていたからである。＊51この饂飩は干瓢を代用する。

千平　親分《おやぶん》々々《おやぶん》。千平《せんぺい》が来《き》やした千平《せんぺい》が来《き》やした。先《ま》ず帯《おび》をさっしゃい帯《おび》をさっしゃい。

門兵　千平《せんぺい》か。＊51口惜《くちお》しい、不意《ふい》を打《う》たれた。疵《きず》は深《ふか》いか浅《あさ》いか、見《み》てくれろ見《み》てくれろ。

ト帯《おび》を締《し》め、脇差《わきざし》をささせる。

千平　コレコレ、親分《おやぶん》。疵《きず》は何処《どこ》にもござらぬぞや。

門兵　何《なん》だ、疵《きず》はない、騒《さわ》ぐな騒《さわ》ぐな。

ト頭《あたま》の饂飩《うどん》を取《と》って見《み》て、

イヤア斬《き》られたと思《おも》ったら、こりゃ饂飩《うどん》だ。
千平　おかっしゃい。
門兵　ぶちのめせ。
　ト子分《こぶん》大勢《おおぜい》、棒《ぼう》を振上《ふりあ》げる。
助六　何《なん》だ、棒《ぼう》を振上《ふりあ》げてどうする。※丁稚《でっち》上《あが》りめら。その棒《ぼう》がちっとでも触《さわ》ると、五《ご》丁町《ちょうまち》へ死人《しにん》の山《やま》を※つくぞ。
皆々　ヤア。
助六　棒《ぼう》を引《ひ》きゃアがらないか。
皆々　アイアイアイ。（ト静《しず》まる。）
千平　ヤイ、※二才《せえ》野《や》郎《ろう》め、三才《ぜえ》野《や》郎《ろう》め、※仔細《しせえ》らしい奴《やつ》だ。凡《およ》そおらが親分《おやぶん》の門兵衛《もんべえ》どのに刃向《はむか》う奴《やつ》は覚《おぼ》えがない。それにマア、親分《おやぶん》の頭《あたま》へよく饂飩《うどん》をぶっかけたナ。*53 せめて※三十二文《もんも》盛りなら※不承《ふしょう》もしょうが、親分《おやぶん》を見《み》くびって、よく※二八をぶっかけたナ。*54 この上《うえ》はこの奴《やっこ》が了簡《りょうけん》がならぬ。おれが手《て》にかける。おれが名《な》を聞《き》いて、※閻魔《えんま》の小遣《こづか》い帳《ちょう》にくっ付《つ》けろ。※事《こと》も愚《おろ》かや、この※糸鬢《いとびん》は※砂糖煎餅《さとうせんべい》が孫《まご》、※薄雪煎餅《うすゆきせんべい》はおれが姉《あね》、※木《こ》の葉煎餅《はせんべい》とは※行逢《ゆきあ》い兄弟《きょうだい》、※塩煎餅《しおせんべい》が親分《おやぶん》に、朝顔千平《あさがおせんぺい》という※色奴《いろやっこ》だぞ。*55 野《や》郎《ろう》め、うぬを斯《こ》う。

トかかる。助六尺八《すけろくしやくはち》にて叩《たた》く。千平見事《せんぺいみごと》に投《な》げられる。

門兵　是《これ》なる木《き》の根《ね》にけし※飛《と》んで、思《おも》わぬ負《まけ》を致《いた》したり。

千平　千平《せんぺい》、どうしたどうした。*56

門兵　相撲《すもう》の勝負《しょうぶ》は知《し》らねども、木《き》の根《ね》は正《まさ》しく、

千平　オイ、

門兵　此処《ここ》にあり。（ト浄瑠璃《じょうるり》をかたる。）

皆々　おきゃアがれ。

門兵　野郎《やろう》め、重《かさ》ね重《がさ》ねの※曲手毬《きよくてまり》。うなアマア何《なん》という、

皆々　野郎《やろう》だ。

助六　いかさま、この五丁町《ごちょうまち》へ※脛《すね》を踏《ふ》ン込《ご》む野郎《やろう》めらは、おれが名《な》を聞《き》いておけ。先《ま》ず第《だい》一※おこりが落《お》ちる。まだよい事《こと》がある。大門《おおもん》をずっと潜《くぐ》ると、おれが名《な》を手《て》の平《ひら》へ三遍《べん》書《か》いて嘗《な》めろ、一生女郎《いっしょうじょろう》に振《ふ》られるという事《こと》がねえ。見《み》かけは小《ちッ》さな野郎《やろう》だが胆《きも》が大《おッ》きい。遠《とお》くは※八王子《はちおうじ》の炭焼売炭《すみやきばいたん》の歯《は》っかけじじい、近《ちか》くは※三谷《さんや》の古《ふる》やりて梅干婆《うめぼしばば》アに至《いた》るまで、茶呑《ちゃの》み話《ばなし》の喧嘩沙汰《けんかざた》、※男達《おとこだて》の無尽《むじん》のかけ捨《ず》て、ついに引《ひ》けを取《と》った事《こと》のねえ男《おとこ》だ。江戸《えど》紫《むらさき》の鉢巻《はちまき》に、※髪《かみ》は生締《なまじ》め、※はけ先《さ》きの間《あいだ》から覗《のぞ》いて見《み》ろ、安房上総《あわかずさ》が※浮絵《うきえ》のように見《み》えるわ。※相手《あいて》が殖《ふ》えれば龍《りょう》に水《みず》、※金龍山《きんりゅうざん》の客殿《きゃくでん》

から、※目黒《めぐろ》のめんぞうまで御存《ごぞん》じの、江戸《えど》八百八町《はっぴゃくやちょう》に隠《かく》れのねえ、※杏葉牡丹《ぎょうようぼたん》の紋付《もんつ》きも桜《さくら》に匂《にお》う仲《なか》の町《ちょう》※花川戸《はなかわど》の助六《すけろく》とも、また※揚巻《あげまき》の助六《すけろく》ともいう若《わか》い者《もの》、間近《まぢか》く寄《よ》って※しゃッつらを拝《おが》み奉《たてまつ》れエエエ。*57

皆々　イヤア。

卜門兵衛《もんべえ》ふるえる。

助六　ここな、どぶ板野郎《いたやろう》の、たれ味噌野郎《みそやろう》の、出《だ》し殻野郎《がらやろう》の、そばかす野郎《やろう》め、引《ひっ》込《こ》みやアがらねえか。

門兵 千平　モウ、許《ゆる》されぬ。

卜門兵衛《もんべえ》、千平《せんぺい》切《き》って掛《かか》る。立廻《たちまわ》りにて助六《すけろく》、この刀《かたな》の寸《すん》を取《と》る事《こと》あり、*58抜身《ぬきみ》をほうり出《だ》し、両人《りょうにん》を尺八《しゃくはち》にて叩《たた》き、※しゃんと見得《みえ》。

*52門兵「千平々々」。千平「何だア何だア」という、耳なれたセリフがここにある。○**丁稚上り**　丁稚などより成りあがりたること、またその者。「丁稚上りめ」は若い奴等めというに同じく、罵った語である。○**つく**　築く。吉原中へ死人の山を築くぞ。○**二才野郎**　「青二才め」に同じ。若い男を罵っていう語。○**仔細らしい奴**　「二才」「三才」「仔細」と語呂の上の戯れも混入している。こまちゃくれて面倒な奴、うるさい奴だ。*53この「ナ」を極めて軽く、短かく言う。それがいかにも安っぽくなる。○**三十二文盛り**　大蒸籠をいう。○**不承もしょうが**　いやいやながら承知すること。まアまア許しもしようが。○**二八**　蕎麦粉二分と饂飩粉八分とを調合して作りたる蕎麦のこと。後誤って、一膳の価二

八十六文の蕎麦をもいう。＊54三十二文、十六文というのも、時代によって見物に通じなくなったので、明治以後は大蒸籠、駄盛りと直している。駄もりは下らないもりそばの義。○**閻魔の小遣い帳…** 「殺される前におぼえておけ」といった意味で、よく聞いておけというのを面白く洒落て言った。○**事も愚かや** いまさら言うもおろかだが。言わずと知れた。○**糸鬢** 頂を広く剃りさげ、両の鬢を糸の如く狭く残して結びたる男子の髪、多く奴の髪形。千平が自分の頭髪をさして言った。○**砂糖煎餅** 砂糖をつけた甘い煎餅。○**薄雪煎餅** 「薄雪」は干菓子の一種。玉子を混ぜて饂飩粉を焼き、砂糖をかけたもの。「薄雪」は女性的な感じで、『薄雪物語』など女性の名とされているにより、「薄雪煎餅はおれが姉」と言った。○**木の葉煎餅** 木の葉の形に製したる煎餅。○**行逢い兄弟** 胤がわりの兄弟。異父同母の兄弟。○**塩煎餅** 米の粉をこね、平たくして乾かし、炙り焼きて醤油を引きたるもの。○**色奴** 美男の、好色の奴。粋な奴。

「抜かねえか」のキマリ　十二代目市川團十郎

＊55道化役の朝顔千（仙）平は、古く北八丁堀に藤屋清左衛門という菓子屋があって、朝顔煎餅というを売出し、江戸中の評判になった上、清左衛門も男達の仲間入りをしたというので、第三回目のこの劇の上演頃から、附加えたものだという。煎餅づくしのセリフである。＊56ここにも門兵「千平々々」千平「何だア何だア」門兵「どうしたどうした」というセリフがある。前の同じセリフの繰返しにもなっ

ていて、滑稽である。○**けし飛ぶ** すっとぶ。○**曲手毬** 曲芸をなして鞠を蹴りまたは突くこと。助六に散々翻弄されたので、こう言ったのである。○**脛を踏ン込む** 足を踏み入れる。○**おこりが落ちる**「瘧」である。おこりがふり落ちる。○**小さな野郎** 見すぼらしい、けちな男の意。○**八王子の炭焼…**八王子は江戸時代には相当の山家、田舎と見立て、「八王子の炭焼」と言ったのである。その八王子で焼いた炭を持って、江戸へ炭売りに来る、歯のかけた、歯抜けのヨボヨボ爺い。つまり遠方で炭焼きをしているような者でもの意。○**三谷の古やりて** 三谷また山谷とも書く。年を取り遣手を勤めあげて三谷に住っているような女。○**男達…**「男達」は、おとこ気あって、強きを挫き弱きを扶け、義のためには一命を軽んずる人。「無尽」は一定の口数と給付金額とを定め、定期に掛金を払い込ましめ、一口毎に抽籤その他の方法により掛金者に金銭の給付をなす。その無尽の掛金をかけたままで、金銭の給付を受けないを掛けずてという。「任侠の気」を「無尽」に喩えて、侠気の代償とかお礼などは受けようとしないの意。○**髪は生締め** 髪形は生締めという髷である。○**はけ先き**（既出）頭髪の先端。○**浮絵** 浮いたように見える絵の義。西洋の遠近法を応用して画いた絵をいう。○**相手が殖えれば龍に水**「龍に水」は「龍の水を得たる如し」の簡約された言葉。相手が多ければ多いだけ、龍の水を得たるが如く、いよいよ活気づくをいう。○**金龍山の客殿**「金龍山」は浅草観音の山号である。「客殿」は客間。龍に水と言ったので金龍山とつけた。○**目黒のめんぞう** 近来は「目黒不動のめんぞう」となっている。「めんぞう」は面像ではなく、眠蔵で、禅家にて寝所をいうに由来して寝室、納戸のこと。つまり晴れがましい金龍山の客殿から、町を遠く離れた目黒不動尊境内の庫裡の隅々まで御存じであると、言った。○**杏葉牡丹の紋付き**（既出）助六は杏葉牡丹の小さな紋をつけている。この紋が二世團十郎以来家紋の一つとなった。○**花川戸の助六** 吾妻橋右岸（雷門脇）に花川戸町というのがある。その花川戸に住む助六。○**揚巻の助六**「揚巻の情人なる助六」を約して通称とした。○**しゃッつら**「しゃつら」とも。顔を罵っていう語。＊57このセリフは

『助六』中でも有名なセリフである。＊58刀の寸を取るのは、心にかけ、捜索している友切丸ではないかと寸法をはかったのである。〇**しゃんと見得**　「しゃんと」はちゃんとである。きっぱりと見得をする。

女皆　助六《すけろく》さんの大当《おおあた》り。やんややんや。

　ト助六両人《すけろくりようにん》を下《した》へ投《な》げ、意休《いきゆう》が脇《わき》へ腰《こし》を掛《か》け、

助六　「※やっとこどっちゃアうんとこな、」サア親仁《おやじ》どの。こなたの子分《こぶん》だの、何《なん》のかのと言《い》ったやつらは、みんなあの通《とお》り、定《さだ》めて貴《き》さまは堪忍《かんにん》なるまい、切《き》らっしゃい、※抜《ぬ》かっしゃい、どうだなどうだな。なぜ物《もの》を言《い》わねえ、唖《おし》か、聾《つんぼ》か、抜《ぬ》きやれな抜《ぬ》きやれな。ハテ張合《はりやい》のないやつだ、猫《ねこ》に追《お》われた鼠《ねずみ》のように、ちうの音《ね》も出《で》ねえな、可愛《かわい》や、こいつア死《し》んだそうだ。よしよし、おれが引導渡《いんどうわた》してやろう。

　ト下駄《げた》を脱《ぬ》ぎ、意休《いきゆう》が頭《あたま》へ載《の》せ、＊59

※如是畜生発菩提心《にょぜちくしょうほつぼだいしん》、往生安楽《おうじょうあんらく》、※どんくわんちん、ハハハハハ、イヨ※乞食《こじき》の閻魔《えんま》さまめ。

　ト意休《いきゆう》、頭《あたま》の下駄《げた》を取《と》って、きっとする。

こりゃア、なかなか面白《おもしろ》くなって来《き》たわえ。

　ト意休下駄《いきゆうげた》を捨《す》て、刀《かたな》を抜《ぬ》こうとする。

助六　サア抜《ぬ》け抜《ぬ》け抜《ぬ》け抜《ぬ》け、抜《ぬ》かねえか。（ト詰寄《つめよ》る。）

意休　いんにゃ抜《ぬ》くまい。（ト納《おさ》める。）

門兵　コレコレ親分《おやぶん》、こなたがそう弱《よわ》くっては、おいらが大分心細《だいぶんこころぼそ》い。

千平　日《ひ》ごろ自慢《じまん》の兵法《ひょうほう》は、いつの役《やく》に立《た》つのだ。

門兵 千平　エエ、みじめな人《ひと》だ。

意休　※大象《たいぞう》は兎径《とけい》に遊《あそ》ばず、鶏《にわとり》を割《さ》くに何《なん》ぞ牛《うし》の刀《かたな》を用《もち》いんや。意休《いきゅう》が相手《あいて》になる奴《やつ》じゃアない、くわんぺら、朝顔《あさがお》、鼻紙袋《はながみぶくろ》の用心《ようじん》しろ、エエ、うぬ。

ト思入《おもいい》れ。助六《すけろく》、脇差《わきざし》を抜《ぬ》いて曲彔《きょくろく》を切《き》り*60、しゃんと納《おさ》め、

助六　マア、ざっとこのくらいなものさ。

意休　ぶちのめせ。

ト是《これ》よりすがきになり、大勢棒《おおぜいぼう》を持《も》って助六《すけろく》にかかる。これを切払《きりはら》う。このうち意《い》休《きゅう》、門兵衛《もんべえ》、千平《せんぺい》、先《さ》きに傾城《けいせい》そのほか皆々《みなみな》はいる。子分大勢《こぶんおおぜい》、棒《ぼう》を持《も》ち、助六《すけろく》があとについて来《く》る。この中《うち》に白酒売七兵衛《しろざけうりしちべえ》も同《おな》じように、天秤棒《てんびんぼう》を持《も》ち、ついて来《く》る。

皆々　遣《や》らぬわ。

ト棒《ぼう》を振上《ふりあ》げる。助六脇差《すけろくわきざし》を抜《ぬ》く、揚幕《あげまく》へ皆々逃《みなみなに》げてはいる。この事《こと》二三度《ど》あって、このうち助六悪態《すけろくあくたい》の捨《す》てゼリフあるべし。皆々《みなみな》はいる。とど七兵衛《しちべえ》ばかり※留場《とめば》の口《くち》に立《た》って居《い》る。

○やっとこどっちゃアうんとこな　荒事に出る掛声である。やっとこさ、どっこいしょ、うんとこさの三つの掛声を重ね、一つにまとめた形である。ここのこのセリフは、文化頃からはあまり言わない。**○抜かっしゃい**　刀を抜きなせえ。**＊59**意休の頭へ下駄を載せるとあるが、後見が後ろにいて、載せたように見せて、持っているのである。しかし人気のある俳優が意休になると、その頭へ下駄を載せることを贔屓客が承知しないで、載せなかったような場合もある。それほどに俳優の個人的人気というものの大きかったのも歌舞伎劇の一特色である。**○如是畜生…**　仏語。畜生に菩提心を生ぜしめ、安楽国に往生せしめる祈願唱である。鼠に喩えたから引導わたすといって、こう唱える。無論洒落のめし、憤激させるためなのである。**○どんくわんちん**　鉦や太鼓など仏事に用うる楽器の音を口でいうのである。「ドン、チャン、グワン――」とした場合もある。**○乞食の閻魔さまめ**　鬼にも喩うべき門兵衛等の親分であり、また意休の髭面恰好を閻魔に比し、更に罵った言葉。**○大象は兎径…**　大きな象は兎の通る小径には遊ばず、そんな所へは行かない。また鶏を割くには牛を割く刀を用うる必要はない。助六ごときものを相手にするは大人気ないと言ったのである。**＊60**曲彔（法要で僧が用いる椅子）とあるが、後には脇息を切ることになった。無論後者のほうが仕末がよくていい。**○留場**　芝居の木戸口の見張番の居る所をいう場合もあるが、花道の揚幕際のところをいう。その所には留場という劇場の雑役人夫がいて、観客掛りをしている。今日はもうないが、開演中に立って歩く人があると「お坐りヨ」と声をかけたりした。

助六　さてさて弱《よわ》い奴等《やつら》だ。ドリャ、揚巻《あげまき》が布団《ふとん》の上《うえ》で一杯《ぱい》呑《の》もうか。

ト肌《はだ》を入《い》れて、※暖簾口《のれんぐち》へかかる。七兵衛《しちべえ》そろそろと花道《はなみち》の中程《なかほど》へ来《き》て、

七兵　兄《あに》さん兄《あに》さん。
ト呼《よ》ぶ。助六《すけろく》黙《だま》って行《ゆ》く。
七兵　兄《あに》さん、ちょっと来な、待《ま》って貰《もら》おう。
助六　何《なん》だ、兄《あに》さんだ、※しゃれた奴《やつ》だわえ。今《いま》の奴《やつ》らか、何《なん》の用《よう》がある。
ト花道《はなみち》へ来《く》る。七兵衛《しちべえ》逃《に》げて中《なか》の※土間《どま》の歩《あゆ》みへ来《き》て、かがんで居《い》る。
誰《だ》れも居《い》ねえ。太《ふと》い奴《やつ》だ、おれを呼《よ》んだは誰《だ》れだ、此処《ここ》へ出《で》やアがれ。誰《だ》れだと思《おも》う、江戸《えど》男達《おとこだて》の※惣本寺《そうほんじ》、揚巻《あげまき》の助六《すけろく》だぞ。アアつがもねえ。
ト舞台《ぶたい》へ来《く》ると、また花道《はなみち》にて、
七兵　モシモシ、江戸《えど》男達《おとこだて》の惣本寺《そうほんじ》さま。ちょっとお目《め》に掛《かか》りましょう。
助六　又呼《またよ》びやアがるか、何《なん》だえ。
トつっかと花道《はなみち》へ来《く》る。七兵衛《しちべえ》花道《はなみち》へべったりと腹這《はらば》いになる。
どいつだ、こりゃアおれを馬鹿《ばか》にするな、わるく※そばえやがると、※大《おお》どぶへさらい込《こ》むぞ、鼻《はな》の穴《あな》へ屋形船《やかたぶね》を蹴込《けこ》むぞ。[*61]口《くち》を引裂《ひっさ》くぞ。※こりゃ又何《またなん》のこったエ。
ト舞台《ぶたい》へ来《く》る。七兵衛《しちべえ》起上《おきあ》がり、
［七兵　イヨ※成田屋《なりたや》ア。
助六　また野郎《やろう》め、どこから来《き》やアがって、※まぜっけえすのだ。[*62]」

七兵　モシモシ兄《あに》さん兄《あに》さん。

助六　またじらしゃア※がるか、うぬ逃《に》げるなよ、そこに居《い》ろ。

ト花道《はなみち》へ来《く》る。七兵衛《しちべえ》ふるえながら立《た》っている、助六《すけろく》そばへ行《ゆ》き、

おれを呼《よ》んだは、われか。

七兵　アイ、わしでごんすよ。

助六　しゃれた奴《やっ》だ、何《なん》の用《よう》がある。

七兵　わしさ、わしでごんす。

助六　何《なん》だ、わしだ。マア、うぬがそのしゃっ面《つら》を。

ト七兵衛《しちべえ》が胸尽《むなづく》しを取《と》り、顔《かお》を見《み》てびっくりする。

七兵　正真《しょうじん》のわしでごんすよ。

助六　こりゃ兄《※あに》じゃ人《ひと》、祐成《すけなり》どの。

七兵　お前《まえ》の目《め》からも、祐成《すけなり》と見《み》えますか。

助六　兄《あに》じゃ人《ひと》じゃものを、どうして此処《ここ》へはござりましたぞ。

七兵　何故《なぜ》え、わたしゃ此処《ここ》へ来《※こ》ないものかえ。この祐成《すけなり》はこの廓《くるわ》へは札留《※ふだど》めかえ。

助六　全《まった》くそういう事《こと》ではないが、思《おも》いがけない何《ど》うして此処《ここ》へござりましたぞ。

七兵　わしかえ、わしは大《おお》どぶへさらい込《こ》まれに来《き》ました。口《くち》を引裂《ひっさ》かれに来《き》まし

た。鼻《はな》の穴《あな》へ屋形船《やかたぶね》を蹴込《けこ》まれに来《き》ました。鼻《はな》の穴《あな》は右《みぎ》かえ、左《ひだり》かえ、お望《のぞ》み次《し》第《だい》、サアサアサア蹴込《けこ》んで貰《もら》いたい。

ト是《これ》を言《い》いながら、本舞台《ほんぶたい》へ来《く》る、助六《すけろく》※気《き》の毒《どく》なる思入《おもいいれ》。

マア下《した》に居《い》やれ、下《した》に居《い》やれよ。

ト助六下《すけろくした》にいる。七兵衛《しちべえ》天秤棒《てんびんぼう》を舞台《ぶたい》へ置《お》き、懐《ふとこ》ろより銭《ぜに》と金《かね》を出《だ》し、助六《すけろく》が前《まえ》へ置《お》き、忝《かたじけの》うござる、返《かえ》しましたぞ。

助六　モシモシ返《かえ》したとは、こりゃ何《なん》でござる。

七兵　ハテナア、人《ひと》に物《もの》を貸《か》して忘《わす》れるとは。ハテ、よい※御身代《ごしんだい》でえすの。

助六　アア、そんならいつぞや。

七兵　※上田《うえだ》の小袖《こそで》に※萌黄《もえぎ》の裏《うら》を附《つ》けて拵《こしら》えた時《とき》、少《すこ》し金《かね》が足《た》らいで貴《き》さまに借《か》りた二分《ぶ》二百、返《かえ》しましたよ返《かえ》しましたよ。

助六　モシモシ、他人《たにん》がましい。返《かえ》すの返《かえ》さぬのという事《こと》があるものでござりまするか。マアマアそっちへおしまいなされませい。

七兵　イイエイイエ、人《ひと》に物《もの》を借《か》りて居《い》ては、言《い》う事《こと》が言《い》われませぬ、アイ、口《くち》が利《き》かれぬわいな。

助六　是《これ》はどうでござりまする。現在《げんざい》弟《おとうと》の物《もの》は※こなさまの物《もの》、わしが物《もの》はこなさまの物《もの》。
七兵　何《なん》と言《い》わっしゃる、こなたとわしは兄弟《きょうだい》じゃというのか。
助六　ハテ知《し》れた事《こと》、兄《あに》じゃ人《ひと》でござりまする。
七兵　成程《なるほど》、貴《き》さまは箱根《※はこね》山《やま》で学問《がくもん》をさしったから、よく知《し》ってござろう。おいらがようなものは、また天下《※てんが》のお情《なさ》けでその位《くらい》の事《こと》は弁《わきま》えて居《い》ます。こなたは天下《※てんが》の御《ご》制札《せいさつ》を見《み》たであろう。先《ま》ず第《だい》一が親孝行《おやこうこう》、第《だい》二番《ばん》には弟《おとうと》は兄《あに》を敬《うやま》い、兄《あに》は弟《おとうと》を憐《あわ》れめと、誰《た》れにも読《よ》めるように、平仮名《ひらがな》を以《もっ》て書《か》いてある。わしはそれを守《まも》って、弟《おとうと》を憐《あわ》れむ心《こころ》はあるが、いかに役《やく》に立《た》たぬ兄《あに》じゃというて、大《おお》どぶへさらい込《こ》むとは情《なさ》けない。
助六　コレコレ、あれはあなたと存《ぞん》じませぬ故《ゆえ》の事《こと》。
七兵　そんなう、わしと知《し》らずに言《い》わっしゃれたか。
助六　あなたと知《し》って、どうして申しましょう。
七兵　コレ、闇《※やみ》の夜《よ》の礫《つぶて》、親《おや》の顔《かお》へ当《あた》ろうも知《し》れぬぞや。
助六　ムウ。（ト合方《あいかた》。）

○暖簾口へかかる　三浦屋と染めた大暖簾が上手寄りにある。その暖簾のかかった方へ来かかるの意。○

しゃれた奴 きいた風な奴。生意気な奴。○**土間の歩み** 本花道と仮花道とを横につなぐ歩み板。観客席のずっと後方についている。本花道からその仮花道への歩み板へ、こそこそと逃げて行くというのである。この辺の七兵衛の使いようは実に旨い。○**惣本寺** 総本山。ここでは寺に喩えたので、総取締りの意。○**そばえる** 馴れて戯れる。あまえふざける。ざれる。○**大どぶ** 吉原の廓の後ろに大どぶがあった。それをいう。＊61このセリフは最も代表的な面白いセリフとされ、よく例に引かれる。○**こりゃ又何のこったエ** これはまた何ということだい。馬鹿にしていやアがる。○**成田屋ア** 助六は市川團十郎の家の芸で、それに扮した。成田屋は九代目の屋号。見物人のかける掛声を真似た、当てこみのセリフ。○**まぜっけえすのだ** おせっかいを焼く。いらぬ差出口をする。＊62イヨ成田屋ア云々のセリフは、純粋のあて込みであるから、今日は多く省略する。しかし又俳優により入れることもある。○**じらす** からかって、気をいら立たせる。○**兄じゃ人** 兄である人の義。兄に同じ。○**来ないものかえ** 来ないときまったものかなア。来てはいけないものかねえ。○**札留め** 通行禁止の立札で中へ入るを禁制されること。入場禁止の人をいう。○**気の毒** 閉口した容子。○**よい御身代でえすの** よいしんしょうだねえ。えらい財産家だね。無論皮肉である。○**上田の小袖** 「上田」は上田縞の略。即ち信州上田地方より織り出す紬縞。上田つむぎのこと。「小袖」は絹布の綿入れのこと。○**萌黄** 萌黄色。葱の萌え出ずる色の義。黄と青との間色。もよぎともいう。○**こなさま** 「こなたさま」の略。「こなさん」ともいう。○**箱根山で…** 五郎が未だ箱王と言っていた頃、箱根山の僧行実に弟子入りして学問をした、それをいう。○**天下のお情けで** 世間のお情けによって。○**天下の御制札** この「天下」はその国全体。全国にわたっての。「制札」は武家時代、禁制の旨を記して路傍などに掲示する札。たかふだ。○**闇の夜の礫** 諺。闇夜に小石を投げると、闇いからどんなあやまりをしでかし、勿体なくも親の顔へ当るまいものでもない。

七兵　時宗《ときむね》。そなたはマア、どう心得《こころえ》て居《い》る。※父上《ちちうえ》の敵《かたき》が討《う》ちたいと箱根《はこね》を下山《げさん》なし、※母人《ははびと》の勘気《かんき》を受《う》けてさえ、この祐成《すけなり》と立《た》ち並《なら》んで、本望遂《ほんもうと》げたいと言《い》うたじゃないか。※鬼王夫婦《おにおうふうふ》が情《なさ》けにて、母人《ははびと》の御機嫌《ごきげん》も直《なお》り、今《いま》こそ兄弟《きょうだい》睦《むつま》じゅう、※五月《ごがつ》下旬《げじゅん》を待《ま》つではないか。それに、この程《ほど》よりこの廓《くるわ》へ入込《いりこ》み、毎日毎日喧嘩《まいにちまいにちけんか》ばっかりしやるげな。先《さ》っきも先《さ》っきとて、人《ひと》の頭《あたま》へ饂飩《うどん》をかけたり、下駄《げた》を載《の》せたり、無法《むほう》と言《い》おうか。コレ、母人《ははびと》はの、そなたのこと、祐成《すけなり》、時宗《ときむね》はどうした事《こと》じゃ、喧嘩《けんか》ばかりしおるげな、何故《なぜ》に異見《いけん》をせぬと、そなたのことばっかり。※竹町《たけちょう》で竹割《たけわり》にしたは誰《た》れじゃ、助六《すけろく》。※砂利場《じゃりば》で砂利《じゃり》の中《なか》へぶち込《こ》んだは誰《た》れじゃ、助六《すけろく》。※馬道《うまみち》で跳《は》ね倒《たお》したは誰《た》れじゃ、助六《すけろく》じゃ。余《あま》りの事《こと》に、そりゃ※雷門《かみなりもん》で臍《へそ》を抜《ぬ》いたは誰《た》れじゃ、助六《すけろく》、※ほんにヤレ、烏《からす》の啼《な》かぬ日《ひ》はあれど、そなたの喧嘩《けんか》の噂《うわさ》を聞《き》かぬ日《ひ》はない、わしが心《こころ》を推量《すいりょう》してくれ、時宗《ときむね》。どうして※天魔《てんま》が入《い》り替《かわ》って、そんな心《こころ》になってくれたぞ。そなたの身《み》に覚《おぼ》えのある喧嘩《けんか》でもあろうが、又《また》そなたより強《つよ》いやつがあって、命《いのち》にかかわる事《こと》ならば、この兄《あに》と言交《いいかわ》した十八年《ねん》の願《ねが》いも※徒事《あだこと》。聞《きこ》えぬぞや、助六《すけろく》。モウ、この上《うえ》は兄弟《きょうだい》の縁《えん》は切《き》ったが、見下《みさ》げ果《は》てたと言《い》おうか、兄《あに》持《も》ったと思《おも》うな、弟《おとうと》を持《も》ったと思《おも》わぬぞ。あんまりじゃわい。兄《あに》の罰《ばち》じゃというて、当《あた》るまいものでもないわい。

助六　畳《たた》みかけての御異見《ごいけん》は、喧嘩《けんか》の事《こと》かな。この助六《すけろく》が喧嘩《けんか》は※はばでします。

七兵　きついはばさ。親兄弟《おやきょうだい》に歎《なげ》きをかけ、苦労《くろう》をさせる※喧嘩《けんか》はばとは、きつい事《こと》じゃの。

助六　モシモシ勿体《もったい》ない、何《なに》しに親兄弟《おやきょうだい》に苦労《くろう》をさせる喧嘩《けんか》を致《いた》しましょうぞ。この喧嘩《けんか》は※義理《ぎり》ある祐信《すけのぶ》さま、満江《まんこう》さま、未来《みらい》にござる※河津《かわづ》さまの孝行《こうこう》の為《た》めの喧嘩《けんか》でござる。

七兵　何《なに》を。おれに言《い》われ、※しょう事《こと》なしに孝行《こうこう》とは、喧嘩《けんか》をすれば何《なに》が孝行《こうこう》じゃ。

助六　いつぞや箱根《はこね》に於《お》いて※友切丸紛失《ともきりまるふんじつ》、祐信《すけのぶ》さまの御難儀《ごなんぎ》、百日《にち》の日延《ひの》べなれども、今《いま》に於《おい》て行方《ゆくえ》が知《し》れましたか。

七兵　それが知《し》れぬゆえ、苦労《くろう》をして居《い》るわえ。

助六　さればさ、その友切丸《ともきりまる》ない時《とき》には、祐信《すけのぶ》さまのお命《いのち》の程《ほど》、まった敵《かたき》祐経《すけつね》を討《う》つには、友切丸《ともきりまる》にて討《う》てよと、※箱根権現《はこねごんげん》の霊夢《れいむ》、どうぞ友切丸詮議《ともきりまるせんぎ》し出《いだ》し、祐信《すけのぶ》さまの御難儀《ごなんぎ》をお救《すく》い申し、敵《かたき》祐経《すけつね》を討《う》たんと、千々《ちぢ》に心《こころ》は砕《くだ》けども、それぞという手掛《てがか》りもなし、幸《さいわ》い思《おも》い付《つ》いたるこの喧嘩《けんか》、廓《くるわ》は人《ひと》の入込《いりこ》む所《ところ》、無理《むり》に喧嘩《けんか》を仕《し》掛《か》け、抜《ぬ》かねばならぬように仕掛《しか》け、抜《ぬ》き放《はな》せばそれか是《これ》かと、白刃《しらは》を握《にぎ》って心《こころ》を尽《つく》すこの助六《すけろく》が心《こころ》、どのようにあろうと思《おも》うて下《くだ》さりまするぞ。成程《なるほど》、一通《ひととお》りにお聞《き》きなされましては、お腹立《はらだ》ち御異見《ごいけん》もありそうな事《こと》、成程《なるほど》兄《あに》じゃ人《ひと》の 志《こころざし》、有難《ありがた》いと存《ぞん》じましょうが、訳《わけ》もお聞《き》きなされず、ただ一途《いちず》に見下《みさ》げ果《は》てたの、兄持《あにも》ったと思《おも》うな、弟 持《おとうとも》ったと思《おも》わぬとは、※胴慾《どうよく》なことおっしゃりましたな。ようござります。此《こ》のように千辛万苦《せんしんばんく》に苦労《くろう》を致《いた》しても、親兄弟《おやきょうだい》の不孝《ふこう》になりまするならば、この上《うえ》は喧嘩《けんか》もやめまするでござりましょう。わたくしが喧嘩《けんか》をやめましたなら、大《おお》かた早速友切丸《さっそくともきりまる》も出《い》で、祐信《すけのぶ》さまの御難儀《ごなんぎ》も、おのがれ遊《あそ》ばすでござりましょう。親兄弟《おやきょうだい》に見限《みかぎ》られたわたくし、いっそ敵《かたき》も討《う》たれず、皆《みな》さまへの申訳は坊主《ぼうず》になりまする。お許《ゆる》しなされて下《くだ》されい。※アアいややの喧嘩《けんか》、今《いま》までの喧嘩《けんか》は許《ゆる》させ給《たま》え。※諸仏薩埵《しょぶつさった》、南無阿弥陀仏《なむあみだぶつ》南無阿弥陀仏《なむあみだぶつ》。

七兵　それだから、おれがこうであろうと思《おも》った。日頃《ひごろ》から※発明《はつめい》なそなた、無法《むほう》な喧嘩《けんか》はせまい、これは定《さだ》めて友切丸詮議《ともきりまるせんぎ》ゆえじゃと思《おも》うて居《い》た。おれがなぜ今《いま》のような事《こと》を言《い》うたの、ハハア、この口《くち》じゃ。ヤイ、口《くち》よ、なぜ今《いま》のような事《こと》を言《い》うた。以後《いご》は嗜《たしな》め、あやまったかあやまったか。あやまりました。アレアレ、あやまったと言《い》う。モウ堪忍《かんにん》して遣《や》りやれ。コレ、そなたがそういう 志《こころざし》ならば。

○父上の敵　工藤祐経をいう。父は祐泰。祐経は祐親・祐泰の親子を怨むことあり、子の祐泰を大見小藤太と八幡三郎両名をして殺さしめたが、親の祐親には傷を負わしたのみであった。(祐泰は劇中人物としては康または安を用いることがある) ○**母人の勘気** 母なる人、満江。「勘気」は主君また尊長より咎めを受くること。母上のお叱りを受けて。○**鬼王夫婦** 曾我兄弟にとって忠臣。普通の曾我狂言では鬼王新左衛門と鬼王団三郎の兄弟二人になっているが、ここでは夫婦。○**五月下旬…** 五月下旬を期して富士の巻狩が行われる、それを機会に仇討を遂げる兄弟の計画だからである。○**竹町で竹割にした** 下谷の竹町である。「竹割」は幹竹割に同じ。「竹町で竹割に」と洒落ている。(以下も同じ) ○**砂利場** (既出) 三谷から日本堤へ出る所の地名。○**馬道** 浅草の馬道町。往時浅草寺の僧徒が武芸の一部として馬術を学び、その馬場の設けられた土地でこの名がある。馬道だから「跳ね」倒したと言った。○**雷門** 浅草観音の雷門で、臍を抜いて人をあやめた。「雷が臍を取る」という俗説を洒落たもの。○**ほんにヤレ** 「ほんに」はまことに。実に。「ヤレ」はやい、やよ。本当にまア仕様のない。○**天魔が入り替って** 「天魔」は仏語。欲界の第六天の魔王。名を波旬といい、多くの眷属を有し、常に仏道の障碍をなし、人心を悩乱し智慧を鈍らし善根を妨ぐという。天魔が善心と入り替りになり、のりうつって。○**徒事** むだなこと。○**はばでする** 「幅」ははばを利かすこと。威勢。威光。つまり自慢でする。○**喧嘩はば** 喧嘩自慢。○**義理ある祐信さま** 助六の母満江は夫の死後祐信に再縁したので、助六等に取って祐信は、義理ある父親の間柄。○**河津** 兄弟の父、祐泰の姓。伊豆国河津の荘を領していたので、その地名を名乗った。○**しょう事** 仕様事である。仕方がないので、止むを得ず。○**友切丸** 継父祐信が大切な友切丸を紛失させた。○**箱根権現の霊夢** 「権現」は伊豆箱根の富士権現。「霊夢」は神仏の示現ある不思議なる夢。○**胴慾** 非道なること。むごきこと。○**いややの** いやいやなことだ。意を強めていう。○**諸仏薩埵** 「薩埵」は菩提薩埵の略。即ち仏につぐ位置。もろもろの仏様、菩薩様。○**発明な** 賢い。利口な。

ト助六《すけろく》、下《しも》の方《かた》へ来《き》て、

助六　モシモシ、やめまする。お許《ゆる》しなされませい。南無阿弥陀仏南無阿弥陀仏《なむあみだぶつなむあみだぶつ》。

七兵　コレサ、こちら向《む》きやれ。おれとした事《こと》が他人《たにん》がましい。この二分《ぶ》二百、イヤ返《かえ》したの返《かえ》さぬのと、気《き》が違《ちが》ったそうな。そなたの言《い》やる通《とお》り、そなたの物《もの》はおれが物《もの》、わしが物《もの》は矢《や》っ張《ぱり》おれが物《もの》じゃ。

ト銭《ぜに》と金《かね》を仕舞《しま》い、

コレ、機嫌直《きげんなお》しやいの。

ト助六《すけろく》、こちらへ来《き》て、

助六　南無阿弥陀仏南無阿弥陀仏《なむあみだぶつなむあみだぶつ》。

七兵　是《これ》はどうじゃ、※田圃《たんぼ》から拝《おが》む観音《かんのん》さま、後《うし》ろ向《む》きとは※曲《きょく》がない。コレ時宗《ときむね》、そなたがそういう心《こころ》と知《し》って愛想《あいそ》づかしを言《い》いましょうか。気《き》に当《あた》ったら堪忍《かんにん》しや。兄弟《きょうだい》なればこそ異見《いけん》も言《い》う。あやまったあやまった、あやまったわいの。

助六　左様《さよう》ならば、最前《さいぜん》から申しました訳《わけ》を、お聞《き》き届《とど》けなされて、喧嘩《けんか》を致《いた》しましても、大事《だいじ》ござりませぬか。

七兵　大事《だいじ》ないとも大事《だいじ》ないとも。※喧嘩《けんか》を小紋《こもん》に染《そ》めて着《き》たが宜《よ》い。

助六　そんなら喧嘩《けんか》を致《いた》しまするぞ。

七兵　さっしゃいさっしゃい。ぜんたい喧嘩《けんか》はお前《まえ》によく似合《にあ》って居《い》る。なんなら喧《※けん》嘩《か》を茶漬《ちゃづ》けにして、サラサラと食《く》わっしゃい。

助六　いよいよ喧嘩《けんか》をしますぞえ。

七兵　ま一杯《ぱいか》替えて上《あが》りませい。

助六　是《これ》で落着《おちつ》いたわいの。

七兵　おれも落着《おちつ》いたわいの。時《とき》に何《なん》と友切丸《ともきりまる》の手掛《てが》りでも知《し》れたか。

助六　未《いま》だそれぞと知《し》れませぬが、最前意休《さいぜんいきゅう》が刀《かたな》を抜《ぬ》こうとして抜《ぬ》き兼《か》ねましたは、心憎《こころにく》うござる。

七兵　なるほど、あいつが面魂《つらだましい》、怪《あや》しい。もしや尋《たず》ぬる所《ところ》の刀《かたな》を帯《たい》したも知《し》れぬ。

助六　コウと、今宵《こよい》は待《ま》って、あすの。

七兵　と思《おも》わば、今宵《こよい》はわしと一緒《いっしょ》に帰《かえ》らっしゃれぬか。

助六　また喧嘩《※けんか》の腰《こし》を折《お》らっしゃる。

七兵　おっとあやまり。さりながら、此《こ》のように言《い》うもそなたを案《あん》じるから。斯《こ》うしましょう、今宵《こよい》はわしも此処《ここ》に居《い》てそなたと一緒《いっしょ》に詮議《せんぎ》の為《た》め、喧嘩《けんか》をしようではあるまいか。

助六　其《そ》のようななま※けた事《こと》では。

七兵　コレコレ、おればかりでは心許《こころもと》ないが、そなたという後楯《うしろだて》があれば、そなたの息休《※いきやす》め、せい一杯力《いっぱいりき》んで見《み》よう。
助六　そんなら、先《ま》ず喧嘩《けんか》の仕様《しよう》は足《あし》が肝腎《かんじん》。先《ま》ず足《あし》を斯《こ》う踏《ふ》ん張《ば》って、野郎《やろう》め、なぜ突当《つきあた》った、鼻《はな》の穴《あな》へ屋形船《やかたぶね》を蹴込《けこ》むぞ、大《おお》どぶへさらい込《こ》むぞ、こりゃ又何《またなん》の事《こッ》た、と斯《こ》うせねば、先《さ》きの奴《やっ》が怖《こわ》がりませぬ。
七兵　なるほど、喧嘩《けんか》の仕様《しよう》は違《ちが》ったものだ。斯《こ》うか。
　トいろいろ可笑《おか》しき身振《みぶ》りあって、
よいよい遣《※や》るものではない。男達《おとこだて》は足《あし》が肝腎《かんじん》だな、呑込《のみこ》んだ呑込《のみこ》んだ。
助六　アレアレとこう言《い》ううちに、※い、かざ吹《ふ》きがらすの客《きゃく》めらが来《く》るわ来《く》るわ。
七兵　こりゃまた何《なん》の事《こッ》た。

○田圃から拝む観音さま　観音さまはここでは浅草観音のこと。浅草の観音の裏手はずっと田圃で、浅草田圃とか吉原田圃とも呼ばれ、また略して田圃々々と呼んだ所から、このように言った。**○曲がない**　興がない。愛想がない。**○喧嘩を小紋に染めて着る**　「小紋」は細かい種々の模様を、織物の地一面に染め出したもの。喧嘩模様の着物を着る。無論洒落である。俺は喧嘩するぞと大っぴらに看板をかけなさい。**○喧嘩を茶漬けにして**　茶漬けをかき込む如く、容易に、喧嘩のし放題をせよ。**○喧嘩の腰を折る**　折角喧嘩しようと思うのを、中途で挫いておしまいなさる。**○なまけた**　にぶい。鋭くない。なまくらな。

だらしない。○**息休め**　息を休めて憩うこと。一寸息を休ませるために。○**遣るものではない**　「遣ることではない」ともいう。行かしめない、のがしはせぬの意。能狂言の終りにもよく出る「やるまいぞやるまいぞ」も同じ意味。転じて、大丈夫とっちめてやる、負けることではないの意味になっている。○**かざ吹きがらす**　（既出）ひやかし客。

ト すがきになり、七兵衛《しちべえ》足《あし》を※くせにして、いろいろ可笑《おか》しみ。臆病口《おくびようぐち》より客《きやく》一人《ひとり》ずつ四五人《にん》出《で》る。この客《きやく》一人々々《ひとりひとり》に刀《かたな》を改《あらた》める事《こと》、股《また》をくぐれと言《い》うこと、くせにして宜《よろ》しく仕組《しぐみ》あるべし。とど七兵衛《しちべえ》客《きやく》の頭《あたま》を股《また》へ挟《はさ》み、ぐるぐると廻《まわ》り突飛《つきと》ばさるる。客《きやく》向《むこ》うへはいる。始終《しじゆう》すがき、七兵衛《しちべえ》※下座《げざ》の方《かた》を見《み》*63て、

七兵　アレアレ、揚巻《あげまき》が来《く》るわ揚巻《あげまき》が来《く》るわ。

助六　あの女郎《じよろう》は※身揚《みあが》りで居《い》るから、来《こ》いと言《い》ってよこしたが、見《み》れば客《きやく》を送《おく》る体《てい》、こいつは一ばん言《い》わざアなるまい。

七兵　そうだそうだ、言《い》ってやれ言《い》ってやれ。

ト 無上《むしよう》に騒《さわ》ぐ。臆病口《おくびようぐち》より満江《まんこう》に※一文字《いちもんじ》の編笠《あみがさ》を着《き》せ、羽織《はおり》、大小《だいしよう》の形《なり》にて、揚巻《あげまき》その手《て》を肩《かた》へ掛《か》けて出《で》て来《く》る。

揚巻　お前《まえ》は、モウ帰《かえ》らしゃんすかえ。お前《まえ》に別《わか》れるが、名残《なご》り惜《お》しいわいなア。

ト 満江《まんこう》頷《うなず》く。舞台《ぶたい》の中程《なかほど》にて、助六《すけろく》、揚巻《あげまき》を引《ひ》きのける。七兵衛《しちべえ》同《おな》じく天秤棒《てんびんぼう》を腰《こし》に差《さ》

し、揚巻《あげまき》を滅多《めった》に力《りき》んで居《い》る。助六《すけろく》、満江《まんこう》が前《まえ》に立塞《たちふさ》がる。満江《まんこう》通《とお》り違《ちが》いにワザと助六《すけろく》が足《あし》を踏《ふ》む。助六《すけろく》、満江《まんこう》が刀《かたな》の鐺《こじり》を持《も》って、

助六　侍《さむらい》、待《ま》ちやれ。

七兵　留《と》めろ留《と》めろ、※おっ留《と》めろ。

揚巻　助六《すけろく》さん、粗相《そそう》さんすな。

助六　おきゃアがれ、売女《ばいた》め。

揚巻　悪態言《あくたいい》わんすな。

助六　言《い》ったら何《ど》うする、言《い》ったら大事《だいじ》か。

七兵　そうだそうだ、言《い》ったら大事《だいじ》か。いったら※狸《たぬき》の腹《はら》つづみ、※ポンだ目《め》に逢《あ》わしてやれ。

助六　侍《さむらい》、この※広《ひろ》い往還《おうかん》、なぜ足《あし》を踏《ふ》んだ、足袋《たび》が汚《よご》れた、鼻紙《はながみ》を出《だ》して拭《ふ》いて行《ゆ》きやれ。

七兵　拭《ふ》かせろ拭《ふ》かせろ。今拭《いまふ》かざア※ふき得《え》いまい。

揚巻　コレ、粗相《そそう》言《い》うて跡《あと》であやまらしゃんすなえ。

助六　うぬが知《し》った事《こと》じゃアない、黙《だま》って居《い》やアがれ。

揚巻　アノ憎《にく》らしい顔《かお》わいなア。

助六　へへへへ、うぬにゃア構《かま》わぬ。※おさむ、なぜ物《もの》を言《い》わねえ。拭《ふ》きやれな、但《ただ》し唖《おし》か聾《つんぼう》か。
七兵　※ぬっぺらぼうか、物《もの》を言《い》え。
助六　コレ物《もの》を言《い》え。第《だい》一人《ひと》の前《まえ》へ慮外《りょがい》だ、この※蓮《はす》っ葉《ぱ》を取《と》れ。
七兵　※与次郎兵衛《よじろべえ》をぬがして、つばきを嘗《な》めさせろやい。
助六　おれが前《まえ》で慮外《りょがい》だ。われが脱《ぬ》がザア、おれが脱《ぬ》がして遣《や》ろう、この蓮《はす》っ葉《ぱ》を取《と》れやい。
　ト編笠《あみがさ》を取《と》り、満江《まんこう》と顔《かお》見合《みあわ》せ驚《おどろ》く。
揚巻　サア、助六《すけろく》さん。笠《かさ》を取《と》ってお顔《かお》を見《み》やしゃんしたら、存分《ぞんぶん》にさんせ。ひょっとお顔《かお》へ疵《きず》でも付《つ》いたら、どうしょうと思《おも》わんすぞ。
　ト是《これ》より助六《すけろく》※じりりりりとしおれる。

○くせにして　曲りくねらせるをいう。白酒売は和事の役だから、男達のように、股を開かない。おずおずと、開かない股を開くので、足は内輪に踏まえ、膝節をすぼめて前へ出すような恰好をするので、足が曲りくねったように実際なるのをいう。**○下座**　囃子方の居る所を下座という。寛政以前は舞台上手奥にあったが、以後は下手に移った。ここは上手奥である。**＊63**近来の演出では、三浦屋の暖簾口から出る。**○身揚り**　遊女が自身の金子にて玉代などを自らつけて、その日休業すること。**○一文字の編笠**　編笠を冠った上部が真直に一の字に見える。二つに折るのである。**○おっ留めろ**　「おっ」は「押し」という接頭語の音便。動詞に冠して意を強める。ひっとめよ。**○狸の腹つづみ**　狸は月夜に腹をたたき鳴らして興ずという俗説。「いったら」を「打ったら」にきかせ、すぐ後の「ポン」を言わんがための文句。**○ポンだ目に逢わして**　「とんだ目に」の洒落。ひどい目にあわせて。**○広い往還**　「往還」はゆききの路。道路。仲の町の広い道路。**○ふき得いまい**　拭いて汚れをとることが出来まい。**○おさむ**　「おさむらい」の略。侮蔑の意ある呼びかけ。**○ぬっぺらぼう**　のっぺらぼうとも。思慮分別のなきこと、又その人。愚鈍。**○蓮っ葉**　満江の冠っている編笠のこと。蓮の葉に似ているから、そう呼んだ。**○与次郎兵衛**　与次郎人形に同じ。小児の玩具で、紙製の人形に笠を冠せ、指先で踊らせるもの。必ず笠を冠らせてあるから、笠のことを与次郎兵衛とも言ったものと見える。笠をぬがせろ。**○じりりじりり**　次第々々に。

七兵　どうだなどうだな。※祭《まつり》が聞《つか》えたな。おれが出《で》よう。ドリャドリャ。

ト七兵衛《しちべえ》、助六《すけろく》と入《い》り替《かわ》り、助六《すけろく》、七兵衛《しちべえ》が袖《そで》を引《ひ》きて、止《よ》せという思入《おもいい》れ。七兵衛《しちべえ》心付《こころづ》かず、

弱《よわ》いな弱《よわ》いな、打《う》っ捨《ちゃ》っておかっしゃい打《う》っ捨《ちゃ》っておかっしゃい。いいわないいわな。コレこの足《あし》を見《み》ろ、事《こと》も愚《おろ》かや、この男《おとこ》は揚巻《あげまき》の助六《すけろく》が兄分《あにぶん》、※襟巻《えりまき》の抜《ぬ》け六《ろく》という者《もの》だ。コリャ、こっちの足《あし》が※住吉《すみよし》の反《そ》り足《あし》だ、こちらの足《あし》が※難波《なにわ》のあしが思《おも》いは仙台河岸《せんだいがし》の、アア男達《おとこだて》というものは、股《また》の痛《いた》いものじゃ。痛《いた》い所《ところ》を辛抱《しんぼう》して見《み》たが、※抜《ぬ》けば玉散《たまち》る天秤棒《てんびんぼう》、※坊《ぼう》さま山道破《やまみちやぶ》れた衣《ころも》、※ころも愚《おろ》かや揚巻《あげまき》の※前立《まえだ》ち、※白《しろ》

酒《ざけ》の粕兵衛《かすべえ》というもの、家《いえ》に伝《つた》わる※握《にぎ》り拳《こぶし》の栄螺殻《さざえがら》、汝《なんじ》が目鼻《めはな》の間《あいだ》を。

ト満江《まんこう》が顔《かお》を見《み》て、「オオオオオ」とうろたえ、いろいろあって花道《はなみち》の角《かど》にて、*64

アアアアア、死《し》んだア。

トこけて居《い》る。

満江　揚巻《あげまき》の助六《すけろく》とやら、よい身持《みも》ちでござるの。此処《ここ》へござれ、此処《ここ》へ来《こ》い。

ト助六《すけろく》を下《した》へ引据《ひきす》え、

サア存分《ぞんぶん》にさっしゃれ。母《はは》が存分《ぞんぶん》になりまする。サアぶたぬか、踏《ふ》まぬか。エエ情《なさ》けない。これ程《ほど》ではあるまいと思《おも》うたが、あんまりの事《こと》で腹《はら》も立《た》たぬわいの、エエそなたはのう。

助六　モシモシ、これには※段々《だんだん》、エエ聞《きこ》えた。母《はは》じゃ人《ひと》を今《いま》のように拵《こしら》えたは、こりゃアわれだな。

揚巻　何《なん》のわたしが知《し》ろうぞいなア。

助六　シテ、誰《だ》れが思《おも》い付《つ》きだ。

揚巻　アノお袋《ふくろ》さまが、お前《まえ》の喧嘩《けんか》の噂《うわさ》をお聞《き》きなされて、※おいとしや、夜《よ》の目《め》もお休《やす》みなされぬといなア。どうして其《そ》のような心《こころ》になって下《くだ》さんしたなア。

満江　コリャコリャ揚巻《あげまき》どの、何《なに》も言《い》うて下《くだ》さるな。わしも何《なに》も言《い》いませぬ。大切《たいせつ》な願《ねが》いのある者《もの》が、此《こ》のような身持《みも》ち。この編笠《あみがさ》を何《なん》と蓮《はす》っ葉《ぱ》じゃ。それが武士《ぶし》の悴《せがれ》の言葉《ことば》か。大方《おおかた》そなたばかりの心《こころ》からではあるまい、勧《すす》め手《て》があろう。朱《しゅ》に交《まじ》われば赤《あか》くなると、白酒《しろざけ》の粕兵衛《かすべえ》どのとやら、よう大事《だいじ》の悴《せがれ》を此《こ》のような悪者《わるもの》にして下《くだ》された。礼《れい》を言《い》いましょう。

ト満江立掛《まんこうたちかか》る。このセリフのうち、七兵衛《しちべえ》、頭巾《ずきん》をすっぽり冠《かぶ》り、そろそろ花道《はなみち》へ這《は》って逃《に》げる。この足《あし》を満江《まんこう》とらえ。*65

何処《どこ》へ御座《ござ》る、此処《ここ》へござれ。

ト本舞台《ほんぶたい》へ連《つ》れて来《く》る。七兵衛《しちべえ》、※跡《あと》びさりにて引《ひ》かれる。

何《なん》の事《こと》じゃ。猫《ねこ》の真似《まね》をさっしゃるか。この頭巾《ずきん》を取《と》らっしゃい。

ト無理《むり》に頭巾《ずきん》を取《と》り、顔《かお》を見《み》て、

祐成《すけなり》じゃないか。

七兵　※祐成《すけなり》やら雷神《かみなり》やら、知《し》れませぬ。*66

満江　エエそなたはの。

七兵　穴《あな》へもはいりとうござりまする。

満江　兄弟《きょうだい》ともに打揃《うちそろ》うてこの有様《ありさま》は、ハア——。（ト泣落《なきおと》して、）モシ、※河津《かわづ》さま、お許《ゆる》しなされて下《くだ》さりませ。お前《まえ》の無念《むねん》の御最期《ごさいご》。※おのれやれ兄弟《きょうだい》の子《こ》ども成人《せいじん》の後《のち》、敵《かたき》を討《う》たそうと女子《おなご》の身《み》の恥《はず》かしい、貞女《※ていじょ》を破《やぶ》って祐信《すけのぶ》どのへの縁組《えんぐ》み、その甲斐《かい》ものう兄弟《きょうだい》がこの狼藉《ろうぜき》。所詮《しょせん》この通《とお》りでは敵《かたき》は討《う》たれますまい。というて今更《いまさら》祐信《すけのぶ》どのに何《なん》と言訳《いいわけ》言《い》おう。此《この》ように兄弟《きょうだい》を育《そだ》て上《あ》げたは満江《まんこう》が因果《いんが》。この世《よ》の祐《すけ》信《のぶ》どの、未来《みらい》の河津《かわづ》どのへ言訳《いいわけ》は、これより河津《かわづ》どのの墓《はか》の前《まえ》へ行《い》て自害《じがい》して死《し》ぬる、そうじゃ。

ト行《ゆ》こうとする。七兵衛《しちべえ》、助六《すけろく》、揚巻《あげまき》、三人《にん》ながら留《と》める。

放《はな》せ放《はな》せ、死《し》ぬる死《し》ぬる。

○**祭が閊えた**　祭は賑かで騒々しいものだから、江戸では喧嘩の意味にも用いている。喧嘩が停頓した。○**襟巻の抜け六**「揚巻の助六」をもじった。○**住吉の反り足**　住吉神社の反り橋は有名なので、それを洒落に持って来た。○**難波のあしが思いは…**「難波のあし」はその上の「こちらの足」を受けたもの。難波のあしも伊勢の浜荻と続けるところを「わしが思いは仙台河岸の云々」という俗謡にもじらせたもの。仙台河岸は深川清澄町で、仙台堀に臨む河岸で、私娼の出没したところだった。○**抜けば玉散る天秤棒**　名剣は「抜けば玉散る」とよくいう。その洒落。○**坊さま山道破れた衣**　童謡か何か唄の文句のもじりだろうと思う。筋の上には何の意味もない。○**ころも愚かや**「ことも愚かや」というべきを、すぐ前の衣の音をそのままに用いた。「ことも愚かや」（既出）は、今更言うも大人気ないが。○**前立ち**　前立〔まえだて〕又は前立物のこと。即ち押し立ててその名目とするもの。世に対する名義として推戴する人。○**白酒の粕兵衛**「酒の粕」をきかせたのである。○**握り拳の栄螺殻**「の」は「という」の意、前後を同格にする「の」である。栄螺貝のような握り拳。＊64別の近来上演の台本には、「――さざえがら、おのれが目鼻の間をキウ（トこぶしを振上げながら、満江の顔を見てびっくりし、うろたえながらいろいろあって）アア死んだ（ト倒れる）」としたのがある。○**段々**　「段々と訳のあること」の略。○**おいとしや**　お気の毒に。おかわいそうに。＊65古くは頭巾をすっぽり冠るとあるが、近来の演出では、白酒売は「アア死んだア」で床几の下へはいり、上にかけてある赤い毛氈をすっぽりと冠る。そうしてそのまま這って行く、それを引き戻すのである。○**跡びさり**　あとじさり（後退）の訛。あとびっしゃりともいう。○**祐成やら雷神やら**　「祐成」の「なり」の音を利用して「かみなり」ともじって言った。＊66「――かみなりやらヒウの音も出ませぬ」とした台本がある。「グウの音」のもじりで、笛の譜を「ヒウヒャラリ」などというから、持って来たのである。○**河津さま**　「――どの」とあるもある。○**おのれやれ**　「やれ」は「やよ」で、呼びかける語。目に見えぬ敵に対する怒りの呼びかけ言葉、おのれッ！　○**貞女を破って**　「貞女二夫に見えず」という貞女の戒を破って。

七兵　マアマア、お待《ま》ちなされて下《くだ》さりませ。わたくしじゃと申して、何《なに》しに今《いま》のような心《こころ》でござりましょう。コレ時宗《ときむね》、早《はよ》う今《いま》の訳《わけ》をお話《はな》し申しゃいの。

助六　母人《ははびと》さま。この時宗《ときむね》が喧嘩《けんか》、定《さだ》めて不所存者《※ふしよぞんもの》とも思召《おぼしめ》しましょうが、全《まった》く以《もっ》て左様《さよう》ではござりませぬ。当春《とうはる》、箱根《はこね》に於《おい》て友切丸紛失《ともきりまるふんじつ》、それゆえ養父《ようふ》祐信様《すけのぶさま》の御難《ごなん》儀《ぎ》、あなたの御難儀《ごなんぎ》を見捨《みす》てては敵《かたき》も討《う》たれず、何《なに》とぞして友切丸《ともきりまる》を詮議《せんぎ》の為《た》めと此《こ》の廓《くるわ》へ入込《いりこ》み、さしたる刀《かたな》を抜《ぬ》かねばならぬように喧嘩《けんか》を仕掛《しか》けまするも、皆友《みなとも》切丸詮議《きりまるせんぎ》の為《た》め、全《まった》く栄耀《※えいよう》に致《いた》す喧嘩《けんか》ではござりませぬ。お疑《うたが》いをお晴《は》らしなされて下《くだ》さりましょう。

満江
揚巻　エエエエ。

ト両人《りょうにん》おどろく。満江思入《まんこうおもいい》れあって、

満江　スリャ、喧嘩《けんか》は慰《なぐさ》みではのうて、友切丸詮議《ともきりまるせんぎ》ゆえじゃとか。

七兵　左様《さよう》でござりまする。

助六　御機嫌《ごきげん》をお直《なお》しなされて下《くだ》さりませい。

満江　いかさま、義理《ぎり》ある祐信様《すけのぶさま》の難儀《なんぎ》を見捨《みす》て、よもや敵《かたき》も討《う》たれまい。友切丸詮議《ともきりまるせんぎ》の為《た》めとは、成程尤《なるほどもっと》もじゃ。疑《うたが》いは晴《は》れた、もしやそなたの身《み》に※ひょっとした事《こと》があっては願《ねが》いは叶《かな》わぬ程《ほど》に、身《み》を大事《だいじ》に詮議《せんぎ》しやや。

七兵　左様《さよう》ならばお疑《うたが》いは晴《は》れましたか、有難《ありがた》い。

満江　揚巻《あげまき》どの、こなたのお世話《せわ》で、喧嘩《けんか》の様子《ようす》を聞《き》いて落着《おちつ》きましたが、時宗《ときむね》、友《とも》切丸詮議《きりまるせんぎ》の為《た》め、そなたの身《み》に怪我《けが》のない守《まも》りを遣《や》りましょう。

ト着《き》て居《い》る紙子《※かみこ》を脱《ぬ》いで、*67

コレ、この紙子《かみこ》をそなたに遣《や》ろう、手荒《てあろ》うすると破《やぶ》れるぞ。どのような口惜《くちお》しい事《こと》も、じっと堪忍《かんにん》して紙子《かみこ》の破《やぶ》れぬよう、もし短気《たんき》を起《おこ》せば紙子《かみこ》が破《やぶ》れる。これを破ると母《はは》が身体《からだ》へ疵《きず》を付《つ》けるも同然《どうぜん》じゃぞ。（ト紙子《かみこ》を遣《や》る。）

七兵　いかさま、是《これ》はよい堪忍《かんにん》の守《まも》り。サア、早速着替《さっそくきが》えや。

ト是《これ》より助六《すけろく》、上着《うわぎ》を脱《ぬ》ぎ、紙子《かみこ》を着《き》る。このうち七兵衛《しちべえ》、満江《まんこう》が言《い》ったセリフを繰返《くりかえ》し、捨《す》てゼリフにて言《い》うて居《い》る。助六帯《すけろくおび》を締《し》めると、

よう似《に》合《お》うたわい。

助六　早速《さっそく》にお志《こころざ》しの紙子《かみこ》、着致《ちゃくいた》しましてござりまする。*68

満江　オオ※若《わか》い身《み》では恥《はず》かしく思《おも》おうが、母《はは》じゃと思《おも》うて大事《だいじ》にしや。祐成《すけなり》、これで落着《おちつ》いた。モウ帰《かえ》ろうではあるまいか。

七兵　左様《さよう》ならばわたくしがお供致《ともいた》しましょう。助六《すけろく》も※おじゃ。

満江　ア、イヤイヤ、揚巻《あげまき》どの。先程《さきほど》より段々《だんだん》とのお世話《せわ》。そのお礼《れい》に、今宵《こよい》は助六《すけろく》はこなたに預《あず》けました。夜《よ》が明《あ》けたら、早《はよ》う返《かえ》して下《くだ》されや。

助六　なるほど、わたくしは後《あと》に残《のこ》り、ちと心当《こころあた》りがござりまする詮議致《せんぎいた》し、後《あと》より帰《かえ》りまするでござりましょう。

満江　そんなら祐成《すけなり》、おじゃ。

ト行《ゆ》こうとする。七兵衛《しちべえ》、草履《ぞうり》を直《なお》し、杖《つえ》を持《も》って来《く》る。揚巻補襠《あげまきうちかけ》を脱《ぬ》ぎ、満江《まんこう》を留《と》めて、

揚巻　いこう夜寒《よさむ》にござりまする。お風《かぜ》でも召《め》しましては。（ト思入《おもいいれ》あって、）是《これ》は※む、、そうはござりまするが、わたしが小袖《こそで》、夜風《よかぜ》を凌《しの》ぐ為《た》め、お召《め》しなされて下《くだ》さりませい。

ト満江《まんこう》、七兵衛《しちべえ》と顔《かお》見合《みあわ》せ思入《おもいい》れ。

満江　忝《かたじけの》うござる。

ト小袖《こそで》を持《も》ち、

そんなら、揚巻《あげまき》どの。

七兵　助六《すけろく》。

皆々　さらば。

○**不所存者**　「不所存」は思慮の足らないこと。考えのないこと。不埒者。○**栄耀**　驕奢。ほまれ。みえやぜいたくに喧嘩をするのではありませぬ。○**ひょっとした事**　もしものこと、殺傷されるようなことがあれば。○**紙子**（既出）紙製の衣服。＊67近来の演出では、着ているのを脱がないで、別の包みから紙子の小袖を出してやる。＊68「着致しまして」は古い台本で、「着しまして」と新らしい台本に見える。「お志し」を「お心安め」としたのもある。○**若い身では**　年若い者としては。紙子は安価なものだからである。○**おじゃ**　おじゃれ。「お出であれ」の約転。来なさい。○**むそう**　不潔にして不快なるをいう。

ト※三重《じゆう》にて満江《まんこう》先《さ》きへ、七兵衛《しちべえ》「早《はや》く帰《かえ》りやれよ」と言《い》いながら向《むこ》うへはいる。あと尺《しやく》
八入《はちい》りの合方《あいかた》になり、揚巻《あげまき》見送《おく》り、

揚巻　必《かなら》ずお気遣《きづか》いなされまするな。喧嘩《けんか》はさせますることじゃござりませぬ程《ほど》に、今宵《こよい》はゆっくりと、お休《やす》みなされませい。いかい御苦労《ごくろう》なさるわいなア。（ト思入《おもいいれ》あって、）助六《すけろく》さん、ちと嗜《たしな》まんせ。現在《げんざい》のおかかさんを見違《みちが》えるという事《こと》があるものかいなア。

助六　馬鹿《ばか》ア言《い》え、お袋《ふくろ》に編笠《あみがさ》を着《き》せて大小《だいしょう》を差《さ》させて出《で》たものを、※古《ふる》がね買《か》いに見《み》せても、母《はは》じゃ人《ひと》とどうして見《み》えるものだ。揚巻《あげまき》、よく※天井《てんじよう》を見《み》せたな。

揚巻　お前《まえ》になんぼ喧嘩《けんか》をやめさんせと、わたしが言《い》うても聞《き》かんせぬ故《ゆえ》、お袋《ふくろ》さまのお出《い》でなされたを幸《さいわ》いに、あのように拵《こしら》えたれば、侍《さむらい》、待《ま》て、蓮《はす》っ葉《ぱ》を取《と》れとは、わアい助六《すけろく》さん、※ちっとそうもござんすまい。*69

助六　何《なん》だ、ござんすまい。こちら向《む》きゃアがれ。

揚巻　こりゃ、どうさんす。（ト顔《かお》を出《だ》す。）

助六　どうするものだ。アア、聞《きこ》えた。母《はは》じゃ人《ひと》をあのように拵《こしら》えたは、助六《すけろく》を困《こま》らして、この曲輪《くるわ》へ来《こ》られぬようにしたのか、浅《あさ》はかな智恵《ちえ》だ、そのくらいの事《こと》で困《こま》るものか、ここな嘘《うそ》つき女郎《じよろう》め。

揚巻　何《なん》じゃ、嘘《うそ》つきじゃ、何《なに》が嘘《うそ》じゃ。
助六　コレヤイ、知《し》るまいと思《おも》おうが、うなアあの髭《ひげ》の意休《いきゅう》と寝《ね》たな。あの親仁《おやじ》が襟《※えり》元《もと》に付《つ》いて、それでおれを足留《あしど》めしょうと思《おも》って、今《いま》のようにしたな。ここな狐《※きつね》女郎《じょろう》、狸女郎《たぬきじょろう》、畜生《ちくしょう》め。
揚巻　何《なん》じゃ。わしが意休《いきゅう》と寝《ね》たえ。こりゃ可笑《おか》しいわいな。ほんに寝耳《ねみみ》に水《みず》でござんすわいなア。
助六　よう寝耳《ねみみ》に水《みず》であろう。あの髭親仁《ひげおやじ》がむしゃくしゃとした所《ところ》が、うぬが寝《ね》た何《ど》んな処《ところ》へはいったかも知《し》れねえわえ。
揚巻　イヤ、言《い》わして置《お》けばあんまりじゃわいな。わしが意休《いきゅう》と寝《ね》たという事《こと》、誰《だ》れに聞《き》かんした。言《い》うた人《ひと》があろう。どこで聞《き》かんした。
助六　何処《どこ》ででも聞《き》いたわい。
揚巻　イヤイヤ、何処《どこ》で聞《き》いたのじゃ。
助六　サア、耳《みみ》で聞《き》いたわえ。
揚巻　耳《みみ》で聞《き》いたえ。耳《みみ》で聞《き》いたら、言《い》い人《て》があろう、その言《い》い人《て》を茲《ここ》へ出《だ》しゃ。
助六　言《い》い人《て》があるわ。
揚巻　その言《い》い人《て》は。

助六　サア、言い人《いいて》は。
揚巻　その言い人《いいて》は。
助六　ねえ。
揚巻　ソレ見《み》やしゃんせナ。何《なん》の証拠《しょうこ》もない事《こと》を、聞《※きこ》えぬぞえ助六《すけろく》さん。先度《せんど》も二人《ふたり》寝《ね》て話《はな》すには、たとえ裾《※すそ》を肩《かた》へ結《むす》んでなりとも、お袋《ふくろ》さまを養《やしな》いましょうと言《い》うたれば、ほんにそなたのような真実《しんじつ》な者《もの》はない。一生《しょう》忘《わす》れぬ、忝《かたじけな》いと言《い》やったじゃないか。
助六　そう言《い》った。
揚巻　そう言《い》うたのが嘘《うそ》かいな嘘《うそ》かいな。コレ、わしじゃというても腹《※はら》からの女郎《じょろう》でもないわいなア。ほんにマア神《かみ》さん掛《か》けて、意休《いきゅう》はイヤでならぬものを、それに今《いま》のような疑《うたが》い、あんまりじゃ。アア聞《きこ》えた、お前《まえ》、わしに飽《あ》きさんしたな。今更切《いまさらき》れるに切《き》られず、しょう事《こと》なしに意休《いきゅう》が事《こと》を言《い》わんすは、わしと縁切《えんき》ろう為《ため》かえ。コレ助六《すけろく》さん、そんならそうと、なぜに物《もの》を綺麗《※きれい》に言《い》わんせぬぞえ。又《また》わたしもお前《まえ》に飽《あ》きられてから、こうして居《い》る事《こと》もござんせぬ。お前《まえ》がいやなら、私《わたし》もいやでござんすが、助六《すけろく》さん、そうはせぬものじゃ。そりゃお前《まえ》、きたない仕様《しよう》じゃきたない仕様《しよう》じゃ。

助六　そう聞《き》けばあんまり無理《むり》もねえ。疑《うたが》い晴《は》れた、こちら向《む》け。

ト揚巻《あげまき》、煙草盆《たばこぼん》を下手《しもて》へ持来《もちく》る。

揚巻　畜生《ちくしょう》めにお構《かま》いなされて下《くだ》さりまするな。

助六　コレ、おれが斯《こ》う言《い》うからは、そんなに腹《はら》を立《た》つ事《こと》はねえ。意休《いきゅう》と訳《わけ》ないことならば。

ト又《また》このセリフのうち、揚巻《あげまき》※こちらへ来《き》て、

揚巻　嘘《うそ》つき女郎《じょろう》に、お構《かま》いなされまするな。

助六　これはどうだ。おれも人《ひと》に何《なん》のかのと言《い》われたに依《よ》って、意休《いきゅう》が事《こと》を言《い》ったものだ。いい加減《かげん》に堪忍《かんにん》しろ、ならねえか。おきゃアがれ。おれがさっきから甘口《※あまくち》に言《い》やア付《※つ》き上《あ》がりがして。モウ帰《けえ》るぞ、留《と》めるな、帰《けえ》る帰《けえ》る。（ト思入《おもいい》れ。）ほんに帰《けえ》るぞ、留《と》めねえか、留《と》めるな留《と》めるな留《と》めるな。何《なん》の事《こと》だ、さらば帰《けえ》りましょう。

ト思入《おもいい》れにて帰《かえ》ろうとする。揚巻《あげまき》ちょっと留《と》める。

留《と》めるな留《と》めるな。

揚巻　何《なん》じゃやら、ほんにこんな事《こと》を言《い》えば、未練《みれん》らしゅうて悪《わる》いけれど、是《こ》ればかりは言《い》わにゃならぬ。下《※した》に居《い》や。

助六　下《した》に居《い》らア。
揚巻　コレ、今日こなさんが差《さ》してござんした杏葉牡丹《ぎようぼたん》の紋《もん》の付《つ》いたからかさは、何《ど》処《こ》の女郎《じよろう》から貰《もら》やった。
助六　あれか、あれは※茅場町《かやばちよう》で誂《あつら》えた。
揚巻　黙《だま》りや。
助六　おっと黙《だま》った。
揚巻　人《ひと》が知《し》るまいと思《おも》うて、よう知《し》っているわいなア。
助六　おぬしはなぜ、そんな野暮《やぼ》な事《こと》を言《い》うえ。
揚巻　アイわたしゃ野暮《やぼ》さわたしゃ野暮《やぼ》さ。野暮《やぼ》じゃによってお前《まえ》にあきられたわいなア。
助六　其《そ》のように何《なに》も言《い》う事《こと》はねえ。そんならみんなおれが悪《わる》かった、あやまったあやまった。
揚巻　そんなら先《さ》っきにからの事《こと》は、悪《わる》いと思《おも》うてあやまらんしたか。
助六　大《おお》あやまり大《おお》あやまり。
揚巻　ほんにあやまりなさんしたかえ。
助六　※大誓文《だいせいもん》。

揚巻　あやまったのが定《※じょう》ならば、もそっとこっちへ寄《よ》りや。
助六　寄《よ》らねえでどうするものだ、寄《よ》るわ、斯《こ》う寄《よ》ったがどうする。
揚巻　オオ、よう寄《よ》りやった。あんまり憎《にく》いによって、こうするわいの。
　ト膝《ひざ》の上《うえ》へ乗《の》る。
助六　おれは又《また》、こうするわえ。（ト引寄《ひきよ》せる。）
揚巻　先《さ》っきにから何《なん》のかのと。エエ、憎《にく》らしい。
助六　エエ、可愛《かわ》ゆらしい。
揚巻　何《なん》のこっちゃいなア。（ト抱付《だきつ》く。）
助六　可愛《かわい》の者《もの》やな可愛《かわい》の者《もの》やな。

○**三重**　今日では「唄になり」とあって、「松にふきくる――」の只唄をうたう。○**古がね買い**　古銭を買い集めることを業とする商人。屑屋の一種。○**天井を見せる**　人を苦しめること。仰臥して起つ能わざらしめる意に出る。○**ちっとそうもござんすまい**　ちょっとそうもうまくゆきますまい。＊69近来の演出台本には「わアい、助六さん」が多く省かれている。○**襟元に付く**　「襟につく」ともいう。人のうなじにくっついて取れないの意から転じて、権勢におもねるをいう。○**狐女郎、狸女郎**　狐も狸も人を化かすというから、人を瞞す女郎を罵っていう。○**聞えぬぞえ**　道理の明らかならざるをいう。あんまりです。○**裾を肩へ結んでなりとも**　裾を肩の辺りに結ぶ程高くからげて、懸命に働いても。○**腹からの**　心の中からの。真底からの。上べは女郎でも心の中までが女郎ではない。○**綺麗に**　さっぱりと。はっきりと。○**こちら**　もと居た方。○**甘口に言やア**　やさしく言えば。○**付き上がりがして**　つけあがって。相手のきびしからぬにつけ込んで、増長して。○**下に居や**　下にいて下さい。坐って下さい。○**茅場町**『江戸砂子』に茅場町傘は、「南かや場町、薬師堂の辺にて作る」とある。江戸時代の名物だった。○**大誓文**「誓文」（既出）というのを一層強めた意になる。真実神かけて。○**定ならば**　本当ならば。

意休　揚巻々々《あげまきあげまき》。
　ト寝《ね》かしつける真似《まね》をする。奥《おく》にて、
助六　ありゃ、意休《いきゅう》が声《こえ》。
揚巻　コレ、紙子《かみこ》を忘《わす》れまいぞ。
　ト助六《すけろく》を無理《むり》に裲襠《※うちかけ》の下《した》へ忍《しの》ばせ、床几《しょうぎ》に腰《こし》を掛《か》けて居《い》る。「揚巻々々《あげまきあげまき》」と言《い》いながら意休出《いきゅうで》て来《く》る。禿《かむろ》二人香炉《ふたりこうろ》台《だい》を持《も》ち出《で》る。
意休　揚巻《あげまき》、ここに居《い》るか。
揚巻　アイ、意休《いきゅう》さんでござんすか。
意休　そなたを先《さ》っきから尋《たず》ねて居《い》た。こりゃ先《さ》っきに奥《おく》で言《い》うた通《とお》り、日頃《ひごろ》の事《こと》を水《みず》にして、この意休《いきゅう》と抱《だ》かれて寝《ね》ようと言《い》ったが、ほんの事《こと》か。
　ト助六揚巻《すけろくあげまき》の袖《そで》を引《ひ》く。
揚巻　何《なん》の寝《ね》るものじゃぞいなア。

意休　寝《ね》るものとは。
揚巻　お前《まえ》とサア寝《ね》ると言《い》うたは嘘《うそ》じゃ、ござんせぬわいなア。
意休　そんなら寝《ね》よう、サアおじゃ。
揚巻　行《ゆ》きやせぬ。
意休　行《ゆ》かぬとは。
揚巻　サア、わたしゃな、あんまり酔《よ》ったによって、風《かぜ》に吹《ふ》かれて行《ゆ》きやんす。意休《いきゅう》さん、お前《まえ》こそお年寄《としよ》りの、夜風《よかぜ》はきつい身《み》の毒《どく》。早《はや》う行《い》て寝《ね》て居《い》さんせぬかえ。
意休　いんにゃ、そなたが此処《ここ》で風《かぜ》に吹《ふ》かれるなら、おれも此処《ここ》に居《い》よう。こう並《なら》んだ処《ところ》を、あの助六《すけろく》の、※貧乏神野郎《びんぼうがみやろう》が見《み》たら、さぞ気《き》を揉《も》むであろうのう、揚巻《あげまき》。
ト揚巻《あげまき》に寄添《よりそ》う。下《した》から助六《すけろく》、意休《いきゅう》が足《あし》の毛《け》を抜《ぬ》く。
揚巻　オ痛痛痛《いたいたいた》。誰《だ》れかおれが足《あし》の毛《け》を抜《ぬ》いた。
揚巻　何《なん》じゃ、お前《まえ》の足《あし》の毛《け》を抜《ぬ》いた。ほんに悪《わる》い事《こと》ばっかり。又《また》※子供《こども》か子供《こども》か、※悪《わる》じゃれしやんな。
禿一　イエイエ、わたしじゃござんせぬ。たった今《いま》お前《まえ》の裾《すそ》から。
揚巻　また言訳《いいわけ》か、言訳《いいわけ》しやんな。
禿二　言訳《いいわけ》じゃござんせぬ、たった今《いま》お前《まえ》の裾《すそ》から。

揚巻　黙《だま》らぬか。意休《いきゆう》さん、見《み》やしゃんせ。子供《こども》というものは言訳《いいわけ》ばっかりするわいなア。
意休　ほんにいたずらばっかりして憎《にく》い奴《やつ》らだ、おれが肩《かた》でも揉《も》んでくれろ。
禿両人　アイ――。
意休　時《とき》に揚巻《あげまき》、いよいよ助六《すけろく》が事《こと》はやめにするか、どうか、おれは欺《だま》されたようで気味《きみ》が悪《わる》い。
ト助六出《すけろくで》ようとする。
揚巻　出《で》まいぞ出《で》まいぞ。
意休　何《なに》が出《で》まいぞ。
揚巻　サア、出《で》まい、ではござんせぬ、出《で》たということ。
意休　何《なに》が出《で》たというのだ。
揚巻　アレアレアレ、お月《つき》さんが出《で》たという事《こと》いなア。
意休　何《なに》を言《い》う、今夜《こんや》は闇《やみ》だ。
揚巻　イエイエ、それでも確《たし》か、ほんに折角《せっかく》よう晴《は》れた月《つき》を、雲《くも》が隠《かく》したわいなア。
意休　なるほど、雲《くも》が。
揚巻　月《つき》を。

両人　隠《かく》して、ハハハハ。
意休　雲《くも》めは月《つき》を隠《かく》したな、月《※つき》に村雲《むらくも》、花《はな》に風《かぜ》。
ト煙草《たばこ》を呑《の》もうとする。煙草盆《たばこぼん》を助六《すけろく》引《ひ》ったくり、煙草《たばこ》を呑《の》んで居《い》る。
アレ、煙草盆《たばこぼん》があっちへ歩《ある》いて行《い》った。
揚巻　是《これ》はしたり、又子供《またこども》かいなア、奥《おく》へおじゃ。
禿両人　アイ――。（ト禿《かむろ》、奥《おく》へはいる。）
意休　いんにゃ、今《いま》のは子供《こども》じゃアないぞよ、確《たし》かに。（ト寄《よ》ろうとする。）
揚巻　これはしたり、アレアレ意休《いきゆう》さん、何《なん》とマア、たんとあるお星《ほし》さんじゃないかえ。
意休　珍《めず》らしそうに、毎晩出《まいばんで》る星《ほし》がどうした。
揚巻　イイエ、あんまりたんとあるさかい※、あのお星《ほし》さんを幾《いく》つあるか、お前《まえ》、数《かぞ》えて見《み》さんせぬかえ。
意休　何《なん》だ、おれに星《ほし》を数《かぞ》えろか。
揚巻　アイ。
意休　おれが星《ほし》を数《かぞ》えるうちに、おぬしゃアおれが鼻毛《※はなげ》を数《かぞ》えるか、数《かぞ》えよう数《かぞ》えよう、アレ、こちらの方《ほう》によく光《ひか》るのが夜中《※よなか》の明星《みようじよう》、ここの上《うえ》にあるのが七曜《※しちよう》。アレアレ、今飛《いまと》んだ星《ほし》の、あれ知《し》って居《い》るか。

揚巻　イイエ。

意休　あれがの、※夜這星《よばいぼし》だ。人《ひと》の揚《あ》げて置《お》く女郎《じょろう》を盗《ぬす》みに来《く》る、夜這星《よばいぼし》とも※てれん星《ぼし》ともいう。なんぼ※七夕《たなばた》めに逢《あ》おう逢《あ》おうと思《おも》うても、意休《いきゅう》という天《あま》の川《がわ》がどっかりと坐《すわ》って居《い》ちゃア逢《あ》う事《こと》はなるまい、のう、揚巻《あげまき》。

ト助六《すけろく》、また足《あし》の毛《け》を抜《ぬ》く。

オ痛《いた》い痛《いた》い、また足《あし》の毛《け》を抜《ぬ》きゃアがった。どいつだ、どいつだ。

揚巻　また子供《こども》かいなア。

意休　何《なに》を言《い》う、子供《こども》は此処《ここ》にゃア居《い》もしねえ、確《たし》かわが裾《すそ》から。

揚巻　※滅相《めっそう》な、どうしてわたしが裾《すそ》から、大《おお》かた子供《こども》でなくば、オオ、ソレソレ、鼠《ねずみ》じゃわいなア。

意休　何《なん》だ、鼠《ねずみ》だ。

揚巻　アイ。

意休　なる程《ほど》、鼠《ねずみ》だ鼠《ねずみ》だ。どぶを走《はし》る溝鼠《どぶねずみ》が、揚巻《あげまき》、ソレソレ。

揚巻　エエ、気味《きみ》の悪《わる》い、何処《どこ》になア。

意休　其処《そこ》によ、此処《ここ》に居《い》るわえ。

○**裲襠** 帯したる上にうちかけて着る小袖。婦人の通常の礼服。○**貧乏神野郎** 助六を罵った言葉。前の方で貧乏な奴だというセリフが度々出ている。○**子供**（既出）禿の少女なるよりいう。○**悪じゃれ** わるふざけ。○**月に村雲、花に風** 諺。好事に故障多き譬えにいう。○**あるさかい** あるので。「さかい」は境の義より出た、京阪地方の方言。どうしてここへ一つ上方言葉を入れたものか不明だが、文化以後の台本には、悉く「ある故」となっている。○**鼻毛を数える** 「鼻毛をよむ」ともいう。女色に迷った男を、女が見抜いて翻弄するをいう。○**夜這星** 流星。夜這うように流れて消えるから言う。○**夜中の明星** 「宵の明星」ともいう。金星のこと。○**七曜** 北斗七星をいう。○**七夕め** 「七夕」は七月七日に祭る織女星。助六を牽牛星に譬えて。○**てれん星** 手練にもかけた。人をあやなす星。○**滅相な** とんでもない。

ト助六《すけろく》を引出《ひきだ》す。揚巻《あげまき》、中《なか》へはいり、

助六　意休《いきゅう》か。

意休　助六《すけろく》か。

揚巻　コレ、紙子《かみこ》を忘《わす》れまいぞ。

意休　揚巻《あげまき》という※辻傾城《つじげいせい》の裾《すそ》に、助六《すけろく》という溝鼠《どぶねずみ》※がしゃっかがんで居《い》る事《こと》を、意休《いきゅう》という※逸物《いちもつ》の猫《ねこ》が※髭松明《ひげたいまつ》で睨《にら》んでおいた。助六《すけろく》、なぜ盗《ぬす》みをする、そんな根性《こんじょう》で大望《たいもう》成就《じょうじゅ》するものか。ここな時宗《ときむね》の腰抜《こしぬ》けめ。

助六　待《ま》て、意休《いきゅう》。それがしが本名《ほんみょう》を知《し》り、腰抜《こしぬ》けとは、時宗《ときむね》が何《なに》が腰抜《こしぬ》けだ。

意休　腰抜《こしぬ》けであるまいか。父祐安《ちちすけやす》が無念《むねん》の最期《さいご》、その仇《あだ》を報《むく》わんと思《おも》う心《こころ》もなく、傾城《けいせい》に本心《ほんしん》を乱《みだ》せし※うつけもの。コリャ、敵左衛門祐経《かたきさえもんすけつね》は鎌倉山《かまくらやま》に 礎《いしずえ》固《かた》く時《とき》めく大名《だいみょう》、アア聞《きこ》えた、所詮叶《しょせんかな》わぬと思《おも》い、色《いろ》と酒《さけ》とに身《み》を崩《くず》すか、たとえ其《そ》の身《み》は※不《ふ》器量《きりよう》たりとも、など念力《ねんりき》の届《とど》きなば、大望《たいもう》なに空《むな》しからんや。兄弟《きようだい》離《はな》れ離《ばな》れにして敵《かたき》が討《う》たれるものか。敵《かたき》を討《う》たねば腰抜《こしぬ》け武士《ぶし》、意休《いきゆう》が情《なさ》けの教訓《きようくん》の扇《おうぎ》、魂《たましい》を入《い》れ直《なお》せ。武士《ぶし》になれ。ここな時宗《ときむね》の卑怯者《ひきようもの》めが。

ト扇《おうぎ》にてさんざんに叩《たた》く。助六《すけろく》その手《て》を取《と》って、

助六　意休《いきゆう》、わりゃア※あやかりものじゃ。汝《なんじ》が今申《いま》す通《とお》り、われわれ兄弟《きようだい》十八年《ねん》つけ狙《ねら》えども、今以《いまもつ》て敵《かたき》も討《う》たれず、それに引替《ひきか》えこの助六《すけろく》は、そちが為《た》めには恋《こい》の敵《かたき》、その敵《かたき》を眼前《がんぜん》に扇《おうぎ》にて打《う》ち、敵《かたき》を討《う》つとは羨《うらや》ましい、肖《あや》かりたい、われに教訓《きようくん》の扇《おうぎ》といい、母《はは》の紙子《かみこ》に手向《てむか》いならぬこの時宗《ときむね》。ぶて、叩《たた》け。ぶって腹《はら》だにいるならば、いくらもぶてよ、髭《ひげ》の意休《いきゆう》、やい。[*70]

揚巻　よう了簡《りようけん》して下《くだ》さんした。[*71]

意休　ムウ、母《はは》の紙子《かみこ》を母《はは》と思《おも》い、大切《たいせつ》になすからは、孝行《こうこう》の 志《こころざし》がないでもない。そちには何《なん》ぞたとえて。（ト思入《おもいいれ》あって、）幸《さいわ》い幸《さいわ》い。

ト合方《あいかた》になり、香炉台《こうろだい》を出《だ》して、

コリャ時宗《ときむね》、大望《たいもう》あるものは人《ひと》の恨《うら》みを受《う》けず、人《ひと》の情《なさ》けを受《う》けねば願《ねが》いはかなわぬ。この遊所《※ゆうしょ》へ入込《いりこ》み喧嘩《けんか》口論《こうろん》、まさかの時何《ときなん》の益《えき》。たとえて言《い》わばこの香炉台《こうろだい》、この三《※み》つ足《あし》は曾《そ》我兄弟《がきょうだい》、祐俊《すけとし》、祐成《すけなり》、時宗《ときむね》と三人兄弟《にんきょうだい》　合体《がったい》して、※まっこの如《ごと》く力《ちから》を合《あわ》すものならば、祐経《すけつね》は愚《おろ》か従祖父《※おおおじ》伊藤《いとう》が敵《かたき》たる、頼朝《よりとも》どのも討《う》たれるぞ。そちたちが心《こころ》　頼朝《よりとも》どのを恨《うら》むる所存《しょぞん》もあるならば、年寄《としよ》りたれどもこの意休《いきゅう》、まさかの時《とき》はともどもに力《ちから》になって得《え》させまいものでもない。この香炉台《こうろだい》の如《ごと》く兄弟《きょうだい》　心《こころ》を合体《がったい》なさば、百斤《※きん》の鼎《かなえ》を置《お》くとも倒《たお》れず、崩《くず》れず、また兄弟《きょうだい》　心《こころ》も離《はな》れ離《ばな》れになる時《とき》は、まっこの如《ごと》く、

ト刀《かたな》を抜《ぬ》き香炉台《こうろだい》を二つに切《き》る。助六手《すけろくて》ばしこく刀《かたな》の寸《すん》を取《と》り見《み》る。*72 意休振放《いきゅうふりはな》して刀《かたな》をしゃんと納《おさ》め、

倒《たお》れるぞよ。曲輪通《くるわがよ》いをやめにして、人《ひと》になれ人《ひと》になれ。

ト扇《おうぎ》にて叩《たた》く。揚巻《あげまき》、中《なか》へはいって思入《おもいい》れ。

人多《※ひとおお》き人《ひと》の中《なか》にも人《ひと》ぞなき、人《ひと》になれ人《ひと》ひとになせ人《ひと》、人目《ひとめ》を忍《しの》んで時節《じせつ》を待《ま》て。助六《すけろく》、さらば。

ト唄《うた》になり、意休《いきゅう》はいる。揚巻《あげまき》いろいろあって助六《すけろく》を見《み》て、

揚巻　助六《すけろく》さん、紙子《かみこ》が破《やぶ》れたわいなア。

助六　ナニ、紙子《かみこ》が破《やぶ》れた。ホホホイ。※この紙子《かみこ》を破《やぶ》るまいと、じっと無念《むねん》を堪《こら》えたが、この紙子《かみこ》がこう破《やぶ》れては、モウ堪忍《かんにん》がならぬわえ。

揚巻　コレ、必《かなら》ず短気《たんき》を出《だ》すまいぞ。

助六　揚巻《あげまき》、今《いま》この時宗《ときむね》へ教訓《きょうくん》の折柄《おりから》、思《おも》わず香炉《こうろ》台《だい》を切割《きりわ》ったる意休《いきゅう》が一腰《ひとこし》こそ、まさに尋《たず》ぬる、

揚巻　友切丸《ともきりまる》かえ。

助六　こりゃ、声《こえ》が高《たか》い。（ト揚巻《あげまき》を引寄《ひきよ》せ囁《ささや》く。）

揚巻　そんなら今宵《こよい》。

助六　コリャ。

揚巻　早《はよ》うござんせ。

助六　合点《がってん》だ。

ト時《とき》の鐘《かね》になり、助六《すけろく》、花道《はなみち》へ逸散《いっさん》にはいる。揚巻暖簾口《あげまきのれんぐち》へはいる。

［幕］

○**辻傾城**　辻に立つ傾城。辻君・夜鷹の意で、遊女を罵った語。○**しゃっかがんで**　「しゃっ」は強意又は罵意ある接頭語。かがんで。○**逸物**　群を抜け出て勝れたもの。○**髭松明**　髭という松明で目星をつけ

た。〇**うつけもの**　「うつけ」は中のうつろなること。馬鹿者。うっかり者。ぼんやり者。〇**不器量**　才能乏しいこと。力足らないこと。〇**あやかりもの**　あやかりて、仕合せのよいもの。＊70セリフの中にある「やい」は荒事式に、すべて「エエ」というように発音している。近来の上演台本には「エエ」と書いたのが多い。＊71この揚巻のセリフは、近来の上演台本には省略されている。ここから六段の合方になるという指定がある。〇**遊所**　遊里。遊廓。〇**三つ足**　足の三本ある台。近来の俳優には「さんそく」と発音しているものもある。〇**まっこの如く**　「まずこの如く」の約。〇**従祖父伊藤**　従祖父は祖父の兄弟。実説では祖父伊東祐親のことを指す。即ち祐経が祐泰を、大見・八幡の両名をして殺さしめたので、祐親は次男祐清をして大見・八幡を殺害せしめた。そのために頼朝の怒りに触れ、祐親は自害して果てた。

（家系）
祐家―祐親―祐泰―祐成
　　　　　　　　　└時致
　　　　　└祐清
└祐嗣―祐経

伊東祐親は藤原鎌足の後裔。世々伊豆伊東の荘を食む、因て氏とす。祐親七世の祖藤原為憲、木工の介となり工藤と称す。〇**百斤の鼎**　「百斤の」は重いという意。「鼎」は古代食物を煮るに用いた金属製の三足の器。＊72寸法を取って見て、友切丸だということを知る。〇**人多き人の中にも…**　道歌。世の中には平凡な人は多くいるがこれぞと思う立派な人は少い、世の人よ、偉い人になれ、そして他の人をも立派な人にするように導け。〇**ホホホイ**　「ホホ」は強意。「ホイ」は感動詞で、やれ。やア。しまった。

時《とき》の鐘《かね》になり、「にてつなぎ引返《ひっかえ》して幕明《まくあ》く。」暖簾《のれん》を取《と》って大戸《※おおど》を閉《た》てる。＊73この潜《くぐ》り客《※きやく》の仕出《しだ》し帰《かえ》る。遣手《やりて》お辰《たつ》、若《わか》い者《もの》治郎《じろ》七《しち》送《おく》って出《で》る。この間《あいだ》、助六《すけろく》の拵《※こしら》えの出来《でき》るまで、捨《すて》ゼリフにて向《※むこ》うへはいる。舞台《ぶたい》、砂舞台《※すなぶたい》になる。向《むこ》うより助六《すけろく》、甲斐《かい》々《がい》しき形《なり》に

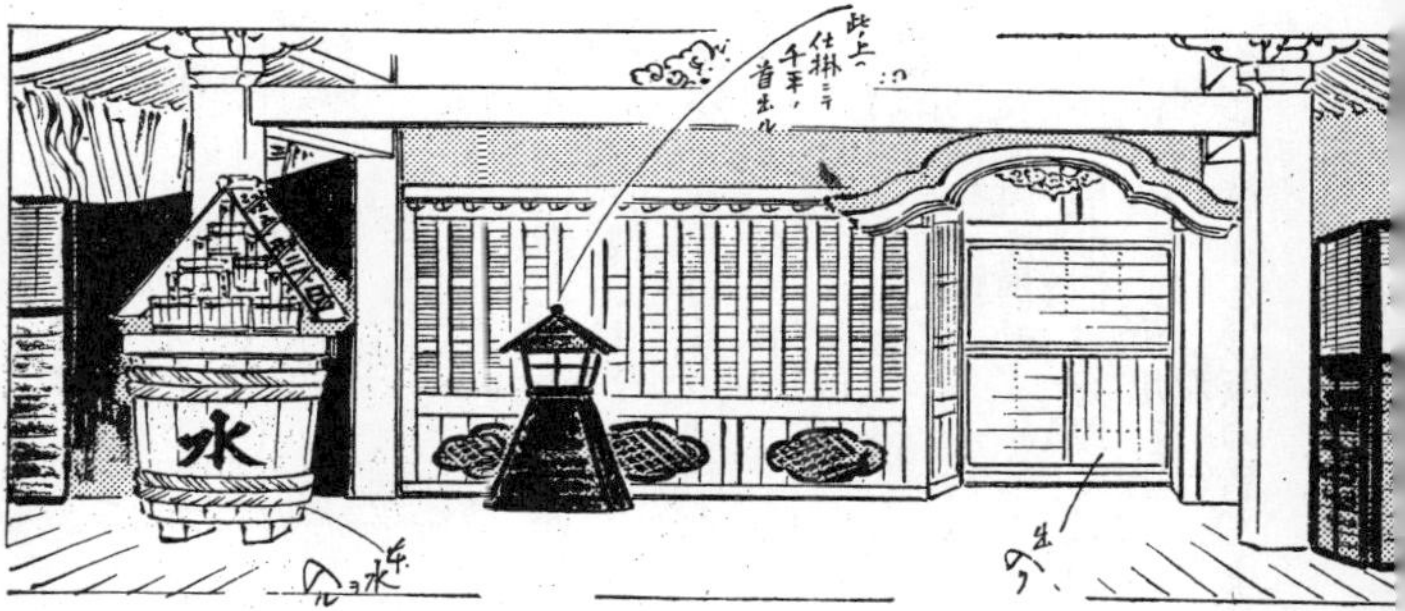

て窺《うかが》い出《で》て、本舞台《ほんぶたい》へ来《き》て影《かげ》をかくすと、潜《くぐ》りより朝顔千《あさがおせん》平《ぺい》、提灯《ちょうちん》をともし出《で》る。意休《いきゅう》、深編笠《ふかあみがさ》にて出《で》る。これに傾《けい》城《せい》の六、同《おなじく》三、同《おなじく》七、同《おなじく》二、同《おなじく》九、送《おく》って出《で》る。お辰《たつ》、治郎《じろ》七出《しちで》て来《き》て、

治郎　意休《いきゅう》さん、今宵《こよい》はお早《はや》いお帰《かえ》りでござりまする。

お辰　毎夜々々《まいよまいよ》ござんしても、いつも名代《みょうだい》でお気《き》の毒《どく》でござんす。

皆々　又《また》この頃《ごろ》にござんせい。

意休　夜《よ》が明《あ》けると直《す》ぐに来《く》るわえ、みな帰《かえ》れ帰《かえ》れ。

治郎　※土手《どて》までお送《おく》り申しましょう。

意休　それには及《およ》ばぬ、帰《かえ》れ帰《かえ》れ。

治郎　テモ、余《あま》り夜更《よふけ》に。

千平　不用心《ぶようじん》なという事《こと》か。そりゃア気遣《きづか》いはない。お側《そば》には朝顔千平《あさがおせんぺい》という強者《つわもの》が控《ひか》えて居《い》る。気遣《きづか》いなしにやすみやれやすみやれ。

傾城
皆々　そんなら、意休《いきゅう》さん。明日《あす》ござんせえ。※さばえ。

意休　ト皆々潜《みなみなくぐ》りへはいる。

千平　千平《せんぺい》、何時《なんどき》であろう。

意休　モウ、八《※や》ツ半《はん》でもござりましょう。

意休　急《いそ》げ。

ト行《ゆ》こうとする。助六《すけろく》、提灯《ちょうちん》を切落《きりおと》す。意休《いきゅう》が編笠《あみがさ》切れる仕掛《※しか》け、意休身構《いきゅうみがま》えする。三人《にん》きっと見得《みえ》になる。

意休　何者《なにもの》だ、声《こえ》をもかけず切付《きりつ》けたは。ムウ、わりゃア盗人《ぬすびと》だな。

助六　盗賊《とうぞく》ではないぞ。

意休　そういう声《こえ》は助六《すけろく》、卑怯《ひきょう》な、待伏《※まちぶ》せひろいだな。

助六　イイヤ卑怯《ひきょう》でない。最前《さいぜん》それがしへ教訓《きょうくん》の折柄《おりから》、香炉台《こうろだい》を切割《きりわ》りし一腰《ひとこし》こそ、曾我殿《※そがとの》ばらが難儀《なんぎ》となったる友切丸《ともきりまる》、その一腰《ひとこし》を詮議《せんぎ》の為《た》め、廓《くるわ》へ入込《いりこ》みしこの時《とき》宗《むね》、友切丸《ともきりまる》に心《こころ》をかけるからは、本名《ほんみよう》なくて叶《かな》わぬやつ。サア姓名《せいめい》明《あ》かし、尋常《じんじょう》に友切丸《ともきりまる》を渡《わた》せ。

意休　最前情《さいぜんなさ》けを以《もっ》て教訓《きょうくん》なせし、この意休《いきゅう》へ刃向《はむか》う人外《※にんがい》、予《かね》ては汝等兄弟《なんじらきょうだい》を、我《わ》が味方《みかた》となし頼朝《よりとも》を亡《ほろ》ぼし、われ平家《へいけ》の弔《とむら》いとなさんと思《おも》いしに此《こ》の有《あり》さま。なるほど、意休《いきゅう》とは仮《かり》の名《な》、まことは伊賀《※いが》の平内左衛門《へいないざえもん》。

助六　さてこそな。

意休　大望成就《たいもうじょうじゅ》のその為《た》めに、盗《ぬす》み隠《かく》せし友切丸《ともきりまる》、たって渡《わた》せとぬかせば、命《いのち》がないぞ。

助六　小癪《こしやく》な、友切丸《ともきりまる》を渡《わた》せ。

意休　千平《せんぺい》、ぬかるな。

千平　心得《こころえ》ました。

三人　どっこい。

ト※忍《しの》び三重《じゅう》、蛙《かわず》の声《こえ》にて、三人《にん》※、たていろいろあり、何《いず》れも手《て》を負《お》い、千平《せんぺい》を助六《すけろく》しとめる。＊74後《うし》ろより意休《いきゅう》、助六《すけろく》を一刀斬《ひとかたなき》る。これよりいろいろあって、助六意休《すけろくいきゅう》を仕止《しと》め、友切丸《ともきりまる》を改《あらた》める事《こと》あって、どっかりと尻持《しりもち》をつき、助六息《すけろくいき》をついて居《い》る。臆病口《おくびようぐち》より三《み》浦屋息子《うらやむすこ》長吉《ちょうきち》、提灯《ちょうちん》ともし鼻唄《はなうた》を歌《うた》いながら出《で》て、意休《いきゅう》が死骸《しがい》に躓《つまず》き、

長吉　こりゃ、意休《いきゅう》さまじゃ。

ト提灯《ちょうちん》を差出《さしだ》す。助六《すけろく》この提灯《ちょうちん》を切《き》る。長吉《ちょうきち》逃《に》げながら、

斬《き》った斬《き》った斬《き》った斬《き》った。

○**大戸**　（既出）表口などにある大きな戸。＊73古くは幕を引かないで、暖簾をはずしたり、戸を入れるだけで演じたらしいが、天水桶の位置をなおしたり、水を張るためなどに、いったん幕にするのが常例になっ

ている。括弧内はその演出に応じたト書きである。○**客の仕出し**「仕出し」(既出)は芝居の幕明きなどに出る端役の者。遊客になって出る端役。○**拵え**　扮装。○**向う**(既出)花道の揚幕へはいる。○**砂舞台**　砂の敷いてある地上という心の舞台装置。今迄の舞台も書割もそのままで、ただ床几などを取除けたのみの舞台面。一説に「地がすり」という黒い裂をしいたのを言うともあるが、ハッキリとしない。○**土手**　吉原遊廓へ入る前の日本堤のこと。○**さばえ**(既出)「さば」は「さらば」の略。「え」は接尾語で、女、ことに遊女の柔かな口調を表す。○**八ツ半**　午前三時。○**仕掛け**　前以てたくみ、拵えておく。○**待伏せひろいだな**「待伏せ」は、人を襲わんがために隠れて、その来るを待つこと。待伏せしやアがったな。○**曾我殿ばら**　曾我一族の人達。○**人外**　人倫にはずること。人でなし。○**伊賀の平内左衛門**　平氏の武将、名は家長。四国屋島の戦に敗衂(はいじく)するに及び、知盛とともに海に投じて死す。歌舞伎並に浄瑠璃の源平の世界に現われる敵役の名で、この『助六』においてもそうである。○**忍び三重**　静寂又は凄味を現わす三味線の鳴物。三下り、また本調子のこともある。○**たて**　立廻り。殺陣。＊74近来の演出では、千平の首を切ると、その首が辻行灯の上へ仕掛にて載り、切首が出るということになっている。辻行灯は下手寄りにある。前の場では行灯が置かれていることになっているが、今日は普通置かない。

ト向《むこ》うへはいる。是《これ》より、西《※にし》、東《ひがし》、本舞台《ほんぶたい》にて、拍子木《ひょうしぎ》を打《う》ち、※アリャアリャの声《こえ》。助《すけ》六《ろく》、東西《とうざい》へ行《ゆ》こうとして人声《ひとごえ》に恐《おそ》れて、天水桶《※てんすいおけ》を見《み》て手桶《ておけ》をおろし、天水桶《てんすいおけ》へはいり、手《て》桶《おけ》の底《そこ》を抜《ぬ》き是《これ》をかぶり下《※した》にすわる。水《※みず》こぼれる。*75花道《はなみち》、東《ひがし》の下《した》、舞台《ぶたい》、弓張提灯《ゆみはりぢょうちん》、皆々棒《みなみなぼう》を持《も》ち、三浦屋《みうらや》息子《むすこ》長吉《ちょうきち》、茶屋《ちゃや》の息子《むすこ》、そのほか若《わか》い者大勢出《ものおおぜいで》て、

茶屋　人殺《ひとごろ》しは何処《どこ》へ逃《に》げた何処《どこ》へ逃《に》げた。

皆々　何処《どこ》を探《さが》しても見《※み》えましない。

長吉　それなら屋根《やね》へ逃《に》げはせぬか。梯子《はしご》を持《も》って来《こ》い。

皆々　合点《がってん》だ。

ト大勢《おおぜい》、竹《たけ》の梯子《はしご》を持《も》って来《き》て東《※ひがし》の桟敷《さじき》の屋根《やね》へ掛《か》ける。これへ若《わか》い者《もの》登《のぼ》って尋《たず》ねる思《おも》い入《い》れ。下《した》へ降《お》りて、

若者　屋根《やね》にも居《い》ませぬ。

長吉　これから角町川岸《※すみちようがし》を尋《たず》ねろ。

茶屋　おれは揚屋町《※あげやまち》を尋《たず》ねよう。

ト皆々捨《みなみなすて》ゼリフにて三方《※ぼう》へ入《い》れ替《かわ》る。始終時《しじゆうとき》の鐘《かね》、アリャアリャ。助六《すけろく》、天水桶《てんすいおけ》より顔《かお》を出《だ》す、アリャアリャ、この事《こと》一二度《ど》あって静《しず》まる。助六窺《すけろくうかが》い出《で》る、着《き》ものを絞《しぼ》り、よろめきながら花道《はなみち》へ行《ゆ》く。アリャアリャ。是《これ》より三方《ぼう》へ行《ゆ》き、とど気《き》を失《うし》なう。三方《ぼう》より皆々《みなみな》取《とっ》て返《かえ》し、前《まえ》の通《とお》りに出《で》て来《き》て、助六《すけろく》を見付《みつ》け、

皆々　ここに居《い》たここに居《い》た、ぶち殺《ころ》せぶち殺《ころ》せ。

ト棒《ぼう》を振上《ふりあ》げる。揚巻走《あげまきはし》り出《で》て、助六《すけろく》を裾《すそ》へ隠《かく》し、

揚巻　わしじゃわしじゃ、粗相《そそう》しゃるな、揚巻《あげまき》じゃぞ。

茶屋　こりゃ、太夫《たいふ》さん、危《あぶ》のうございます。

皆々　のかっしゃりませい。
揚巻　コレコレ、わしゃ先《さ》っきにから此処《ここ》に居《い》た、その人《ひと》を斬《き》った者《もの》は、あっちへ行《い》たわいのう。
若者　イエイエ、お前《まえ》の裾《すそ》に居《お》りまする。
皆々　お出《だ》しなさいお出《だ》しなさい。
揚巻　イヤイヤ、此処《ここ》には居《い》ぬわいの。
皆々　それでもたった今見付《いまみつ》けた。のかっしゃいのかっしゃい。
揚巻　待《ま》ちや待《ま》ちや。そんならこの揚巻《あげまき》が嘘《うそ》つくと思《おも》やるか。嘘《うそ》つくような女郎《じょろう》じゃないぞ。そりゃ何《なん》じゃ、棒振上《ぼうふりあ》げてわしをどうしやる、わるう※棒三昧《ぼうざんまい》して、その棒《ぼう》の端《はし》がわしが身《み》へちょっとでも触《さわ》ると、五丁町《ちょうまち》は暗闇《くらやみ》じゃぞ。[*76]
皆々　イヤア。
揚巻　サア、わしが相手《あいて》になろう。この揚巻《あげまき》を相手《あいて》にしや。
若者　コレコレ、皆《みな》の衆《しゅ》、揚巻《あげまき》さんのアア言《い》わっしゃるに違《ちが》いもあるまい。是《これ》から方々手分《ほうぼうてわ》けをして尋《たず》ねよう。
皆々　それが宜《よ》かろう。サア、ござれござれ。[*77]
ト皆々《みなみな》三方《ぼう》へはいる。揚巻跡《あげまきあと》を見送《みおく》りいろいろあって、助六《すけろく》へ気付《きつけ》に天水桶《てんすいおけ》の水《みず》を掬《すく》い

揚巻　口移《くちうつ》しに呑《の》ませ、肌《はだ》と肌《はだ》を合《あわ》せ、じっと抱《だ》き締《し》める。*78　助六心付《すけろくこころづ》く、

助六　助六《すけろく》さん、心《こころ》が付《つ》きましたか。

揚巻　揚巻《あげまき》か、少《すこ》しの※かすりで、水《みず》に浸《ひた》ったゆえか、気《き》を失《うしの》うた、口惜《くちお》しい。

助六　モシ、お前《まえ》の願《ねが》いのものは手《て》に入《い》りましたか。

揚巻　喜《よろこ》べ、友切丸《ともきりまる》は手《て》に入《い》った。

助六　忝《かたじけな》い。

揚巻　この上《うえ》は、一時《とき》も早《はや》く立退《たちの》こう、ソレ。

助六　モシモシ、この廓《くるわ》は大勢《おおぜい》が囲《かこ》んで居《い》れば、落《お》ちさんす道《みち》はないわいなア。

揚巻　幸《さいわ》いのこの梯子《はしご》、屋根伝《やねづた》いに。

助六　あぶないあぶない、怪我《けが》さんすな。

ト助六《すけろく》、梯子《はしご》の中程《なかほど》へあがる。

モシ、そんなら、わしゃ※西川岸《にしがし》の方《ほう》へ廻《まわ》って居《い》る、※田圃《たんぼ》の方《ほう》へ降《お》りさんせ。助六《すけろく》さん。

揚巻　揚巻《あげまき》。

両人　さらば。

ト若《わか》い者大勢取巻《ものおおぜいとりま》く。

皆々　動《うご》くな。

助六　※先《ま》ず今日《こんにち》はこれぎり、

※チョンチョンチョンチョン

ト※目出度《めでた》く、打出《うちだ》し

○西、東、本舞台　舞台の下手と上手と舞台の奥。ただし今日は上手、下手と、花道揚幕の内とで。**○アリャアリャ**　「アリャアリャ」は掛声。拍子木を打って非常を警戒し、殺人犯人を遠巻きにして捕えようとする。**○天水桶**（既出）火災の防備に天水を蓄えおく桶。**○下にすわる**　天水桶の中にしゃがむ。**○水こぼれる**　水をたたえた桶に飛び込んだので、溢れこぼれる様を見せる。＊75助六がこの大きな天水桶の中へはいるので、水がこぼれる。つまらぬことではあるが、見物の目を見張らせ、また眼目になっているので、この第二場を助六の「水入り」と称するのである。三世市川八百蔵が助六を演じた時、非常の人気者だったので、飛び込んだ天水桶の水が一杯二分で望まれたという話さえある。**○見えましない**　見えましねえ。見えません。**○東の桟敷**　上手の桟敷の見物席の屋根にかける。当時は上手の見物席は舞台奥の方まで入り込んでいた。しかし今日では舞台の真中あたりの、三浦屋の屋根へ掛ける。**○角町川岸**　吉原廓内に角町というのがある。その川岸。**○揚屋町**　大門より真直に水道尻迄の線の一半を、揚屋の所在により揚屋町といい、仲の町と言った。揚屋がなくなると揚屋町という名もなく、すべて仲の町という。**○三方へ入れ替る**　三方は前述の通り花道と舞台の上手と下手とである。三方から舞台へ来てガヤガヤ言っていた人々が入れ替って、又三方へはいることをいう。**○棒三味**　「三味」はとかくその方に傾き易きにいう。棒を以てあばれ廻ること。＊76わたしは吉原を背負って立つ三浦屋の揚巻である。その自分に傷でもつければ吉原は暗同然になって、権威は地におちるであろうと言ったもので、揚巻のセリフ中でも最も力のはいる、有名なところである。＊77揚巻の顔を立てて、知らぬ顔をして、皆立ち去ってしまう。＊78今日では、この「ト書き」通りの演出は風紀上許されない。天水桶のところへつかつかと行って、二三度ザブザブとやって、袖に水を浸し、助六を抱えるようにして起し、水をしぼり入れるのである。**○かすり**「かすり傷」の略。微傷。**○西川岸**　吉原の入口からすれば、向って右方の川岸である。**○田圃**　浅草観音から裏手はずっと田圃であった。ここでは下谷の入谷方面のである。**○先ず今日はこれぎり**　先ず今日はこれ限りで、終演といたします。楽屋一切の取締役である頭取または座頭俳優が、この口上を言うきまりになっていた。もっともこれは『助六』が最終の幕即ち大切に据えられていた場合のことである。**○チョンチョンチョンチョン**　閉幕の柝の音。**○目出度く打出し**「めでたく終演」の意。「打出し」は同時に鳴物の名称にもなっていて、大太鼓のみにて打つ。

付録

□『暫』は解題にも述べたように、明治以前までは、一篇の眼目とする「暫く」と声をかける場面、シチュエーションだけは同一でありながら、前後の趣向は毎回異なり、いつも新作だったと言ってよいものだった。従ってその眼目のセリフたる「つらね」も、大同小異ながら毎回変るのが、今日に至るまでの慣習なのである。渥美氏の『歌舞伎狂言往来』には相当輯録されていたが、新らしく十数篇を採録増訂してここに掲記した。ただ文化九年以後のものは原典参照の便を欠くものが多く、校訂上不満足の箇所が二三あることをお断りしておく。

一 『暫』のせりふ・つらね集

大福帳《だいふくちょう》のせりふ　市川團十郎自作

夫大文字《それだいもじ》は、一文字《もんじ》に人《ひと》を加《くわ》えて是大也《これだいなり》、二字《じ》にじゆくして見《み》る時《とき》は、一人《にん》と書《か》けり、その一人《にん》とは十善《ぜん》の大君《おおぎみ》にてましまさずや、しっぺい必《かなら》ず一座《ざ》の宣旨《せんじ》を蒙《こうむ》る、故《かるがゆえ》に一の人《ひと》と称《しょう》す、是又臣下《これまたしんか》の一の人《ひと》、一と人《ひと》との二つの文字《もじ》、合《がっ》する時《とき》は大《だい》の字也《じなり》、是《これ》ぞ君臣和合《くんしんわごう》の文《も》字《じ》、紫宸殿《ししんでん》のてっぺんに、こうむらしめたが誤《あやまり》か、おらアあんまり誤《あやま》りじゃアあんまいかと存《ぞん》ずる。

平九郎へさて又福《またふく》という文字《もじ》は。團へさいわいと読《よま》せ、則扁《すなわちへん》には示《しめ》すとかく、是神《これかみ》の恵《めぐみ》を下《した》にしめすの理《ことわり》、まったつくりには一口《いちくち》の田《た》と書《か》けり、其一口《そのいちくち》とは普天《ふてん》の下《した》、率土《そっと》の浜《ひん》も一口《ひとくち》に万々歳《ばんばんぜい》を唱《との》うなる、大内山《おおうちやま》の顔見世《かおみせ》なり、平九へさて又帳《またちょう》とは。團へ巾扁《きんへん》にながきは君《きみ》が万代《ばんだい》を、しるし留《とど》むる文字《もんじ》の割《わり》、巾《きん》は包《つつむ》と読《よみ》もして、神《かみ》の御《み》戸帳人間《とちょうにんげん》の髻《たぶさ》を包《つつ》む冠《かん》ぶくさ、臥龍先生《がりょうせんせい》がしりん巾《きん》、じんぎれいちのみょうどう巾《きん》、陶淵明《とうえんめい》がろくじゅ巾《きん》、その下《した》だれをふ布、雑巾南京《ぞうきんなんきん》もん綿《めん》三反半《だんはん》、とんきん北《ほっ》きん唐音《とういん》の、こぶしの内《うち》のけん酒《ざけ》や、肴《さかな》にくつきる唐辛子《とうがらし》、胡椒頭巾《こしょうずきん》は張良《ちょうりょう》が、敵《てき》を欺《あざむ》くはかりごと、兜頭巾《かぶとずきん》は樊噲《はんかい》が、門《もん》を蹴破《けやぶ》るかんづつみ、包《つつ》むとすれどそっちの悪《あく》は、こっちで高《たか》を括頭巾《くくりずきん》、大黒柱《だいこくばしら》の礎《いしずえ》はじっと角《すみ》から角《すみ》頭巾《ずきん》、うばそくの兜巾鈴《ときんすず》かけ、風《かぜ》を引《ひい》たら不換金《ふかんきん》、鍾馗大臣《しょうきだいじん》の降魔巾《ごうまきん》、びんずる尊者《そんじゃ》の紙頭《かみず》巾《きん》、破《やぶ》れ薬罐《やかん》も打《う》てば鳴《な》る、諫鼓苔深《かんここけふこ》うして鶏《とり》おどろかぬ祀《まつり》ごと、天下《てんか》泰平《たいへい》の大福帳《だいふくちょう》紙《かみ》かず有合元弘元年《ありあいげんこうがんねん》、真《まこと》は正徳文武両道紅白の、梅《うめ》の咲分前髪《さきわけまえがみ》に、かつ色見《いろみ》する顔見世《かおみせ》は、渋《しぶ》むけて候栗若衆《そうろうくりわかしゅ》、幕《まく》の内《うち》よりえみ出《で》ると隠《かくれ》ござらぬいが栗《ぐり》の、神《かみ》も羅漢《らかん》も御《ご》ぞんじの、十六騎《き》の惣巻軸《そうかんじく》、篠塚五郎定綱《しのづかごろうさだつな》が、大福帳《だいふくちょう》の縁起《えんぎ》がっぽう、てんぽうすっぽうめっぽうかい令《りょう》満足《まんぞく》、万万《ばんばん》ぜいたく言次第《いいしだい》、大福帳《だいふくちょう》の顔見世《かおみせ》と、ホホ敬《うやま》って申す。

享保二年、森田座『奉納太平記《ほうのうたいへいき》』において、篠塚五郎定綱役にて二代目市川團十郎所演。

市川升蔵しばらくのせりふ

東夷《とうい》南蛮《なんばん》北狄《ほくてき》西戎《せいじゆう》、四夷《い》八荒天地《こうてんち》乾坤《けんこん》の間《あいだ》に、あるべき人《ひと》の知《し》らざらんや、清和源氏《せいわげんじ》の統《とう》領《りよう》、左馬頭《さまのかみ》源《みなもと》の義朝《よしとも》が臣《しん》、十八騎《き》のてっぺん、渋谷《しぶや》の金王昌俊《こんのうまさとし》、師匠《ししよう》の海老《えび》が顔見世《かおみせ》の、お仕着《しき》せ素袍《すおう》に納豆烏帽子《なつとうえぼし》大太刀《おおだち》で、臆《お》めず臆《おく》せず暫《しば》らくとは、我身《わがみ》ながらも太《ふと》い奴《やつ》、何《いず》れも様《さま》のおつもりも、あら恥《はず》かしの森田《もりた》が座《ざ》から市村《いちむら》へ、四年《よねん》ぶりでの帰《かえ》り新参《しんざん》、皆《みな》お馴染《なじ》みの何《いず》れも様《さま》、変《かわ》らぬ御贔屓《ごひいき》頼《たの》み上《あ》げ、升蔵《ますぞう》これより、顔見世《かおみせ》のお礼《れい》を、ずいと申上げまする、〽先《ま》ずこれでお目見得《めみえ》は角前髪《すみまえがみ》、数《かず》にも足《た》らぬ童《わつぱ》めが師匠《ししよう》の真似《まね》の暫《しば》らくで、のたくり出《で》たは正真《しようじん》の、烏《からす》の鵜《う》の真似《まね》及《およ》ばぬこと、いけぬこととは思《おも》えども、これが即《すなわ》ち狂言《きようげん》の、模《も》様《よう》と作者《さくしや》が無理《むり》やりに、強《し》いてさせれば是非《ぜひ》もなく、渋々《しぶしぶ》ながら、渋谷《しぶや》の金王暫《こんのうしば》らくの、出《で》店《だな》を出《だ》すも本店《ほんだな》の、師匠《ししよう》が後《うし》ろに、鉄《くろがね》の楯《たて》、何《いず》れも様《さま》の御贔屓《ごひいき》の、お声《こえ》が即《すなわ》ち百万力《まんりき》、金《こん》剛力士《ごうりきし》四天王《てんのう》、阿修羅《あしゆら》、かるら、まけい修羅鬼《しゆらおに》でもござれ一拳《ひとこぶし》、よこぞっぽうを大臣柱《だいじんばしら》へ、はってはってはっつけめら、間近《まぢか》く寄《よ》って、しゃっ面《つら》をよっく拝《おが》み奉《たてまつ》れと、ホホ敬《うやま》って申す。

宝暦六年、市村座『復花 金王桜《かえりばなこんのうざくら》』において、鎌田次郎政武役にて市川升蔵所演。この後へ海老蔵の暫が出る趣向、大評判であった。暫が二人出る趣向はこの後にもある。「二重の暫」と呼ぶのはこれである。

市川海老蔵しばらくのせりふ

左青龍《させいりよう》、右白虎《うびやつこ》、前朱雀後玄武《ぜんしゆじやくごげんむ》、四神相応《じんそうおう》の若衆《わかしゆ》ぶり、ぶりでも鮪《しび》でも鯨《くじら》でも、当《あた》るがさいご、突《つ》き抜《ぬ》ける御存《ごぞん》じの魚虎若衆《しやちほこわかしゆ》、わかしゅわかしゅ海鼠《なまこ》は嫌《いや》か、嫌《いや》でもないが、念者《ねんじや》が叱《しか》る、念者《ねんじや》は誰《たれ》だ、蛸《たこ》の入道《にゆうどう》 前関白太政大臣王氏《さきのかんぱくだじようだいじんおうじ》を出《いで》て遠《とお》からず、清和天皇《せいわてんのう》の末孫《ばつそん》、源《みなもと》の義朝《よしとも》が郎等《ろうどう》、渋谷《しぶや》の金王昌俊《こんのうまさとし》年《とし》つもって十八歳《さい》、お馴染《なじ》みの古若衆《ふるわかしゆ》、古《ふる》きを以《もつ》て新《あた》らしき四五年《ねん》ぶりでの返《かえ》り花《ばな》、可愛《かわゆ》がって、くんさりませと、ホホ、敬《うやま》って申ス。

宝暦六年、市村座『復花 金王桜《かえりばなこんのうざくら》』において、渋谷金王昌俊役にて市川海老蔵所演。

荒獅子男之助　作者　金井三笑　並木雀郎

東夷《とうい》南蛮《なんばん》北狄《ほくてき》西戎《せいじゆう》四維《い》八荒《こう》、天地乾坤《てんちけんこん》の其間《そのあいだ》に、あるべき人《ひと》の知《し》らざらんや、既《すで》にさんげいは、猛君《もうくん》の長《ちよう》たり、西域《さいいき》の諸山《しよさん》に出《で》て、一度吠《ひとたびほ》ゆる時《とき》んば、百獣《じゆう》のうれつす、彼《か》のぐせいなんが獅子《しし》の賦《ふ》にも、柿《かき》の素袍《すおう》に大太刀烏帽子《おおだちえぼし》、名《な》が聞《きき》たくば出任《でまか》せに、勇力注文《ゆうりきちゆうもん》はお望《のぞ》み次第《しだい》、一つ樊噲《はんかい》が門破《もんやぶ》り、関羽《かんう》がこ関《かん》くずし項羽《こうう》が鼎《かなえ》の曲持《きよくもち》、また日本流《につぽんりゆう》がお望《のぞ》みなら、鈴《すず》鹿《か》のきじんに田村丸《たむらまる》、真鳥《まとり》にかね道《みつ》、童子《ごうじ》に公時《きんとき》、綱《つな》に茨鬼《いばらぎ》、鵺頼政《ぬえよりまさ》、鯨《くじら》に鱐《しやちほこ》、鼠《ねずみ》に猫《ねこ》、河豚《ふぐ》に大根《だいこん》、鴨《かも》に葱《ねぎ》、梅《うめ》に鶯《うぐいす》、紅葉《もみじ》に鹿《しか》、牡丹《ぼたん》に荒獅子男之助《あらじしおとこのすけ》、敵役《かたきやく》には暫《しば》らくと、古《ふる》きを以《もつ》て新《あた》らしき、敷居《しきい》鴨居《かもい》もめきめきと、はめをはずして木戸口《きどぐち》から、入《いり》ます込《こ》みますおし合《あ》います、合《あわ》せて三升《みます》の角鍔《かくつば》は、親父《おやじ》が譲《ゆず》りの顔見世丸《かおみせまる》、剃《そ》りに剃《そ》ったは生《う》まれ付《つ》き、人《ひと》にこごむが不得手《ふえて》にて、負《ま》けるが嫌《きら》い掛値《かけね》なし、八百八町《やちよう》の御贔屓《ごひいき》を、隅《すみ》から隅《すみ》の角前髪《すみまえがみ》、薪《まき》売長兵《うりちようべ》が袖引《そでひい》ても、念者《ねんじや》へ心中《しんじゆう》 橘《たちばな》のもんと正月《しようがつ》もみこみに、市川《いちかわ》と松本《まつもと》とがっし合《あわ》せた江戸《えど》荒事《あらごと》の、根元根本外《こんげんこんぽんほか》に類《るい》なし、交《まじ》りなし、店請《たなうけ》は成田《なりた》の不動《ふどう》、人主《ひとぬし》は、千葉《ちば》の妙見《みょうけん》、あらしし分身《ぶんじん》の荒若衆《あらわかしゅ》、市村芝居《いちむらしばい》の悪魔払《あくまばら》いと、ホホ敬《うやま》って申ス。

宝暦九年十一月、市村座の『阿国染出世舞台《おくにぞめしゅっせぶたい》』において、荒獅子男之助役にて四代目市川團十郎所演。

しばらくのせりふ　壕越二三治述

ソレ天竺《てんじく》に須弥山《しゅみせん》あり、扨《さ》て我朝《わがちょう》に富士山《ふじさん》あり、東海初《とうかいはじ》めて遊《あそ》ぶ、たしょうのかくふさんは敢《あ》えて何《いず》れの山《やま》ということを問《と》わずとや、真《まこと》に三国《ごく》第市村《だいいちむら》へ初顔見世《はつかおみせ》の四立目《よたてめ》に、紅白枝《こうはくえだ》を交《ま》ぜこぜな残《のこ》れる紅葉《もみじ》に染色《そめいろ》の山《やま》は霞《かす》みて冬《ふゆ》ながら、周《しゅう》の代《よ》の正月《しょうがっこ》小袖《そで》きつれてつれて高麗人《こまびと》も、君《きみ》へ貢《みつぎ》の捧《ささ》げ物《もの》、北《きた》はりうごん、東《ひがし》に白銀《しろかね》南《みんなみ》に瑠璃《るり》、西方《さいほう》は光《ひかり》さやかにせきしんしゅと、くしゃ論《ろん》にも説《と》かれたり、天地《てんち》眷属天地《けんぞくてんち》のすべらぎ、山科《やましな》みゆきのかたし沓《ぐつ》、朝《あさ》とくせきにせきこうが、其沓《そのくつ》取って得《え》させよと、人《ひと》に合《あわ》せるちょうしぼう、沓《くつ》は香《こう》ばし空《そら》の花《はな》、雪《ゆき》の降《ふ》る日《ひ》は沓《くつ》あんこう、寒《さむ》くこそあれ沓箱持《くつはこもち》、鑓持簑箱合羽箱《やりもちみのはこかっぱばこ》、つきそうおんべい担《かつ》ぎめら、担《かつ》ぐ袖笠《そでがさ》非義非道《ひぎひどう》、智慧《ちえ》は大《だい》なし浮沓《うきぐつ》に、水《すい》うんじっこつまりの沓《くつ》、信濃《しなの》の沓掛沓《くつかけくつ》つくり、沓足袋沓脱《くったびくつぬ》ぎ沓《くつ》うつむま、そくいのことをさっぱりと、よしきりにして止《や》めにして、草履《ぞうり》とかなに履《は》き替《か》えて、暫《しば》らく時節《じせつ》をみご草履《ぞうり》、意見《いけん》にほっとあき草履《ぞうり》、脇《わき》からたいた藁草履《わらぞうり》、三枚重《まいがさ》ねのとんちんち、五かりをふんぎる五枚裏《まいうら》、何《いず》れもてんぽのかり草履《ぞうり》、ぞうりじゃ狐《きつね》の子《こ》じゃものと、人《ひと》が相手《あいて》にせんぞく草履《ぞうり》、緒《お》の出《で》る草履切《ぞうりき》れ草履《ぞうり》、しゅっけが玉座《ぎょくざ》を踏《ふ》もうとは、唐土《もろこし》の智慧《ちえ》にもござるまい、雲南《うんなん》こうがせいしゅくかい、ほっきん韃靼《だったん》とうていに、日本《にっぽん》には五畿《き》七道《どう》、東海南海山陽山陰《とうかいなんかいさんようさんいん》、さて九州《きゅうしゅう》の地頭《じとう》まで、従《したが》い靡《なび》く君《きみ》をふみ傾《かたむ》けん沓《くつ》ざんまい、石《いし》を抱《いだ》いて水《みず》をしび、しばを担《かつ》いだ火《ひ》てんごう、てんしょう無性《むしょう》に罷《まか》り出《い》で、真柴《ましば》ひょうきち久吉《ひさよし》が、しんの草履《ぞうり》の初《はつ》ツお目見得《めみえ》、中シすごしは御免《ごめん》あれと、ホホ敬白《うやまってもうす》。

明和三年市村座『東山殿劇朔《ひがしやまどのかぶきのついたち》』において、ましば兵吉役にて二代目市川八百蔵所演。（『年代記』には『東山殿戯場朔日』とあり）

市川八百蔵せりふ

作者　門田候兵衛述

東夷南蛮北狄西戎《とういなんばんほくてきせいじゅう》、四維《い》八荒《こう》天地《てんち》乾坤《けんこん》の其間《そのあいだ》に、あるべき人《ひと》の住処《すみか》には、夫古《それいにしえ》に穴居《けっきょ》あり、聖人《せいじん》易　之《これをかうるに》宮室《きゅうしつ》を以《もっ》てし棟《むね》を上《うえ》にし宇《う》を下《した》に、尭《ぎょう》の御代《みよ》には太平宮《たいへいきゅう》、舜《しゅん》に巌廊《げんろう》美映《びえい》閣《かく》、漢《かん》の高祖《こうそ》が麒麟殿《きりんでん》秦《しん》の始《し》皇《こう》の阿房宮《あぼうきゅう》、色《いろ》は媚《こ》ぶ青門《せいもん》の内九　重鳳台累々《うちきゅうちょうほうたいるいるい》たり、まことに百工《こう》百錬《れん》の教《おし》えを垂《た》れて我朝《わかちょう》に、女神男神《めがみおがみ》の二柱《ふたばしら》、ふとしく立《た》てし春日山《かすがやま》、今日棟上《きょうむねあげ》の御神《ごじん》事《じ》のまん中村《なかむら》へ返《かえ》り花《ばな》、朱《あけ》の玉垣引《たまがきひき》かえて真赤《まっか》な面《つら》、なかす烏帽子《えぼし》は飛騨《ひだ》の内匠《たくみ》か竹田《たけだ》の番《ばん》匠《じょう》、或《あるい》は祭《まつり》のみこしぶりその外居《ほかい》並《なら》ぶ宰領《さいりょう》たち、悪《わる》いたくみのちょうなだて、最前《さいぜん》あれから三ツ目錐《めぎり》四ツ目錐《めぎり》よく見《み》れば、さもやんごとなきおそどのを、滅多無性《めったむしょう》に突鐁《つきかんな》でひっかけがねにひっとらえ、尊氏《たかうじ》どのの妻戸《つまど》にとは、横梁非道《よこばりひどう》の曲尺《まがりがね》、先《ま》ずすみがねにつもらねば、ばつと世上《せじょう》へ台《うてな》がたつ、一《ひと》まずここははなしのみ、どっちへなんど遣戸《やりど》にするが、なんとエエ思案《しあん》であんべいがな、ただし厭《や》だアと車力《ちゃち》ばると、其《そ》の頬《ほお》げたを鋸引《のこぎりびき》、四たい五たいも釘《くぎ》かすがえ、うつやちょうちょうてんからり、ちょうど打《う》ったる相槌《あいづち》の、音《ね》もいさぎよき歌舞《かぶ》きもん、きやり音頭《おんど》は猿若《さるわか》の系図《けいず》ただしいかん顔《かお》みせ、かん三《ざ》が芝居《しばい》の心柱《しんばしら》、その親玉《おやだま》の口《くち》まねを、ひょっと言《い》ったも内侍《ないし》の君《きみ》、助《たす》け申さん当座《とうざ》の間《ま》に合《あ》い、もしかられたらこな様《さま》を、お詫《わ》びに頼《たの》み御贔屓《ごひいき》を、頭《かしら》に戴《いただ》くかけ烏帽子《えぼし》、柿《かき》の素袍《すおう》に大太刀《おおだち》の、細工《さいく》は流々《りゅうりゅう》市川《いちかわ》に、写《うつ》る姿《すがた》の影法師《かげぼうし》、五月兜《がつかぶと》の木偶《でく》のぼう、人形町《にんぎょうちょう》の厄介者《やっかいもの》、その名《な》も新田《にった》よし貞《さだ》が、股《こ》肱腹心《こうふくしん》の勇力士《ゆうりきし》、篠塚《しのづか》伊賀守定綱《いがのかみさだつな》が、まんまえだちの角前髪《すみまえがみ》、何《いず》れも様《さま》を鉄《くろがね》の、楯《たて》にうったる屏重門《へいじゅうもん》、入《いり》こむはねこむ鼠木戸《ねずみきど》、追込中《おいこみなか》の間切落《まきりおとし》、両桟敷《りょうさんじき》もごた交《ま》ぜに、かさねかさねて八百八百《やおはっぴゃく》、三ン千年《ぜんねん》も御贔屓《ごひいき》を、必《かなら》ず頼《たの》みやんすであんすとホホ敬白《うやまってもうす》。

明和四年、中村座『太平記賤女振袖《たいへいきしずのめふりそで》』において、篠塚伊賀守役にて二代目市川八百蔵所演。

しばらくのせりふ　　　作者　桜田治助

東夷南蛮北狄西戎《とういなんばんほくてきせいじゅう》　四維《い》八荒《こう》、天地《てんち》に譬《たと》えし御贔屓《ごひいき》を、頭頂《ずちょう》に戴《いただ》く霜月《しもつき》の、佳例吉例恒例《かれいきちれいこうれい》を、合《あわ》せて三枡《みます》の昔染《むかしぞめ》、古《ふる》きを以《もっ》て荒事《あらごと》かぶ、まけい修羅王《しゅらおう》阿修羅王《あしゅらおう》、そくしつきでも鬼神《おにがみ》でも、あわれ相手《あいて》に星月夜《ほしづきよ》、鎌倉山《かまくらやま》に隠《かく》れなき、権五郎景政《ごんごろうかげまさ》が今日《きょう》お目見得《めみえ》のかん顔見世《かおみせ》、敵役《かたきやく》にはしゃっ面《つら》見《み》せ、陰陽合《いんようがっ》して市村《いちむら》の、花橘《はなたちばな》へ返《かえ》り咲《ざ》きしてホホ敬《うやま》って申ス。

明和五年、市村座『男山弓勢競《おとこやまゆんぜいくらべ》』において、鎌倉権五郎景政役にて、四代目市川團蔵所演。

しばらくのつらね　五代目　市川團十郎

東夷《とうい》南蛮《なんばん》骨継《ほねつぎ》北狄《ほくてき》痾瘻《せむし》の大妙薬《だいみょうやく》、くじき打身《うちみ》をため癒《なお》す、親仁《おやじ》が譲《ゆず》りの小手脛当《こてすねあて》、柿《かき》の素《す》袍《おう》も時分柄《じぶんがら》、納豆烏帽子《なっとうえぼし》の腕白盛《わんぱくざか》り、さかり出《いで》たる色若衆《いろわかしゅ》は、東山義政《ひがしやまよしまさ》が股肱《ここう》の臣《しん》、荒獅子《あらしし》男之助茂満《おとこのすけしげみつ》、生年積《しょうねんつも》って十八町《ちょう》、きつつ馴染《なじみ》のむかい町《ちょう》、御贔屓《ごひいき》のおしうりは、あつかましくも荒事《あらごと》の血筋《ちすじ》を受《う》けた持病《じびょう》の虫《むし》、その御叱《おしか》りのお言葉《ことば》を、かえり三升《みます》の紋所《もんどころ》、一升《しょう》一しよう又《また》一升《しょう》　合《あわ》せて三升《さんじょう》　仕《つかまつ》った、森田《もりた》勘弥《かんや》がやっかい若衆《わかしゅ》、念者《ねんじゃ》は誰《だれ》だ、まき売《うり》ちょうちん樽《たる》せいろう、いとなみたつる其内《そのうち》に、夜《よ》はほのぼのと赤筋隈《あかすじぐま》、まだ里馴《さとなれ》ぬ鶯《うぐいす》の蚕《かいこ》のうちのほととぎす、一声《ひとこえ》かけた盲蛇《めくらへび》、海老《えび》が譲《ゆず》りの小刀細工《こがたなざいく》、きめ込割込鼠木戸《こむわりこむねずみきど》、太鼓《たいこ》と倶《とも》に夜《よ》の内《うち》から、何《いず》れも様《さま》へお目見得《めみえ》を、したさのさのさし出者《でもの》、しんまい新板新桟舗《しんばんしんさじき》、初奉《ういぼう》公《こう》の手見《てみ》せ顔見勢《かおみせ》、慮外働《りょがいはたら》くうんざいめら、えり髪《がみ》つかんで片《かた》っぱし、あかん堂《どう》の家《や》の棟《むね》から、築地《つきじ》の海《うみ》へほうり込《こ》むと、ホホ敬《うやま》って申す。

明和八年、森田座『葺換月吉原《ふきかえてつきもよしわら》』において、荒獅子男之助茂満にて五代目市川團十郎所演。

しばらくのつらね　古栢莚作　市川團十郎略之

さあ初《はじま》った初《はじま》った、三番叟《ばそう》から仕切場《しきりば》へ、銭《ぜに》を引込《ひきこ》む五車《くるま》の、ひんとはねたる海老奴《えびやっこ》、との様《さま》かみ様《さま》三升《じょう》が、やしょくの塊《かたまり》　三大将《たいしょう》、六代二葉《だいふたば》のかん顔見世《かおみせ》、其名《そのな》もいせえびあかん平《べい》と、ホホ敬《うやま》って申す。

天明二年、中村座『五代源氏《ごだいげんじ》貢《みつぎの》振袖《ふりそで》』において、いせえびあかん平役《べいやく》にて市川海老蔵（後六代目團十郎）所演。

しばらくのつらね

團十郎自作

東岸西岸《とうがんせいがん》の柳《やなぎ》は遅《ち》速同《そくおなじ》からず、南枝《なんし》北枝《ほくし》の梅《うめ》は開落既《かいらくすで》に異《こと》なり、雨露《うろ》霜雪《そうせつ》の恵《めぐみ》には、周《あまね》く宇宙山林《うちゆうさんりん》の潤《うるお》せり、其山林《そのさんりん》に飛行《ひぎよう》なす、神変《しんぺんじ》自在《ざい》の天魔《てんま》の親方敵役《おやかたかたきやく》の惣本寺《そうほんじ》へ、餞別《はなむけ》のため暫《しばらく》と一声《ひとこえ》かけて又今《またこ》年《とし》も、素《す》袍烏《おうえ》帽《ぼ》子《し》のきそ始《はじめ》、何《なん》と皆様久《みなさまひさ》しい物《もの》じゃござりませぬか、古《ふる》きを以《もつ》て新玉《あらたま》る、出合頭《であいがしら》も五年振《ねんぶり》、御《ご》念《ねん》の入《いつ》たお尋《たず》ねに、名《な》乗《の》って聞《き》かせるよっく聞《き》け、事《こと》も大蛇《おろち》をはり殺《ころ》した、素盞嗚尊《すさのおのみこと》より八百代《だい》の後胤《こういん》、力瘤《ちからこぶ》の入道前《にゆうどうさき》の腕白大丈夫《わんぱくだいじようふ》、鍾馗大臣《しようきだいじん》とは行合兄弟《ゆきあいきようだい》、けんろう地《じ》神《しん》はまた従弟《いとこ》、戸隠大明神《とかくしだいみようじん》の告子《もうしご》にて、当時《とうじ》英雄《えいゆう》と呼《よば》れたる、三《み》浦《うら》の荒次《あらじ》郎義澄《ろうよしずみ》という色若衆《いろわかしゆ》、惚《ほれ》たら御《ご》ざれなびくべい、高野《こうや》六十那智《なち》八十、四十九は信濃《しなの》へ嫁入《よめいり》の談合《だんごう》、誠《まこと》に陰陽和《いんようわ》合楽《ごうらく》、秀鶴万亀万々歳《しゆうかくばんきばんばんぜい》、江戸《えど》はえぬきのしゃっ面《つら》あわせ、天竺震《てんじくしん》旦《たん》蝦夷《えぞ》韃靼《だつたん》、三千世《せ》界《かい》をおっからげて、日本顔見《につぽんかおみ》世《せ》の始《はじ》まりと、ホホ敬　白《うやまってもうす》。

天明六年、桐座『雪《むつのはない》伊豆幡揚《ずのはたあげ》』において、三浦荒次郎義澄役にて五代目市川團十郎所演。

しばらくのつらね

東夷《とうい》南蛮《なんばん》北狄《ほくてき》西戎《せいじゆう》四異《い》八荒《こう》、天地《てんち》乾坤《けんこん》のその間《あいだ》に、武《ぶ》備《び》逞《たくま》しき市川《いちかわ》の清《きよ》き流《なが》れを受継《うけつい》で、我《われ》にて名《な》苗字《みようじ》三代《だい》の躰《たい》をあらわす三升《みます》の紋《もん》、有《ある》べき人《ひと》の知《し》らざらんや、夫須弥《それしゆみ》の四天王《てんのう》は、多《た》門持《もんじ》国増長広目《こくぞうちようこうもく》、頼光《らいこう》の四天王《てんのう》は綱金時貞光季武《つなきんときさだみつすえたけ》、当時《とうじ》和《わ》歌《か》の四天王《てんのう》は、頓阿《とんあ》慶運浄　弁《けいうんじようべん》兼好《けんこう》、ここに官軍《かんぐん》の惣大将《そうだいしょう》、新田左中将《にったさちゅうじょう》義貞《よしさだ》が四天王《てんのう》は、畑亙理《はたわたり》栗生《くりゅう》篠塚伊賀守《しのづかいがのかみ》定綱《さだつな》、足利家《あしかがけ》にも今聞《いまき》けば、四天王《てんのう》のおっかぶせ、重扇《かさねおうぎ》の色悪《いろあく》にて、尾上《おのえ》と位《くらい》にへのぼれば、類《るい》を集《あつ》むる友烏《ともがらす》、勘左衛門《かんざえもん》こそ中島《なかじま》の悪《にく》みを松本小次来歴《まつもとこじらいれき》、いうに及《およ》ばぬ赤《あか》っ面《つら》、向《むこ》う面《づら》には坂東一《ばんどういち》、又類《またたぐい》なき兄《あに》イたち並《なら》べておいて今《いま》そこへ、幾蔵《いくぞう》などとおしきせの、せりふも如何《いかが》若者《わかもの》の、暫《しばらく》ならぬ自堕落《じだらく》に、育《そだ》てられたる兄弟《きょうだい》も、弟《おとと》は丸《まる》に色事仕《いろごとし》、兄《あに》は三升《みます》の荒事仕《あらごとし》、つらねもきまるやおさ丸屋《まるや》、広治《ひろじ》お江戸《えど》のお取立《とりたて》、八百八町《やちょうや》八百万《およろず》、一番太鼓《ばんだいこ》かぐら月《づき》、天《あま》の岩戸《いわと》の顔見世《かおみせ》と、ホホうやまってもうす。

天明六年、中村座『雲井花芳野壮士《くもいのはなよしののわかむしゃ》』において、篠塚伊賀守役にて三代目市川八百蔵所演。

しばらくのつらね

瀬川菊之丞自作

伝聞《つたえきく》范蠡《はんれい》は責《せめ》を収《おさ》めて扁舟《へんしゅう》に掉《さお》さし、謝安《しゃあん》は功《こう》を辞《じ》して孤雲《こうん》に鞭《むち》うつ、功成名遂《こうなりなとげ》て三代目《だいめ》、続《つづ》もいずれ御贔屓《ごひいき》の深《ふか》き御恩《ごおん》のいく瀬川《せがわ》、流《なが》れ絶《た》えせぬ清和氏《せいわうじ》、木曾左馬《きそさま》の頭《かみ》源《みなもと》の義仲公《よしなかこう》の御内《みうち》に於《おい》て、巴《ともえ》といえる伝馬《てんば》もの、てんと此身《このみ》は恋《こい》の字《じ》ににごりを打《うっ》て木挽町《こびきちょう》、ういういしいやら恥《はず》かしの森田《もりた》へ今《いま》ぞ初舞台《はつぶたい》、かたちを写《うつ》す荒事仕《あらごとし》、四角《かく》な紋《もん》の角々《すみずみ》を、柿《かき》の素袍《すおう》もかりそめに、掛《かけ》しや袖《そで》のぬし様《さま》へ、思《おも》いまいらせ候《そうら》わぬ難儀《なんぎ》を一寸散《ちょっとちら》し書《がき》、コレしょせん仮名《かな》わぬ二つ文字《もじ》、邪見《じゃけん》の角文字《つのもじ》折《おり》まげて、候《そろ》べく候《そろ》にさらさらと、ツイ恙《つつが》のうかえす書《がき》、猶々書《なおなおがき》も細々《こまごま》と、山々《やまやま》いうと夫《それ》こそは、ぐっと一筆示《ひとふでしめ》しあげ、其息《そのいき》の根《ね》を封文《ふうじぶみ》、命《いのち》の玉章《たまずさ》たえだえしく、此世《このよ》の暇《いとま》を鳥《とり》の跡《あと》、うきめを水茎繰返《みずぐきくりかえ》し、継目《つぎめ》の放《はな》れぬ其内《そのうち》に、巻納《まきおさめ》るが御念《ごねん》もじ、こっちも折角御《せっかくお》めもじの、何《いず》れも様《さま》のお叱《しか》りと、まわらぬ筆《ふで》の長文《ながぶみ》は、くどうよしなに御《お》くみ下《くだ》され、すみより墨《すみ》までつらりっと、かずかず重《かさ》ねお取立《とりたて》、尽《つ》きぬ真砂《まさご》の浜村屋《はまむらや》と、幾千代万末永《いくちよよろずすえなご》う、くれぐれ願《ねが》いまいらせ候《そろ》、めでたくかしくとホホうやまってもうす。

天明六年、森田座『女武者菊千余騎《おんなむしゃきくのせんよき》』において巴役にて、三代目瀬川菊之丞所演。

しばらくのつらね　市川團十郎自作

東夷南蛮北狄西戎《とういなんばんほくてきせいじゅう》、打靡《うちなび》きたる鎌倉山《かまくらやま》、敵役《かたきやく》の鬼門《きもん》の守《まも》る、左青龍右白虎《させいりゆううびやつこ》、前朱雀後玄武《ぜんしゅじゃくごげんむ》、四神相応《じんそうおう》の角前髪《すみまえがみ》、東西南北《とうざいなんぼく》は四隅《ぐう》の根元《こんげん》、源平藤橘《げんぺいとうきつ》は四姓《せい》の始也《はじめなり》、流絶《ながれた》えせぬ源《みなもと》氏《うじ》、平《へい》は平《たいら》か橘《たちばな》は、実《み》さえ花《はな》さえ常磐《ときわ》にて、異朝《いちよう》に劣《おと》らぬ勢《いきお》いは、二度集《ふたたびあつま》る宝《たから》の市村《いちむら》、再《さい》興《こう》は細謹《さいきん》の返《かえ》り三升《みます》の紋所《もんどころ》、罷《まか》り出《いで》たる其某《それがし》は、右大将源《うだいしょうみなもと》の頼朝公《よりともこう》の、股肱耳目《ここうじぼく》と呼《よば》れたる三浦荒次郎義澄《みうらあらじろうよしずみ》、当年積《とうねんつも》って四十八歳《さい》、四の字《じ》をのけて十八歳《さい》、何《なん》と皆様《みなさま》まだ若《わか》いじゃござりませぬか、惚《ほれ》たらござれなびくべい、和《やわら》ぐ国《くに》の神楽月《かぐらづき》、渾沌未分《こんとんみぶん》の壱番太鼓《いちばんだいこ》は、天《あま》の岩《いわ》戸《と》の三番叟《さんばそう》、押《お》っ開《ぴら》いたる新見勢《しんみせ》は、現金《げんきん》かけ直《ね》納豆烏《なつとうえ》帽子《ぼし》、大太刀花《おおだちばな》の香《か》をとめて、昔《むかし》に変《かわ》らぬ櫓幕《やぐらまく》、万代不易《ばんだいふえき》の歌舞伎《かぶき》の礎《いしずえ》、八百八町《やちよう》の何《いず》れも様《さま》へ、御礼《おれい》は詞《ことば》に尽《つき》せぬ御贔屓《ごひいき》、千秋万歳万々歳《せんしゅうばんぜいばんばんぜい》と、ホホ敬《うやま》って申す。

天明八年、市村座『源氏再興黄金橘《げんじさいこうこがねのたちばな》』において、三浦荒次郎義澄役にて五代目市川團十郎所演。

しばらくのつらね　金井三笑述

東南軍荼利《とうなんぐんだり》降三世《ごうざんぜ》、西北威徳《せいぼくいとく》金剛夜叉《こんごうやしゃ》、中央《ちゅうおう》大日大聖不動《だいにちだいしょうふどう》、成田《なりた》は先祖《せんぞ》の産神《うぶすな》にて、なまぐさ番附役者附《ばんづけやくしゃづけ》五代《だい》六代《だい》お取立《とりたて》、たてば芍薬《しゃくやく》とどすりゃ牡丹《ぼたん》、あるき姿《すがた》は伊勢海老《いせえび》若衆《わかしゅ》、曲《まが》り出《いで》たる某《それがし》は源家《げんけ》累代《るいだい》の勇力士《ゆうりきし》、柿《かき》の素袍《すおう》も渋谷《しぶや》の金王昌俊《こんのうまさとし》という情《なさけ》知り、惚《ほれ》たらござや赤毛氈桟舗中《あかもうせんさんじきなか》の間切落《まきりおと》し、舞台《ぶたい》にいっぱいおし合《あい》へし合《あい》、つん並《なら》んだる向《むこ》うづら、上座《じょうざ》に輝《かがや》く金冠《きんかむり》は、おやおやうっついぼっとりもの、珍《めず》らしゅうわりすんがりの姿《すがた》は菊《きく》の金《きん》めぬき、丸《まる》に一座《ざ》の待請《まちうけ》は嬉《うれ》しともなっかなか、申すばかりは長口上《ながこうじょう》、御免《ごめん》を請《うけ》も暫《しばらく》も顔《かお》あらたまる帰新参新板《かえりしんざんしんぱん》やりとりの名改《なあらた》め、悴《せがれ》でちょうど六代目《だいめ》の、團十郎《だんじゅうろう》が名代若衆《みょうだいわかしゅ》、親《おや》さえ子《こ》さえふつつかもの、実《み》さえ花《はな》さえ橘《たちばな》の、万代不易《ばんだいふえき》のかん顔見世《かおみせ》とホホうやまってもうす。

鰕蔵《えびぞう》も團十郎《だんじゅうろう》も世《よ》に馴《なれ》ん　三升改白猿
つらねの株《かぶ》も人《ひと》にまかせて　狂名花道のつらね

寛政三年、市村座『金襪鏵源家角鐔《きんめぬきげんけのかくつば》』において、渋谷金王昌俊役にて市川鰕蔵（五代目團十郎改名）所演。

しばらくのつらね　岩井半四郎

東岸西岸《とうがんせいがん》の柳遅速同《やなぎちそくおな》じからず、南枝《なんし》北枝《ほくし》の梅《うめ》は開落既《かいらくすで》に異《こと》なり、是《これ》みな春《はる》の詠《ながめ》にして、時《とき》こそ周《しゅう》の天正月《てんしょうがつ》、一陽初《ようはじ》めて揚幕《あげまく》から、口《くち》にはばった暫《しばらく》と、一声掛《ひとこえか》けてのお目見《めみ》得《え》は、何《いず》れも様《さま》の御叱《おしか》りをかえり三升《みます》の本店《ほんだな》は、葺屋町《ふきやちょう》にて改名《かいめい》の家重代《いえじゅうだい》の海老銅鎖《えびどうぐさり》、ざっくと著《き》なす鶴菱《つるびし》は、江戸市川《えどいちかわ》の流《ながれ》を汲み、変生男子《へんじょうなんじ》の顔《かお》の隈《くま》、思《おも》えばつがも奈良坂《ならさか》や、このて柏《がしわ》のふたおもて、鵜《う》の真似《まね》をする唐国《からくに》は、朝鮮鼈甲銀《ちょうせんべっこうぎん》ながし、しやりとは似《に》た山親玉《やまおやだま》に、似《に》ても似《に》つかぬ替玉《かえだま》は、ただ江戸《えど》ッ子《こ》と御贔屓《ごひいき》を、頭《こうべ》にいただくかけ烏帽子《えぼし》、柿《かき》の素袍《すおう》に大太刀《おおだち》もおこがましくはそうらえども、北条 相模守時頼《ほうじょうさがみのかみときより》入道が股肱耳目《ここうじもく》と呼《よば》れたる、秋田城之助義景《あきたじょうのすけよしかげ》という新参《しんざん》もの、きょう顔見世《かおみせ》の御目見得《おめみえ》はじめ、荒事始《あらごとはじ》め尾張屋《おわりや》が、隈《くま》どる顔《かお》のやっかい若衆《わかしゅ》と、ホホ敬《うやま》って申す。

寛政三年、河原崎座『御影講妙法鉢木《みえいこうのりのはちのき》』において、秋田城之助役にて四代目岩井半四郎所演。

しばらくのつらね　　増山金八述

東夷《とうい》南蛮《なんばん》北狄《ほくてき》西戎《せいじゅう》四夷《い》八荒《こう》天地《てんち》乾坤《けんこん》の其間《そのあいだ》に、八百八丁《やちょう》の旦那方《だんながた》、皆親玉《みなおやだま》を御贔屓《ごひいき》の、余《あま》りを頭《こうべ》に掛烏帽子《かけえぼし》、柿《かき》の素袍《すおう》に大太刀《おおだち》は、これ市川《いちかわ》の三升《みます》の紋《もん》、門《もん》が悴《せがれ》の男女小僧《おめこぞう》、一声《ひとこえ》かけた暫《しば》らくは、鵜《う》の真似《まね》をするからしりに、一鞭当《ひとむちあ》てて十四五丁《ちょう》、葺屋町《ふきやちょう》から一文字《もんじ》に、揚《あげ》幕切《まくき》って出《で》て見《み》れば、上座《じょうざ》に二人《ふたり》の悪魂《あくだましい》、次《つぎ》は真赤《まっか》な和田《わだ》おじい、その歴々《れきれき》の真中《まんなか》へ、男《お》女蔵《めぞう》臆《おく》せず罷《まか》り出《で》た、事《こと》も愚《おろ》かや某《それがし》こそ、大塔《おおとう》の宮護良《みやもりよし》（原）親王《しんのう》の、股肱耳目《ここうじもく》と呼《よ》ばれたる、村上彦四郎義照《むらかみひこしろうよしてる》という腕白若衆《わんぱくわかしゅ》、しかも当年《とうねん》このおにわへ、今日顔見世《かおみせ》の新参者《しんざんもの》、新《しん》米新車《まいしんしゃ》がやしょくの塊《かたまり》、何《いず》れも様《さま》をお力《ちから》に、差出《さしで》た奴《やっ》とお叱《しか》りなく、御贔屓《ごひいき》願《ねが》い奉《たてまっ》ると、ホホ敬《うやま》って申す。

寛政四年、河原崎座『大船盛鰕顔見勢《おおふなもりえびのかおみせ》』において、村上彦四郎義照役にて、初代市川男女蔵所演。

暫《しばらく》のつらね　作者　増山金八述

東夷《とうい》馴染《なじみ》の此《この》お庭《にわ》、北狄拙者《ほくてきせつしゃ》がお目見得《めみえ》も、返《かえ》り新車《しんしゃ》の新参者《しんざんもの》、只御《ただお》取立《とりたて》御《ご》贔屓《ひいき》を願《ねがい》揚《あげ》幕《まく》暫《しばらく》の、本家《ほんけ》をおいて一声《ひとこえ》を柿《かき》の素袍《すおう》に掛烏《かけえ》帽子《ぼし》、おこがましくも大太刀《おおだち》を、真《ま》一文字《もんじ》に出《で》て見《み》れば、悪魂《あくだましい》が大踊《おおおど》りの、音頭《おんど》は真赤《まつか》な猿《さる》ぼうの、むきみをぬいて立騒《たちさわ》ぐ智慧《ちえ》もあさりか蛤《はまぐり》を、一《ひ》ト升一《ますひ》ト升亦一升《ますまたひとますみ》三升《ます》に一杯《ぱい》はかり出《いで》たるそれがしは、清和《せいわ》天皇《てんのう》の正統《しょうとう》、摂《せっ》津《つ》の守《かみ》源《みなもと》の頼光《らいこう》が四天王《てんのう》の其壱人《そのいちにん》、碓氷《うすい》の荒太郎貞光《あらたろうさだみつ》という股肱耳目《ここうじもく》の勇力士《ゆうりきし》、当年積《とうねんつも》って十八歳《さい》、発才者《はっさいもの》とお叱《しか》りを受《う》けても止《とま》らぬ癇癪《かんしゃく》は、市川流《いちかわりゅう》の折紙《おりがみ》と本阿弥《ほんなみ》からの許《ゆる》しを受《う》け、なまくらにた山《やま》かたっぱし、工《たくみ》の地金《じがね》をため直《なお》す江戸《えど》荒事《あらごと》の惣元〆《そうもとじめ》、敵役《かたきやく》のまじない若《わか》衆《しゅ》、お見知《みし》りなされて群集《くんじゅ》の木戸《きど》前《まえ》八百八丁《やちょう》の旦那方《だんながた》、貴賤上下《きせんじょうげ》おしなべて、皆河原崎《みなかわらさき》のかん顔見勢《かおみせ》、花麗源氏《にぎわいげんじ》のお目見得《めみえ》と、ホホ敬《うやま》って申す。

寛政五年、河原崎座『花麗源氏花咲門《にぎわいげんじはなさくかど》』において、碓氷荒太郎貞光役にて二代目市川門之助所演。

しばらくのつらね

東夷南蛮北狄西戎四異八荒《とういなんばんほくてきせいじゅういこう》、天地乾坤踏破《てんちけんこんふみやぶ》って、寂寞《じゃくまく》をあまんずるとは、太上老子《だじょうろうし》の教之《おしえの》詞《ことば》、事《こと》も愚《おろ》かや某《それがし》は、源氏《げんじ》の長主《ちょうしゅ》八幡太郎義家《はちまんたろうよしいえ》が、股肱耳目《ここうじもく》と呼《よ》ばれたる、鎌倉《かまくら》の権五《ごんご》郎景政《ろうかげまさ》、当年積《とうねんつも》って十八歳《さい》、実《まこと》を申せば五十四歳《ごじゅうしさい》、子細《しさい》らしいは面癖《つらくせ》と、御免《ごめん》をうけて揚幕《あげまく》から、家例《かれい》の一声《ひとこえ》掛烏帽子《かけえぼし》、素袍《すおう》の柿《かき》の下手《へた》若衆《わかしゅ》、念者《ねんじゃ》は成田《なりた》の不動兵衛《ふどうびょうえ》、のうまくさまんだばさら者《もの》、せんだ真赤《まっか》なおじい達《たち》、花《はな》のような方々《かたがた》を、落花《らくか》狼藉花《ろうぜきはな》に風《かぜ》、鼻《はな》の高《たか》いは御《ご》存《ぞん》じの、親父《おやじ》が譲《ゆず》りの大太刀《おおだち》は、六代伝《だいつた》わる銅金造《どうがねづく》り、地張役者《じばりやくしゃ》の根元根本《こんげんこんぽん》、紅絹裏御免《もみうらごめん》の色若衆《いろわかしゅ》と、ホホ敬《うやま》って申す。

寛政六年、桐座『男山御江戸盤石《おとこやまおえどのいしずえ》』において、鎌倉権五郎景政役にて、市川鰕蔵（五代目團十郎）所演。

しばらくのつらね

東夷南蛮北狄西戎《とういなんばんほくてきせいじゅう》、天地乾坤江戸《てんちけんこんえど》市川《いちかわ》、かたき役《やく》の鬼門《きもん》を守《まも》る、成田《なりた》の不動《ふどう》の孫彦《まごひこ》やしゃ子《ご》、小《ち》さな口《くち》から大《おお》きな寝言《ねごと》、ふき出《だ》す小僧《こぞう》とお叱《しか》りを、かえり三《み》つ子《ご》の魂《たましい》は百物語《ものがたり》の化物《ばけもの》めら、違《ちが》わぬたくみの真中《まんなか》を、握《にぎ》ってつん出《で》た室《むろ》の内《うち》、梅《うめ》の早咲初暫《はやさきはつしばら》く、アア恙《つが》もない、事《こと》もおろかや某《それがし》は、源三位頼政《げんざんみよりまさ》が、もてあましたるおと息子《むすこ》、源太丸広綱《げんたまるひろつな》という、腕《わん》白若衆《ぱくわかしゅ》と、ホホうやまってもうす。

寛政八年、河原崎座『厳島雪顔鏡《いつくしまゆきのかおみせ》』において、源太丸広綱役にて市川新之助（七代目團十郎）所演。

一世一代しばらくのつらね

市川白猿自作

遠《とお》からん者《もの》は音《おと》にも聞《き》け、近《ちか》くは目黒《めぐろ》の眼蔵《めんぞう》まで、御存《ごぞん》じの江戸《えど》っ子《こ》、水道《すいど》の水《みず》の紫《むらさき》は、引込《ひっこ》み思案《じあん》の我儘者《わがままもの》、当年積《とうねんつも》って五十六億七千万歳《おくしちせんまんざい》、花《はな》のお江戸《えど》に生《は》え抜《ぬ》き若衆《わかしゅ》、惚《ほれ》たらござれ靡《なび》くべい、べいべい言葉《ことば》が止《や》むべいなら、借《か》りても桟敷切落《さんじきりおとし》、中《なか》の間追込鼠木戸《まおいこみねずみきど》、押《お》っ開《ぴら》いたるお目見得《めみえ》は、ことも愚《おろ》かや源氏《げんじ》の長主《ちょうしゅ》、源《みなもと》の頼光《らいこう》が股肱腹心《ここうふくしん》と呼《よ》ばれたる、碓氷《うすい》の荒太郎貞光《あらたろうさだみつ》、揚幕切《あげまくき》って見渡《みわた》せば、舞台《ぶたい》に居並《いなら》ぶおじいたち、山辺《やまべ》の赤猫《あかねこ》、大伴《おおとも》の黒《くろ》犬《いぬ》、凡河内《おおしごうち》の狐《きつね》、とっかまえて片端《かたっぱし》、一番《ばん》しめじに赤手拭《あかてぬぐい》、赤《あか》いは親父《おやじ》が譲《ゆず》りの面《つら》、一年《ねん》ねかした納豆烏帽子《なっとうえぼし》、柿《かき》の素袍《すおう》に大太刀《おおだち》を、今年《ことし》は悴《せがれ》にかり装束《しょうぞく》、疏食《そし》を喰《くら》い水《みず》を呑《の》み、臂《ひじ》を枕《まくら》の楽《たの》しみは、鰕雑魚《えびざこ》の終《おわ》り初《はつ》もの、七十五日《しちじゅうごにち》は申《もう》すも愚《おろ》か、一世《せ》一度《ど》の太平楽《たいへいらく》と、ホホ敬白《うやまってもうす》。

寛政八年、都座『清和二代大寄源氏《せいわにだいおおよせげんじ》』において、碓氷の荒太郎貞光役にて市川鰕蔵所演。

暫《しばらく》のつらね　　市川三升自作

夫《それ》一簞食《たんのしい》一瓢飲《ぴょうのいん》、肘《ひじ》を枕《まくら》の楽《たのしみ》を、しんぞ昼寝《ひるね》の夢《ゆめ》にさえ、見《み》ぬ周《しゅう》の代《よ》の正月《しょうがつ》と、雑煮《ぞうに》の腹《はら》で花道《はなみち》へ、罷出《まかりいで》たるやつがれは、新田左中将義貞《にったさちゅうじょうよしさだ》が、股肱腹心《ここうふくしん》と呼《よ》ばれたる、篠塚伊賀《しのづかいが》の守貞綱《かみさだつな》、当年積《とうねんつも》って十八歳《さい》、誠《まこと》は二十市川《いちかわ》の、流《ながれ》にあらぬ正真正銘《しょうじんしょうめい》、交《まじ》り馴染《なじみ》の無骨者《ぶこつもの》、揚幕切《あげまくきっ》て詠《ながむ》れば、青《あお》い坊主《ぼうず》に白《しろ》い公家《くげ》、三匹並《びきなら》んだ赤蛙《あかがいる》、臭木《くさぎ》の虫《むし》で生立《おいたっ》て、舌《した》も巡《まわ》らぬ座《ざ》頭《がしら》は、あんまり早《はや》いと何《いず》れも様《さま》、呵《しか》りっこなしでござりまする、色《いろ》も素袍《すおう》の杜若《かきつばた》、所縁《ゆかり》の人《ひと》のお差図《さしず》に、是非《ぜひ》も中村勘三《なかむらかんざ》の櫓《やぐら》、一番太鼓《ばんだいこ》に起《おこ》されて、烏《からす》が鵜《う》の真似《まね》鷺《さぎ》の真似《まね》、親父《おやじ》が口真似口拍子《くちまねくちびょうし》、おうむの鳥《とり》か面影《おもかげ》の、些《ちっと》は似《に》たか三なすび、へたがこっちの取得《とりえ》にて、自慢《じまん》の鼻《はな》の江戸《えど》前若衆《まえわかしゅ》と、ホホ敬《うやま》って申す。

寛政十年、中村座『花三升吉野深雪《はなとみますよしののみゆき》』において、篠塚伊賀守貞綱役にて六代目市川團十郎所演。

暫《しばらく》のつらね　金井由輔述

遠《とお》からん者《もの》は音羽屋《おとわや》に聞《き》け、近《ちか》くは寄《よ》って目出度《めでたく》も、改《あらた》まったる櫓幕《やぐらまく》、これ門前《もんぜん》に市村《いちむら》の願《ねが》いの風《かぜ》が葺屋町《ふきやちょう》、花橘屋《はなたちばなや》の座頭《ざがしら》に、許《ゆる》しを受《う》けて三升株《みますかぶ》、柿《かき》の素袍《すおう》に納豆烏帽子《なっとうえぼし》、黒《くろ》い常闇目前《とこやみもくぜん》に、此手力雄《このたぢからお》の前髪《まえがみ》が、磐戸《いわと》を取《と》って明《あき》らけき、神《かみ》の御末《みすえ》の顔見世《かおみせ》は、面《おもて》も白《しろ》き鼠木《ねずみき》戸《ど》、チイたちからの繁昌《はんじょう》は、大黒柱《だいこくばしら》の冬構《ふゆがま》え、竈払《かまっぱらい》の託宣《たくせん》に、お前《まえ》を見《み》れば松植《まつうえ》て、重扇《かさねおうぎ》の二つ引《びき》、尊氏殿《たかうじどの》の我儘《わがまま》に、坂東武士《ばんどうぶし》の赤頬《あかつら》、疱瘡神《ほうそうがみ》の前立《まえだち》めら、悪魔除《あくまよけ》の御守《おまもり》は、爰《ここ》から出《で》ます荒事師《あらごとし》、親代々《おやだいだい》の筋隈《すじぐま》は、こともおろかや恐《おそ》れある、大塔宮護良親王《おおとうのみやもりよししんのう》の、股肱耳目《ここうじもく》と呼《よ》ばれたる村上彦四郎義照《むらかみひこしろうよしてる》、力量《りきりょう》の店請《たなうけ》は張良樊噲《ちょうりょうはんかい》、請人《うけにん》は諸葛孔明頂雲《しょかつこうめいちょううん》に関羽左衛門《かんうさえもん》が厄介者《やっかいもの》、太平楽《たいへいらく》の巻《まき》ものは、これぞお江戸《えど》の花櫓《はなやぐら》、橘系図《たちばなけいず》のしばらくと、ホホ敬《うやま》って申す。

寛政十年、市村座『花櫓橘系図《はなやぐらたちばなけいず》』において、村上彦四郎義照役にて初代市川男女蔵所演。

暫《しばらく》のつらね　勝俵蔵述

東夷南山主《とういなんざんす》は北狄《ほくてき》、青楼《せいろう》の姉女郎詞《おいらんことば》、芝居発向《しばいはっこう》の暫《しばらく》とは、市川流《いちかわりゅう》の顔見勢詞《かおみせことば》、一陽来《ようきた》って歌舞伎《かぶき》の正月《しょうがつ》、元三《がんざん》三《み》つ目《め》の幕明《まくあき》から、舞台《ぶたい》に居並《いなら》ぶ御仕着《おしき》せは、悪魔外道《あくまげどう》の敵役《かたきやく》、似《に》つかぬ冠金《かむりきん》こじ付《つけ》、赤《あか》い男《おとこ》が白衣《びやくえ》とは、是《これ》ぞ咲旦冬至梅《さくたんとうじばい》、恵《めぐ》むや室《むろ》の揚幕《あげまく》から、御免《ごめん》を請《うけ》て吉《きち》例《れい》の、こわごわ懸《かけ》た一声《ひとこえ》は、誠《まこと》に人真似《ひとまね》申《さる》の年《とし》、どうした年《とし》の市村《いちむら》に、升《ます》のきれたる役者《やくしゃ》附《づけ》、是非《ぜひ》なくなまけた隈取《くまどり》も、見《み》よう三升《みます》に見立《みた》てたる、角渦巻《かくうずまき》の飾柿《かざりかき》、素袍《すおう》は兄貴《あにき》が我等《われら》へ楪葉《ゆずりは》、事《こと》かけ烏帽子《えぼし》大太刀《おおだち》は、海鰕隠居《いせえびいんきょ》のたしなみを、一寸《ちょっと》かち栗《ぐり》ほんだわら、野老《ところ》に橙《だいだい》橘《たちばな》の、御贔屓《ごひいき》厚《あつ》き櫓幕《やぐらまく》、やぐら旦那《だんな》は八百八町《やちよう》、鶴《つる》は先祖《せんぞ》の定紋《じょうもん》にて、亀《かめ》は満蔵家橘《まんぞうかきつ》の稚名《おさなな》、東方作者《とうぼうさくしゃ》がすすめにて、浦島太郎《うらしまたろう》は向《むこ》う嶋《じま》、三浦《みうら》の大助明六《おおすけあけむ》つから、楽屋《がくや》に居《い》しかる角前髪《すみまえがみ》の小丁稚《こでっち》は、北条 相模守時頼《ほうじょうさがみのかみときより》の、股肱耳目《ここうじもく》と呼《よば》れたる、まだ口《くち》ばしも青砥五郎照綱《あおとごろうてるつな》という、ずんとにょほうな荒童《あらわっぱ》、外座《ほかざ》の年季礼奉公《ねんきれいぼうこう》、首尾《しゅび》能《よ》く勤《つと》め当年《とうねん》で、三年《ねん》ぶりの宿入《やどい》りは、花《はな》の御江戸《おえど》の御取立《おとりたて》、三代続《だいつづ》いた坂東氏《ばんどううじ》、系図《けいず》正《ただ》しき金鉄若衆《きんてつわかしゅ》とホホ敬《うやま》って申す。

寛政十一年、市村座『媚曤雪世界《うつくしきゆきのせかい》』において、青砥五郎照綱役にて三代目坂東彦三郎所演。

しばらくのつらね

市川白猿自作

東夷《とうい》南蛮《なんばん》北狄《ほくてき》世間《せけん》のおつもりも、かえり三升《みます》の定紋《じょうもん》に孫《まご》に楪葉《ゆずりは》ほんだわら 橙《だいだい》 お江戸《えど》の厄介《やっかい》若衆《わかしゅ》、とんだ時分《じぶん》にお目見得《めみえ》は、皆《みな》さま夢《ゆめ》にもしら絞《しぼり》、河原崎《かわらさき》とやあぶらやの、油壺《あぶらつぼ》から引出《ひきだ》した、うつついあねいが向《むこ》う面《づら》、敵役《かたきやく》の胴取《どうとり》とは、今《いま》の浮世《うきよ》は逆《さか》さまじゃ、坂《さか》に車《くるま》の横《よこ》筋違《すじかい》、見附《みつけ》た不肖《ふしょう》に暫《しばら》くと、一《ひ》ト声《こえ》かけた某《それがし》は、出羽《でわ》の郡司《ぐんじ》良実《よしざね》どのの、股肱腹心《ここうふくしん》と呼《よば》れたる、般若五郎照秀《はんにやごろうてるひで》、当年積《とうねんつも》って十六歳《さい》、最《も》一つさかさに六十市川《いちかわ》、五代相伝《だいそうでん》の我《わが》ままもの、江戸《えど》ッ子《こ》のまじりなし、正真 正銘安売現金《しょうじんしょうめいやすうりげんきん》、かけね馴染《なじみ》の何《いず》れも様《さま》へ、申訳《もうしわけ》やらお目《め》見得《みえ》やら、言葉《ことば》を飾《かざ》る花《はな》の顔見世《かおみせ》、さまたげひろぐべらぼうめら、片端《かたつぱし》からとっつらまえて、浅艸寺《せんそうじ》の家《や》の棟《むね》から、嵯峨《さが》の釈迦《しゃか》の内陣《ないじん》へ、ほうり込《こ》むとホホ敬《うやま》ってもうす。

享和元年、河原崎座『名歌徳三升玉垣《めいかのとくみますのたまがき》』において、般若五郎照秀役にて市川白猿（五代目團十郎）所演。

暫《しばらく》のつらね　　市川新車自作

東夷南蛮北狄西戎《とういなんばんほくてきせいじゅう》四維《い》八荒《こう》、天地《てんち》乾坤《けんこん》の其間《そのあいだ》に、有《ある》べき人《ひと》の知《し》らざらんや、拙者親方《せっしゃおやかた》と申《もう》すは江戸《えど》の根生《ねおい》の市川鰕蔵《いちかわえびぞう》、唯今《ただいま》にては隠居致《いんきょいた》し白猿《はくえん》と名乗升《なのります》、此家《このいえ》の奇妙《きみょう》には敵役《かたきやく》の怖《こわ》がる事《こと》、皆《みな》一同《どう》に歯《は》の根《ね》が合《あ》わぬ、一寸《ちょっと》一《ひと》ツ睨《にら》み出《だ》すと矢《や》も楯《たて》もたまらぬじゃ、そりゃそりゃそりゃ震《ふる》えて来《き》たわ、震《ふる》えて来《く》るわ、足元《あしもと》の明《あか》るい内《うち》にかけ出《だ》すが、鼻《はな》の高《たか》いは口《くち》しぶき柿《かき》の素袍《すおう》に大太刀《おおだち》を、アノ揚幕《あげまく》からさわやかに、親《おや》も新車子《しんしゃこ》も新車《しんしゃ》、向《むこ》うに見《み》える敵役《かたきやく》は、あれこそ本《ほん》の的《まと》は松助《まつすけ》、ぎゅうぎゅう片《かた》っぽし起上《おきやが》りこぼしこぼし、夕《ゆう》べも吼《ほ》えて又吼《またほ》えるな、気《き》をばもんでも動《うご》かぬも道理《どうり》、五体《たい》鉄石此筋隈《てつせきこのすじくま》、中《なか》にも当時《とうじ》の御贔屓《ごひいき》うけ、罷出《まかりいで》たる某《それがし》は、清和源氏《せいわげんじ》の嫡流《ちゃくりゅう》、八幡太郎義家《はちまんたろうよしいえ》が股《こ》肱腹心《こうふくしん》と呼《よば》れたる、鎌倉《かまくら》の権五郎景政《ごんごろうかげまさ》、今日顔見勢《かおみせ》の吉例《きちれい》に、今日御出《こんにちおいで》の何《いず》れも様《さま》へ、市川流《いちかわりゅう》の暫《しば》らくと、請《うけ》ねばならぬ言《い》わねばならぬと意地《いじ》をつっぱり、十方《ぼう》世界《せかい》のぐずりの元〆《もとじめ》、やんややんやと笑覧《しょうらん》あれと、ホホ敬《うやま》って申す。

享和二年、市村座『当奥州壺碑《ときにおうしゅうつぼのいしぶみ》』において、鎌倉権五郎景政役にて初代市川男女蔵所演。

しばらくのつらね

東夷《とうい》南蛮《なんばん》北狄《ほくてき》世間《せけん》のおつもりも、かえり三升《みます》の山椒《さんしょ》の芽《め》、小粒《こつぶ》な背中《せなか》へ大役《たいやく》の、重荷《おもに》をしょったらたかんまん、成田《なりた》の不動《ふどう》に七代目《だいめ》、のうまくさまんだばさら者《もの》、先祖《せんぞ》の光《ひか》り御贔屓《ごひいき》の、おかげをいただく二番《ばん》ばえ江戸《えど》ッ子《こ》の触《ふれ》がしら、水道《すいどう》の水《みず》を産湯《うぶゆ》にあびて天上天下泰平《てんじょうてんがたいへい》に、納《おさま》る国《くに》の四海浪静《かいなみしず》かなる代《よ》を横《よこ》に行《ゆ》く、鰐鮫鱶鮫河童《わにざめふかざめかわたろう》、太刀《たち》ふり上《あげ》た赤面龍王《あかつらりゅうおう》、とっかまえると忽《たちま》ちに、足手《あして》を捥《もい》だり、首抜《くびぬい》たり、脊骨《せぼね》を踏《ふ》んだり踏《ふま》なんだり、イデ物見《ものみ》せんと祇園会《ぎおんえ》の、御輿《みこし》を据《す》えた此若衆《このわかしゅ》は、御曹子《おんぞうし》義経公《よしつねこう》の股肱耳目《ここうじもく》と呼《よ》ばれたる、御厩《おんまや》の喜《き》三太《さんだ》正《まさ》俊《とし》という腕白者《わんぱくもの》、当年積《とうねんつも》って十三夜《や》、まだ影《かげ》うすき武蔵野《むさしの》の、月《つき》は艸《くさ》より草《くさ》に入《い》る、尾花《おばな》の花《はな》の顔見世《かおみせ》に、不礼《ぶれい》はたらく鋸末《おがくず》めら、所《ところ》は名《な》におう葺屋町《ふきやちょう》、はな　橘《たちばな》　の家《や》の棟《むね》から、太郎《たろう》いなりの小社《ほこら》のうちへほうり込《こ》むと、ホホうやまって曰《もうす》。

享和三年、市村座『初雪物見松《むつのはなものみのまつ》』において、御厩喜三太正俊役にて七代目市川團十郎所演。

しばらくのつらね

東夷《とうい》南蛮《なんばん》北狄《ほくてき》西戎《せいじゅう》四夷《い》八荒《こう》、天地人《てんちじん》の三つを用《もち》い、合《あわ》せて三升《みます》の三本太刀《さんぼんだち》は市川《いちかわ》一陽来復《ようらいふく》の、向島《むこうじま》なる隠居《いんきょ》から譲《ゆず》りうけたる筋隈《すじぐま》に、ことしは素袍《すおう》も改《あらた》めて上下賑《かみしもにぎわ》うかん顔見世《かおみせ》、敵役《かたきやく》にはしゃっ面《つら》みせ、事《こと》もおろかや某《それがし》は王位《おうい》を出《いで》て遠《とお》からず、清和天皇《せいわてんのう》の後胤多田《こういんただ》の満仲《まんじゅう》の長男《ちょうなん》、源《みなもと》　の頼光《らいこう》が股肱腹心《ここうふくしん》と呼《よ》ばれたる碓氷《うすい》の荒太郎貞光《あらたろうさだみつ》、邪正《じゃしょう》を正《ただ》す花山《かざん》の御所《ごしょ》、さも美《うつく》しいべんなごたち、男《おとこ》はならぬとまけ出《だ》すが、男《おとこ》とも又女《またおんな》とも、今男女蔵《いまおめぞう》が名《な》にめでて、いなおせどり呼子鳥《よぶこどり》、これ三朝《ちょう》の百千鳥《ももちどり》、手《て》に葉《は》も知《し》らぬ長《なが》せりふ、ただ御贔屓《ごひいき》を何《いず》れも様《さま》ねがい揚幕花道《あげまくはなみち》に、花《はな》のお江戸《えど》の厄介若衆《やっかいわかしゅ》と、ホホうやまって曰《もうす》。

文化元年、河原崎座『四天王江戸楓粧《してんのうもみじのよそおい》』において、碓氷荒太郎貞光役にて初代市川男女蔵所演。

しばらくのつらね　七代目　市川團十郎自作

東夷南蛮北狄西戎《とういなんばんほくてきせいじゅう》、四夷《い》八荒天地乾坤《こうてんちけんこん》のその間《あいだ》に、あるべき人《ひと》の厄介小僧《やっかいこぞう》、運《うん》は天満《てんま》に折《おり》を得《え》て帆《ほ》は十分《ぶん》に磁石《じしやく》は北《きた》、きたきた北野《きたの》の梅《うめ》ならで柿《かき》の素袍《すおう》の下手《へた》若衆《わかしゅ》、言葉《ことば》の木守《きもり》やく此船成就《このふねじょうじゅ》の神楽月《かぐらづき》、一番太鼓《ばんだいこ》に皆目《みなめ》さめ、見《み》る周《しゅう》の世《よ》の正月《しょうがつ》に、雑煮《ぞうに》の腹《はら》で花道《はなみち》へ、罷《まか》り出《い》でたるやつがれは、新田左中将《にったさちゅうじょう》　義貞《よしさだ》が、股肱耳目《ここうじもく》と呼《よ》ばれたる、篠塚伊賀守定綱《しのづかいがのかみさだつな》、当年積《とうねんつも》って廿二歳《さい》のぶんをして市川流《いちかわりゅう》の手習《てなら》い、坂《さか》に車《くるま》の横筋違見《よこすじかいみ》かけた不肖《ふしょう》に暫《しばらく》と、稚馴染《おさななじみ》の揚幕《あげまく》から一声海老《ひとこええび》が俤《おもかげ》烏帽子《えぼし》、ほんの口真似《くちまね》口拍子《くちびょうし》、いさみ込《こ》んだる櫓拍子《ろびょうし》に、龍頭鷁首《りゅうとうげきしゅ》の金冠白衣《きんかんびやくえ》、音羽屋《おとわや》のおじい様《さん》を、寒《かん》の師走《しわす》に引出《ひきだ》した不孝者《ふこうもの》だと何《いず》れも様《さま》、叱《しか》りっこなしでござり升《ます》、おじいは赤《あか》い顔滝屋《かおたきや》、新酒《しんしゅ》の花《はな》は七つ梅《うめ》、隠居《いんきょ》が鼻《はな》は五代目《だいめ》の、船玉帆玉目《ふなだまほだまめ》ぱちぱち、我等眼玉《われらめだま》のふぬけ玉《だま》、下手《へた》がこっちの取得《とりえ》にて、壮年積《そうねんつも》って来人《きごと》の顔見世《かおみせ》、八千余《よ》町《ちょう》の大湊《おおみなと》、新艘《しんぞう》おろしの入船若衆《いりふねわかしゅ》とホホ　敬　白《うやまってもうす》。

文化九年、森田座『雪芳野来人顔鏡《ゆきもよしのきごとのかおみせ》』において、篠塚伊賀守定綱役にて七代目市川團十郎所演。

しばらくのつらね　七代目　市川團十郎自作

四大天王諸眷属《だいてんのうしょけんぞく》、二十八部《ぶ》の大叉将《だいしやしょう》、日月《じつげつ》五星《せい》一切龍王《さいりゅうおう》、時《とき》に順《じゅん》じて護《まも》らざらんや、成田《なりた》の不動《ふどう》の一番息子《ばんむすこ》、我儘育《わがままそだ》ちの向《むこ》う見《み》ず、尻持《しりもち》は南無大師《なむだいし》何《なん》と大事《だいじ》の荒小姓《あらごしょう》、当年積《とうねんつも》って二十五菩薩《ぼさつ》、尼《あま》に勝《か》ったる某《それがし》は、清和源氏《せいわげんじ》の嫡々《ちゃくちゃく》、源《みなもと》の頼光《らいこう》が股肱耳目《ここうじもく》と呼《よ》ばれたる、碓氷《うすい》の荒太郎貞光《あらたろうさだみつ》、高野《こうや》六十那智《なち》八十、惚《ほ》れたらござれなびくべい、べエべエエロシヤナマカホダラ敵役《かたきやく》の命《いのち》とり、よこぞっぽうをハラハリタヤ運《うん》は天幕櫓幕《てんまくやぐらまく》、揚幕《あげまく》切って出《で》て見《み》れば、子役《こやく》のままで十二年《ねん》、鰤鯒鯱《ぶりこちさちほこ》龍宮《りゅうぐう》城《じょう》、栄《さか》え銀杏《いちょう》の新顔見世《しんかおみせ》、梅幸不肖《ばいこうふしょう》の玉手箱《たまてばこ》、明《あ》けて悪魔《あくま》の厄払《やくはら》い、先斧琴《まずよきこと》を菊五郎《きくごろう》、幼《おさ》な馴染《なじみ》の仲《なか》よしが土産《みやげ》は素袍《すおう》の渋《しぶ》っかき、下手《へた》にも鎌輪《かまわ》ぬ座頭《ざがしら》は、皆御存《みなごぞん》じの宝筐印《くげしるし》、陀羅尼《だらに》ころばぬ情知《なさけし》り、七代《だい》つづく江戸根生《えどねおい》、遍照金剛厄除若衆《へんじょうこんごうやくよけわかしゅ》と、ホホ敬白《うやまってもうす》。

文化十二年、中村座『四天王御江戸鏑《してんのうおえどのかぶらや》』において、碓氷荒太郎貞光役にて、七代目市川團十郎所演。

しばらくのつらね　　五代目　岩井半四郎

東岸西岸《とうがんせいがん》の柳遅速同《やなぎちそくおな》じからず、南枝《なんし》北枝《ほくし》の梅開落既《うめかいらくすで》に異《こと》なり、是皆春《これみなはる》の詠《ながめ》にして、時《とき》こそ周《しゅう》の天正月《てんしょうがつ》、一陽初《ようはじ》めて揚《あげ》まくから、口《くち》にはばった暫《しばら》くと一声《ひとこえ》かけてのお目見得《めみえ》は、何《いず》れも様《さま》のお叱《しか》りもかえり三升《みます》は市川《いちかわ》の、ゆかりの色《いろ》も紫《むらさき》の帽子《ぼうし》にあらぬ顔《かお》の隈《くま》、思《おも》えばつがもなら坂《さか》や、この手柏《てがしわ》の二《ふ》た面鵜《おもてう》の真似《まね》をする唐国《からくに》は、朝鮮鼈甲銀《ちょうせんべっこうぎん》ながし、しやかと似《に》た山親玉《やまおやだま》に、似《に》ても似《に》つかぬ替玉《かえだま》は、只江戸《ただえど》っ子《こ》と御贔屓《ごひいき》を、頭《こうべ》に戴《いただ》く掛烏帽子《かけえぼし》、柿《かき》の素袍《すおう》に大太《おおだ》刀《ち》も、おこがましくは候《そうら》えども、伊予守義経《いよのかみよしつね》が股肱耳目《ここうじもく》と呼《よ》ばれたる、熊井太郎忠基《くまいたろうただもと》、今日顔見世《かおみせ》の花櫓《はなやぐら》、相《あい》かわら崎《さき》お取立《とりたて》、願《ねが》うすみから角前髪《すみまえがみ》、これで親《おや》から二代《だい》の兵《つわもの》、変生男子《へんじようなんし》の吉例若衆《きちれいわかしゅ》と、ホホ敬《うやまって》白《もうす》。

文化十二年、河原崎座『大和名所千本桜《やまとめいしょせんぼんざくら》』において、熊井太郎忠基役にて五代目岩井半四郎所演。

しばらくのつらね

七代目　市川團十郎作

東夷南蛮北狄西戎《とういなんばんほくてきせいじゅう》、四夷《い》八荒天地乾坤《こうてんちけんこん》のその間《あいだ》に、あるべき人《ひと》の知《し》らざらんや、三千余里《より》も遠《とお》からん、物《もの》に懼《お》じざる荒若衆《あらわかしゅ》、近付《ちかづき》なりに出《で》て見《み》れば、美《うつ》いあねえが胴取《どうとり》とは、四百余《よ》州《しゅう》の春遊《はるあそ》び、七言《ごん》五言歌《ごんうた》がるた、鼻《はな》の先《さき》なる虎狩《とらがり》や威《い》をかり狐《ぎつね》の毛《け》唐人《とうじん》、海老《えび》が夜食《やしょく》のかたまり孫《まご》、ひげ人参《にんじん》との疑《うたが》いに、分《わか》らぬ腹《はら》を立《た》つか弓《ゆみ》、和《やわ》らぐ国《くに》は神《かみ》の末《すえ》、卑劣《ひれつ》な事《こと》は言《い》いませぬ、噓《うそ》じゃござらぬ正真《しょうじん》の、日本芝居風俗三升《にっぽんしばいふうぞくみます》、当年積《とうねんつも》って十八歳《さい》、誠《まこと》の年《とし》は二十八、成《なり》田《た》の不動《ふどう》がほんそう子《ご》、清和源氏《せいわげんじ》の嫡孫《ちゃくそん》、源《みなもと》の頼光《らいこう》が股肱耳目《ここうじもく》と呼《よ》ばれたる碓氷《うすい》の荒太郎《あらたろう》定光《さだみつ》、五年《ねん》ぶりで揚幕《あげまく》から、一声《ひとこえ》かけつけ三杯上戸《ばいじょうご》さしも押《おさ》えもあらばこそ、相手《あいて》がふえれば龍《りょう》に水《みず》、丑満頃《うしみつごろ》や一《ひと》つ目《め》の、光《ひか》り輝《かがや》く飛頭蛮《ろくろくび》、百鬼夜行《きやこう》があやまって、一味《み》などとは事《こと》おかしや、夜行女《うぶめ》もござれ雪女《ゆきおんな》、集《あつ》まりよれる黒《くろ》かみに、つながり合《あ》った大象《だいぞう》めら、這《は》いつくばったきりぎりす、ほんに蛍《ほたる》の身《み》をこがす、惚《ほ》れたら抱《だ》いてねじり首《くび》、根生《ねおい》の尻尾《しっぽ》は井《い》の頭《かしら》、金性水《きんじょうすい》のあら玉川《たまがわ》、八千余町《よちょう》御存《ごぞん》じの、癇癪《かんしゃく》の飛切江戸《とびきりえど》ッ子《こ》の交《まじ》りなし、正札月雪花《しょうふだつきゆきはな》の顔見世《かおみせ》、譲《ゆず》りの面《つら》の筋《すじ》を引《ひ》く、下手《へた》をはずさぬ十露盤《そろばん》の、大玉小玉《おおだまこだま》ばちばちと、恋《こい》しき時《とき》は待乳山《まっちやま》、これ鏡台《きようだい》に向島《むこうじま》、祖父《じじ》が十三ねんごろな、何《いず》れも様《さま》へお目見得《めみえ》の、妨《さまた》げひろぐ奴原《やっぱら》は、日本橋《にほんばし》の真中《まんなか》から、富士《ふじ》の御八嶺《おみね》へ投《ほう》り込《こ》むぞと、ホホ　敬白《うやまってもうす》。

文政元年、玉川座『四天王産湯玉川《してんのううぶゆのたまがわ》』において、碓氷荒太郎定光役にて七代目市川團十郎所演。

しばらくのつらね

五代目　瀬川菊之丞自作

年《とし》のうちに春《はる》は来《き》にけり顔見世《かおみせ》は、これぞ芝居《しばい》の正月《しようがつ》と浮《う》いて心《こころ》もいさましゅう、たった一声揚幕《ひとこえあげまく》から、暫《しばら》くなぞと結綿《ゆいわた》に似《に》あわぬ烏帽子《えぼし》附太刀《つけだち》も、作者《さくしゃ》の勧《すす》め仕方《しかた》のう、仙女《せんじょ》が真似《まね》を正銘《しようめい》の、孫《まご》まで三代五代目《だいだいめ》の、不器用未練《ぶきようみれん》な身《み》を以《もっ》て、出過《です》ぎるくせも江戸《えど》っ子《こ》の胆《きも》、小癪《こしやく》なやつとお叱《しか》りの万更《まんざら》ないも御存《ごぞん》じの、誰《たれ》じゃと思《おも》うアアつがもなまけた大振袖《おおふりそで》、上座《じようざ》にござんす親玉様《おやだまさま》も、水道《すいど》の水《みず》の飯事友達《ままごとともだち》、皆様方《みなさまがた》が何奴《なにやつ》と、尋《たず》ねなさんすおてんばは、出《で》羽《わ》の郡司《ぐんじ》良実《よしざね》が股肱耳目《ここうじもく》と呼《よ》ばれたる、般若五郎仲則《はんにゃのごろうなかのり》が其妹《そのいもうと》八重菊《やえぎく》とて、当年積《とうねんつも》ってまだようよう十八歳《さい》、何《なん》じゃや力《ちから》に成田《なりた》の花《はな》の兄《あに》、突《つ》き出《だ》されたる下手役者《へたやくしゃ》、下手《へた》な役者の私《わたくし》が女子《おなご》だてらに荒事《あらごと》は、何《いず》れも様《さま》と大和屋《やまとや》の親方《おやかた》さんを力《ちから》にて、今日お目見得《めみえ》の堺町《さかいちょう》、帰《かえ》り新参千代八千代《しんざんちよやちよ》、重《かさ》なる菊之丞《きくのじよう》ごはな、江戸中様《えどじゅうさま》の厄介娘《やっかいむすめ》、御贔屓《ごひいき》願《ねが》い上《あ》げやんすと、ホホうやまって、オオ恥《はず》かし。

文政二年、中村座『花艶　和　黒主《はなのいろかやつしくろぬし》』において、八重菊役にて五代目瀬川菊之丞所演。

暫《しばらく》のつらね

七代目　市川團十郎自作

神仙伝《しんせんでん》に曰《いわ》く、仙人蘇耽《せんにんそたん》橘《たちばな》を井《い》のほとりに植《う》えて、郷里《きょうり》の憂《うれ》いを救《すく》うとかや、又我朝《またわがちょう》の其《そ》の尊《みこと》、野夫《やぶ》はきらいな垂仁帝《すいにんてい》、田道間守《たみちまもり》に勅《ちょく》あって、常世《とこよ》の国《くに》より取《とり》よせしは凡《おおよ》そ一千八百年《ねん》、八百八十の恩沢《おんたく》にて、再《ふたた》び栄《さか》うる橘《たちばな》は、実《み》さえ花《はな》さえその葉《は》さえ、枝《えだ》に霜月《しもつき》ついた ち花《ばな》、御礼《おれい》を申し揚幕《あげまく》から、一声《ひとこえ》かけた馴染《なじ》みの顔《かお》ぶれ、右《みぎ》と左《ひだり》に引《ひ》っさげる、弓幣帛《ゆみへいはく》の勝《かち》角力《ずもう》、内輪同士《うちわどうし》は御存《ごぞん》じの、下手《へた》が自慢《じまん》の江戸根生《えどねおい》、負《ま》けず嫌《ぎら》いで八月《がつ》から、ねかしておいた納豆烏帽子《なっとうえぼし》、柿《かき》の素袍《すおう》に大太刀《おおだち》も、昔《むかし》の人《ひと》の袖《そで》のかや、顔《かお》なつかしき垢《あか》つきの、古着《ふるぎ》を以《もっ》て新《あたら》しく、ここに着《き》て出《で》た某《それがし》は、出羽《でわ》の郡司良実公《ぐんじよしざねこう》の、股肱耳目《ここうじもく》と呼《よ》ばれたる般若五郎《はんにゃのごろう》照貞《てるさだ》、当年積《とうねんつも》って三升市川《みますいちかわ》、成田《なりた》のとうが小唄《こうた》にも、ノウマクさばけたばさらだだ、陀羅《だら》尼念者《にねんじゃ》の色若衆《いろわかしゅ》、情《なさけ》しりとはさし合《あい》なく、わっと紅葉《もみじ》の赤《あか》い者《もの》、その滝野屋《たきのや》の川滝屋《かわたきや》、恋《こい》は曲者命《くせものいのち》とり、抱《だ》き七五三飾《しめかざ》り組入《くみいれ》の、海老《えび》が夜食《やしょく》の種《たね》つきず、代々譲《だいだいゆず》り葉和泉屋《はいずみや》の、裏白根《うらじろね》松神馬藻《まつほんだわら》、はがねは清《きよ》き本升屋《ほんますや》、わが神国《しんこく》の神風《かみかぜ》に、一座《ざ》新芽《しんめ》を葺屋町《ふきやちょう》、再興《さいこう》りゅうりゅう仕上《しあ》げの顔見世《かおみせ》、妨《さまた》げひろぐ外道《げどう》めら、東夷南蛮北狄西戎《とういなんばんほくてきせいじゅう》、四夷《い》八荒天地《こうてんち》乾坤《けんこん》の其間《そのあいだ》は、贔《ひい》屓連理《きれんり》の花橘《はなたちばな》、弥勒菩薩《みろくぼさつ》も上覧《しょうらん》あれと、ホホ敬《うやまって》白《もうす》。

文政四年、市村座『何種亀顔触《なにをたねとうきのかおぶれ》』において、般若五郎照貞役にて七代目市川團十郎所演。

しばらくのつらね

岩井粂三郎

東岸西岸《とうがんせいがん》の柳遅速同《やなぎちそくおな》じからず、南枝《なんし》北枝《ほくし》の梅《うめ》は開落既《かいらくすで》に異《こと》なり、是皆春《これみなはる》の詠《なが》めにして、時《とき》こそ周《しゅう》の天正月《てんしょうがつ》、一陽初《ようはじ》めて揚幕《あげまく》から、口《くち》にはばった暫《しばらく》と、一声《ひとこえ》かけてのお目見得《めみえ》は、亦《また》加役《かやく》かとお叱《しか》りも、返《かえ》り三升《みます》は市川《いちかわ》の、由縁《ゆかり》の色《いろ》も紫《むらさき》の、帽子《ぼうし》にあらぬ顔《かお》の隈《くま》、思《おも》えばつがもなら坂《さか》や、児手柏《このてがしわ》の二面《ふたおもて》、鵜《う》の真似《まね》をする唐国《からくに》は、朝鮮鼈甲銀《ちょうせんべっこうぎん》ながし、じゃりか鉛《なまり》か仰山《ぎょうさん》な、柿《かき》の素袍《すおう》に大太刀《おおだち》は、おこがましくは候《そうら》えど、清和源氏《せいわげんじ》の根元根本《こんげんこんぽん》、六孫王経基《そんのうつねもと》が股肱耳目《ここうじもく》と呼《よ》ばれたる、加藤金剛太郎重光《かとうこんごうたろうしげみつ》、今日顔見世《かおみせ》の荒事《あらごと》も、只江戸《ただえど》っ子《こ》とだだっ子《こ》を、ひとえに御贔屓《ごひいき》お取立《とりたて》、願《ねが》う角《すみ》から角前髪《すみまえがみ》、丁度《ちょうど》三代譲《だいゆず》りの強者《つわもの》、変生男子《へんじょうなんし》の吉例若衆《きちれいわかしゅ》と、ホホ　敬　白《うやまってもうす》。

文政五年、中村座『御摂東 百官《ごひいきあずまひやくかん》』において、加藤金剛太郎重光役にて二代目岩井粂三郎所演。

しばらくのつらね

七代目　市川團十郎自作

大平御覧《たいへいごらん》に曰《いわ》く、雪《ゆき》は豊年《ほうねん》の瑞《ずい》なりと、稲《いね》に穂《ほ》が咲《さ》き穂《ほ》に穂《ほ》が咲《さ》く、新米新入新参者《しんまいしんいりしんざんもの》、足《あし》かけ三年柿《ねんかき》八年《ねん》、素袍《すおう》の糊《のり》の声色《こわいろ》も、昔々《むかしむかし》の祖父《じじ》たちが、一株《ひとかぶ》植えた福牡丹《ふくぼたん》、霜《しも》にかじけぬ鬼《おに》は外《そと》、先祖《せんぞ》橙《だいだい》わがままは、ゆずり葉《は》柚味噌《ゆずみそ》揚幕《あげまく》から、ちらと蜜柑《みかん》だ金柑白衣《きんかんびやくえ》、うっつい姉《あね》えが向《むこ》う面《づら》、うまいお顔《かお》の大和柿《やまとがき》、腕白《わんぱく》は虫《むし》のせい、團十郎《だんじゅうろう》艾赤団子《もぐさあかだんご》、あやめといえば源三位《げんざんみ》、頼政《よりまさ》どのの厄介者《やっかいもの》、当年積《とうねんつも》って十八歳《さい》、も一つ返《かえ》して十八歳《さい》、丁度《ちょうど》三十六童子《どうじ》、成田《なりた》の爺《とうと》が力瘤《ちからこぶ》、一張《ちょう》の弓《ゆみ》の勢《いきおい》に、的《まと》は橘　葺屋町《たちばなふきやちょう》、江戸《えど》に当《あた》って江戸《えど》っ子《こ》の、猪《い》の早太《はやた》忠澄《ただずみ》という、猪《い》のしし若衆《わかしゅ》の向《むこ》う見《み》ず、跡《あと》へは引《ひ》かねえ負《ま》けるが嫌《きら》い、啌《うそ》じゃ厶《ござ》らぬ神馬藻《ほんだわら》、野老繁昌榧搗栗《ところはんじょうかやかちぐり》、勝《か》って歌舞妓《かぶき》の大太刀烏帽子《おおだちえぼし》と、ホホ　敬　白《うやまってもうす》。

文政九年、市村座『伊勢平氏《いせへいじ》恵顔鏡《りしょうのかおみせ》』において、猪の早太忠澄役にて七代目市川團十郎所演。

暫《しばらく》のつらね　　市川團十郎自作

荘子《そうじ》に曰《いわ》く、北冥《ほくめい》に鳥《とり》あり大鵬《たいほう》という、その翼《つばさ》垂天《すいてん》の雲《くも》の如《ごと》し、一度南《ひとたびみなみ》せんと欲《ほっ》する時《とき》は、水撃《すいげき》三千里《り》、扶揺《ふよう》に摶《う》って上《のぼ》ること九万里《まんり》とかや、捨《すて》る秋風葺屋町《あきかぜふきやちょう》、助《たす》ける神《かみ》の御贔屓《ごひいき》に、年《ねん》に一度《ど》のお目見得《めみえ》も、今年《ことし》は爰《ここ》に御輿《みこし》を据《す》え、根元金剛磐石《こんげんこんごうばんじゃく》の、動《うご》かぬ不動《ふどう》が力瘤《ちからこぶ》、地《ち》から生《は》えぬき江戸自慢《えどじまん》、強《つよ》いが自慢《じまん》負けぬが得手《えて》、清和源氏《せいわげんじ》の正統《しょうとう》左馬頭義朝《さまのかみよしとも》が、股肱《ここう》耳目《じもく》とあまやかし、もてあましたる某《それがし》は、渋谷金王丸昌俊《しぶやこんのうまるまさとし》、当年積《とうねんつも》って十八年《ねん》、三筋《みすじ》をのせて三十八、はちぶされたる暴《あば》れ者《もの》、やっとこどっちゃア運《うん》は天《てん》、てんとたまらぬ向《むこ》う面《づら》、足掛《あしかけ》三年《ねん》三十郎《ろう》、名残《なごり》の時《とき》の見知《みし》りごし、赤《あか》いおじいで逢《あ》おうとは、ほんに夢《ゆめ》にも白絞《しらしぼ》り、河原崎《かわらさき》とや油屋《あぶらや》の、油壺《あぶらつぼ》から引出《ひきだ》した、うっつい姉《あね》えが胴取《どうとり》なら、しんぞ命《いのち》も播磨《はりま》なべ、早《はや》いが勝《かち》の花《はな》の顔見世《かおみせ》、海老蔵《えびぞう》の鎧着《よろいき》たりや木場《きば》の武者《むしゃ》、祖父《じじい》二人《ふたり》が追善《ついぜん》に、当《あた》るというもねらいの的《まと》、真魁《まつさきがけ》の冬牡丹《ふゆぼたん》、妨《さまた》げひろぐ奴原《やつばら》は、西門跡《にしもんぜき》の家《や》の棟《むね》から、伊豆《いず》と相模《さがみ》の鼻《はな》の穴《あな》へ、ほうり込《こ》むぞと、ホホ敬　白《うやまってもうす》。

文政十一年、河原崎座『魁源氏騎士《さきがけげんじのきばむしゃ》』において、渋谷金王丸昌俊役にて七代目市川團十郎所演。

つらね　　三升自作

達磨大師《だるまだいし》の寝言《ねごと》に曰《いわ》く、拈花微笑《ねんげみしょう》の花道《はなみち》は、教外別伝《きょうげべつでん》の木実《このみ》を結《むす》び、倩女離魂《せいじょりこん》の迷《まよ》いをたつ、如何《いか》なる祖師《そし》才牛《さいぎゅう》の意《い》、現前《げんぜん》の栢莚寿《はくえんじゅ》、太刀《たち》末広《すえひろ》のいろいろと、七代目《だいめ》出度《でた》く三升《みます》の紋《もん》、是《これ》ぞ十方一《ぼうひ》と白眼《にらみ》、なるかならぬか成田屋《なりたや》が、大喝《たいかつ》一声揚幕《せいあげまく》から、片手《かたて》の声《こえ》を掛烏帽子《かけえぼし》、素袍《すおう》は柿《かき》の下手自慢《へたじまん》、渋谷金王昌俊《しぶやこんのうまさとし》という情《なさけ》しり、今年《ことし》でようよう十四歳《さい》、逆《さか》さに読《よ》めばいつの間《ま》に、四十仕合《しあわ》せ義朝《よしとも》が、あまやかしたるやんちゃん育《そだ》ち、気《き》まま育《そだ》ちは延《の》びすぎた、枝《えだ》に杖《つえ》つく九十九髪《つくもがみ》、百々《もも》くり三年《ねん》どんぐりは、八代目《だいめ》ばえの餓鬼《がき》八年《ねん》、壁《かべ》に向《むか》って九年《ねん》ぼう、十年積《ねんつも》って市川《いちかわ》へ、かえる気《き》じゃもの木場《きば》の者《もの》、我儘歩《わがままある》きのどら息子《むすこ》、とらは千里《り》を返《かえ》り花《ばな》、顔見世《かおみせ》賑々《にぎにぎ》お目見得《めみえ》に、妨《さまた》げひろぐ奴原《やつばら》は、外《ほか》に思案《しあん》も無外法《むがいほう》、河原崎《かわらさき》の家《や》の棟《むね》から、不二《ふじ》と筑波《つくば》の素天辺《すてっぺん》へ、ほうり出《だ》すと、ホホ敬《うやまって》　白《もうす》。

天保元年、河原崎座『一陽来復渋谷兵《いちようらいふくしぶやのつわもの》』において、渋谷金王丸昌俊役にて七代目市川團十郎所演。

暫《しばらく》のつらね

八代目　市川團十郎　十歳　相勤

東夷《とうい》南蛮北狄西戎《なんばんほくてきせいじゅう》、四夷《い》八荒天地《こうてんち》乾坤《けんこん》のその間《あいだ》に、あるべき人《ひと》の厄介小僧《やっかいこぞう》、八百八町八百《やちょうやお》万《よろず》の、神《かみ》と仏《ほとけ》の恵《めぐ》みにて、その御贔屓《ごひいき》に宿《やど》り木《ぎ》や、取揚《とりあ》げ婆《ばば》アは成田《なりた》の不動《ふどう》、おぎゃアというも暫《しばら》くも、同《おんな》じ産声揚《うぶごえあ》げ幕《まく》の、母《はは》の胎内《たいない》蹴破《けやぶ》って、罷《まか》り出《いで》たる某《それがし》は碓氷荒太郎貞光《うすいあらたろうさだみつ》、江戸《えど》吉例《きちれい》の悪魔《あくま》払《ばら》い、つん並《なら》んだる向《むこ》う面《づら》、おとっさんでも構《かま》やせぬ、こちゃ構《かま》やせぬ、昔々《むかしむかし》のじい達《たち》が、願《ねが》いの筋隈掛烏帽子《すじぐまかけえぼし》、柿《かき》の素袍《すおう》に鶴菱《つるびし》は、御恩《ごおん》を着升《きます》おいらが産着《うぶぎ》、すてきな御利生《ごりしょう》めっぽうな、御利生大太刀《ごりしょうおおだち》ちから紙《がみ》、御見物《ごけんぶつ》のうぶすなへ、今日宮参《みやまい》りの花《はな》の顔見世《かおみせ》、妨《さまた》げひろぐ赤蛙《あかがえる》、玩具《おもちゃ》の中《なか》のがらくため、富士《ふじ》と筑波《つくば》の真中《まんなか》から、天《あま》の川《がわ》へほうり込《こ》むと、ホホ　敬　白《うやまってもうす》。

天保三年、河原崎座『頼有御摂綱《たのみあるごひいきのつな》』において、碓氷荒太郎貞光役にて八代目市川團十郎所演。

暫《しばらく》のつらね

東夷《とうい》南蛮北狄《なんばんほくてき》世間《せけん》、水《みず》に棲《す》む蛙《かえる》の子《こ》は、蛙《かえる》に成田《なりた》の山《やま》の奥《おく》、ずっと奥《おく》のその奥《おく》の、山《やま》から小僧《こぞう》のわいて来た、わいてきたきた人《ひと》の波《なみ》、土間《どま》桟敷《さんじき》も花《はな》やかに、花《はな》の顔見世《かおみせ》花道《はなみち》の、つらねも口《くち》から出《で》放題《ほうだい》、七代《だい》八代《だい》代々《だいだい》所《ところ》生《は》えぬきは、嘘《うそ》じゃ御座《ござ》らぬほんだわら、柿《かき》の素袍《すおう》の下《へ》手《た》もなく、渋谷《しぶや》金王丸昌俊《こんのうまるまさとし》、負《ま》けるが嫌《きら》い榧勝栗《かやかちぐり》、勝《か》って兜《かぶと》の緒《お》を七五三《しめ》飾《かざ》り、福寿皆円《ふくじゅかいえん》まるもうけ、よそに鎌輪《かまわ》ぬよきことを、菊《きく》と牡丹《ぼたん》の向《むこ》う面《つら》、おいらはめばえの市川流《いちかわりゅう》、お父《とっ》さんでもおじいさんでも、凹《へこ》まされてつまるものかと、ホホ　敬　白《うやまってもうす》。

天保四年、市村座『恋入対弓取《こいよりいるついのゆみとり》』において、渋谷金王丸昌俊役にて八代目市川團十郎所演。

しばらくのつらね　八代目　團十郎自作

それ七福神《ふくじん》の寝言《ねごと》に曰《いわ》く、長《なが》き夜《よ》のとおの眠《ねぶ》りの皆《みな》めざめ、波乗船《なみのりふね》や乗初《のりぞめ》に、乗《の》って来《き》た来《き》た先《ま》ず大黒《だいこく》の鼠木戸《ねずみきど》、毘沙門天《びしゃもんてん》が宝塔《ほうとう》から、蜈蚣《むかで》の足取《あしど》り繁昌《はんじょう》は、長《なが》い頭《あたま》の福禄寿老《ふくろくじゅろう》、目《め》出鯛《でたい》恵比寿《えびす》の蔵入《くらいり》に、お弁《べん》が巳年《みどし》の身《み》になる金《かね》、得手《えて》に布袋《ほてい》ぞ顔見世《かおみせ》の、一番太鼓《ばんだいこ》鶏《にわとり》に、河原崎《かわらさき》がけ歌舞妓《かぶき》の正月《しょうがつ》、元日《がんじつ》二日《ふつか》三升《じょう》が、素袍《すおう》の色《いろ》も柿《かき》の下手《へた》、桃栗《ももくり》三年《ねん》二年目《ねんめ》で、帰《かえ》り新参御目見得《しんざんおめみえ》の、時《とき》を烏帽子《えぼし》や大太刀《おおだち》に、肝《きも》の太箸暫《ふとばししばら》くと、雑煮《ぞうに》の腹《はら》で花道《はなみち》へ、罷《まか》り出《いで》たる某《それがし》は、清和源氏《せいわげんじ》の正統《しょうとう》、左馬頭義朝《さまのかみよしとも》が股肱耳目《ここうじもく》と呼《よ》ばれたる渋谷金王丸昌俊《しぶやこんのうまるまさとし》、当年積《とうねんつも》って十八歳《さい》、誠《まこと》は五年田作《ねんたつく》りに、市川《いちかわ》　橙《だいだい》　榧勝栗《かやかちぐり》、海老《えび》が夜食《やしょく》のかたまり唄《うた》、一夜揚幕押《やあげまくお》っ開《ぴら》き、見渡《みわた》す向《むこ》うは年玉《としだま》の、重　扇《かさねおうぎ》の親骨子骨《おやぼねこぼね》、赤《あか》いは誰《たれ》だ三《み》つ吉《きち》に、轡《くつわ》の紋《もん》の奴凧《やっこだこ》、わるく糸目《いとめ》をつけるが最後《さいご》、金龍山《きんりゅうざん》の家《や》の棟《むね》から、富士《ふじ》と筑波《つくば》の素天辺《すてっぺん》へ、ほうり込《こ》むと、ホホ敬　白《うやまってもうす》。

弘化二年正月、河原崎座『魁《さきがけ》　源氏曾我手始《げんじそがのてはじめ》』において、渋谷金王丸昌俊役にて八代目市川團十郎所演。

しばらくのつらね

三升自作

東夷南蛮北狄西戎《とういなんばんほくてきせいじゅう》四夷《い》八荒《こう》、天地乾坤《てんちけんこん》の其間《そのあいだ》に、芝居見《しばいみ》ざる人《ひと》あらんや、凡《およ》そ二百四十余《よ》年《ねん》、打続《うちつづき》たる元櫓《もとやぐら》、寿祝《ことぶきいわ》う甲子《きのえね》に、昔《むかし》へかえる暫《しばらく》も、兄貴《あにき》が勤《つと》めて二十年、夫《これ》から絶《た》えて荒事師《あらごとし》、何《いず》れも様《ざま》の御進受《おすすめう》け、未熟《みじゅく》もかえり三升《みます》の紋《もん》、柿《かき》の素袍《すおう》も下手《へた》の種《たね》、此身《このみ》に重《おも》き大太刀《おおだち》に、神《かみ》へ誓《ちか》いを掛烏帽子《かけえぼし》、ただ御贔屓《ごひいき》を力紙《ちからがみ》に、臆《お》めず臆《おく》せず花道《はなみち》へ、のたくりつん出《で》たやつがれは、清和源氏《せいわげんじ》の棟梁《とうりょう》、足利《あしかが》三代義満公《だいよしみつこう》の、お傍《そば》さらず九代《だい》の三升《みます》、股肱耳目《ここうじもく》は看板《かんばん》の、大太刀左馬五郎照秀《おおだちさまごろうてるひで》、当年積《とうねんつも》って年《とし》の数《かず》、十八番《ばん》の筋隈《すじぐま》に、大《おお》きな目玉《だま》が親譲《おやゆず》り、相手《あいて》はたれだ音羽屋《おとわや》の、兄《あにい》は年《とし》の鴻《こう》の台《だい》、真間《まま》の紅葉《もみじ》の赤塗《あかぬ》りは、坂東太郎市川《ばんどうたろういちかわ》や、外《ほか》に中村顔《なかむらかお》ぞろい、同《おな》じ流《ながれ》の瀧野屋《たきのや》が、どういうひやうりの瓢箪《ひょうたん》に、鯰《なまず》と聞《き》けば向面《むこうづら》、鹿島《かしま》に近《ちか》き成田山《なりたさん》、先祖《せんぞ》を栖《たて》に柴又《しばまた》の、帝釈天《たいしやくてん》の利益《りやく》の剣《けん》のみ、今日初役《はつやく》の御目見得《おめみえ》から、大《おお》きな寝言《ねごと》を富士《ふじ》筑波《つくば》、江戸《えど》紫《むらさき》の根元若衆《こんげんわかしゅ》と、ホホカミ敬白《うやまってもうす》。

元治元年、中村座『三徳達組爵《ちじんゆうみつぐみさかずき》』において、大館左馬五郎役にて河原崎権十郎（九代目市川團十郎）所演。

暫《しばらく》のつらね

荘子《そうじ》に曰《いわ》く、北冥《ほくめい》に魚《うお》あり、其名《そのな》を鯤《こん》という、化《か》して大鳥《おおとり》となる、その翼垂天《つばさすいてん》の雲《くも》の如《ごと》く、一度《ひとたび》南《みんなみ》せんと欲《ほっ》する時《とき》は水撃《すいげき》三千里《り》、扶揺《ふよう》に搏《はだ》って上《のぼ》る事《こと》九万里《まんり》とかや、柿《かき》の素袍《すおう》の羽繕《はづくろ》い、氷《こお》らぬ水《みず》の筋隈《すじぐま》は根元金剛家《こんげんこんごういえ》の株《かぶ》、強《つよ》いが自慢《じまん》負《ま》けぬが得手《えて》、抑々清和源氏《そもそもせいわげんじ》の正統《しょうとう》、常陸《ひたち》の掾貞盛《じょうさだもり》が、股肱耳目《ここうじもく》とあまやかし、もてあましたるやつがれは、館《たて》の金剛丸照忠《こんごうまるてるただ》、当年積《とうねんつも》って十八年《ねん》、も一つ歌舞伎《かぶき》の十八番《ばん》、合《あわ》せて三十六鱗《りん》の、鯉《こい》の荒磯荒事師《あらいそあらごとし》、やっとこどっちゃあ運《うん》は天《てん》、てんとたまらぬ向《むこ》う面《づら》を、並《なら》んだウケは名《な》にしおう、音《おと》にひびいた金冠白衣《きんかんびやくえ》、赤《あか》いおじいも顔揃《かおぞろ》い、動《うご》かぬ鹿島《かしま》の要石《かなめいし》、鯰《なまず》がうっつい姉《あね》え故《ゆえ》、しんぞ命《いのち》を揚幕《あげまく》から、久《ひさ》しぶりにて掛声《かけごえ》の、大《おお》きな寝言《ねごと》を富士《ふじ》筑波《つくば》、江戸《えど》紫《むらさき》の根元若衆《こんげんわかしゅ》、妨《さまた》げをする奴原《やっぱら》は、神《かみ》の社《やしろ》の家《や》の棟《むね》から、伊豆《いず》と相模《さがみ》の鼻《はな》の穴《あな》へ、ほうり込《こ》むぞと、ホホうやまって申す。

明治十一年、新富座『東花一座顔見勢《あずまのはないちざのかおみせ》』において、館の金剛丸照忠役にて九代目市川團十郎所演。

二　『外郎売《ういろううり》』のせりふ

拙者《せつしや》親方《おやかた》と申《もう》すは、お立合《たちあい》にも先達《さきだつ》て御存《ごぞん》じのお方《かた》もござりましょ、お江戸《えど》を立《た》って二十里《り》上方《かみがた》、相州《そうしゆう》小田原《おだわら》いっしき町《まち》をお過《す》ぎなされて、青物町《あおものちよう》をお登《のぼ》りへお出《い》でなさるれば、欄《らん》干橋《かんばし》虎屋《とらや》藤《とう》右衛門《えもん》、唯今《ただいま》は剃髪《ていはつ》いたして円斎《えんさい》竹《たけ》しげ、元朝《がんちよう》より大晦日《おおつごもり》まで各々様《おのおのさま》のお手《て》に入《い》れまするは此《こ》の透頂香《とうちんこう》と申《もう》す薬《くすり》、昔《むかし》ちんの国《くに》の唐人《とうじん》ういろうと申す者我朝《ものわがちよう》へ来《きた》り、此《こ》の名方《めいほう》を調合《ちようごう》いたし持薬《じやく》に用《もち》いてござる、神仙不思議《しんせんふしぎ》の妙薬《みようやく》、時《とき》の帝《みかど》より叡聞《えいぶん》に達《たつ》し御所望遊《ごしよもうあそ》ばされしに、ういろう即《すなわ》ち参内《さんだい》の折《おり》から件《くだ》んの薬《くすり》を深《ふか》く秘《ひ》して冠《かんむり》の内《うち》に秘《ひ》めおき、用《もち》うる時《とき》は一粒《りゆう》ずつ冠《かんむり》のすきまより取出《とりいだ》す、よって帝《みかど》より其《そ》の名《な》を透頂香《とうちんこう》と賜《たま》わる、即《すなわ》ち文字《もんじ》にも頂《いただき》に透《す》く香《におい》と書《か》いて透頂香《とうちんこう》と申す、唯今《ただいま》は此《こ》の薬　殊《くすりこと》の外《ほか》ひろまり、透頂香《とうちんこう》という名《な》は御《ぎよ》意《い》なされず、世上《せじよう》一統《とう》にただういろうういろうとお呼《よ》びなさる、慮外《りよがい》ながら在鎌倉《ざいかまくら》のお大名《だいみよう》様方《さまがた》、御参勤御発足《ごさんきんごほつそく》の折《おう》からお駕籠《かご》をとめられ、此《こ》の薬　何《くすりなん》十貫文《かんもん》とお買《か》いなされ下《くだ》されまする、若《も》しお立《たち》の内《うち》にも熱海《あたみ》か塔《とう》の沢《さわ》へ湯治《とうじ》にお出《い》でなさるるか、又《また》は伊勢《いせ》へ御参宮《ごさんぐう》の時分《じぶん》は、必《かなら》ず門違《かどちが》いをなされますな、お下《くだ》りなされば左《ひだ》り、お上《のぼ》りなされば右《みぎ》の方《ほう》、町人《ちようにん》でござれども屋《や》づくりは八方《ぽう》が八つ棟《むね》、おもてが三つ棟玉堂《むねぎよくどう》づくり、破風《はふ》には菊《きく》に桐《きり》のとうの御紋《ごもん》を御赦免《ごしやめん》あって、系図《けいず》正《ただ》しき薬《くすり》でござる、近年《きんねん》は此《こ》の薬《くすり》やれ売《う》れるはやるとあって、方々《ほうぼう》に看板《かんばん》を出《だ》し、小田原《おだわら》の炭俵《すみだわら》のほんだわらのと名付《なづ》け、ほうろくにて甘茶《あまちや》をねり、それに鍋《なべ》すみを加《くわ》え、或《ある》いはういなんういせつういきょうなどと似《に》たるを申《もう》せども、平《ひら》仮《が》名《な》を以《もっ》てういろうと致《いた》したは親方円斎《おやかたえんさい》ばかり、見世《みせ》は昼夜《ちゅうや》の商《あきな》い、暮《く》れて四つまで四方《ほう》に銅行灯《かなあんどん》を立《た》て、若《わか》い者共《ものども》入替《いれかわ》り立替《たちかわ》り御手《おんて》に入《い》れます、尤《もっと》も値段《ねだん》は一粒《りゅう》一せん百粒《りゅう》百銭《せん》、たとい何《なん》百貫《かん》お買《か》いなされても、いっかないっかな負《ま》けも添《そ》えも致《いた》しませぬ、さりながら振舞《ふるま》いまするは百粒《りゅう》二百粒《りゅう》でも厭《いと》いは致《いた》さぬ、最前《さいぜん》から薬《くすり》の効験《こうけん》ばかり申しても、御存《ごぞん》じのない方《かた》には胡椒《こしょう》の丸呑《まるのみ》、白川夜船《しらかわよふね》、さらば半粒《はんりゅう》ずつ振舞《ふるま》いましょう、御遠慮《ごえんりょ》なしにお手《て》を出《だ》して、摘《つ》んで御覧《ごろう》じませい、第《だい》一が男《おとこ》一統《とう》の早気付《はやきつけ》、舟《ふね》の酔酒《よいさけ》の二日酔《ふつかよい》をさます、魚鳥木《うおとりき》のこ麺類《めんるい》のくい合《あわ》せ、其《そ》の外痰《ほかたん》を切《き》りて声《こえ》を大声《だいおん》に出《だ》す、六《りく》ちん八進《はちしん》十六ぺん、製法細末《せいほうさいまつ》をあやまたず、かんれいうんの三つを考《かんが》え、うんぽうの補薬御口中《ほやくごこうちゅう》に入《い》って朝日《あさひ》に霜《しも》の消《き》ゆる如《ごと》く、しみしみとなって能《よ》き匂《にお》いを保《たも》つ、鼻紙《はながみ》の間《あいだ》に御入《おい》れなされては五両《りょう》十両《りょう》でお買《か》いなされた匂《にお》い袋《ぶくろ》や掛香《かけごう》の替《かわ》りが仕《つかまつ》る、先《ま》ず一粒《りゅう》上《あが》って御覧《ごろう》じませい、口《くち》の内《うち》の涼《すず》しさが格別《かくべつ》な物《もの》、薫風《くんぷう》のんどより来《きた》り口中微涼《こうちゅうびりょう》を生《しょう》ず、さるによって舌《した》のまわる事《こと》は銭独楽《ぜにごま》がはだしで逃《に》げる、どのようなむつかしい事《こと》でもさっぱりと言《い》うてのけるは此《こ》の薬《くすり》の奇妙《きみょう》、証拠《しょうこ》のない商《あきな》いはならぬ、さらば一粒《りゅう》喰《た》べかけて其《そ》の気味合《きみあい》をお目《め》にかきょう、ひょっと舌《した》が廻《まわ》り出《だ》すと矢《や》も楯《たて》もたまらぬ、サアあわやのど、さたらな舌《した》にかきはとて、はなの二つは唇《くちびる》の軽重《きょうじゅう》かいこう爽《さわ》やかに、うくすつぬほもよろを、あかさたなはまやらわ、いっぺきぺきにへぎほしはじかみ盆《ぼん》まめぼん米《ごめ》ぼん牛蒡《ごぼう》、摘蓼《つみたで》つみ豆《まめ》つみ山椒《さんしょう》、書写山《しょしゃざん》のじゃそう中《ちゅう》、こごめの生《なま》がみ生《なま》がみらんこ米《ごめ》のこなまがみ、繻子《しゅす》々々《しゅす》緋《ひ》繻子《じゅす》繻子《しゅす》繻珍《しゅちん》、親《おや》も嘉兵衛《かへえ》子《こ》も嘉兵《かへ》衛《え》、親嘉兵衛《おやかへえ》子嘉兵衛《こかへえ》親嘉兵衛《おやかへえ》、古栗《ふるぐり》の木《き》のふる切口《きりくち》、雨合羽《あまがっぱ》かばん合羽《がっぱ》、貴様《きさま》の脚絆《きゃはん》も革《かわ》脚絆《きゃはん》、我等《われら》が脚絆《きゃはん》も革脚絆《かわきゃはん》、しっかり袴《はかま》のしっぽころびを、三針《みはり》なりなかにちょと縫《ぬ》うて、縫《ぬ》うてちょとぶん出《だ》せ、河原撫子野石竹《かわらなでしこのせきちく》、のら如来《にょらい》のら如来《にょらい》、みのら如来《にょらい》にむのら如来《にょらい》、一寸《すん》のお小仏《こぼとけ》におけつまずきやるな細溝《ほそみぞ》にとちょにょろり、京《きょう》のなま鱈奈良《だらなら》なままな鰹《がつお》、ちょと四五貫目《かんめ》、お茶《ちゃ》たちよ茶《ちゃ》たちよ、ちゃっと立《た》ちよ、茶《ちゃ》たちよ、青竹茶煎《あおだけちゃせん》でお茶《ちゃ》ちゃと立《た》ちや、くるわくるわ何《なに》が来《く》る、高野《こうや》の山《やま》のおこけら小僧狸《こぞうたぬき》百疋箸《ぴきはし》百ぜん、天目《てんもく》百ぱい棒《ぼう》八百ぽん、武具馬具《ぶぐばぐ》武具馬具《ぶぐばぐ》三《み》ぶぐばぐ、合《あわ》せて武具馬具《ぶぐばぐ》六《む》ぶぐばぐ、あの長押《なげし》の長《なが》なぎなたは誰《た》がなぎなたぞ、向《むこ》うのごまがらはいぬごまがらか真《ま》ごまがらか、あれこそほんの真《ま》ごまがら、がらがらぴいぴい風《かざ》ぐるま、おきやがりこぼしおきやがりこぼしゆんべもこぼして又《また》こぼした、たぷぽぽ、たたぷぽぽ、ちりからちりからつたつぽ、たぽたぽひだこ落《お》ちたら煮《に》て喰《く》おう、煮《に》ても焼《や》いても喰《く》われぬものが、五徳鉄《とくてつ》きゅうかな熊童子《くまどうじ》に石熊《いしくま》いし持《もち》、とら熊《くま》とら鰒《ふぐ》、中《なか》にも東寺《とうじ》の羅生門《らしょうもん》には茨木童子《いばらきどうじ》が、うで栗《ぐり》五合《ごう》、つかんでおむしゃるかの頼光《らいこう》の膝《ひざ》元《もと》さらずに、鮒《ふな》きんかん椎茸《しいたけ》定《さだ》めて後段《ごだん》はそば切《き》りうどんかくどんな小新発意《こしんぼち》、小棚《こだな》のこしたに小桶《こおけ》にこみそがこあらず、こほどに小杓子《こじゃくし》こもってこすくてこよこせ、おっと合点《がてん》だ、心得《こころえ》たんぼの川崎神奈川《かわさきかながわ》、程《ほど》ケ谷《や》はしってどっかへ行《ゆ》けば、やいとをすりむく三里《り》ばかりか藤沢平塚《ふじさわひらつか》、大磯《おおいそ》がしや小磯《こいそ》の宿《しゅく》を、七つ起《お》きして早天《そうてん》そうそう、相州小田原透頂香《そうしゅうおだわらとうちんこう》、かくれござらぬ御《おん》いろう若男女貴賤群集《にゃくなんにょきせんくんじゅ》の花《はな》のお江戸《えど》の花《はな》うい郎《ろう》、あの花《はな》を見《み》て心《こころ》をおやはらぎやっと言《い》う、産子這子《うぶこはうこ》に至《いた》るまで、此《こ》のういろうの御評判《ごひょうばん》、御存《ごぞん》じないとは言《い》われまい、まいまいつぶり角出《つのだ》せ棒出《ぼうだ》せぼうぼう眉《まゆ》に、臼杵擂鉢《うすきねすりばち》ばちばちばち、どろどろどろがらがらがらと羽目《はめ》をはずして今日お出《いで》の方々《かたがた》さまへ、売《う》らねばならぬ上《あ》げねばならぬと、いきせい引《ひっ》ぱり薬《くすり》の本《もと》じめ、薬師《やくし》如来《にょらい》も照覧《しょうらん》あれと、ほほう敬《うやま》ってうい郎《ろう》は入《い》らしゃりませぬか。

この『外郎売』のせりふは、享保八年春中村座において三代目松本幸四郎（後の五代目市川團十郎）が演じた際のもの。『歌舞妓年代記』には享保三年二代目團十郎所演のものが転録されているが、大差はない。

解説

児玉竜一

河竹繁俊は、明治二十二年（1889）六月九日に、長野県下伊那郡（現・飯田市）で生まれた。日本演劇を中心とする演劇学者として、文化功労者、芸術院会員にも選ばれ、昭和四十二年（1967）十一月十五日に七十八歳で亡くなった。昭和を代表する演劇学者であり、演劇というジャンルを学問として確立した立役者の一人というべきだろう。

父は市村保三郎《やすさぶろう》、繁俊は三男にあたる。早稲田大学で坪内逍遙に師事して、逍遙が主宰する文芸協会で俳優修業も積んでいる。江戸歌舞伎の作者河竹黙阿弥家で、明治二十六年に当主黙阿弥を失ったあと、女手一つで家を守ってきた娘の糸が、逍遙に養子の候補推薦を依頼、上京四年目の市村繁俊に白羽の矢が立った。河竹の家は本名を吉村といい、繁俊は吉村繁俊となったが、戦後、筆名としてきた河竹姓に改姓する手続きをとって、河竹繁俊と戸籍上もあらためた。江戸文化とは無縁の生まれの生真面目な青年が、江戸の名残の中心ともいうべき狂言作者の家を継いでゆくについては、多くの苦難の日々があったと想像されるが、そのあたりの経緯は、繁俊の次男である河竹登志夫（本名は俊雄。父と紛らわしいので筆名を使った）による畢生の名著『作者の家』（昭和五十五年・講談社）に活写されている。繁俊は帝国劇場の文芸部に籍をおいたこともあったが、関東大震災後に早稲田大学の演劇博物館の創建に奔走、そのまま早稲田大学教授として学究の人となった。社会的な貢献も大きく、戦後ＧＨＱとの折衝や、日本演劇学会の創設と運営、国立劇場建設の推進などの中心には、つねに繁俊の姿があった。

黙阿弥家の人としては、黙阿弥伝記の執筆、黙阿弥資料の整備、黙阿弥作品の校訂という三大事業をなし遂げている。この内、黙阿弥の伝記は最も早く大正三年（１９１４）に『河竹黙阿弥』として演芸珍書刊行会から上梓された。黙阿弥の二十三回忌にあたり、まだ存命の関係者も多く、それらからの聞き書きも含めた評伝は、その後の関東大震災で一次資料の多くが焼失したことなどもあって、質量ともに今後これをこえることは不可能と思われる。『歌舞伎作者の研究』（昭和十五年・東京堂）、一人の著者による日本演劇通史としては今なお最長の『日本演劇全史』（昭和三十四年・岩波書店）とともに、著者の代表作といってい い。黙阿弥の周辺資料は、『黙阿弥の手紙・日記・報条など』と題して演劇出版社から刊行されたのが昭和四十一年で、これが生前最後の著作となった。

黙阿弥の作品を活字の形で世に出すという仕事については、大正八年から十二年にかけて『黙阿弥脚本集』全二十五巻（春陽堂）を編纂、関東大震災を経た大正十三年から『黙阿弥全集』全二十八巻（同じく春陽堂。「首巻」として伝記を含める）を刊行している。これらを契機として、同じく春陽堂から『歌舞伎脚本傑作集』『大南北全集』『日本戯曲全集』などが陸続と刊行されてゆくので、河竹繁俊による黙阿弥作品の刊行は、歌舞伎台本の出版刊行を促したという点でも、記念碑的な仕事といえるだろう。

河竹繁俊の人物と生涯については、約百二十におよぶ追悼文と新聞雑誌掲載の追悼文を集成した、早稲田大学文学部演劇研究室による雑誌『演劇学』第九号「河竹繁俊博士追悼号」(昭和四十三年七月)が最も多面的で詳しい。多くの人が『黙阿弥脚本集』と『黙阿弥全集』に言及しているが、雑誌『演劇界』の編集長であった利倉幸一《としくらこういち》は「かぶき脚本の権利も、権威も全然無視されていた大正の初めに、あれだけの材料を集めて、整理し、校合することの難かしさは、今日では到底考え及ばないだろう」と端的に述べている。

歌舞伎の台本は、テキストを固定させる傾向の強い謡曲や浄瑠璃と異なり、流動性が強く、定本化を拒む性質が、今日に至るまである。劇文学としての独立性をめざすのではなく、上演現場での有効性のために書き下ろされるので、江戸時代には、台詞の指定やト書での動作の指定も、登場人物名ではなく役者名で記されていた。あくまで上演現場のためのものなので、原則として外部には非公開で、江戸時代を通じて公刊されることはなかった。読者の需要を満たすために、理想配役による似顔肖像入りの刊行台本(「絵入根本《えいりねほん》」という)が関西で出版されたり、劇壇内部から流出したものが貸本屋に出回ったりすることはあったが、歌舞伎台本の公刊は明治時代をまたなくてはならなかった。雑誌『歌舞伎新報』(明治十二年から三十年まで発行)に連載する形での掲載や、黙阿弥本人校訂による『狂言百種』(明治二十五年から二十六年にかけて、全八冊刊行)を先例としつつも、全二十五巻というボリュームで、一人の狂言作者の作品を網羅するという事業がいかに困難で画期的なものであったか、想像にかたくない。役者名で記された指定を登場人物名に置きかえる措置などは、のちの歌舞伎台本活字化の定型となって引き継がれてゆく。いわば、河竹繁俊による校訂作業によって、歌舞伎台本は活字化への指針を得たといっても、過言ではない。

本書は、『評釈江戸文学叢書』（講談社）の第六巻として、昭和十一年（１９３６）十月十六日に発行された『歌舞伎名作集』下から、「歌舞伎十八番集」として収録された七作を抜き出したものである。原本は「世話狂言集」として「弁天娘女男白浪《べんてんむすめめおのしらなみ》」「三人吉三《さんにんきちさ》巴白《ともえのしら》浪《なみ》」「与《よ》話情浮名横櫛《わなさけうきなのよこぐし》」の三作を併載している。

「歌舞伎十八番」は七代目市川團十郎（寛政三年〈１７９１〉〜安政六年〈１８５９〉）が、市川團十郎家の芸として選定したものである。天保三年（１８３２）三月の「助六」上演に際して「市川海老蔵流寿狂言十八番の内」と銘打ったのに始まり、天保十一年三月の「勧進帳」初演で「先祖より伝来候歌舞妓十八番の内」と口上看板の中に書き記している。しかし、十八作品の中には、「暫」や「押戻」のように特定の作品というよりも、様々な作品に応用しうる趣向と称すべきものもあり、また来歴の定かでないものも少なくない。河竹繁俊が選んだのは、江戸時代から上演が絶えることなく近代にまで続いた「勧進帳」「景清」「矢の根」「暫」「助六」の五作に、明治末年に二代目市川左團次によって復活上演され、昭和十年代にはもうすっかり定着していた「毛抜」「鳴神」の二作を加えた七作品である。所収の台本では「助六」に外郎売が登場して早口言葉の売り声を聞かせる場面があるので、歌舞伎十八番としては八作を収めたことになる。いわばこれが、江戸歌舞伎の芯柱ともいうべき市川團十郎家の家の内でも、その芸の中核という位置づけであろう。

しかし、河竹繁俊自身も記す（原本の月報所収の「『歌舞伎名作集下』の成るに際して」）ように、「歌舞伎十八番物は古典中の古典だから、キチンとした定本がありさうなものだが、やはり小異があつて定本といふものはない。『勧進帳』にしてもさうで、初演の七代目の時と九代目の明治十年頃から後とでは、可なりの相違がある」ということになる。先に歌舞伎台本の性格として、その流動性を強調しておいたように、善本を集めて校合し、最も妥当と思われる本文を作成することは可能だが、それが、今日までの演技伝承の結果にそぐわしい結果になるとは限らない。

その意味で、本書を今日の舞台で上演される歌舞伎十八番と照らし合わせて読むと、比較的異同の少ない演目と、見たことも聞いたこともない場面が延々と連なる展開に呆然とする演目とに分かれるであろう。復活物の「毛抜」「鳴神」は、そもそも復活にあたって参照したのが、ここに収録された国立国会図書館所蔵の「雷神不動北山桜」なので、異同が少ないのは当然であるが、やはり初演年代の遅い「勧進帳」がまだしも異同が少ない例として挙げられよう。

それに対して異同が多いのは、なんといっても「助六」で、おそらく所収台本（安永八年三月所演本を基礎としたという）通りに演じたら、上演時間は三時間をこえる。「助六」は今日でも約二時間かかる大物狂言であるが、江戸時代の舞台の運びはさらにゆったりと豊かであったことを思い知らされる。終末部で一旦、道具が替わって以降の場面、いわゆる「水入り」は、ほぼ毎回これを付けた十七代目中村勘三郎以降の助六では、中村梅之助（昭和四十九年十二月新橋演舞場）、三代目市川猿之助（昭和五十三年五月南座）、十代目市川海老蔵＝十二代目市川團十郎（昭和五十二年五月歌舞伎座、昭和六十三年一月歌舞伎座）、十一代目市川海老蔵（平成二十二年五月新橋演舞場）による五回の上演を数えるのみである。また、幕開きから延々と展開される導入部、助六の母満江、くわんぺら門兵衛、朝顔千平、白酒売七兵衛（実は曾我十郎）らの入り込みや、外郎売の早口言葉の言い立てなどは、昭和三十年代以降、それに類する場面すら上演されたことがない。今日の舞台からは知ることのできない幻の全体像に接することが、見てみたい、演じてみたい、という欲求につながる面白い体験であれば何よりである。現行の上演は、フルバージョンでも、揚巻の出からとなっている。

さらに、先に「特定の作品というよりも、様々な作品に応用しうる趣向と称すべきもの」と記した「暫」では、他の作品とは異なる扱いをみせている。一応の現行定本に近いものとして九代目團十郎所演本を掲出しておいて、それとは別に、天明二年十一月市村座の「伊勢平氏栄花暦」の台本を（電子版に）併載している。「暫」というのは、江戸歌舞伎における契約更改を経て、次年度の新しい顔ぶれを公表する十一月の顔見世興行の中で、必ず一幕設けられた場面である。作品の背景となる世界が何であれ、登場人物が誰であれ、絶大な権力を誇る悪人によって、危機一髪の危難に追い込まれた善人方が、「暫く」と声をかけて登場したスーパーマンによって救われる、という筋立ては変わらない。この千篇一律を、十八世紀前半から幕末に至るまでひたすら演じ続けてきた総称が「暫」であり、主人公の通称も「暫」と呼ばれてきた。どのように千篇一律であるのか、その実例を提示するのが、この天明二年台本である。さらに、その上に付録として「暫」の主人公が登場して名乗りをあげるつらねを採集掲載しているのである。同一パターンの中で細かな設定と趣向の差異を楽しんだ、年々歳々の江戸歌舞伎の受容の一端を提示しようとする試みと受けとめることができよう。昭和十年代という初版年代を考えると、これはかなり先駆的な試みであるが、劇文学にとどまらない演劇作品としての受容を示すものとみれば、演劇というジャンルを学問として確立すべく奮励した河竹繁俊ならではの試みと、みなすことができるかもしれない。

（早稲田大学教授・早稲田大学演劇博物館副館長）

本書は一九七〇年、小社から刊行された『評釈江戸文学叢書第六巻　歌舞伎名作集（下）』の「歌舞伎十八番集」の各章、各付録を収めたものです。なお、本書では『暫』の旧篇（天明二年十一月市村座所演台本）は割愛しています。

河竹繁俊（かわたけ　しげとし）

1889年，長野県生まれ。歌舞伎の啓蒙に多大な貢献をした演劇研究家。坪内逍遙に師事し，早稲田大学教授，早稲田大学演劇博物館館長を歴任した。主な著書に『歌舞伎史の研究』『歌舞伎作者の研究』『日本演劇全史』『評釈江戸文学叢書　歌舞伎名作集（上下）』などがある。江戸時代後期から明治時代にかけて数々の歌舞伎作品を手がけた河竹黙阿弥の長女の養嗣子。文化功労者。1967年没。

講談社学術文庫

定価はカバーに表示してあります。

歌《か》舞《ぶ》伎《き》十八番集《じゅうはちばんしゅう》

河竹繁俊《かわたにしげとし》

2019年９月10日　第１刷発行

発行者　渡瀬昌彦
発行所　株式会社講談社
東京都文京区音羽 2-12-21 〒112-8001
電話　編集（03）5395-3512
販売（03）5395-4415
業務（03）5395-3615
装　幀　蟹江征治
印　刷　豊国印刷株式会社
製　本　株式会社国宝社
本文データ制作　講談社デジタル製作

Printed in Japan

ISBN978-4-06-516613-0

「講談社学術文庫」の刊行に当たって

これは、学術をポケットに入れることをモットーとして生まれた文庫である。学術は少年の心を養い、成年の心を満たす。その学術がポケットにはいる形で、万人のものになることは、生涯教育をうたう現代の理想である。

こうした考え方は、学術を巨大な城のように見る世間の常識に反するかもしれない。また、一部の人たちからは、学術の権威をおとすものと非難されるかもしれない。しかし、それはいずれも学術の新しい在り方を解しないものといわざるをえない。

学術は、まず魔術への挑戦から始まった。やがて、いわゆる常識をつぎつぎに改めていった。学術の権威は、幾百年、幾千年にわたる、苦しい戦いの成果である。こうしてきずきあげられた城が、一見して近づきがたいものにうつるのは、そのためである。しかし、学術の権威を、その形の上だけで判断してはならない。その生成のあとをかえりみれば、その根は常に人々の生活の中にあった。学術が大きな力たりうるのはそのためであって、生活をはなれた学術は、どこにもない。

開かれた社会といわれる現代にとって、これはまったく自明である。生活と学術との間に、もし距離があるとすれば、何をおいてもこれを埋めねばならない。もしこの距離が形の上の迷信からきているとすれば、その迷信をうち破らねばならぬ。

学術文庫は、内外の迷信を打破し、学術のために新しい天地をひらく意図をもって生まれた。文庫という小さい形と、学術という壮大な城とが、完全に両立するためには、なおいくらかの時を必要とするであろう。しかし、学術をポケットにした社会が、人間の生活にとってより豊かな社会であることは、たしかである。そうした社会の実現のために、文庫の世界に新しいジャンルを加えることができれば幸いである。

一九七六年六月　　　　野間省一

茶と美

柳　宗悦著（解説・戸田勝久）

民芸研究の眼でとらえた茶道と茶器への想い。茶器の美とは何か。「庶民が日々用いた粗末な食器が茶人の眼によって茶器となる。美の作為を企てて名器とはなり得ない」美の本質を追求した筆者の辛口名エッセイ。

1453

能・文楽・歌舞伎

ドナルド・キーン著／吉田健一・松宮史朗訳

日本の伝統芸能の歴史と魅力をあまさず語る。少年期より演劇の擒になって以来、七十年。日本人以上に日本文化に通暁する著者が、能・文楽・歌舞伎について、そのすばらしさと醍醐味とを存分に語る待望の書。

1485

バーナード・リーチ日本絵日記

バーナード・リーチ著／柳　宗悦訳／水尾比呂志補訳

イギリス人陶芸家の興趣溢れる心の旅日記。独自の美の世界を創造したリーチ。日本各地を巡り、また、濱田庄司・棟方志功らと交遊を重ね、自らの日本観や芸術観を盛り込み綴る日記。味のある素描を多数掲載。

1569

茶道《ちゃどう》名言集

井口海仙著

大文字版

茶道とは何か。本書は、茶道書の古典から名人の言葉や逸話を豊富に集めて解説を施し、茶人のみならず我々の日常生活にも生きる茶の精神を平易な言葉で紹介する。わび・さび、一期一会――茶の世界への誘い。

1599

イギリス紳士のユーモア

小林章夫著

卓抜なユーモアを通して味わう英国人生哲学。山高帽にこうもり傘、悠揚迫らぬ精神から大英帝国を彩るユーモアが生れた。当意即妙、グロテスクなほどブラック、自分を笑う余裕。ユーモアで読む英国流人生哲学。

1605

千利休

村井康彦著（解説・熊倉功夫）

精緻な論証が鮮やかに描き出した茶聖の実像。信長・秀吉との交流、草庵茶湯の大成、そして悲劇的な死――。天下一の宗匠の生涯と思想を究明し、さらに日本文化史における彼の位相をも探る、利休研究の名著。

1639

日本の歴史・地理

徳富蘇峰著（解説・御厨 貴）
徳富蘇峰 終戦後日記 『頑蘇夢物語』
占領下にあっても近代日本最大の言論人は書き続ける。封印された第一級史料には、無条件降伏への憤り、昭和天皇への苦言、東條・近衛ら元首相への批判と大戦の行方を見誤った悔悟の念が赤裸々に綴られていた！

2300

大濱徹也著
天皇の軍隊
兵士たちは「皇軍」に何を期待し、いかに傷ついたか。そして日本人にとって「軍隊」とはなんだったのか。入営から内務教育、戦場体験までの彼らの心情と生活実感を探り、近代日本の「軍隊の本質」を描き出す。

2302

ルートヴィッヒ・リース著／原 潔・永岡 敦訳（解説・関 幸彦）
ドイツ歴史学者の天皇国家観
近代日本の「歴史学の父」は、静かに暮らす人々を観察し、俗悪な新聞に憤り、濃尾地震に衝撃を受ける。大津事件、日英同盟、日露戦争……。明治という時代と武士道、「大和魂」はどう見え、分析されたのか。

2305

藤田 覚著
遠山金四郎の時代
その改革に異議あり！ 天保の改革で奢侈一掃のため寄席撤廃、歌舞伎三座移転を目論んだ老中水野忠邦に対し、真正面から抵抗した町奉行。「いれずみの金さん」の虚実を現存する史料から丹念に明らかにする。

2317

伊藤 隆著
大政翼賛会への道 近衛新体制
太平洋戦争前夜、無血革命に奔った群像！ 憲法の改正や弾力的運用で政治・経済・社会体制の変革と一党支配を目指した新体制運動。これを推進した左右の革新派の思惑と、彼らが担いだ近衛文麿の行動を追跡。

2340

落合弘樹著
秩禄処分《ちつろくしょぶん》 明治維新と武家の解体
明治九年（一八七六）、ついに〈武士〉という身分が消滅した！ 支配身分の特権はいかにして解消され、没落した士族たちは、この苦境にどう立ち向かっていったのか。維新期最大の改革はなぜ成功したかを問う。

2341